"十二五"国家重点图书

14

财政政治学译丛

刘守刚　魏　陆　主编

上海高校智库
上海财经大学公共政策与治理研究院

Crises, Revolutions and Self-Sustained Growth
Essays in European Fiscal History 1130-1830

危机、革命与自维持型增长

1130~1830年的欧洲财政史

W. M. 奥姆罗德（W. M. Ormrod）
玛格丽特·邦尼（Margaret Bonney）　编
理查德·邦尼（Richard Bonney）
沈国华　译

上海财经大学出版社

图书在版编目(CIP)数据

危机、革命与自维持型增长：1130～1830年的欧洲财政史 / (英) W. M. 奥姆罗德(W. M. Ormrod)，(英) 玛格丽特·邦尼(Margaret Bonney)，(英) 理查德·邦尼(Richard Bonney)编；沈国华译. —上海：上海财经大学出版社，2020.11

(财政政治学译丛)

书名原文：Crises，revolutions and self-sustained growth：essays in European fiscal history，1130－1830

ISBN 978－7－5642－3578－9/F.3578

Ⅰ.①危… Ⅱ.①W… ②玛… ③理… ④沈… Ⅲ.①财政史－研究－欧洲 Ⅳ.①F815.09

中国版本图书馆CIP数据核字(2020)第109326号

图字：09－2018－748号

Crises, Revolutions and Self-Sustained Growth

Essays in European Fiscal History 1130－1830

Mark Ormrod，Margaret Bonney，Richard Bonney

□ 责任编辑　刘　兵

□ 封面设计　张克瑶

危机、革命与自维持型增长

——1130～1830年的欧洲财政史

W. M. 奥姆罗德(W. M. Ormrod)
玛格丽特·邦尼(Margaret Bonney)　编
理查德·邦尼(Richard Bonney)

沈国华　译

上海财经大学出版社出版发行
(上海市中山北一路369号　邮编200083)
网　址：http://www.sufep.com
电子邮箱：webmaster @ sufep.com
全国新华书店经销
上海叶大印务发展有限公司印刷装订
2020年11月第1版　2020年11月第1次印刷

710mm×1000mm　1/16　35.75印张(插页：2)　547千字
印数：0 001—2 500　定价：128.00元

总　序

成立于2013年9月的上海财经大学公共政策与治理研究院，是由上海市教委重点建设的十大高校智库之一。通过建立多学科融合、协同研究、机制创新的科研平台，围绕财政、税收、医疗、教育、土地、社会保障、行政管理等领域，组织专家开展政策咨询和决策研究，致力于以问题为导向，破解中国经济社会发展中的难题，服务政府决策和社会需求，为政府提供公共政策与治理咨询报告，向社会传播公共政策与治理知识，在中国经济改革与社会发展中发挥"咨政启民"的"思想库"作用。

作为公共政策与治理研究的智库，在开展政策咨询和决策研究的同时，我们也关注公共政策与治理领域基础理论的深化与学科的拓展研究。特别地，我们支持从政治视角研究作为国家治理基础和重要支柱的财政制度，鼓励对财政制度构建和现实运行背后体现出来的政治意义及历史智慧进行深度探索。这样一种研究，著名财政学家马斯格雷夫早在其经典教材《财政理论与实践》中就命名为"财政政治学"。但在当前的中国财政学界，遵循马斯格雷夫指出的这一路径，突破经济学视野而从政治学角度研究财政问题，还比较少见。由此既局限了财政学科自身的发展，又不能满足社会对运用财税工具实现公平正义的要求。因此，有必要在中国财政学界呼吁拓展研究的范围，努力构建财政政治学学科。

"财政政治学"虽然尚不是我国学术界的正式名称，但在国外的教学和研究中却有丰富的内容。要在中国构建财政政治学学科，在坚持以"我"为主研究中国问题的同时，应该大量翻译西方学者在该领域的内容，以便为国内财政学者从政治维度研究财政问题提供借鉴。呈现在大家面前的丛书，正是在上海财经大学公共政策与治理研究院资助下形成的"财政政治学译丛"。

“财政政治学译丛”中的文本，主要从美英学者著作中精心选择而来，大致分为理论基础、现实制度与历史经验等几方面。译丛第一辑推出10本译著，未来根据需要和可能，将陆续选择其他相关文本翻译出版。

推进财政政治学译丛出版是公共政策与治理研究院的一项重点工程，我们将以努力促进政策研究和深化理论基础为己任，提升和推进政策和理论研究水平，引领学科发展，服务国家治理。

胡怡建

2015年5月15日

前　言

本论文集是三个不同项目研究团队互动的产物。第一个项目是欧洲科学基金会(European Science Foundation)计划内项目"欧洲现代国家的起源：13～18世纪"(The Origins of the Modern State in Europe, 13-18 Centuries)，这个项目的研究成果以名为《经济系统与国家财政》(*Economic Systems and State Finance*)①的论文集形式，由理查德·邦尼选编并交牛津大学出版社于1995年出版。这个项目研究团队的成员一致认为，欧洲国家财政史不应该仅仅被作为比较现象来研究(《经济系统与财政国家》就是一个比较研究的成果)，而且还必须被作为"国别"案例来研究。于是，理查德·邦尼又选编了《欧洲财政国家的兴起：1200～1815年》(*The Rise of the Fiscal State in Europe, c.1200-1815*)②，并交牛津大学出版社于1999年出版。在以上两个论文集的选编出版过程中，我们明显感觉到有必要进一步完善财政史研究的方法。出于这个缘故，本论文集收入了一个涉及财政史不同方面详细案例的研究序列，它的出版可以说是适逢其时。本论文集一上来就提出了一个有关欧洲财政史变迁的新概念模型，用以介绍本集子收入的各篇论文。

1995年，本书的三位编者在英国埃塞克斯大学经济与社会研究理事会数据资料库(Economic and Social Research Council Data Archive, University of Essex, Colchester, UK)召开了一次国际会议，以庆祝欧洲国家财政数据库项目(European State Finance Database Project, ESFDB)数据的入存，并讨论有

---

① 《经济系统与国家财政——现代欧洲国家的起源：13～18世纪》一书中译本由上海财经大学出版社于2019年1月出版，ISBN 978-7-5642-3061-6。

② 《欧洲财政国家的兴起：1200～1815年》一书中译本由上海财经大学出版社于2016年8月出版，ISBN 978-7-5642-2156-0。

关这个研究项目和《经济系统与财政国家》出版的各相关事宜。这次会议相当专业、气氛融洽，会上不乏有洞见的演讲，学术水平要高于许多其他会议。会议期间，与会者相互交流、热烈讨论，会后根据会上听到的建议认真修改自己的论文。因此，我们相信，本书收入的各篇论文的质量足以证明这次会议和之前的研究项目的重要性。我们作这一介绍是为了抛砖引玉，并希望通过它能唤起对欧洲财政史这个重要性被大大低估的研究领域的兴趣，并且引发更有深度的讨论。

我们要感谢 Simon Fitzpatrick、Louise Harrison 和 Paul Dobson 为本书的出版提供的帮助，并且还要感激我们的堪称楷模的出版商 Shaun Tyas 的热情、宽容和支持。

W. M. 奥姆罗德、玛格丽特·邦尼、理查德·邦尼

1999 年 9 月

目　录

导论　危机、革命与自维持型增长——财政历史变迁概念模型构建

理查德·邦尼(Richard Bonney)
W. M. 奥姆罗德(W. M. Ormrod)

最近有两部集体完成的专著——其中的一部由菲利普·T. 霍夫曼和凯瑟琳·诺伯格(Philip T. Hoffman and Kathryn Norberg)任主编,另一部由理查德·邦尼任主编——试图开辟一个被称为财政史的研究新领域,并且对这个新的研究领域进行范畴界定。[①] 这两部专著发展并深化了像查尔斯·蒂利(Charles Tilly)这样的历史社会学家提出的财政变迁性质的观点。[②] 可惜,蒂利是根据相对有限的史实提出她的相关假设的,而这两部新作反映了这个研究领域学术成果的最新发展。那么,这个"新"的财政史研究领域到底新在哪里呢?[③] 有时,读者可能会觉得自己对这方面的历史并不陌生。在英国的史学研究传统中,财政史研究一直被作为宪政史研究的一个附属部分,有时是以某种方式附加在要旨阐述中令人讨厌地放在括号中介绍的内容——但从来没有被作为独立的主题来阐述。法国的史学研究传统出现了一个较新的趋势,那就是强调财政发展对于国家在中世纪显现其"现代性"的重要意义,而且还专

---

① P. T. Hoffman and K. Norberg, eds., *Fiscal Crises, Liberty, and Representative Government*, 1450 - 1789 (Stanford, 1994); R. J. Bonney, ed., Economic Systems and State Finance (Oxford, 1995). 本导论作者要感谢 Peter Jackson 教授和 K. L. Maund 博士提出了宝贵的意见,还要感谢 Christopher Wickham 教授允许我们在他的论文发表之前参阅他的论文。

② C. Tilly, *Coercion, Capital, and European States*, A.D. 990 - 1990 (Oxford, 1990).

③ P. T. Hoffman and K. Norberg, 'Introduction', in Hoffman and Norberg, eds., *Fiscal Crises*,.p.2; J.D. Tracy, 'Taxation and State Debt', in T. A. Brady Jr, H. A. Oberman and J. D; Tracy, eds., *Handbook of European History, 1400 - 1600: Late Middle Ages, Renaissance and Reformation*. I. Structures and Assertions (Leiden, New York and Cologne, 1994), p.563.

门强调了财政危机对于解释旧制度(ancien régime)濒临崩溃时(1783～1789年)——不然难以解释的——突然分崩离析的重要意义。

其他国家尤其是德国和斯堪的纳维亚的财政史研究学术传统,在很大程度上受到第一次世界大战结束后最先由约瑟夫·A. 熊彼特(Joseph A. Schumpeter)提出的财政变迁观的影响。熊彼特认为,“领地国家”向“税收国家”的转型在所难免。E. 拉德维希·彼得森(E. Ladewig Petersen)和科斯腾·克鲁格(Kersten Krüger)等学者[①]完成的较新研究对熊彼特的这个观点进行了修正,但(我们认为)没有从根本上提出质疑。如果财政史研究真的是一个“新”的研究领域,也就是说,是一个独立的重要研究领域,那么就需要证明其存在的理由,并且说明可以采用的研究方法。在这篇导论中,我们试图要证明财政史研究存在的理由,构建一个反映财政史变迁的概念模型,并且在本书正文收入的论文中举一些例子加以说明。我们把克鲁格当初在1987年提出的领地国家—税收国家转型模型(见表A.1)作为起始点。[②] 虽然这张介绍开创性转型或者变迁概念模型的表格非常重要,但本集子各论文关于欧洲财政史变迁性质的思考驱使我们认定克鲁格模型仍需要完善。克鲁格的这个模型过分局限于欧洲某个特定时期和区域,因此无法解释支出、收入与信贷之间的动态影响,或许更重要的是,无法解释支出、收入与信贷体系不稳定和/或者发生突变的原因。我们在表A.2中介绍了邦尼和奥姆罗德通过修改克鲁格模型得出的总结性结论。

表A.1　从领地国家到税收国家的转型(克鲁格模型)

	领地国家	税收国家
财政理论	Jean Bodin、Kaspar Klock、Melchior von Osse	Justus Lipsius、Barrtholomäus Keckermann
治理方式	人治;决策几乎不受约束	法治;行为受法律约束

① 请参阅文献“Bonney, ed., *Economic Systems and State Finance* (Oxford, 1995)”, pp.581－628中Krüger、Petersen和Schumpeter”名下的参考文献。

② K. Krüger, ‘Public Finance and Modernisation: The Change from Domain State to Tax State in Hesse in the Sixteenth and Seventeenth Centuries- a Case Study’, in P.-C. Witt, ed., *Wealth and Taxation in Central Europe: The History and Sociology of Public Finance* (Leamington Spa, 1987), p.52. 我们在这里转引这张表格征得了出版商Berg的允许。

续表

	领地国家	税收国家
中央政府	官员人数很少	官员人数众多;有分工明确的专业部门
地方政府	几乎自治	通常被置于中央政府控制之下
官员	本阶层家族成员	受过职业训练
国家职责	维护法律尊严和社会秩序	主动影响并规范不同的处世之道
筹款方式	实物	货币
收入来源	领地产出剩余	税收
赋税	规定用途的非经常性贡金	定期直接税和间接税
贷款	短期过渡性实物利息贷款或者领地抵押贷款	货币利息、国家长期担保或者王室不动产抵押贷款
在经济中扮演的角色	独立、主动、追求收益	把税收作为分享子民收益的手段
经济政策	干预市场,平抑价格,保障食品供应	监督市场,补贴营利性工商企业
公营企业	领地与农业和采矿业并举	通过垄断来保证供应,并推行财政定价
政治参与	影响较小、非经常的三级会议活动	先是税收授权和征管水平提升,后受到专制国家遏制
社会影响	可忽略不计,农业经济稳定	强制性提高生产率、推行社会规训、购买力再分配
统计资料	稀缺;只有助于产出估计	常开展生产力调查、家庭和土地所有者税收登记、商人和工匠登记

由战争支出不断增加造成的“财政需要”和财政规模扩大的长期影响,也许可被视为推动国家发展的主要因素。① 如果想使这一论断具有一定的正确性,那么就必须思考一些关于作用于国家发展变迁的不同因素之间关系的问题。我们现在有很多术语可用来描述国家发展变迁的结果,而“税收国家”(tax state)、“金融国家”(finance state)、“财政国家”(fiscal state)和“财政—军事化国家”(fiscal-military state)只是其中的四个术语。那么,选用其中的某个术语真的很重要吗?出于简便的考虑,我们可能会认为,不明确区分这些术语也许比较省事,因为这些术语的定义本身就有问题。此外,我们必须区分国家发展的不同时期和阶段,还应该区分处于不同时期和阶段的国家与国家在不同

① R. J. Bonney, *The Limits of Absolutism in ancien régime France* (Aldershot, 1995), p.ix.

表 A.2　欧洲国家财政史变迁概念模型构建（由邦尼和奥姆罗德根据克鲁格模型改编）

	贡纳国家	领地国家	税收国家	财政国家
财政理论	一般理论的起源；基督教时代，注释者们的一些评论	Sir John Fortescue，Jean Bodin，Kaspar Klock，Melchior von Osse：理论相对较不成熟	Justus Lipsius，Bartholomaus Keckermann。后来的"重商学派"和官房学派作者	关于高度发达信贷市场特有"产品的"高度成熟理论：提出了国家部门与国内生产总值的关系
治理方式	"掠夺成性"的统治者（通常是王朝）或者部落不惜损害相邻部落，谋求扩大自己的统治范围；采取不同的治理方式：巡游统治者在中心与外围之间建立起了主要的联系	人治，决策受约束少	高度发达的制度和明确的法律程序推进了发达的"财政宪政"	明确的信贷和税收立法以及高度发达的"财政宪政"
中央行政机构	统治者的男性亲族、姻亲和门客构成了扈从核心，并作为谋士、军事领导人和官员在行政部门任职	官员少、形式比较原始；较发达的领地国家需要相对比较发达的行政管理	官员配备齐全；权责明确的专业化部门。有些国家严重依赖捐班官员的财政贡献	政府部门齐全；制定未来计划/"规划"；行政机构开始有公共利益和公平的概念
地方行政机构	地方自治度高，但受到王室干预和/或惩罚的约束	地方自治度高，但受到王室干预和/或惩罚的约束	受到中央政府的正式控制	中央对外围实行高度发达的控制，包括严格的概算、会计和审计控制
任职官员	王室亲属和名门望族；有时也请高级僧侣担任行政官职	王室亲属和名门望族；有时也请高级僧侣担任行政官职	由科班出身的官员担任官职；但仍有很多捐班官员；科班出身的官员与捐班出身的官员关系可能比较紧张	由科班出身的官员担任官职；已废除捐班制，按功绩和推定能力任命官员

续表

	贡纳国家	领地国家	税收国家	财政国家
国家职责	维护治安，尤其是社会秩序；确保军事胜利；缔结联盟；保护附庸国；有时还要履行立法和宗教职责	维护治安，尤其是维护社会秩序；确保军事胜利；缔结联盟，保护附庸国；有时还要履行立法和宗教职责	维护治安；更加主动地影响和规范生活的各个方面	维护治安，更加主动地影响和规范生活的各个方面。规范过程有可能包括一些“社会工程”元素
筹款方法	采取不同的方式收取货币和实物缴款，包括掠夺、勒索、收取罚金，出售特许状和以法律交易牟利，索取礼金和贿赂	实物收存系统已经不那么发达，而货币收款系统变得更加发达，但两个系统仍然并存	钱币化程度低的地区仍存在实物收款现象，但总体趋势是钱币化收款；钱币化收款趋势随着钱币化程度的提升而不断提高	货币化程度高，但随着经济的发展，越来越依赖纸币和先进的支付工具
财政收入来源	掠夺和敲诈勒索；被殖民者在领地或者其他地方创造的剩余；本国或者附庸国子民的农业剩余	王领或者其他王权创造的剩余；在更加发达的财政体系中，如采矿权的开发利用	税收的重要性不断提高，但在相对落后的财政体系中，仍显著依赖由王领或其他王权创造的剩余	根据经济状况和公众舆论制定精确的税收计划。税收也许不能满足本期支出需要，经常依赖贷款和其他资产收入，并且可能成为一种常态
财政支出	与备战规模高度相关；依赖战利品和掠夺物来满足支出需要；驻军费用常需就地解决；采用强征劳役的方式来节约运输费用	与备战规模高度相关；依赖战利品和掠夺物来满足支出需要；驻军费用常需就地解决；采用强征劳役的方法来节约运输费用；在较先进的财政体系中，根据预计收入减少王室费用和军费支出（除出现紧急状况外）	与备战规模高度相关；军队规模扩大、技术发展水平提高以及陆军和海军军备的同时扩展，在持续战争时期导致军费开支失控；债务的还本付息成本在战争时期会急剧增加；但政府的其他支出在战时有可能需要削减	军队规模扩大、技术发展水平提高以及陆军和海军军备的同时扩展，导致“财政—军事化国家”获得发展；有些“财政—军事化国家”赢得了超级大国的地位；“现代”高度发达的国家可能会发生很高水平的医疗保险、社会保险和其他“福利”支出

续表

	贡纳国家	领地国家	税收国家	财政国家
财政收入	偶然征收局限于特定用途的贡金或者援金；横征暴敛和敲诈勒索发挥重要的作用；战时常会降低铸币重量和/或成色	偶然征收局限于特定用途的贡金或者援金；横征暴敛和敲诈勒索仍发挥重要的作用；战时常会降低铸币重量和/或成色；和平时期会“重铸”铸币	经常征收直接税和间接税，不再规定特定用途；横征暴敛和敲诈勒索只发挥很小的作用，或者根本就不再起任何作用；就连战时也很少降低铸币重量和/或成色；努力统一税制，避免征收累退税；税收负担更加贴近财富来源	征收高度复杂的直接税和间接税，如所得税、财产税以及其他出于最大限度地提高财政效率和推动经济发展的目的征收的关税；统一后的税制或多或少地强调“累进性”；经济增长水平和通货膨胀对于纳税人的预期产生越来越大的影响
信贷结构	偶尔借一些短期贷款，但没有公共信贷的固定结构；私人金融公司虚弱无力	支付实物利息的临时短期贷款或者以王领土地为抵押的临时短期贷款；在领地国家后期，开始利用外埠信贷市场	最初是高利率短期贷款；后来把短期贷款转换成由国家或者代议机构担保的长期贷款；利息用货币支付，并且有可能要缴税；在一些借款需求大的国家出现了复杂的低息信贷结构，但这些信贷结构缺乏整体性：国内和国际信贷市场之间存在潜在的紧张关系；有些国家创建了国家银行	浮动利率但经常是低息复杂信贷结构；国内和国际市场更趋一体化；国家的借贷能力已经达到了在之前任何债务没有显著减少预期的时候不可想象的水平；国家银行在规范和引导市场方面起到了一定的作用，但私人大银行和大量的金融机构一起扮演了“金融市场”的角色
在经济中扮演的角色	促进了贵金属和食品的积累、流通和再循环	在原始(准自给)经济中充当独立、积极和盈利的生产者角色，而在比较发达的经济中充当商品生产者的角色	税收被作为分享子民创造的利润的手段；通过引入复杂的信贷结构来对新型财富征税	税收被作为分享子民创造的利润的手段；通过引入复杂的信贷结构来对新型财富征税

续表

	贡纳国家	领地国家	税收国家	财政国家
经济政策	殖民化和奴隶制可能会成为重要的经济政策；确保基本的食品供给	旨在平抑物价的市场干预；确保基本食品供给	市场监管；补贴潜在盈利性工商企业；国家间贸易的“重商主义”干预政策；为了构建排他性贸易优势和获取原材料，收购海外产业	在国内危机或者战争时期，对经济进行强势干预；在和平时期，对工商业实行放任自流程度较高的政策，但管制仍是常态；在影响利率和货币供给方面扮演至关重要的角色；有些国家为了满足政府的借款需要而操纵通货膨胀；而另一些国家市场监管失灵，发生“恶性通货膨胀”
公共事业（或企业）	除军队外，没有任何公共事业	与王领有关的农业和矿业公营企业	供应有保证、价格固定的专卖或专营事业；在短缺时期，对粮食和其他商品供应进行管制；王室或“国家”创办贸易公司	由于国家承担更大的职责，国家部门扩大；国家部门的某些事业（如医疗卫生、社会保险）支出增加有助于保证国家部门规模的自维持增长
政治参与	仅有为数很少的家庭或家族能够参与政治	全国三级会议很少或者不经常召开会议	政治参与度最初有所提高；税收授权和管理在有些国家后来受到“专制”统治者的限制，或者被他们废除；复杂的信贷结构要求较高的政治参与度	政治参与是一种趋势，但参与度因对信贷结构的依赖以及信贷结构复杂化而高度不定

续表

	贡纳国家	领地国家	税收国家	财政国家
社会影响	可忽略不计；除战争时期外，农业经济稳定；特权阶层享受豁免权和特许权	可忽略不计；除战时外，农业经济稳定；特权阶层享受税收豁免权和特许权	强行提高生产率；实行社会规训；导致购买力再分配；在很多国家，特权阶层享受的税收豁免权和特许权仍是阻碍财政效率的障碍	为了提高财政效率，除了享受特别税或者社会保险待遇的群体外，特权阶层享受的税收豁免权和特许权大多被废除；强行提高经济生产率，已成为改变税收结构的关键；规模相对较小的税改在民主国家具有显著的选举意义
统计/会计	很少使用；开展有助于产出估算的调查，但主要是出于税收的考虑；难以编制任何形式的收支平衡表	很少使用；除了比较发达的财政体系外，仍只进行有助于产出估算的调查；在原始财政体系中，很难编制任何形式的收支平衡表	经常组织生产率调查；编制房屋和土地所有者登记册、商人和工匠登记册；已经采用比较复杂的会计技术，并且已有比较明确的预算和现金流概念	统计水平大大提高；趋向于频繁进行统计和频繁利用统计数据。最终编制和公布月度统计数据（如英国公共部门融资缺口、国际收支、通货膨胀、利率等统计数据），并且定期组织十年一次的人口普查并公布普查结果
不稳定成因/变迁成因	内战、外敌侵犯、对边远地区失去控制——都有可能导致国家被推翻，而主要财政体系也因国家被推翻而被废除	在技术变革、军事开支不断增加时期，与军事实力更强的国家发生激烈的军事冲突，有可能颠覆除最强大的领地国家以外的所有领地国家；在长期军事冲突中，可靠的贷款和税收来源是决定胜败的关键；在外国军事冲突中保持中立，或者稳定的军队规模和军费支出，就有可能确保自己的存续	高债务还本付息成本或者高债务—收入比率有可能导致准破产；由于公债具有契约性质，因此，无法拒付公债；王室与强大的利益集团在制定“财政宪法”的问题上陷入政治僵局；国家面临被某个大国通过军事干预颠覆的危险	出于意识形态的考虑而想让国家“逆变”的努力从长期看能否取得成功，仍有待证明；医疗和社会保险支出必然趋向于随着平均寿命的延长而增加；战争的高技术成本也会阻止即便不动用核武器和生物武器的“持续”冲突

发展时期和阶段的主要财政体系。某个主要财政体系与国家所处的某个发展时期或者阶段并没有任何必然的关系，因为至少在较早的历史阶段有可能发生逆转。而且，欧洲国家的财政体系（更不用说规模）各不相同，这早已成为研究的难题：当我们对法国与波兰或者英格兰与威尼斯进行比较时，就不是在比较两个相似的国家。如果我们要进行任何有效的国家发展分析，那么就必须消除这样的保留意见。我们也许都同意：法国和波兰是两个截然不同的国家；但到了 16 世纪末和 17 世纪，它们都拥有一定的所谓“主权”。当波兰不再是一个主权国家时，这倒不仅仅是因为波兰作为国家自身不断衰弱，而是因为波兰作为国家在它与邻国的关系中不复存在：国家的分裂结束了波兰国家作为财政实体以及更加一般意义上的政治实体的历史。或者相反，一个较大财政实体占据许多外围财政实体，一个蒂姆·桑顿（Tim Thornton）在讨论英格兰君主国与它某些“自治领”（dominions）之间的关系时描述的那种情况（见本书第四章）。

因此，我们必须把近代国家的中世纪和近代早期“替身”作为最终占据相同地理位置的近代国家来接受，而且还必须承认“国家地位”这个概念并不是静态不变的，而是在作为政治体的国家内部最有影响力的概念之一。因此，一个所谓的“领地国家”[domain state，譬如说，亚诺什·巴尔塔(Janos Barta 在本书第一章描述的中世纪的匈牙利）]也许必须根据一套与后来的“财政国家”（如 18 世纪晚期的英国）不同的规则来运行。已经有学者在其他场合表示，所有这些不同的总和也许可被适当地认为是某个特定国家在某个特定时期的“财政宪法”。[1] “财政宪法”这个术语有巨大的优势，但我们必须承认，欧洲的宪法体验是一种对成文并且日后可被废除的专门文献的体验：相比之下，“财政宪法”主要是一些有可能随着时间逐渐变化的实践和态度。因此，“财政宪法”这个术语说的是一种主要财政体系在某个特定国家历史的某个特定阶段所采取的特定形式。

无论我们在把“国家”这个术语用于任何不同时期时持有怎样的保留意见，像“领地国家”、“税收国家”、“金融国家”、“财政国家”和“财政—军事化国

---

① R. Bonney, ‘Revenues’, in Bonney, ed., *Economic Systems and State Finance*, pp.431 - 8.

家"这样的总体概念都是众所周知,并且不可能被忽略,本导论的目的之一,就是要表明重视更加精确地定义这些术语的态度。如果我们不能确切地使用这些术语,那么就不可能构建一个反映欧洲财政史变迁的符合逻辑、理由充分的概念模型;而倘若没有这样一个反映欧洲财政史变迁的新模型,那么,我们将继续遇到如何界定欧洲历史不同时代或者欧洲各国历史上发生的"财政危机",更不用说如何界定欧洲历史不同时期或者欧洲各国历史上爆发的"财政革命"的问题。随着可用的史料的不断增多以及对史料阐释的不断丰富,财政问题的分析研究也出现了乱象。我们不再是只需要更多的"史实",而且还需要能用来与可获得的新史料进行比对的更加精致的参考系。也许,我们再也不能对某些旧史料进行想当然的阐释,而是必须重新比照更加精致的新参考系来进行新的阐释。但不管怎样,在能够构建各不同方面更加详尽的国家变迁模型之前,我们必须认真考虑一些相关的基本问题。

我们现已掌握充分的史料可以证明,约 1815 年前的欧洲财政史并没有遵循任何线性模式发展:财政发展常是起伏不定。皮科克-怀斯曼(Peacock-Wiseman)根据英国公共支出相对较近期的历史证据[①]提出的"位移效应"理论,虽然对于我们要考察的问题具有无可争议的重要性和相关性,但对于考察收入、支出和公共信贷增加(或者减少)之间的相互影响关系仍然显得过于简单。我们为什么要选择"危机、革命和自维持型增长"作为本书的书名呢?或许,我们也可以为本书取其他名字。书名中的前两个词虽然已被很多史学家用滥,但我们仍选用它们,原因就是它们使人想到财政史研究需要更加精确的术语。书名中的最后一个词组"自维持型增长"不太常见。我们并不准备为使用这个词组而表示歉意:"自维持型增长"是欧洲和美国现代"财政国家"最显著的发展状态,当然也是在货币主义理论粉墨登场以及撒切尔—里根试图"迫使国家逆变"(roll back the state)之前 20 世纪的大部分岁月里最显著的发展状态。因此,我们想构建一个国家变迁的基本模型把本书书名中的三个词或词组串联起来。首先,我们认为,危机发生在财政体系内部,但不会改变财政

① R. Bonny 在文献"Bonney, ed., *Economic Systems and State Finance*"的"导论"(pp.8-9)和引文中讨论过这个问题。

体系的基本性质——我们以马克·格林格拉斯(Mark Greengras)对宗教战争期间法国财政体系混乱状况的描述为例来表述财政体系危机(见本书第六章)。或者,财政体系危机表现为陷入绝境的形式,法国的财政体系在18世纪80年代就是陷入了这种绝境——理查德·邦尼已经在其他场合评论指出,"几乎没人会质疑旧制度结束前法国财政危机的严重性,或者说,财政绝境本身就是一个释放法国大革命能量的重要突发事件"①。因此,我们可以认为有可能发生不同类型的财政危机,有些财政危机我们有能力解决,但另外一些财政危机也许发展到了失控状态,然后就促发了财政革命。

其次,我们认为,革命会导致财政体系更替(由一种财政体系转变为了另一种财政体系,一种需要先考虑财政体系性质的论点)。文森特·莫斯(Vincent Moss)曾经指出,财政革命是由"收入总量在量上的增长与所筹收入类型在质上的变化两者合力引发的"(见本书第二章)。那么,难道莫斯在他的诺曼底"财政革命"中描述的变迁根本就不是什么一般财政体系内部的结构性收入变化,而是一场被我们定义为一种财政体系被另一种财政体系取而代之的财政革命?彼得·库尼奇(Peter Cunich)论述了短期革命问题(见本书第五章)。英格兰亨利八世(Henry VIII of England)的土地收入在16世纪30年代末增加了3倍多。在库尼奇看来,这就"代表着由英格兰宗教改革前的国家财政引发的一种革命性变迁"。然而,这种革命性变迁是不是我们所说的长期革命(一种财政体系取代另一种财政体系,在我们的英格兰案例中是一种财政体系反过来被之前的另一种财政体系所取代),可是一个更有争议的问题。因为英格兰的这次财政变革努力并没有持续很长时间。此外,后一种论点对于我们使用"革命"这个词并不一定就没有争论的余地:法国使用"纸券"(assignat)的实践只在18世纪90年代持续了7年,但在回归修改前的财政体系之前的短时期内肯定是引发了一场财政体系革命。② 因此,持续时间的长短并不是检验是否发生财政革命的关键指标(尽管我们在下文认为,它是检验财政体系

① R. Bonney, 'What's New about the New French Fiscal History?', *Journal of Modern History*, 70 (1998), 640.

② E. S. Brezis and F. H. Crouzet, 'The Role of assignats during the French Revolution: An Evil or a Rescuer?', *Journal of European Economic History*, 24 (1995), 7-40. 这个文献在它的第11-12页讨论了纸券实践的不同阶段。

主要特征的一个有效指标)。我们认为,财政革命的必要条件是它对财政体系的各主要组成部分(支出、收入和信贷)产生全面的影响,而不是仅对其中的某个主要组成部分产生影响。亨利八世治下发生的都铎(Tudor)王朝财政革命更像是只影响收入,而并没有影响支出、收入和信贷之间动态关系的革命性变迁。

最后,我们认为,“自维持型增长”是现代“财政国家”内部的一种发展模式。20世纪现代“财政国家”的自然发展阶段就是一个自维持型增长阶段,因为这个发展阶段就是由许多不可阻挡的压力因素促成的。想要阻止这种自维持型增长的发生,就必须采取积极的政治行动来“迫使国家逆变”。现代国家政府由于面临不同的政治、经济和社会因素,因此被认为很难做到这一点。虽然这样的努力从长期看有可能取得成功,但我们认为,国家就会迎来一种新的“后现代财政体系”,一种停滞不前或者根本就没有任何发展可能性的财政体系。不管这种财政体系的支持者提出怎样的豪言壮语,这是一种从概念上讲有问题,但在实践中无论如何总要以坚持不懈的方式去实现的财政体系。现代“财政国家”的自维持型增长阶段必须与之前的“税收国家”区分开来。之前的税收国家,无论其收入基础有多么现代,其信贷结构有多么复杂,都无法通过这种构成现代性本质的自维持型增长的检验。我们把甘林达·范德恩特、万迪杰·弗里奇、埃德温·霍林斯和路德·利艾斯科(Leendert van der Ent, Wantje Fritschy, Edwin Horlings and Ruud Liesker)合著的描述18世纪尼德兰合省联邦的那一章作为这种不可持续增长型财政体系的证据(见本书第十章)。

因此,我们提出的变迁概念模型牵涉到考察本书书名的三个构成术语“危机”、“革命”和“自维持型增长”。为了解释并说明财政体系在时间上的各种不同变化,我们必须理解这三个构成术语的意思。为了详细考察这三个构成术语,我们必须先要进一步完善我们对不同财政体系的了解。但在这之前,还应该采取一个基本的预备步骤,那就是明确如何评判财政“体系”的主要特征。

我们把“财政体系并不一定只有某个单一特征”作为“公理”,而是认为不同的财政体系可能都有自己的一组元素或者特征,如近代早期一种财政体系内部通常有“领地”和“税收”两个结构。我们的收入检验指标最好是一个定量指标：如果在总收入中，领地来源而不是税收来源的收入占到 51%(我们将在后面回过头来再讨论这种区分的困难)，那么，我们说这种财政体系主要具有“领地国家”财政体系的特征。[①] 尽管如此，我们还应该采用另一个检验标准，那就是财政体系主要特征的持续时间。例如，有些“领地国家”为了应对突发的紧急事件，自行变成了“暂时的税收国家”，但过后又重回“领地国家”。我们认为，尼古拉·巴拉特(Nicholas Barratt)对 1330 年前英格兰的研究讲述了这种情况(见本书第三章)。这种畸变的失常情况对于我们来说并不是可以断定财政体系发生变化的充分证据。

只有财政体系变迁在时间上的持续性才能表明，从一种财政体系到另一种财政体系的变迁已经发生，而临时应急措施则必须转变为永久或者准永久状态。只有在财政收入总是主要来源于税收的情况下，我们才能认为相关国家进入了真正的“税收国家”阶段。实际上，在国家发展处于某个阶段早期的时候，通常很难精确定量评估国家财政收入的不同构成分量。此外，另有充分的理由认为，仅考虑财政体系的收入基础而不考虑财政支出和信贷结构的做法，由于关注面过于狭窄，因此有可能会面临无法观察到财政体系正在发生质变的风险。财政体系在时间上的变化并不必然会发生性质变化：有人可能会说，最成功的财政革命就是那种之前没有发生危机，但由渐进式变化促成的财政革命：荷兰和英国的例子似乎可以证明这一点。我们关心的是，如何发现决定性变化、制度裂变以及新的财政体系最终取代旧的财政体系的重要契机，这就需要一种在缺少财政体系各不同方面精确的定量数据的情况下进行定性评价的指标。这种指标不但应该能够评价财政业务规模，而且还能够评价财政体系的成熟程度；事实上，财政体系成熟程度的提高有可能导致财政活动规模的扩大。

我们希望从“领地国家”在欧洲成为常态之前的情况开始我们的考察。由于这样的国家位于本论文集考察的时间范围之外，因此，我们必然只能对“领

① The argument of Krüger concerning Hesse in 1704: Krüger, ‘Public Finance and Modernisation’, p.59: ‘domain and tax state were almost in equilibrium.’

地国家”进行简要考察。但不管怎样，我们在其他场合简单介绍过罗马帝国和卡洛林王朝帝国的财政体系。[①] 因此，我们在这里的目的只是简单说说本研究主要研究的财政体系的这两个“先驱”的标志性特征。显然，罗马帝国既有某些“税收国家”的特征，又有某些“领地国家”的特征。罗马帝国曾经历过从货币纳税到实物纳税的转变，这种转变可被视为从“税收国家”到“领地国家”的转化。我们可以认为，向意大利尤其是罗马纳贡（战利品、贡金和谷物）就意味着——就罗马像殖民帝国这一点而言，罗马的财政体系就像是“领地国家”的财政体系：由于有全帝国纳贡，因此，意大利和首都罗马居民的税负较轻。不过，为了提前说说J. J. 特帕斯科（J. J. TePaske）（见本书附录二）和凯瑟琳·戴斯巴拉兹（Catherine Desbarats）（见本书第十二章）完成的分别考察西班牙和法兰西殖民帝国的章节，我们必须关注罗马帝国的“净负担”：罗马帝国显然至少把罗马的部分税收再分配到了帝国的其他地方；战利品可能通过正规或者非正规渠道从罗马帝国的某个行省流到其他行省；大笔收入可能在某个行省收上来以后并没有上缴罗马便就地支用了。

因此，这种财政体系的主要特征既不是“税收国家”也不是“领地国家”财政体系所固有的特征。在没有找到更加合适的名称的情况下，不妨暂且称它为“纳贡”（tribute）型财政体系，因此，我们倾向于把罗马帝国的财政体系说成是“贡纳国家”的财政体系。虽然罗马帝国各行省要向帝国缴纳各种不同的贡品，但各行省可能已经推行不同的制度和组织架构，因为罗马帝国在各行省的权力已经经历了兴衰。各行省向罗马缴纳战利品和贡金，但它们因为内部也推行自己的贡纳制度而已经是潜在的权力基础：这些不同的内部纳贡体系在内战期间相互之间也在不断争斗。罗马帝国体系由于它自己的复杂但未必是财政的原因而分崩离析。罗马帝国解体以后，关于罗马帝国财政实践的集体记忆“几乎已经消失殆尽”，但这种观点现在受到了某些近代史学家的质疑。他们举例证明了罗马帝国与卡洛林王朝帝国之间存

---

① 关于罗马帝国的财政体系，请参阅文献：R. Bonney，‘Introduction’，in R. Bonney，ed.，*The Rise of the Fiscal State in Europe*，*c.1200－1815* (forthcoming). 关于卡洛林王朝帝国的财政体系，请参阅文献：W. M. Ormrod and J. Barta，‘The Feudal Structure and the Beginnings of State Finance’，in Bonney，ed.，*Economic Systems and State Finance*，pp.53－56.

在财政实践的连续性。[①] 虽然罗马帝国和卡洛林王朝帝国之间有可能存在一定程度的财政实践连续性，但在我们看来，可以认为卡洛林王朝帝国从它的特征看也许可被视为“贡纳国家”。奥姆罗德和巴尔塔（Ormrod and Barta）在其他场合已经指出：“查理曼大帝（Charlemagne）的很大一部分财富可能是在采取军事行动期间获得的战利品和被征服的依附民缴纳的贡品：确实，特别需要强调中世纪早期欧洲所有成功的财政体系的掠夺性质……”[②]在并不希望详细考察像埃及和波斯帝国那样的其他早期国家的前提下，我们也许可以说，这些国家虽然在它们占主导地位的贡纳制度内部也已经存在竞争性的税收和领地元素，但具有“贡纳国家”的基本特征。

我们已经说过，目的论可能不适合财政史研究。某种财政体系一旦崩溃，未必就会按照某种预定的“纠错”顺序被另一种财政体系所取代。因此，“贡纳国家”并不必然会取代“领地国家”；然后，“领地国家”被“税收国家”所取代；最后，“税收国家”被“财政国家”所取代。一般来说，如果之前的财政体系包含多个竞争性元素，那么，在有利的政治和经济条件下，这种财政体系所包含的竞争性元素都有可能突然成为主导元素。因此，至少从理论上讲，也可能出现“领地国家”不经过“税收国家”阶段直接跳跃过渡到“财政国家”的情况。普鲁士就提供了这样一种值得关注的发展模式。到了 18 世纪，普鲁士已经变成了

---

① Ormrod and Barta，‘Feudal Structure’，p.53.然而，George Grantham 在他发表的一篇电子版论文中表示，“Goffart、Magnou-Nortier 和 Durliat 最近对罗马帝国及其继承王国的财政体系做出的评价表明，‘野蛮人’在拥有并保持旧时财政机器一直到 9 世纪下半叶卡洛林王朝帝国最终解体期间也知道它（旧时的财政机器）是有用的东西”。G. Grantham，‘The Basic Characteristics of Marc Bloch's Caracteres Originaux. An Essay on French Rural History’，这段引语引自 W. Goffart 的“From Roman Taxation to Medieval Seignury：Three Notes，Speculum，47（1972），165－87，373－94”、E. Magnou-Nortier 的“Le grand domaine：des maîtres，des doctrines，des questions，Francia，15（1987），659－700；idem，Un grand hisrorien：Walter Schlesinger，Francia，16（1989），155－67，esp. p. 167”和 J. Durliat 的“Les finances publiques de Diocletien aux Carolingiens，284－889（Sigmaringen，1990）”。Durliat 的研究力图证明，卡洛林王朝的财政依赖于比较固定的收入来源，而不是贡品。同上，p.286：“承认卡洛林王朝统治时期财政支出的巨大规模，而不去研究比战利品、封建规费或者公地收入更加重要的收入来源，那么同样会进入死胡同”（Reconnaître l'ampleur de la dépense publique sous les Carolingiens sans rechercher des sources de financement plus substantielles que le butin，les tonlieux ou les revenus des terres publiques aurait conduit a une impasse symetrique）。Durliat 提到了那种认为“从罗马帝国传承来的公共税收可能与梅罗文加王朝同时消失”（‘l'impôt public herité de l'empire romain aurait disparu en même temps que la dynastie mérovingienne’）得到普遍认同的观点（ibid.，p.189）。

② Ormrod and Barta，‘Feudal Structure’，p.55.

"税收国家",但仍带有明显的"领地国家"剩余元素(1740年,在普鲁士的财政净收入中有46%的领地收入)。就在1806年普鲁士遭遇政治和军事失败,并且因此而丧失领土和人口前不久,也有人接受那种认为普鲁士重又回归"领地国家"的观点。而且,这种观点在当时几乎占据了上风。当普鲁士在19世纪末以"财政国家"的面目出现时,仍具有明显的"领地国家"特征。因此,有必要重新考虑"税收国家"相对于"领地国家"而言的现代性问题。其实,这主要是看"领地国家"的特征。[①]

也有可能出现某个国家的财政体系领先于同时期其他国家的财政体系的情况:有大量的证据可以证明,盎格鲁—撒克逊人治下的英格兰就是"税收国家",而不是"贡纳国家"。克里斯托弗·威克汉姆(Chistopher Wickham)曾表示,"11世纪,英格兰就其纳税能力而言是拉丁语基督教世界中独一无二的国家","即使到了1200年,英格兰的簿记技术仍然比欧洲任何其他国家至少领先半个世纪"[②]。在欧洲其他地方,虽然没有取得任何在所难免的进步,但"贡纳国家",总体而言,在中世纪的某个时期都被某种形式的"领地国家"所取代:贡纳制度是一种只存在诉诸武力勒索农业剩余或者其他财富这种相对比较简单的需要的财政体系,而"领地国家"和"税收国家"需要更加成熟的政治和制度架构来评估产值或者财富。熊彼特认为"领地国家"必然会过渡到"税收国家"的论点,就如我们在引言开篇所看到的那样,已经经过了修正,但新近并没有受到学术界的根本质疑。我们认为熊彼特的论点是有缺陷的,因为"领地国家"与"税收国家"之间的区别并没有明确的评判标准:在一种我们可以定义为具有"领地国家"主要特征的财政体系内部也存在税收。此外,"领地国家"有两个不易调和的宽泛定义。第一个我们可称之为"领地国家"定义的"宪法"观。这种观点基本上把"领地国家"视为统治者行使君主特权或者法国历史学所说的"封建财政权"(fiscalité féodale)的国家。根据这种观点,"领地国家"蜕变为"税收国家",就意味着统治者对其子民行使一种几乎无所不包的超然财

---

① Bonney, 'Revenues', pp.461 - 3; R. Bonney, 'The Eighteenth Century. II. The Struggle for Great Power Status and the End of the Old Fiscal Regime', in Bonney, ed., *Economic Systems and State Finance*, pp.365 - 8.

② C. Wickham, 'Lineages of Western European Taxation, 1000 - 1200', in M. Sánchez Martínez, ed., Corona, *Municipis i Fiscalitat a la Baixa Edat Mitjana* (Lleida, 1997), pp.25 - 42.

政权。这种权力可能源自统治者与代议机构的磋商，但常常会转化为一种王权。法国历史学家可能会把这种财政权称为国家财政权(fiscalité d'état)。第二个定义或者理解“领地国家”的观点可被称为“经济”观。经济观把“领地国家”的财政体系看作是开发利用土地、奴隶制、矿藏、造币等封建领主资源和自然资源的手段。相比之下，这种观点把“税收国家”视为一种把税收建立在全国可再生经济资源上并且(在本国政治约束因素或者我们所说的“财政宪法”的约束下)把一大部分经济资源作为税收基础来利用的政治经济体发展手段。

“宪法”观和“经济”观两者并非完全相容，但在应用于案例研究时会变得界限模糊。在丹麦1426～1857年案例的研究中，“宪法”观把松德(Sound)海峡的通行费归入领地收入，而“经济”观则把松德海峡的通行费视为税收收入。一种折中的观点可能会认为，领地收入完全可以包括税收收入；丹麦松德海峡的通行费收入其实就是税收收入，就如同在西班牙美洲课征的税收。但不管怎样，从君主征税权的角度看，这两种收入应该能够减轻丹麦和卡斯蒂利亚子民的财政负担。就此而言，这两种收入不论其经济特点如何，都具有领地收入的基本特征。[①] 随着时间的推移，“领地国家”有可能变得更加成熟：我们并不接受“经济变迁自然会导致‘领地国家’消亡”的论点。在我们看来，克鲁格的领地国家—税收国家转型模型(见表A.1)是基于“领地国家”严重依赖实物支付方式，而“税收国家”则依赖货币支付方式的假设提出的，这个模型只能部分反映非常复杂的现实。[②] 严重依赖实物支付方式的情况也可能出现在“税收国家”，而钱币化(monetization)水平本身就是对“领地国家”转型为“税收国家”的成因的一种不充分解释。克鲁格的转型模型也没有充分强调那个时代的理论家对君主在“领地国家”财政体系下承受额外支出的能力强行规定的约束。[③] 即使这些理论上规定的约束实际并不存在，但额外支出最终能通过税收或者借款筹到资金，也是有它的实际原因的。[④] 但不管怎样，克鲁格坚持认为“‘领

① Bonney, ‘Revenues’, pp.456 - 9, 461 and sources cited.

② Krüger, ‘Public Finance and Modernisation’, p.52.

③ E. Isenmann, ‘Medieval and Renaissance Theories of State Finance’, in Bonney, ed., *Economic Systems and State Finance*, pp.38 - 43.

④ B. Poulsen, ‘Kingdoms on the Periphery of Europe: The Case of Medieval and Early Modern Scandinavia’, in Bonney, ed., *Economic Systems and State Finance*, pp.117 - 18.

地国家'的财政体系往往难以消化借贷费用，因此很可能会采取抵押王领或者王田的方式”，肯定是对的。

我们在其他场合提出过一种替代模型。在这个替代模型中，我们把“领地国家”分为“原始型”、“较不原始型”、“企业型”和“殖民型”四种类型的“领地国家”。[①] 我们所说的原始型领地国家是指统治者只能在产地消费其领地物产：既没有市场销售，也没有能够管理货物销售的集中征收点，因此无法确保实物支付转变为现金支付。原始型“领地国家”财政体系的缺点就是，如果统治者想要享用自己的实物收入，那么就得过巡游生活；此外，这种财政体系缺乏灵活性，不能满足战时的财政需要。显然，较不原始型领地国家由于有中央和地方两级行政管理机构确保实物贡品的征收、储藏和消费，因此境况要好些。另一种可能的过渡形式是从较不原始型领地国家过渡到企业型领地国家。16 世纪大量的实物税收而不是货币税收的征收和使用，起到了保护王室免受物价突然波动或者货物短缺困扰的作用。对矿产资源的系统开发应该能够允许比较发达或者“企业型”领地国家克服某些原始型领地国家固有的局限性。我们在其他场合已经说过，“企业型领地国家不必拥有殖民领地，更不用为了减轻本国子民的税负而对殖民领地横征暴敛：只需获得新的领土，或者更加有效地开发自己的领地并且鼓励经济发展”。[②] 殖民型领地国家，如西班牙帝国的墨西哥、秘鲁和其他拉美国家，无疑都有其被掠夺的贡纳国家的起源。但不管怎样，这种原始型领地国家的财政体系凭借自身的力量转变成了税收国家的财政体系，一种继续为卡斯蒂利亚王室带来所谓领地收入的多金库财政体系（就如特帕斯科所介绍的那样）。企业型领地国家就是指统治者或其官吏在有效开发农业、矿产或者任何其他可支配资源（包括通过鼓励移民开发利用人力资源）方面发挥积极作用的领地国家。18 世纪的普鲁士虽然税收已经占其净收入的很大比例，但仍保留了这种特点。[③]

如果要对领地国家的财政体系本质进行总结的话，我们认为领地国家的

---

① Bonney 在文献“‘Revenues’, p.451. Ibid., pp.447 - 63”中比我们在这里更加详细地阐述了关于不同类型领地国家的模型。

② Ibid., p.460.

③ Ibid., p.460 - 3. 关于普鲁士鼓励移民的问题，请参阅文献：Bonney, ‘The Eighteenth Century, II’, p.317.

财政体系就是一种统治者通过行使王权来敛取钱财的财政体系。统治者可以通过行使土地所有权、收入享用权、封建领主权(各种封建权利和对教会的权利——库尼奇的论文讨论了亨利八世治下英格兰领地收入中出现的所有这些元素)、通行费和关税征收权、专营或专卖权(如食盐、金矿和银矿、造币等)以及向附属民征收贡赋的权利来敛取钱财。一般来说,领地国家支出水平较低。因为,只要国家没有进入战争状态,那么,领地国家的支出只包括统治者的家庭支出和有限的政府支出。领地国家统治者的权力只受到非常有限的"宪法"约束,因为三级会议或者代议机构常常势单力薄。斯坦因(Stein)在评论普鲁士 19 世纪初的经历时曾经指出:"王领是国王实际摆脱三级会议控制的物质基础。"[①]请读者自己拿勃艮第(Burgundy)这样的省份与就连路易十四也要——像朱利安·斯万(Julian Swann)在税收国家的背景下所展示的那样——与其强大的三级会议磋商的省份进行比较(见本书第十一章)。领地国家有了有效的行政管理机构,就有可能存续下去,甚至走向繁荣。但一般来说,这种国家难以实现行政管理效率的最大化。

领地管理是一般财政体系管理的一种范式。王田管理过程中遇到的问题,在很多方面类似于税收国家可能遇到的问题。[②] 王田和王室其他资产的分散性类似于中世纪和近代早期欧洲国家的多重赋税。领地国家通常没有统一的行政管理体系;王室常常拥有多块领地(在英格兰叫"demesne land"),而不是一块领地;王领收入缺乏灵活性和弹性,就如同国家的很多税种。试图按照"现代"思路来调整王领,有可能会遇到很多问题:这通常就相当于筹措军费,而不是按自己的方式管理王领。在大多数情况下,"领地国家"对于财政改革多持短期观,而不是长期观,但在这方面,领地国家的遭遇并不比税收国家更加糟糕,比较成熟的王田管理同样也存在税收官能否依法征税、是否贪污腐败等问题,而这些问题对于理解领地国家的一般财政体系也是至关重要。

克里斯托弗·威克汉姆已经在一篇重要的会议论文中指出,基于税收的财政体系在 11 和 12 世纪"开始崭露头角"。他区分了特别贡金、租金和经常

---

① J. Gelabert, 'The Fiscal Burden', in Bonney, ed., *Economic Systems and State Finance*, p.545.

② Bonney, 'Revenues', p.449.

征收的税收["统治者根据确定性和经常性标准从全体子民(免税者除外)那里攫取的资源"]。统治者刚开始征税时并没有放弃索要特别贡金和租金;而"在他们正式征税以后就有机会改变他们的权力性质"。税收往往比贡金经常征收。税收需要计征规则和征管机构,并且需要在某种程度上征得子民的同意。[①] 税收也能存在于一个主要具有领地国家特点的财政体系框架内,但就如克鲁格所指出的那样,这时的税收往往采取局限于特定用途的非经常性贡金(aid)的形式。相比之下,在税收国家,统治者的大部分收入来自税收;国家的税收虽然有各种不同的类别,但都有规则性的特点,因而还有准经常性的特点。税收的性质比较复杂,并且需要一个应该考虑到时间上变化的定义。

现代意义上的税收就是政府利用强制性权力向个人索要钱财,而这种强制性权力已经被奉为权利。那么,早期的税收是什么呢?早期的税收似乎取决于需要,但到后来才变成权利。早期,税收应该与统治者本人的需要——为统治者赎身、为其长子加封或长女出嫁;在有些传统中为发动圣战——有关。导致税收需要的,常常是战争。因此,税收国家也许首先可被视为军事发展的产物:税收问题就是筹款问题,因此是反应性的,是由支出尤其是战争支出驱动的。税收公平与正义战争是彼此有关的概念。[②] 征税必须有正当的理由,而想要征税,就必须与法人社团、三级会议或者代议机构进行协商。这些社团或者代议机构所发挥的作用必然会导致公平税收准则的颁布。譬如说,神圣罗马帝国在 1747 年颁布的税法规定,"税收必须普征;税收必须由全体社会群体和法人社团承担;税收必须与纳税人个人的纳税能力相称;税收必须能够忍受;最后,预计的税收收入必须足以满足收入用途"。[③]

显然,几乎没有哪个税收国家能够始终满足所有这些税收原则所提出的要求。税收普征原则,也就是税收必须由全体社会群体平等承担,被证明是最难贯彻的。迈克尔·克瓦斯(Michael Kwass)在本书第十三章中指出,在法国大革命前,法兰西王国在推行直接普征税方面已经取得了很大的进步。特权不断被废除,而"享受特权的纳税人"也变成了真实而不是虚幻的个人。然而,

① Wickham, 'Lineages of Western European Taxation'.

② Isenmann, 'Medieval and Renaissance Theories', p.32.

③ Ibid., p.37.

虽然特权阶层要比过去缴纳更多的税收，但仍然没有缴纳很多直接税，而且这是在一个间接税变得日益重要的世纪里发生的事。在法国大革命期间，财政特权基本上被全部废除。但是，就如唐纳德·萨瑟兰（Donald Sutherland）在本书第十五章里所指出的那样，直接税被证明在18世纪90年代仍很难征到，并且依旧非常不受土地所有者们的待见。刺激农业增长的长期目标促使法国历届政府减轻土地所有者的财政负担。法国革命者所希望的真正“财政平等”——即“财政公平”——在法国大革命以后，就如同在法国大革命以前，还是遥不可及。即使在当时英国这个新兴的财政国家，真正的财政公平和累进税收仍然是不可能实现的理想。不过，就如帕特里克·奥布赖恩和菲利普·亨特（Patrick O'Brien and Philip Hunt）在本书第八章中指出的那样，由征收效率相对较高的消费税所证明的税收普征，为收入指数式增长奠定了基础，而收入的指数式增长在1688年以后的战时财政中已经变得不可或缺。

我们把以下这个命题作为公理：就如领地国家可能经历不同的成熟程度并开展过不同的经济活动那样，税收国家也可能经历不同的成熟程度并开展不同的经济活动。我们必须区分“原始”和发达的税收国家。根据格哈德·奥斯特莱西（Gerhard Oestreich）的论述，德国史学家倾向于认为16世纪见证了所谓的“金融国家”的发展。[①] 不过，在我们看来，这仅仅是税收国家发展过程中的一个阶段，这个阶段的特点就是政府在没有充分成熟的金融体系支持的情况下越来越依赖借贷。朱利安·古达尔（Julian Goodare）（在本书第八章中）介绍的苏格兰君主国在16世纪90年代遭遇的危机以及这个国家的主要金融家托马斯·弗里斯（Thomas Foulis）的命运可用来说明有可能遇到的这类问题。17世纪初，卡斯蒂利亚已经出现更加成熟的由国际金融家财团控制的金融体系。胡安·E. 格拉贝特（Juan E. Gelabert）考察腓力三世（Philip III）和腓力四世（Philip IV）治下债务问题的研究表明，债务结构过于刚性，不能满足这两代卡斯蒂利亚国王的政治和军事野心（见本书第九章）。卡斯蒂利亚王

① G. Oestreich, *Neostoicism and the Early Modern State*, ed. B. Oestreich and H. G. Koenigsberger, trans. D. McLintcock (Cambridge, 1982); W. Schulze, 'The Emergence and Consolidation of the "Tax State". I. The Sixteenth Century', in Bonney, ed., *Economic Systems and State Finance*, p.263.

室也许比近代早期任何其他欧洲君主国家的王室都更加适合充当为避免危机重新安排债务的例子，而重新安排债务以避免危机则是近代早期其他欧洲国家随后要走的路。T. J. A. 勒高夫(T. J. A. Le Goff)在本书第十四章中详细描述了法兰西王国在18世纪每一场战争过后因难以重新安排债务还本付息而遭遇的周期性债务危机。

在债务违约(违约风险)史上，债务违约和支付违约金到了税收国家发展的后期阶段，已经成为税收国家的一个重要特点。那么，一个国家怎么能够如此经常地违约，而没有对其国内外声誉造成灾难性的损害，并且也没有因此而削弱它的未来借贷能力呢？18世纪，"违约风险"仍然威胁着法国的金融市场，以至于法国的利率依然远远高于英国。路易十六(Louis XVI)在1774年登基时有意做出了不抵赖公债的选择，并且在他在位期间一直坚持这个立场。但是，如果不定期进行某种形式的赖债，那么，国家会因为赤字持续增加而无法存续下去。到了1788年，法国的债务还本付息支出已经增加到占其总支出49.3%的水平。据唐纳德·韦尔(Donald Weir)估计，虽然法国的债务本身要大大少于英国(法国国债占国民生产总值的56%，而英国国债则占其国民生产总值的182%)，但为还本付息借债的费用法国(是7.5%)远远高于英国(是3.8%)。[①] 为了回击布里索(Brissot)在他1787年发表的名叫《破产点》(*Point de Banqueroute*)的著名小册子中表达的观点，弗朗索瓦·克鲁泽(françois Crouzet)反问称"破产？为什么不呢？"(La banqueroute? Pourquoi non?)。[②]

从某种意义上讲，法国1788年发生的危机类似于霍夫曼和诺伯格(Hoffman and Norberg)所定义的那种"财政危机"[③]。但从另一种意义上讲，他们俩的财政危机定义并没有包括财政危机的决定性元素。财政危机有可能采取具有以下两个特点的绝境形式：(1) 危机已经达到其极限；(2) 危机没有

① D. R. Weir, 'Tontines, Public Finance and Revolution in France and England, 1688 - 1789', *Journal of Economic History*, 49 (1989), 95 - 124, at pp.97 - 100.

② F. Crouzet, *La grande inflation. La monnaie en France de Louis XVI à Napoléon* (Paris, 1993), p.127.

③ Hoffman and Norberg, 'Introduction', p.2："对于我们来说，财政危机就是支出同时超过收入和借贷能力。举例来说，假定某国君主因为发动或者参加战争而导致入不敷出。如果他能够通过借贷来弥补收支缺口，那么就没有发生财政危机；倘若他借不到足够多的钱，或者无力如约偿还积欠的贷款，那么就是发生了财政危机"。

通过创建新制度得到解决。因此,财政危机可以凸显对变革的需要,但危机自身又没有引发变革,随后需要的是"财政革命"。想要发动的真正"财政革命",必须对支出、收入和信贷三者间相互关系进行决定性的变革。虽然财政革命可能只持续很短的时间,但只要能够废除攫取资源的旧有来源,创造新的来源取而代之,从而真正长期提高国家的支出能力,那么就是名副其实的财政革命。这就是18世纪90年代在法国发生的事情:废除了旧时的间接税,改革直接税,并且在纸券实践中大量发行纸币。此外,就像1797年以后在法国变得显而易见的那样,财政革命有可能发生逆转。财政革命有可能改变财政结构,但并不必然能使财政结构充分近距离地与税收基础或者实体经济发生关系。收入基础有可能完全被超越:关于所有这些问题,就有必要拜读弗朗索瓦·克鲁泽的《恶性通货膨胀》(*La Grande Inflation*)。[①] 管制经济、高通货膨胀和纸券贬值的合并效应严重殃及了法国大革命的改革成果,以至于在1797年以后对财政保守主义做出回应已在所难免。尽管拿破仑痛恨借贷,并且讨厌金融家,但是,拿破仑治下进行的直接税征收体系改革和恢复间接税收的征收,都意味着拿破仑治下的税收体系并不仅仅是改革旧制度留下的财政结构的产物。在拿破仑时代结束时,现代财政国家并没有在法国取代税收国家。尽管法国大革命和拿破仑帝国推行了重要的税收变革,法国的税收国家在1814年并不比它在1789年时更加强大。借贷需要已经实际减少,但政治、社会乃至经济革命随后必然会引发持久的财政革命。

所有这些就是导致我们与认为财政革命与自维持型增长之间存在根本性区别的熊彼特模型存在重大分歧的全部原因所在。税收国家可以经历财政革命,但也有可能回归它之前的状态:奥姆罗德已经指出英格兰在中世纪晚期的情况就是如此。[②] 因此,如果能在收入、支出和信贷之间创建一种新

---

① Crouzet, *La grande inflation*. 关于这个文献和其他相关文献的评价,请参阅文献:Bonney, 'What's New about the New French Fiscal History?'

② W. M. Ormrod, 'The West European .Monarchies in the Later Middle Ages', in Bonney, ed., *Economic Systems and State Finance*, pp.123 - 7, 155 - 60. 还请参阅文献:W. M. Ormrod, 'Royal Finance in Thirteenth-Century England', in P. R. Coss and S. D. Lloyd, eds., Thirteenth Century England V. Proceedings. ofthe Newcastle upon Tyne Conference 1993 (Woodbridge, 1995), pp.141 - 64。

的动态关系，哪怕是一种临时性关系，那么，财政革命就不一定是一种纯粹的现代现象。相比之下，财政国家具有某些被我们称为“自维持型增长”的特点，其中的第一个特点就是支出、收入和信贷之间的相互影响，并且注重财政管理和预算问题。就如我们在比较 1788 年的英国和法国时所观察到的那样，经济活动规模并不重要，重要的是，有效的管理和各部门之间的动态互动。自维持型增长允许财政结构渐变：它是一种进化过程，而不是革命。有可能会发生不同类型的财政危机，但它们都是可以解决的（如英国 1797 年的遭遇）。① 在这种进化过程中，国家可以扩大它占有的国内生产总值份额，有时甚至在国民生产总值下降时扩大自己的份额。一般来说，人口规模、经济产出和影响国内生产总值的其他因素之间存在一种直接（并且通常是敏感）的关系。但首先，赋予财政国家现代性和永久性的是公债的规模及其变化：英国和法国在本书的考察期临近结束时的相对债务负担差别反映了这一事实。1818 年，英国的人均公债负担约相当于 1 210 法郎，而法国的人均公债负担才区区 80 法郎。②

当代经济学家在某种程度上达成了以下共识：必须把贷款收入看作是一种递延税收入，因为贷款需要偿还，而且从长远来看，只有经济不断增长，才能通过借贷偿还借款。③ 我们在其他场合也曾经说过，检验“一个国家的现代化能力”，不但要看它积欠债务的能力，而且还要看它重组债务的能力，也就是要看通胀和经济增长的合并效应是否接近于经济增长对国家借贷还债能力的影响。如果说英国接近于梅隆（Melon）所说的债务中性的幸福状态（“用左手借的钱还右手欠的钱”）甚或平托（Pinto）所说的巨额公共债务是国家财富来源的新世界，那么都是因为人口增长以及收入基础由于经济增长而得到拓宽。尼德兰合省联邦共和国在早年积欠了长期债务，但发现自己在 18 世纪难以继

---

① Bonney, ‘The Eighteenth Century, II’, pp.383 - 5.

② Ibid., p.382.

③ F.莫迪利亚尼（F. Modigliani）对这些问题进行了有益的讨论：F. Modigliani, ‘Long-run Implications of Alternative Fiscal Policies and the Burden of the National Debt’, *Economic Journal*, 71 (1961), 730 - 55, repr. in A Abel, ed., *The Collected Papers of Franco Modigliani. IL The Life Cycle Hypothesis of Saving* (Cambridge, Mass., and London, 1980), pp. 415 - 41. R. J. Barro, ‘Are Government Bonds Net Wealth?’, *Journal of Political Economy*, 82 (1974), 1095 - 117。

续承担偿债成本的负担。原因就是，尼德兰合省联邦共和国在18世纪，人口停滞不增，收入不增加或增加甚少，人均税收率高于英格兰，但最重要的是经济增长速度下降。①

就像我们在开篇时所做的那样，我们仍用约瑟夫·熊彼特的“财政社会学”来结束本导论，因为熊彼特的财政社会学对我们更愿意称之为“新财政史学”的东西产生过巨大的影响。我们认为应该称它为“财政史学”，而不是“财政社会学”，因为周期化和政治主角仍然对于理解造成每种财政体系内部不稳定的原因或者每种财政体系变迁的促进因素产生根本性的影响。我们已经认识到，虽然财政体系变迁中的主要参与者是君主、政治家和各政治阶级，但是，试图区分经济与政治因果关系，可能会变得太过学术性。② 熊彼特就如奥地利卡尔·伦纳(Karl Renner)内阁的财政部长那样深信，他任职于“革命时期”(就如熊彼特告诉一名记者说，“我可以向您保证，这并不令人高兴”)③；税收国家是领地国家的唯一“继承人”，而且它的未来没有危险。熊彼特曾在“税收国家的危机”(The Crisis of the Tax State)一文中表示，“这个极限——也就是导致税收国家不能生存下去的危机——肯定能够达到：毫无疑问，税收国家迟早会消亡”④。根据我们的定义，熊彼特在这里说的是“财政危机”，而不是“财政革命”。如果一种制度消亡并被另一种制度取而代之，那就是革命：就如我们在上文所说的那样，这确实是熊彼特后来对奥地利1919年形势的解读。在我们看来，熊彼特的历史分析是有缺陷的，因为他没有看到很多税收国家很早就夭折的例子：拿破仑的军队导致很多税收国家“英年早逝”。源自军事超级大国的外部威胁完全有可能导致一个突然发现自己无力自卫的税收国家不堪重负。就如我们在这里所说的那样，只有英国在1815年达到了财政国家比较高级的发展阶段，因此有能力保护自己不受超级军事大国的侵犯。

---

① Bonney, ‘Introduction’, p.15.

② R. Swedberg, Joseph A. Schumpeter: His Life and Work (Oxford, 1991), p.96.

③ Ibid., p.60.

④ J. A. Schumpeter, ‘The Crisis of the Tax State’, *International Economic Papers*, 4 (New York, 1954), 5–38; quotation here as cited in E. März, *Joseph Schumpeter: Scholar, Teacher and Politician* (New Haven and London, 1991), p.88. Schumpeter’s paper appeared originally as ‘Die Krise des Steuerstaates’, *Zeitfragen aus dem Gebeit des Soziologie*, 4 (1918), 1–71.

从政治和经济两个方面来看，英国成熟的信贷结构和保证财政持续增长的能力之间的这种组合，在当时是独一无二的：到拿破仑战争结束时，英国以唯一一个超级经济大国的面目脱颖而出。后来，英国成了超级经济大国，而其他国家也学会了如何把自己发展成真正的现代财政国家。不过，它们也不是以同样的速度发展成财政国家的：在 19 世纪的很多时间里，许多国家，尤其是美国，一直崇尚债务清偿政策和财政清廉，[1]而意大利直到 1906 年才开展了一场大规模的债务转换运动。[2] 但到了 20 世纪，“自维持型增长”不但看似可能，而且已经成为常态：公共支出和税收占国民生产总值的份额不断增加（有些国家在某些时候超过 50%），货币供给通胀性增加，借贷被作为递延税收来利用，所有这些都是经济增长时期的特点。有时（尤其是在第二次世界大战结束时的美国和意大利），通货膨胀大大降低了公债的实际价值。[3] 持续的经济衰退问题变得更加严重，但直到最近，现代财政国家的适应力才受到质疑。20 世纪 70 年代，詹姆斯·奥康纳（James O'Connor）附和熊彼特的相关论点表示，财政危机是资本主义国家支出增长快于其筹款能力的必然结果。[4] 其他学者也想当然地认为，发生财政危机的国家具有以下特点：由于经济增速下降，纳税能力达到了极限；控制公债增长难度加大（特别是在债务利率持续高于国内生产总值增长率的情况下）；[5]在一个期望不断提高、纳税人抗议不断（以及反对国家干预的呼声日益高涨）的时代，如何管理不断增加的社会保障和医疗保

---

① E. C. Brown, 'Episodes in the Public Debt History of the United States', in R. Dornbusch and Draghi, eds., *Public Debt Management: Theory and History* (Cambridge, repr. 1992), pp.229 - 54.

② M. de Cecco, 'The Italian National Debt Conversion of 1906', in Dornbusch and Draghi, eds., *Public Debt Management*, pp.263 - 84. 意大利王国债务占国内生产总值的比例在 1895 年已经高达 120%，而债务转换收益占国内生产总值的比例低到不能再低：ibid., pp.285, 288。但不管怎样，在债务转换之前，意大利的债务还本付息支出占其总收入的比例是欧洲最高的。

③ Dornbusch and Draghi, eds., Public Debt Management, pp.250, 260. 1946～1948 年，美国的公债—国民生产总值比例从 114%降低到了 83%；而在意大利，1945～1947 年，物价上涨了 1 倍，因此，公债—国民生产总值比例从 91%会下降到了 24%。20 世纪 40 年代末，英国的公债—国内生产总值比例几乎达到了 300%，但此后按名义价值计就开始下降：ibid., p.9 and Figure 1.1 there。

④ J. O'Connor, *The Fiscal Crisis of the State* (New York, 1973).

⑤ T. Sargent and N. Wallace, 'Some Unpleasant Monetary Arithmetic', *Federal Reserve Bank of St. Louis Quarterly Review* (Fall, 1981). Barry P. Bosworth 评论称：“……（美国的）利息支出是增长最快的支出项目，而其他支出项目占国民生产总值的份额则不断减小”。美国实际利息支出占国民生产总值的比例显示，里根时期的公债支出“远远超过两次‘大战’期间美国的公债支出”：Dornbusch and Draghi, eds., Public Debt Management, p.256。

险支出的问题日益凸显。① 如果自维持型增长的时代确实已经离我们而去，那么真有可能发生财政危机。但我们需要一些令人信服的证据能够证明，财政革命已经爆发，以紧缩和私有化为特点的后现代财政国家、小政府国家或者停滞不前的国家的时代已经到来。②

---

① P. M. Jackson, 'A Qualified Defence', in A. Seldon, ed., *Re-Privatising Welfare: After the Lost Century*, *Institute of Economic Affairs. Read Readings* no. 45 (London, 1996)："私人资本市场和保险公司是否能够提供手段来帮助福利国家实现目前在执行的目标呢？我们有充分的理由得出这样的结论：没有完美的替代手段……支持保险市场失灵和不完善论的逻辑是完全能够成立的。事实上，保险问题的根源在于资本市场的不完善"。我们必须正视对福利国家造成压力的人口和社会问题：Jackson 认为，在未来的 50 年里，如果不加控制，那么，英国的社会福利支出将会占国内生产总值的 4%；1996 年之前的英国 3 年经济衰退导致失业金增加了 5%。他还认为："福利国家的未来生存能力将取决于对福利待遇享受资格的审查、对福利普惠制可行性的重新评估、经济复苏的力度以及失业减少的程度"。

② 从长期看，变卖资产（"负公共支出"）不可能成为一种减少公共支出的政策。增加公债就相当于用未来的税收来替代现在的税收，因此有利于现在而不是未来相对较富的人：这种政策不能保证未来国家部门会缩小规模，除非未来几代人比现在的人更加节俭。然而，有人可能会认为，保守的政府（因为实行低税收政策而）产生巨额赤字，从而导致后续政府没钱可花：Dornbusch and Draghi, eds., *Public Debt Management*, p.11。

第一章　中世纪匈牙利的皇家财政：国王贝拉三世在位时期的皇家财政收入[①]

伽柏·鲍尔托　亚诺什·鲍尔托
(Gábor Barta and János Barta)

Regni Ungarie fines et dominatus amplitudo.

In regno Bele regis Ungarie sunt he terre：Ungaria caput regni，Croacia，Dalmacia et Rama ...

Rex Ungarie de redditu monete sue habet sexaginta mille marcas per annum. Idem habet de sale suo sedecim mille marcas. Idem habet de pedagiis et passagiis et mercatis seu foris，que omnia sua sunt，triginta millia marcarum. Idem habet de alienis hospitibus regis de Ultrasylvas quindecim millia marcarum. Idem habet de sua tercia parte -de septuaginta duobus comitibus suis — de redditu annuo vigintiquinque millia marcarum. Idem habet de duce Sclavonie per annum decem mille marcas. Unusquisque comitum septuaginta duorum semel in anno regem Ungarie procurat et antequam de mensa surgat，dona dat minus centum marcarum et aliquis eorum mille marcas. In quibus ad minus estimatur summa solius regis larga computacione decem millia marcarum. Et preter hec dona regine et filiorum regis magna in argento，in pannis sericis et equis. Et preter hec omnia populus terre regi

① 本章根据 J. 鲍尔托和 G. 鲍尔托的"Béla király jövedelmei，*Szàzadok*；127 (1993)，413 - 49"简缩、修改而成。

facit victum plenarium.①

以上是国王贝拉三世(Béla III,1172～1196 年在位)在位时期存世的一张收入报表的文字节录。这张收入报表可是匈牙利中世纪存世的稀有重要文献。然而,它的存世纯属意外。由于这份报表看上去并不像是为匈牙利王室编制的,因此没有受到类似的其他原始文献所遭遇的严重损害。这张报表是通过在匈牙利境外制作副本的形式传入境内的,并且在 15～16 世纪的英格兰被认为值得关注、意义重大而复制编入了一份手稿中。虽然这张报表的原件早已遗失,但那份含有这张报表抄本的存世手稿后来被柯尔贝尔(Colbert)买下,并且最后在法国国家图书馆找到了自己的归宿。事实上,这张报表抄本的文字内容直到 19 世纪才被匈牙利历史学家发现。尽管他们都认同这张报表意义重大,但他们和后来的匈牙利史学家对它的可靠性和有用性仍存有分歧。著名的匈牙利中世纪史学家巴林特·霍曼(Bálint Hóman)在他著名的《匈牙利货币史》(*History of the Hungarian Currency*)中第一次试图证明这张报表的价值：他认为这是"非常有价值的统计数据,对于弄清中世纪匈牙利王室的财政状况,(尤其是)皇家造币厂的收入规模非常有用……"②。虽然直到第二次世界大战结束以后匈牙利史学界仍没有分享霍曼的这份乐观,并且对这份原始文献的可靠性和有用性表示了异议,但是,那些对数据感兴趣的历史学家必然觉得难以抵制这篇文献的诱惑：例如,乔治·吉奥费(György Gyòrffy)在计算中世纪匈牙利人口时很好地利用了这份资料,并且宣称"它是研究匈牙利 12 世纪人口状况的最宝贵统计资料"③。

关于这份资料的更重要观点还就它的原始用途提出了一种新的看法。

① Paris, Bibliothèque Nationale, Collection Colbertine Cod. Lat. 6238, p.20, published in B. Hóman, *Magyar pénzztörténzet*, 1000－1325 (Budapest, 1916), pp.424－6.全文还有介绍匈牙利教会财政能力的内容。

② Ibid., p.424.

③ G. Gyórffy, 'Magyarország népessége a honfoglalástól a 14. század közepéig', in J. Kovacsics, ed., *Magyarország történeti demográfiája* (Budapest, 1963), p.50. 我们像霍曼和吉奥费一样,在本研究中采用以下文献中的原始数据：W. M. Ormrod and J. Barta, 'The Feudal Structure and the Beginnings of State Finance', in R. Bonney, ed., Economic Systems and State Finance (Oxford, 1995), pp.76－9, and stored in ESFDB\orm\hund001。在本研究中,这些数据经过调整。

霍曼和那些专攻匈牙利12世纪上半叶历史的学者认为这张报表与贝拉三世的第二次婚姻,也就是与法国腓力二世(Philip II Augustus)的妹妹玛格丽特(Margaret),英格兰亨利二世(Henry II of Englan)的儿子、"幼王"亨利(Henry the young king)的遗孀的婚姻有关。据推测,法王主动对匈牙利国王的财政状况尤其是新王后可支配的财产表示出了兴趣。[①] 然而,久洛·克里斯塔(Gyula Krista)对这种观点持反对意见,并且认为这份报表更有可能是临近贝拉三世统治结束时编制的,因此不可能与那桩婚姻有关。他接着又表示,这份报表当时可能有两个用处:一是向教廷通报匈牙利教会的财务状况(这也能解释这份报表对匈牙利各主教辖区收入的保守估计);二是在安排另一桩——斯拉沃尼亚(Slavonia)总督伊姆雷(Imre)公爵与一位阿拉贡公主的——婚姻时(大约是1195年)对匈牙利君主国进行了正面介绍。[②]

尽管以上这些论点都值得关注,但从霍曼评估这张报表上的数据的精确性以来,还没有学者试图拿这张报表与中世纪匈牙利王室其他时期零碎的收入资料进行比对,或者利用12和13世纪西欧君主国家的最新研究成果对这张报表进行比较研究。或许,更令人惊讶的是,历史学家居然都没有把这张报表与贝拉三世治下众所周知的行政管理发展成果联系起来。匈牙利历史学家似乎默认了以下这种观点:这是一份意义重大的文献,但完全不可分析和阐释。

本章的目的并不是要表示,我们能够立刻回答由这份原始资料可靠性的辩论提出的众多问题。但不管怎样,本章的作者相信,在定量方法对于确定历史研究理论是否正确变得越来越重要的今天,必须再次对这份原始资料进行更加认真的考察。由于缺乏直接的补充证据,因此,本章只满足于检验这张报表上的数据的可信性或者不可信性。现在,我们还不清楚比较法能否产生令人满意的结果,但我们仍倾向于采用这种方法,并且把它作为能取得某些有利于我们了解匈牙利乃至欧洲历史的成果的手段。

从理论上讲,其他有关中世纪匈牙利王室财政的存世文献为比较研究打下了非常坚实的基础。遗憾的是,这份材料是在贝拉三世退位后又过了很长时间

---

① Hóman, *Magyar pénztörténet*, pp.426ff.

② G. Kristó, *A korai feudalizmus* (Budapest, 1984), pp.1245 - 7.

才完成的，而且其中大部分内容是在马加什一世（Matthias Corvinus Hunyadi，1458～1490）治下完成的：即1453～1454年的埃辛格尔（Eizinger）报告；一位不知名的教皇特使从15世纪60年代初起的账单以及意大利出生的医生、外交官和马加什一世特使弗朗西斯科·丰塔纳（Francesco Fontana）始于1476年的报告；还有两份16世纪初由威尼斯特使苏里亚诺（Suriano）和本（Bon）分别在1516年和1519年留下的原始资料。埃辛格尔的报告对匈牙利王国当时能在和平时期可望实现的收入与（哈布斯堡王朝）拉斯洛五世（Ladislaus V，1440～1457年在位）在位期间实际无政府状态下可望实现的收入进行了比较。同样，16世纪的原始文献也对马加什一世国王的财富与他的几位继位者已经有所减少的财政收入进行了比较。这些比较的一个结果可能就是作者故意夸大了马加什一世治下的收入或者财富数据。但是，匈牙利历史学家仍大量引用这些15和16世纪的原始文献。帕尔·恩格尔和亚诺斯·M. 巴克（Pál Engel and János M. Bak）就是依据埃辛格尔报告中的数据计算卢森堡的西吉斯蒙德（Sigismund of Luxemburg，1387～1437年在位）国王的收入[①]，而埃里克·富杰蒂和安德拉斯·库比尼（Erik Fiigedi and Andras Kubinyi）则多亏了丰塔纳的报告才能"真实"反映马加什国王治下常常被高估的收入。[②]

除了这份材料以外，只能找到那个时代很少的匈牙利财政数据。霍曼根据其他文献估计了匈牙利安茹王朝国王查理·罗伯特一世（Charles Robert I，1308～1342年）的一些收入，[③]而这份材料可以有效地被本章所用。此外，还有一些匈牙利的存世文献，与一些因没有取得财政成功而默默无闻的统治者有关：埃辛格尔的报告以及苏里亚诺和本的报告有助于我们确定更多关于拉

---

① P. Engel and G. Kristó, *Magyarország története*, 1301－1457 (Budapest, 1988), pp.139－44; P. Engel, 'Die Einkünfte Kaiser Sigismunds in Ungarn', in J. Macek, E. Marosi and F. Seibt, eds., *Sigismund von Luxemburg, Kaiser und Konig in Mitteleuropa* (Warendorf, 1994), pp.179－82.还请参阅文献：J. M. Bak, 'Monarchie im Wellental: Materielle Grundlagen des ungarischen Königtums im fünfzehnten J ahrhundert', *Vorträge und Forschungen*, 32 (1987), 347－84.

② E. Fügedi, 'Mátyás király jövedelme 1475 － ben', in G. Barta, ed., *Mátyás király* (Budapest, 1990), pp.41 － 61; A. Kubinyi, 'A Mátyás kori államszervezet', in G. Razsó, ed., *Hunyadi Mátyás* (Budapest, 1990), pp.104ff.

③ B. Hóman, *A magyar királyság pénzügyei és gazdaságpolitikája Károly Róbert korában* (Budapest, 1921), pp.280ff.

斯洛二世(Wladislas II)[雅盖沃(Jagiello,1490～1516 年在位)]和他儿子路易二世(Louis II,1516～1526 年在位)治下的财政信息。然而,后面这两个原始文献的可靠性值得怀疑,并且在下文只是被偶尔使用。

这份贝拉三世的收入报表不但包含王室的收入信息,而且还有匈牙利大主教和主教收入的数据。由于大主教和主教清单上的收入是王室收入大减之前的收入,因此,先看这份材料比较合适。就是因为没有任何关于阿尔帕德(Árpád)王朝统治时期王室收入的比较数据存世,所以没有任何 14 世纪前关于主教收入的补充数据。比较后来因有关于新主教上任头几年向教廷缴税——占主教年均收入的 40%——的材料存世而成为可能。16 世纪初,消息灵通的威尼斯特使总能恪尽职守,及时向他们的政府报告匈牙利高级僧侣的收入信息。这些数据虽然做过一些更改,但通常都能被学者们接受。表 1.1 列示了源自这三个原始文献的数据。①

表 1.1　　匈牙利大主教和主教收入

主教辖区	1185～1195 年		14 世纪初		1525 年	
	匈牙利马克	纯银(千克)	金弗罗林	纯银(千克)	金弗罗林	纯银(千克)
艾斯特根	6 000	1 120.1	12 000	474.1	25 000	987.8
卡罗恰	2 500	466.7	6 000	237.0	20 000	790.2
埃格尔	3 000	560.0	2 500	98.7	22 000	869.2
瓦茨	700	130.6	2 500	59.2	4 000	158.0
佩奇	1 500	280.0	10 000	395.1	10 000	395.1
杰尔	1 000	186.7	2 500	98.7	13 000	513.6
维斯普雷姆	1 700	317.3	3 000	118.5	12 000	474.1

① 14 世纪的数据引自文献:E. Fügedi, *Uram, királyom. A 15. századi Magyarország hatalmasai* (Budapest, 1974), p.119。关于 1525 年的数据,请参阅文献:E. Fügedi, '15. századi magyar püspökök', *Történelmi Szemle* 8 (1965), 496。在贝拉三世在位时期,所使用的货币是匈牙利马克(Hungarian mark)。1 匈牙利马克含 233.35 克成色为 80%的白银,因此含 186.68 克纯银。金弗罗林(gold florin)由查理·罗伯特一世推行,1 金弗罗林含 3.558 5 克成色为 98.958%的黄金,因此含 3.521 4 克的纯金。14 世纪的金银兑换率是 1∶11.22。

续表

主教辖区	1185～1195 年		14 世纪初		1525 年	
	匈牙利马克	纯银（千克）	金弗罗林	纯银（千克）	金弗罗林	纯银（千克）
尼特拉	300	56.0	?	?	4 000	158.0
科萨纳德	2 000	373.4	3 000	118.5	3 000	118.5
比哈尔	1 000	186.7	6 000	237.0	26 000	1 027.3
特兰西瓦尼亚	2 000	373.4	5 000	197.5	24 000	948.2
萨格勒布	1 500	280.0	6 000	237.0	18 000	711.2
扎拉	500	93.3	?	?	?	?
斯巴拉多	400	74.7	?	?	?	?
斯雷姆	?	?	300	11.8	5 000	197.5
合计	24 100	4 499.0	57 800	2 283.7	186 000	7 348.9
合计(前 12 人)	23 200	4 331.0	57 500	2 271.9	181 000	7 151.4

对表 1.1 中三组数据(含银量)进行的比较似乎显示，从 12 世纪末到 14 世纪初，匈牙利大主教和主教的收入减少了一半，但后来在 14 世纪初～1525 年期间又增加了 2 倍，即超过 1185～1195 年的收入 50%以上。然而，这个数据看起来与相关的人口数据相矛盾。相关的人口数据表明，匈牙利的人口在 12 世纪末～1525 年间从近 200 万增加到了至少 350 万。此外，匈牙利的人口 14 世纪初不可能少于 12 世纪末，并且很可能有所增加。① 14 世纪初匈牙利的人口估计在 200 万(值得提出，由于匈牙利在 1241 年被蒙古人征服；又由于从 13 世纪 80 年代到 13 世纪 20 年代王室与贵族冲突不断，匈牙利几乎长期处于无政府状态，因此，13 世纪匈牙利的人口明显减少)。② 当时匈牙利教会收入的主要构成部分一直是什一税，因此取决于人口数量和生活水平的变化。我们可以合理推测，14 世纪初匈牙利高级僧侣的收入至少与 1185～1195 年持平。同样，请读者记住其间的技术进步和经济发展。因此，到了 16 世纪初，匈牙利高级僧侣的收入应该能比 12 世纪末的收入增加一倍。

① Kristó, *A korai feudalizmus*, p. 1092; I. Bertényi, *Magyarország az Anjouk korában* (Budapest, 1987), p.111.

② G. Györffy and J. Szücs, eds., *A tatárjárás emlékezete* (Budapest, 1981), pp. 25ff; G. Kristó, *A feudális széttagolódás Magyarországon* (Budapest, 1979), pp.144 - 204.

关于这个问题，要说明以下这个鲜为人知的史实：从12世纪开始，什一税收入在主教与座堂神职团之间分成（最早发现的什一税分成数据是艾斯特根的大主教1156年的收入分成数据）。[①] 不过，这种分成制直到13世纪并没有真正改变匈牙利的主教收入。因此，虽然表1.1中1185～1195年的数据也许表示全部什一税收入，但14世纪尤其是16世纪初的数据可能只表示主教领取的那部什一税收入。由于可以确定座堂神职团有权提取约1/3的主教收入，这对于解释表1.1中后来的数据明显较小大有帮助。因此，比较12世纪末和16世纪初主教收入的尝试再次变得有效、值得。

但在比较之前，仍有必要对14世纪初的数据作进一步的说明。匈牙利13世纪末最终导致安茹王朝入主这个国家的无政府状态不但意味着匈牙利人口的减少，而且还使得征收包括教会税在内的各种税收变得越来越困难。简而言之，14世纪初的相关数据只能表示收入的暂时减少，并不能合理地放在长期发展趋势中去审视。

相比之下，16世纪初的数据通常被认为基本真实。长期以来，威尼斯特使的报告被认为是可靠、有用的历史文献。这些具体数据的效度又被以下事实所提高：表1.1中有些主教收入的大幅度增加正好发生在1185～1195年到1525年间有可能人口增长最显著的地区。例如，比哈尔[位于瓦拉德（Várad），今罗马尼亚的奥拉迪亚（Oradea）]和瓦克（Vác）两地的主教收入增加了5.5倍，杰尔（Gyòr）的主教收入差不多增加了3倍，特兰西瓦尼亚（Transylvania）和萨格勒布（Zagreb，今克罗地亚首都）的主教收入都增加了2.5倍。到了13世纪，匈牙利的周边地区和山区才基本上有人居住。相反，同期有两个主教区主教的收入趋于减少，乔纳德（Csanád）[毛罗什（Maros）]主教区就是其中一个，这个主教区在这个时期有数十年屡受奥斯曼帝国侵犯。另一个主教收入减少的主教区就是艾斯特根（Esztergom）：在查理·罗伯特一世一度推行改革并要求把部分贵金属生产的利润留给矿主以后，[②]艾斯特根的大主教也损失了不少收入。最后，1525年的数据可以参考两个主教辖区早些时候的收入数据来证实。

---

① E. Hermann, *A katolikus egyház története Magyarországon* (Munich, 1973), p.71.

② Hóman, *Magyar pénztörténet*, p.469.

多亏了马加什一世国王的内弟、艾斯特根大主教和埃格尔(Eger)主教伊波利特·德斯特(Hyppolite d'Est)，艾斯特根大主教辖区1488～1490年以及埃格尔主教辖区1492～1508年的账簿得以存世。[①] 这些账簿上记录的收入数额与威尼斯使节在16世纪初报告的数额完全相符。

如果我们——再次根据这两本账簿——同意16世纪初匈牙利主教区主教1/3的收入来自当地居民和教会不动产的观点，然后假设人口(因此什一税也)翻了一番，并且取得了最低限度的技术进步，结果土地收入(因此封建贵族和高级僧侣的收入)也有所增加，那么，12世纪末匈牙利全体高级僧侣的总收入据估算能有3 250～3 460千克纯银。[②] 那份贝拉三世统治时期报表上的数据要比这些估算收入高出1/4～1/3。如果12世纪末的那份报表夸大了大主教和主教来自教会不动产的收入，那么，这份报表上的王室收入数据也可能过于乐观。

这份报表的第二部分——本章开篇转引的那部分——可专门用来估计王室收入。报表这部分的内容显示了王室的造币和汇兑利润收入，然后是皇家食盐专卖利润以及关税、渡口和集市收费收入，最后是特兰西瓦尼亚侨民缴纳的税收。从这个文献看，匈牙利国王要向全国72个郡的每个"ispan"(相当于英格兰的郡守)和斯拉沃尼亚(Slavonia)公爵收取一种年税，文献上把这种年税称为"三一税"。此外，郡守还要向王室"送礼"：据文献介绍，王子们都收到了银器、丝绸和马匹等"重礼"。最重要的是，这个文献最后还提到了民众得无条件地向国王进贡食物。

这份文献列示的收入合计166 000匈牙利马克(Hungarian mark)。在接下来的讨论中，该文献又把这个数额假设为贝拉三世国王的收入。不管怎样，我们不得不接受霍曼的修正，也就是说，各郡郡守上缴皇家金库的并不

---

① 关于艾斯特根大主教区的存世账簿，请参阅文献：E. Fügedi, 'Az esztergomi érsekség gazdálkodása a XV. század végén', *Századok*, 94 (1960), 82－124, 505－55。埃格尔的账簿是在以下文献中公布于众的：K. Kandra, ed., *Adatok az egri egyházmegye történelméhez* (Eger, 1887)。还请参阅文献：P. Kovács, *Estei Hippolit püspök egri számadáskonyvei*, 1500－1508 (Eger, 1992)。本章是根据这些文献中的相关数据进行计算的。

② 本章没有重新计算得出这些数值的精确计算结果。

是 1/3 而是 2/3 的郡收入,因为这个贝拉三世收入的推定数额中还有其他来源的收入。[①] 与高级僧侣的收入一样,王室收入的价值也可以用纯银来表示。这样就能改变原始清单上的收入排列顺序,并且对收入进行归类。

表 1.2　　　　根据 1185～1195 年账簿估算的贝拉三世国王的收入

收入类别	匈牙利马克	纯银(千克)
经常性收入:		
王田收入	45 000	8 400.766
侨民纳贡收入	15 000	2 800.255
临时性收入:		
造币和汇兑收入	60 000	11 201.022
食盐专卖收入	16 000	2 986.940
关税收入	30 000	5 600.511
合计	166 000	30 989.494

现在看来,贝拉三世确实有可观的收入。但是,他的收入在当时的实际规模和相对比例,相对而言仍较令人生疑。由于没有任何同时期的直接原始文献,因此无法对表中的数据进行核对。就如同处理教会收入那样,我们不得不寻找以后几个世纪是否有类似的可用于比较的数据。同样令人遗憾的是,以后几个世纪的相关存世数据越是距离贝拉三世那个时代久远,其真实性和可靠性就越高。但不管怎样,就像教会数据,采用比较法能够得出重要的结论。我们在这里采用的基本材料源自查理·罗伯特一世、西吉斯蒙德和马加什一世在位时期的收入数据,而没有采用详细交待拉斯洛四世、拉斯洛五世和路易二世收入的原始文献,原因在于:由于王权衰落,这几位国王在位时的收入已经大大减少,并不能反映当时匈牙利人的纳税能力。

很明显,这次比较的结果非同寻常,特别是表(表 1.3)中用含银量表示的数值。众所周知,查理·罗伯特一世在位时期的存世数据有缺陷:部分王领和王权收入的数据干脆就完全缺失。因此,查理·罗伯特一世的实际收入完全有可能比表中所示的数值多 1 倍;西吉斯蒙德的收入也是如此,但我们无从

① 请特别关注一篇有关科尔曼国王(1095～1116 年在位)法律汇编的文章:G. Nagy, S. Kolosvári and K. Óvári, eds., *Magyar Törvenytár. Corpus juris hungarici*: I. 1000－1526 (Budapest, 1899), p.105。

弥补两者的收入数据不足，而这方面的估计也只是一些粗略的猜测。但最令人惊讶的是与马加什一世收入数据所作的比较：即使他的收入也没有超过贝拉三世的收入；而且直到15世纪末，马加什一世的财富才开始明显可与12世纪末匈牙利国王的收入相比。应该指出，无论是富杰蒂和库比尼还是巴克都没有排除马加什一世在位最后10年的收入（特别是在占领了下奥地利和维也纳以后）达到80万匈牙利弗罗林（31 608千克纯银）某些年份甚至接近90万匈牙利弗罗林（35 559千克纯银）的可能性。然而，从各方面看，这些结果的确会使人怀疑贝拉三世统治时期特别大的收入数值的真实性。原始文献上贝拉三世统治时期的收入数额，与高级僧侣的收入一样，有可能在经过进一步考证以后还会减小，但问题是还会减小多少。

表1.3　　中世纪匈牙利国王的收入（表中"H马克"系匈牙利马克；"B马克"是布达（Buda）马克；弗罗林是匈牙利弗罗林；纯银单位是千克）

时　期	12世纪末 贝拉三世		13世纪20年代 罗伯特一世		15世纪20年代 西吉斯蒙德		15世纪80年代 马加什一世	
货币/含银量	H马克	纯银	B马克	纯银	H马克	纯银	H马克	纯银
A：经常性收入								
1. 王田	45 000	8 401	?	?	?	?	50 000	1 976
2. 王城	—	—	?	?	30 000	1 185	22 000	869
3. 侨民纳贡	15 000	2 800	?	?	12 000	474	25 000	988
4. 犹太人纳贡	—	—	?	?	—	—	4 000	158
B：临时性收入								
1. 皇家矿业和造币收入	60 000	11 201	23 000	4 929	80 000	3 161	60 000	2 370
2. 食盐专卖收入	16 000	2 987	?	?	100 000	3 951	80 000	3 160
3.（渡口、集市）关税收入	30 000	5 601	?	?	20 000	790	50 000	1 976
4. 司法收入	—	—	2 000	429	?	?	?	?
5. 普征税收入	—	—	11 000	2 357	88 000	3 477	385 000	15 211
6. 其他收入	—	—	—	—	—	—	27 000	1 067
合计：	166 000	30 990	36 000	7 715	330 000	13 038	703 000	27 775

出于上述原因，从逻辑上讲，详细的考察应该从表1.3中的第二大类收入（即王权收入）着手。这个大类收入的第一个数额6万匈牙利马克说是铸币汇

兑利润收入，我们认为肯定被高估。因为要想实现这么多的汇兑利润，那么就得有非常大的贵金属产量才能满足皇家造币厂的需要，而当时匈牙利根本就没有能力生产这么多的贵金属。这个问题的一个可能解释是这类收入不但包括（两年一次的）强制性铸币汇兑的收入，而且还包含金银矿开采和金银币铸造的利润。12 世纪，匈牙利已经在开采位于上匈牙利[Schemnitz，今斯洛瓦克的班斯卡什佳夫尼察（Banska Stiavnica）]塞尔梅科巴尼亚（Selmecbanya）和特兰西瓦尼亚拉德纳[Radna，今罗马尼亚罗德那（Rodna）]的银矿。匈牙利也有一些规模较小的金矿、富金矿脉和金矿土，大多距离河流很近。据霍曼估计，13 世纪匈牙利年产 1 000 千克黄金和 10 000 千克纯银。[①] 当时，白银的价值为黄金的 1/10，1 000 千克黄金可折合 10 000 千克纯银，因此，当时匈牙利每年的贵金属产量是 20 000 千克纯银。到了 15 世纪末，也就是在马加什一世治下，匈牙利最大的金矿和银矿大约年产 1 500～1 600 千克黄金和 5 000 千克纯银。[②] 根据当时的金银汇价（1 ∶ 11.2），那个时代匈牙利最大金矿和银矿的年产量可折合 21 775～22 823 千克纯银。为了弥补明显有缺陷的数据，我们可以同意当时匈牙利金、银年产量的实际价值超过 25 000 千克纯银。此外，在当时新发现的重要新矿，首先是科莫科巴尼亚（Körmöcbánya）[克雷姆尼茨（Kremnitz），今斯洛瓦克的克雷姆尼察（Kremnica）]的金矿全部开采的情况下，13 世纪匈牙利的贵金属产量翻番，并且在马加什一世治下再增加 2.5 倍，似乎也不是不可能。但更可能是，在估计 12 世纪的贵金属生产收入时明显忘记了减去生产成本，因此，应该从调整后数值中扣除约占总收入 1/4 或者 1/3 的生产成本。

这样调低 12 世纪末王室造币收入估计值的理由，可进一步用查理·罗伯特一世在 14 世纪初征收“进城税”的证据来佐证。这种“进城税”课征于每个农户，用以补偿发行一种含金量固定的新币以后国库损失的汇兑利润。在允许矿主占有更大比例的产出后，国王查理·罗伯特一世还曾设法找到弥补采矿收入减少的替代品。虽然查理·罗伯特一世推行这项新政策没有取得成

---

① B. Hóman, *Magyar középkor* (Budapest, 1938), pp.540, 543.

② O. Paulinyi, 'Magyarország aranytermelése a XV. század végén és a XVI. század derekán', *A Gróf Klebelsberg Kunó Magyar Történetkutató Intézet Évkönyve*, 6 (1936), 77ff.

功，但在他几任继位者治下，12 世纪的“标准”与当时达标程度之间的缺口肯定已经缩小：西吉斯蒙德在位期间 6 638 千克纯银的采矿、造币和税收收入已经差不多占到贝拉三世治下 2/3 的采矿和造币利润收入，而马加什一世治下的普征税收入 15 211 千克纯银这个数额本身已经超过了 12 世纪末采矿和造币收入的估计值。

比较食盐专卖收入的数据就多少要简单一些，但也没有直接比较的方法：在西吉斯蒙德登基之前，食盐专卖收入一直在增加，但从西吉斯蒙德登基到马加什一世退位有所减少；在马加什一世治下，食盐专卖收入略多于贝拉三世统治时期。由于贝拉三世统治时期的食盐专卖收入与西吉斯蒙德在位时期的食盐专卖收入非常接近，因此可以推测很难大幅度增加这种收入。食盐消费主要取决于人口规模，所以，食盐专卖收入一直比较稳定。食盐专卖收入从贝拉三世在位时期到西吉斯蒙德在位时期增加了 32%，如果我们知道同期人口大约增加了 50%，那么就会认为食盐专卖收入增加确实并不明显。在经历了 14 世纪初的低增长和黑死病——匈牙利受到的危害远没有西欧严重——以后，匈牙利人口在 15 世纪 20 年代增加到了 300 万左右。此外，西吉斯蒙德与马加什一世在位时期食盐专卖收入的减少，至少在一定程度上可用皇家价格垄断与实际经济过程之间的缺口来解释。库比尼曾经指出，从 14 世纪末到 15 世纪末，由国家决定的食盐价格一直没有发生变化，而采矿和运输费用显著上涨，工资上涨了 100%～150%，运费上涨了 250%。[①] 这就意味着，年景不好，即使产量实际增加，食盐专卖收入也有可能减少。因此，我们无法假设贝拉三世在位时的食盐专卖收入应该只有马加什一世在位时期的一半。根据存世的人口文献，这些 12 世纪末的数值好像只被夸大了 25%左右。

关税这个第二重要的王权收入与王国的财富有关。12 世纪的很多存世证据表明，当时，郡守和主教所在的集镇定期举行集市。至少到了 12 世纪中期，国王已经独自控制各地集市，并且拥有征收关税的专属权。皇家财政也得益于外贸收益。从奥地利和摩拉维亚早期的海关账簿看，匈牙利对西欧的对外

---

① A. Kubinyi, ‘Die königlich-ungarischen Salzorclnungen des Mittelalters’, in J.-C. Hocquet and R. Palme, eds., *Das Salz in der Rechts und Handelsgeschichte* (Schwatz, 1991), p.268.

贸易差不多同时得到了发展。[①] 此外，应该说一下，在匈牙利经商的“外国商人”，主要是犹太人和穆斯林，他们缴纳的关税在后来的海关账簿上分开入账。相比之下，这些后来的账簿记录了外贸关税收入的明确数据。与此同时，举办集市的权利变成了一种授予城集镇和城市的特权，而王室把国内通行税的征收权转让给了别人，财政部只能通过征收经常税来利用这些收入来源。因此，相关数据没有可比性。有一点应该注意，那就是12世纪末的数额（5 601千克纯银）与15世纪初的数据（790千克纯银）和马加什一世在位时期的数额（1 976千克纯银）相比好像是高了一点。但不管怎样，由于以上种种原因，贝拉三世在位时期的关税收入数值与实际收入之间的差额并不一定可被认为很大。

至于领地收入，贝拉三世在位时期的相关数据显示，是6万匈牙利马克，或者占总收入的31%。虽然之前有人认为国王只有王田收入，但现在，根据费伦茨·埃克哈特（Ferenc Eckhardt）的研究结果，阿帕德（Arpád）王朝的历代国王未必放弃王领已转让王田的全部收入索取权。[②] 就连那些不用服兵役的自由民也被要求向国王提供其他服务。各郡官员要为国王按固定的农业产出比例征收所谓的津贴（allowance）[即 cbybrio 或者“桶税”（bucket tax）以及“牛税”（ox tax）和“养猪什一税”（tenth of pigs）]和课征于土地使用的租赁费或者津贴（ponderia）。匈牙利在早期阶段也出现了对人和对户征收的封建赋税：自由民税（liberi denarii）由介于在王领劳作并靠王领谋生的供役民与奴隶之间的社会各阶层成员缴纳。据我们所知，这种收入在12世纪末和13世纪初已经有所减少。但众所周知，贝拉三世的继位者伊姆雷（Imre，1196～1204年在位）和安德烈二世（Andrew II，1205～1235年在位）登基后“出手大方”，转让了很大一部分的王领，并且也失去了很大一部分之前在王领上征收的税收。但不管怎样，贝拉三世在位时还没有发生这些变化，王室通过各郡的行政官员（郡守和税收官）非常在意自己的收入。例如，这些行政官员为编造“烟税”或炉捐户册而开展纳税人口调查和登记。

---

① Kristó, *A korai feudalizmus*, pp.1081ff.

② F. Eckhardt, *A királyi adózás története Magyarországon* 1323 – ig (Arad, 1908).

虽然在各郡征收的三二税或者贡金通常并不上缴王室，但君主和他的随从或者代表君主的其他高官在王国各地巡察时就在郡行政中心食宿。遇到这种情况，几乎不可能有精确的记账制度，因此，贝拉三世账簿上记录的数据的可靠性难免受到质疑。但是，数据的扭曲程度无法根据以后的数据推算出来：虽然阿帕德王朝大约拥有全国 2/3 的地产，但查理·罗伯特一世登基时几乎没有掌握任何财产，而且直到他退位才重新收回一半的“城堡庄园”（但应该指出，这些庄园并没有城堡）。同样，西吉斯蒙德的收入起点也很低，只能收回差不多 50%安茹王朝统治时期夺回的城堡庄园。马加什一世自己拥有巨大的地产，但真正的王领不可能很大，因为他只直接控制了差不多 10%的城堡。这些国王有据可查的财产完全不能与贝拉三世有据可查的财产相比。[①]

最后，领地收入中有一个争议很大的项目，那就是从特兰西瓦尼亚侨民那里弄来的收入，每年也有 15 000 匈牙利马克或者 2 800 千克纯银之钜。这个数值颇有争议，因为它超过了很久以后多个匈牙利国王能从生活在特兰西瓦尼亚的撒克逊移民那里弄到的收入。至于汇兑收益，应该可以认为这个科目也是一个包括从特兰西瓦尼亚收到的全部收入的汇总分录。但这个地区的各项收入总计差不多相当于王国所有其他地区总收入的 1/5，所以，必须大幅度调低这个数值。[②]

因此，就领地收入而言，比较法好像真的没有提供任何可用来核实贝拉三世收入的有用和有意义的数据。但幸运的是，还有一种比较方法可用来对领地收入和王权收入进行比较，也就是拿匈牙利的数据与英格兰和法国大致同时代的统计数据进行比较。

巴林特·霍曼遭到了许多批评，不但是因为他认为贝拉三世的收入数据总体可靠，而且还因为他根据这些数据把匈牙利排在欧洲 12 世纪王国中

① 关于阿帕德王朝统治时期的私田，请参阅文献：G. Györffy, *Tanulmányok a magyar állam eredetéről* (Budapest, 1959)。关于安茹王朝统治时期的私田，请参阅文献：P. Engel, *Vár és társadalom a középkori Magyarországon* (Budapest, 1990)。关于马加什一世治下的相关数据，请参阅文献：Kubinyi, ‘A Mátyás kori államszervezet’, pp.60ff。

② Fügedi, ‘Mátyás király jövedelme’, p.47.

的高位。他认为,"匈牙利国王的收入接近法兰西国王和英格兰国王的收入,尽管法兰西国王和英格兰国王是仅次于两个帝国皇帝的最富有、最显赫的君主"。[①] 说到欧洲两个帝国的皇帝,我们并没有找到关于他们收入的任何数据可用来确定或者否定这份有关贝拉三世收入的报表,但这样的统治者似乎有可能要比匈牙利国王富有很多。然而,说到英格兰和法兰西,虽然没有汇总报表存世,但皇家档案馆收藏着内容详细的账簿,因此,统计资料要丰富许多。这两个王国的存世王室账簿为与贝拉三世的收入汇总报表进行系统比较奠定了基础。

英格兰现存最早的国王收入账目文献是1129～1130财政年度的账册,并且可推定上面记录的是亨利一世国王(1100～1135年在位)在位期间的一笔26 480英镑(或者9 265千克纯银)的收入。[②] 其他原始文献证实,亨利一世的几个继位人有时也能承受相当大的财政负担。据那个时代的一部编年史报告(但不无夸张),亨利二世(1154～1189年在位)为了他已经计划好的1166年十字军东征,从基督教子民和犹太人那里分别征收到了70 000和60 000英镑(总共征收到了相当于45 488千克纯银的收入)。为了赎回理查一世(Richard I)花费了10万英镑(可折合34 991千克纯银),其中大部分是在短期内征收的。但是,英格兰诸王经常性收入的增加并不能满足以上这些新的需要。因为,尽管英格兰诸王大肆操纵财政特权,但无奈王领实在太小,无法维持这么大的开支。英格兰王室先是依靠它在法国的诺曼底和安茹领地获得的相当可观的收入,后来在1204年失去诺曼底以后就依靠新的临时性税收收入。[③]

法兰西王国现在存世的最早的完整收入账簿是1202～1203财政年度的收入账簿。腓力二世(Philip Augustus,1180～1223年在位)——贝拉三世的内兄——那个财政年度的收入是141 590巴黎里弗尔(livres parisis)(可折合17 327千克纯银)。这笔收入主要来自集中在法兰西岛(Ile de France)、韦芒杜瓦(Vermandois)、阿图瓦(Artois)和奥里亚奈(Orleanais)的王田。腓力二世在

---

① Hóman, *Magyar pénztörténet*, p.434.

② J. A. Green, the Government of England under Henry I (Cambridge, 1986), p.223.纯银含量是再根据每镑349.9克的标准计算的。

③ Ormrod and Barta, 'Feudal Structure', pp.67 - 70.

1204年占据诺曼底后才使王室收入大幅度增加：到了1221年(我们收集到的账簿所属年份的第二年)，诺曼底提供了80 150巴黎里弗尔(可折合7 847千克纯银)，而那年法兰西王室的总收入有195 000巴黎里弗尔(19 050千克纯银)。①

在占领诺曼底前，腓力二世统治的整个王国面积只相当于当时匈牙利王国面积的1/5(或者1/4，如果不把特兰西瓦尼亚算作匈牙利的领土)。这块领土现在存世的最早收入账册把大约相当于6 234千克的纯银归入领地收入，而贝拉三世的那张报表上相当于11 200千克纯银的领地收入，实际上比6 234千克纯银只多了35%左右。在这两种情况下，我们认为，贝拉三世在位时领地收入11 200千克纯银，看起来倒并不是不可能；唯一的重要问题是特兰西瓦尼亚的收入很可能被大大夸大了，或许应该减少差不多一半。这样，贝拉三世时的报告领地总收入60 000匈牙利马克就可减少到推定的50 000匈牙利马克。至于那份贝拉三世时期收入报表上的其他项目，矿业和汇兑收益应该减少差不多30%，也就是减少到42 000匈牙利马克，而食盐专卖收入也应该减少20%，也就是减少到12 800匈牙利马克。这三项收入的原始数值高达136 000匈牙利马克，而调整后的总值是104 800匈牙利马克，总减幅正好是30%。回想起教会收入的数值也有类似的扭曲，我们就可以认为，这份贝拉三世收入报表大概把国王的真实收入多报了1/4最多甚至多报了1/3。

经过调整的原始数据如表1.4所示。该表对调整后的匈牙利国王收入数据与英格兰和法国国王的收入数据进行了比较。匈牙利国王收入的数据下调以后，我们也许仍可看到，贝拉三世的收入似乎还是超过了英、法两个西欧主要君主国国王的收入。因此，这份材料可用来支持霍曼原先的论点。

这一发现连同霍曼和其他学者关于“这份贝拉三世收入报表编制本身就应该放在匈牙利与西欧关系的背景下来解释”的假设不可避免地引出了理查一世或者腓力二世的王宫可以拿如此提供的信息做什么用的问题。理查一世、

---

① J. W. Baldwin, *The Government of Philip Augustus* (Berkeley, CA, 1986), pp.137–75.文献“ESFDB\orm\frmd005”中给出的是图尔里弗尔的数值。

表 1.4　　12 世纪匈牙利、英格兰和法兰西三王国国王实际收入

	匈牙利贝拉三世（1190 年）（1190 年修正数据）			英格兰亨利一世（1129～1130 年度）			法兰西腓力二世（1202～1203 年度）		
	匈牙利马克	纯银（千克）	增幅（%）	英镑	纯银（千克）	增幅（%）	巴黎里弗尔	纯银（千克）	增幅（%）
收入									
A：经常性收入	50 000	9 334	40.6	—	—	—	—	—	—
1. 王领收入	—	—	—	9 556	3 343.6	36.1	50 949	6 234.9	36.0
2. 王城收入	—	—	—	360	126.0	1.4	19 184	2 347.6	13.5
3. 侨民—犹太人收入	—	—	—	—	—	—	1 250	153.0	0.9
4. 王室征发收入	—	—	—	—	—	—	1 215	148.7	0.8
B：临时性收入									
1. 皇家矿业、造币和汇兑收入	42 000	7 841	34.1	—	—	—	256	31.3	0.2
2. 关税收入	18 375	3 431	14.9	—	—	—	—	—	—
3. 食盐专卖收入	12 800	2 389	10.4	—	—	—	—	—	—
4. 封建领主收入	—	—	—	4 023	1 407.7	15.2	—	—	—
5. 对教会的王权收入	—	—	—	798	279.2	3.8	4 747	580.9	3.3
6. 司法和行政收入	—	—	—	6 610	2 312.9	25.0	18 440	2 256.6	13.0
7. 普征税收入	—	—	—	4 355	1 523.9	16.4	26 453	3 237.2	18.7
8. 其他收入	—	—	—	778	272.2	2.9	19 095	2 336.7	13.5
总计：	123 175	22 995	100	26 480	9 265.5	100.8	141 589	17 326.9	99.9

腓力二世和贝拉三世的收入在某些方面具有显著的异质性。特别令人惊讶的是，王领收入在匈牙利与英格兰和法兰西各自王室总收入中占据很相似的比例，分别为 40.6%、36.1%和 36%。虽然英格兰和法兰西王国的剥削制度要比匈牙利发达许多，特别是对城镇的剥削，但王领的重要性仍是这三个王国财政体系的核心特征。

但在其他方面，匈牙利与英格兰或法兰西王室的收入也同样具有显著的差别。贝拉三世收入列表中的几个类别收入在英格兰或者法兰西王国的财政收入账目中是没有的（反之亦然）。例如，贝拉三世的收入清单中巨大的矿业收入或许说明匈牙利当时已经拥有重要的采矿业，而汇兑收益则表明匈牙利当时的商业和货币流通水平值得关注。虽然自然资源开发未必就能创建可持续财政体系，但在本例中表明可创建相对比较有效的财政体系。

英格兰和法兰西王室收入中有一个匈牙利王室所没有的重要项目，那就是王室的封建及其相关权利收入——统治者按惯例可索要的贡金以及源自国王对贵族和教会持有的权利的封建领主收入。英格兰或者法兰西王室还有很重要的司法和行政这种王权收入。最后，它们还有根据国王敕令普遍征收的非常税，在本章的表 1.4 中，英格兰的丹麦金收入在 1129～1130 财政年度要占王室收入的 6.4％，而法兰西的服役者土地保有税（tax on serjeanties）收入在 1202～1203 年度约占王室收入的 18.7％。[①] 这些都是 13 和 14 世纪全国性普征税的"先驱"税种。

贝拉三世并不是西欧式的封建国家元首，而是一个王朝的成员，他的权力源自他所属王朝的土地——因此英格兰和法兰西国王的权力更加完整，但又没有他们的权力复杂。例如，上面作为匈牙利财政体系比较成熟的例子介绍的对采矿业和商业的盘剥，实际上，只不过是无情执行国王特权的反映而已：也许，幸运的是，匈牙利拥有非常丰富的矿藏，但王室坚持垄断这些资产的做法，肯定只有在东欧的背景下才行得通。在贝拉三世的收入清单中，没有一个收入项目不在某种程度上反映了类似的皇家特权主张。实际上，在一个表面看似现代的财政体系的背后，隐藏着一个权力来自他这个全国最大土地所有者的统治者权势。因此，这份贝拉三世的收入清单代表了一个逐渐衰败的世界，一个业已过时的圣史蒂芬一世（St Stephen I）创建的行政体系的遗存。在这个行政体系中，统治者几乎可以独断专行地行使其特权来利用被置于他绝对控制之下的国家的全部物产和资源。

这个行政体系在贝拉三世驾崩后的几年里已经开始发生变化。那几年，大批王领被转让，导致土地收入大幅度减少。直到 14 世纪初安茹王朝统治时期，匈牙利王室才试图解决由王领转让、土地收入骤减导致的问题。因此，毫不奇怪，面对领地收入的消失以及采矿和汇兑收入的减少，匈牙利王室便求助

① Green, Government of Henry I, p.223; Baldwin, Government of Philip Augustus, p.154.

于一种西欧诸王国早已推行并经受住考验的直接税收制度。但同样值得注意的是，匈牙利的这次直接税实践没有取得成功，因为匈牙利王室无力调和一个崇尚土地自由占有的社会与不断要求子民多承担财政义务的超然王权之间的矛盾，结果就是王室收入基础的逐步瓦解。

如果安茹王朝的匈牙利国王或者西吉斯蒙德能够废除其前任的领地转让合约，并且重整王领，那么，也就是实际重建旧时的财政体系。但事实正好相反，贵族利用原先的王田产出的收入不断增加自己的财富。不管匈牙利国王的收入差别有多大，我们始终相信，表 1.5 中，匈牙利国王在 14 世纪初～15 世纪初期间的收入估计值是基本准确的。即使与经过纠偏的贝拉三世的收入数据进行比较，这些收入估计值也表明匈牙利国家财富的大幅度减少。事实上，只是在 15 世纪末马加什一世治下成功地推行了一些新的财政政策以后，匈牙利王国才得以又一次达到并超过它在 12 世纪末曾享受过的巨大财力。

表 1.5　　匈牙利四任国王的实际收入(千克纯银)

贝拉三世	约 1185～1195 年	22 995
查理·罗伯特一世	约 1320 年	14 000～15 000
西吉斯蒙德	约 1420 年	13 000
马加什一世	约 1480 年	27 775

第二章　1193～1198 年的诺曼底财政革命

文森特·莫斯(Vincent Moss)

诺曼底公国晚期的卷筒卷宗(pipe rolls)在诺曼底行政管理史研究中曾占据一种难以确定的位置,但哈斯金斯(Haskins)对诺曼底公国行政管理做出了最负面的评价:

“诺曼底公国的行政管理从来没有像它在衰败前不久表现得那么好,除了亨利二世的内阁值得作为例子来介绍以外,其他可以说是乏善可陈。对这样的评价,绝不会有人说三道四。”①

从某种程度上讲,哈斯金斯的评价并没有什么惊人之处。诺曼底公国的行政管理在兵役、包税区和财政署等方面确实乏善可陈,但诺曼底公国行政管理的主要重点是在司法和法律方面。② 就如我们在下文将要看到的那样,诺曼底公国晚期的卷筒卷宗,也就是亨利二世统治时期的卷筒卷宗也没有显示,即使司法和法律两个方面也没有获得在量上,更不用说质上的重要发展。

伯威克(Powicke)的评价没有哈斯金斯那么严厉,③但他就诺曼底大法官辖区重组问题还真发表了不少真知灼见。④ 至少,他在一定程度上认识到,卷筒卷宗提到了城镇和大法官辖区通过强借贷款和征收配赋税实现的收入不断增加。⑤ 但总体而言,伯威克的结论与哈斯金斯的结论并没有多大的区别。在

---

① C. H. Haskins, *Norman Institutions* (Cambridge, MA, 1918; repr. New York, 1960), p.194.

② Ibid., pp.39－48: Haskins 认为诺曼底 1066 年前的财政组织机制还是有很多重要的东西值得关注。

③ F. M. Powicke, *The Loss of Normandy*, 2nd edn. (Manchester, 1961), pp.53－78.

④ Ibid., p.57.

⑤ Ibid., p.234.

伯威克看来,"亨利二世在他在位的最后几年里还是对诺曼底的财政体系进行了决定性的变革"[①]。伯威克本人对诺曼底财政体系的看法同样基于对亨利二世在位时期存世文献的研究分析。[②] 伯威克对此作了如下描述:

"(诺曼底)公国被分成大法官辖区,这些辖区虽然基本上仍相当于原来的行政区,但在划分时考虑到了它们的一些新的情况。国家利益和法律修订都要求把这些地方管辖区与财政中心区分开:把新、旧领地的子爵辖区和总本堂区(prepositurae)作为财政组织单位。"[③]

这些评价的基本要点迄今仍没人质疑。不过,虽然没人发表完全不同的意见,但仍有人呼吁有保留地接受这样的评价。德利勒(Delisle)对诺曼底卷筒卷宗中发现的新的收入形式的评论到目前为止仍然是最明智的。[④] 或许是出于学术上的谨慎,德利勒没有对这个时期相对于亨利二世在位时期的收入创新进行任何一般性的评价。[⑤] 然而,他的很多论述,尤其是他对城镇、配赋税和强制性贷款等的简短评论,迄今仍然十分有用。因此,在这一章里,我们将不止一次地采纳他的观点。

我们可以在詹金森(Jenkinson)的相关论文中找到迄今最重要的关于诺曼底卷筒卷宗的评论。[⑥] 正如詹金森所指出的那样,诺曼底的卷筒卷宗在很多方面不同于英格兰的卷筒卷宗。诺曼底卷筒卷宗"因区分收入和支出而显得更有特点,通常都有收入和支出'总额'(*Sus*)"。他还请我们注意"收入中除了财政署根据公爵的特别命令特别拨付的款项外,可能还有并不是从公国子民那里收来但缴给财政署只根据公爵特别命令支出的款项"[⑦]。事实上,前一种款项只出现在1180年诺曼底卷筒卷宗的财务报表中。[⑧] 但重要的是,应该注意,

---

① F. M. Powicke, *The Loss of Normandy*, 2nd edn. (Manchester, 1961), p.54.

② Ibid., pp.68 - 78. 本章采用诺曼底1180年卷筒卷宗上记述的大法官辖区。

③ Ibid., p.53.

④ L. Delisle, 'Des revenues publics en Normandie au douzième siècle', *Bibliothèque de l'Ecole des Chartes*, 13 (1852), 105 - 35.

⑤ Ibid., pp.119 - 26.

⑥ H. Jenkinson, 'Financial Records in the Reign of King John', in H. E. Malden, ed., *Magna Carta Commemoration Essays* (London, 1917), pp.244 - 300.

⑦ Ibid., p.271.

⑧ V. D. Moss, 'Normandy and the Angevin Empire: The Pipe Roll Evidence' (University of Wales PhD thesis, 1996), passim .

到了 1198 年，这些财务报表应该记载了诺曼底的大部分财政收入。如果我们重新关注詹金森对诺曼底公国晚期卷筒卷宗的评论，那么就会发现詹金森的评论是对哈斯金斯和伯威克观点的重要认可。[①]

对伯威克和哈斯金斯评论的最终认可甚至更加含蓄。乔利夫(Jolliffe)对诺曼底公国枢密院的发现以及理查森和塞尔斯(Richardson and Sayles)对这个机构的开创性研究，对诺曼底研究产生了重要影响。[②] 但是，他们的研究重点是在英格兰。因此，尽管是在诺曼底而不是英格兰的卷筒卷宗中发现了大量有关诺曼底公国枢密院在理查一世统治时期运行状况的证据，但是，这些历史学家没人对诺曼底公国财政管理进行过任何评价。

约翰・吉林汉姆(John Gillingham)对诺曼底公国晚期的研究提供了奇妙的补充。[③] 关于诺曼底，他发表了很多重要的观点。特别是他对户税和诺曼底人口的研究非常有用。[④] 他在研究中简单提到了诺曼底公国的城镇，并且提供了一些诺曼底公爵巡视线路的参考资料。[⑤] 但是，吉林汉姆把研究重点放在了其他方面，并且把研究兴趣转向了南方。只有在吉林汉姆对普瓦图(Poitou)、加斯科尼(Gascony)和阿基坦(Aquitaine)的研究中才能发现安茹帝国和狮心王理查(Richard the Lionheart，即查理一世。——译者注)的最大价值。[⑥] 造成他这次没有研究诺曼底的原因，应该从阿基坦观而不是英格兰中心观的角度来解释。

本章的目的是要对诺曼底公国晚期卷筒卷宗的重要性重新进行基本的评价，并且认为它们完全展示了诺曼底国家财政在当时发生的“财政革命”。“财政革命”这个词当然需要说明，我们把“财政总收入在量上的增加与收入类型在质上的变化的两者结合”作为财政革命的可操作定义。[⑦] 这个定义的前一部分说的是财政收入的数量，因此基本上不需要解释，尽管在关于后来的历史时期

---

① Haskins, *Norman Institutions*, p.195, n.215. 由此可见，哈斯金斯并没有看过詹金森的著作。

② J. E. A. Jolliffe, *Angevin Kingship*, 2nd edn. (London, 1963), pp.226 - 55; H. G. Richardson and G. O. Sayles, *The Governance of Medieval England* (Edinburgh, 1963), pp.227 - 39.

③ J. Gillingham, *The Angevin Empire* (London, 1984), *passim*.

④ Ibid., p.41.

⑤ Ibid., pp.45, 53, 54.

⑥ J. Gillingham, *Richard the Lionheart*, 2nd edn. (London, 1989), *passim*.

⑦ 这个定义是本章作者在科尔彻斯特会议关于这个主题的讨论会上提出的。

更高级的财政研究中无疑有过财政收入应该是毛收入还是净收入的争论，但是，在我们这个定义中的财政收入绝对应该是净收入，而不是毛收入。“收入类型的质变”，稍加细想，应该包含多层意思。就如在诺曼底的情况下，“收入类型质变”可能就简单地意味着新型收入(或者已有但之前属于边缘来源的收入)发展成了财政基础的决定性组成部分；但也可以被解读为收入征收工作发生性质上的变化。英格兰就有这样的例子：议会掌握了某些已有类别收入的控制权，结果导致收入发生质变性的增加，英格兰的例子或许也可作为这个“财政革命”定义下的例子。因此，这里的“类型”不但是指收入类型，而且还指征收方法。

在讨论诺曼底财政革命时，我们将考察约翰王(King John)登基之前诺曼底公国晚期的全部存世卷筒卷宗。这个时期最完整的卷筒卷宗是1198年的卷筒卷宗，也就是1198年的诺曼底卷筒卷宗展示了诺曼底财政最纯粹和成熟的变革。在1195年卷筒卷宗提供的经验证据的有力支持下，1198年的卷筒卷宗因此而将成为我们考察的核心内容。

我们先对诺曼底1180年和1198年的卷筒卷宗提供的相关信息进行宏观比较。1180年，诺曼底的收入——我们在这里只考察国库收入和经批准的支出——总计略多于27 000安茹里弗尔(livre angevin)。[①] 1198年，诺曼底的收

① 关于那个时代诺曼底和英格兰的财政收入，有三种不同的计算方法：J. H. Ramsay在他的“*A History of the Revenues of the Kings of England*，2 vols. (Oxford，1925)，i. 54”中没有把“抵押王田赠与”(terrae datae grants)包括在他的收入定义中；R. C. Stacey，在他的“*Politics，Policy and Finance under Henry III* (Oxford，1987)，p.207”中计算他所说的“可支配收入”时没有按规定把包税收入包括在内。在我们的讨论中，主要出于比较的考虑，采用了C. Holt在他的“‘The Loss of Normandy and Royal Finance’，in J. Gillingham and J. C. Holt，eels.，*War and Government in the Middle Ages: Essays in Honour of J. O. Prestwich* (Woodbridge，1984)，pp.92－3”中所用的收入定义。需要指出的是诺曼底卷筒卷宗中记载的“抵押王田赠与”(terrae datae grants)数额微不足道，占诺曼底财政收入的百分比远低于1%。计算或者比较收入的真正困难在于英格兰的全部规定包税收入都送给了查理一世的家族成员。一种对Stacey观点的严格阐释表明，这部分收入并没有计入英格兰的财政收入。此外，控制约翰亲王这样的潜在敌人，很可能需要家族成员的支持。事实上，把送给查理一世家族成员的包税收入应该被看作为遏制国内反对势力所需的支出，因此应该被视为财政收入。关于这个复杂问题的透彻讨论，请参阅文献：Moss，‘Normandy and the Angevin Empire’，p.8。安茹里弗尔是诺曼底卷筒卷宗中使用的主要货币单位，因此也是本章使用的主要货币单位。安茹里弗尔等价于图尔里弗尔，4安茹里弗尔兑换1英镑。请参阅文献：J. W. Baldwin，‘*The Government of Philip Augustus: Foundations of French Royal Power in the Middle Ages*’ (Berkeley，CA，1986)，p.xv。

入达到了前所未有的 99 000 安茹里弗尔。[1] 1198 年的收入表明比 1180 年的收入在量上增加了 360%以上。有必要对这一量上的巨大变化进行详细考察，因为它与英格兰同期卷筒卷宗所显示的财政收入形成了鲜明的对照。亨利二世治下英格兰最小年度总收入出现在 1179 年，这一年英格兰只收到了 14 786 英镑。[2] 根据英格兰的卷筒卷宗，英格兰在这个时期最高的财政收入是 27 693 英镑，出现在理查一世(King Richard)统治时期。[3] 然而，如果取亨利二世和理查一世在位这两个时期(不包括 1190～1193 年)各自财政收入的平均值——1190～1193 年，理查一世发动了十字军东征，英格兰财政收入确实很少，我们就能发现这两个时期的年均收入非常接近。亨利二世和理查一世治下的年均收入都略多于 22 000 英镑。[4] 不过，22 000 英镑只是卷筒卷宗中记录在案的收入。十字军东征支出或者理查一世的赎金有可能都没有如数记入卷筒卷宗，这样就有可能影响我们对查理一世治下取得的财政业绩的评价。但由于支付十字军东征支出和理查一世赎金的收入也要在诺曼底征收，而且也没有全部记入诺曼底的卷筒卷宗，因此仍有必要对英格兰和诺曼底卷筒卷宗上的相关信息进行比较。其实，当时唯一真正可与诺曼底卓越的财政业绩比较的国家是法兰西王国。据鲍尔文(Baldwin)估计，1180 年法兰西岛(Ile de France)的经常收入不会超过 20 000 巴黎里弗尔；他按照 1202～1203 年度卷筒卷宗上的相关数据计算得到，法兰西的经常收入这一年度已经达到了 115 000 巴黎里弗尔。[5] 这就表明，从 1180 年到 1202～1203 年度，法兰西王国的收入几乎增长了 5 倍。但是，我们必须谨慎对待这些数据，因为 1180 年的总收入只不过是根据卷筒卷宗数据计算得到的一个近似值。

如果考虑到卷筒卷宗上 1198 年收入数据的效率比，那么就能放大诺曼底财政成就的重要意义。在从总收入中扣除转移性支付后，1198 年的可能收入大约为 165 000 安茹里弗尔。[6] 只有 99 000 安茹里弗尔实际上缴国库或者成

---

① Moss, 'Normandy and the Angevin Empire', pp.36 – 51.

② Ramsay, *History of the Revenues*, i. 191.

③ Ibid., i. 227.

④ Ibid., i. 191, 227.

⑤ Baldwin, *Government of Philip Augustus*, pp.54, 154.

⑥ See n. 21.

为实际财政支出。根据这两个收入数值，我们就能得出略低于60%的效率比，而1180年收入的效率比是63%。以征收率只下降3%的代价就增加了3.5倍多的收入，坦率地说，这一变化程度真的值得关注。从1198年的卷简卷宗数据看，无论是在数量上还是质量上，诺曼底行政机构的筹款能力发生了根本性的变化。

我们在根据1198年卷简卷宗上的数据对那么多的财政收入进行分解时遇到了一个重要的技术问题：在卷简卷宗上发现的一些非常重要的账款——其中最引人注意的是建造盖拉德(Gaillard)城堡的账款——中，用于支出的收入记入了在同一卷简卷宗其他地方发现的其他报表中。因此，在鲁姆瓦(Roumois)大法官辖区配赋税收入报表中，我们发现了付给苏瓦尔·弗茨·亨利(Sauwale fitz Henry)建造盖拉德城堡的总计881安茹里弗尔的工程款。[①] 同一记账员在同一卷简卷宗的不同地方记下了它从诺曼底各大法官辖区收到的实际用于支付建造盖拉德城堡人工费和材料费的收入。[②] 这笔881安茹里弗尔款项并没有作为配赋税的收入入账，而只是从同一卷简卷宗的某处划到另一处的收入款。只有在它被作为盖拉德城堡建设工程综合账款的部分支出时才被算作收入。从卷简卷宗不同报表的其他收入来源转入诺曼底账房的款项情况也基本如此：这些款项只有在作为支出记入综合账户时才算收入。[③] 出于对本章目的的考虑，笔者建议把转入收入作为"从收入来源收到的收入"来处理，并且出于这种考虑，从把从收入来源收到的收入转化为转入收入的综合账户中扣除那部分收入。

1198年诺曼底卷简卷宗中按此确定的总收入只有略多于70%的收入可以计入四种不同类别的收入。通过配赋税和强制性贷款筹集到的收入构成了诺曼底的主要财政收入。这种来源的收入接近48 000安茹里弗尔，并且几乎占到1198年卷简卷宗所记总收入的一半。诺曼底财政第二重要来源的收入是磨坊、子爵领地和总本堂区(prepositurae)的包税收入，1198年是12 778安

① T. Stapleton, ed., *Magni rotuli scaccarii Normanniae sub regibus Angliae*, 2 vols. (London, 1840 - 2), ii. 417.

② Ibid., ii. 309 - 11.

③ Moss, 'Normandy and the Angevin Empire', pp.36 - 51.

茹里弗尔，约占当年总收入的12.9%。司法收入略多于4 100安茹里弗尔，或者占总收入的4%。在剖析配赋税和强制性贷款收入之前，最好还是先详细讨论司法、林地和包税等较不重要类别的收入。

按百分比计，司法收入占总收入的比例从1180年的略高于10%下降到了1198年的4.1%。此外，司法(毛)收入实际有所增加：1180年，司法(毛)收入是2 850多安茹里弗尔，而到了1198年增加到了4 100多安茹里弗尔。不过，造成1198年司法(毛)收入增加这么多的原因是，1198年的司法收入几乎包括了诺曼底各大法官辖区的司法收入。总的来说，1198年的卷筒卷宗几乎没有显示诺曼底在司法收入方面有什么创新。1198年的效率收益近似于1180年，许多地区完全相同，但并不是每个地区全都这样，因为韦尔纳伊(Verneuil)在1198年是一个重要的司法中心。[①] 1195年的卷筒卷宗记述了巴约(bayeux)的巡回审判案子和对被征用土地采取的重要司法措施。[②] 1180年的卷筒卷宗中没有任何这样的记述。12世纪90年代的情况有所不同，诺曼底公国承受了较大的军事压力，因此相应有较大的收入需要。诺曼底在这样的情况下表现出了令人印象深刻的发展和维持运行良好的司法系统的能力。对此，至少可作如下解释：大部分司法收入是在没有卷入战争的诺曼底中部地区实现的。12世纪90年代位于诺曼底边境的诺南库尔(Nonancourt)遭遇的主要司法收入损失，也只是1180年卷筒卷宗上记载的36安茹里弗尔。[③] 此外，司法收入似乎相对缺乏弹性，但没有证据证明诺曼底曾大肆乱收像约翰王在失去诺曼底以后英格兰卷筒卷宗上记述的那些罚金和罚款。[④] 但是，健全、较为有效且从财政的角度看远非微不足道的司法并没有成为重大财政创新的基础。

---

① Stapleton, ed., *op.cit.*, ii. 311－14. 关于诺曼底1180年卷筒卷宗中发现的初始司法收入的讨论，请参阅文献：V. Moss, 'Normandy and England in 1180: The Pipe Roll Evidence', in D. Bates and A. Curry, eds., *England and Normandy in the Middle Ages* (London, 1994), pp.193－4。

② Stapleton, ed., *op.cit.*, ii. 272; Powicke, *Loss of Normandy*, p.77.

③ Moss, 'Normandy and the Angevin Empire', pp.60－89.

④ T. K. Keefe, *Feudal Assessment and the Political Community under Henry II and his Sons* (Berkeley, CA, 1983), *passim*; also useful is J. C. Holt, *The Northerners*, 2nd edn. (Oxford, 1992), *passim*. See also Barratt, below, p.59ff.

林地收入被证明有很大的弹性，1180 年诺曼底卷筒卷宗记录的林地收入略多于 2 000 安茹里弗尔，到了 1198 年几乎增加了 1 倍，接近 4 000 安茹里弗尔。[①] 但必须指出，这并不是成熟、完善的林地司法的产物；12 世纪 90 年代的主要发展就是变卖公爵林地和林地物产。1195 年有三个重要的案例。[②] 里尔本纳(Lillebonne)的林地变卖案最能说明问题。[③] 根据 1198 年的卷筒卷宗记载，林地及其物产变卖这样的案子绝对不会少于 16 个[④]，而最大的案子则发生在瓦特维尔(Vatteville)、罗马雷(Romare)、博纳维尔(Bonneville)、蒙特菲屈埃(Montfiquet)和加弗赖(Gavray)。[⑤]

说明这些林地和物产变卖案会遇到不少麻烦。显然，这些变卖案涉及公国资源转让。有人可能会认为，这是安茹王朝发动战争导致财政压力的一个标志；安茹王朝发动战争迫使诺曼底公爵变卖宝贵的林地资源。但是，英格兰和诺曼底两边的卷筒卷宗显示，诺曼底公国变卖林地及其物产大约实现了 5 000 安茹里弗尔的毛收入，还不到 1198 年记录收入的 5%。此外，就如我们已经看到的那样，这份卷筒卷宗记述的高效率比并没有违背任何一般财政压力和财政资源枯竭理论。无论如何，这笔收入的毛额似乎远非微不足道，因此并不是简单地用这些财政因素就能解释的。如果几任公爵真要不顾一切地筹款，那么，另外加征小配赋税似乎更加合理，并且能收到更多的收入。

如果只在一般财政理性的框架内，而不从财政压力和财政资源枯竭的角度考虑这个问题，那么，变卖林地及其物产其实也有它的道理。诺曼底公爵的林地并不受像英格兰那样完善的执法和监督机制的保护[⑥]，因此，它们很可能无法产出相同水平的收入。诺曼底高水平的商品流通和汇兑也许非常有助于快速和有利可图地变卖林地及其物产，尤其是在战争很可能已经创造了卖方

---

① Moss, 'Normandy and the Angevin Empire', pp.18, 20 - 1.

② 卷筒卷宗在记述这种情况时用的是"vente foreste"，在很多前有当事人姓名、后有总额的交易案子记录中反复使用了"vente foreste"。再遇到这样的情况，笔者决定效仿 Delisle 就在脚注中使用"Des revenues"，并简单地给出参考文献。不过，也会时不时地详细讨论这类付款的例子。Stapleton, ed., op.cit., ii. 138, 143, 156.

③ Ibid., ii. 138.

④ Ibid., ii. 294, 305, 326, 371, 373, 385, 390, 392, 453, 459, 460, 475, 488.

⑤ Ibid., ii. 294, 371, 385, 460, 461.

⑥ C. R. Young, *The Royal Forests of Medieval England* (Leicester, 1979), pp.18 - 60.

市场的情况下。如果把那么多的行政官员都视为完全理性的经济管理者，那么，在一个卖方市场上变卖低产出资源是一种非常明智的举动。

遗憾的是，当涉及王领时，财政理性并不是唯一的决定因素。诺曼底和安茹王朝的历任国王都非常喜欢这些可作为猎场的林地资源[①]，它们作为猎场的重要性肯定大于它们的实际财政价值，因此，变卖林地的做法仍然令人困惑。在没有研究理查一世国王统治时期林地管理状况的情况下，任何对以上问题的回答必然都是推测性的。然而，至少也有这样一种可能性：理查一世作为安茹和后来的阿基坦公爵，赋予这些地区的猎场更大的主观价值。英格兰王室之所以没有变卖他的林地，是因为它们有更高的财政收益。变卖林地资产也许并不是一个理查一世主观上非常关心的问题，因此，财政理性标准才会起作用。

根据诺曼底公国晚期卷筒卷宗的记载，从 1180 年开始的最值得关注的关于包税区的发展就是把包税区的很多固定收入送给表现杰出的个人。霍尔特(Holt)对收入的定义掩盖了这种区别，因为这样的固定收入赠与应该仍包括在加括号的支出中。因此，我们将运用史黛丝(Stacey)的可支配收入概念(不包括上述赠与)来分析包税收入。[②] 在 1198 年收到的 12 778 安茹里弗尔磨坊与子爵和总本堂区包税收入中，大概有 6 500 安茹里弗尔是从包税收入中扣除的固定赠与付款。有必要对这种固定赠与付款稍作细究。众所周知，鲁昂(Rouen)大主教在莱桑德利(Les Andelys)有庄园，因此从迪耶普(Dieppe)、布代伊(Bouteilles)庄园、阿尔切蒙林地、卢维埃(Louviers)庄园以及鲍尔(Bort)林地收取包税收入。[③] 正如伯威克所指出的那样，这些收入项目总计 1 400 安茹里弗尔[④]，并且是在阿尔克(Arques)子爵领地包税银和沃德勒伊(Vaudreuil)包税银的固定收入扣项账户中发现的。但更值得注意的是，1198 年的卷筒卷宗记载了赠与鲁昂大主教的另外两笔款项。根据有关鲁昂的记录，鲁昂大主教还根据“cartam regis”(per cartam regis)从莱桑德利包税区收到了 1 000 安茹里弗尔的磨坊包税收入。[⑤] 按照圣玛丽的规定(canon of St Mary)，同年他在

---

① C. R. Young, *The Royal Forests of Medieval England* (Leicester, 1979), pp.18 - 60.

② See n. 21, and Barratt, below, p.59ff.

③ Powicke, *Loss of Normandy*, p.116.

④ Ibid.

⑤ Stapleton, ed., *op.cit.*, ii. 304.

同一个包税区另外又收到了583安茹里弗尔又10苏(pro CCC modius vini per cartam regis)。[①] 这个问题的部分答案可以在颁发给鲁昂大主教的安德里(Andeli)特许状中找到,这份特许状在"Rotuli Normannie"中有记载。据"Rotuli Normannie"关于这份特许状的记载,除了伯威克提到的收入以外,理查一世还赐予鲁昂大主教"... omnia molendina que noshabuimus Rothomtogi. ..."。[②] 因此,鲁昂大主教在安德里(Les Andelys)收到的总收入多达1 000安茹里弗尔,要多于伯威克的估计。按照鲁昂特许状收到的米伊德(Muids)酒庄是查理王于1195年12月在鲁昂赠送的。[③] 这两笔付款的金额特大,总共差不多要占到鲁昂包税区这一年付款的一半。1198年的卷筒卷宗上记载了法莱兹(Falaise)包税区2年的包税收入。法莱兹2年的包税收入有1 089安茹里弗尔,被送给了阿基坦的埃莉诺(Eleanor of Aquitaine)。这笔款子是在亨利二世驾崩后赠予的。[④] 理查一世的母亲收到了从东夫龙(Domfront)总本堂包税区收到了235安茹里弗尔19苏2德尼尔办理嫁妆。[⑤] 1198年的卷筒卷宗还记述了赠给约翰亲王(Prince John)的很多新赠款。[⑥] 在科唐坦(Cotentin)半岛,莫尔坦(count of Mortain)公爵从圣马尔库(Saint Marcout)和圣母教堂(Sainte-Mère-Eglise)包税区收到了价值150安茹里弗尔的庄园司法(manorial justice)收入。[⑦] 约翰亲王从格恩西岛(Guernsey)包税区收到了总价值估计为203安茹里弗尔10苏的收益。[⑧] 他还从阿尔让唐(Argentan)总本堂区和子爵辖区包税区总共收到了567安茹里弗尔5苏4德尼尔的收益,另外又从古弗尔恩(Gouffern)包税区收到了181安茹里弗尔10苏的收益。[⑨] 1198年的卷筒卷宗没有提到关于这些付款的特许状,因此,我们也无法对它们进行考证。但不管怎样,这几笔付款与另一笔由鲁昂包税区支付给莫尔坦伯爵的716安茹

① Stapleton, ed., *op.cit.*, ii. 304.

② T. D. Hardy, ed., *Rotuli Normannie 1200 – 1205* (London, 1835), p.2.

③ I. London, *Itinerary of King Richard* (London, 1935), p.106, no. 457.

④ Powicke, *Loss of Normandy*, p.56.

⑤ Stapleton, ed., op.cit., ii. 352 – 4.

⑥ 这表明理查一世继位以后,约翰王很快就表示拥护。

⑦ Stapleton, ed., *op.cit.*, ii. 472.

⑧ Ibid., ii. 390.

⑨ Ibid., ii. 390, 432.

里弗尔13苏4德尼尔款子不同，没有一笔有书面凭证或付款特许状。[①] 因此，这几笔付款有可能是某份或某些已经丢失的付款特许状上的部分付款。最后，读者必须记住，从约翰获得莫尔坦伯爵的爵位以后，他已经亲自掌管莫尔坦、勒蒂勒(Le Tilleul)、维尔(Vire)(包括子爵和总本堂区)和廷切布雷(Tinchebrai)的包税区，因此到了1198年，国王(理查一世)已经把上面提到的可支配收入以及法莱兹、阿尔让唐、圣母教堂、圣马尔库、迪耶普(Dieppe)和东夫龙的可支配收入送给了别人，而鲁昂包税区2/3的收入以及阿尔克(Arques)和勒沃德勒伊(Le Vaudreuil)包税区很大一部分的收入也是如此。

从以上分析可以得出一些值得关注的结论。诺曼底各包税区只能对军费开支做出极小的贡献，也就是区区6 278安茹里弗尔。这个可支配收入总额只够建造1/7的盖拉特城堡(Chateau Gaillard)，或者修建欧(Eu)镇城墙还能剩下千把安茹里弗尔。伯威克关于鲁昂各包税区20 000安茹里弗尔的资金可用于支出的说法，不足为信。[②] 诺曼底各包税区无弹性的固定收入是算得清的，并且也已经算清。不管是意外还是有意所为(但灵活的配赋税征集力表明是有意所为)，到了1198年，差不多有一半的配赋税收入已经被国王临时或者永久性地转让给了别人。在安茹王朝治下诺曼底有记载的收入大幅度增加时期，诺曼底各包税区的固定收入都已经送人：这是一种独一无二的情形，并且与英格兰的情形形成了鲜明的对照。在英格兰，伯爵领地配赋税在安茹王朝治下仍然是主要的收入来源，并且为英格兰日后“超越领地配赋税增量”式发展奠定了基础。[③]

诺曼底财政革命的真正关键是配赋税收入和借款。1198年的卷筒卷宗记载了几乎从公爵领地每个大法官辖区征收到的可观配赋税收入，并且借到了大量的贷款。1197～1198年度，从各大法官辖区总共征收到了19 600多安茹里弗尔的配赋税，而且还借到了总计应该略多于12 000安茹里弗尔的贷款；同

① Stapleton, ed., op.cit., ii. 304.

② Ibid., ii. 234.

③ Stacey, *Politics, Policy and Finance*, *passim*; see also Barratt, below, p.62ff.

年从各城镇征收到的配赋税和借到的贷款总计 12 600 多安茹里弗尔。因此，配赋税收入和借款总计要比包税银收入多 3 倍多。据卷筒卷宗记载，相比之下 1179～1180 年度各大法官辖区既没有强借贷款也没有征收配赋税，但在里翁拉弗雷（Lyons-la-Forêt）和诺南库尔（Nonancourt）各城镇课征了一种总收入为 66 安茹里弗尔（或者差不多按 0.05%的地租征收）的配赋税。① 很难想象比这两个时期更大的收入差异。

就如德利斯勒(Delisle)早就已经指出的那样，后来诺曼底卷筒卷宗的用词，有时不能明确区分贡金、配赋税和代兵役税。② 如先用"de auxilio exercitus de villa de Culsle"，然后又用"de tallagio de Sancto Ymero pro simili"这样的记述，就足以说明在用词上的歧义性或者模糊不清。③ 在大多数情况下，配赋税（tallage）被用来指称作为筹集紧急军费（常常是为了修建城堡或者边境地区备战）而征收的税收。无论如何，用词混乱并非无关紧要。众所周知，贡金（gracious aid）是君主向全体子民征收的用途明确并受到限制的捐助。④ 相比之下，配赋税可能是为了应对紧急状况，但通常仅限于对领主的领地和佃户征收的税收。⑤ 但在诺曼底，配赋税向君主的全体子民征收，城镇即使在由诺曼底各伯爵掌管时期也要缴纳配赋税⑥；大法官辖区即使在庄园由莫尔坦伯爵掌管的情况下也要缴纳配赋税。因此，关于贡金和配赋税两者使用的随意性也可能反映了当时的一个重要现实，即诺曼底公国配赋税的征收范围与贡金的征收范围一样大。

诺曼底财政收入的另一个特点就是强制性贷款。强制性贷款在 1198 年的诺曼底卷筒卷宗中被称为"emprumento facto"。⑦ 这种强制性贷款的征收

---

① Stapleton, ed., *op.cit.*, ii. 74, 76.

② Delisle, 'Des revenues', pp.119 - 22.

③ Stapleton, ed., *op.cit.*, ii. 366.

④ J. C. Holt, *Magna Carta*, 2nd edn. (Cambridge, 1992), pp.12, 58, 381, 386, 317 - 22, 398 - 400; E. Iserunann, 'Medieval and Renaissance Theories of State Finance', in R. Bonney, ed., *Economic Systems and State Finance* (Oxford, 1995), pp.31 - 7.

⑤ Holt, *Magna Carta*, pp.220 - 1, 290, 335, 364.

⑥ 请参阅下文第 59 页到第 73 页。

⑦ 目前只有 Delisle 作过关于这个主题的研究，'Des revenues', pp.132 - 3。因此，本章以下的讨论具有尝试性和推测性。

范围与贡金或配赋税相同。不过，强制性贷款与贡金或者配赋税有三点不同。首先，欠贷款未缴和已缴贷款的个人都详细记录在案，至少在1198年的卷筒卷宗上是这样。这样的记录至少可以说明借款人在借款时做出过某种正式的偿还承诺。其次，在城镇强借贷款就相当于在农村征收配赋税。最后，有时，为了相同的用途，如为在边境地区采取军事行动筹集军费，同时强借贷款和征收配赋税。遇到这种情况，为强制性贷款规定的金额要小于配赋税。

1198年，诺曼底各城镇和部分大法官辖区都依照“per preceptum regis”（或者简称“pro rege”）缴纳配赋税。① 几乎没人明白“per preceptum regis”或者“pro rege”是什么意思，但特纳（Turner）认为这与安茹王朝的专断权有关。② 如果真是这样的话，那么，本章所考证的文献表明，在理查王治下，是在诺曼底，而不是在英格兰最经常地行使这种权力来征收财政收入；这种权力在诺曼底的城镇找到了它的最广泛用途。③ 所有这一切似乎也标志着诺曼底公国财政史的一个新起点。但没有任何证据可以证明，之前的公爵都没有经常行使这种专断权从其子民那里敛取钱财。④

我们可以在1195年的诺曼底卷筒卷宗中找到了大量的诺曼底征收贡金、强制性贷款和配赋税的早期证据，而金额最大的是为赎回约翰王而征收的赎金。按照杰弗里・堪比托（Geoffrey Cambitor）的说法，诺曼底为赎回约翰王筹集了27 891安茹里弗尔8苏4德尼尔的巨款。⑤ 仅这一笔付款就要超过诺曼底卷筒卷宗上记载的1180年的全部收入。在利西厄（Lisieux）大法官辖区，为了筹集约翰王的赎金征收到了1 186安茹里弗尔。⑥ 居民人数不到700的卡昂（Caen）镇居然贡献了8 000多安茹里弗尔的巨款。⑦ 从这个地区能征收到这么多的收入，说明诺曼底的城镇非常富有。

为了详细介绍1195年诺曼底卷筒卷宗上记载的为支付约翰王赎金而筹集

---

① 请看下文第60页到第61页。

② R. V. Turner, *King john* (London, 1994), pp.191 - 204.

③ 关于国王专断权的最佳讨论，请参阅文献：Jolliffe, *Angevin Kingship*, passim。

④ Moss, ‘Normandy and the Angevin Empire’, passim.

⑤ Stapleton, ed., *op.cit.*, ii. 136.

⑥ Ibid., ii. 253.

⑦ Ibid., ii. 172 - 83.

的其他款项，有必要指出，卡昂的赎金缴款是由理查·希尔拉(Richard Silvra)和理查·达尔让塞(Richard d' Argences)征收的。[①] 这两个官员还要负责编制许多非特定配赋税报表，我们似乎可以合理地认为，这些税收也与筹集约翰王赎金有关。他们俩在库唐斯(Coutances)大法官辖区收到了424安茹里弗尔，从东夫龙大法官辖区收到了424安茹里弗尔10苏，并从维尔大法官辖区收到了112安茹里弗尔10苏。戈隆(Gorron)大法官辖区缴纳了67安茹里弗尔，阿弗朗钦(A vranchin)大法官辖区缴纳了60安茹里弗尔，而安布里埃尔(Ambrières)大法官辖区则缴纳了46安茹里弗尔。[②] 遗憾的是，记载这些税收报表的卷筒卷宗已经损毁，但另外两个大法官辖区好像也呈交了这种报表。最后，在这两名官员的记述中，戈隆大法官辖区缴纳了73安茹里弗尔。[③]

从以上这些报表看，1195年为筹措约翰王赎金而征收的税收非常不公平，卡昂和利西厄缴纳了很多税收，而包括鲁昂在内的诺曼底很多其他地方则分文没缴。这个谜题的明确答案就是，这些报表只显示了“冰山一角”。赎金分多年付清，因此，筹款也是分多年完成的。因此，我们几乎可以肯定，1195年卷筒卷宗上记述的赎金筹款只不过是全部赎金筹款的一小部分，而且完全有可能是：没有存世的1193～1194财年卷筒卷宗可能也有一些类似于卡昂以及鲁昂、巴约(Bayeux)和法莱兹等城镇呈交的税收报表。

第二大具有一般性的缴款是按照“ad fossata castrorum regis”缴纳的配赋税。必须指出，1195和1198年的存世卷筒卷宗中记载的最普通配赋税，是为建造君主城堡而征收的配赋税。据1195年卷筒卷宗的记载，那年只征收了相对较少的配赋税。阿朗松(Alençon)大法官辖区贡献了200安茹里弗尔，好磨坊(Bons Moulins)大法官辖区贡献了70安茹里弗尔，利西厄贡献了378安茹里弗尔，奥德梅桥(Pont-Audemer)贡献了180安茹里弗尔，奥热(Auge)贡献了202安茹里弗尔，而里斯勒河(Risle)与塞纳河(Seine)间大法官辖区则贡献了40安茹里弗尔。[④] 1195年卷筒卷宗上记载的最后一种具有财政重要性的

---

① Stapleton, ed., *op.cit.*, ii. 172 - 83.

② Ibid., ii. 244.

③ Ibid., ii. 23.

④ Ibid., ii. 156, 246.

配赋税是一种非常类似的税收，戈隆大法官辖区因为韦尔纳伊（Verneuil）的“fossagium”而缴纳了 430 安茹里弗尔 10 苏。[①]

1195 年的卷筒卷宗上也有证据表明，诺曼底总管也征收过一种一般配赋税。这种税收在 1195 年只有很小的财政意义，因为它只在那年的卷筒卷宗上留下了些许痕迹。阿尔让唐缴纳最多，有 110 安茹里弗尔，而安布里埃尔和东夫龙缴款较少。[②] 法莱兹镇关于威廉·菲茨拉尔夫（William fitzRalph）征收到的配赋税余款的证据最有信息价值。这个证据直接以账户的形式提到了从这个账户中扣除的一个支出项目，一个应该与“anna preterito”有关的支出项目。[③]我们似乎看到了配赋税的课征主要集中在之前国王缺位由诺曼底总管摄政的那几年里的迹象。再说一遍，由于一些类似于为筹措约翰王赎金的原因，这些有关配赋税的记载很可能只是冰山一角。

1195 年的卷筒卷宗中有一些迄今仍比较模糊的迹象表明，当时还征收过另一种配赋税，而卡昂和法莱兹还没有缴清之前征收的配赋税。[④] 1195 年的卷筒卷宗有一些提到亨利·德·格雷（Henry de Graie）和约翰·阿朗松征收一种配赋税的记载。[⑤] 巴约镇也欠有一种配赋税的余款未缴。[⑥] 有一些报表完全可用来证明理查·布列东（Richard Breton）负责征收的配赋税。[⑦] 不过，从财政的角度看，这些配赋税极其微不足道。由于缺少确切的信息，因此，我们无从获得无论是关于过去为了大幅度增加财政收入而课征的配赋税或者完全是由诺曼底总管征收的配赋税的资料。

根据 1195 年卷筒卷宗的记载，强制性贷款是当时诺曼底的另一个重要财政收入来源。约翰·阿朗松记述了从博纳维尔（Bonneville）、奥德梅桥、利西厄、埃克斯梅（Exmes）和法莱兹大法官辖区借到的强制性贷款（分别是 35、66、180、60 和 400 安茹里弗尔）。[⑧] 这些贷款不同于 1198 年的贷款，是按照“per preceptum

---

① Stapleton, ed., *op.cit.*, ii. 221.

② Ibid., ii.212, 220－1, 228.

③ Ibid., ii. 270.

④ Ibid., ii. 169, 187, 270.

⑤ Ibid., ii. 187, 191.

⑥ Ibid., ii. 263－4.

⑦ Ibid., ii. 147, 166, 167.

⑧ Ibid., ii. 237.

regis”的方式借到的。据1195年的卷筒卷宗记载，利西厄大法官辖区确实向约翰·德·阿朗松缴纳了184安茹里弗尔的强制性贷款，但相关记载没有对“per preceptum regis”这个关键的短语作任何说明。但实际上，这是一笔关于利西厄大法官辖区已经缴纳的180安茹里弗尔减去作为地方支出入账的4安茹里弗尔后的收入转账款。[①] 另一个可从“per preceptum regis”这个惯用语中推演出来的因素是，国王已经在诺曼底亲政。由于理查一世直到1194年5月才登基，因此，这些缴款几乎可以肯定是发生在记述它们的卷筒卷宗的当年。[②]

此外，奥德梅桥还欠7安茹里弗尔的强制性贷款未缴。[③] 另一笔强制性贷款的余款是由贝尔纳(Bernay)的男性居民缴纳的。[④] 约翰·德·阿朗松在阿尔让唐(想必是阿尔让唐镇)和大法官辖区收到了215安茹里弗尔的强制性贷款，[⑤]其中的44安茹里弗尔用于支付上一年的支出。之前的分录以及把余款作为前述分录一部分的做法，连同“奥德梅桥大法官辖区的缴款数额较小”一起说明，这些缴款全是上一年该缴的强制性贷款。最后，为了使一种远非简单的情形完整起见，还应该交代，奥德梅桥镇缴纳了500安茹里弗尔的强制性贷款，这次是由卡昂修道院院长罗伯特(Robert)和理查·希尔拉负责征收的。这笔缴款很可能是在记载它的卷筒卷宗同一年支付的。[⑥] 这些缴款都没用使用“per preceptum regis”这个公文惯用语。

关于“per preceptum regis”这个公文惯用语不同用途的最有可能的解释是，强制性贷款虽然经常，但并不是每年向大法官辖区强借。因此，“per preceptum regis”这个公文惯用语应该是指，君主动用他的专断权征收额外税费：因此，1194～1195年度的强制性贷款都使用了这个公文惯用语，但1193～1194年度的强制性贷款没有使用这个公文惯用语。如果真是这样，那么，1198年对城镇课征的配赋税，可能也是国王完全按照常规税费而不是年度税费的模式行使他的特别权力征收的：因此，那年的卷筒卷宗在这些贷款的记录中都使用了

① Stapleton, ed., *op.cit.*, ii. 249 .

② Gillingham, Richard the Lionheart, p.244.

③ Stapleton, ed., *op.cit.*, ii. 208.

④ Ibid., ii. 247.

⑤ Ibid., ii. 213.

⑥ Ibid., ii. 209.

“per preceptum regis”这句公文惯用语。但是,这样推断并不能解释为什么1195年在奥德梅桥征收了大量的强制性贷款,而在相关记录中同样没有出现“per preceptum regis”这个公文惯用语。不过,有可能是城镇的强制性贷款规定不同于大法官辖区的强制性贷款规定。1198年卷筒卷宗上的证据证实了这一点,因为就如我们将要看到的那样,只有很少的城镇(与大法官辖区不同)缴纳强制性贷款。因此,不同城镇在不同时期都有拖欠强制性贷款不缴的问题。

1195年卷筒卷宗上记载的最后一次征收的配赋税比较正宗。犹太人已经被掌握在国王的股掌之中,因此他们要像国王陛下的土地和城镇那样缴纳配赋税。生活在诺曼底的犹太人曾缴纳过10 000马克(mark)的配赋税。科镇(Caux)大法官辖区也曾向犹太居民另收过2 000安茹里弗尔。[①] 也有可能,犹太人以缴纳贡金或许和配赋税为交换条件,获得了新的特许状或者特许状的展期,因为1195年的卷筒卷宗中记载了发给犹太人特许状的支出。[②] 1195年卷筒卷宗上记录的几笔最大的配赋税收入都是上一年的。因此,关于这几笔税款的地域分布和它们的财政重要性,简直就是“无可奉告”。但不管怎样,这种必然失真的税收状况并非毫无意义,因为它可以采用图示的方式来反映诺曼底财政收入来源的特点。譬如说,根据一份卷筒卷宗记载,诺曼底有一个城镇——卡昂——大致缴纳占诺曼底财政收入1/10的税费,这一点并非不值得关注。[③] 很难想象,英格兰在怎样的情况下才能从一个城镇收到占全国财政收入这么大比例的收入。

这份卷筒卷宗的实际价值在于让我们看到了一种正在形成的新的财政体系,一种收入来源由配赋税、贡金和强制性贷款构成的财政体系。在这些存世的诺曼底卷筒卷宗中发现的第一笔可观的配赋税收入可追溯到赎回理查一世国王之前,可能是为赎回理查一世和偿还一笔强制性贷款筹款。遗憾的是,关于这种新的财政体系确切的问世时间,现在只掌握太少的信息。不过,有两种合理的可能解释:第一种是这种财政体系始于第三次十字军东征准备时期征

---

① Stapleton, ed., *op.cit.*, ii. 34－5, 229.

② Ibid., ii. 138－40.

③ Ibid., ii. 172－83.

收萨拉丁什一税(Saladin tithe)的需要[1];第二种是筹集国王赎金导致对大法官辖区和城镇课征的配赋税一般化。第一种解释或许更加合理。诺曼底财政实践的这种转变更可能是在大公和教会都支持征收财政收入,而不是在统治者缺位时发生的。最后必须指出的是,不应该过分强调1195年诺曼底财政转型证据的作用。在这份存世卷筒卷宗的当年,诺曼底大部分大法官辖区和城镇都没有缴纳配赋税,那年收到的财政收入数额不大。这也许应该被解释为:1195年只能算是诺曼底某些财政收入增长过程中的一个平年。也有可能是,大法官辖区和城镇财政收入征收体系当时仍处在发展阶段。不管怎样,诺曼底1195年的卷筒卷宗告诉我们很多关于缴款类型、一些关于它们来源以及很少关于这种财政体系起源的线索。想要全面审视这种财政体系,就有必要回过头来考察诺曼底1198年的卷筒卷宗。

在诺曼底1198年的卷筒卷宗上能够找到至少5笔具有财政重要性的配赋税和贷款收入。欧镇的防御工事修建工程整整持续了2年多,1198年之前的1196～1197年度也征收了配赋税。[2] 至于像1195年卷筒卷宗上记载的很多配赋税例子,在1198年的卷筒卷宗上只能找到这些缴款的例子;即便是就这么一点例子也仍很重要。欧镇2年多修筑防御工事的总支出是5 000安茹里弗尔。据卷筒卷宗记载,为这个工程征集的资金是1 360安茹里弗尔。但也有必要指出,有关这个工程筹款的税收报表只涉及阿尔克、科镇和鲁穆瓦(Roumois)三个大法官辖区。[3] 鉴于筹款税收报表所涉金额相对较小,盖拉德城堡建筑工程巨大(也为该工程筹款征收了配赋税,工程也持续了2年多时间),因此,为欧镇修建城墙而征收的配赋税很可能是地方性的,而不是在公国范围内征收的。工程所需的余款完全有可能是在1195～1196年度从像沃德勒伊、韦尔纳伊、博纳维尔、里尔博纳、奥热这样的周边大法官辖区以及里斯勒河与塞纳河间大法官辖区筹集的。遗憾的是,那个年度的卷筒卷宗没有存世。

① Gillingham, *Richard the Lionheart*, p.132.

② Stapleton, ed., *op.cit.*, ii. 385.

③ Ibid., ii. 310, 355, 424, 429, 447.

为挖掘盖拉德城堡护城河而课征的 12 德尼尔(即税率为 3⅓%的)配赋税总共收到 714 安茹里弗尔 18 苏。这笔税款收入是在有关利西厄、加弗莱(Gavray)和戈隆大法官辖区的记载中发现的。[①] 在昂代勒岛(Isle of Andel)课征的代徭役配赋税只在加弗莱和阿尔克大法官辖区征到 290 多一点的安茹里弗尔。[②] 确定这些配赋税征收日期的关键证据是在戈隆大法官辖区的相关报表中发现的。不知为何 1197～1198 财政年度初派来了一个新的大法官,原来的大法官威廉・德・塞翁(William de Seon)收取了上一年的包税收入,而更重要的是,这一年负责催讨昂代勒岛的代徭役配赋税欠款和为挖掘盖拉德城堡护城河课征的 12 德尼尔配赋税的报表。[③] 鉴于 1194～1195 年度的卷筒卷宗没有提到这些配赋税,因此,我们可以断定这些配赋税是在 1195～1197 年间征收的。有关记载的地域分布,连同修建盖拉德城堡花费的数额不小的资金一起,有力地表明这些配赋税是在全公国征收的。如果这一点能够成立,那么,我们再次可以发现一些关于曾经可能极其重要的配赋税的线索。

戈隆的税收报表提供了另一重要帮助。新任大法官哈默尔・德・托尔尚(Hamel de Torchamp)在那年 3 月把代徭役配赋税和相同用途的强制性贷款包了出去,因此可以确定这些缴款是在 1197～1198 年度发生的。[④] 代徭役配赋税差不多价值 16 500 安茹里弗尔,据文献记载,几乎诺曼底的每一个大法官辖区都分摊到了这种税收。只有 2 个例外:出于没有说明的原因,里斯勒与塞纳河间大法官辖区没缴此税[⑤];蓬托尔松(Pontorson)大法官辖区或许是由于报表不全,没有缴纳这笔配赋税的记录。[⑥] 这笔强制性贷款几乎从各大法官辖区筹集到了略多于 12 000 的安茹里弗尔。其中有 1 041 安茹里弗尔是科镇上一年应缴的,因此应该排除在我们的考虑范围之外。[⑦] 因为这是在鲁昂货币兑换商的回条中发现的,所以,我们无法知道原始文献是否使用了"per preceptum

---

① Stapleton, ed., *op.cit.*, ii. 328, 355, 378, 485.

② Ibid., ii. 249, 355.

③ Ibid., ii. 355.

④ Ibid.

⑤ Ibid., ii. 488 - 90.

⑥ Ibid., ii. 292 - 8.

⑦ Ibid., ii. 301.

regis”这句公文用语。不幸的是，这也不能澄清前面关于1195年卷筒卷宗提到的强制性贷款的讨论。1198年的卷筒卷宗中只有一个大法官辖区没有强制性贷款的记录，那就是阿弗朗钦。但不管怎样，我们还要重复一遍，这些报表并不齐全。[①] 塞纳河谷(Seine Valley)作为大法官辖区的地位值得怀疑，因此也没有发现有关它的任何强制性贷款记录。[②]

以上这些数据可用来测度诺曼底各大法官辖区1197～1198年度的相对财富。包税收入并不能发挥这样的作用，因为包税收入是很早以前就定下来的。[③] 就如我们在前文已经看到的那样，司法收入具有偏向中诺曼底地区的偏差，并且被单笔大额付款所扭曲。[④] 强制性贷款和配赋税具有一般化和金额变化不定的特点，因此作为诺曼底当时的地方收入来源，可能是更加符合标准的考证指南。实际上，合并使用强制性贷款和配赋税也许能更加精确地测度诺曼底全部大法官辖区的总财富，而不是诺曼底各大法官辖区各自展现的实际财富总量，因为各大法官管辖区各自的财富总量把与司法和包税有关的问题与像一次性变卖林地这样的其他变量或者问题混淆在了一起。强制性贷款和配赋税数据作为测度单位精确性的另一指证就是，这两类数据具有一定的比例近似性：强制性贷款大致占配赋税总量的30%～40%。但也有一些困难：鲁穆瓦只缴了很少的强制性贷款，只有180安茹里弗尔；韦尔纳伊从没缴过配赋税。[⑤] 不过，这些都是罕见的特例问题，在某种程度上可以通过累加大法官辖区强制性贷款和配赋税总量来解决。表2.1列示的数据值得关注。

表2.1　　1197～1198年诺曼底公国各大法官辖区各自缴纳的配赋税和强制性贷款总量

大法官辖区	缴纳总额(安茹里弗尔)	被引文献页码
科镇	3 909	445—447
法莱兹	2 916	398—400

① Stapleton, ed., *op.cit.*, ii. 291 - 3.

② Haskins, *Norman Institutions*, pp.40 - 3.

③ Moss, ‘Normandy and the Angevin Empire’, pp.28 - 9.

④ Stapleton, ed., *op.cit.*, ii. 313, 417.

⑤ Ibid., ii. 461 - 3.

续表

大法官辖区	缴纳总额(安茹里弗尔)	被引文献页码
巴约	2 508	381—383
卡昂	2 499	346—348
利西厄	2 380	326—328
科唐坦	1 695	477—478
韦尔纳伊	1 419	313—314
阿朗松	1 225	389
鲁穆瓦	1 208	416—417
沃德勒伊	920	483
奥德梅桥	916	456—457
阿尔让唐	824	395
阿尔克	951	428—494
奥热	650	365—366
阿弗朗钦	519	292
库唐斯	505	298
维尔	408	359—360
阿尔让塞	383	410—411
孔岱	309	460
埃夫勒	264	463
莫尔坦	477	357—358
里斯勒河与塞纳河间	236	471
莫斯特维尔	196	415—416
东夫龙	205	354
博纳维尔	201	371
加弗莱	98	294
戈隆	83	355—356
昂布里埃尔	38	368
塞纳河谷	84	308

资料来源：T. Staplewn, ed., *Magni rotuli scaccarii Normanniae sub regibus Angliae*, ii (London, 1842).

注：被引文献页码是指 Stapleton 版卷筒卷宗上的相关页码。表中的数值都近似到安茹里弗尔。小于 10 安茹里弗尔的缴款一般都没有包括在内。

通过这些数据，我们可以看到，有 4 个大法官辖区分别贡献了 2 000 安茹里弗尔的财政收入，而科镇又远远领先于其他大法官辖区。不过，就如在后面可以看到的那样，科镇是诺曼底少数几个重要的大法官辖区之一，这些大法官辖区的城镇并没有缴纳主要的配赋税。法莱兹是紧接着科镇之后的第二大财政大法官辖区，接下来是巴约、卡昂（鉴于卡昂城是财政单列单位，它的财政总量令人印象深刻）和利西厄大法官辖区。财政收入贡献在 1 000～2 000 安茹里弗尔的大法官辖区有科唐坦、韦尔纳伊、阿朗松和鲁穆瓦。鲁穆瓦相对于卡昂而言的小规模也许能够表明，鲁穆瓦周边的内陆地区要比（单独缴纳强制性贷款和配赋税的）鲁昂城周边地区更加重要，尤其是当时塞纳河谷已经享受单列财政单位的待遇。

至少有 7 个大法官辖区贡献了 500～1 000 安茹里弗尔的财政收入，它们分别是沃德勒伊、阿尔让唐、奥德梅桥、阿尔克、奥热、库唐斯和阿弗朗钦。8 个大法官辖区贡献了 200～500 安茹里弗尔的财政收入，它们分别是维尔、韦尔纳伊、阿尔让塞、孔岱（Condé）、莫尔坦、里斯勒河与塞纳河间、埃夫勒（Evreux）和东夫龙。这些数据也可能存在失实之处，就像我们已经看到的那样，有关里斯勒河与塞纳河间大法官辖区的记录并不完整。但从财政的角度看，这个大法官辖区从来就不是非常重要。埃夫勒大法官辖区很小的缴款总量在某种程度上可被解释为：这个辖区主要受到了伯爵保护。[①] 因此，它单为本辖区的地方自卫缴纳了并非微不足道的 190 安茹里弗尔。[②] 尽管如此，从这个辖区收到的收入仍然很少，原因可能是它刚设立不久。[③] 最后，有 6 个大法官辖区各自的财政贡献不足 200 安茹里弗尔，它们分别是博纳维尔、加弗莱、戈隆、莫斯特维尔（Mosteville）、昂布里埃尔和最后垫底的塞纳河谷这个大法官辖区地位无论如何都是不确定的地区。

另一个复杂的问题是，有些大法官辖区的一些配赋税是根据有“per preceptum regis”用语的公文征收的。但没有任何迹象表明，这些配赋税除了记载它们的卷筒卷宗所属年份以外的任何因素有关。这些总计 3 250 安茹里弗尔的配赋税收入是从 5 个大法官辖区（除了戈隆以外，其他 4 个大法官辖区都位于诺曼底中部地区）征收到的。卡昂缴纳了 1 730 安茹里弗尔，法莱兹缴纳了 1 100 安茹里弗尔，巴约缴纳了 400 安茹里弗尔，而戈隆只缴纳了 20 安茹

① Stapleton, ed., *op.cit.*, ii. 461 - 3.
② Ibid., ii. 463.
③ Moss, ‘Normandy and the Angevin Empire’, pp.134 - 7.

里弗尔。[①] 这些配赋税可能是为了筹集赎金征收的,反映了国王的不幸遭遇或者地方上的特别机遇。此外,这些大法官辖区缴纳追加配赋税的能力披露了一些反映它们财富的信息。如果我们把这些配赋税收入考虑在内,那么,5 个"超级"大法官辖区(其中 3 个大法官辖区每个都缴纳了 4 000 多安茹里弗尔)联袂贡献了 1197～1198 年度诺曼底一半以上的配赋税收入和强制性贷款。这 5 个"超级"大法官辖区分别是科镇(3 909 安茹里弗尔)、卡昂(4 229 安茹里弗尔)、法莱兹(4 016 安茹里弗尔)、巴约(2 908 安茹里弗尔)和利西厄(2 380 安茹里弗尔)(前面 5 个括号内的数值是表 2.1 中的数值,还没有加上上文所说的根据有"per preceptum regis"用语的公文征收的配赋税。——译者注)。这些大法官辖区的最显著特点就是,其中至少有 4 个大法官辖区位于只能说是诺曼底中部的区域。如果我们在巴约、卡昂、法莱兹和利西厄这四个大法官辖区中再加上阿尔让唐、奥德梅桥、阿尔让塞和阿朗松大法官辖区,那么,诺曼底中部地区的财政贡献要占到诺曼底公国从各大法官辖区征收到的收入的一半以上。相比之下,鲁昂主教区[包括阿尔克、鲁穆瓦、科镇、奥热、布洛塞维勒(Blosseville)和里斯勒河与塞纳河间大法官辖区]的贡献只占到 30%弱。

遗憾的是,1180 年度的卷筒卷宗没有记录可与 1198 年卷筒卷宗上的贷款和配赋税收入数据比较的完整数据。如果我们参考多少有点不确切之嫌的每个大法官辖区的缴款总额,那么在 1198 年卷筒卷宗记录的一半以上的收入来自鲁昂主教区。1180 年度诺曼底公国的财政收入格局显示出一种与诺曼底财政收入传统高度一致的连续性,因为可以发现诺曼底公国的财富主要集中在这个地区。[②] 因此,1198 年诺曼底各大法官辖区的配赋税和贷款收入标志着诺曼底财政收入出现了一种崭新但明确的有利于诺曼底中部地区的转向。仅仅用军费支出耗尽了诺曼底的财力和鲁昂主教区的周边地区承受了巨大的财政压力来解释这种财政收入的转向,几乎可以肯定地说,未免有极端之嫌。1198 年从诺曼底北方获得的收入远大于 1180 年在这个地区征到的收入。诺曼底公国的财政收入腹地从北方向中部转移,是与公国之前的财政史的彻底

---

① Stapleton, ed., *op.cit.*, ii. 348; 400; 384, 357.

② D. Bates, *Normandy before 1066* (London, 1982), pp.271 - 3.

决裂，也是诺曼底财政革命的另一个关键特点。

1198年度诺曼底卷筒卷宗记载的统计数据所表达的最惊人财政发展之一，便是诺曼底城镇对诺曼底财政作出了巨大的贡献。但是，我们无法对诺曼底城镇的财政贡献进行精确的估计，因为很多城镇上缴的财政收入几乎可以肯定是包括在诺曼底各包税区的财政收入中。我们已经在1198年度卷筒卷宗关于鲁昂磨坊税作为这个镇包税银一部分的记载中看到了有关这个问题的一些证据。可惜，我们没有掌握诺曼底绝大多数包税区这种分解收入数据。我们也无法计算有多少司法收入是由城市居民支付的。但不管怎样，我们确实掌握了从这些城镇借到的贷款和征收到的配赋税收入的数据。虽然采用这些收入数据并不能估算城镇贡献的财政总收入，但是，它们提供了一些关于从城镇征收到的追加收入的重要比较信息。就如从表2.2可以看到的那样，差不多有30个城镇缴纳配赋税的记录。

表2.2　1197～1198年度诺曼底公国城镇配赋税收入和贷款总额(安茹里弗尔)

城 镇 名	配赋税总收入	贷款总额	所属大法官辖区	被引文献页码
蓬托尔松(Pontorson)	欠200		蓬托尔松	292
圣洛(St Lô)	206		科唐坦	478
佩里耶(Periers)	欠157		科唐坦	478
圣伦纳德(St Léonard)	欠200		阿弗朗钦	292
热内斯(Gênest)	欠150		阿弗朗钦	292
库唐塞	95		库唐塞	299
普朗谢尔(Planchers)	88		库唐塞	299
维尔	110		维尔	360
昂布里埃尔	60		昂布里埃尔	368
戈隆	120		戈隆	355
阿朗松	282		阿朗松	389
瑟埃茨(Seez)	300		阿朗松	389
巴约	400		巴约	378 384
卡昂	1 500	1 802	卡昂	348
法莱兹	650		法莱兹	400
圣皮埃尔(St Pierre)	300		法莱兹	400
特伦(Trun)	100		法莱兹	400
阿尔让唐	350		阿尔让唐	396

续表

城 镇 名	配赋税总收入	贷款总额	所属大法官辖区	被引文献页码
特罗阿尔恩(Troarn)	195		阿尔让塞	411
利西厄	345	20	利西厄	330
贝尔纳(Bernay)	245		利西厄	330
科尔梅莱(Cormeilles)	80		利西厄	330
夏娃桥(Pont L'Eve)	45		奥热	366
鲁昂	2 000	2 666	鲁穆瓦	306
沃德勒伊	266		沃德勒伊	493
奥弗莱(Auffrai)	8		科镇	424
奥德梅 (Audemer)	25		奥德梅	367
东夫龙	150		东夫龙	496
阿尔让塞	214		阿尔让塞	411

资料来源与注：同表 2.1。

上表有一些值得关注的遗漏，因为表中遗漏了 7 个大法官辖区，既没有它们的配赋税收入数据，也没有贷款数据。这 7 个大法官辖区分别是埃夫勒、孔岱、韦尔纳伊、博纳维尔、阿尔克、奥德梅桥和里斯勒河与塞纳河间大法官辖区。表中科镇的数据是从奥弗莱镇征收到的城镇配赋税收入，只有 8 安茹里弗尔。总的来说，表 2.2 所反映的诺曼底城镇财政贡献状况是对各大法官辖区财政贡献数据的补充。除了鲁昂以外，诺曼底主要的财政贡献者都是诺曼底中部的大法官辖区。因此，卡昂、利西厄、法莱兹、巴约、阿尔让唐和阿朗松是缴纳城镇配赋税的大户。据 1198 年诺曼底卷筒卷宗的记载，从这些城镇收到的配赋税和贷款收入总额远非微不足道，总计达到了 12 200 安茹里弗尔，大约占诺曼底公国财政总收入的 13%，比 1180 年卷筒卷宗记载的全公国财政支出还要多。这个收入也比 1198 年诺曼底从包税区征到的收入少不了多少。但是，当我们考察可支配收入时，两者的比较结果就大相径庭。对城镇缴纳配赋税和借贷款不收取任何固定的费用，因此，按实际可用于支出的收入计，从城镇收到的配赋税收入和借到的贷款几乎是从诺曼底包税区收到的配赋税收入和借到贷款的 2 倍，但就这还少说了城镇贡献的财政收入的总值。如果我们把包括在包税区和其他来源收入中的城镇收入估计值算在城镇来源的财政收入中，那么，1198 年城镇贡献的财政收入或许要占到诺曼底公国财政总收入的

20%～23%，这可是一个相当惊人的比例。

经过以上分析，我们能够作出一些改变传统观点的总结性判断。到了1198年，诺曼底公国的包税区绝对不再是它的“财政中心”，已经“沦落”为远远落后于大法官辖区的“二流副中心”。如果按可支配收入计，那么，包税区就是落在城镇后面的“表现平平的小三”。到了1198年，诺曼底公国的包税收入只起到辅助作用，因此能够在不对公国成功筹款产生负面影响的情况下赠予他人。诺曼底公国新的财政体系是建立在从大法官辖区和城镇征收贡金和配赋税以及举借强制性贷款的基础上的。这些创新的财政意义被存世统计数据所低估，因为我们只有关于诺曼底在1192、1193和1196年征收贡金和配赋税的些许存世文献。事实上，为了把包税收入与其他来源的收入区分开来而按照常规和非常规收入、经常和临时收入或者任何其他类似的分类展开讨论，也无益于对这些存世统计数据的理解。有关从1193年到1198年的主要配赋税、贷款或贡金的记录表明，这些敛财手段在当时已经是常用的“普通手段”。此外，定期的包税区收入正开始作为固定收款赠与他人。1198年的卷筒卷宗不但揭示了一种能够提高无与伦比的收入回报的崭新筹款制度，而且还表明诺曼底公国财政收入的主要来源地由北方向中部的历史性地域转移。诺曼底稍后年份的卷筒卷宗远非告诉我们一些“几乎没有了解价值”的东西，而实际上是向我们展示了一场追寻和征收财政收入的财政革命，只有法王腓力二世(Philip Augustus)治下的财政体系和12世纪90年代法兰西岛的财政变革可与诺曼底公国的这场财政革命比拟。显然，我们不可能从财政国家诞生的角度详细介绍并评论诺曼底发生的这场财政革命。诺曼底财政史上发生了这次断裂式发展的确切后果，只能通过更加深入的研究和探索来揭示。但值得注意的是，诺曼底的财政革命与法兰西岛的财政收入体系变迁具有一些共同的特点：两者都发生在12世纪90年代，都受到了安茹王朝与卡佩王朝之间战事频仍的刺激。甚至两者都不可能在很早之前发生。当然，12世纪的经济增长和政府职能扩大似乎至少是这两次剧变的必要条件。最重要的是，这两次剧变成功地创造了可观的财政收入，超过了大公或者国王直接控制的财富能够

带来的收入。[1] 这是一个在佛兰德斯(Flanders)伯爵的存世"Gros brief"文献中肯定最难找到的特点,而关于佛兰德斯伯爵的这份存世文献是那个时代关于法兰西亚(Francia)北方的仅有的另一一般财政文献。[2] 事实上,可能就是这种财政能力才是导致财政国家在诺曼底和法兰西岛诞生的决定性特点。这在很大程度上首先取决于根深蒂固——大概与公国诞生俱来——的公国公权力传统,肯定是一个需要另写一篇论文来论述的问题,或许是一个需要其他历史学家来回答的问题。[3] 眼下还是仅满足于记下这个之前没有完成的论述财政国家诞生的章节的深度为好。

---

① Baldwin, *Government of Philip Augustus*, pp.152 - 88.

② A. Verhulst and M. Gysseling, eds., *Le compte général de 1187, connu sous le nom Gros Brief, et les institutions financières du comte de Flandres au douzième siècle* (Brussels, 1962).

③ 关于这个问题的尝试性评论和这个问题的已有研究综述,请参阅 Moss 的"Normandy and the Angevin Empire', pp.93 - 5"。

第三章　13世纪初的英格兰皇家收入及其更大的时代背景(1130～1330年)

尼克·巴拉特(Nick Barratt)

研究英格兰13世纪初期历史的学者常会关注约翰王治下发生的戏剧性政治事件,即1204年安茹王朝丧失了其在欧洲大陆的领地,革命的压力在1215年英格兰颁布"大宪章"时达到了登峰造极的程度。[①] 然而,本章的目的是要通过介绍这两方面新发现的数据来考察这些重大事件的财政背景。本章第一节将通过总体介绍英格兰的财政收入总量以及比较详细地剖析英格兰的财政收入构成来考察英格兰1199～1225年间的国家财政状况。我们将利用英格兰这个时期的财政收入数据来证明英格兰国王约翰在"大宪章"颁行之前横征暴敛的严重程度以及1215～1217年英格兰内战结束以后皇家收入缓慢恢复的状况。更重要的是,第二节通过数据分析,从更加宽广的视角考察1130～1330年的英格兰皇家收入,并且概述英格兰国家财政在这两个世纪里所经历的重大变迁。在这里,笔者要再次说明,我们选择了考察期内的年度数据来总体介绍英格兰当时的财政收入总量,并且详细分解收入构成;因此一旦脱离了相关的经济背景,这些数据就会失去它们的意义。为了便于比较不同时期的收入总量,我们采用同一时期的价格指数序列来计算实际收入。

---

① 关于英格兰丧失欧洲大陆领地的问题,请参阅文献:J. C. Holt, The Loss of Normandy and Royal Finance', in J. Gillingham and J. C. Holt, eds., *War and Government in the Middle Ages: Essays in Honour of J. O. Prestwich* (Woodbridge, 1984), pp.92－105; J. C. Holt, *Magna Carta*, 2nd edn. (Cambridge, 1992); J. Gillingham, *The Angevin Empire* (Londqn, 1984); R. V. Turner, *King John* (London, 1994)。关于《大宪章》的起源,请参阅文献:J. C. Holt, *The Northerners* (Oxford, 1961); Holt, *Magna Carta*; and W. L. Warren, *King John* (London, 1961)。

财政史比较研究(因此也是本论文集)的主要研究题材之一,就是探讨通常相当于“财政革命”的国家财政变迁与战争之间的关系。对“财政革命”需要小心定义,从本章的目的出发,“财政革命”可被定义为“与国家年度财政收入总水平的量变联系在一起的国家财政基础的质变”。[①] 鉴于1199～1225年间英格兰的几任国王都忙于捍卫和夺回他们在欧洲大陆的领地,因此,考察对国家财政的任何“革命”显然都必须把它置于战争背景之下。本章的以下讨论对在别处发表的详细考察约翰王统治时期英格兰财政收入的研究成果进行了概述。[②] 两个序列的数据,也就是财政总收入的数据以及详细分解财政总收入构成的数据,都为研究国家财政所需要。不过,在考察这两个序列之前,有必要先来谈谈与计算这个时期(即本章考察期)年度收入有关的技术问题。

本章所用数据的基本来源文献是英格兰财政署的卷筒卷宗。英格兰财政署1199～1225年间的卷筒卷宗几乎全都完整无缺地保存了下来,只缺失1213年的卷宗,而1216～1217年因为内战而根本就没有编纂。我们必然会对这些卷宗作为英格兰财政年度收入总额的原始文献的价值提出质疑,因为它们是一些审计档案,而不是收入档案。因此,它们也没有按财政年度记录收入总额。其他历史学者已经对这个问题进行过充分的讨论[③],但大家一致认为,虽然英格兰财政署的卷宗没有按财政年度记载确切的年度收入总额,但大致反映了英格兰皇家收入的总体水平。我们只有对相关卷宗进行进一步的考证,才能确定本章要公布的数据的价值。即使某个分录数据明显与另一财政年度有关,我们也没有试图把它归入正确的年度。我们始终严格坚持这条原则,因此,以下各表中的总额只与相关卷宗所记载的收入有关[④],1215年度的数据是

---

① 这个定义实际上由 Vincent Moss 在科尔切斯特会议上提出的,请参阅本书第二章。

② N. Barratt, ‘The Revenues of King John’, *English Historical Review*, 111 (1996).

③ For example, R. C. Stacey, *Politics, Policy and Finance under Henry III, 1216－1245* (Oxford, 1987), pp.201－7; D. A. Carpenter, *The Minority of Henry III* (London, 1990), pp.413－14; Holt, ‘Loss of Normandy’, pp.93－4.

④ 如1199年度的总收入数据引自1199财政年度(始于1198年的米迦勒节,止于1199年的米迦勒节)的卷筒卷宗。

唯一的例外。这一年度的卷宗是在亨利三世(Henry III)未成年时编制的,并且还有不完整的账页,也许是为了保证财政署档案材料的完整性而收入了不完整的账页。[①] 1218~1225年的卷宗包含一些基本上与约翰十七年财政年度[1214年米迦勒日~1215年米迦勒日(9月29日,英格兰四大结账日之一。——译者注)]有关的"战前缴款"分录数据。这些缴款金额已经被归入1215年的收入总额,这样就能比存世卷宗更加精确地反映约翰王在位时期的财政收入。

关于英格兰财政署的存世卷筒卷宗,还有数据遗漏的问题。因为王室收到的某些缴款并没有进入正式的审计程序,如直接缴存王室账房或金库[wardrobe,最初是指国王存放服饰、盔甲和金银财宝的地方或管理机构,后来变成了国王私人和王室私家金库。后来又设立了大金库(Great Wardrobe),主要负责王室的服饰、皮草和香料等支出;而原来的国王金库仍负责为国王的个人支出和军事行动筹款。——译者注]等其他机构的特别税收、欠犹太人的债务、修会捐赠和杂项收入等。有些非常税收入数据可能取自于其他档案材料,在没有任何存世文献的情况下,就试图根据类似税收的报表[②]或者有关税收的已知数据[③]进行估计。13世纪20年代的收款凭证登记册收入了关于欠犹太人债务(debita judeorum)和直接配赋税缴纳水平的重要证据,但是没有1210~1212年约翰王对犹太人课征重税这个收入来源的关键信息。我们知道,1210年要征收66 000马克的配赋税,[④]但没有实收金额的数据存世,因此无法估计约翰王从这个来源获得的总收入;同期(1210~1212年)课征于宗教修会的税收也存在类似的问题。据一份编年史原始文献估计,宗教修会总共

---

① R. A. Brown, ed., *Pipe Roll 17 John*, Pipe Roll Soc., new ser., 37 (London, 1961).

② 如1200年度和1218年度的犁头税收入可根据亨利三世未成年时期类似税收的数据进行估计。

③ 例如,1203年的七一税没有任何报表存世,但Holt表示7 000英镑转移支付给了诺曼底(Holt, 'Loss of Normandy', p.104),因此,我们在这里提出了15 000英镑这个保守的总收入数据。

④ S. K. Mitchell, *Studies in Taxation under John and Henry III* (New Haven, 1914), p.105. 在以下文献中也有配赋税的记述:J. M. Rigg, ed., *Calendar of the Plea Rolls of the Exchequer of the Jews 1218-1279*, 5 vols., Jewish Historical Society of England (London, 1905-72), i. 4; H. Cole, ed., *Documents Illustrative of English History in the Thirteenth and Fourteenth Centuries* (London, 1844), p.287; H. G. Richardson, *The English Jewry under Angevin Kings* (London, 1960), p.170.

缴纳了10万英镑的税收。但这个估计值几乎可以肯定有被过分夸大之嫌。实际上,三个不同的编年史作者分别认为,西多会三年分别缴纳了1.8万、2.2万和4万英镑的税捐,①但我们无法根据这些数据来估计宗教修会总共缴纳了多少税捐。同样,有些税捐是直接缴存王室账房或金库的,尤其是在约翰王治下,这些税捐是绝不会出现在正式档案中的。这一点在禁教时期(1208～1213年)至关重要,因为在约翰王从1210年开始大肆利用教会土地期间,大笔收入就直接缴存王室金库。据英格兰财政署的红皮书记载,这次大肆利用教会土地总计实现了10万英镑的收入。虽然没有掌握何时收到这个来源的收入的确切信息,但据S. K. 米切尔(S. K. Mitchell)估算,利用教会土地实现的收入有46 500英镑直接缴到王室金库,并且没有正式入账。② 尽管有人怀疑总收入中包括禁教时期的收入,但在教会土地征用时期,这些收入是实际可支配收入,因此是约翰王所用的收入。③

在介绍数据之前,有必要先界定不同类别的收入。一般来说,当时英格兰王室的财政收入不是"现金"就是"信用"收入,而现金收入可进一步分为三大类。最重要的一类现金收入是上缴财政署的现金收入,并且占现金总收入的大部分。但不管怎样,经财政署审核但还给王室金库的欠款通常如同解入财政署的缴款一样入账。因此,大部分从源缴付的收入也出现在财政署的账册中,当然是在1199～1206年和1218～1225年这两个时期。在亨利三世治下,1223～1224和1224～1225这两个年度的对外账册卷宗中都有分列的王室金库账户。为避免可能存在的重复记账问题,出现在这些年度卷宗上的王室金库所有收入全被忽略不计。没有1207～1215年的王室金库财务档案存世,是一个非常严重的问题,因为那些年约翰王设法通过直接由王室巡回金库按诏征税的方式来摆脱财政署费时费力的繁琐程序。约翰王

① Mitchell, *Studies in Taxation*, p.105.

② Mitchell, *Studies in Taxation*, pp.106－8. 收入1206～1212年卷筒卷宗的教会收入数据给出了53 475英镑这个数值,利用文献"H. Hall, ed., *The Red Book of the Exchequer*, 3 vols., Rolls Series, 99 (London, 1896), ii. 772－3"中的100 000英镑教会土地收入这个数值,就能计算得到直接缴存王室金库的教会土地收入。

③ 关于禁教期和偿债计划的更深入讨论,请参阅文献:P. M. Barnes and W. R. Powell, eds., *Interdict Documents*, Pipe Roll Soc., new ser. 34 (London, 1958)。

创立了一种城堡金库制，并且主要就是利用这个来源的收入为 1214 年的战役筹备经费。[①] 最后，卷宗中记录的有些收入在 1204 年前从国外直接缴给国王，或者特别是在禁教期里直接缴给城堡金库。

这些现金收入就是实际可支配收入，而不是总收入。会计官在查账过程中会出具国王签署的支出凭证来冲抵应缴欠款。显然，会计官是不支付任何现金的，但相关分录仍代表收入。因此，会计官并不是先把现金收入全部缴入财政署，然后再由财政署拨款用于支出，而只是受命为国王做账。“信用”收入大多由用于冲抵郡包税银的支出构成，而另一个主要贡献项目是布里恩·德·里勒和休·德内韦尔(Hugh de Neville)等国王宠仆的合并账款，其中有各种奖励和没收财产，如马尔堡(Marlborough)和温莎堡(Windsor)。定期折让、“抵押王田”(terrae datae)以及债务宽免都没有包括在“信用”收入中。折让成了每年的标准项目，由于国王从不指望收到收入，因此，应该把折让排除在“信用”收入之外，“抵押王田”作为分列包税区出现在卷宗的正文，而再把它作为“信用”收入来源就可能导致重复计算。债务宽免也不应计入“信用”收入，因为债务宽免不会带来任何收入。显然，如果我们把英格兰财政署的收款凭据登记作为英格兰皇家财政的唯一数据来源，那么就有可能遗漏这些重要收入。虽然要考虑以上介绍的各种限制条件，但我们还是掌握了信息充分详细的英格兰国王收入水平数据来源，因此能够通过对存世卷宗数据加总来进行电算化测算。

表 3.1 系列和表 3.2 系列列示了这次测算的结果，并且显示了约翰王在位和亨利三世未成年时期的英格兰皇家收入。先看 1199～1215 年的英格兰皇家收入。在 1204 年失去诺曼底之前，英格兰王室好像并没有为增加常规收入作过任何认真的努力。1199～1202 年各年度的总收入仍相对比较稳定，基本维持在 22 000～23 500 英镑的水平上。但是，1203 年一种七一税特别津贴的收入数额难以估计，而且应该对这一年度的总收入产生了重要的影响。霍尔特(Holt)暗示，为了保住诺曼底而向诺曼底提供了大约 7 000 英镑的援助；这

① J. E. A.Jolliffe, 'The Chamber and Castle Treasuries under King John', in R. W. Hunt, W. A. Pantin and R. W. Southern, eds., *Studies in Medieval History Presented to F. M Powicke* (Oxford, 1948), pp.127 - 8.

笔通过课征七一税提供的特别津贴虽然远没有拉姆塞(Ramsay)所说的11万英镑那么多,但肯定要大大超过7 000英镑。[①] 虽然我们不知道这次课征七一税究竟收到了多少收入,但基本趋势是明确的,因为卷宗上记载的收入从1203年度的25 000英镑增加到了1205～1206年度的30 000英镑左右。这也与1207年以后的约翰统治时期的财政状况形成了鲜明的对照。之前的基本趋势直到1207年度还没有发生过变化,因为卷宗上记载的这一年度的收入仍为29 000英镑。但是,总收入因为课征十三一税产出了巨额收入而大幅度增加,据记载增加到了57 425英镑。1208和1209年度,英格兰皇家收入持续增加,1210～1212年因为禁教而达到了前所未有的水平。等到全面利用教会土地以后,约翰王在1210年就把皇家收入一下子增加到了52 000英镑。但是,1210年度52 000英镑的收入与1211年度的83 000英镑相比简直就是相形见绌,而1212年度56 600英镑的总收入只是给流入皇家腰包巨大财富这幅画卷增添了一笔。如果把估计总收入加入这个方程式,那么,虽然估计总收入具有其不确定的性质,但看起来约翰王1211年度的财政收入差不多有100 000英镑。这个总收入额甚至还没有包括宗教修会和犹太人缴纳的税捐,因此,这一年度英格兰的实际财政收入完全有可能差不多达到了145 000英镑。即使不考虑这些无法量化的收入来源,已知的收入水平也清楚地表明,约翰王有巨大的收入可以支配,而随后1214和1215年度的收入减少应该从这个角度去审视。表3.1系列和3.2系列的数据清晰地显示,约翰治下的财政收入大部分来自各郡,各郡才是约翰王可支配收入的“正常”来源,而禁教收入、特别税收入和其他各种收入都不在此列。即使在禁教最严厉时期,约翰王50%～75%的总收入也是从各郡收到的,而禁教收入从未超过其财政总收入的25%。约翰王治下的财政收入还有另一个重要的特点,那就是现金支付水平高。再强调一次,约翰王的大部分财政收入是现金缴款(在1199～1207年间,现金缴款至少达到了66%)。在禁教时期,这个比例也基本得到了维持(1208～1212年至少维持在55%的水平上)。这些数据十分重要,因为现金缴款总额就等于可支配收

---

① Sir James H. Ramsay, *A History of the Revenues of the Kings of England 1066－1399*, 2 vols. (Oxford, 1925), i. 238.

入，而不是采取信用形式花掉的收入。1210～1212 年间的现金流入使得各城堡金库积累了大量的资金，抵消了 1214 和 1215 年度新收入的减少，并且还给约翰王留下了可观的可支配收入。此外，未作记录直接缴给王室账房的资金有可能又大大增大了以上收入数据。

表 3.1.1　　1199～1225 年英格兰王室现金和信用收入

（全部实际和估计来源；单位：英镑）

年　度	卷宗记录总额	实际总额	估计总额
1199 年	22 183	22 183	22 183
1200 年	23 492	23 492	23 492
1201 年	23 661	23 661	23 661
1202 年	23 238	23 238	23 238
1203 年	25 628	25 628	25 628
1204 年	27 831	27 831	27 831
1205 年	31 541	31 541	31 541
1206 年	29 269	29 269	29 269
1207 年	28 910	86 335	86 335
1208 年	34 465	34 465	34 465
1209 年	36 086	36 086	36 086
1210 年	51 913	51 913	67 413
1211 年	83 291	83 291	98 791
1212 年	56 612	56 612	72 112
1214 年	25 712	25 712	25 712
1215 年	9 922	18 463	18 463
1218 年	4 434	5 457	7 457
1219 年	8 097	8 097	8 097
1220 年	5 851	9 562	9 562
1221 年	9 192	11 856	11 856
1222 年	12 853	13 184	13 184
1223 年	13 223	15 179	15 179
1224 年	15 001	20 062	20 062
1225 年	18 054	59 870	59 870

注：卷宗记录总额：根据卷宗记录的收入计算得出；实际总额：根据非卷宗记录已知收入来源加总得到；估计收入：根据估计收入来源加总得到；年度：从上一年的米迦勒日（9 月 29 日）到下一年的米迦勒日的财政年度。

表 3.1.2　　1199～1225 年英格兰皇家财政总收入：总收入、现金收入和信用收入明细(只含卷宗记录总额)

年度	总收入(1)	郡收入(2)	(2)/(1)(%)	没收财产收入(3)	(3)/(1)(%)	教会收入(4)	(4)/(1)(%)	其他收入(5)	(5)/(1)(%)
1199	22 183	21 794	98.2	389	1.8	0	0	0	0
1200	23 492	22 246	94.7	1 124	4.8	122	0.5	0	0
1201	23 661	22 233	94	263	1.1	1 165	4.9	0	0
1202	23 238	20 042	86.2	1 615	6.9	1 582	6.8	0	0
1203	25 628	21 876	85.4	3 752	14.6	0	0	0	0
1204	27 831	24 143	86.7	128	0.5	0	0	3 560	12.8
1205	31 541	26 444	83.8	2 819	8.9	2 279	7.2	0	0
1206	29 269	25 019	85.5	2 977	10.2	1 274	4.4	0	0
1207	28 910	26 781	92.6	1 145	4.0	984	3.4	0	0
1208	34 465	32 169	93.3	1 836	5.3	460	1.3	0	0
1209	36 086	35 223	97.6	862	2.4	0	0	0	0
1210	51 913	47 449	91.4	979	1.9	1 170	2.3	2 315	4.5
1211	83 291	43 287	52.0	17 439	20.9	749	0.9	21 816	26.2
1212	56 612	38 640	68.3	8 197	14.5	1471	2.6	8 304	14.7
1214	25 712	19 071	74.2	5 363	20.9	64	0.2	1 215	4.7
1215	9 922	3 829	38.6	5 943	59.9	151	1.5	0	0
1218	4 434	4 434	100	0	0	0	0	0	0
1219	8 097	8 097	100	0	0	0	0	0	0
1220	5 851	5 581	100	0	0	0	0	0	0
1221	9 192	9 192	100	0	0	0	0	0	0
1222	12 853	12 853	100	0	0	0	0	0	0
1223	13 223	13 223	100	0	0	0	0	0	0
1224	15 001	15 001	100	0	0	0	0	0	0
1225	18 054	16 147	89.4	1 907	10.6	0	0	0	0

注：总收入指卷宗上记录的全部收入；郡收入指郡账册上记录的收入(非税收、没收财产或教会收入)；没收财产收入指没收财产收入和私人账房先生[如布里恩·德·里勒(Brian de L'Isle)]所记的大笔被没收财产收入；教会收入指国王掌管的教会空房和空地收入(非禁教收入)；其他收入指商人缴纳的十一五税(1204 年)和禁教期教会收入(1208～1214 年)；年度是指上一年米迦勒日(9 月 29 日)到下一年米迦勒日的财政年度。

表 3.2.1　1199～1225 年英格兰皇家财政收入构成

（总收入以卷宗记录在案的金额为准）

年度	总收入(1)	现金收入(2)	(2)/(1)(%)	信用收入(3)	(3)/(1)(%)	其他收入(4)	(4)/(1)(%)
1199	22 183	19 728	88.9	1 669	7.5	787	3.5
1200	23 492	19 757	84.1	2 361	10.1	1 373	5.8
1201	23 661	20 464	86.5	1 944	8.2	1 253	5.3
1202	23 238	18 923	81.4	3 029	13.0	1 286	5.5
1203	25 628	20 387	79.6	2 461	9.6	2 780	10.8
1204	27 831	22 735	81.7	3 475	12.5	1 621	5.8
1205	31 541	20 953	66.4	7 635	24.2	2 954	9.4
1206	29 269	20 489	70.0	5 872	20.1	2 908	9.9
1207	28 910	23 219	80.3	2 926	10.1	2 765	9.6
1208	34 465	25 362	73.6	4 849	14.1	4 254	12.3
1209	36 086	29 007	80.4	3 913	10.8	3 166	8.8
1210	51 913	44 965	86.6	4 172	8.0	2 776	5.3
1211	83 291	45 836	55.0	14 078	16.9	23 377	28.1
1212	56 612	35 785	63.2	16 516	29.2	4 312	7.6
1214	25 712	17 633	68.6	7 428	28.9	651	2.5
1215	9 922	5 425	54.7	3 496	35.2	1 002	10.1
1218	4 434	2 530	57.1	1 879	42.4	25	0.6
1219	8 097	5 960	73.6	2 137	26.4	0	0.0
1220	5 851	4 459	76.2	1 345	23.0	47	0.8
1221	9 192	7 757	84.4	1 413	15.4	22	0.2
1222	12 853	11 642	90.6	1 210	9.4	0	0.0
1223	13 223	11 917	90.1	1 300	9.8	7	0.1
1224	15 001	12 802	85.3	1 924	12.8	275	1.8
1225	18 054	13 975	77.4	4 054	22.5	25	0.1

注：见表 3.1.2 中的注。

表 3.2.2　1199～1225 年英格兰皇家财政收入构成

（各郡总收入以卷宗记录在案的金额为准）

年度	各郡总收入	现金收入	(2)/(1)(%)	信用收入	(3)/(1)(%)	其他收入	(4)/(1)(%)
1199	21 794	19 561	89.8	1 631	7.5	602	2.8
1200	22 246	18 705	84.1	2 168	9.7	1 373	6.2
1201	22 233	19 538	87.9	1 694	7.6	1 001	4.5

续表

年度	各郡总收入	现金收入	(2)/(1)(%)	信用收入	(3)/(1)(%)	其他收入	(4)/(1)(%)
1202	20 042	17 190	85.8	2 671	13.3	180	0.9
1203	21 876	19 394	88.7	2 002	9.2	480	2.2
1204	24 143	19 932	82.6	2 604	10.8	1 607	6.7
1205	26 444	20 343	76.9	4 113	15.6	1 987	7.5
1206	25 019	20 155	80.6	4 445	16.8	418	1.7
1207	26 781	22 098	82.5	2 926	10.9	1 757	6.6
1208	32 169	24 008	74.6	3 912	12.2	4 250	13.2
1209	35 223	28 824	81.8	3 503	9.9	2 897	8.2
1210	47 449	41 932	88.4	2 919	6.2	2 599	5.5
1211	43 287	36 584	84.5	4 009	9.3	2 694	6.2
1212	38 640	27 593	71.4	4 333	11.2	6 713	17.4
1214	19 071	16 319	85.6	2 701	14.2	51	0.3
1215	3 829	829	21.7	2 999	78.3	0	0.0
1218	4 434	2 530	57.1	1 879	42.4	25	0.6
1219	8 097	5 960	73.6	2 137	26.4	0	0.0
1220	5 581	4 459	76.2	1 345	23.0	47	0.8
1221	9 192	7 757	84.4	1 413	15.4	22	0.2
1222	12 853	11 642	90.6	1 210	9.4	0	0.0
1223	13 223	11 917	90.1	1 300	9.8	7	0.1
1224	15 001	12 802	85.3	1 924	12.8	275	1.8
1225	16 147	13 163	81.5	2 959	19.3	25	0.2

注：见表 3.1.2 中的注。

按照这些收入数据，亨利三世未成年时的收入看似令人伤感，[①]年收入只有 1225 年超过 1199 年，而这也多亏了特别税收。如果只考虑 1225 年的常规收入来源，那么，总收入可修正到 20 728 英镑这个更加贴近现实的水平，仍比 1199 年的总收入少了 1 500 英镑。此外，尽管国内压力巨大，但约翰王仍有能力把 1214 年的总收入增加到接近 26 000 英镑的水平。总的来说，收入总额在很长一段时间里要低于约翰王在位时期，甚至还低于教产利用水平有限的前禁教时期。根据卷宗记载，截至 1204 年的年均收入是 24 350 英镑，而整个亨

① 关于 1218～1225 年的英格兰皇家财政研究，请参阅文献：Carpenter，'Minority of Henry III，' pp.413 - 15。

利三世未成年时期全部正常来源的年均收入只有 13 015 英镑。亨利三世未成年早期，总收入水平低，可归因于内战的影响。从王室对各郡权威的丧失以及收入征收体系遭遇的总体破坏这两个方面来看，鉴于财政署直到 1218 年以后才明显恢复到正常的活动水平，因此，可以说财政收入恢复十分缓慢。能够表征收入状况有所改善的唯一一个显著迹象，好像就是 1225 年通过征收十一五税(属于特别津贴性质)产出了 39 142 英镑的收入。[①] 虽然这笔特别津贴全部被用于保卫加斯科尼(Gascony)，但却显示了英格兰通过征收直接税来增加国内收入的巨大潜力。这笔特别津贴堪与 1207 年通过课征十三一税征收到的 57 425 英镑相比，但十三一税是约翰王以为收复失地继续与卡佩王朝交战为由征收的。[②]

合并考察这两个时期，就能得出以下结论。首先，1204 年失去欧洲大陆领地后的这个时期，是一个持续增加财政收入为灾难性的 1214 年战役备战的时期。鉴于约翰王在 1210～1212 年间有那么多的收入可以支配，因此，约翰王收回失地的努力显然不是因为缺少资金而遭遇失败的。其次，很明显，各郡首当其冲，饱受约翰王横征暴敛之苦，因此，导致“大宪章”问世的革命压力的膨胀可以同约翰王的财政政策联系在一起。最后，亨利三世未成年前的摄政府没能把常规收入恢复到可与约翰即位初期收入比较的水平这一点表明，1215 年以后发生的动乱事件对皇家财政产生了深刻的影响。换用财政术语来说，似乎就是 1207～1212 年间发生了回应战争需要的财政收入的量变，结果这种变化在 1215 年以后戛然而止。

为了确定英格兰王家财政收入出现的这些变化趋势是否源自财政基础的质变，并且评估“大宪章”对英格兰国家财政的潜在影响，有必要对英格兰皇家财政收入的构成进行剖析。为此，我们把卷筒卷宗记载的各项缴款分

① 这个数据援引自文献“F. A Cazel Jnr.，‘The Fifteenth of 1225’，*Bulletin of the Institute of Historical Research*，34 (1961)，67－81”，与英格兰财政署红皮书中可以找到并被 Mitchell 在“Studies in Taxation，p.169”和 Ramsay 在“*History of the Revenues*，i. 279”引用的 57 838 英镑这个数据仍有很大的差别。

② Mitchell，*Studies in Taxation*，pp.84－92.

成 11 个主要类别。虽然这 11 个收入类别的确定必然多少有点主观，它们之间也难免有一定程度的重叠，但公平地说，表 3.3 系列所列示的数据还是从年度总收入实际现金收入和各构成分量占总收入的百分比两个方面精确地表征了英格兰财政署从各郡收到的现金收入的构成。笔者在其他场合[①]对这 11 个收入类别进行了全面的界定，现在可以对它们概述如下。“包税收入”(farm)是指与各郡包税区有关的缴款，包括增量和利润，[②]“私田”(demesne)收入是指抵押王田、城镇包税收入和郡包税收入直接或间接有关项目的缴款。这两个类别的收入可以说是松散相关，因为郡包税收入遭遇的某些损失，可以通过“抵押王田”包税收入来弥补。接下来的两个收入类别都与司法有关：巡回法庭(General eyre)收入包括全部可被认定为源自巡回法院或者司法巡回区但不包括林区巡回法院的缴款，而司法收入则可被定义为任何其他与司法有关的缴款，特别是缴给国王的罚金。司法收入中不包括与救济、婚姻和监护等封建事权有关的贡金，因为这些贡金被归入单列的“封建规费收入”类别。债务收入包括许多不同类别债务合并在一起的缴款或为了结个人全部债务支付的罚金。接下来是讨论最重要的税收问题，税收分为“兵役免除税”和“配赋税”。其余收入类别可以说是不言自明，林地收入都与林地问题有关，如林区巡回法院或者林地特权授予税收入；而犹太人收入是指落入英王手中的基督教徒欠犹太人的债务。必须指出，这个所谓的“犹太人收入”并不是指犹太人向英王支付的全部缴款，因为犹太人缴纳的配赋税并没有包括在内，而英王直接欠犹太人的债务也没有包括在内。最后一个类别“其他收入”包括没有说明类别归属的收入以及用于偿还贷款以及其他不易分类的收入。其他收入中的一个最重要项目要靠国王的善意或者恩准取得，而且在约翰王统治晚期特别重要。表 3.3 系列列示的数据显然是一些与郡有关的收入，因此是王室无须借助于偶尔采用的其他手段或者非经常税收就能收到的“正常”收入。鉴于“大宪章”体现了限制安茹王朝滥用统治权的努

---

① Barratt, ‘Revenues of King John’.

② S. Smith, ed., *The Great Roll of the Pipe for the Seventh Year of ... King John*, Pipe Roll Soc., new ser. 19 (London, 1941), pp.xxvi - xxvii. See also B. Harris, ‘*King John and the Sheriffs' Farms*’, *English Historical Review*, 79 (1964), 532 - 42.

力，因此，我们可以根据“大宪章”中的明确规定来分析不同条款对不同类别的收入的影响。① 笔者在其他场合已经详细讨论过这个议题的主要问题，②因此，在这里只作概述。

表 3.3.1　1199～1225 英格兰皇家财政收入类别分解(各郡卷筒卷宗总收入)：财政署现金总收入

年度	包税	私田	司法	巡回法庭	封建	债务	免役税	配赋税	林地	犹太人	其他
1199	2 860	2 262	4 083	1 691	2 125	428	2 090	2 134	1 054	453	390
1200	2 901	2 377	4 282	1 927	2 517	766	483	1 065	1 150	214	1 024
1201	3 076	2 843	4 334	456	2 012	728	3 574	270	420	155	1 669
1202	1 994	2 360	2 376	2 243	2 163	674	2 810	462	229	126	1 686
1203	2 188	2 641	3 186	3 589	1 446	527	3 496	1 022	106	81	1 109
1204	2 424	2 338	2 962	988	3 211	469	4 046	1 979	455	100	959
1205	2 670	3 165	3.13	764	2 901	788	4 055	1 603	749	120	403
1206	2 795	3 893	2 617	1 711	2 528	1 148	2 469	1 618	963	45	368
1207	4 329	4 240	3 117	677	4 331	1 996	609	787	1 244	53	716
1208	2 813	3 951	3 748	628	4 994	1 798	392	334	2 086	53	1 599
1209	4 332	5 386	2 098	3 339	5 618	2 956	639	152	1 594	96	2 619
1210	3 115	4 714	3 008	3 215	5 034	7 830	4 707	4 866	1 387	109	3 948
1211	3 440	4 660	1 961	4 974	6 991	3 649	2 292	163	449	411	7 110
1212	3 445	5 418	1 725	3 029	6 118	1 856	347	17	3 104	207	1 922
1214	1 758	4 002	764	238	2 781	625	1 324	2 595	186	210	1 737
1215	555	146	5	4	13	47	3	0	29	1	26
1218	70	300	45	1	456	31	873	273	413	22	44
1219	158	1 893	300	980	763	673	875	97	92	75	58
1220	136	1 333	457	695	740	558	228	148	66	47	58
1221	372	2 681	390	1 194	1 210	1 289	225	33	80	112	183
1222	1 690	3 735	439	543	1 610	2 648	256	49	227	53	397
1223	1 398	3 519	334	258	1 320	2 744	175	1 162	460	42	449
1224	1 623	4 397	509	265	1 190	2 946	467	230	280	64	368
1225	1 853	4 160	645	66	919	3 397	730	245	778	141	229

注：郡收入只包括郡账册上记录的付给财政署的全部现金缴款，不包括赏金、没收财产和教会土地等(平时和禁教令执行时期)其他收入。因此，1204 年度的总收入并不包括商人缴纳的十五一税收入，因为这种税收与 1203 年度课征的七一税都被作为非经常税收，而不是常规收入来源。

① 这里全部有关“大宪章”及其条款的内容都引自文献“Holt, *Magna Carta*, pp.448 - 72”中 1215 年版的“大宪章”。本章凡对以后版本“大宪章”的引用都会特别注明。

② Barratt, ‘Revenues of King John’.

表3.3.2 1199～1225年英格兰皇家财政收入(各郡卷宗记载的总收入):不同类别收入占年度总收入的百分比

年度	包税	私田	司法	巡回法院	封建	债务	免役税	配赋税	林地	犹太人	其他
1199	14.6	11.6	20.9	8.6	10.9	2.2	10.7	10.9	5.4	2.3	2.0
1200	15.5	12.7	22.9	10.3	13.5	4.1	2.6	5.7	6.1	1.1	5.5
1201	15.7	14.6	22.2	2.3	10.3	3.7	18.3	1.4	2.1	0.8	6.5
1202	11.6	13.8	13.9	13.1	12.6	3.9	16.4	2.7	1.3	0.7	9.8
1203	11.3	13.6	16.4	18.5	7.5	2.7	18.0	5.3	0.5	0.4	5.7
1204	12.2	11.7	14.9	5.0	16.1	2.4	20.3	9.9	2.3	0.5	4.8
1205	13.1	15.6	15.4	3.8	14.3	3.9	19.9	7.9	3.7	0.6	2.0
1206	13.9	19.3	13.0	8.5	12.5	5.7	12.2	8.0	4.8	0.2	1.8
1207	19.6	19.2	14.1	3.1	19.6	9.0	2.8	3.6	5.6	0.2	3.2
1208	12.6	17.6	16.7	2.8	22.3	8.0	1.8	1.5	9.3	0.2	7.1
1209	15.0	18.7	7.3	11.6	19.5	10.3	2.2	0.5	5.5	0.3	9.1
1210	7.4	11.2	7.2	7.7	12.0	18.7	11.2	11.6	3.3	0.3	9.4
1211	9.5	12.9	5.4	13.8	19.4	10.1	6.3	0.5	1.2	1.1	19.7
1212	12.7	19.9	6.3	11.1	22.5	6.8	1.3	0.1	11.4	0.8	7.1
1214	10.8	24.7	4.7	1.5	17.1	3.9	8.2	16.0	1.1	1.3	10.7
1215	66.9	17.6	0.6	0.5	1.6	5.7	0.4	0.0	3.5	0.1	3.2
1218	2.8	11.9	1.8	0.0	18.0	1.2	34.5	10.8	16.3	0.9	1.7
1219	2.7	31.7	5.0	16.4	12.8	11.3	14.7	1.6	1.5	1.3	1.0
1220	3.0	29.8	10.2	15.5	16.6	12.5	5.1	3.3	1.5	1.1	1.3
1221	4.8	34.5	5.0	15.4	15.6	16.6	2.9	0.4	1.0	1.4	2.4
1222	14.5	32.1	3.8	4.7	13.8	22.7	2.2	0.4	1.9	0.5	3.4
1223	11.8	29.7	2.8	2.2	11.1	23.1	1.5	9.8	3.9	0.4	3.8
1224	13.2	35.6	4.1	2.1	9.6	23.9	3.8	1.9	2.3	0.5	3.0
1225	14.1	31.6	4.9	0.5	7.0	25.8	5.5	1.9	5.9	1.1	1.7

注:见表3.3.1中的注。

本章主要讨论土地、封建、司法、林地和经常税等5个代表英格兰国王“正常”或者传统来源的可支配收入。土地收入包括郡包税收入以及已经被作为抵押王田从郡包税区转让出去的私田收入。“大宪章”对此有明确规定,并抨击了约翰王在企图暗中非法牟利的同时强制推行增收政策(第25款)。可惜,之后版本的“大宪章”遗漏了这个关键的约束条款。约翰王在1205年以后通过强征暴敛大幅增加了财政收入。亨利三世未成年时期的摄政府又在1221年重新推行横征暴敛的增收策略。实际上,郡包税收入和已经从郡包税区分离出去的私田的收入在卷宗正文中是分列的。这两种土地收入最初因战争而急剧减少,但后来明显增加。虽然考察期内后来的总收入再也没有达到 1205～1212 年的水平,但仍能与 1205 年前的收入一比高低。

另一种传统来源的收入是封建规费收入。"大宪章"在第 2、8 和 43 条中规定了国王与其敕封的贵族之间的重要关系,(第 2 条)对强制性救济的规模进行了限制,并对试图利用婚姻和监护权申请审批权敛财的可能行为进行了规范(第 3、8 和 43 条)。这些措施或者规定最初好像产生了一定的影响,因为英格兰皇家封建规费收入在 1218 年以后从 1211 年的高位(7 000 英镑)急剧减少。然而,"大宪章"在亨利三世未成年时期是否已经取得了明显的成功,还需要考证。尽管 1225 年又重新推行以上措施或者规定,但封建规费收入在很大程度上仍取决于当时的监护权、婚姻和救济申请的实际情况;鉴于王权在内战结束以后有所削弱,国王敛取大笔钱财的机会多少有所减少。此外,"大宪章"只规定救济费率,虽然一般都能得到遵守,但几乎没有采取措施防止未来竞价出售监护权和婚姻权敛财的行径。

"大宪章"也论述了最广义的"司法"问题,涉及具体的法律程序、巡回法院和一般的司法精神。如把司法和巡回法院的总收入合在一起审视,那么,显而易见,约翰王在他治下能够从这个来源创造很多的收入。此外,其他收入包括恣意妄为的罚款"pro benevolentia/gratia regis"。约翰能够很好地利用这个收入来源,1209、1210 和 1211 年度分别敛到了 2 250、3 414 和 2 730 英镑。结果,这几个年度的司法收入据推算可能分别达到了 7 687、9 637 和 9 665 英镑,而且还有很多司法收入没有催缴上来,因此一些个人背上了欠王室的债务。"大宪章"确定了国王在司法管理中的核心地位,但试图通过定期进行司法巡访听取巡回审判庭的意见,并且设立民事诉讼法庭来提高司法效率,从而提高司法过程的公正性,进而降低财政舞弊对司法的影响,就如"大宪章"第 20 条第 2 款、第 39 条和第 40 条所规定的那样。毫无疑问,就如霍尔特所证明的那样,[①]几

① 关于"大宪章"强制推行前收到的大额司法收入,请参阅文献:Holt, *Magna Carta*, pp.123－188, esp.pp.150－3;关于这些收入在 1218 年以后的消失,请参阅该文献的 167－171 页。

种主要的司法收入在 1218 年以后都逐渐消失了,如巨额罚款“pro gratia/benevolentia regis”。

“大宪章”有多个关于林地的条款,这些条款有限制林区巡回法院审案范围的(第 44 条),也有提到树木采伐的(第 48 条),还有涉及林地一般状况调查的(第 47 和第 53 条)。后来的林地宪章(1217 年)重申了林区巡回法院的审案权仅限于生活在林区的居民,并且试图限制对违法者的量刑等级。但是,关于森林采伐这个重要问题仍留有解释余地;1225 年出现滥伐森林的情况,于是又重申了之前颁布的“大宪章”;1227 年,亨利三世成年亲政后,滥伐森林的现象只出现了有限回潮。“大宪章”也没有对普通税收这个重要的问题作出明确规定。1215 年又订立了一些重要的条款,把兵役免除税和贡金的征收置于英格兰政治共同体的控制之下,并且对兵役免除税和贡金的征收次数和金额进行了限制(第 12、13、14 和 15 条)。但是,这些措施或者规定在 1216 年被废除,并且 1217 年又用一个把兵役免除税限制在亨利二世统治时期水平上的约束力较弱的条款取而代之。从表 3.3 系列可以清楚地看到,约翰王从规模和频率两个方面利用了“普通”税收,部分原因就是约翰王在征收兵役免除税加罚金(ne transfretrent)的同时还课征配赋税。但不管怎样,这个合并来源的最大收入总额(1210 年 9 750 英镑)只占 1207 年十三一税收入(52 400 英镑)的 1/6。亨利三世成年前课征的犁头税(1218、1220 和 1224 年)、1225 年课征的十五一税以及亨利三世亲政初期兵役免除税收入的减少都表明了根据财产而不是根据兵役计征税收的重要意义。

由此看来,这些收入来源的严重萎缩实际发生在 1215 年以后,其特点就是各项收入总额没能得到完全恢复。考虑到内战造成的混乱和 1216 年对“大宪章”进行了修改,因此,“大宪章”的短期影响是个有争议的问题。约翰王的统治是英格兰国家财政的分水岭:一部其实质就是设法限制王室未来滥用传统收入来源的宪章,在他推行的财政政策于 1207 年遭到唾弃以后应运而生。然而,在 1204 年失去了诺曼底以后,英格兰王室可动用的资源显然不足以满足战争的需要。很明显,在约翰王执政之前,形势已经发生了重要变化,因此,

必须满足他那积累足够的资金向法王腓力·奥古斯都(Philip Augustus,即腓力二世。——译者注)开战的贪婪欲望。

幸好有英格兰财政署1130年的卷筒卷宗存世,因此,能够剖析英格兰皇家财政从12世纪中期开始不断变化的性质。我们把1130年作为起始点,采用考察1199～1225年英格兰皇家财政收入的相同方法,对英格兰皇家从1130年到1330年(包括1330年)每个50年期的财政收入进行加总和分析。不过,记载英格兰皇家财政收入的文献在这2个世纪里发生了变化,因此,有必要采用新的原始资料来估算精确的年度总收入。关于1130年、1180年和1230年这些年度,并没有任何取代或者补充英格兰财政署卷筒卷宗的材料存世,因此,上述关于这个收入数据来源的限制条件仍然适用。到了1280年,有收款凭据登记册作为完整性越来越高的数据系列存世,但遗憾的是,1280财政年度的收款凭据登记册并不齐全,因为1279年米迦勒日的收款凭据登记册已经遗失。① 因此,这一年的数据全都引自英格兰财政署的卷筒卷宗。② 王室金库的账目开始在财政署卷筒卷宗正文中出现,于是为我们提供了这个变得日益重要的王室财政机构的精确的收款总额。到了1330年,财政署卷筒卷宗对皇家财政总收入的记录已经变得不那么全面,所以,这一年度的收入数据引自收款凭据登记册(现金收入)③、财政署卷筒卷宗(信用收入)④、王室金库卷宗(王室金库收入)⑤和没收财产卷宗(信用收入)⑥。为了避免重复计算,收入总额中减去了记录在财政署卷筒卷宗中的王室金库收入,而在没收财产卷宗中没有找到任何现金收款的数据。表3.4系列列示了上述复杂的加总结果,并且从来源和构成两个方面对收入进行了分解。

---

① 只有1280年复活节的卷宗存世:L[ondon,] P[ublic] R[ecord] O[ffice] E401/94-6。如果把分析1199～1225年这个时期的收入中介绍的与财政年度有关的财政署收款和审核模式应用于1279～1280年度,那么1280年复活节和米迦勒节的卷宗就记录了1280年全年卷宗记录的大部分收入。但到了1280年,收款和审核之间的关系已经变得非常复杂,从而使得原来的模式已经不起作用,于是,我们决定只采用严格限于我们考察的相关财政年度的收据卷宗。所以,缺少1280年度的数据。

② PRO E372/124.

③ PRO E401/288, 291. 这里也适用1279～1280财政年度的限制条件。

④ PRO E372/175.

⑤ 关于王室金库的账目,请参阅文献:PRO E361/2, rot. 32;关于王室大金库的账目,请参阅文献:E361/3, rots. 13 and 16;关于大金库的收入,还请参阅文献:E101/384/5 and 20。

⑥ PRO E357 /2.

表 3.4.1　　1130～1330 年英格兰皇家财政收入分解：不同类别的收入总额

	1130 年	1180 年	1230 年	1280 年	1330 年
卷筒卷宗					
审核收入	22 407	11 166	22 330	12 405	(13 945)
信用收入	772	2 993	1 411	3 908	7 480
王室账房收入	5	8	0	0	220
王室金库收入	0	0	1 006	(209)	(30)
其他收入	413	133	0	0	0
收款凭据登记册					
实际收入	—	—	—	—	32 274
王室金库卷宗					
实际收入	—	—	—	16 848	5 331
没收财产卷宗					
信用收入	—	—	—	—	222
总收入	23 597	14 300	24 747	33 160	45 528

注：1280 年王室金库收入总额引自卷筒卷宗正文的一个对外账户。因此，记录在卷筒卷宗正规账户中的王室金库收入为避免重复计算而被忽略不计，并且在上表中加了括号。1330 年卷筒卷宗的各项收入总额中没有包括现金和王室金库的收入，因为已经被计入了相关收项和王室金库收入中。但不管怎样，卷筒卷宗上记录的各个总额都加上了括号。

表 3.4.2　　1130～1330 年英格兰皇家财政收入分解：收入分析

年　度	总收入总额(1)	郡收入总额(2)	(2)/(1)(%)
1130	23 597	21 893	92.8
1180	14 300	13 393	93.7
1230	24 747	24 268	98.1
1280	33 160	12 617	38.0
1330	45 528	17 045	37.4

注：郡收入总额引自最适当的原始文献(1130～1280 年引自卷筒卷宗，1330 年引自收项卷宗)。

表 3.4.3　　1130～1330 年英格兰皇家财政收入分解：全部收入与收入构成

年度	全部收入总额(1)	现金收入总额(2)	(2)/(1)(%)	财政署现金收入(3)	(3)/(2)(%)
1130	23 597	22 825	96.7	22 407	98.2
1180	14 300	11 307	79.1	11 166	98.8
1230	24 747	23 336	94.3	22 330	95.7

续表

年度	全部收入总额(1)	现金收入总额(2)	(2)/(1)(%)	财政署现金收入(3)	(3)/(2)(%)
1280	33 160	29 253	88.2	12 409	42.4
1330	45 528	37 825	83.1	32 274	85.3

注：现金收入总额包括王室金库的收入，而财政署现金收入总额只包括记在财政署名下的现金收入。

表 3.4.4　1130～1330 年英格兰皇家财政收入分解：郡收入总额与收入构成

年度	郡收入总额(1)	财政署现金收入总额(2)	(2)/(1)(%)	(2)/表 3.4.3(2)(%)
1130	21 893	20 537	93.8	90.0
1180	13 393	10 679	79.7	94.4
1230	24 268	22 080	91.0	94.6
1280	12 617	10 385	82.3	35.5
1330	17 045	13 301	78.0	35.2

注：见表 3.4.3 中的注。

在分析这些数据之前，必须先对我们的考察做以下限定。首先，这并不是相同事物之间的比较。1130 年的卷宗并不完整，有几页羊皮纸已经遗失，相关账目中并没有各郡的数据。因此，最终的收入总额应该大于表 3.4 系列所列示的收入总额。虽然 1230 年度的卷宗完整无缺，但却没有找到王室金库这一年度的账目，因此，收入总额应该略大于表中所示的金额。唯一因其精确性而可以信赖的收入总额就是 1330 年度的收入总额，因为 1330 年度的收入总额把收款凭据登记册完整记载的现金收入与不同数据来源记载的信用收入以及王室金库和大金库(Great Wardrobe)账上记录的收款合并在了一起。然而，两个王室金库总收入这个数据因为各考察期时序有问题而略有误导之嫌。王室金库的收入账是 1329 年 9 月～1331 年 10 月的，[①]而王室大金库的收入账是按照从上一年 1 月 25 日到当年 1 月 24 日的纪元年做的。[②] 因此，表 3 系列中的相关数据只代表

① PRO E361/2, rot. 32.

② PRO E361/3, rots. 13 (3 Edward III), 16 (4 Edward III).

爱德华三世四年财政年度王室金库收入的近似值。[①] 其次，从邻近财政年度中单取某一年，就有高估这一财政年度收入的危险。1130财政年度的情况尤其是这样，因为之前没有卷宗存世，而下一份存世卷宗相隔了1/4个世纪。因此，我们不知道1130财政年度的数据在它们所属的时期是否典型。[②] 23 597英镑也许是被大大夸大了，或许可以用亨利一世治下接近20 000英镑的年均总收入来取代。[③] 虽然轻率地根据拉姆塞提供的数据[④]计算得到的亨利二世在位时期年均收入接近18 200英镑，但是，1180年度的总收入(14 300英镑)和1230年度总收入(24 747英镑)看来较能代表它们各自所属时期的总收入。考虑到以上这些限制条件，在这一个多世纪里，英格兰皇家各年度的财政总收入几乎没有什么变化，难免令人感到吃惊。更令人吃惊的是1280年度的总收入(33 160英镑)和1330年度的总收入(45 528英镑)，因为，虽然1130年度和1330年度相隔了200年，但1330年度的总收入超过1130年度的总收入还不到1倍。从现有数据来看，1280年度和1330年度的总收入显然不能代表它们各自所属的时代。[⑤] 我们很快就会在下文非常规税收入增加的背景下来考察这个问题的重要性，但在那些年度没有征收非常规税的情况下就能比较精确地分析如表3.5和3.6系列所示的1130～1330年间英格兰王室可支配“常规”收入的来源。虽然1130～1330年的收入类别与1199～1225年的收入类别相比有两大变化——一是“兵役免除税”被一般赋税所取代，因为英格兰在1130年课征了“丹麦金”(Danegeld)，1330年课征了像“捐赠”(dona)或者定率税那样的其他税收；二是在现金收入中又多了一个新的收入类别，即关税，从而反映了课征于贸易的间接税收的重要性——，但是，我们以剖析1199～1225年

---

① 除财政署收进的收入以外，Thomas de Garstone在王室金库爱德华三世三年～五年账上记录的其他收入已经减半，用于反映1329年9月24日～1330年9月24日这个时期的收入记录没有注明具体日期的大致收入数额。但整本账册的覆盖日期一直到1331年10月16日截止。同样，王室大金库收到的收入也没有包括在内。类似地，William la Zouche审核并付给王室大金库的非财政署收入也没有注明日期。因此，爱德华三世三年～四年的总收入已经减半，也只是反映一个大致收入数额。

② 关于这个问题更加深入的讨论，请参阅文献：J. A. Green，‘“Praeclarum et magnificum antiquatis monumentum”：the Earliest Surviving Pipe Roll’，Bulletin of the Institute of Historical Research，55 (1982)，1－17。

③ 这个数据是由Vincent Moss根据他对诺曼底情况的了解在科尔切斯特会议上提出的。

④ Ramsay，*History of the Revenues*，i. 191.

⑤ Ibid.，ii. pp.88－9，292.

度英格兰皇家财政现金收入的相同方式来分解 1130～1330 年度英格兰财政署从各郡收到的现金收入。虽然严格地说，关税并不是从各郡征收的，但把关税包括在各郡上缴的现金收入中，是为了与其他方面的“传统”收入进行比较。

表 3.5.1　1130～1330 年度英格兰皇家财政收入变化：财政署从各郡收到的现金收入分解(英镑)

年　度	1130	1180	1230	1280	1330
包税银收入	8 475	4 905	1 851	2 400	665
私田收入	2 717	2 981	4 700	3451	4060
司法收入	1 077	939	1 114	207	1 973
巡回法院收入	855	1 081	1 244	2 049	0
封建规费收入	2 570	363	2 096	48	656
债务收入	929	91	3 261	1 906	3 581
其他税收收入	2 905	67	3 704	79	1 271
配赋税收入	0	1	2 383	0	0
林地收入	326	162	804	184	20
犹太人收入	646	5	243	52	0
关税收入	0	0	0	8 109	10 035
其他收入	57	96	679	7	605

表 3.5.2　1130～1330 年英格兰皇家财政收入变化：各郡不同类别现金收入占它们上缴财政署的现金总收入的百分比

年　度	1130	1180	1230	1280	1330
包税收入	41.2	45.9	8.4	13.0	2.9
私田收入	13.2	27.9	21.3	18.7	17.8
司法收入	5.2	8.8	5.0	1.1	8.6
巡回法院收入	4.2	10.1	5.6	11.1	0.0
封建规费收入	12.5	3.4	9.5	0.3	2.9
债务收入	4.5	0.8	14.8	10.3	15.7
其他税赋收入	14.1	0.6	16.8	0.4	5.6
配赋税收入	0.0	0.0	10.8	0.0	0.0
林地收入	1.6	1.5	3.6	1.0	0.1
犹太人收入	3.1	0.0	1.1	0.3	0.0
关税收入	0.0	0.0	0.0	43.9	43.9
其他收入	0.3	0.9	3.1	0.0	2.6

注：表中数据对以下文献收入数据归类后获得：1130～1280 年度的数据取自卷筒卷宗；1330 年的数据取自收款凭据登记册；1280 年海关收入数据取自王室金库账册(估算总额，而不是实缴总额)。

表 3.6.1　　1130～1330 年英格兰皇家财政固定收入来源分析：土地收入减少(仅限于各郡上缴财政署的现金收入;英镑)

年度	土地收入(1)	占总收入的%	包税收入(2)	(2)/(1)(%)	私田收入(3)	(3)/(1)(%)
1130	11 191	54.4	8 475	75.7	2 716	24.3
1180	7 886	73.8	4 905	62.2	2 981	37.8
1230	6 551	29.7	1 851	28.3	4 700	71.7
1280	5 892	31.7	2 400	40.7	3 492	59.3
1330	4 739	20.7	665	14.0	4 074	85.7

注：见表 3.5.2 中的注。

表 3.6.2　　1130～1330 年英格兰皇家财政固定收入来源分析：传统来源收入减少(仅限于各郡上缴财政署的现金收入;英镑)

年度	土地收入	封建规费	司法收入	林地收入	税收收入	贸易收入	各项占总收入的%	关税	关税占比
1130	11 191	2 570	1 932	326	2 905	18 924	92.1	0	0
1180	7 886	363	939	162	68	9 417	88.1	0	0
1230	6 551	2 096	2 358	804	6 087	17 896	81.1	0	0
1280	5 892	48	2 256	184	79	8 459	45.7	8 109	43.9
1330	4 739	656	1 974	20	1 271	8 660	37.9	10 035	43.9

注：见表 3.5.2 中的注。

从表 3.5～3.6 系列中可以清晰地看到,以各郡包税缴款为主的土地收入是 1130～1180 年间英格兰国家财政的收入基础。1130 年,土地收入要占到英格兰财政现金总收入的 54%强,到了 1180 年增加到了接近 74%。然而,这些数据掩盖了一个发生在这个 50 年期的至关重要的变化。各郡的实际包税缴款几乎减少了一半,从近 8 500 英镑减少到了差不多 4 900 英镑;与此同时,私田的缴款获得了相应的增加。郡包税缴款相对重要性的下降速度似乎在下一个 50 年期里有所加快,因为 1230 年私田的现金缴款(4 700 英镑)已经是各郡包税现金缴款(1 851 英镑)的 2 倍多。此外,土地收入作为国家财政的支柱地位似乎在这个时期也急剧下降,1230 年的土地收入占财政署现金总收入的比例已经不足 30%。造成土地收入占比下降的原因就是各郡包税收入作为财政基础的核心地位已经下降。到了 1230 年,各郡守为上缴现金缴款而能够征到的收入大部分不再是土地收入，而是欠郡守的各种缴费和郡守监管的司法程序的收入。[①] 造成这一变化的原因是之前为各郡包税缴款做出贡献的王领土地因转让而不断减少。部分来自土地收入的现金缴款由独立包税区缴纳，就如1230年私田缴款水平所显示的那样，但大部分土地收入是因赏赐而流失的。表3.3系列所示的约翰王在位时期的收入数据显示，王领土地收入减少的关键时期是1180～1199年，因为1199～1205年间各郡包税缴款又比1180年几乎减少了一半。因此，约翰王在1205年的"豪取强征"可被视为一种旨在改革他登基之前已经受到侵蚀的传统皇家财政基础的合理尝试。然而，此举导致约翰王付出了巨大的政治代价，而此前的王田流失和此后的继续流失限制了这方面的任何恢复可能性。这一点表现为：1199～1225年间私田收入相对增加，而各郡的包税收入有所减少，就如1230年的收入所显示的那样，各郡包税区已经无力完全恢复昔日的现金缴款。

因此，很明显，英格兰皇家财政的传统基础在1130～1230年间出现普遍削弱的现象，而其中的1180～1199年则是一个英格兰皇家财政传统基础的剧变时期。由表3.5～3.6系列列示的数据可知，在土地收入快速减少以后，1180～1230年间似乎也没有出现任何替代性固定、稳定的收入来源。英格兰皇家财政的其他重要传统来源——封建规费、司法、普通税收和林地——的收入，随着土地收入的减少而在1180～1230年间普遍获得了相对增加，但没有一种能够发展成为足以填补土地收入让出的国家财政收入核心地位的空白。造成这种状况的原因可能就是这些收入来源的临时性质。

封建规费收入取决于超越君主控制的因素，如当时结婚和需要监护的人数。因此，1130年度、1180年度和1230年度的英格兰皇家财政总收入看不到实际的明显波动。通过这种性质的考察，很难测度司法收入的重要性。[②] 司法罚金和非巡回法院一般材料费收入似乎仍然相对比较稳定，大概在1 000英镑

① 事实上，在1236年以后，在各郡的包税缴款中已经没有任何土地收入，各郡主要依靠司法收入和各种不同的权利收费收入来缴纳包税银。关于这个问题更加深入的讨论，请参阅文献：Stacey, *Politics*, *Policy and Finance*, p.52 onwards。

② 如果把考察期限制在50年的区间内，那么就难以看清巡回法院收入的真实情况，因而也难以看清一般司法收入的真实情况。关于巡回法院完整的收入清单和它们的特点讨论，请参阅文献：D. A. Crook, *Records of the General Eyre* (London, 1982)。

左右,因此,从这个来源收到可观收入的可能性取决于巡回法院的巡回次数。同样,林地也没能经常性地为皇家财政做出任何重要的贡献。其他来源的收入也相对较小,而只有林区巡回法院创造了比较可观的收入,但被我们在这里介绍的数据说掩盖。同样,一般税收,主要是兵役免除税和配赋税,通常都是为了应对特定政治事件(如战争)而征收的,因此绝不可能发展成为一种固定的收入来源。

在以上介绍的基础上,仍有必要进一步说明约翰王利用一般税收的情况。在1207年之前,虽然在1205年为恢复传统上的重要土地收入和1203年征收的七一税采取了一些措施,但几乎没有为保住诺曼底而努力增加总收入。但在1207年以后,约翰王大肆加重对各郡的财政压力,试图为发动收复失地的战争筹款。促成约翰王这么做的原因是作为战备筹款计划一部分而提出的十三一税征收方案遭到了反对,结果便放弃了征收直接税为战争筹款的设想,于是就恣意出售司法官职、收取高额罚款和大肆推行林区巡回法院制度。1207年开征的十三一税收到的收入是所有其他来源收入的2倍,这也表明直接税收成为英格兰国家财政收入支柱的潜在可能性。但不管怎样,税收不得人心,因此,约翰王没能在自己在位的剩余时间里继续征税。由此可见,1207年以后英格兰皇家财政收入在量上的增加并不属于财政革命的范畴,而更多是财政变革未遂的产物。我们已经阐述过1207年以后推行的财政政策所造成的后果,在"大宪章"对英格兰国王设置了种种约束以后,亨利三世只能面对恢复皇家财政收入的任务。鉴于扩大传统来源收入的潜在可能性已经缩小,英格兰王室面对的窘境就是要么撤销"大宪章"设置的各种限制,要么寻找新的收入来源。

从表3.5～3.6系列的数据中可以清楚地看到,1230～1330年,英格兰王室没能恢复土地、封建规费、司法、林地和一般税收收入。此外,我们也很难具体把英格兰财政收入的变化趋势与1215年修改后重新颁布的"大宪章"的影响联系起来。土地收入持续减少,从1230年的6 500英镑减少到了1280年的5 900英镑,然后又减少到了1300年的4 700英镑。虽然1280年的各郡包税收入数据显示出复苏的迹象,但主要是通过持续的强取豪夺来实现的,到了1330年土地收入已经大跌到了只剩下区区665英镑。表3.5～3.6系列中的数据也反映了封建规费这个收入来源的普遍衰弱趋势，但封建规费收入的普遍减少可能并不是由“大宪章”的具体影响造成的。毫无疑问，“大宪章”有效阻止了王室对救济机会的利用，但 1258～1265 年的改革运动又进一步对王室利用监护和婚姻许可权敛财的行为提出了控诉。[1] 同样，虽然巡回法院在 1246～1249 年间的巡回审案显示出了创收的潜力（那几年大约总共创收 22 000 英镑，或者年均创收 5 500 英镑），但司法收入的重要贡献者一般巡回法院的收入在爱德华一世（Edward I）治下已经有所减少。[2] 林地仍然是王室与地方发生争执的根源，而 1245～1252 年间的巡回法院证明了王室利用林地创收的潜在可能性。[3] 但是，新的研究表明，到了 14 世纪，林区巡回法院已经失去了作为英格兰皇家财政收入来源的作用[4]，这一点在 1280 年以后的英格兰皇家财政总收入中已经得到了普遍反映。

由上可见，英格兰皇家财政已经无力扭转上述传统来源收入减少的趋势。虽然“大宪章”的精神在 1215 年以后得到了认可，具体表现为 1215 年以后频繁重新颁布“大宪章”，但“大宪章”也不可能是导致英格兰皇家财政传统来源收入持续减少的唯一因素。造成传统来源收入普遍减少的真正原因，应该是各郡作为皇家财政主要收入来源的相对重要性的相应降低。表 3.4 系列列示的数据显示，1280 年英格兰各郡对皇家财政总收入（根据财政署卷筒卷宗记载的数据）的贡献率只有 38%，但 1130 年是 93%，1180 年是 98%，而 1230 年更是高达 98%。而且，这种减少趋势明显一直持续到了 1330 年。1330 年，各郡贡献了 17 000 英

---

① R. F. Trehane and I. J. Sanders, eds., *Documents of the Baronial Movement of Reform and Rebellion 1258 - 1267* (Oxford, 1973), p.271. 但是，文献“S. L. Waugh, *The Lordship of England: Royal Wardships and Marriages in English Society and Politics 1217 - 1327* (Princeton 1988), pp.158 - 61”表明，约翰王治下批准寡妇再婚收取的敲诈性规费与之后英王治下批准寡妇再婚收取的规费相差甚大。

② J. R. Maddicott, ‘Magna Carta and the Local Community 1215 - 1259’, *Past and Present*, 102 (1984), 25 - 65, p.47.

③ Jane Winters 关于亨利三世治下林区巡回法院的一项新研究显示，在这个时期，林区居民总共要支付 16 500 英镑，或者说，年均 2 350 英镑。但一般来说，亨利三世治下其他时期的林区巡回法院从来都没有产出过这么多的收入。

④ 这项研究 Jane Winters 还在进行中，但这项研究中有证据表明，爱德华一世在 13 世纪 90 年代下令完成的巡回审案产出减少，从而大大减少了收入。此后，林区巡回法院出巡的频率降低。笔者要在这里感谢 Jane Winters 允许笔者引用这个数据。

镑的收入，占总收入的比例略高于 37%。也就是说，在我们考察的 2 个世纪里，英格兰各郡每年对皇家财政收入的贡献减少了 5 000 英镑。虽然现金收入占各郡缴款总额的比例在 1330 年仍相对较高(78%)，但其他礼金，罚没财产以及海峡群岛(Channel Islands)、怀特岛(Isle of Wight)、切斯特(Chester)和威尔士(Wales)上缴的现金收入已经达到了 9 000 多英镑，占英格兰财政署现金总收入的 24%，而当时各郡上缴的现金收入和占比分别是 13 300 英镑或者 35%。

英格兰皇家财政收入的基本来源似乎发生了巨大变化，而且这一点也反映在了簿记方法的重大变化上。1330 年现金收入数据的基本依据是当时的收款凭据登记册，原因在于财政署的卷筒卷宗记录的总收入越来越不可信。财政署卷筒卷宗各郡上缴收入的账目中出现了大量的空白处或者"debetentries"，而某个郡上缴的现金收入通常都记在相关郡的合并账户中，而收款凭据登记册中每笔收款都分别记在不同类别收入的名下。此外，王室金库账目和收据分列登记册的出现以及其他不同文献(如关税收入登记册和罚没财产登记册)的发现都要求我们更加精确地估算英格兰皇家财政年度收入，并且也进一步降低了财政署卷筒卷宗作为英格兰皇家财政收入档案的价值。但是，我们也必须提请注意 14 世纪收款凭据登记册作为英格兰财政署现金收款水平的精确记录文献的价值。据记载，1330 年，英格兰财政署收到了 32 274 英镑的现金缴款，而王室金库只收到了 5 331 英镑的现金缴款。这种情形似乎与 14 世纪之前的英格兰皇家财政发展趋势截然相反，因为在 14 世纪之前，王室金库曾经使财政署这个主要收款机构黯然失色。这一点在 1280 年的相关数据上得到了清晰的证明。那年，财政署收到的现金缴款只占现金缴款总额的 42%，而 1130 年的这个比例是 98%，1180 年是 99%，而 1230 年也有 96%。迈克尔·普莱斯特维奇(Michael Prestwich)曾详细阐述过王室金库在 13 世纪末的崛起，并且简要叙述了 1330 年王室金库签发的汇票的明显增多。[①] 原始"纸币"发展本身就是表征财政国家诞生的一个重要方面，[②]但这个问题超越了本章的讨论范畴。虽然这些分录数据也许只能表示王室金库签发汇票的金额，而不是财政署实际收到的缴款，

---

① M. C. Prestwich, 'Exchequer and Wardrobe in the Later Years of Edward I', *Bulletin of the Institute of Historical Research*, 113 (1973), 1-8, pp.3-4, 43.

② Ibid., p.4.

但这与之前所说的英格兰皇家财政收入变化趋势没有关系，因为收款凭据登记册准确交代了这些缴款所偿还的欠款，如封建规费或司法收入欠款。

造成英格兰各郡这个皇家财政收入来源支柱的衰落以及王室金库作为重要财政机构崛起的原因，是与取代皇家财政传统上依赖的财政收入来源的一个替代性来源的出现联系在一起的。关税这种间接税收最初是英格兰王室金库以贷款为交换条件交给意大利银行家征收的。虽然有证据表明，约翰王在位时曾在12世纪末征收过一种关税。1204年的财政署卷筒卷宗收入了一些记载商人就其进港商品和财产缴纳十五一税的账目，时间是1202年7月～1204年11月。[①] 拉姆塞利用这个数据估计英格兰当时的关税收入接近2 000英镑，并且又用这个数值计算英格兰的财政总收入。[②] 但是，这次征收关税只不过是约翰王为了扩大他在1203年对商人课征的财产七一税的征收范围的一种尝试，因此并不能与1275年以后发展起来的安排有序的关税联系在一起。[③] 另有证据表明，英格兰在1204年以前征收过一种关税[④]，而1211年的一本港口账册记载了各种与1275年以后发展起来的关税体系有点相似的关税。[⑤] 然而，在财政署卷筒卷宗中并没有发现更多的证据能够证明，这种潜在的收入来源在1275年以前的英格兰皇家财政中只起到很小的作用。从表3.5～3.6系列中可以明显看到直接税收对皇家财政的影响。1280年，英格兰的关税收入已经占到"普通"税收收入的44%。实际上，传统来源——土地、封建税捐、司法、林

---

① D. M. Stenton, ed., *The Great Roll of the Pipe for the Sixth Year of ... King John*, Pipe Roll Soc., new ser. 18 (London, 1940), p.218.

② Ramsay, *History of the Revenues*, ii. 239 - 40, 258.

③ 请参阅 M. Prestwich 在以下文献中的相关讨论：Edward I (London, 1990), pp.98 - 100；关于老关税(1275年)和新关税(1303年)的文献记录，还请参阅文献：PRO Standard List Set, E322 - end, E356 1 - 2。

④ 文献"D. M. Stenton, ed., *The Great Roll of the Pipe for the Fifth Year of ... King John*, Pipe Roll Soc., new ser. 16 (London, 1938)"提供了之前征收过一种十五一关税的证据。例如，该文献在第11 - 12页上说到了 Hugh Oisel 因没有缴纳英格兰十五一关税被关押而支付了1 000马克的罚金，这表明之前的关税包税银是按15%的税率确定的。文献"A.M. Kirkus, ed., The Great Roll of the Pipe for the Ninth Year of ... King John, Pipe Roll Soc., new ser. 22 (London, 1946), p.51"详细记述了伦敦居民因不缴十一五税而支付罚金的事，这再次表明这种关税并不是在1204年停征的。文献"T. Madox, The History and Antiquities of the Exchequer, 2 vols. (London, 1769), i. 771 - 4 "对卷筒卷宗中的所有相关证据进行了概述，其中就有理查一世治下按10%的税率征收的某种形式的关税的证据。

⑤ D. M. Stenton, ed., *The Great Roll of the Pipe for the Thirteenth Year of ... King John*, Pipe Roll Soc., new ser. 28 (London, 1953), pp.186 - 7.

地和普通税收——在1280年总共贡献了8 418英镑,而关税单独贡献了8 109英镑。关税在英格兰皇家财政收入中占据主导地位的格局一直持续到1330年:这一年,传统收入来源贡献了8 625英镑,而关税则贡献了10 035英镑。然而,合并欠款回收额把关税的占比限制在了占皇家财政收入的44%。

间接税收的出现赋予英格兰皇家财政一种经常性收入来源,这种收入来源不但能带来容易征收的收入,而且还能排除国内可能的反对,因而被视为是作为国家财政基础的土地收入的直接替代品。但不管怎样,按照我们前面给"财政革命"下的粗糙定义,这一变化并不能被正确地说成是"财政革命"。实际上,1280年度英格兰皇家财政总收入只比1130年度增长了40%,尽管1330年和1130年相隔2个世纪,但前者的财政总收入也只比后者增加了93%。究其原因,间接税收的增加只是当时英格兰皇家财政收入一般变化的一部分,而且似乎直到爱德华一世继位以后才发生。1280年度和1330年度的英格兰皇家财政总收入必须放在更大的背景下审视,因为这两个年度的财政总收入较之于后来的财政总收入显得很少。随便根据拉姆塞提供的数据[①],就不难发现爱德华一世治下的年均财政总收入差不多是58 000英镑,而1280年英格兰皇家财政总收入只有33 160英镑。同样显而易见的是,1330年的财政总收入对于爱德华三世治下的财政总收入并没有代表性,部分是因为在爱德华三世治下,英格兰先是经历了伊莎贝拉和莫蒂默(Isabella and Mortimer)摄政的动荡岁月,后又遭遇了爱德华二世被废这样的严重事件。根据爱德华三世治下年均139 700英镑的财政总收入[②],到了1330年,10万左右的财政总收入才可被视为"正常"。由此可见,关税收入的增加虽然导致传统收入黯然失色,但仍不足以满足皇家财政需要。因此,为了满足不断增长的军费需要,英格兰王室逐渐把以财产为课征对象的非常税收作为年财政收入的最重要来源。

1207年的十三一税收入是该税正常收入的2倍[③],从而显示了这个收入来源的创收潜力,但因招致普遍反对而不得不废弃。虽然,如前所述,这种税收具有明显的重要性,但是,朝着以财产为课征对象的非常税收,而不是朝着以兵役为课征

① Ramsay, *History of the Revenues*, ii. 88－9.

② Ibid., ii. 292 (attached sheet).

③ 根据卷筒卷宗全部来源的数据算得28 910英镑(表3.1)。

对象的封建赋税的转向可上溯到亨利三世未成年时期。在亨利三世未成年时期，英格兰征收过三次低产出的兵役免除税和1225年的十五一税，那年的十五一税也征到了2倍于其正常水平的收入。这次征收十五一税招致的反对是通过重新颁布"大宪章"来平息的，但在英格兰王室征收直接税与政治共同体审批之间建立起了联系，就如1215年版的"大宪章"所规定的那样。此外，英格兰政治共同体这次批准征税，是因为要保卫加斯科尼，并且再次把国家财政变革与战争联系在了一起。虽然在亨利三世在位期间后来又有过采用这种税收方法的尝试，但是，爱德华一世发动的战争使得国家对非常税收的依赖稳固化。1290年以后，非常税的征收越来越频繁，到了爱德华二世治下几乎已经变成了每年都要课征的税收。表3.4系列中的1330年财政总收入掩盖了这种趋势，因为这些表格没有列示非常税收的数据。如果把爱德华二世在位晚期存世的十五一税和什一税这些非常税的报表作为1330年可能收到的非常税收入的证据，那么，那一年英格兰的财政总收入应该达到了80 000～85 000英镑的水平。事实上，欧洲国家财政数据库(European State Finance Database)已经收入了英格兰1280～1330年这个时期的非常税收入数据①，这个时期的已知非常税年收入大概是16 135英镑，而1230～1280年这个时期的非常税年均收入是3 035英镑。W. M. 阿莫罗德(W. M. Ormrod)最近完成了这个领域的一项更加深入的研究②，因此，本章作者在这个方面没有什么新的东西可补充。但不管怎样，1280～1330年间直接和间接税收的双双增加显然表明英格兰国家财政基础的质变，而且这种质变似乎是与英格兰国家财政总收入的量变结合在一起的，从而满足了财政革命的两个标准。

不管怎样，有必要对英格兰王室在1130～1330年的2个世纪里发生的巨

① 关于对动产征税，请参阅文献：ESFDB\orm\engd008；关于课征于僧侣收入的直接税，请参阅文献：ESFDB\orm\engd015；关于教廷批准征收并缴给英格兰皇家财政的僧侣税，请参阅文献：ESFDB\orm\engd016。

② W. M. Ormrod, 'The Crown and the English Economy, 1290 - 1348', in B.M.S. Campbell, ed., *Before the Black Death: Studies in the 'Crisis' of the Early Fourteenth Century* (Manchester, 1991), pp. 149 - 83; W. M. Ormrod, 'Royal Finance in Thirteenth-Century England', in P. R. Coss and S. D. Lloyd, eds., *Thirteenth Century England V: Proceedings of the Newcastle upon Tyne Conference 1933* (Woodbridge, 1995), pp.141 - 64.

大变化进行一定的描述。在断言1280～1330年间英格兰发生了财政革命之前,重要的是,应该对亨利一世和他的几个继位者在位期间的财政状况进行比较分析。这样的比较研究需要基本了解相关的经济状况,因此,比较研究的起点应该是评价两个被考察时期里的通货膨胀影响。现代经济体中的价格波动相对比较容易量化,因为很多可比指标可用来开展详尽的常规考察。在试图构建1130～1330年价格指数序列的过程中,我们明显遇到了两大问题:一是缺少文献资料;二是要界定那个时代经济体的性质。第一个问题可求助于现在存世的英格兰财政署1155～1330年几乎完整的卷筒卷宗以及1130年的卷筒卷宗来解决。这些档案文献提供了英格兰王室下令执行的各种一般支出项目,有时还保存了不同商品的价格信息。在早期的卷筒卷宗中只能找到很少的证据,在有关各郡包税区的支出项目中常会出现一些商品名称,在各种账户(如教会土地或监护权缴费)中也会出现一些商品名称,但频率较低。到了1330年,正常的郡账作为王室支出记录手段的地位有所下降,但可以结合参考对外账目,如对外账目提供了王室在它持有的罚没土地上花费的支出的详细信息。因此,在以上这些档案文献中可以找到很多数据,并且可以利用这些数据来分析存世文献上出现最频繁的商品序列的价格变动情况。第二个问题——如何考察一个严重依赖收成、有时短期内价格就会剧烈波动的经济体——可以通过分析连续3年或者连续5年的商品平均价格来解决。这种解决方法有助于我们平滑由收成好坏造成的季节性差异,同时又能增加数据分析量。事实上,1230～1270年印刷版的"令状档案"(liberate rolls)也包含一些有用的信息,因为这些详细记录王室授权支出的档案文献补充了卷筒卷宗中的数据。

表3.7系列列示了我们采用的计算英格兰皇家财政实际收入的方法,先是计算从英格兰财政署卷筒卷宗出现频率最高的7种商品的价格序列。这些商品大致涉及经济活动的4个主要领域。谷物价格由小麦和燕麦价格代表,而牲畜价格则用绵羊和奶牛的价格;耕牛和农用马的价格用来表示农业生产成本,而铅的价格可用来粗略地表示工业品价格。[①] 以1200年为基年,计算每种

① 还请参阅文献:ESFDB\engindic\eind006(小麦);\engindic\eind005(燕麦);D. L. Farmer, 'Prices and Wages', in H. E. Hallam, ed., The Agrarian History of England and Wales II: 1042－1348 (Cambridge, 1988), p.778(一般消费品)。

大宗商品的价格指数，然后通过计算每年一揽子商品的平均价格指数来编制年度价格指数，最后把每个年度价格指数之间的差除以 10，就得出了年均价格指数，而年均通货膨胀率也采用相同的方法来计算。① 但有必要指出，1180 和 1130 年的价格指数是在 1200 年价格指数的基础上计算得出的，因为缺乏这两年的合适数据，无法构建完整的商品篮子。② 此外，这些价格平均数并没有为反映每种大宗商品的相对重要性进行加权。然而，如果把本次考察所用主要日期之间的年份也都包括在内，并且在表 3.8 系列中以每十年为一期的方式表示，那么就能清楚地看到：1180 年后的时期就是一个通货膨胀一直持续到 13 世纪末的时期，然后在轻微通货紧缩以后又出现了第二个价格上涨幅度更大的时期。③ 实际总收入是通过除以收入指数计算得到的，而收入指数则是通过把相关收入总额除以（1200 年、1180 年或者 1130 年的）基年收入总额和适当的价格指数得到的。④ 表 3.9 系列列示了以 1200 和 1180 年为基年计算得出的数据，概括披露了其他场合⑤披露过的约翰王治下的相关信息，并且拿这些数据与亨利三世未成年时期的相关数据进行了比较。不管怎样，我们对英格兰皇家财政在这两个世纪里如何变迁这个重要问题第一次进行了深度分析，并且在表 3.10 系列中列示了以 1130 年为基年计算得出的相关数据。

---

① 根据公式 $A(1+i)x = B$ 计算。式中，A 是第一价格指数，B 是第二价格指数，x 是年数，i 是通货膨胀率。

② 我们在这里采用了一项对印刷版 1130～1230 年卷筒卷宗的深入研究提供的数据，而且我们得出的结论与 P. D. A. Harvey 在"The English Inflation of 1180 - 1220', Past and Present, 61 (1973), 3 - 30"中得出的结论较为一致。虽然表 3.9～3.10 系列所示和我们在这里介绍的计算结果多少有点不那么精确，且多少有那么一点一般性质，但证据稀缺和原始文献的性质都迫使我们只能采取这样的计算方法。对于 1130 年的卷筒卷宗来说，尤其如此，因为没有相邻年份的卷筒卷宗可用来证明 1130 年卷宗中的价格是否可用。

③ Harvey, 'English Inflation', pp.3 - 30; A. R. Bridbury, 'Thirteenth Century Prices and the Money Supply', *Agricultural History Review*, 33 (1985), 1 - 21; N. J. Mayhew, 'Money and Prices in England from Henry II to Edward ill', *Agricultural History Review*, 35 (1987), 121 - 32; J. L. Bolton, 'Inflation, Economics and Politics in Thirteenth Century England', in P. R Coss and S. D. Lloyd, eds., Thirteenth Century England IV: Proceedings of the Newcastle upon Tyne Conference 1991 (Woodbridge, 1992), pp.1 - 14.

④ 在本章表 3.1.1"实际总收入"一栏中可找到相关收入总额。

⑤ Barratt, 'Revenues of King John'.

表3.7.1(a)　1130～1230年英格兰通货膨胀趋势：时价
（价格一律用便士表示并近似到便士）

品　名	1130年	1180年	1190年	1200年	1210年	1220年	1230年	单　位
小　麦	—	24	24	38	51	65	61	夸特
燕　麦	—	—	10	11	13	17	20	夸特
耕　牛	36	36	46	54	75	92	94	头
农用马	—	48	—	36	60	—	—	匹
绵　羊	5	4	5	6	—	9	10	只
奶　牛	—	35	42	42	54	72	67	头
铅　锭	—	117	80	240	288	342	417	弗仄（fother铅的重量单位）

表3.7.1(b)　1130～1230年英格兰通货膨胀趋势：价格指数
（1200年为基年）

品　名	1130年	1180年	1190年	1200年	1210年	1220年	1230年	单位
小　麦	—	63	63	100	134	171	161	夸特
燕　麦	—	—	91	100	118	155	182	夸特
耕　牛	36	67	85	100	139	170	174	头
农用马	—	133	—	100	167	—	—	匹
绵　羊	83	67	83	100	—	150	167	只
奶　牛	—	83	42	100	129	171	160	头
铅　锭	—	49	33	100	120	143	174	弗仄

表3.7.2(a)　1130～1230年英格兰通货膨胀趋势：年均价格指数
（1200年为基年）

价格指数							
年份	1130年	1180年	1190年	1200年	1210年	1220年	1230年
指数	75	77	76	100	134	160	169

年均价格指数增幅				
十年期	1190～1200年	1200～1210年	1210～1220年	1220～1230年
增幅	2.4	3.4	2.6	0.9

表 3.7.2(b) **1130～1230 年英格兰通货膨胀趋势：年均价格指数**
（1180 年为基年）

价格指数							
年份	1130 年	1180 年	1190 年	1200 年	1210 年	1220 年	1230 年
指数	97	100	99	130	175	208	220

年均价格指数增幅			
十年期	1190～1200 年	1200～1210 年	1220～1230 年
增幅	3.1	4.5	1.2

表 3.7.2(c) **1130～1230 年英格兰通货膨胀趋势：年均价格指数**
（1130 年为基年）

价格指数							
年份	1130 年	1180 年	1190 年	1200 年	1210 年	1220 年	1230 年
指数	100	103	101	133	179	213	226

年均价格指数增幅				
十年期	1190～1200 年	1200～1210 年	1210～1220 年	1220～1230 年
增幅	3.2	4.6	3.4	1.3

表 3.7.3 **1130～1230 年英格兰通货膨胀趋势：年均通胀率**

十年期	1190～1200 年	1200～1210 年	1210～1220 年	1220～1230 年
通胀率	2.8	3.0	1.8	0.6

注：所示年份的价格是根据连续三年的卷筒卷宗平均价格计算而得，所选商品是各年卷筒卷宗上最常见的商品；价格指数采用如下方法计算而得到：先对经过指数化处理的每年价格相加，然后除以商品总数；年平均价格指数采用以下方法计算得到：每期价格涨幅除以每期总年数；年均通货膨胀率采用以下方程式计算：$A(1+i)^x=B$ 计算，式中，A 是第一价格指数，B 是第二价格指数，x 是每期年数，i 是通货膨胀率。

表 3.8.1(a) **1130～1330 年英格兰价格数据：谷物时价**（价格全部用便士表示并近似到便士，单位：夸特）

年份	小麦	燕麦	大麦	黑麦	大麦芽	混合谷物
1130	—	—	—	—	—	—
1160	31	—	—	—	—	12
1170	18	—	—	12	—	—
1180	24	—	—	10	—	12
1190	24	10	12	—	14	18

续表

年份	小麦	燕麦	大麦	黑麦	大麦芽	混合谷物
1200	38	11	—	—	—	—
1210	51	13	17	36	32	20
1220	65	17	25	—	—	—
1230	61	20	39	—	—	50
1240	55	—	36	39	—	—
1250	67	25	39	26	—	—
1260	71	27	37	24	—	—
1270	74	20	40	48	20	—
1280	72	34	57	60	—	—
1290	62	19	26	38	41	—
1300	67	21	44	38	—	44
1310	78	33	49	60	60	44
1320	127	44	—	72	—	128
1330	72	31	35	—	—	61

注：表中的价格是从英格兰财政署卷筒卷宗记录年份后延 3～5 年的平均价格；1230～1270 年这个时期的价格还采用印刷版令状档案中的价格数据。

表 3.8.1(b)　　1130～1330 年英格兰价格数据：农用牲畜和家畜时价
（价格全部用便士表示并近似到便士，单位：头/匹/只）

年份	耕牛	农用马	奶牛	绵羊	生猪	熏猪肉
1130 年	36	—	—	5	—	—
1160 年	36	36	24	4	—	—
1170 年	40	48	40	4	—	17
1180 年	36	48	35	4	—	13
1190 年	46	—	42	5	6	15
1200 年	54	36	42	6	12	27
1210 年	76	60	54	—	20	23
1220 年	92	—	72	9	—	23
1230 年	94	—	67	10	18	—
1240 年	88	—	81	16	16	—
1250 年	108	—	66	—	—	—
1260 年	106	120	—	—	21	33
1270 年	103	107	—	16	38	—
1280 年	140	104	97	18	31	—
1290 年	139	110	87	—	—	—

续表

年份	耕牛	农用马	奶牛	绵羊	生猪	熏猪肉
1300 年	121	89	79	20	25	—
1310 年	176	17	3	105	—	—
1320 年	155	188	121	28	—	—
1330 年	133	138	100	22	36	44

注：见表 3.8.1(a)中的注。

表 3.8.1(c)　　1130～1300 年英格兰价格数据：其他商品时价

（价格一律用便士表示，并近似到便士）

年份	铅锭 （弗仄）	石蜡 （磅）	骑用马 （匹）	上等骑用马 （匹）	优等骑用马 （匹）	军马 （匹）
1130	—	—	360	—	—	480
1160	—	—	240	—	—	640
1170	—	—	—	—	—	—
1180	117	3	240	—	—	—
1190	80	—	480	—	—	—
1200	240	—	800	1 200	—	1 600
1210	288	5	800	1 200	1 600	2 400
1220	342	—	800	—	—	2 400
1230	417	7	800	—	—	—
1240	418	5	800	1 200	—	—
1250	490	7	9	—	—	—
1260	446	—	1 200	—	—	—
1270	560	—	—	—	—	—
1280	453	6	—	—	—	—
1290	515	—	—	—	—	—
1300	—	8	—	—	—	—

注：见表 3.8.1(a)中的注。

表 3.8.1(d)　　1130～1300 年英格兰价格数据：军饷时值（表中价格全部用便士表示，并近似到便士，单位：天）

年　份	方旗骑士	骑士	步兵军士	骑兵军士	侍卫长
1130 年	—	—	—	—	—
1160 年	—	8	1	—	—

续表

年　份	方旗骑士	骑士	步兵军士	骑兵军士	侍卫长
1170 年	—	—	1	—	—
1180 年	—	—	—	—	—
1190 年	—	12	2	4	—
1200 年	—	12	2	4	—
1210 年	—	12	2	—	—
1220 年	—	24	—	8	—
1230 年	—	—	2	—	—
1240 年	—	18	2	—	—
1250 年	—	24	—	—	9
1260 年	—	—	—	—	—
1270 年	—	—	3	—	—
1280 年	—	—	8	—	12
1290 年	—	48	—	12	12
1300 年	48	24	—	—	—

注：见表 3.8.1(a)中的注。

表 3.8.2(a)　　1130～1330 年英格兰价格数据：以 1200 年为基年的价格指数(商品选自本章表 3.7 系列)

年　份	小麦	燕麦	绵羊	奶牛	耕牛	农用马	铅锭
1130 年	—	—	83	—	67	—	—
1160 年	83	—	70	57	67	100	—
1170 年	47	—	70	71	74	133	—
1180 年	63	—	67	133	67	83	49
1190 年	63	91	85	—	83	100	33
1200 年	100	100	100	100	100	100	100
1210 年	134	118	139	167	—	129	120
1220 年	171	155	170	—	150	171	143
1230 年	161	182	174	—	167	160	174
1240 年	147	—	270	193	163	—	174
1250 年	179	223	—	157	201	—	204
1260 年	189	245	—	—	197	333	186
1270 年	196	177	270	—	191	296	233

续表

年 份	小麦	燕麦	绵羊	奶牛	耕牛	农用马	铅锭
1280年	193	309	304	231	261	289	189
1290年	166	168	—	207	259	306	215
1300年	178	193	339	187	224	246	—
1310年	209	295		250	328	480	—
1320年	339	400	487	288	287	521	—
1330年	192	282	383	381	248	383	—

注：见表3.7.1(a)中的注。

表3.8.2(b)　1130～1330年英格兰价格数据：指数化价格(与基年比较)

年 度	1200基年	1180基年	1130基年
1130年	75	97	100
1160年	75	97	101
1170年	79	102	106
1180年	77	100	103
1190年	76	99	101
1200年	100	130	133
1210年	134	175	179
1220年	160	208	213
1230年	169	220	226
1240年	189	243	253
1250年	193	248	258
1260年	230	296	308
1270年	227	292	304
1280年	254	326	339
1290年	220	283	294
1300年	228	293	305
1310年	312	402	418
1320年	387	498	518
1330年	311	400	416

注：以1180和1130年为基年的指数化价格是通过把以1200年为基年的指数化价格除以表3.8.2(b)中的1180和1130年价格获得。这么做是因为缺乏这两年尤其是1130年的价格数据而不得已为之。因此，1130年的数值也许不能真实反映价格走势，因为这一年的商品篮子没有1200年的大(前者是2种商品，而后者有7种)。

表 3.9.1(a)　1180～1225 年约翰治下和亨利三世治下根据价格指数化的英格兰皇家财政收入(以 1200 年为基年;总收入,现金收入和信用收入)

年　份	总收入(英镑)	收入指数	价格指数	实际收入
1199 年	22 183	94	98	97
1200 年	23 492	100	100	100
1201 年	23 661	101	103	97
1202 年	23 238	99	107	93
1203 年	25 628	109	110	99
1204 年	27 831	118	114	104
1205 年	31 541	134	117	115
1206 年	29 269	125	120	103
1207 年	86 335	368	124	297
1208 年	34 465	147	127	115
1209 年	36 086	154	131	118
1210 年	51 913	221	134	165
1211 年	83 291	355	137	260
1212 年	56 612	241	139	173
1214 年	25 712	109	144	76
1215 年	18 463	79	147	53
1218 年	5 457	23	155	15
1219 年	8 097	34	157	22
1220 年	9 562	41	160	25
1221 年	11 856	50	161	31
1222 年	13 184	56	162	35
1223 年	15 179	65	163	40
1224 年	20 062	85	164	52
1225 年	59 870	225	165	155

注:价格指数采用本章表 3.7 系列中的数据计算得出。"实际收入"采用收入指数除以价格指数的方式获得。总收入指各种已知来源的收入,包括财政署卷筒卷宗、对外账户和收款凭据登记册上记载的全部收入以及已知税收收入。"各郡收入"仅指各郡账户上记录的收入,不包括各种礼金、罚没财产和教会收入(无论是禁教令执行期间还是平时)。1204 年征收的商人十五一税也没有包括在内。1215 年度的总收入包括 1215 年后的审核缴款,但 1215 年度各郡总收入只包括 1215 年的审核缴款。

表 3.9.1(b)　1180～1225 年约翰治下和亨利三世治下根据价格指数化的英格兰皇家财政收入(以 1200 年为基年;以卷筒卷宗各郡现金和信用收入为限)

年　份	总收入(英镑)	收入指数	价格指数	实际收入
1199 年	21 794	98	98	100
1200 年	22 246	100	100	100

续表

年　份	总收入(英镑)	收入指数	价格指数	实际收入
1201 年	22 233	100	103	97
1202 年	20 042	90	107	84
1203 年	21 876	98	110	89
1204 年	24 143	109	114	96
1205 年	26 444	119	117	102
1206 年	25 019	112	120	93
1207 年	26 781	120	124	97
1208 年	32 169	145	127	114
1209 年	35 223	158	131	121
1210 年	47 449	213	134	159
1211 年	43 287	195	137	142
1212 年	38 640	174	139	125
1214 年	19 071	86	144	59
1215 年	3 829	17	147	12
1218 年	4 434	20	155	13
1219 年	8 097	36	157	23
1220 年	5 851	26	160	16
1221 年	9 192	41	161	26
1222 年	12 853	58	162	36
1223 年	13 223	59	163	37
1224 年	15 001	67	164	41
1225 年	16 147	73	165	44

注：见表 3.9.1(a)表中的注。

表 3.9.2(a)　1180～1225 年约翰王和亨利二世治下根据价格指数化的英格兰皇家财政收入(以 1180 年为基年;现金和信用总收入)

年　份	总收入(英镑)	收入指数	价格指数	实际收入
1180 年	14 300	100	100	100
1199 年	22 183	155	127	122
1200 年	23 492	164	130	126
1201 年	23 661	165	135	123
1202 年	23 238	163	139	117
1203 年	25 628	179	144	125
1204 年	27 831	195	148	131

续表

年　份	总收入(英镑)	收入指数	价格指数	实际收入
1205年	31 541	221	153	145
1206年	29 269	205	1	130
1207年	86 335	604	162	374
1208年	34 465	241	166	145
1209年	36 086	252	171	148
1210年	51 913	363	175	207
1211年	83 291	582	178	327
1212年	56 612	396	182	218
1214年	25 712	180	188	96
1215年	18 463	129	192	67
1218年	5 457	38	201	19
1219年	8 097	57	205	28
1220年	9 562	67	208	32
1221年	11 856	83	209	40
1222年	13 184	92	210	44
1223年	15 179	106	212	50
1224年	20 062	140	213	66
1225年	59 870	419	214	196

注：见表3.9.1(a)中的注。

表3.9.2(b)　1180～1225年约翰王和亨利二世治下根据价格指数化的英格兰皇家财政收入(以1180年为基年;仅以卷筒卷宗各郡现金和信用总收入为限)

年　份	总收入(英镑)	收入指数	价格指数	实际收入
1180年	13 393	100	100	100
1199年	21 794	163	127	128
1200年	22 246	166	130	128
1201年	22 233	166	135	123
1202年	20 042	150	139	108
1203年	21 876	163	144	114
1204年	24 143	180	148	122
1205年	26 444	197	153	129
1206年	25 019	187	157	119
1207年	26 781	200	1 621	124

续表

年　份	总收入(英镑)	收入指数	价格指数	实际收入
1208 年	32 169	240	166	145
1209 年	35 223	263	171	154
1210 年	47 449	354	175	202
1211 年	[illegible]	[illegible]	178	181
1212 年	38 640	289	182	159
1214 年	19 071	142	188	76
1215 年	3 829	29	192	15
1218 年	4 434	33	201	16
1219 年	8 097	60	205	30
1220 年	5 851	44	208	21
1221 年	9 192	69	209	33
1222 年	12 853	96	210	46
1223 年	13 223	99	212	47
1224 年	15 001	112	213	53
1225 年	16 147	121	214	56

注：见表 3.91(a)中的注。

表 3.10.1　　1130～1330 年根据价格指数化的英格兰皇家财政：2 个世纪的变化(以 1130 年为基年;只包括卷筒卷宗上记录的各郡现金和信用总收入)

年　份	总收入(英镑)	收入指数	价格指数	实际收入
1130 年	23 597	100	100	100
1180 年	14 300	61	103	59
1180 年*	18 200	77	103	74.1
1992 年	2 183	94	130	72
1200 年	23 492	100	133	75
1201 年	23 661	100	138	73
1202 年	23 238	98	142	69
1203 年	25 628	109	147	74
1204 年	27 831	118	151	78
1205 年	31 541	134	156	86
1206 年	29 269	124	161	77
1207 年	86 335	366	165	22
1208 年	34 465	146	170	86

续表

年　份	总收入(英镑)	收入指数	价格指数	实际收入
1209年	36 086	153	174	88
1210年	51 913	220	179	123
1211年	83 291	353	182	194
1212年	56 612	240	186	129
1214年	25 712	109	193	57
1215年	18 463	78	196	40
1218年	5 457	23	206	11
1219年	8 097	34	210	16
1220年	9 562	41	213	19
1221年	11 856	50	214	23
1222年	13 184	56	216	26
1223年	15 179	64	217	30
1224年	20 062	85	218	39
1225年	59 870	254	220	116
1230年	24 747	105	226	46
1280年	33 160	141	339	41
1280年*	58 000	246	339	73
1330年	45 528	178	416	43
1330年*	139 700	592	416	142
1330年**	85 000	360	416	87

注：见表3.10.2中的注。

表3.10.2　　1130～1330年根据价格全部指数化的英格兰皇家财政收入：2个世纪的变化(以1130年为基年;仅以卷筒卷宗各郡现金和信用收入为限)

年　份	总收入(英镑)	收入指数	价格指数	实际收入
1130年	21 893	100	100	100
1180年	13 393	61	103	59
1199年	21 794	100	130	77
1200年	22 246	102	133	76
1201年	22 233	102	138	74
1202年	20 042	92	142	64
1203年	21 876	100	147	68
1204年	24 143	110	151	73

续表

年　份	总收入(英镑)	收入指数	价格指数	实际收入
1205 年	26 444	121	156	77
1206 年	25 019	114	161	71
1207 年	26 781	122	165	74
1208 年	32 169	147	170	87
1209 年	35 223	161	174	92
1210 年	47 449	217	179	121
1211 年	43 287	198	182	108
1212 年	38 640	176	186	95
1214 年	19 071	87	193	45
1215 年	3 829	17	196	9
1218 年	4 434	20	206	10
1219 年	8 097	37	210	18
1220 年	5 851	27	213	13
1221 年	9 192	42	214	20
1222 年	12 853	59	216	27
1223 年	13 223	60	217	28
1224 年	15 001	69	218	31
1225 年	16 147	74	220	34
1230 年	24 268	111	226	49
1280 年	12 617	58	339	17
1330 年	17 045	78	416	19

注:“总收入”是指各种资料来源(卷筒卷宗、收款凭据登记册、王室金库和罚没财产登记卷宗)记录的各类收入。“各郡收入”仅指各郡账户上记录的收入,因此,在 1280 年度和 1330 年度的各郡收入中不包括关税收入。

* 各相关国王治下的年平均收入根据拉姆塞的数据计算获得。

** 预计年度收入用来反映根据奥姆罗德被收入欧洲科学基金会数据库(ESFDB)的数据估计的非常税收入。

因此,第一个数据集是 1199～1215 年以 1200 年为基年计算得出的数据集。由这些数据可知,在约翰王治下,扣除物价因素后的收入在 1199～1202 年这个法王腓力二世不断对约翰王在欧洲大陆的领地施加压力的关键时期呈现出轻微减少的趋势。鉴于约翰王在位时几乎肯定不可能详细了解当时英格兰的经济状况,因此也很难深度解读这些数据。但不管怎样,1204～1206 年间实际收入的增加,表明约翰王为了应对诺曼底领地的丧失确实想大力增加财政收入;1207 年征收十三一税产生了明显的效果。然而,1207 年的收入只不过是由十三一税收入促成的"暂时现象",并不能与1210～1212年出现的充分体现约翰王政策影响的收入大幅增加同日而语。我们很容易把这个时期的收入增加主要归因于执行禁教令,但各郡的收入数据表明,在这个时期,英格兰皇家财政的传统收入来源承受了巨大的压力。因此,亨利三世未成年时期努力恢复的皇家财政收入,除了1225年外,按实际价值计从未超过约翰王即位初期收入的52%,但按实际数值计曾达到过85%。解读各郡的收入数据甚至会得出更加糟糕的结论,因为,无论是按实际价值计还是按实际数值计,传统收入来源在经历了约翰王鼎盛时期的滥用以后一直没能得到恢复。以1180年为基年计算得到的数据明确显示,约翰王在位时的可支配收入,特别是1208～1212年间的可支配收入,按实际价值计超过他父亲在位时的可支配收入;而亨利三世在位时期的收入(除1225年外)从未超过他祖父在位时的收入。这些收入变化趋势不但适用于各郡收入,而且还适用于各类不同收入。

不管怎样,表3.10系列列示了最重要的数据,显示了以1130年为基年的时间跨度更大的英格兰皇家财政收入状况。很明显,到了1180年,英格兰皇家财政已经变得十分虚弱。就算亨利二世在位时平均每年都有18 200英镑可用,而不只是1180年的实际总收入为18 200英镑,这一收入水平也只相当于亨利一世1130年收入的74%。同样显而易见的是,约翰王能够在1199～1206年间维持这个收入水平,甚至按实际价值计算分别在1207年和1210～1212年间超过了亨利一世在位时期的财政收入。因此,这个时期极有可能是英格兰被诺曼底人征服以后持续遭受横征暴敛最严重的时期。此外,禁教令实行时期的收入显然并不是导致英格兰皇家财政实际收入增长的唯一原因,因为1210和1211年各郡收入按实际价值计也超过了1130年以来任何年份的收入。毫不奇怪,亨利三世在位时期的财政收入远远少于亨利一世在位时期的财政收入。1218～1224年间,英格兰的财政收入即使按实际数值计也没有得到恢复,更不用说是按实际价值计算了,而1225年的十五一税收入掩盖皇家财政的真实状况,因为这个时期的真实财政状况就是各郡收入水平很低。英格兰皇家财政收入状况虽然到了1230年略有恢复,但直到1280年也几乎没有出现好转的迹象。1280年,英格兰皇家财政收入按实际数值计已经有所增加,但按实际价值计已经减少到了只相当于1130年收入41%的水平。不过，这个财政收入水平并不代表爱德华一世在位时期的标准收入水平。如果爱德华一世在位时平均每年有 58 000 英镑的财政收入可用，那么，他在位时的年均财政收入已经达到相当于 1130 年财政收入 73%这个更可以接受的水平。同样，爱德华三世刚登基时的财政收入并不能代表他在位时期后来的财政收入。如果拿他在位期间 139 700 英镑的年均财政收入来取代 1330 年的财政收入实际数值，那么，按实际价值计算的 43% 可能就接近按实际数值计算的 142%。但不管怎样，139 700 英镑这个年均财政收入表明，在爱德华三世统治临近结束时，英格兰皇家财政收入已经增加了很多。如果把 85 000 英镑这个数值用来表示非常税收入估计值，并加入前述 1330 年的财政收入实际数值，那么就达到了更加接近实际财政收入 87%的水平。

显然，把 1130 年作为我们这次考察的基期是有问题的，因为我们并不知道 1130 年的财政收入是不是亨利一世在位时期的典型财政收入。在这一章里，我们已经指出接近 20 000 英镑的财政收入应该能够更好地反映亨利一世在位时期的年均收入，但就是没有任何确凿的证据可以证明这一点。因此，必须以 1130 年为基年计算财政收入的可比数值，而且在分析实际收入的数值时必须牢记这个先决条件。但不管怎样，从我们在这里介绍的数据可以得出两个重要的结论。首先，很显然，1180 年以后即便不是恶性通货膨胀时期，也至少是一个通货持续膨胀的时期，因此最终对英格兰皇家财政产生了巨大的影响。因此，如果按照 1130 年的收入水平来评判，那么，亨利一世与他的几个继位人相比拥有相对较多的基于土地收入的财富。为维持甚或超过这个收入水平所需要的努力，特别是在只关注传统收入来源的情况下，最终必然会适得其反，而且不可能长期持续。其次，在放弃约翰王横征暴敛的政策以后，传统财政收入基础的削弱已经不可逆转。在亨利三世未成年时期，各郡收入恢复缓慢，到了 1230 年才恢复到相当于 1130 年财政收入 49%的水平。在随后的一个世纪里，英格兰皇家财政收入已经减少到仅相当于 1130 年财政收入 19%的水平。就如我们在前文看到的那样，财政收入的减少是与王室可利用的传统收入来源的衰退联系在一起的。显然，随后的税收（无论是直接税还是间接税）收入增加标志着英格兰财政基础的一次质变。但不管怎样，由于 1330 年之前通货膨胀持续不断，英格兰皇家财政的实际收入并没有发生任何量变，因此,根据本章介绍的数据,能否断言英格兰在 1330 年以前发生了真正的财政革命仍值得怀疑。或许,我们可以更有把握地说,本章所介绍的英格兰皇家财政收入所发生的重要结构性变化显示了爆发“百年战争”、皇家财政收入进一步大幅增长的 14 世纪英格兰皇家财政的发展方向。

第四章　中世纪晚期英格兰附属领地如何征税

蒂姆·桑顿(Tim Thornton)

本章的直接目的就是简要考察英格兰附属领地,而不是本土的税收发展状况;而本章的间接目的则是对作为英格兰税收甚至英格兰国家研究基础的英格兰中心论假设提出质疑。[①]

随着13世纪税收在英格兰占领的不同领土上的发展,逐渐地,并非所有的税收决策都要经过英格兰议会审议通过。最明显的例子就是,爱尔兰并不受英格兰直接税收的影响。紧接着威尔士最后被征服以后,就有人试图通过英格兰议会对威尔士征税,但大约在1300年后就放弃了这方面的努力。切尔西(Chester)的巴拉丁人也有过类似的经历:没有任何能证明1292年以后英格兰议会决定对切尔西巴拉丁人征税的档案文献存世。在北方,达拉谟(Durham)始终不用缴纳英格兰的税收。达拉谟的北方"邻居"坎伯兰(Cumberland)、威斯特摩兰(Westmorland)和诺森伯兰(Northumberland)在15世纪初就退出了英格兰的税收体系。[②] 同期,英格兰王室统治的法兰西领土也不缴纳英格兰税收。[③] 虽然至少从14世纪中期开始,上帝就把英格

---

① 在很少几项试图总体考察这个问题的研究中,R. Strayer and G. Rudisill 的研究"Taxation and Community in Wales and Ireland, 1272 - 1387', *Speculum*, 29 (1954), 410 - 16)"因把威尔士和英格兰作为13和14世纪不同的实体而"吃了不少苦头"。

② R. S. Schofield, 'Parliamentary Lay Taxation, 1485 - 1547', University of Cambridge PhD thesis (1963), p.145.

③ B. J. H. Rowe, 'The Estates of Normandy under the Duke of Bedford, 1422 - 1435', *English Historical Review*, 46 (1931), 562 - 8; C. T. Allmand, Lancastrian Normandy 1415 - 1450: *The History of a Medieval Occupation* (Oxford, 19.83), pp.21, 172 - 4, 201 - 3, 345 - 62.

兰君主作为他派遣的最高统治者,但是,无论英吉利海峡群岛[①]上的诺曼底公爵子民是否仍是上帝的子民,他们缴纳的直接税收都不是由英格兰议会决定的。

以上这些地方征收的税收都不是英格兰国王课征的税收,而是由所在地的统治者或者以他们的名义征收的税收。这些统治者可以是某个非王室成员:这方面最显著的例子就是斯坦利(Stanley)的领主,而 1543 年以后英格兰很多边境地区的贵族和他们的继承人也属于这一类统治者。例如,1564 年莱斯特(Leicester)的伯爵在登比(Denbigh)以及 16 世纪末伍斯特(Worcester)的伯爵爱德华·萨默赛特(Edward Somerset)在高尔半岛(Gower)曾征收过"协议税"(mise)。[②] 这些领主及其代表的首要任务必然不同于国王。在其他领地,领主可能就是英格兰国王或者英格兰王室的其他成员,但这并不必然意味着英格兰税收和这些领地的地方税收就完全相同。因为,虽然英格兰国王或者王室家族成员就是这些领地的领主,如他们有切斯特(Chester)伯爵或者泽西岛(Jersey)或根西岛(Guernsey)领主的身份。但那些在地方上代表领主的人也有自己的复杂利益,这就意味着为英格兰国王征收的税收不但取决于他作为切斯特伯爵为自己征税这一事实,而且还决定于地方利益重于所谓的王室利益这一事实。当然实际情况就是:虽然对于英格兰议会来说,所谓的皇家政策是英格兰国王及其身边的人的利益的综合体现,但至少在这种情况下,英格兰国王作为君主的存在,无论多么无效,也意味着他的个人利益在这些领地仍占据重要的地位。在本章所说的领地上,英格兰国王的利益应该主要由在这些领地上代表他的重要贵族或者官员的利益构成。因此,在这些领地上课征的税收是出于公共或者集体目的征收的,虽然那里的集体目的是通过国王的目的来确定的,但仍由君主以他或她作为某个附属领地的最高统治者的身份来实现的。在这样的领地上征收的"皇家"

① Cf. Henry VII's memorandum on the taxation of Guernsey in 1497: [London,] P[ublic] R[ecord] O[ffice] E 101/414/6, fol. 129.

② W. J. Smith, ed., *Calendar of Salusbury Correspondence*, *1553 - c. 1700*, University of Wales Board of Celtic Studies, History and Law ser., 14 (Cardiff, 1954), p.24; T. B. Pugh, *The Marcher Lordships of South Wales*, 1415 - 1563 (Cardiff, 1963), p.146.

税收应该非常类似于在英格兰中心地区征收的皇家税收。亨利七世(Henry VII)在位时曾试图对在他控制的全部领土上征收的税收进行协调。然而,即使在亨利七世治下,税收谈判的责任实际也下放到了地方机构,如边境贵族院;而每个地方独立的税收申请、审批和征收过程都意味着完全一致是不可能的。

不过,情况也不是千篇一律。英格兰王室曾多次试图在附属领地尤其是威尔士和柴郡(Cheshire)强征英格兰税收,但在16世纪中期英格兰议会批准在柴郡、威尔士和加来(Calais)征收特别津贴之前屡遭失败。17世纪初,达拉谟、坎伯兰、威斯特摩兰和诺森伯兰也要缴纳英格兰税收,但并非绝对。柴郡和威尔士继续免缴16世纪末和17世纪初英格兰仍在征收但收入日益减少的十五一税和什一税。[①] 但同样,这些地方不缴纳英格兰议会批准的税收,并不意味着它们就不用缴税。研究英格兰历史的学者倾向于认为,英格兰王室全仰仗这些地方的军事支持,而它们虽然在军事上支持英格兰王室,但也有自己复杂的税收体系。

爱尔兰的特别津贴是英格兰与爱尔兰议会商议并由后者出于防卫的考虑准许总督征收的,并且被明确规定为700马克。[②] 1302年的一份特许状显示,达拉谟早已存在决定和分摊共同义务的程序,并且有1314年存世的确凿证据表明达拉谟通过投票同意主教征税。1344年,达拉谟民众投票支持主教出钱收买苏格兰人,1348年出钱支持主教享有保护达拉谟的特权。[③] 柴郡这个威

---

① 英格兰王室曾在1450年进行过在威尔士和柴郡征税的意义重大的尝试:R. A. Griffiths, *The Reign of King Henry VI* (London, 1981), pp.381, 396. 威尔士和柴郡分别在1540年(4次)、1544～1545年(2次)、1553年(2次)、1558年、1559年(2次)、1563年(2次)和1566年等年份同意缴纳十五一税和什一税:*Statutes of the Realm*, 10 vols. (London, 1810－28), iii. 812－24, 1019－32; iv. 176－89, 326－48, 384－96, 464－78, 505－19; F. C. Dietz, *English Public Finance* 1485－1614, 2nd edn., 2 vols. (London, 1964), i. 150, 155, 200, 210－11; ii. 22－4。

② 实际上,直到15世纪70年代只征收到350英镑:S. G. Ellis, *Tudor Ireland: Crown, Community and the Conflict of Cultures*, 1470－1603 (London, 1985), p.60; A. Cosgrove, ed., *Medieval Ireland 1169－1534* (Oxford, 1987), pp.371－2; J. Lydon, Ireland in the Later Middle Ages (Dublin, 1973), pp.36－7. 8.

③ W. Hutchinson, *The History of the County Palatine of Durham* (Durham, 1823), pp.153, 358, 375－7; G. T. Lapsley, *The County Palatine of Durham: A Study in Constitutional History* (London, 1900), pp.272－3.

尔士的边境领地和威尔士公国的两部分从中世纪晚期至少到 17 世纪一直缴纳一种被称为“协议税”的税收。[①] 14 世纪 40 年代初，为了赔款与苏格兰国王议和，马恩岛（Isle of Man）为预计总共 300 马克的赔款缴纳了 106 英镑 13 先令 4 便士的税收。[②] 我们立刻就能得出两个结论。这些地方缴纳了很多的税收：它们没有被遗忘，或者说，它们被要求作出另一种回报；这些税收并不是按照威斯特敏斯特宫、英格兰国王、国王枢密院或者英格兰议会的绝对命令缴纳的。

享有特权的英格兰附属领地创造的收入并非微不足道。14 世纪，柴郡征收的“协议税”收入并不比斯塔福德郡（Staffordshire）或者什罗普郡（Shropshire）这两个相邻郡课征十五一税或者什一税收到的收入少。[③] 达拉谟通过自己的税收系统在 1436～1437 年上缴的税款比它要缴纳的英格兰议会批准的所得税还要多。[④] “黑太子”爱德华（Black Prince Edward）作为威尔士亲王、康沃尔（Cornwall）公爵和切斯特伯爵包括全部税收在内的收入，是他努力在阿基坦（Aquitaine）立足的关键所在。[⑤]

英格兰王室在附属领地上征税是协商决定的，而不是强制执行的，但协商过程可是一个名副其实的讨价还价过程，它可以节制税收需求，从而平息对税收的抱怨甚至断然拒绝纳税。政治交易的现实表现为附属领地把同意征税作为交换条件来利用的事实，这种政治交易可被不严谨地称为“立法”。兰卡斯

---

① R. R. Davies, *Lordship and Society in the March of Wales, 1282 - 1400* (Oxford, 1978), pp. 184 - 7, 219; L. B. Smith, ‘The Arundel Charters in the Lordship of Chirk in the Fourteenth Century’, *Bulletin of the Board of Celtic Studies*, 23 (1969), 153 - 66. 遗憾的是，文献“R. A. Griffiths, *The Principality of Wales in the Later Middle Ages: The Structure and Personnel of Government I: South Wales, 1277 - 1536*, University of Wales Board of Celtic Studies, History and Law ser., 26 (Cardiff, 1972)”没有提到税收或者税收审批和征收方式的问题。

② *Calendar of Close Rolls Preserved in the Public Record Office, 1341 - 3* (London, 1902), p.654.

③ P. H. W. Booth, ‘Taxation and Public Order: Cheshire in 1353’, *Northern History*, 12 (1976), 16 - 31.

④ Lapsley, County Palatine of Durham, p. 117; R. L. Storey, *Thomas Langley and the Bishopric of Durham 1406 - 1437* (London, 1961), p.55.

⑤ P. H. W. Booth, *The Financial Administration of the Lordship and County of Chester, 1272 - 1377*, Chetham Soc., 3rd ser., 28 (Manchester, 1981), esp. chap. 5; P. Morgan, *War and Society in Medieval Cheshire, 1272 - 1403*, Chetham Soc., 3rd ser., 34 (Manchester, 1987), chap.3.

特王朝统治时期的诺曼底表明，通过代议机构达成税收协议的过程完全不是“敲橡皮图章”。[①] 诺曼底的三级会议在1428年得以把税收从20万图尔里弗尔减少到18万图尔里弗尔。[②] 在爱尔兰，议会也能拒绝英格兰王室的征税申请，或者批准征收少于初始申请额的税收。[③] 爱尔兰议会常以同意征税换取立法权。贝德福德(Bedford)公爵15世纪签发的诺曼底法令反映了在三级会议完成的这种交易。[④] 爱尔兰议会很幸运，有民族主义者的支持，而不是反对；爱尔兰议会作出的决议最终以便于长期保存的出版物形式作为法令获得了承认。[⑤] 威尔士边境领地和公国居民通过与领主谈判同意签发征税特许状。在谈判期间，边境领主或者公国官员会提交被称为“黑皮书”或者“白皮书”的征税申请材料。[⑥] 马恩岛的下议院(Manx House of Keys)当时就拥有立法权，而第二任斯坦利领主的统治就是因为他推行法典化而值得注意。泽西岛有1524年的法案存世，很可能早在之前就已经颁布过法令。无论是马恩岛还泽西岛，“法规”不足是因为当时改变习俗和法律的需要感不足，而不是因为制度存在缺陷。[⑦] 如果说达拉谟当时的“立法”情况不明，那么更可能是达拉谟没有发生民族主义运动，而不是缺少成文法的结果。以上这些英格兰附属领地的“法

---

① Cf. Davies, *Lordship and Society in the March of Wales*, pp.184 - 7，这个文献甚至根本就没有考虑各地方有可能参与决定征税时间安排和纳税主体的问题。

② Rowe, 'Estates of Normandy', p.562; Allmand, *Lancastrian Normandy*, pp.172 - 4, and, for 1446 - 7, pp.185 - 6.

③ S. G. Ellis, 'Parliament and Community in Yorkist and Tudor Ireland', in A. Cosgrove and J. I. McGuire, eds., *Parliament and Community*, Irish Conference of Historians, Historical Studies, 14 (Belfast, 1983), pp.43 - 68, esp.p.53.

④ Rowe, 'Estates of Normandy', pp. 570 - 6; B. J. H. Rowe, 'Discipline in the Norman Garrisons under Bedford, 1422 - 1435', *English Historical Review*, 46 (1931), 194 - 208.

⑤ 不过，与英格兰典型的议会成文法不同，爱尔兰的这些成文法往往具有明显的具体、人性的特点，并且常与司法和行政活动有关：Ellis, 'Parliament and Community', pp.44 - 8.

⑥ J. B. Smith, 'Crown and Community in the Principality of North Wales in the Reign of Henry Tudor', *Welsh Historical Review*, 3 (1966 - 7), 145 - 71; Smith, 'Arundel Charters', p.158; Calendar of Wynn (of Gwydir) Papers 1515 - 1690 in the National Library of Wales and Elsewhere (Aberystwyth, Cardiff and London, 1926), pp.116 - 18.

⑦ G. Jefferson, *The Lex Scripta of the Isle of Man* (Douglas, 1819); R. H. Kinvig, *The Isle of Man: A Social, Cultural and Political History* (Liverpool, 1975), pp.96 - 7; B. Coward, The Stanleys, Lords Stanley and Earls of Derby, 1385 - 1672: The Origins, Wealth and Power of a Landowning Family, Chetham Soc., 3rd ser., 30 (Manchester, 1983), p.101; Actes des Etats de l'Ile de Jersey 1524 - 1596, *Publications de la Societe Jersiaise*, 12 (St Helier, 1897).

律”的影响不应该被低估，因为它们的影响可与英格兰议会的立法一比高下，甚至超过了英格兰议会立法的影响。[①]

英格兰附属领地税收名副其实的地方性质，表现为不同附属领地的不同税收模式。从本章的目的出发，我们将着重考察 15 世纪柴郡、弗林特郡(Flintshire)和南威尔士公国的税收模式。[②] 在柴郡，被称为“mise”(协议税)的税收是在 14 世纪中期发展起来的(见表 4.1)。1346 年以后，“黑太子”主要通过司法收入来捞钱：1353 年，出让巡回法院弄到了 5 000 马克。从那以后，征收“协议税”的原因发生了很大的变化。在理查二世(Richard II)治下，柴郡为了确保政治上的独立，在 1389 年缴纳了 3 000 马克。1403 年，柴郡因参与珀西(Percy)叛乱不得不同意以集体罚金的形式缴税。1416 年，柴郡向亨利五世(Henry V)缴纳了 3 000 马克的特别津贴，1419 年又缴纳了 1 000 马克的特别津贴。1430 年，柴郡可能是因为亨利六世(Henry VI)访问法国又缴纳了 1 000 马克的特别津贴。1436 年，柴郡为保卫加来又缴纳了 1 000 马克。1441 年，可能是在亨利六世 21 岁生日和举行成人仪式时，柴郡为了确认自己在政治上的自治和获得一系列赦免又缴纳了 3 000 马克。

---

① 请注意，即使英格兰议会通过的法律直到 16 世纪初还没有明确的效力：G. R. Elton, ‘The English Parliament in the Sixteenth Century: Estates and Statutes’, in Cosgrove and McGuire, eds., *Parliament and Community*, pp.84 - 6。爱尔兰的立法很有影响力，就像皮尔金顿(Pilkington) 和沃德福德(Waterford)号船案所显示的那样。虽然英格兰的霸主地位最终得到了肯定，但在许多英格兰的法官和律师提出这一主张之前并不存在。爱尔兰是一个具有法律自治权的独立实体：Ellis, ‘Parliament and Community’, pp. 43 - 68; A. Cosgrove, ‘Parliament and the Anglo-Irish Community: The Declaration of 1460’, in Cosgrove and McGuire, eds., *Parliament and Community*, pp.28 - 30; J. F. Lydon, *The Lordship of Ireland in the Middle Ages* (Dublin, 1972), pp.262 - 5; Lydon, *Ireland in the Later Middle Ages*, pp.144 - 5; M. Hemmant, ed., *Select Cases in the Exchequer Chamber before all the Justices of England, 1377 - 1461*, Selden Soc., 51 (London, 1933), pp.81 - 4。柴郡在它提交的 1441、1450 和 1451 年陈情书中提出过类似于爱尔兰 1460 年立法自治权声明中提出的主张：[Chester,] C[heshire] C[ounty] R[ecord] O[ffice] DSS (Shakerley of Holme), Vernon MS 3, fol. 190; H. D. Harrod, ‘A Defence of the Liberties of Chester, 1450’, *Archaeologia*, 2nd ser., 7 (1900), 75 - 7; [London,] B[ritish] L[ibrary] Harleian MS 2009, fols. 40 - 1。

② 关于征税申请特别审批的参考文献，请参阅文献：ESFDB files and sources cited in tables 4.1 - 4.3。

表 4.1　　1346～1729 年柴郡征收的协议税

年　份	协　议　税
1346 年	1 000 英镑
1347 年	林区巡回法院罚款
1353 年	5 000 马克
1357 年	林区巡回法院罚款
1368 年	2 500 马克
1373 年	3 000 马克
1389 年	3 000 马克
1401 年	3 000 马克
1403 年	3 000 马克
1416 年	3 000 马克
1419 年	1 000 马克
1430 年	1 000 马克
1436 年	1 000 马克
1441 年	3 000 马克
1463 年	3 000 马克
1474 年	3 000 马克
1486 年	3 000 马克
1497 年	1 000 马克
1500 年	3 000 马克和 1 000 马克
1508 年	3 000 马克
1517 年	3 000 马克
1547 年	3 000 马克
1554 年	3 000 马克
1560 年	3 000 马克
1605 年	3 000 马克
1612 年	3 000 马克
1617 年	3 000 马克
1665 年	3 000 马克
1729 年	3 000 马克

资料来源：ESFDB\thorn\engd001.

注：表中的年份是批准征收协议税的历年，而征税申请有可能在之前提出，而批准年份也并不一定是征收年份。表中的数值表示批准额，随后可能会发生变化，也可能不是实际收到的税额。

1450 年以后，柴郡在批准征收协议税与新伯爵的到来之间具有更密切的关系。在爱德华四世(Edward IV)、爱德华四世的儿子爱德华五世(Edward V)和亨利七世(Henry VII)登基并且任柴郡新伯爵时，柴郡都准许征税。这种批税方式于1497年停止使用。那年，亨利七世为发动对苏（格兰）战争，从柴郡获得了1 000马克的特别津贴。1500年，柴郡又批准了一次征税申请，这也标志着15世纪末税收审批模式的变化。虽然亚瑟亲王（Prince Arthur）出任柴郡伯爵按惯例获准征收了3 000马克的税收，但为赎回巡回法院又另外收取了1 000马克。这样一来，柴郡的税收模式又退回到了14世纪。几乎可以肯定亨利七世在他的统治晚期又获准征收过一次协议税，很可能是在1508年初。1508年3月，威廉·特劳特贝克爵士（Sir William Troutbeck）、约翰·沃伯顿爵士（Sir John Warburton）、威廉·斯坦利爵士（Sir William Stanley）和其他爵士"为请求赦免并确保自由"不得不在这一年的仲夏缴纳了1 000马克，并且在随后两年的米迦勒日都缴纳1 000马克。[①] 然而，在亨利七世驾崩以后，柴郡重又恢复了原来的税收传统：亨利八世（Henry VIII）在位期间，只在1517年他登基并承认柴郡享有政治自治权以后获准征收过一次协议税。尽管1534年以后征收过几次英格兰特别津贴，但爱德华六世（Edward VI）[②]、玛丽一世（Mary I）和伊丽莎白一世（Elizabeth I）在登基后都获准征收过协议税。詹姆斯一世（James I）登基以及亨利王子在1610年和查尔斯王子在1616年受封都获准征收过协议税；甚至在内战以后也获准征收过协议税。查理二世（Charles II）内阁在1665年征收过协议税，而弗雷德里克（Frederick）在1729年被封为威尔士亲王时也曾获准征收协议税。

柴郡不同的税收批准模式充分显示了英格兰王室在柴郡的征税依赖地方审批的程度。协议税的征收事宜由柴郡伯爵议事会成员与柴郡社会代表商议决定。1450和1451年的陈情书中提出的观点明白无误：这种协商是在郡议会（parliamentum）进行的，郡议会被授予立法权和税收决定权，而柴郡不受其他地方作出的任何决定的约束。

Where the seide comite is and hath ben a comite palatyne als well afore the conquest of Englond as sithen distincte & sep[ar]ate from youre coron of

---

① PRO E 36/214, p.405.

② 关于对爱德华六世治下蒙茅斯郡（Monmouthshire）协议税影响的担心，请参阅文献：PRO E 314/39/77; Statutes of the Realm, iv. 312, 348; 'Calendar of Recognizance Rolls of the Palatinate of Chester from the Beginning of the Reign of Hemy VIII to 1830', in 39th Report ofthe Deputy Keeper of the Public Record Office (London, 1878), p.196。

Englond within which comite ye & all youre noble p[ro]genitours sith hee came into youre hondes & all erles of the same afore that tyme have had youre heigh courtes p[ar]liamentes to holde at youre willes, youre chanciere estchequer, youre justice to holdeplees as well of the coronas co[mmon]e plees & by auctoritee of such p[ar]liamentes to make or admitte Iawes within the same such as be thoght expedient & behobefull for the will of you and of the enh[er]iters & inh[ab]it[a]nts of the same comitee & the enh[er]iters of the said comitee be noght chargeable nor lyable nor have not ben bounden charged nor hurt of thaye Iandes, godes nor possessions within the same comitee nor the inh[ab]itants of the same comitee of thaye bodies afore this tyme by auctoritee of any p[ar]liamente holden in other places than within the same comitee[.]①

柴郡议会也可以“立法”：1353 年，黑太子在柴郡逗留期间，最后参加了柴郡议会举行的一次会议。这次柴郡议会会议决定结束“thwertnic”的法律特权，而这种法律特权来源于拉纳福三世伯爵(Earl Ranulph III)签署的柴郡“大宪章”。② 在伯爵的特权得到确认以后，有些不满情绪得以宣泄并逐渐平息下来。1441 年，柴郡有议员要求废除国王下达柴郡的御玺令，赦免被废的治安保证人，并且废除罪犯服刑穿号衣和扣押骑士名号充当罚金的规定。结果，他们取得了成功。③

柴郡议会在税收问题有很大的影响力。④ 1547 年，英格兰王室特派专员签发的协议税征收申请书(新君登基时的标准税收审批程序)具体反映了郡守作为地方社会首席代表的作用。国王的代表拿了国王签发的委任状亲自召集郡里的全体骑士、绅士和其他高官开会。

---

① Harrod, ‘Defence of the Liberties of Chester’, pp.75 - 6.

② Booth, ‘Taxation and Public Order’, p.22; R. S. Brown, ‘“Thwert-ut-nay and the Custom of Thwertnic” in Cheshire’, *English Historical Review*, 40 (1925), 13 - 21.

③ CCRO DSS, Vernon MS, p.190.

④ B. E. Harris, ‘A Cheshire Parliament’, *Cheshire Sheaf*, 5th ser. 1 (Sept. 1976 - Sept. 1977), 1 - 2; D. J. Clayton, ‘The “Cheshire Parliament” in the Fifteenth Century’, *Cheshire History*, 6 (Sept. 1980), 13 - 27.

all knyghtes esquiers gentilmen and other greate ffree holders of the sayd countye personally to appere before vs at Chester the sayd xxixth day then and there to here and do all and euery suche thynges as euer our sayd soueraign lord the kynges maiestes behalf shulde be unto them moved in① and abowt the taxacon cessinge and levyenge of the sayd myse [and] Immediately after the kynges maiestes plesure by vs the sayd comissioners to the sayd gentilmen and ffreholders set foorth and declared The same gentilmen and inhititantes by the mowth of S[i]r Thomas Holcroft knyght most humbly knowledged theyre Dutes to o[u]r sayd soueraign lord and liberally and frankly graunted to his sayd hyghnes the somne of three thowsand markes for and inthe name of the myse forsayd.②

1436 年,英格兰王室和柴郡做成了一笔名副其实的政治交易,这笔交易非常充分地反映了当时流行的税收协商机制。③ 这一年的 3 月 3 日,柴郡郡守兰德尔・布里尔顿(Randal Brereton)奉命通知本郡 30 个名人于 3 月 7 日下星期三到位于切斯特(Chester)的柴郡财政署参加"御前会议"。后来,御前会议又推迟到了 3 月 9 日星期五举行。经过商议,柴郡的代表被要求在 3 月 28 日之前去每个百户邑(或者郡属分区)征求意见。征收所得税的初始申请于 1435 年 10 月在威斯特敏斯特宫经英格兰议会投票通过。经过坦诚地交换意见,3 月 18 日,英格兰王室被告知柴郡这次不准备缴纳所得税,但后来双方又及时通过妥协达成了一致。④ 3 月 28 日,郡守和另外 10 个郡代表获得了郡民赋予的协商权,并且批准征收 1 000 马克的协议税。那个最终批准征收 1 000 马克协议税的 10 人代表小组有 5 人并不是最初御玺令指定的那个小组的成员,这一点表明,那些代表柴郡利益参加谈判的代表并非由国王钦定,而是由柴郡绅

① Interlineated.

② PRO CHES 2/209, rot. 1.

③ Harris 在他的"'Cheshire Parliament', pp.1 - 2"中,根据柴郡财政署登记簿上的记录考证了柴郡议会召开这次会议的证据,但并没有把这些事件置于全国背景下来讨论。

④ PRO E 28/56/5. 国王的代表包括财政大臣 Robert Frampton、切斯特的司法代表 William Chauntrell、御前大臣 William Trout Beck 和前不久与 Frampton 一起被任命为北威尔士审计官的 Richard Bedford。

士自主推选出来的。为征求郡民意见安排的时间(从3月9日到3月28日总共只有18天)并不宽裕。1497年的税收审批程序基本相同,4月4日召开第一次会议后,定于4月6日再次举行会议,其间要更加广泛地征求乡民意见。[①]

柴郡的税收协商并不拘泥于某种形式,并且实际影响到税收的征收额和征收时间。可见,当时柴郡流行一种观点:当局不能随心所欲地征税。小册子"柴郡伯爵领地的权利和管辖权"(The Rights and Jurisdiction of the County Palatine of Chester)的作者认为,早在17世纪初,柴郡就利用这种协议税的否决权来捍卫自己的自治权。他还表示,税收申请获得批准以后,宫廷大臣就得"满足于征收所批准的协议税"(staie the Collection of the saide Mize),但必须承认柴郡人原先的自治权。[②] 税收协商对于有保留地批准征税具有充分的实际意义,上述小册子的作者已经研究过1441年的各次征税申请及其审批过程。[③] 1486年,柴郡各界希望,就如"传言"所说的那样,"the queen's grace was with child, the commissioners would pray the king that the mise myght stonde for the myse which shulde be graunted to the said prince, and also for this myse nowe grantet to the Kyngez Highnez. Wherunto they were answerd that my seid lordez there present with other Comyssioners wolde send to the kyng for there desyrez wheche trust to gete suche answere to theym as with reason they shuld be content"。同一次会议上,柴郡的谈判代表争取到了更加直接的让步:考虑到"in consideracon of the greet castes & expenses that they haue late. made at the filde [of Bosworth] w[i]t[h] .the kyngez castes & expenses that they haue late made at the filde [of Bosworth] w[i]t[h] .the kyngez grace",第一次缴税日期被推迟到了1487年的圣马丁节(11月11日。——译者注)。[④] 1499年,有明确的迹象表明,当局为进行税收协商做出了努力。亨

① PRO CHES 2/167, rot. 5v.

② J. B. Yates, ed., 'The Rights and Jurisdiction of the County Palatine of Chester, the Earls Palatine, the Chamberlain, and other Officers', *Chetham Miscellanies II*, Chetham Soc., orig. ser., 37 (Manchester, 1856), pp.25-6.

③ 见上页。

④ 批准日期是1486年5月25日,阿瑟王子4个月后出生,也就是1486年9月20日:PRO CHES 2/158, rot. 3; G. E. Cokayne, *The Complete Peerage*, new edn., rev. V. Gibbs *et al.*, 13 vols. (London, 1910-59), iii. 175。

利七世和他儿子的枢密院同意扩大 3 000 马克的用途，不但包括新君主或者新国王登基礼，而且还包括新君主或者新国王去柴郡巡察。除此之外，柴郡的谈判代表同时也答应再缴纳 1 000 马克，作为柴郡从 1499 年开始取消巡回法院审案安排的罚金。[①] 枢密院对这个问题明显有点犹豫：[②]考虑到税收已经缴纳、巡回法院开庭审案的时间安排也已经确定，枢密院对于柴郡会作出怎样的回应心中没底。枢密院希望柴郡能提前 6 个星期通知巡回法院，而柴郡谈判代表表示很难做到。最重要的是，有一份 1491 年 8 月 21 日签发的特许状存世，这份特许状授权德比（Derby）的伯爵托马斯和斯特兰奇（Strange）勋爵乔治等为国王远征法国在柴郡征收贡金。[③] 1491 年 7 月 7 日，威廉·史丹利（William Stanley）爵士、约翰·阿伦德尔（John Arundell）、约翰·小萨维奇（John Savage junior）爵士和英格尔比（Ingelby）受权为国王计划入侵法国征收"援金"。[④] 结果，一直没有在柴郡征收协议税：每次为在柴郡征收协议税做出的努力，总是在获准征收之前的某个环节夭折。

在税收方式方面，费林特郡甚至与关系密切的邻近地区或者领地也存在差别。从 1370 年到 1420 年，费林特郡有过与柴郡非常相似的经历，但在同意征收协议税的时间上仍有区别（见表 4.2）。1376 年，费林特郡在理查二世（Richard II）作为威尔士君主的 3 年多时间里批准征收了 1 000 马克的协议税。亨利四世刚登基就课征重税：1402 年，费林特郡缴纳了 1 000 马克的协议税，1407 年为请求赦免帕西（Percy）叛乱又缴纳了 1 000 马克（柴郡这一年也缴纳了 1 000 马克）。费林特郡在亨利五世登基时再次同意缴纳协议税（1413 年 500 马克），后来又因英格兰对法开战又答应缴纳协议税（1416 年 1 000 马克）。如果拿费林特郡在亨利六世治下的纳税经历与柴郡同期的

---

① PRO SC 6/Henry VII/1494, m. 1.

② BL Lansdowne MS 644, fols. 12r-12v; *26th · Report of the Deputy Keeper of the Public Records* (London, 1865), p.25 (no. 55); PRO SC 6/Henry VTI/1494, m. 1.

③ PRO CHES 1/2/7; *26th Report of the Deputy Keeper*, p.21.

④ *Calendar of the Patent Rolls Preserved in the Public Record Office, 1485 – 94* (London, 1914), p.354.

经历相比，那么就会显得特别值得关注。1432 年，费林特郡答应缴纳 1 000 马克，1438 年又答应在 6 年内缴纳 1 000 马克，1441 年又同意在 3 年内缴纳 300 马克的协议税。亨利六世的内阁在 1441 年也在柴郡征收了协议税，但这是英格兰在柴郡最后一次征收协议税，而费林特郡则还要向英格兰缴纳协议税。1447 年，费林特郡又答应在 6 年内缴纳 1 000 马克的协议税，然后在 1456～1457 年又缴纳了 500 马克，到了 1458 年又答应分 10 年缴纳 1 000 马克的协议税。1457 年 5 月，北威尔士三郡答应在 6 年内向英格兰缴纳 12 667 英镑的协议税。[①]

表 4.2　　1376～1517 年费林特郡批准缴纳的协议税

年　份	协 议 税 额
1376 年	1 000 马克
1402 年	1 000 马克
1407 年	1 000 马克
1413 年	500 马克
1416 年	1 000 马克
1432 年	1 000 马克
1438 年	1 000 马克
1441 年	300 马克
1447 年	1 000 马克
1456 年	500 马克
1463 年	1 000 马克
1467 年	1 000 英镑
1472 年	600 马克
1474 年	1 000 马克
1486 年	1 000 马克
1502 年	1 000 马克
1517 年	1 000 马克

资料来源：ESFDB\thorn\engd002.

注：请参阅表 4.1 的注释。

① 实际上，几乎没有缴纳，1458～1459 年只缴纳了 58 英镑；南威尔士分文未缴：Griffiths，*Reign of Henry VI*，pp.788，836；R. A. Griffiths，'Royal Government in the Southern Counties of the Principality of Wales，1422 - 85'，University of Bristol PhD thesis（1962），p.470；Pugh，*Marcher Lordships of South Wales*，pp.145 - 7。

在爱德华四世登基以后，费林特郡向英格兰缴纳协议税的格局比较接近柴郡。1463 年，费林特郡在 6 年内缴纳了 1 000 马克。主要是因为这笔缴款并没有缴清税收欠款，所以，费林特郡又在 1467 年缴纳了 1 000 英镑支付过去九年的税收欠款。亨利六世的复位导致费林特郡没过几年又得答应征收协议税，所以，费林特郡在 1472 年又同意在 6 年内缴纳 600 马克付清过去的欠款。然而，就像对于柴郡那样，对于费林特郡来说，爱德华王子登基可是头等大事，因此，费林特郡在 1474 年缴纳了 1 000 马克。不过，与柴郡一样，费林特郡下次答应缴纳协议税相隔了 10 年多时间，具体来说，是在 1486 年批准在 7 年里为英格兰征收 1 000 马克，但费林特郡和威尔士公国没有像柴郡那样获得推迟缴纳第一期协议税的许可。[①] 1502 年，费林特郡答应在 7 年内缴纳 1 000 马克的协议税。在缴纳英格兰税之前，费林特郡与柴郡一样，1517 年最后一次同意缴纳协议税，金额还是 1 000 马克。

我们还可以对费林特郡缴纳协议税的经历作另一种比较，就是与南威尔士公国尤其是卡马森郡（Carmarthenshire）的经历进行比较（见表 4.3）。[②] 这一比较的结果非常清楚地说明了确切定义税收结构的问题。这个地区的主要非常收入来源是巡回法院判处的罚金，从而导致这个郡形成了赦免权购买和特权确认的风气。因此，卡马森郡的罚金在某些方面有点像柴郡和费林特郡的协议税。不过，卡马森郡也有自己明显不同于赎罪罚金的协议税。关于卡马森郡的存世文献为数有限，但据我们所知，从 1422 年到 1485 年，在有存世文献的巡回法院审理的 52 个案子中，只有 12 个案子没有判处罚金。在这些被判处罚金的案子中，区别就在于罚金的数额、支付期限不同；还有就是在亨利六世统治的后期，被判处罚金的案子明显减少。南威尔士公国缴纳的协议税也呈现出像柴郡那样的一般格局，但仍有一些差别，如卡马森郡和柴郡不同于费林特郡，在 1456～1457 年对为爱德华王子缴税进行了抵制。

---

① J. G. Edwards, ed., *Calendar of Ancient Correspondence Concerning Wales*, University of Wales Board of Celtic Studies, History and Law ser., 2 (Cardiff, 1935), pp.223 - 4.

② Griffiths,.'Royal Government in the Southern Counties of the Principality of Wales', pp.48 - 64, and chaps. 8 - 10; ESFDB\thom\engd003.

表 4.3　　1422～1475 年南威尔士公国缴纳的罚金和协议税

（表中：£表示英镑；s 表示先令；d 表示便士）

年　份	卡马森郡赎罪罚金	卡马森郡协议税	卡迪根郡协议税
1422	£400 0s. 0d.（3 年）		
1423	£533 6s. 8d.（3 年）		
1424	£466 13s. 4d.（3 年）		
1430	£266 13s. 4d.	800 马克	400 马克
1440	£666 13s. 4d.		
1441	£333 6s. 8d.（2 年）		
1446	£233 6s. 8d.		
1447	£73 6s. 8d.		
1456	£133 6s. 8d.		
1458	£266 13s. 4d.		
1461		800 马克	400 马克
1462	£333 6s. 8d.（3 年）		
1466	£200 0s. 0d.		
1473		800 马克	400 马克
1475	£200 0s. 0d.（3 年）		

资料来源：见第 133 页脚注②。

从本章提供的材料中，我们可以明白一个重要的道理：多样性和地方特殊性并不意味着就是缺陷，而相反是长处或者优势。无论是对于中央财政和国王还是对于地方，多样性和地方特殊性都是这个税收制度的巨大优势。首先，这些附属领地同意为它们的君主征收的税收与地方有较为密切的关系，因此在征收前必须征得地方的同意，并且采取一种接近地方税收的形式。从审批、评估和征收方式看，柴郡伯爵领地审议协议税，看起来很像是审议本地修桥或者其他支出的筹款方案。[①] 直到 1821 年底推行新的审议方法以后，协议

① 如 1567 年，柴郡为维修全郡的桥梁征收了相同金额的 1 年协议税：[B. E. Harris, ed., *The V*[*ictoria*] *C*[*ounty*] *H*[*istory of the*] *County of Chester*, in progress (Oxford, 1979 -), ii. 53。

税才完成了它的历史使命。[①] 因此，这些附属领地为它们的君主征收的税收是一个比较协调的税收体系的一部分，较之于英格兰自己的税收更多地被置于地方控制之下，并且与都铎王朝治下根据个人所得和财富计征、在全国普征的特别津贴存在非常明显的差别。

附属领地及其居民个人承担的税负份额也是由地方决定。在柴郡，每个镇区要缴纳的税额和领主要承担的比例早在 15 世纪初就已经确定，并且一直沿用到 19 世纪协议税被废除。[②] 就如关于反对税收的档案文献所记述的那样，每个镇区要承担相当大的责任。例如，从反对亨利五世不得人心地课征重税的声明中可以清楚地看到，镇区在审批和征收协议税方面承担着主要责任。在诺斯登（Northenden）、斯泰利（Stayley）、霍林沃思（Hollingworth）以及麦克里斯菲尔德（Macclesfield）百户邑或郡属分区的其他地方，抗税者表示，同意征收协议税就是“ex assensu tocius comitatus comitatus predicti concessum non fuit”；这个郡的居民普遍觉得，郡里较不重要的社会成员被排除在协议税审批程序之外，但他们在继续缴纳协议税之前想要知道国王的意图。[③] 我们有 1603 年 2 月 16 日～1604 年的存世证据能够证明，欧威尔皮欧威尔（Over Peover）镇区按照镇上同意为当时即将登基的詹姆斯国王征收的协议税如何分摊税负。[④] 存世证据没有交代这个镇区怎么会答应缴纳这些税额的，也没有说清是根据什么标准确定的。协议税是一种历史悠久的配赋税，而缴纳方式因地而异。在达拉谟郡，每个郡属分区要缴纳的税额早在 1344 年已经确定下来。[⑤]

本章所考察的英格兰附属领地的税收分摊和征收方式也证明了君主与他

---

① 采用这样的老办法分摊税负造成了一些问题，如郡内的财富地域分布发生了变化。1615 年，伯顿（Burton）教区的牧师抱怨称，他所在教区只有 2 个镇区，但比有 8 个镇区的内斯顿（Neston）教区多缴了 2 倍的税收。1821 年，麦克里斯菲尔德百户邑或郡属分区的斯托克波特（Stockport）承担的税负占郡总税负的比例从 6.97％增加到了 13.06％。西威勒尔（West Wirral）过去要缴纳全郡 6.12％的协议税，而后来只要缴纳 3.44％：*VCH County of Chester*，ii. 54；65－9。

② 1352～1353 年百户邑或郡属分区纳税的相对数额与最早（1406 年）的存世协议税账簿上记录的协议税额和以后缴纳的数额相同：[Manchester，] J[ohn] R[ylands] U[niversity] L[ibrary] Tatton MS 345；PRO CHES 38/25/2（一本 1444 年的协议税账簿）。

③ PRO CHES 24/11，rots. 9r-11v，esp.rot. 9v.

④ JRUL Mainwaring MSS，Roll 10.

⑤ Lapsley，*County Palatine of Durham*，p.273.

的臣民之间的紧密关系。这些税收由地方表决通过，并且各地按照自己的方法征收。在柴郡，协议税征收特许状都盖有玉玺大印，分发到全郡各百户邑或者郡属分区。[①] 在费林特郡，全郡每个自治市和地区也会收到相同的盖有玉玺大印征税特许状。[②] 在达拉谟郡，全郡各百户邑或者郡属分区都推行类似的征税方法。柴郡的税收员要多于英格兰普通郡掌玺大臣任命的税收员。柴郡麦克莱斯菲尔德分区负责征收 1444 年协议税的直接任命税收员（总共有 6 个税收员）就比英格兰各郡通常配备的税收员多。存世证据表明，这意味着每个税收员可以负责较少的熟悉镇区。[③] 埃迪斯伯里（Eddisbury）郡属分区有 6 个税收员负责征收第一次为亨利五世课征的协议税，他们是乌特金顿的老多恩（Done of Utkinton, senior）、约翰·德·曼利（John de Manley）、罗伯特·德·怀宁顿（Robert de Wynyngton）、亨利·德·斯布尔斯托（Henry de Spurstow）、亨利·德·达文波特（Henry de Davenport）和罗杰·德·布鲁恩（Roger de Bruyn）。每个税收员负责特定的几个镇区，显然是出于这样的考虑：如果发生税收员受到攻击或者有人企图抢夺扣押物品的情况，那么，每次只有一个税收员遭殃。例如，蒂弗顿（Tiverton）和比斯顿（Beeston）都由亨利·德·斯布尔斯托（就住在斯布尔斯托附近）负责收税，而大巴罗（Great Barrow）则由[住在布鲁恩·斯塔布尔福德（Bruen Stapleford）]的罗杰·德·布鲁恩负责。[④]

本章讨论的地方税的第三个结果就是造就了强势的地方代议机构或者议会。如果我们运用柯尼斯伯格（Koenigsberger）关于强势议会的定义（要求议会具有“令人信服且生动的神话”），那么，我们就能看到那些我们讨论的地方代议机构都有自己强大的历史观，并且实际控制了本地的税收。[⑤]

---

① D. J. Clayton, *7be Administration of the County Palatine of Chester 1442 - 1485*, Chetham Soc., 3rd ser., 35 (Manchester, 1990), pp.195～202.

② 如 ‘Calendar of Recognizance Rolls of the Palatinate of Chester to the End of the Reign of Henry *IV*’, in *36th Report of the Deputy Keeper of the Public Records* (London, 1875), p.434.

③ Clayton, *Administration of the County Palatine of Chester*, p.198. Cf. the 1502 mise roll (Liverpool, University Library MS 23.3) which has one collector's initials neit to the name of each township.

④ PRO CHES 25/11, rot. 9r.

⑤ 转引自文献：P. Croft, ‘Sir John Doddridge, King James I, and the Antiquity of Parliament’, *Parliaments, Estates, and Representation*, 12 (2) (Dec. 1992), 95.

在中世纪晚期和近代早期国家，地方分权体制十分稳固，并不像我们倾向于认为的那样虚弱。这就是地方自治能够在不列颠群岛存续这么长时间的原因。本章必然是相当简要地介绍的英格兰附属领地税收概况或许并不能很好地反映它们的税收复杂性。北威尔士李恩(Lleyn)半岛巴德西岛(island of Bardsey)的例子就能大概反映英格兰附属领地当时的真实税收状况。在威尔士，北威尔士公国投票决定自己的税收；而在北威尔士公国，卡那封郡(Caernarvonshire)则投票决定该郡自己的协议税，但巴德西岛不在此列。关于巴德西岛如何纳税的问题，17世纪曾有过争议，还包括"为了征税，把巴德西岛划入卡那封郡或者彭布罗克郡(Pembrokeshire)是否妥当"的问题。[①] 英格兰享受特权的外围附属领地自己也有外围地区，而外围附属领地的外围地区也享有特权。

① *Calendar of Wynn (of Gwydir) Papers*, nos. 1817, 1820 (1647).

第五章　1534～1547年的英格兰国家财政革命与危机

彼得·库尼奇(Peter Cunich)

自从杰弗里·埃尔顿爵士(Sir Geoffrey Elton)把国家财政作为他的“都铎王朝政府革命”理论[①]的核心内容之一以来，国家财政就成了一个受到研究16世纪英格兰史的历史学家们特别关注的问题。埃尔顿认为，16世纪30年代，随着其他诸方面革命性变迁的发生，英格兰的国家财政也发生了“革命”。这场革命主要是一场财政管理革命，经过这场革命，英格兰国家财政的体制和风格基本上由亨利七世统治时期的王室枢密院制，转变为一个复杂的国家官僚机构混合体。这个混合体虽然仍由国王指挥，但已经在王室之外运行。尽管这种理论的正统性近几年受到了质疑，主要是来自大卫·斯塔基和克里斯托弗·科尔曼(David Starkey and Christopher Coleman)的质疑[②]，但是，过去40年关于都铎王朝国家财政的研究和著述大多只是完善埃尔顿的宏大体系。[③] 对埃尔顿宏大体系的完善反过来又导致了以下认知：

---

① G. R. Elton，在“*The Tudor Revolution in Government* (Cambridge，1953)，pp.160－258”中详细论述了国家财政问题。笔者要在这里感谢已故Geoffrey Elton爵士指导我完成了博士论文；他一直非常关心我对没收土地法院财政管理的研究。

② C. Coleman and D. Starkey，eds.，*Revolution Reassessed*：*Revisions in the History of Tudor Government and Administration* (Oxford，1986)；以下论文是该论文集中最重要的论文：J.D. Alsop，‘The Structure of Early Tudor Finance，c.1509－1558’，pp.135－62；and C. Coleman，‘Artifice or Accident? The Reorganization of the Exchequer of Receipt，c.1554－1572’，pp.163－98。

③ 关于这些方面研究发展现状的综述，还请参阅文献：Alsop，‘The Structure of Early Tudor Finance’，pp.135－43。W. C. Richardson详细考察了枢密院财政和没收土地法院的问题：W. C. Richardson，*Tudor Chamber Administration 1485－1547* (Baton Rouge，1952)，and *History of the Court of Augmentations 1536－1554* (Baton Rouge，1961)；但还请参阅文献：B. P. Wolffe，‘Henry VII's Land Revenues and Chamber Finance’，*English Historical Review*，79 (1963)，225－54。(转下页)

虽然16世纪30年代对于英格兰来说可被视为国家财政“革命”的十年，但是，16世纪40年代标志着一个英格兰皇家财政遭遇严重危机的时代的开始。这场财政危机在大多数分析人士看来只是16世纪中期英格兰国家发生更加一般的危机的一个表现，并且绝不是这场更一般危机的最重要元素。因此，16世纪40年代英格兰发生的宗教和政治动荡受到了比那场一般危机纯财政方面更多的关注。①虽然所有这些研究反映了相关研究的方法和观点多样性，但这些方法和观点也有共同之处，那就是反映了埃尔顿决心通过分析和描述都铎王朝统治时期英格兰行政管理程序来理解政府的运行机制。毫无疑问，从埃尔顿发表第一本研究16世纪英格兰皇家财政的专著以来，行政史学家确实把都铎王朝统治时期的财政研究“从英雄史诗时代带入

（接上页）关于都铎王朝统治时期英格兰财政署的问题，请参阅文献：Coleman，'Artifice or Accident?'，pp.163－98；Alsop，'The Structure of Early Tudor Finance'，pp.135－62；'The Revenue Commission of 1552'，*Historical journal*，22（1979），511－33”。Dale Hoak和David Starkey重申了枢密院在王室财政中占据的重要地位：D. Hoak，'The King's Privy Chamber，1547－1553'，in D. J. Guth and J. W. McKenna，eds.，*Tudor Rule and Revolution：Essays for G. R. Elton from his American Friends*（Cambridge，1982），pp.87－108；D. Starkey，'Court and Government'，in Coleman and Starkey，eds.，*Revolution Reassessed*，pp.29－58. C. E. Challis在他的“*The Tudor Coinage*（Manchester，1978）”中考察了造币厂运行和铸币灾难性贬值的问题。但还请参阅文献：'The Debasement of the Coinage 1542－1551'，*Economic History Review*，2nd ser.，10（1967），441－66。都铎王朝统治时期的税收一直是由埃尔顿在他的“'Taxation for War and Peace in Early-Tudor England'，in J. M. Winter，ed.，*War and Economic Development*（Cambridge，1975），pp.33－48”中发起并仍在继续的辩论的关注主题。在埃尔顿发表上述论文之后，又有不少学者发表了相关论文：G. L. Harriss，'Thomas Cromwell's "New Principle of Taxation"'，*English Historical Review*，93（1978），721－38；J. D. Alsop，'The Theory and Practice of Tudor Taxation'，*English Historical Review*，97（1982），1－30；G. L. Harriss，'Theory and Practice in Royal Taxation：Some Observations'，*English Historical Review*，97（1982），811－19；J. D. Alsop，'Innovation in Tudor Taxation'，*English Historical Review*，99（1984），83－93；and R. W. Hoyle，'Crown，Parliament and Taxation in Sixteenth-Century England'，*English Historical Review*，109（1994），1174－96. Roger Schofield在他的“'Parliamentary Lay Taxation，1485－1547'，University of Cambridge PhD thesis（1963）”中开创了都铎王朝统治时期税收的研究，并且在“C. Cross，D. Loades and J. J. Scarisbrick，eds.，*Law and Government under the Tudors：Essays Presented to Sir Geoffrey Elton*（Cambridge，1988），pp.227－55”以及在一些博士生最近完成的集中考察都铎王朝国家不同收税机构的研究中为“都铎王朝国家的税收和政治极限”的辩论做出了进一步的贡献。除笔者本人考察没收土地法院问题的研究外，剑桥大学塞尔文学院的Patrick Carter考察了头年圣俸和什一税法院的问题。

① W. R. D. Jones，*The Mid-Tudor Crisis 1539－1563*（London，1973）；D. Loades，*The Mid-Tudor Crisis，1545－1565*（Bangor，1992）.

了科学时代”。[①] 但是,这种“科学”的历史研究迄今主要专注于王室财政管理,而并没有那么专注于财政问题。

然而,这些财政问题是埃尔顿都铎王朝政府革命理论的一个非常重要的组成部分,因此应该受到更加全面的关注和研究。埃尔顿的论点暗含这样一层意思:16 世纪 30 年代,都铎王朝治下的英格兰在发生行政革命的同时还发生了一场财政革命。这场财政革命最明显地表现为从 1534 年开始流入皇家金库的资金大幅增加。都铎王朝政府革命的财政问题最近几年也引起了重视[②],虽然出现了这些表达不同观点的声音,但认为 16 世纪 30 年代英格兰王室为了获得空前多的新财富而实施国家财政管理变革的观点似乎获得了相当广泛的认同。新的国家行政管理机构显然为征收、管理和支用新的皇家收入所必需。埃尔顿理论的财政维度隐含于他的国家行政管理变革中,但他没有像论述托马斯·克伦威尔主政时期新的税收法院发展那样详细地论述这个问题。[③] 事实上,F. C. 迪茨(F. C. Dietz)的相关研究仍然是关于这个革命时期英格兰皇家财政管理变革的最全面总结。可惜,F. C. 迪茨的这项研究距今已有 70 多年。[④] 虽然历史学家们一直在使用迪茨的英格兰政府收入支出表,但早已有人认识到其中的有些表格数据并不精确,而另一些表格则不完整;但总的来说,它们无论如何都没有全面考察 16 世纪上半叶英格兰国家财政来得可信。这个可靠数据普遍缺乏的问题,迄今为止一直是导致正确评价埃尔顿的

---

① 埃尔顿本人在他的“‘The Problems and Significance of Administrative History in the Tudor Period’, *Journal of British Studies*, 4 (1965), 18 – 28,”(后收入“G. R. Elton, *Studies in Tudor and Stuart Politics and Government*, 4 vols. (Cambridge, 1974 – 92), i. 249 – 59”)中对行政历史学家的研究范畴进行了界定。

② P. K. O'Brien and P. A. Hunt, ‘The Rise of a Fiscal State in England, 1485: ..1815’, *Historical Research*, 66 (1993), 153. O'Brien 和 Hunt 认为,16 世纪 40 年代都铎王朝国家收入的增加是在增收需要变得不可抗拒的危机时期采取不可持续的权宜之计的结果,因此,既不能代表“都铎王朝统治时期的财政政策和管理革命”,也不能代表“英格兰强大国家的幼年期”。

③ 无论如何,请参阅文献:Elton, *Tudor Revolution*, p.198; and G. R. Elton, *England under the Tudors* (London, 1955), pp.142 – 3。

④ F. C. Dietz, *English Government Finance, 1485 – 1558* (Urbana, 1921). Dietz's tables illustrating the Tudor government's income and expenditure for the reigns of Henry VII, Henry VIII, Edward VI and Queen Mary are to be found on pp.216 – 28. This appendix of tables was not reprinted in F. C. Dietz, *English Public Finance*, 1485 – 1641, 2nd edn., 2 vols. (London, 1964). Consequently, all citations here are from the first (1921) edn.

财政革命论几乎成了一个不可能完成的任务的主要原因。

当然，最近几年有一些重要的研究对都铎王朝统治时期的英格兰财政问题进行了重新评价，而国家财政内部的不同问题也受到了特别的关注。查理斯(Challis)提供了英格兰造币厂的利润数据，尤其是铸币大贬值时期英格兰造币厂的利润数据[①]；斯科菲尔德(Schofield)集中研究了英格兰当时的税收收入[②]；卡特(Carter)一直在搜集新的证据以说明头年圣俸和什一税法院(court of first fruits and tenths)的财务状况；[③]而笔者本人的研究旨在根据没收土地法院(Court of augmentations)账册来构建收支报表。[④] 虽然史蒂文·耿(Steven Gunn)在他最近完成的考察都铎王朝早期政府的研究[⑤]中对这个王朝早期的财政状况进行了绝好的概述，这些研究同时加深了我们对都铎王朝财政具体领域收支状况的了解，但仍远远不能清晰反映都铎王朝统治时期英格兰财政收支的全貌。一个重要的问题就是有关古代和近代英格兰财政部门的存世财政档案不完整。英格兰财政署兰卡斯特公国和总测量官法院(court of general surveyors)的财务档案基本保存完好，但仍有必要对这些账册进行全面、系统的考证，以解开都铎王朝统治时期英格兰财政错综复杂的收支往来事项。还有一些存世的财务或财政档案比较零散。例如，皇家监护法院只有从 1545～1546 年度开始的完整账册存世，因此，几乎不可能确切确定 16 世纪 30 年代很小但却很重要的特权收入来源每年确切的创收金额。因此，希望准确评估亨利八世(Henry VIII)在位后半期英格兰皇家财政状况的历史学家必然会遇到既多又难以解决的问题。

但不管怎样，最近完成的关于都铎王朝财政具体领域的研究提供了一些可靠的信息。土地没收法院以及头年圣俸和什一税法院过去负责征收修道院庄园的土地收入，后来负责征收新开征的僧侣税，因此，无疑是 16 世纪 40 年

---

① Challis, 'The Debasement of the Coinage', pp.441, 446 - 53, 455 - 66.

② Schofield, 'Parliamentary Lay Taxation', pp.60 - 136, and especially table 40 facing p.416; 还请参阅文献：Schofield, 'Taxation and the Political Limits of the Tudor State', pp.231 - 2。

③ P. Carter, 'Royal Taxation of the English Parish Clergy, 1535 - 58', University of Cambridge PhD thesis (1994).

④ P. Cunich, 'The Administration and Alienation of Ex-monastic Lands by the Crown 1536 - 47', University of cambridge phD thesis (1990), esp. pp.109 - 62.

⑤ S. J. Gunn, *Early Tudor Goverment 1485 - 1558* (London, 1995), esp.pp.109 - 62.

代英格兰王室最主要的收入来源。俗人税的收入也很可观,但不及僧侣税的收入。但有一点似乎也能确定,那就是这些财政收入来源在 1544 年以后被巨大的铸币贬值收益盖过了风头。这四个收入来源(没收土地、头年圣俸和什一税、俗人税以及造币收益)合在一起,在 1534～1547 年似乎要占到英格兰皇家财政收入的 78%。借助于这些新的数据,就可以对迪茨的陈旧数据进行更加准确和全面的再挖掘。因此,本章旨在详细分析处于英格兰历史上财政管理变革力度最大时期(1534～1547 年)的都铎王朝皇家财政。为获得没收土地的收支数据,我们大量采用了没收土地法院的存世账册,而通过对没收土地法院存世账册进行分析得出的主要结论之一,就是没收土地并不是这个时期英格兰皇家财政的主要收入来源。

必须强调的是,本章旨在研究英格兰皇家财政的短期发展,因此明显不同于奥布赖恩和亨特(O'Brien and Hunt)旨在通过追寻英格兰财政国家长期发展轨迹来评判英格兰皇家财政宏观发展趋势的最新研究。[①] 笔者在分析 16 世纪 30～40 年代英格兰皇家财政数据并构建本人自己的数据库时,就是以关注 16 世纪中期英格兰皇家财政的微观趋势为取向。奥布赖恩和亨特把这个时期看作是英格兰皇家财政能力在其他时期缓慢、平稳增强的过程中出现的一个"尖峰信号",而笔者是要探索 1534～1547 年期间英格兰的具体财政状况,以期说明为什么英格兰王室能够摆脱因管理不善而"摇摇欲坠"的财政体系——而管理不善被认为是 16 世纪其他年份和 17 世纪初英格兰皇家财政的一般特征。

奥布赖恩和亨特采用内插法为评价财政政策和能力长期发展趋势奠定了坚实的基础。他们俩采用一种"源自现代公共财政论著的更加一般的功能分类法"对财政收入类别进行了区分。[②] 他们俩非常巧妙地运用这两种方法考察了英格兰皇家财政的长期趋势,而笔者是采用一种比较传统的方法来完成本研究的。为了能够制作反映财政收入逐年变化的图表,我们必须尽可能精确地计算出年度财政收入。都铎王朝治下的英格兰财政管理具有分散化的特点,再加上存世档案不全,因此给我们完成以上任务造成了很多困难,但读者

---

① O'Brien and Hunt, 'The Rise of a Fiscal State', pp.133, 138, 145.

② Ibid., pp.137 - 9.

可以理性地相信，本章所采用的表格列示了考察期内英格兰皇家财政年度实际收入相当准确的估计值。笔者采用传统的分类方法对都铎王朝统治时期的英格兰皇家财政收入来源进行了分类。采用这种方法区分的财政收入类别非常接近地反映了都铎王朝高官重臣当时对财政收入基础的理解。奥布赖恩和亨特集中考察了英格兰皇家财政的"净"收入，以确定王室可用于支出的资金；而笔者则决定在可能的情况下把"毛"收入作为英格兰王室可利用资金总量的更加贴近实际的指标。笔者之所以采取这种策略，是因为这样可以证明"国家"支出中有很大部分是在地方和地区层级支出的，正如奥布赖恩和亨特不厌其烦地指出的那样，国家支出并不总是反映在国家主要金库的账册上。[①] 我们这两项研究的另一个重要区别在于：笔者决定同时对支出和收入进行估计；而奥布赖恩和亨特则注意到近代早期欧洲国家筹措财政收入有两个原因：一是保卫国家领土，二是统治本国子民。[②] 保卫国家领土和统治本国子民的支出很可能是都铎王朝治下英格兰王室的主要财政支出，但实际上，财政支出是一个比这复杂很多的问题。财政支出问题的复杂性，可用笔者在精确计算英格兰王室16世纪30和40年代期间花费在各种活动上的财政支出时所遇到的更大困难来证明。因此，只要可能，笔者就试图指出财政支出方面的种种复杂性，尤其是财政收入与支出反映在王室财政政策决策上的各种关系。所以，基于以上种种考虑写出来的论文，在很大程度上是一篇主要旨在为评估都铎王朝统治中期英格兰皇家财政状况提供可靠数据的财政论文。本章所采用的支持性数据已存入欧洲国家财政数据库，凡是对英格兰王室这个时期的逐年财政分解数据感兴趣的学者都可以登录该数据库。[③] 对这些数据进行详细剖析，就能为重新评价埃尔顿教授关于16世纪30年代英格兰皇家财政发生了革命的观点提供机会，同样也能为考察紧接着30年代财政革命发生的40年代英格兰皇家财政危机提供一个财政分析框架。

---

① O'Brien and Hunt, 'The Rise of a Fiscal State', p.141；据O'Brien和Hunt估计，可能差不多有17%的总收入被用于规定支出项目，但实际用于规定支出项目的占比要大大高于17%。

② Ibid., p.129.

③ ESFDB\cunich\engd001 - engd020.

16 世纪 30 和 40 年代英格兰王室的财政收入可分为八类。其中的前五类(见表 5.1)可被称为旧来源收入,包括:(1) 常规收入;(2) 兰卡斯特公国的土地收入;(3) 皇家土地总测量官(1542 年以后是总测量官法院)的土地收入;(4) 监护师(1542 年以后是王室监护法院)特权收入;(5) 议会批准的俗人税收入。另外三种收入可被称作"新"来源收入。新来源收入是英格兰王室在亨利八世在位最后十年里取得的收入,包括:(6) 没收土地法院的前修道院土地收入;[①](7) 由头年圣俸和什一税法院征管的僧侣税;(8) 铸币贬值收益。我们在总结 1534～1547 年都铎王朝统治时期英格兰皇家财政收入基础发生的变化之前,先分别考察英格兰皇家财政以上的每一种收入。

表 5.1　　1534～1547 年英格兰皇家财政收入

	金额(英镑)	占总收入的比例
(财政署)常规收入	492 759	9.2%
兰卡斯特公国收入	222 000	4.1%
总测量官收入	427 080	8.0%
监护师收入	68 779	1.3%
俗人税收入	1 058 903	19.8%
没收土地法院收入	1 989 926	37.1%
头年圣俸和什一税法院收入	539 125	10.1%
铸币贬值收益	558 942	10.4%
合计	5 357 514	100.0%

英格兰财政署的旧来源收入或常规收入是英格兰王室自 12 世纪以来的主要收入。[②] 这些收入构成了英格兰王室常规的特权收入,包括由郡守征收的各郡地租及城市和自治市世袭地租、没收土地收入、关税收入以及皇家司法收入。英格兰财政署还征收由议会定期批准王室课征的俗人税,我们将单独论述俗人税收入。英格兰财政署虽然在中世纪英格兰皇家财政中扮演了主角,但到了 15 世纪下半叶,作为一个财政机构,就因为约克王朝历任国王和亨利

---

① 1547 年,作为国家财政部门合理化改革的一项措施,土地总测量官法院与没收土地法院合并。因此,从 1547 年到 1553 年,新土地收入和旧土地收入由一个部门征管。

② 关于英格兰财政署的发展,请参阅文献:B. Chrimes,'An Introduction to the Administrative History of Medieval England'(Oxford,1966),pp.29－31,50－64,83,116－20,210－16;Elton 介绍了都铎革命时期英格兰财政署的内部组织机制:pp.20－25,107－9,161－4。

七世发展了皇家财政“多房体系”而黯然失色。在 16 世纪 30 年代结束之前，英格兰财政署继续负责征收英格兰王室的大部分收入。16 世纪 30 年，英格兰财政署每年收到的常规收入达到了最高的 38 000 英镑左右，但各年之间略有差别。[①] 本章的财政署常规收入是根据迪茨的财政署支出计算结果推算而来。这些数据未必是财政署收入完全精确的反映，但不管怎样是迄今可获得的最精确数据。[②] 在更加准确地评估英格兰财政署的旧来源收入之前，有必要详细考察财政署的收款凭证档案。因此，我们在可获得更加可靠的研究发现之前，只能把表 5.1 给出的(1534～1547 年)财政署 492 759 英镑的常规收入作为一个估计值。[③]

英格兰王室的土地收入征管分为兰卡斯特公国和王田总测量官两块。兰卡斯特公爵领地的运行效率要比臃肿的财政署高，但收入要比财政署少很多。[④] 迄今为止还没人对兰卡斯特公国的财政状况进行过全面分析(尽管有相当完整的账册存世)，因此，无从获得兰卡斯特公国的确切收入数据。不管怎样，16 世纪 30 年代兰卡斯特公国每年的收入接近 14 000 英镑，在 1536 年修道院解散以后大概增加到了 18 000 英镑左右。[⑤] 因此，在 1534～1547 年间，英格兰王室可从它的公爵领地收到的总收入接近 222 000 英镑。

王田总测量官们组成了一个管理英格兰王室大部分王田的部门。从亨利八世登基到 1536 年设立没收土地法院，王田总测量官部门一直是一个隶属于

---

① 16 世纪 30 年代，英格兰的年关税收入约为 32 000 英镑，是财政署常规收入的一个重要来源。

② Dietz, *English Government Finance*, p.216 (Table II). Dietz 没有提供英格兰财政署 1534～1535、1538～1539 和 1540～1541 等三个年度的支出数据，但认为英格兰财政署对王室付款方式进行的一项变革使得财政署的年支出减少到了 20 000～30 000 英镑的水平；1544～1545 年度实施的另一项变革使得特别津贴收入重新要通过财政署才能支用。因此，笔者使用 16 世纪 30 年代末的支出数据，估计英格兰财政署在整个 16 世纪 40 年代的年度支出大概在 38 000 英镑这个水平上。

③ 笔者要感谢 Sybil Jack 教授解决了本人关于 Dietz 所用的英格兰财政署收入数据可能低估实际收入的疑虑。财政署的毛收入很可能要大得多。

④ 关于兰卡斯特公国的历史，请参阅：R. Somerville 的“*History of the Ducby of Lancaster, 1265－1603* (London, 1953)”。Elton 在他的“都铎王朝革命”中讲述了兰卡斯特公国的作用：Tudor Revolution, pp.165－7。

⑤ 1529～1530 年度的总支出是 9 080 英镑，但在 1531 年以后的 10 年里，年支出增加到了 13 538～14 311 英镑之间。请参阅：Elton, '*Tudor Revolution*,' p.165, n. 3。兰卡斯特公国的行政管理支出相对较少，年收入波动不定，在 1537 年以后的 10 年里年均接近 18 000 英镑。这个收入虽然不能算多，但到了 16 世纪 40 年代又进一步减少。Dietz 给出了兰卡斯特公国 13 000 英镑的年收入：Dietz, *English Government Finance*, p.138。

枢密院司库的皇家机构。没收土地法院设立以后，这个法院就取代总测量官部门成了都铎王朝统治时期英格兰王室最大的土地收入管理部门。1542 年设立了总测量官法院，但该法院最终又于 1547 年并入扩大后的没收土地法院。[①]在英格兰王室对其土地收入管理进行了所有这些重组活动以后，历史学家可获得大量的文献资料来评估英格兰王室当时的王田总收入。遗憾的是，从未有人试图对 1536～1558 年英格兰王室的王田收入管理进行全面的考察。现有很多关于 1536～1558 年前后英格兰王室土地收入的详尽研究，但对英格兰王室的土地收入管理历史却语焉不详，它使得我们无法对英格兰王室的土地按收入进行精确的评估。[②] 其实有很多牧师做的土地总测量官账册存世，但从未得到系统的考证。只有一份可靠的英格兰王室全部土地年收入的材料考察过那些官员所做的账册。1541～1542 年度，总测量官收到了差不多 38 080 英镑的土地收入。[③] 其中 7 000 英镑是由总测量官管理的前修道院土地的收入[④]，因此，在 1537～1540 年没有增加这些新土地之前，总测量官很可能每年只能收到大约 31 000 英镑的土地收入。因此，1534～1546 年间，总测量官对王室财政收入的贡献大约是 427 000 英镑。英格兰王室来源于监护和礼仪等封建事务的特权收入是所有王室收入中最不可预测的部分，而且直到 15 世纪 40 年代才最终设置管理机构。监护权授予收入由监护权授予官负责征收，从 1503 年到 1540 年设置监护法院，监护权授予官在王室财政总体系下开展工

---

① Elton 在他的"*Tudor Revolution*, pp.45 - 52, 166 - 8, 182 - 5"中介绍了土地总测量官的职责。土地总测量官的职位是根据 1515 年(6 Henry VIII, c.24)、1516 年(7 Henry VIII, c.7)和 1523 年 (27 Henry VIII, c.62)的相关法案设立的，但具有临时性质；直到 1536 年根据法案(27 Henry VIII, c.62)，才成为都铎王朝财政的常设职位，并且最终根据 1542 年法案 (33 Henry VIII, c.39)成为真正的案件记录在案的行政法院(administrative court of record)。

② 关于更早时期的情况，请参阅文献：B. P. Wolffe, '*The Crown Lands 1461 to 1536: An Aspect of Yorkist and Early Tudor Government* (London, 1970); Wolffe, 'Henry VII's Land Revenues', pp.225 - 54。关于伊丽莎白在位时期的情况，请参阅文献：R. W. Hoyle, ed., *The Estates of the English Crown 1558 - 1640* (Cambridge, 1992)。

③ London, British Library Add. MS. 32469；还请参阅文献：Richardson, *History of the Court of Augmentations*, pp.24, 130。

④ Cunich, 'Administration and Alienation', pp. 41 - 4. 格拉斯顿伯里(Glastonbury)、雷丁(Reading)、科尔切斯特、沃本(Woburn)、伦顿(Lenton)、索里(Sawley)、沃里(Whalley)、哲服(Jervaulx)、布里德灵顿(Bridlington)、科克斯托尔(Kirkstall)、巴林(Barlings)和基尔科斯泰德(Kirkstead)修道院的土地全由土地总测量官法院管理。

作。礼仪监察官在他的职位于 1542 年并入监护法院之前也独立负责征收他负责的那块财政收入。[①] 我们无法以任何的精确度来估计英格兰王室的监护权授予和礼仪监察收入，因为 1534～1547 年这个时期只有 5 年的可靠账册存世。在这 5 年里，监护权授予官和礼仪监察官明确的年收入从 4 466 英镑到 10 550 英镑不等。[②] 可见，这种收入波动幅度很大，因此无法确定年均收入是接近 4 000 英镑还是 10 000 英镑。迪茨认为，这些数据表明年均收入在 8 500 英镑左右，但鉴于这种收入不可预测且波动不定，因此，采用比较保守的 4 500 英镑似乎比较合适。根据这个平均收入和其他已知收入，1534～1547 年间英格兰王室可以说收到了 68 779 英镑的监护权授予和礼仪监察收入，但倘若能发现适当的账册，这个数据很可能会变得大许多。

所有以上各类收入，无论是相当可靠的财政署和王田收入还是难以预测的皇家特权收入，都是王室每年都能收到的固定收入。国王被要求利用这些来源的收入来支付王室和内阁政府的正常开支。但当由于特殊用途尤其是保卫王国需要钱时，王室就会求助于须经议会通过才能征收的俗人税和向僧侣征收的特别津贴来补充其相对贫乏的财政收入来源。在都铎王朝统治时期，英格兰有三种俗人税。在中世纪，英格兰的“十五一和什一税”是一种课征于王国各地的税收，到了 16 世纪 40 年代，每次议会批准征收，总能收到接近 30 000 英镑的收入。议会常常允许在一个较长的时期里征收多次“十五一和什一税”。1540 年，英格兰议会批准课征四次“十五一和什一税”，在随后的四年(1514～1544 年)里逐年征收。[③] 都铎王朝又用俗人特别津贴——一种根据个人年收入和财产价值计征的对人税——来补充“十五一和什一税”这种中世

① 关于监护和礼仪法院的发展，请参阅：Elton，‘*Tudor Revolution*’，pp.219 - 20；还请参阅：H. E. Bell，*An Introduction to the History and Records of the Court of Wards and Liveries* (Cambridge，1953)。监护法院依照 1540 年法案 (32 Henry VITI，c.46)设立，而礼仪监察官则依照 1542 年到期的法案(33 Henry VITI，c.22)被置于监护法院管辖之下。

② Dietz 和 Richardson 分别在他们的“*English Government Finance*，p.138”和“*History of the Court of Augmentations*，p.24”中给出了相互矛盾的监护法院收入数据。J. Hurstfield 在他的“The Profits of Fiscal Feudalism，1541 - 1602’，*Economic History Review*，2nd ser.，8 (1955 - 6)，53 - 61，and esp.the table on p.55”中给出的相关数据似乎最为可信。

③ 关于都铎王朝统治时期课征的税种和计征方式，请参阅文献：Schofield，‘Taxation and the Political Limits of the State’，pp.232 - 7。

纪的基本税收。俗人特别津贴的产出因课征水平以及个人收入和财产的评估价值而不同。16 世纪 40 年代，“十五一和什一税”与特别津贴征收到的收入大相径庭。① 都铎王朝用过并且后来只在国家遇到严重紧急状况时采用的第三种筹款方式就是募捐或借贷。王室常出于满足某种特定用途的需要获准只向王国比较富有的子民募集捐款或者借贷。王室募捐其实就是直接索要馈赠，而王室所借的贷款通常被认为会在规定期限内偿还，但有时也会因为王室无力还贷而转变为捐款。② 以上三种俗人税收和筹款方法在 1535～1547 年间为王室产出了总计 1 058 903 英镑的收入，而特别津贴是这个时期最重要的税收来源（产出了 536 000 英镑或者占总收入的 50%），而募捐和借贷虽然不经常进行，但也产出了很多收入（314 000 英镑或占总收入的 30%）。中世纪保留下来的“十五一和什一税”只能产出占税收收入不足 20%（209 442 英镑）的收入。

僧侣也没能逃脱都铎王朝的恢恢税网。从 1487 年到 1523 年，英格兰的僧侣要向王室缴纳僧侣特别津贴。在亨利八世在位的最后 10 年里，英格兰僧侣不必再缴特别津贴，因为这时他们要缴更多的所谓“头年圣俸和什一税”。③ 我们将在下文讨论这个问题。英格兰僧侣在 16 世纪 30 年代要缴的一种很重要“税收”（如果可以这么说的话），就是因犯有王权侵害罪而要缴纳的沉重罚金。1531 年最初商定的金额是 18 000 英镑，分 5 次定额缴纳。不过，第四笔罚金的一部分和第五笔罚金的全部因为僧侣接受 1534 年新设的头年圣俸和什一税而被免除。因此，英格兰王室总共收到了差不多 78 000 英镑僧侣因犯王权侵害罪而缴纳的罚金，但所有这些罚金都是在 16 世纪 30 年代中期英格兰行政和财政管理大变革之前缴纳的，因此没有算在 1534～1547 年英格兰皇

---

① 十一五税和什一税的收入数据引自文献：Dietz，*English Government Finance*，pp.225－6；而俗人特别津贴收入的数据引自文献：Schofield，‘Taxation and the Political Limits of the State’，p.232。笔者要感谢 Roger Schofield 博士热情地向我提供了有关捐款和借款的数据。

② 关于捐款和借款的数据，请参阅文献：Schofield，‘Taxation and the Political Limits of the State’，p.229。英格兰王室从未偿还过一笔大额借款（114 000 英镑），而 1544 年的借款（13 000 英镑）是由僧侣，而不是俗人偿还的。G. L. Harriss 在他的“Aids，Loans and Benevolences’，*Historical Journal*，6（1963），1－19，and esp.pp.8－9，12”中更加详细地讲述了英格兰王室的募捐和借款历史。

③ Dietz 在他的“*English Government Finance*，pp.227－8”中给出了在这之前和之后的僧侣特别津贴收入数据。

家财政收入评估额中。[①]

由上可知，英格兰王室五大类旧来源收入在 1534～1547 年间产出了接近 2 269 521 英镑的收入。俗人税显然是最重要的单个收入来源（产出 1 058 903 英镑，占五大旧来源收入的 47％），接下来是总测量官征管和兰卡斯特公国上缴的王田收入（649 080 英镑，占五大类旧来源收入的 28％）以及财政署收入（492 759 英镑，占五大类旧来源收入的 22％），而王权收入相对较少（68 779 英镑，占五大类旧来源收入的 3％）。但必须指出，王权收入的数据没有其他收入的数据可信，并且实际很可能要大得多。但不管怎样，如果与王室的"新"来源收入相比，那么，这些传统来源的收入显然在 16 世纪 30 和 40 年代逐渐变得黯然失色。1534～1547 年间，英格兰王室的旧收入来源贡献了占王室总收入 42％的收入，而占总收入 58％的收入是由新的收入来源贡献的。这似乎相当清楚地表明，16 世纪 30 年，英格兰皇家财政经历了某种形式的财政"革命"。

英格兰王室在 16 世纪 30 年代开始利用的新收入来源，从性质上说主要是教会这个收入来源，并且由以下两个新的经济法院管理：没收土地法院和头年圣俸和什一税法院。在这两个机构中，前者显然更加重要，因为它在 1534～1547 年间创造了 1 989 926 英镑的收入。[②] 没收土地法院是在 1536 年为接收和管理这一年议会决定解散的修道院的不动产而依法建立的，而这个新的内阁机构在 16 世纪 30 年代末有更多的修道院土地交给英格兰王室以后变得越来越重要。[③] 从 1540 年起，没收土地法院是都铎王朝最重要的单个收入部门，它的大部分收入来自两个来源：大量被调查土地产出的经常性土地收入，多达 1 106 405 英镑，或者占其总收入的 56％。这种收入由王国各地的地方牧师

① Dietz 和 Elton 分别在"*English Government Finance*，pp.110－12"和"*Tudor Revolution*，p.145"中讨论了犯王权侵害罪的罚金问题。"头年圣俸与什一税"法案（32 Henry VIII，c.45）废除了王权侵害罪的罚金。

② 这里所用的数据引自文献：Cunich，'Administration and Alienation'，esp.pp.38－50。但必须指出，Cunich 在这篇论文中引用的数据与笔者在本章中使用的基本数据存在很大的差别，主要原因可能是 Cunich 把税收官和相关大臣 1546～1547 会计年度的收入包括在内，而本章各表中没有包括这些收入。

③ 据以设立没收土地法院的法案是"27 Henry VIII，c.27"法案，而据以解散较小修道院的法案是"27 Henry VIII，c.28"法案。后来一部据以解散英格兰和威尔士其他修道院的法案（31 Henry VIII，c.13）要求没收土地法院接管 1536 年以后还给英格兰王室的修道院土地。Elton 在他的"*Tudor Revolution*，pp.203－19"中讨论了没收土地法院问题。

负责征收，并且通过地区税收官上缴位于威斯特敏斯特的中央金库。除了这种经常性收入以外，部分以前属于修道院的土地最终被出售，尤其是在16世纪40年代战争期间，变卖土地创造了多达811 693英镑的可观意外收入，占没收土地法院总收入的41%。

头年圣俸和什一税法院对皇家金库的贡献要小得多(539 125英镑)。即便如此，头年圣俸和什一税法院的收入也要大大超过无论是财政署常规收入(492 759英镑)还是土地总测量官法院的土地收入(427 080英镑)。头年圣俸和什一税法院于1540年建立，因此是英格兰王室正式财政机构中一个相对较新的机构，但它的收入基础在1534年被亨利八世侵占后就成了英格兰王室第一重要的新的教会收入来源。① 头年圣俸和什一税法院有三个收入来源。什一税是一种根据教会评估处(Valor Ecclesiasticus)在1535年估算的全部僧侣收入课征的年税。这个来源的收入随着修道院的解散而不断减少，但仍是教会来源的收入的最大分量(278 148英镑，或占教会来源收入的51%)。② "头年圣俸"税是一种由刚领圣俸的僧侣缴纳的税额相当于其第一年圣俸的税收，1534～1547年间总共产出152 928英镑。头年圣俸和什一税法院的其他收入就是僧侣在1540～1544年间缴纳的比较传统的特别津贴收入(102 151英镑)和其他杂项收入(5 898英镑)。③

铸币贬值收入是英格兰王室在1534～1547年间的最后一个来源的收入。铸币贬值政策是一种错误的权宜之计，亨利八世和他的大臣们用它来为16世纪40年代中期剧增的政府支出快速筹款。铸币贬值政策作为危机时期的应急措施，成效非常显著。在两年多一点的时间里，英格兰皇家造币厂赚到的利润就超过了头年圣俸和什一税法院的总收入或者财政署之前13年的总收入。

---

① 据以设立头年圣俸与什一税法院的法案是1540年颁布的"32 Henry VIII, c.45"法案；而据以课征构成"头年圣俸和什一税"收入基础的各种新税的法案是1534年颁布的"26 Henry VIII, c3"法案。

② 头年圣俸和什一税收入数据引自文献：Dietz, *English Government Finance*, pp.221－3。由于王室对修道院解散后转让出去的前修道院土地仍收取10%的"保留地租"，因此，虽然修道院解散后，僧侣什一税收入减少，但两者相抵，实际收入的减少额可忽略不计。

③ 笔者没有把头年圣俸和什一税法院司库在1535～1540年间从克伦威尔(Cromwell)那里收到的130 711英镑包括在这些数据里，因为这些资金有可能仅仅是王室不同部门之间的转移性支付，而且肯定不是像Dietz所说的那样是王权侵害罪犯缴纳的罚金(请参阅文献：Elton, *Tudor Revolution*, pp.198－9)，应该是哪个部的转移性支付。

英格兰皇家造币厂光 1546～1547 年度实现的利润就至少要占到英格兰王室那年总收入的 45%。在爱德华四世治下，英格兰王室继续推行铸币贬值政策，而不是设法减轻英格兰的金融危机，因此继续实现了如此异乎寻常的利润。①

英格兰王室的“新”“旧”收入来源合在一起，在 1534～1547 年间至少产出了总计 5 357 514 英镑的收入。这意味着，与 16 世纪 30 年代相比，英格兰王室的可利用收入获得了巨大的增长。在 1534 年之前的 5 年里，英格兰王室每年的经常性收入在 80 000～85 000 英镑之间，而在 1530～1533 年的 3 年里王权侵害罪罚金收入每年就要增加 24 000 英镑左右；法王弗朗西斯一世（Francis I）在 1530～1532 年和 1532～1534 年间每年分别向英王亨利八世支付 43 950 和 20 950 英镑的“法国津贴”。② 就在 1534 年前的这些年里，英格兰王室各种来源的总收入在 1531～1532 年度达到了最高的 155 985 英镑，但其中的 67 550 英镑是非经常性收入。然而，从 1534 年开始征收头年圣俸和什一税起，英格兰王室的收入从 1534～1535 年度的 132 725 英镑稳步增加到了 1545～1546 年度的峰值 797 639 英镑，在亨利八世在位的最后三年（1543～1546 年度）里年均收入都在 670 000 英镑以上，虽然新增收入并非都是固定或者经常性收入，但不管怎样，经常性收入从年均 85 000 英镑增加到了年均 200 000 英镑以上。这意味着英格兰王室的经常性收入获得了惊人的增长，并且表明英格兰财政在 16 世纪 30 年代后期经历了革命性的发展。

从以上这些数据还可以清楚地看到，英格兰王室的新来源收入在 1534 年

---

① 铸币贬值收益的数据引自文献：Challis，‘Debasement of the Coinage’，pp.457 - 66。由于两个原因，要谨慎对待笔者提供的数据。首先，英格兰皇家造币厂的账册不全，实际铸币产量可能要大得多；其次，Challis 表格中的会计时期并不一定对应于都铎王朝官方采用的会计年度（从上一年的米迦勒节到下一年的米迦勒节）。因此，有必要计算每家造币厂每年的平均净利润；而净利润可根据 Challis 提供的数据来估计造币厂的毛利利润，再减去每家造币厂的成本来获得。例如，1545～1546 年度，约克造币厂的毛利润是 20 790 英镑（Challis，p.466；1545 年 5 月 1 日～1546 年 3 月 31 日的数据）；表所涵盖的时期（1545 年 5 月 1 日～1549 年 10 月 31 日）的造币厂成本支出平均占其毛利润的 5.5% [没有包括铸造泰世通（teston）币的铸造成本]，因此，从 1545～1546 年度的毛利润中减去 1 144 英镑，就剩下 19 646 英镑的净利润。1545～1546 年度，英格兰各皇家造币厂的估计毛利润是 263 359 英镑，减去 24 502 英镑的成本，就得到了这一年铸币币值的净收益 238 857 英镑。显然，这些数据并不精确，但至少可让我们大概了解英格兰王室实施铸币币值的程度和赚取的收益。

② 关于“法国津贴”，请参阅文献：Dietz，*English Government Finance*，p.102。弗朗西斯一世在 1534 年停止向亨利八世支付“法国津贴”。因此，从 1534 年起，不再把“法国津贴”计入英格兰王室收入。

以后变得越来越重要。起初，新来源收入数额不大，但到了1538～1539会计年度初已经超过了旧来源收入，而在从1539年到爱德华六世(Edward VI)元年的那些年里年年都要占到王室总收入的55%～75%。[①] 在本章的整个考察期里，新来源收入平均要占王室总收入的58%。最大单个新收入来源是没收土地法院，产出了1 989 926英镑，占王室总收入的37%。应该注意，英格兰皇家财政收入构成在很短的时间里就完成了这一变化。从头年圣俸和什一税法案在1534年获得通过到新收入来源为王室创造51%的收入只用了4年时间。到了1538～1539年度，新来源贡献的收入占总收入的比例已经提高到了68%，而到了1539～1540年度更是达到了最高的75%。因此，我们很难不下结论说：英格兰皇家财政收入构成的这一突变确实标志着国家财政经历了一场名副其实的革命。

王室收入供给的超常增加和新的制度性收入来源的出现绝不是英格兰王室在16世纪30年代推行的改革给皇家财政带来的唯一财政变革，这场改革带来的另一重要发展就是创收方式发生了性质上的变化。在1534年之前，英格兰王室的常规收入主要来源于王田和附属于王权的旧时特权。例如，在1529～1534年的5年里，这些经常性收入来源总共产出了428 121英镑的收入，或者每年大约产出85 000英镑。其中略多于一半的年收入(大约45 000英镑)是兰卡斯特公国上缴的土地收入和由土地总测量官征管的王田收入，而剩下的那部分年收入(大约40 000英镑)则是来源于财政署以及监护权授予和礼仪监察等“旧时”和王权收入。但在1534～1547年的这个时期里，英格兰王室创造财政收入的方法发生了显著的变化。王权和其他来源创造的收入尤其是在1542年以后快速减少，只贡献了占王室总收入11.8%的收入(1542年只占8.3%)。没收土地法院负责征收、总测量官负责管理和由兰卡斯特公国上缴的经常性土地收入仍是最重要的收入来源(占总收入的32.8%)，但在这个时期里土地收入持续减少，从1534～1542年间占总收入的41.7%一路减少到了在截至1547年的5年里只占总收入25.8%的水平。税收收入在1534年以前的无税年份里根本就无

① 1541～1542年度是唯一的例外，收入趋势发生了逆转：没收土地收入减少，而国王获准募集到了114 000英镑的捐款。

立足之地，但在整个 16 世纪 40 年代已经成为一个重要的经常性收入来源，税收收入已占到王室总收入的 30%左右。然而，英格兰王室收入来源的最大变化或许是临近亨利八世统治结束时的收入来源转让。在 1534～1542 年这个时期里，相对较小比例(11.5%)的收入来自变卖王田(大部分是过去的修道院土地)。1542 年以后，英法战争爆发，英格兰王室便增加转让原修道院的土地，并且实施了第一次铸币贬值。在截至 1547 年的 5 年里，转让王田总共产出 1 101 916 英镑，或者占王室总收入 36.6%。无论怎么说，变卖王田都会导致收入来源流失，但就其本质而言是一种资源浪费，因此到了 16 世纪 50 年代的头几年就无法持续下去了。所以，变卖王田应该被看作一种权宜之计。

如此看来，英格兰在 16 世纪 30 年代发生的财政革命主要体现在以下三个方面。首先，皇家财政收入显著增加，年均收入从 1534 年以前的 85 000 英镑增加到了亨利八世在位最后几年的 670 000 英镑，在不到 10 年的时间里几乎增加了 7 倍。其次，1534 年以后，全新的制度性收入来源终于主导英格兰皇家财政，单年度(1539～1540 年度)就贡献了多达占王室总收入 75%的收入，并且在截至 1547 年的 5 年里年均贡献了占总收入 61%的收入。最后，虽然土地收入和税收收入仍是都铎王朝在这个时期的财政支柱，但王权收入的重要性显著下降，而亨利八世在位的最后几年里一直在被挥霍的王室收入来源的数量显著增加。

到了 1546～1547 年度，英格兰皇家财政至少有 47%的收入来自转让王田和铸币贬值。这不但是解决都铎王朝日益严重的筹款问题的愚蠢、有欠考虑的方式，而且也表明了传统的收入来源在爱德华六世继位之初就已经失去了昔日的重要性。奥布赖恩和亨特已经表示，所有这一切都证明都铎王朝治下的英格兰皇家财政并没有发生真正的财政革命。他们俩的这个论点颇有说服力，但没有认识到英格兰皇家财政收入在 16 世纪 30 和 40 年代的增长分为两个阶段。第一阶段见证了源自前修道院地产的土地收入增加以及源自僧侣税的税收收入增加。这是英格兰皇家财政的一种长期变化，至少一直持续到爱德华六世统治结束，并且产出了很大比例的财政收入。① 而第二阶

① 虽然没有详细的数据能够证明这个结论，但对 1547～1553 年没收土地收入账册的初步考察，就能证明这个时期的没收土地收入要远比之前认为的多。

段则见证了为对法战争筹款而导致土地和金银“资本”储备减少。这是一种最初为了应对国家进入紧急状态而采取的临时性措施，大规模转让储备“资本”的做法直到 16 世纪 50 年代初才停止，从而允许土地收入和俗人税收入再次恢复了它们作为英格兰皇家财政基础的主导地位。此外，从 1552 年税务专员指令中可以清楚地看到，主要是在 16 世纪 30 年代获得的土地收入仍被认为是王室普通收入的主要来源。[①] 图 5.1 清楚地显示了经常性收入（土地收入、僧侣税收入和王权收入）显著增加。[②] 虽然非经常性收入来源（俗人税、变卖王田和铸币贬值）在 16 世纪 40 年代为英格兰皇家财政贡献了大部分收入，但不管怎样，经常性收入来源仍继续以双倍于 1534 年前的水平贡献收入。

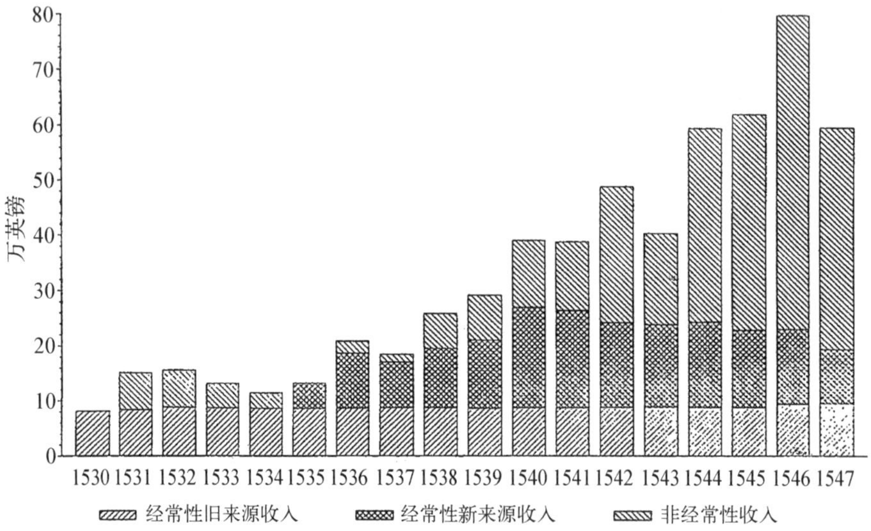

图 5.1　1529～1547 年英格兰王室经常性和非经常性收入

资料来源：various\cunich\engb001 © ESFDB 1996.

奥尼莱恩和亨特拒不接受英格兰皇家财政在 16 世纪 30 和 40 年代曾经历过任何财政革命的观点。他们认为，英格兰王室在 16 世纪 30 和 40 年代为确保其财政收入增长而采用的措施只不过是一些“在危机时期采用的不可持

① Alsop, ‘The Revenue Commission of 1552’, pp.521 - 2.

② ESFDB\cunich\engb001 based on\cunich\engd001.

续"的权宜之计而已；这样的财政收入增长具有暂时性的特点，因此直到 1 个世纪以后再重新出现。[①] 铸币贬值和变卖王田的收入情况确实如此，但是，这样的储备"资本"转让在 1534～1547 年最多产出了占王室总收入 1/4 的收入，或者相当于王室在这个时期获得的额外收入的 44%。[②] 但更重要的是，由 16 世纪 30 年代宗教改革导致的土地收入和僧侣税收入的增加使得王室在同期财政收入的基础上增加了 1 717 358 英镑。[③] 这个金额就相当于英格兰王室总收入的 1/3 或者王室新收入来源产出的额外收入的 56%。[④] 由此可见，英格兰王室在 16 世纪 30 年代取得的新的长期来源收入对王室截至 1547 年的财政的意义大于转让储备资本增加的现款。

大多数研究都铎王朝统治时期英格兰皇家财政的历史学家应该会认为，虽然 16 世纪 40 年代初转让王田暂时使得皇家金库充盈，但此举也导致英格兰皇家财政迎来了一个在 16 世纪 40 年代已经开始产生影响的长期"贫困化"过程。通常认为，没收土地法院管理的王田在 16 世纪 40 年代被大肆转让以后已经迅速减少；到爱德华六世 1547 年登基时，原修道院不动产的价值只相当于 1540 年价值的一小部分。这种观点在很大程度上是基于迪茨援引的没收土地收入数据以及萨维纳对 1536 和 1547 年间原修道院土地转让数据的错误分析形成的。[⑤] 但不管怎样，最近有学者表示，这些数据严重低估了没收土地法院管理的土地所产出的收入。[⑥] 例如，根据迪茨引用的数据，1546～1547 年度没收土地收入是 48 303 英镑，但实际是 111 174 英镑。没收土地收入在

---

① O'Brien and Hunt, 'The Rise of a Fiscal State', p.153.

② Ibid. O'Brien and Hunt suggest a figure of 70%.

③ 没收土地的经常性收入是 1 178 233 英镑，而头年圣俸和什一税法院的收入总共只有 539 125 英镑。

④ 没收土地收入(1 106 405) 占王室全部土地收入 1 755 485 英镑的 63%。

⑤ 关于 Savine 的分析，请参阅文献：H. A. L. Fisher, *The History of England from the Accession of Henry VII to the Death of Henry VIII* (*1485 - 1547*) (London, 1906), pp.497 - 9。关于根据同一思路分析的较新例子，请参阅文献：J. Guy, *Tudor England* (Oxford, 1988), pp.14, 145, 455; B. A. Holderness, *Pre-Industrial England: Economy and Society 1500 - 1750* (London, 1976), pp.173 - 4; D. Loades, *The Reign of King Edward VI* (Bangor, 1994), p.130; S. Doran and C. Durston, *Princes, Pastors and People: The Church and Religion in England 1529 - 1689* (London, 1991), pp.167 - 8。

⑥ 这是 Dietz 在文献"*English Government Finance*, p.217"中给出的数据。关于最近的修正数据，请参阅文献：Cunich, 'Administration and Alienation', pp.35 - 50。

爱德华六世在位时期起伏不定，但后来因小教堂的拆除和像西摩家族这样的大地主财产被没收而增加，最终又随着爱德华六世统治的继续而减少，但在大多数年份里，没收土地总收入似乎至少是迪茨认为的数额的2倍。因此，英格兰王室在16世纪30年代通过没收获得的新收入来源，一直到爱德华六世统治时期始终是皇家财政的一个重要元素，并且在16世纪50年代初停止铸币贬值以后重新又成为皇家财政的主要基础之一。由上可见，英格兰确实发生过埃尔顿所说的财政革命，而且这场财政革命对英格兰皇家财政的影响直到玛丽·都铎(Mary Tudor)登基还能感觉到。

从以上关于英格兰王室16世纪40年代收入来源的讨论可以清楚地看到，都铎王朝统治时期的英格兰皇家财政支出远远超过了它的自维持能力。英格兰王室虽然在16世纪30年代实现了经常性收入的巨大增长，但为在亨利八世在位的最后几年里平衡财政收支，仍不得不转让大片王田并实施铸币贬值。如果我们能够对16世纪30和40年代的英格兰皇家财政进行平衡分析，那么就必须对这个时期的英格兰皇家财政支出状况进行评估。遗憾的是，虽然记录英格兰王室几个关键领域活动的支出账册允许我们非常准确地确定王室支用其大概一半收入的情况，但我们几乎不可能准确地总结这个时期的英格兰皇家财政支出状况。譬如说，我们能够相当精确地估计没收土地法院的支出，但只能以较低的精确度来估计枢密院和王室的支出。[①] 我们也能找到记载对苏(格兰)和对法(兰西)战争时期(1542～1546年)英格兰国防和防御工事修建支出的文献，但没有发现关于整个考察期国防和建筑工程(军用和民用)支出的可靠数据。[②] 亨利八世统治结束时另一种与战争有关的重要支出是在安特卫普货币市场举借的贷款的还本付息支出，但难以弄清这种支出到底有多大。用于计算贷款利息费用的数值只是一些大概的估计值，并且没有考

---

① 关于没收土地法院的支出，请参阅文献：同上，pp.50-112；关于枢密院的支出，请参阅文献：Elton，'*Tudor Revolution*'，pp.170-1；而关于王室的支出，请参阅文献：同上，pp.406-13。

② 关于1542～1546年的战争支出，请参阅文献：Dietz，'*English Government Finance*'，pp.143-58。

虑为借到贷款而花费的许多其他费用。[①] 英格兰财政署和其他部门还支付了很多额外开支，但不可能包括在以下支出汇总表中，原因就在于没有完整的皇家财政账册存世。[②] 因此，事实证明不可能整理出关于英格兰王室从 1534 年到 1547 年的完整支出数据。表 5.2 列示了一些近似数值，因此要谨慎使用。

表 5.2　　1534～1547 年英格兰皇家财政支出

	支出金额(英镑)	占总支出的比例
王室成员和国王个人支出	547 937	13.4%
枢密院支出	410 000	10.0%
战争和国防支出	2 267 117	55.5%
国王工程项目支出	226 822	5.6%
外交和国王公务支出	46 069	1.1%
僧侣和其他终身抚恤金	308 492	7.5%
(没收土地法院)年金、酬金和其他费用	217 878	5.3%
安特卫普借款费用	32 260	0.8%
其他支出	31 736	0.8%
总计	4 088 311	100.0%

很明显，表 5.2 中的 1534～1547 年英格兰皇家财政支出(4 088 311 英镑)远远少于同期的收入(5 357 514 英镑)。在收支高达 1 269 203 英镑的差额中，很大一部分也许可用不同的方式来解释。有一部分与债务拖欠有关，或者说，部分缺口是王国大臣收到但直到 1546～1567 会计年度结束以后才交付给位于威斯特敏斯特的皇家金库的资金。[③] 如果把这些资金考虑进去，那么，收支缺口就可以减少到不太有问题的 831 708 英镑或者占总收入 15%的水平。因此，表 5.2 中的支出数额差不多相当于英格兰王室在 1534～1547 年间财政

① 这类费用很多，包括代理费、经纪费、汇兑费用、行贿和酬金、邮费、运输费和押运费。关于所有这些费用，请参阅文献：R. B. Outhwaite, ‘The Trials of Foreign Borrowing: the English Crown and the Antwerp Money Market in the Mid-Sixteenth Century’, Economic History Review, 2nd ser., 19 (1966), 289 - 305。关于贷款，请参阅文献：Dietz, English Government Finance, pp.167 - 74。

② 笔者没有对财政署王廷支出档案文献作详细研究，也没有对这个时期王廷很多小财务官员和其他官员经手的支出账目进行详细研究。

③ 例如，这年年底，光没收土地法院账簿上就有至少 389 192 英镑的欠款和其他应付款，而要付给国库的 48 303 英镑大部分一直拖到 1547 年的米迦勒节才缴付，大部分要缴付给国库的款项直到 1548 年 3 月初才解送到没收土地法院驻威斯特敏斯特办事处。兰卡斯特公国和头年圣俸和什一税法院(虽然没有这么严重，但)也存在类似的问题。

支出的85%，并且也许可被用作估算英格兰王室在亨利八世在位最后几年的主要财政支出的依据。

不难发现，国防支出是英格兰王室最大的支出，尤其是在与苏格兰和法国交战的1542～1546年。但在分析这个特殊的支出项目之前，有必要先关注其他支出项目。在其他支出中最大的项目就是爱德华亲王和其他王室成员的日常开销及由国王专用金和枢密院金库支付的国王个人开支，以及枢密院财务总管需要支用的更加一般的用费。这些支出总计957 937英镑（差不多每年74 000英镑），或者占全部支出的23.4%。这个支出额难以置信，几乎等于英格兰皇家财政1529～1530年度的全部收入，并且表明亨利八世本人和王室的支出在他在位的最后几年里大幅度增加。英格兰王室支出的第二大项目是没收土地法院的年金、酬金和其他费用526 370英镑（每年大约40 000英镑），或占全部支出的12.8%。没收土地法院的这些费用是因为解散修道院而发生的费用。随着岁月的流逝，原修道士逐渐离开人世，没收土地法院的费用也逐渐减少，但在1546～1547年度仍占据英格兰皇家年度财政支出很大的份额。另外还有一个重要的支出项目，那就是所谓的“国王工程”，包括遍布全国的各种宫殿和城堡等在建军用和民用项目。这个支出项目226 822英镑的估计金额无疑要大大小于实际本应支出的金额。如果可获得更完整的原始数据，那么就能更加准确地确定宫殿和城堡建设项目的实际支出金额。① 还应该记住，这个军用和民用建设项目的支出金额并不包括1542～1546年战争期间总共花费多达470 000英镑的军事建筑项目。英格兰王室支出的其他项目较之于以上主要项目可忽略不计。但同样，如果有更加完整的详细记录英格兰王室在本章考察期里支出的档案文献存世，那么英格兰王室的其他支出项目的数额可能就会变得大许多。

战争和其他国防开支多达2 267 117英镑，占王室总支出一半以上，其中较大部分是在1542～1546年的4年里花费的。事实上，这个战争时期是亨利

① 光英格兰财政署就在1536～1539年间为建造王宫支付了59 490英镑的工程款（请参阅文献：Dietz, *English Government Finance*, p.140）。因此，英格兰财政署有可能在整个考察期内都要承担这项支出，当然，金额不一定有这么大。王宫修建支出没有包括在16世纪40年代高达160 000英镑的国王工程总支出中。

八世在位期间财政负担最重的时期。英格兰王室为这四年的战争至少花费了 2 128 842 英镑，或者平均每年花费近 532 000 英镑。[①] 这笔战争支出包括用于修建加来和布洛涅(Boulogne)护城工事的 167 842 英镑以及在战事最吃紧的两年(1543～1545 年)里支付军饷、部队给养和军需物资的 1 200 000 英镑，[②] 英格兰在这之前从未经历过代价如此沉重的战争。虽然托马斯·克伦威尔在 16 世纪 30 年代末已经开始，而且亨利八世在 40 年代初又继续积累了大量的现金储备，但到了 1544 年底，英格兰陷入了一场严重的财政危机，导致王室不得不转让王田和降低铸币成色。这场财政危机是由于误判了对法战争的费用和错误估计战争持续时间而造成的。在亨利八世 1543 年派兵攻打法国时，英格兰皇家金库十分充盈，王室司库信心满满地认为，在可预见的将来能从各种不同的收入来源筹措到大量的现款来支持这场战争。[③] 他们有充分的理由抱有这种信心，没收土地法院的账目使一些人产生了会有源源不断的现金流入皇家金库的想法。1536～1541 年，没收土地法院的财务主管向中央战争基金缴存了 141 384 英镑。虽然没收土地法院的财务主管很可能已经尽了最大的努力，但他是众多王室部门财务主管中唯一一个把本部门的盈余缴给皇家储备基金的财务主管。就如戴尔·霍克(Dale Hoak)所说的那样，王室各部门的金库最终证明，它们没能遂克伦威尔所愿成为重要的战争后备金库。[④] 但请注意，从来没人打算动用这些王室部门金库的资金来支付 1544 年对法战争的费

---

① Dietz 在文献“English Government Finance, p.147”中援引的战争和其他国防总支出略多于 2 134 784 英镑，占到了 1542～1552 年间花在陆军和海军身上的 3 491 472 英镑的较大份额。关于这个数据，请参阅文献：Dietz, *the State Papers Domestic*, *XV*, no.11[Calendar of State Papers, Domestic Series, of the reigns of Edward VI, Mary Elizabeth, 1547 - 1580 (London, 1856) i. 44, no. 11]。1542～1546 年战争与国防分项支出是：布洛涅围城战花费 586 719 英镑；守卫布洛涅花费 426 024 英镑；加来和吉斯奈(Guisnes)修建防御工事和增加守卫部队共花费 270 765 英镑；对苏(格兰)战争花费 350 243 英镑；海军军费支出 265 024 英镑；远征援助查理五世花费 26 500 英镑；从 1539 年 3 月 1 日开始，在英格兰修筑防御工事和碉堡花费 203 206 英镑。

② 关于加来和布洛涅的防御工事修建费用，请参阅文献：H. M. Colvin et al., eds., *The History of the King's Works*, 6 vols. (London, 1963 - 82), iii. 361, 393；关于战争开支，请参阅文献：Dietz, *English Government Finance*, pp.145 - 58, and esp.pp.155 - 7。

③ Ibid., pp.152 - 3; Wriothesley 和 Paget 用心评估了英格兰王室的财政资源，并且确定战争经费(250 000 英镑这个估计额)在不动用储备的情况下用立刻可用的资金来拨付。

④ Hoak, ‘The Secret History’, pp.215 - 16.

用。这场战争的估计费用是 250 000 英镑，结果都是用其他收入支付的。[1] 直到战争支出开始飙升(1544 年花费 650 000 英镑，1545 年又耗资 560 000 英镑)，英格兰王室各部门的金库才逐渐被盘剥殆尽，王室才不得不求助于其他导致经济灾难的权宜之计。从这个角度看，可以说，英格兰王室之所以要打这场战争，是因为它认为自己完全有能力承担这场战争的费用。然而，一旦战局变得不利，支出开始上涨，亨利八世除了把国家推向破产的边缘外别无其他可接受的选择。

我们在评价英格兰王室在对法战争爆发前 10 年里经历的财政变迁的“革命”性质时，必须要考虑这个重要问题：这场战争是一个本应变得越来越成功的财政国家做出意外误判的产物。通过对以上讨论的英格兰皇家财政收支数据略加考察，就能清楚地看到英格兰王室的基本财政保证以及对战争支出误判的程度。但是，如果我们能够注意到英格兰王室曾在 1534～1547 年努力实现收支平衡，那么就能更加清晰地看到 16 世纪 40 年代英格兰王室推行的财政政策的特点。但不管怎样，我们必须谨慎，因为这样的收支平衡可能具有误导性。在我们的考察期内，英格兰王室收支相抵后的盈余从未超过 1 269 203 英镑，这个盈余额是简单地拿总收入减总支出得到的。对这些支出数据必须进行调整，才能更好地反映英格兰王室在这个时期的实际支出规模。但是，即使采用经过调整的较大的支出数据，英格兰王室在积累部分财政盈余供日后应急方面所取得的成功也是显而易见的。[2] 从 1535 年到 1542 年，英格兰皇家财政每年都有很多盈余。因此，在对苏(格兰)战争刚爆发时，英格兰王室账面上有 100 多万英镑的储备，其中包括现金、动产、现款拖欠和长期资产。我们无法确定这些储备的流动性到底有多大，但很明显，亨利八世和他的谋士们有充分的理由认为，英格兰王室的财政储备应付一场针对以查理五世(Charles V)皇帝为盟友的法国的速决战还是绰绰有余的。1542 年，英格兰财政现金充盈。

然而，英格兰王室对自己财力的信心很快就成了置王室于绝境的罪魁祸

---

① Dietz, *English Government Finance*, pp.152－3.

② 笔者给 1542 年前那些年的支出数值增大了 25%。请参阅数据集“ESFDB\cunich\engd020”中说明不适当的原始支出数据调整方法的注释。

首，因为英格兰皇家财政在 1542～1545 年出现了灾难性的赤字，而赤字的规模甚或比我们能够看到的数字还要大。到战争结束时，英格兰王室的现金储备早已告罄，而皇家财政也已捉襟见肘。这种财政状况到了 1547 年米迦勒节多少有所好转，但这时 815 791 英镑的账面盈余不足为信。这笔所谓的盈余包括大约 429 192 英镑的拖欠款和尚未交付的现金，而且至少还有 280 000 英镑（很可能更多）在爱德华六世继位后头六个月就被用于战争和国防开支。总而言之，这场财政危机始于 1543 年。后来，亨利八世发动的对法战争被他的继位人所继续，并且一直拖累英格兰皇家财政到 16 世纪 50 年代。

以上这些都不是什么新的东西，但过去，我们只能凭借仅有的一点反映亨利八世治下各部门财务主管担心本部门资金不足的恐慌心理的证据，留下了一些关于 1543～1552 年这个时期英格兰皇家财政状况糟糕的印象。即使 1552 年收入调查委员会的报告也远没有对英格兰皇家财政状况进行全面的分析。[①] 澄清那些年英格兰皇家财政能力的唯一可靠方式，就是更加周密地考察英格兰皇家财政部门的存世账册。本章考证了英格兰 16 世纪 30 年代中期宗教改革与爱德华六世继位这个时期的英格兰皇家财政部门的存世账册。对从爱德华六世继位后到 1554 年英格兰皇家财政完成重组这个时期的相关史料进行考证，是一个有待继续研究的问题。但最近的研究似乎已经表明，英格兰在那场危机平息后重又恢复了 16 世纪 30 年代末形成的皇家财政模式。[②] 大规模的"收入来源"转让已经停止，而经常性土地收入重又成为皇家财政的支柱。总的来看，这些研究表明，英格兰在 16 世纪 30 年代经历过财政革命。但是，财政革命所引发的变革的真正性质，在很大程度上被 40 年代中期推行铸币大贬值政策导致的规模甚至更大的财政动荡所掩盖。铸币大贬值当然为王室带来了很多收入；与此同时，王室的土地收入在 1534～1540 年间已经增加了 3 倍多，后来土地更是为王室带来了 3 倍于亨利八世推行宗教改革之前的收入。土地收入是英格兰王室各种收入来源中最可靠的收入，并且在整个 40

---

① 关于 1552 年的收入调查委员会，请参阅文献：Alsop，'The Revenue Commission of 1552'，and W. C. Richardson，*The Report of the Royal Commission of 1552*（Morgantown，1974）。

② 我们对没收土地法院一直到 1549～1550 会计年度的账册进行了全面分析，并且对一直到 1553 年的很多账册进行了考证。

年代继续为英格兰国家的日常运行提供了资金。这也表明宗教改革前的皇家财政发生了革命性的变化。1529 年，英格兰王室的日常行政开支几乎由土地收入和王权收入对半分担。到了 1547 年，王权收入在承担英格兰王室经常性运行费用方面只扮演次要的角色。

第六章　如何看懂1574～1589年瓦卢瓦王朝统治末期法国税收这幅拼图

M. 格林格拉斯(M. Greengrass)

虽然我们倾向于认为，皇家财政距离现代越近，我们对它发展趋势详情的了解就越多，但实际情况并非如此。实际上，我们对法国瓦卢瓦王朝统治末期(比方说)皇家财政的了解，还不如对2个世纪前瓦卢瓦王朝统治初期皇家财政的了解全面、清晰。[①] 然而，16世纪晚期金融国家(finance state)压在法国民众头上的负担发生了至少像"百年战争"最初几年发生的那么大的变化。尽管我们对这些变化知之甚少，但有些历史学家被一些自信的重要假设所迷惑，这其中的原因不难识别。经济和社会历史学家一直急于确定法国经济在文艺复兴时期——"美好的16世纪"——经历了扩张以后重又陷入衰退的原因。一种关于尤其是在16世纪80年代末和90年代同盟战争时期朝着"残酷战争和税收"(la guerre dure et l'impôt)——税收制度不断发展和完善，而内战不断导致破坏性混乱——演变的解释框架看上去特别诱人。[②] 与此同时，关于政治思潮和国王在宗教战争期间未征得三级会议同意就征税的权力到底有多大的辩论往往导致政治历史学家选择性地采用为数甚少的总量数据，而不关注这些数据适合用来研究怎样的问题。

我们以由斯普纳(Spooner)制作并由布罗代尔(Braudel)加注复制的值得

---

① W. M. Ormrod, 'The West European Monarchies in the Later Middle Ages' in R. Bonney, ed., *Economic Systems and State Finance* (Oxford, 1995), pp.123－60, esp.pp.138－44.

② 请参阅文献：P. Chaunu 和 R. Gascon, *Histoire économique et sociale de la France I: 1450 à 1660* (Paris, 1977), ch. 1 and 3。

注意的图表为例来说明问题。斯普纳根据1500～1750年法国国民收入和货币存量估计值，在他的图表中展示了法国皇家财政“预算”。[①] 这张图表很吸引人，因为它显示了在这个时期法国税收持续增加的过程中出现过两个明显的财政负担显著加重时期——瓦卢瓦王朝统治末期以及路易十三(Louis XIII，1610～1643年在位。——译者注)在位时期并且一直延续到路易十四(Louis XIV，1661年开始亲政。——译者注)未成年时期的“三十年战争”(1618～1648年。——译者注)。然而，后一个时期实际财政负担加重的程度要大得多，因为16世纪下半叶法国的货币存量和国民收入(尽管这两个指标在60年代和70年代初没有增长)增长至少与财政收入增长同步。相比之下，在路易十三统治和路易十四未亲政时期，法国的货币存量没有发生变化，而国民生产总值最多也只是以很慢的速度增长。黎塞留(Richelieu)担任宰相时期爆发了抗税起义这一点容易理解，而瓦卢瓦王朝统治末期没有发生抗税起义也同样可以解释。“美好的16世纪”持续的时间要比我们认为的长。

布罗代尔的图表招致研究16世纪法国经济史的专家们更加广泛的批评，他们很可能是质疑布罗代尔在他的图表中把粮食价格作为国民收入的主要(甚或唯一)指标。虽然我们已经谈到由让·博丹(Jean Bodin)发起的有关纯货币性通货膨胀对价格上涨影响(至少关于法兰西王国)的辩论，但仍然存在大量的反对意见。粮食(是优质小麦，而不是劣质谷物，被用作指标，尽管两者的价格大相径庭，会影响大多数人口)价格指数变动不同于其他重要农产品的价格指数。例如，图卢兹(Toulouse)的葡萄酒在历次宗教战争中并没有出现相同幅度的价格上涨，并且经历了它自己特有的惊人危机时期。[②] 油、鱼、木材、钉子、布……不是根本就没有任何数据序列，就是缺少反映不同价格数据样本的材料。[③] 所

---

① F. Spooner, *The International Economy and Montary Movements in France, 1493 - 1725* (Cambridge, 1972), p.306; F. Braudel, *Civilisation and Capitalism, 15th-18th Century, III: The Perspective of the World* (London, 1984), p.313.

② G. and G. Frêche, *Les prix des grain, des vins et des légumes à Toulouse (1486 - 1868)* (Paris, 1967).

③ M. Morineau在他的“‘Quinze années du seizième siècle en France, 1574 - 1589’ in R. Sauzet, ed., *Henri III et son temps* (Paris, 1992), pp.293 - 311”中讨论了这些和其他相关问题。

有的市场价格数据都能反映市场参与者之间的辩证关系，市场参与者的心理，特别是市场参与者在出现政治分裂和局部军事行动时期的心理具有其独立的通货膨胀效应，从而刺激囤积和投机。因此，市场监管者和主要消费者，尤其是军需供应商，都会采取干预行动。

我们也不应该忘记斯普纳所采用的价格序列是用记账货币表示的数据。但在16世纪后期，有时货币交易的商业汇价和官方汇价相差很大，在颁布1577年法令——规定了埃居(écu)这种统一的记账货币——前的漫长货币不稳定时期里情况就是如此。[①] 统一用埃居作为记账货币一度曾杜绝了商业投机，但商业投机活动在几场同盟战期间又死灰复燃。1586年，大额法郎银币不得不退出流通，因为这种银币很容易被剪裁。此后不久，法国王室不得不改变银币的重量，使它变成重量较轻的铸币。[②] 1589年以后，反国王同盟的造币厂又导演了另一场更加基本的经济混乱，严重影响了为埃居规定的平价。当然，16世纪后期埃居这种记账货币的官方汇价和市场汇价之间的价差对斯普纳的直方图产生了不同的影响，因为这种价差在降低增税实际价值(因为税收按官方汇价征收)的同时，提高了商品价格的“实际”上涨率。其他包括人口增长、工资和工商业生产在内的有关国民收入的证据——就像宗教战争时期的证据一样零散、地区性并且相互矛盾——对于佐证1580年以后国民收入持续增长几乎没有什么助益。[③] 即使法国造币的统计资料，虽然信息极其珍贵，但也引发了一些有关谁决定铸造多少硬币(以及为什么要铸造这么多硬币)的复杂问题，更不用说流通中和被窖藏的硬币数量。

我们还必须更加细致地考察这个时期的皇家税收增加情况。但是，在这个方面也一样，虽然斯普纳给出了比较可信的增税图，但却存在数据不足的问题。J. J. 克拉格兰(J. J. Clamageran)完成了关于这个时期法国皇家税收增加

---

① *L'amiral et son temps* [Actes du colloque 'l'amiral de Coligny et son temps'] (Paris, 1972), pp.678 - 735.

② Spooner, *op.cit.*, pp.90 - 2.

③ Marineau在他同前的文献中对这些文献进行了考证。请参阅文献：P. Benedict, 'Civil War and Natural Disaster in Northern France', and M. Greengrass, 'The Later Wars of Religion in the French Midi', both in P. Clark, ed., *The European Crisis of the 1590s* (London, 1985), ch. 5 and 6。

情况的基础研究，后来的相关研究都引用了克拉格兰研究的数据。[①] 与对待旧制度后期的情况不同，克拉格兰不能依靠严谨的文件抄写员让·罗兰 马雷(Jean-Roland Mallet)来弥补因王宫账房 1737 年失火烧毁皇家账册造成的文献来源的损失。马雷留下的是一些鱼龙混杂的东西。虽然很明显其中有不少财务报表，但表象具有欺骗性(有关于这些报表文本的汇总，请参阅本文表 6.1)，其中还有不同版本的相同信息，可讲述的并非总是相同的故事。只有两个文献(1582 和 1585 年)从它们是原件(或者校本)的意义上讲是"正式"文献，大多数文献(1580、1581、1582、1585 和 1588 年)都是一些为了根据各省金库预计可收到的收入预估皇家收入而编制的概算表(états par prévision)原件的副本。这些概算表都是采用"历史"会计法根据上一年度(或者前年，因为本年度的结果常无法获得)的结果预估来年可能收到的收入。这样的历史会计文献在内战时期必然具有欺骗性，因为在内战期间，(有时)全部财政区的皇家财政都趋向于恶化。在这些概算表中，有些计列了规定支出项目。所谓的规定支出项目就是在盈余送缴(中央)储蓄金库(épargne)之前先由各省司库扣除要支用的支出；但有些概算表则没有出现规定支出项目。在存世的会计文献中，只有一份(1574 年)是"决算表"(état au vrai)，但没有记录地方支用的收入。除了各省财政区上缴的收入外，大部分存世报表都没有报告其他来源的收入。只有 1574 年的皇家财政赤字估算表和同年的储蓄金库收支表，除计列了各省金库上缴储蓄金库的盈余以及按规定就地用皇家财政收入支付规定支出项目的金额外，还反映了复杂的皇家财政收入来源。因此，大部分存世会计文献并没有提供完整的皇家财政收入评估数据。

我们也不知道当时都由谁负责誊写那些存世文献的副本。有些副本的日期被誊写员抄错了(如一份 1574 年文献的副本)，另一些文献副本(如一份 1574 年文献的副本)被 17 世纪的誊写员把货币单位埃居写成了里弗尔(livre)。有一

---

① J.-J. Clamageran, *Histoire de l'impôt en France*, 3 vols (Paris, 1867 - 76). Clamageran 援引的那部分手抄原始文献主要出现在他的这个文献的"ii p.189"中。然而，他在"Dupuy 主编的论文集"(第 47 卷)的附录中列出的参考文献多少有点令人困惑。他也许援引了现在编目为"巴黎[Paris,]国家图书馆 B[ibliotheque] N[ationale] MS Fr 6,413. M"的文献"Wolfe, *The Fiscal System of Renaissance France* (New Haven and London, 1972)"。Wolfe 的这个文献虽然对 Clamageran 的文献进行了评论，但援引了很多 Clamageran 的数据和对这个时期的解释。

表 6.1　　法兰西王国 1574～1589 年的存世财政文献

年 份	文献法语名称	英文文献介绍	原始文献与副本
1574 年	'Estat par estimation de l'entiere valleur des finances Ordinaires du Roy pour cette *presente* Annee mil vc soixante et quatorze selon la Recepte d'Icelles faicte en l'Annee derniere es Receptes Generalles et de la A l'Espargne'	An estimate of revenue shortfall, prepared as part of the budgetary exercise in *c*.December 1573. The account at MS Fr 6 413, fols. 218 – 219v is a near-contemporary copy which uses a mixture of arabic and Roman numerals.	BN MS Fr 6 413, fols. 218 – 219v. A later copy also exists In the hand of Dupuy at BN MS Dupuy 233; fols. 42r-43v, with out the heading. In the corner of the copy, Dupuy hazards the guess that it is dated '1575 ou 1580'.
1574 年	'Estat des deniers Revenuz bons au Roy dont *recette* a este faicte au proffit de sa. Majeste es comptes des *recettes* generalies des finances cy apres declarees tant a cause de son domaine, aydes et tailles que *autres* deniers *extraordinaires* leuez par le feu Roy Charles IXe en lannée 1574 *quil* decedda'	Contemporary copy of the *état au vrai* of the revenues received in 1574 from most of the provincial generalities but not including any local assignations charged to the generalities. There is also no account of revenues receipted from other treasurers directly to the *épargne*, such as those from the *parties casuelles*, etc.	BN MS Dupuy 958, fols. 74v – 76r.
1574 年	'Estat de la Recepte et despence ... Garrault conseiller du Roy & Tresorier de son espargne'	Original account of *the trésorier de l'épargne*, including numerous marginal entries from the treasurer annotating the receipt and issue of funds through the account throughout 1574.	BN MS Fr 6 413, fols. 55r – 58r.
1575 年	'Les finances ordinaires du Roy pour lannee mil ... selon les estatz des valleurs de lannee mil ... au plus faire estat sans y comprandre...' [another hand ascribes the account to 1575 and the document is endorsed 'Estat des finances 1575']	A highly abbreviated and partial account of income and expenditure in two separate hands apparently based on an *état par prévision*, which includes a set of proposed new fiscal measures to meet the expected shortfall between expenditure and income.	BN MS Fr 6 413, fols. 59r – 61v.

续表

年 份	文献法语名称	英文文献介绍	原始文献与副本
1580 年	‘Estat de qui pourra revenir au Roy des Receptes generalles de ses finances pour lannee prochaine 1580 …’	A contemporary copy of an *état par prévision*, produced in *c*. December 1579; in only includes the likely revenues from the general receipts.	BN MS Fr 6 413, fols. 90r – 92r.
	‘Estat de ce qui peult Revenir de next au Roy tant des Receptes generalles de sen finances Que de toute autre nature de denirers durant lannee prochaine 1580 …’	The other attached accounts differ in the totals they provide under the separate headings for likely anticipated receipts from the first and also discuss the means of meeting the likely deficit which these accounts attempt to estimate.	Further attached accounts at *ibid*., fols. 94 – 99v; also fols. 98r – 100v, with substantial differences from either of the other two accounts under certain headings.
1581 年	Copy begins: ‘Sire Tous les Roys establis depuis la creation du monde …’	A seventeenth-century copy of an *avis* on the financial affairs of the French monarchy. Designed to suggest that French kings have tended to overthrow kings who overtax their subjects, it attempts to chronicle the rise in French taxation from 1484 onwards, taking the *états par prévision* of every year in which a king died, and concluding with a summary of the *état* of 1581.	BN MS Fr 23 051, fols. 128v – 138r. This account was utilised by F. Véron de Forbonnais, *Recherches et considérations sur les finances de la France* …, 2 vols (Basel, 1758), i. 15, who provided a faithful transcription of the seventeenth-century copyist's error in registering the *écus* of the 1581 *état* as *livres* (see A. Chamberland, ‘Les recettes de l'Epargne en 1581 et un erreur de Forbonnais’, *Revue Henri IV*, 3(1909), 102 – 7).
1581 年	‘Estat des deniers qui se … Et qui se continuent Enc …’	A summary, and possibly partial, enumeration of increases in taxes from the year 1576 until 1581.	BN MS Fr 6,413, fols. 71r – 72r. A further version exists in BN MS Dupuy 233, fols. 44r – 45v (with some discrepancies between the various figures indicated in the accounts).

续表

年 份	文献法语名称	英文文献介绍	原始文献与副本
1582 年	'Estat de ce que chacune des Receptes generalles des finances cy apres declards aura a recepuoir durant cette presente annee 1582, Et des charges anciennes & nouvelles, Comme aussy des assignations leuees & ordonnees estre payes sur ledictes Receptes generalles ...'	A copy of the *état par prévision* of the anticipated receipts from the generalities and the assignations to which they were committed. The copy was inserted into this register of the *conseil des finances* for the third quarter of 1582 so that the council could refer to it when authorising disbursements.	MS Fr 16,231, fols. 4 - 13.
1583 年	'Estat abrege de la valleur des finances ...'	A summary account of various increases in taxation levied from the reign of François I until the reign of Henri III (to 1583), divided by reign. This was doubtless prepared for consideration at the assembly of notables of St-Germain-en-Laye in 1583 - 4.	BN MS Fr 6,413, fols. 80r - 81r. Another version exists at *ibid.*, fol. 231r - v, and its figures differ substantially for the end of the account, omitting the subvention on walled towns.
1585 年	'Estat de ce qui Revient de bon au Roy toutes charges payables et Receptes generalles & particilieres dedictes, Tant des deniers ordinaires tombans en susd. receptes generalles que autres, dont led. sieur a faict Estat, durant lannee prochayne 1585, Et de la distribution des despences a faire surce ...'	The original *état par prévision* for 1585, dated St-Germain-en-Laye, 10 December 1584, and signed by the king. The document is, in reality, a summary of estimated anticipated expenditures in the coming fiscal year, 1585.	BN MS Fr 6,413, fols. 116 - 32.
	'Abrégé des Recepte et despence à faire durant lannée prochaine 1585 suyvant lestat qui en a este faict et resolut par le Roy'	A summary of the above account, prepared alongside it in order to clarify the shortfall in the royal budget.	*Ibid.*, fols. 112r - 113r.

续表

年 份	文献法语名称	英文文献介绍	原始文献与副本
1588 年	'Estat des finances' [1588 is inserted in a different hand] 'Extraict de lestat general des finances presente aux estatz de Bloys en lannee 1588'	A highly summarised account, apparently based on the *état par prévision*. The account is geared to providing a pessimistic (realistic?) account of those revenues which were still capable of generating revenues clear of assignations, mortgages and *rentes*. The account contains no details of royal expenditure and it may have been based on documents prepared for presentation before the commission (sometimes known as the *commission des dix-huict*) established in October 1588 to meet with officials from the *conseil d'état et des finances* to examine the king's financial situation. One heading refers to the 'chapitres presentes aux estatz de bloys'.	BN MS Fr 6,413, fol. 156r – v. BN MS Fr 6,413, fol. 151r – v has similar figures but in a different order. This is the order which corresponds to that which appears in the *Journal de Guyencourt* (published in Lalourcé and Duval, eds., *Recueil des Estats Généraux*, iv (1789), p.138. BN MS Fr 6,413, fols. 152r – 153v has a further summary account which differs in its presentation of the direct taxes and also provides a summary of the budget. It equally provides items (extraordinary levies for garrison costs on particular towns and receipts from the subventions on walled towns) which the first account ignores (and which are left blank in the *Journal de Guyencourt*). A further version also exists in BN MS Dupuy 233, fols. 151r – 153v.
1588 年	'Abrégé de la Valleur des finances dont le feu Roy faisoit estat en lannee 1588 suyvant les Estatz envoyez par les Tresoriers generaulx de Frnace veuz et veriffiez en lassemblee des Estatz tenus a Bloys au moys de decembre 1588'	A summary account of the financial position of Henri III in 1588, concentrating on royal debts and produced, according to the date at the end of the document, in 1593.	BN MS Fr 6 413, fols. 158r – 162r.

个会计文献存在3个副本，上面注明的年份是1576年，并且常被用来证明这一年度皇家财政收入增加。[①] 然而，根据内部证据，那个文献显然不能被认定为是那一年的文献。从那份文献提到了整顿委员会(conseil du bon ordre)和它复杂的账目内容看，它显然是一份要提交1596～1597年名人会议讨论的文件。这份文件很可能由彭波纳·德·贝利埃弗尔(Pomponne de Bellièvre)起草或者是以他的名义起草的，因此必须排除在认为它是瓦卢瓦王朝统治末期的存世文献的考虑之外。但不管怎样，这个文献与很多亨利三世(Henry III，1574～1589年在位。——译者注)在位时期存世的会计文献有一个共同的特点。大部分这些存世副本就像贝利埃弗尔起草的文件那样都是为某次未遂改革准备的。1581年的那份文献很可能出自1580年1月为改革皇家财政而设立的委员会之手，他们准备这个文献是要供1583～1584年的名人会议参考。这个委员会有4名成员，他们分别是安托万·尼古莱(Antoine de Nicola)、罗贝尔·米龙(Robert Miron)、皮埃尔·菲特(Pierre de Fitte)和尼古拉·杜·盖(Nicolas du Gué)。[②] 他们都是16世纪80年代法兰西王国最优秀的财经法律和会计问题专家。许多其他会计文献很可能出自他们中的某人或者某些人之手。改革，就其本质而言，往往需要对过去的业绩进行分析，这就意味着要比较不同时期的财政状况。对于当时法兰西王国的这些“技术专家”来说，进行比较的最便利方法就是求助于概算表，因为这是一些法兰西皇家财政系统每年要广泛依靠的报表。亨利三世甚至要求在他的财政委员会登记册前面附上每个季度的概算表，[③]这样就能方便查阅比较。此外，决算表较难查阅和对比，而储蓄金库的账册太过详细，不可能对它们进行概述。但是，这些文献通

① 文献“BN MS Fr 17 310，fols. 97－103”另被命名为“Estat des deniers et Revenu de France tant de la recepte que de la mise du temps d'Henry 3”，后又再次被命名为“Revenue & Despense du Royaume de France 1576”。请参阅文献：BN MS Fr 23,051，fols. 23－48（在这个副本中，文献名中的年份“1576年”被改为“1596年”）；(更加简明的文献) BN MS Fr 15,893，fols. 390－3。

② 夏诺伊(Chanoilles)的绅士、枢密院院长、会计师、财政总管罗贝·米龙(Robert Miron)负责王室和王宫修缮支出；皮埃尔·德·菲特(Pierre de Fitte)任储蓄金库司库；安东尼·德·尼古莱(Antoine de Nicolay)是审计院首任院长。

③ BN MS Fr 16 231，fol. 4：‘Ensuict la coppie de lestat general des finances du Roy et de la distribution dicelles faict par sa Mageste *pour* la *presente* année 1582 des le commancement dicelle, Lequelle sade *Majeste* a ordonne par le *susdit* Reiglement estre transcript au *commancement* du *present* registre.’

常以 17 世纪 30 和 40 年代副本的形式存在这一事实应该可以表明，那些与黎塞留/马萨林(Mazarin)主政时期财政变革有关(并且负责那个时期财政变革)的人士急于想知道他们能从上个世纪的可比经验中学到什么。

但不管怎样，这些文献并不是用来编制国家“资产负债表”的，它们的主要用途是证明可用来完成法兰西王国基本任务的资源，也就是可用来支付保全国家(dépenses pour La conservation de l'état)(军事安全)支出和王室开支(dépenses de la maison)以及偿还王室债务的收入。它们的用途要比我们想象的小得多，我们既不能确定是否可以采用任何比较方式来使用这些“表征”总体趋势的存世报表，也无法肯定它们是否能够为我们详细描述法国那个时期的税收水平。与这些存世文献有关的年份，从它们反映了法国陷入内战或者王权特别脆弱并受到挑战时期的财政状况这个意义上讲，常常是一些非常特别的年份。按照定义，这些文献根本就(或者几乎)不包括新教徒在当时为发动宗教战争筹措的军费。它们反映的特定部分收入的类别有时互不相同，它们通常遗漏了宗教战争期间层出不穷的各种各样的非经常收入筹集手段(如征收其他德尼埃税)。它们在包括(或者不包括)上一财政年度结转下一财政年度的借项(restes)方面各不相同。它们反映在不同账户之间结转或者可能出现在往来账户坏账(non-valeurs)的能力互不相同。它们远非总是包括已批准税收尤其是平民人头税在受战争负面影响的特定地区获准享受的减免(rabais, modération)。它们以不同的方式记录了从各省应缴收入中直接拨支的支出项目——有时，它们不能清晰地显示是否已从各省上缴收入中扣除这些支出项目。在战争期间，各省军队应召结集，并且由地方采用包括征收地方税(平民军费人头税)在内的不同手段动员资源来提供给养，但这些都没有列入皇家财政收入。这些财会文献只提供了拼图的局部画面，而不是整幅拼图：(从特定有利位置抓拍的)“画面”，而不是“录像”。

克拉格兰在使用这些存世文献时表现得非常谨慎，只用它们来证明某些具体的趋势，其中有两个趋势表现比较突出：一是名义税收增加；另一是皇家债务总体增加。克拉格兰只进行过两次总收入估计，一次是对 1576 年的总收

入，另一次是对 1588 年的总收入。在估计 1576 年的总收入时，他发现在 1576 年 12 月布洛瓦（Blois）三级会议上公开宣布的“一般”收入存在明显的不符。这一点毫不奇怪，因为王室是利用收入和王领转让在三级会议面前玩猫捉老鼠的游戏。皇家财政委员会代表很可能只披露一些能让三级会议设立的三十人委员会其他成员在看到皇家财政赤字和王室为即将采取的军事行动提出的特别财政措施主张时感到满意的数据。他们不愿透露关于皇家财政的详细情况，因为，一旦三十人委员会知道皇家财政的详细情况，就会要求对王领和其他资源转让问题进行全面调查。存世文献所记载的收入基本上没有超出王室在 1560 年奥尔良（Orléans）召开的全国三级会议上承认的金额。王室承认的收入金额几乎没有反映克拉格兰提供文献证明的临时批准征收的税收。如果考虑到通货膨胀的影响，所有这些收入仍不能反映当时的实际收入。日志文书和助理纪尧姆·德·泰（Guillaume de Taix）这个布洛瓦的机灵观察家，并不接受王室公布的数据。它根据“特别秘密情报”发表自己的观点表示，实际收入非常接近 1 600 万。[①] 纪尧姆·德·泰的观点提高了威尼斯驻法大使在 1575 年大胆估计的 1 500 万这个数据的可信度。[②] 1576 年的存世文献提供了 15 872 000 里弗尔这个数据（其中还不包括法院书记官职出让这个未达账收入项目），因此也支持了威尼斯驻法大使的观点。尽管如此，肖努（Chaunu）仍以看似完全合理的理由——威尼斯有乐观评估法国财政收入的习惯；1560～1576 年间的内战很可能已经削弱了法国的税基——不愿接受这么大的数值。[③]

1588 年的总收入也出现了类似的差额。克拉格兰再次提供了谨慎处理这些文献的标准，即同时根据居杨库尔（Guyencourt）的日记账和这份存世文献。[④] 从内部证据看，这份存世文献当时是为了提交 1588 年成立的 18 人委员会（commission des dix-huit）与国务和财政委员会（conseil d'état et des finances）官员开会审议国王财政状况而根据账册编制的，但后来很可能重做过，也许是在亨利三世驾崩以后。这个文献在 1593 年亨利四世接管其前任的

① Guillaume de Taix, *Mémoires des affaires du clergé de France* (Paris, 1625), p.69.

② N. Tommaseo, *Relations des ambassadeurs venitiens sur les affaires de France au XVIe siècle*, 2 vols (Paris, 1838).

③ P. Chaunu, ‘L'etat de finance’, in Chaunu and Gascon, *op.cit.*, p.173.

④ BN MS Fr 6,413, fol, 156r-v. 还请参阅文献“ibid., fol. 153r-v”中相同账册的节录。

债务时似乎发挥了重要作用。克拉格兰指出，这个文献并没有包括王领转让收入的数据，因为未来某个时候可能会赎回已转让王领的谎言是站不住脚的。如果把转让王领的收入包括在内，那么，法国皇家财政这一年的总收入(把埃居换算成里弗尔以后)就可达到 27 895 653 里弗尔。但在肖努看来，1588 年法国皇家财政收入应该位于 2 400～2 700 万里弗尔之间。[①] 表 6.2 以一种值得注意的方式显示了亨利三世治下名义税收的明显增加——克拉格兰把这说成“以一种简直是空前的登高步伐达到了超常的增幅高度”[②]。他还提到了皇家债务类似程度的增长，并且能够提供 1576 和 1588 年度堪与皇家税收相比的债务数据(见表 6.3)。

表 6.2　　1576 和 1588 年度法国皇家财政收入(图尔里弗尔)

收入类别	1576 年度	1588 年度
额外收入	300 000	480 000
林地和领地转让收入	3 300 000	1 651 349
贡金、销售税等收入	3 552 000	6 234 172
僧侣特别津贴收入	1 600 000	1 300 000
平民人头税	7 120 000	17 950 296

表 6.3　　1560～1588 年法兰西王国皇家债务估计额(图尔里弗尔)

年份	债务估计额
1560	41 000 000
1561	43 700 000
1576	101 000 000
1580	93 798 000
1588	133 380 000

克拉格兰接着又表示，1588 年记录的税收水平早在 1580 年已经达到过，并且在这十年剩下的时间里一直保持了下来。[③] 一些通常对这个问题并非不

① Chaunu and Gascon, *op.cit.*, pp.166, 174, 175.

② Clamageran, *op.cit.*, p.227.

③ Ibid., pp.228 - 44.

知情、与克拉格兰同时代的人肯定也留下了这种印象。[①] 但就如我们在下文将要看到的那样，存世皇家账册和各省账册都有这方面的证据，尽管法国皇家税收在16世纪80年代的大部分时间里能持续这么大幅度地增加这一点值得怀疑。此外，有几个原因可以解释为什么要谨慎对待1588年底和1589年初的任何估计数值。1588年的僧侣税总税收官账册表明，税收增加趋势就在这一年中断了。[②] 这本1588年的账册记录了一些反映难以确定能否完成增税任务的数据，并且在备注中指出，由于战争，"没有一个财政区不弄虚作假"（la faulte de fondz sur aulcunes généralité）。木材销售收入只是一些估计值，而平民人头税收入及其附加税都是一些想象的数据："根据这些虚假数据可推断出被占地区和民众无力所造成的坏账"。从某种程度上讲，这个皇家收入估计值应该被视为多少有点想象的因素，当然是凭空想象的因素，因为，除了这些不可测度的因素外，那么多的皇家收入（来源）已经被转让出去，并且已经被作为俸禄花掉，不然就是已经就地支用，实际可供王室支配的皇家收入几乎不到1/3。[③] 任何包括很大一部分王领收入的皇家收入估计值都必须被看作完全是理论上的皇家收入估计值。在这种情况下有一种值得注意的趋势，那就是财政总管高估皇家有可能获得的收入：抵押程度越高，他们对收入的估计往往就越乐观。

无论如何，我们都不应该过分沉迷于对规则、可比数据序列的渴望。账簿就像任何其他文献一样就是为了被"解读"而制作的。我们应该运用很少的存世文献（并不是全部克拉格兰所用的文献）来观察皇家财政管理官员如何以高超的技巧来现实地估计特定时期的皇家收入（和债务）以及在他们有效估计皇家可支配资源的能力受到极大限制的财政环境下如何尽量做好"危机管理"的。

---

① E.g. Pierre de l'Estoile（'car le roi qui avait dix millions d'or de revenu ne vivait plus que d'impositions et daces nouvelles, dont il dévorait son peuple et mettait ses sujets fors d'haleine ...' [1586]：L.-R. Lefèvre, ed., *Journal pour le règne de Henri III*, p.406 [hereafter cited as Estoile]; also Scipion de Gramont, *Le denier royal. Traicté curieux de l'or et de l'argent*（Paris, 1620）, pp.269－70.

② C. Michaud, *L'église et l'argent sous l'ancien Régime*（Paris, 1991）, pp.134－5.

③ 9 085 510里弗尔15苏：BN MS Fr 6,413, fol. 153r。

表 6.4 中 1574 年法国财政赤字的估计额显示了早期内战的影响程度。[①]这个估计额很可能是由各财政总管在 1573 年 12 月作为皇家财政年度预算的内容确定的,反映了皇家财政官员在预算黑洞中扮演的角色。估计"皇家委托征收"的平民人头税收入(相当于各省平民人头税收入)以及历年征收的平民人头税附加税(各省上缴的一般收入),并不是一项太难的事情。[②] 但在这些收入项目中,应该扣除皇家官吏的俸禄、各省上缴现金收入的押运费用、王室仆人的俸银以及要为已故君主之妻美第奇(Medici)家族的凯瑟琳(Catherine)和苏格兰玛丽女王(Mary Queen of Scots)准备嫁妆的花销。更难估计的是,那些并非由皇家委托但由皇家特许并由省财政总管征收的税收,主要包括各种贡金、商品税、关税以及王领转让收入。在这些收入中还应该包括其他财政官员,特别是僧侣税税收官(收到的什一税收入)、额外收入财政官员(卖官收入)和各种(与皇家财政委员会单独签订合约并被要求在来年把包税银缴给储蓄金库的)包税人收到的各种收入。这些收入都是特难估计的。僧侣缴纳的税收常用来支付巴黎市政厅担保发行的公债的利息。[③] 有些包税人(如葡萄酒出口税包税人)在 1573 年不可能上缴正常年份的包税银,因为那年葡萄歉收。[④]额外收入(在一定程度上)取决于能创设多少新的官职可供出卖,所以,额外收入流在一定程度上是不可知的。[⑤] 前几年还有一些欠税没有收上来,众所周知,这些欠税有多少能够收上来是很难精确估计的。欠税的收回数额要取决于多菲内(Dauphiné)、朗格多克、吉耶纳(Guyenne)、普瓦图(Poitou)和贝里(Berry)正在进行的反新教徒战争的结局。那么,这场战争会怎样影响这些省份的收入流呢?财政总管决定少估 50 万里弗尔。因此,根据他们最乐观的估计,1574 年皇家储蓄金库最多只能收到 4 634 952 里弗尔的收入。[⑥]

---

① BN MS Fr 17,810, fols 278 - 82v.

② 但是,它们的收入因为废除迫于 1573 年的政治压力而征收的 4 苏附加税而有所减少。

③ 账上只有 350 000 里弗尔 (fol. 278v).

④ 'Quant A l'augmentation des fermes du vin & Nouvelles imposition de dix solz pour chacun Muid sortant hors ce *Royaume* ne s'en peult *faire* estat pour lade Année prochaine A *loccasion* du Temps et de la petite Cueuillette de v̄in qui s'est faicte ce *cette dite* Année: Néant' (*ibid*).

⑤ 表 6.4 列示了他们的估算结果。

⑥ BN MS Dupuy 958, fols. 74v-76; 1574 年储蓄金库的收入状况(BN MS Fr 6,413, fols. 55r-58r)可用来证明当时法国财政的拮据程度,因为现金好像都已经有短期用途。

表6.4　1574年度法国皇家财政预算概算汇总

（图尔里弗尔；s表示苏；d表示德尼埃）

各省收入	小计	累加总计
—各省受托征收的税收和一般收入上缴概算额（减去废除4苏平民人头税附加税损失的税额）	6 676 043 13s.	
—特许税收入和各省一般收入上缴概算额（355.5万里弗尔的抵押收入和就地支用收入）	1 028 909 9s.10d.	7 704 952 2s. 10d.
减去		
—从各省收入直接支用的俸银、嫁妆费和其他项目费用	4 200 000	3 504 952 2s. 10d.
上缴储蓄金库的其他收入		
—僧侣税收入	350 000	
—出卖官职的额外收入	300 000	
—出售王领木材收入	200 000	
—其他到期包税银	680 000	5 134 952 2s. 6d.
减去		
受战争影响的财政区可能出现的收入缺口	500 000	4 633 952 12s. 6d.
1574年度储蓄金库支出概算额：		16 238 643 0s. 6d.

资料来源：见表6.1。

注：各总计值都取自存世账册；本章作者没有改正做账人所犯的差错。

储蓄金库可能要用这些收入应付很大的支出。查理九世(Charles IX)同时被卷入了法国西部和朗格多克的战事。1574年步兵和炮兵部队的估计开支加上1573年的欠款已经耗尽了储蓄金库收到的全部收入，没给王室修缮王宫或者支付仆人俸银和驻外使节费用留下分文。除了这些支出项目，王室还欠下了各种短期个人贷款，有些个人贷款是在签署圣日耳曼(St-Germain)和约之前欠下的，但大部分是在1572年以后欠下的，并且都记入了王室账户。法兰西王国无疑在16世纪初已经遭遇过入不敷出的情况，但当时它吸引和维护信用的能力并没有因为内战而受到削弱。圣巴托洛缪(St Bartholomew)大屠杀对法兰西皇家财政的影响从未得到充分的重视。随后与新教徒少数派重新发生的冲突导致皇家财政资源已经耗用到了极限，但同时又降低了达成令人满意的协商解决结果的政治可能性。而几个月后，亨利三世在继承王位的同时也继承了对于他的统治来说具有内在不稳定性和不可持续性的财政基础。在短期内，亨利三世除了为眼前需要不得不抵押未来收入外几乎没有任何可能改变这种状况的办法。

1574年的第二本重要存世账册记录了这一年度实际收到的收入[①]，先是采用常见的方式记录了各财政区的收入账[但缺少巴黎、沙隆(Chalons)和亚眠(Amiens)这三个最大财政区的收入账]。诺曼底省的上缴收入没有它的周边地区多，而卢瓦尔地区各财政区也能上缴可观的收入，因此就成了那些四处寻找可靠收入来源为已故国王遗孀准备嫁妆的财政区的理想目标。这份存世账册也记录了受战争影响最严重的省份的收入账，但从账面上看好像并没有受到任何影响。这本存世账册在这方面就像在其他方面一样，旨在强调皇家财政处于正常状态，并详细记录了1573和1574两个年度的王领收入、王领收益权转让收入、王领所有权出售收入以及不同寻常的木材销售收入。这本账册还记录了数额很大的新的特别税收入，这些特别税通常被设计成按比例计享受特权的城镇税负要重于"听话"的乡村(*plat pays*)：一种以全国教堂钟楼为课征对象的特别税在1574年征收到了376 276里弗尔；而有城墙的城镇缴纳被称为"特别津贴"的特别税产出了617 116里弗尔。因此，部分预期收入缺口通过增加以城镇特权阶层为纳税主体的税收来弥补。

这本存世账册的主要特点是详细罗列了非常收入项目。通过这些收入项目，法国王室能够以紧急需要为由快速动员大量资金。亨利三世从波兰回来继承了一个反新教徒行动陷入困境的王国。王室已经向新教徒做出议和试探。然而，新教徒参与了查理九世在他在位的最后几个月里策划的阴谋，这足以让新国王(和他的谋士们)相信，这可是一个不可错过的机会，既有利于发起反新教徒叛乱分子的有力行动，又能增强新国王权威毋庸置疑的感觉。结果就是法国推行了只有瓦卢瓦王朝专制君主才能明白是怎么回事的"应急"财政。亨利三世和他的廷臣们从1574年9月初到年底差不多用了4个月的时间才抵达里昂，再到罗纳河谷(Rhône Valley)。[②] 本来就已经经济拮据的各地居民由于受到教派意识的影响而被说服，或者被强制要求提供贷款、赠款或保证金支持内战。马赛的居民提供了20 000里弗尔的"贷款"，阿尔勒(Arles)城

---

① BN MS Dupuy 958, fols. 74v－76; that from the treasurer of the *épargne* for 1574 (BN MS Fr 6,413, fols. 55r－58r) serves to confirm the degree of desperation in the treasury as it looked for ready sources of liquidity to tap for short-term purposes.

② P. Chevallier, *Henri III* (Paris, 1985), pp.257－77.

的居民也提供了“贷款”(10 000 里弗尔)。[①] 里昂提供了 30 000 里弗尔的赠款。[②] 提供“贷款”或者“赠款”也很可能成为交易，因为“贷款”或者“赠款”的提供者能够通过提供“贷款”或者“赠款”来扩大自己的特权。格拉斯(Grasse)肯定是花钱买下了镇上的一家法院，而总部在京城的普鲁旺斯审计院“为了要国王承认他们的权利”也很乐意与国王分享收入。[③] 多菲纳的三级会议为了取消本省的一些官职也愿意支付大笔费用。朗格多克的三级会议[国王亲自参加了 1574 年秋天朗格多克三级会议在圣埃斯普利(St Esprit)召开的会议]“必须”向驻扎在于泽(Uzès)的皇家军队提供 34 798 里弗尔。阿维农(Avignon)的银行家，尤其是意大利银行家路易吉·达迪雅西埃托(Luigi d'Adjacieto)就如他们的里昂同行，懂得自己应该在什么时候“出血”。居住在里昂的意大利人必须提醒自己，他们作为侨民居住在这座城市全靠法兰西国王的恩典和仁慈，就凭这一点也应该献上 58 000 里弗尔。王室周期性的短期流动性短缺问题也反映在了存世账册上。[④] 存世账册还记录了向王廷不同官员个人借的钱、向王廷和省皇家司库借的钱以及同意给一些捐班官员(按规定价格)增加俸禄而收进的价款[⑤]，而这些科目在王室签署的常规包税合同展期时全都加进了合同。存世账册中还有证据表明有人曾为说服巴黎和一些省份资助亨利三世支持的其他省的军队做过努力。巴黎被迫提供 60 万里弗尔的贷款(其中的部分贷款是靠发行公债筹集的)。[⑥] 诺曼底省除了平时征收的托收税外，还另外征收了 10 万里弗尔资助“亲切和蔼的元帅先生”(‘Monsieur le maréchal mignon’)雅克·德·马蒂尼翁(Jacques de Matignon)率领的部队。[⑦] 除此之外，诺曼底

---

① BN MS Fr 6,413 fol. 57r.

② *Ibid.*, fol. 56v

③ *Ibid.*, fol. 57r.

④ Estoile 指出，阿维农王廷很穷，国王男侍们不得不拿自己的斗篷作抵押为国王借到了 5 000 里弗尔，而王太后不得不减少自己的随从人数。Estoile 还在第 52 页指出，“当时宫里都只在谈论断命的钱，真是穷死、愁死人了……”(‘On ne parloit lors à la cour que de cediable d'argent, qu'on disait être mort et trépassé ... ’)。

⑤ 如“廷臣都变卖了银质餐具”(获得 26 189 里弗尔 2 苏)。

⑥ “巴黎城 60 万里弗尔的贷款实际只收到了 30 万……”Estoile 记述了国王秘书 Pinart 到巴黎与市政当局秘密谈判贷款(以及之前一笔贷款余款的问题)一事。“但 Pinart 得到了冷冰冰的回答”：Estoile, pp.53 - 4。

⑦ BN MS Fr 6,413, fol. 56r；临到这个会计年度结束时只收到 92 805 里弗尔。

省还没收了新教徒反叛分子的财产——在内战期间始终是一个诱人但难以确定的收入来源——筹集到了一笔数额较小的款子。[①] 许多诺曼底贵族也被要求捐钱。最后，存世账册上还有关于非常收入的记载。一些投机金融家或者献计者纷纷向王室建言献策，有些建议还非常诱人。有人建议国王创设一个机构负责转让或者发包另外一部分具有潜在营利性的王权，或者再加有效地开发利用已转让收益权的那部分王领。这些收入项目，就单个而言，相对来说微不足道。然而，合在一起，它们又帮助王室创造了 4 123 789 里弗尔的收入，并且向我们揭示了法国皇家财政在宗教战争期间形成的一些关键元素——动员信用、财政创新、行动自主、确保流动性。1574 年的存世账册并没有告诉我们法国皇家数额很大的财政总收入，但让我们看到了专制君主制在筹款创收方面能起到的重要作用。但不管怎样，这样的财政资源动员方式是有它的代价的。抵押未来收入和举借新债是占据后来存世文献大部分篇幅的主题。

接下来一个年度(1575 年度)零散的存世账册展现了一种相当不同的皇家财政状况。[②] 新国王决心要把自己的意志凌驾于整个王国之上的这场赌博没有取得成功，而新教徒在一定程度上多亏了天主教保王党中的不满分子这些新盟友，才经受住了法王对他们实施的打击。皇家财政总监开始务实地评估各财政区的收入流，试图确定膨胀后的支出与收入之间可能出现的实际缺口，并且筹划为弥补收支缺口必须采取的措施。这部分存世账册尽管内容比较粗略，但反映了内战的影响：有些财政区没有出现在存世账册上，而没有出现在存世账册上的原因不是这些财政区就地支用收入大于应缴收入，就是王室几乎没有从这些财政区收到任何上缴收入。普瓦捷(Poitiers)和波尔多(Bordeaux)这两个往年的平民人头税大户，据存世账册记录，“由于战争”而几乎没有上缴分文。蒙佩里埃(Montpellier)和图卢兹(按面积计)这两个创收大户也几乎分文未缴。里摩日(Limoges)的皇家财政官也不能确定是否能收到钱。[③] 里翁(Riom)、多菲纳和普鲁旺斯“费用”负担过重，那年没有对国家财政做任何贡献。布尔日(Bourges)那年正在为亨利三世的母后路易斯·德·沃代蒙

① 从诺曼底省只弄到 4 600 里弗尔，这也反映了宗教战争时期其他省份的税收低产出。

② BN MS Fr 6 413, fol. 61r-v.

③ “……如果没有发生战争”，应该能产出 14 万里弗尔。

(Louise de Vaudémont)采办嫁妆。对于一个君主国来说，为先王遗孀准备嫁妆而承担了过重的捐款。与上一年相比，1575年度平民人头税的收入大幅度减少。即使把支出限制在存世账册上的设定额度，仍有很多完全不能延期的短期负债。[1] 即使不考虑1575年的宪兵部队开支或者其他军事行动支出，更不用说1574年发生的债务，1575年度的收支缺口据估计仍要超过200万里弗尔。这本存世账册上的最后一个大项是"满足支出所需的手段"(Les moiens pour y satisfaire)。这个收入大项罗列了各种非常收入，并且注明了大致的估计金额，内容包括创设新机构(为图卢兹最高法院创设一个申诉院，在整个王国推广宣誓木匠和石匠制度，等等)，还有其他各种创收措施。但是，非常收入预算金额仍不到预期收入缺口的一半——而预期收入缺口本身也远不能代表实际赤字。随着1576年的临近，法国王室面临潜在危机的速度和严重程度，在某种程度上就成了王室签署慷慨的"大亲王和约"(peace of Monsieur)和在布卢瓦召开全国三级会议的背景，而大亲王和约[即博略(Beaulieu)和约]被写入了1576年5月6日发布的博略敕令。法国王室试图通过增加非常收入四处借钱，而不是增加托收税收收入(平民人头税、平民人头税附加税、贡金等)来维持自己在内战时期的权威的做法，到了这个时候已经进入了一条没出路的死胡同。就像肖努所说的那样，在内战第一阶段，"法国虽然遭遇了战争，但并没有真正为战争付出代价"(la France subissait la guerre 'sans véritablement la payer)。[2] 战争的代价是必须要承担的，只是推迟了一些时间。而亨利三世在他剩余的在位时间里，为设法解决这个基本的现实问题而作出的努力，至少从财政的角度看是有问题的。亨利三世努力的结果部分表现为收入显著增加，而更多则反映了他的财政改革决心。

法国就是在这个时期做出了内战时期持续时间最长的王国财政管理改革努力，并且于1583～1584年度在圣日耳曼昂莱(St-Germain-en-Laye)召开名

---

① 这本账册有一个副标题"其他不能拖延的应付账款"(Aultres parties deues au paiement desquelles ne peult estre differe)。

② Chaunu and Gascon, *op.cit.*, p.141.

人会议以后达到了登峰造极的地步。不过，大量的基础工作是在前几年完成的，但因常有可能把法国重新卷入内战的政治不稳定局势或许会持续下去而受到阻挠。① 在那个时代的人看来，改革也许不可避免地应该先从赎回已转让收益权尤其是王林收益权开始。1578 年，王室派人进行了一次王领收入调查。② 在这次调查以后，也就是 1580 年，一个成员人数更多的委员会对已转让王领收益权进行了调查，并且提交了一份报告。③ 至此，国王对涉及面更加广泛的税收改革的兴趣已经显而易见。在亨利三世的私人书房里发现的一本题献给国王的《论法国财政》(*Traitté des Finances de France*)对法国皇家财政资源进行了务实的初步估计。这部论著的第一部分广泛讨论了王领问题，并且对王领应有的价值进行了估计；而第二部分更加广泛地讨论了委托收税的问题，旨在解释为什么路易十二治下的税收水平由于货币贬值而完全失去了它的重要性。④ 这篇论文与那些年完成的许多其他论文一起反映了那个时代的学者所关心的皇家财政管理问题。⑤ 因此，在那个时期的账册中也能发现体现"改革"焦点问题的数据，也就不足为奇了。就如其他领域的改革动力来自

① 请参阅文献：A. Karcher, 'L'Assemblée des Notables de Saint-Germain-en-Laye, 1583', *Bibliotheque de l'Ecole des Chartes*, 104 (1956), 115－62。

② 1578 年 1 月 8 日，调查委员会分别致信 Christophe de Thou、Antoine de Nicolay、Camus de Saint-Bonnet、Robert Marcel 和巴黎各司库，告诉他们发现了非法转让王领的交易，对持有转让王领权利的人处罚了罚金，并且已经把罚金缴给由 de Thou、Nicolay 和 Bellievre 掌管的金库。1579 年 5 月 10 日，国王颁诏要求全国最高法院规定专门安排一天审理有关王领交易的诉讼案，以迅速审理积压的案子，并加快改革进程。

③ 文献"BN MS Dupuy 233, fols. 15－16"含有一份对调查委员会的最终报告的概述。据调查委员会估计，已转让王领只能分多年逐步赎回。1581 年 10 月，国王任命了一名负责保全王领的总稽查，其职责就是追查王领非法转让交易，与已转让王领持有人重新进行谈判，详细盘点各种王权，并且以王室的名义为重申王权提起法律诉讼。

④ *Traitté des finances de France, de l'institution d'icelles, de leurs sortes et especes, de ce a quoy elles sont destinees, des moiens d'en faire fonds, de les bien employer et d'en faire reserrer au besoin*, in Cimber and d' Anjou, *Archives curieuses de l'histoire de France*, ix (although without the preface to the king). 从亨利三世 1580 年 11 月 1 日写的信(*Lettres d'Henri III*…)的内容看，这篇论文肯定出于 Bernard Girard du Haillan 之手。法国国家图书馆收藏的这篇论文 17 世纪的一个副本(BN MS Fr 11,165, fols. 67－79)显示，它是按照亨利三世书房里的原件复制的。

⑤ 其中包括以下作者的基本观点：Jean le Grand, *Instruction sur le faits des finances et Chambres des Comptes* (Paris, 1582); Philibert Boyer, *L'instruction pour le fait des finances* (n.d., c. 1580); Jean Hennequin, *Guidon general des financiers* ... (Paris, 1585); and Jean Combes, *Traité des tailles, & aultres charges, & subsides, tant ordinaires, que extraordinaire qui se leuent en France* (Paris, 1575)。

在某种程度上发现相关领域真实情况的调查那样，因此，法国王室也试图通过审查1580年度的账册来了解最糟糕的财政状况所在。1580年的“债务简报”(Bref estat des debtes)反映了各财政总管如何设法把被他们归入“皇家债务”(royal debt)的各种债务合并在一起的。[①] 这些债务金额都保留到整数，想必只是一些粗略的估计值。首先是已经变卖或者转让的王领，这可以根据4名专员估计的数值来推算；然后是王领的重置租金(rentes constituées on the domain)，估计值好像是根据年租金计算的。再下面是一个不同的重要项目，那就是列在“司法和书记官职位”(greffes et clerz de greffe)类别下与王领有关的已转让的司法和文书职位。通过巴黎城和王国其他城镇以这些捐班缴纳的特别津贴为质押发行的公债，根据处理这些账款的税收官收到的收入相对比较容易估算。但这方面最难处理的部分，因而也是这类项目中最不确定的元素，就是多年累积的“不定期债务”。这些债务虽然所借的钱“国王没有用过”(non employez es estats du Roy)，但却要用“国王手中的现金”(comptants à la main du roi)来偿还。这些债务中有欠瑞士、神圣罗马帝国自由城市、梅茨(Metz)、威尼斯和托斯卡纳(Tuscany)的外债——数额巨大，因此在财政总管们看来是皇家政策最敏感的部分。账册中还有王室成员个人向银行家借的贷款以及在巴黎、鲁昂和法国其他城市与市政当局一起为王室在“里昂大、小筹款聚会”上——在内战爆发以前——欠下的其他债务作担保举借的追加贷款。所有这些债务总计高达93 798 500里弗尔，略低于前几年在布卢瓦召开的全国三级会议上宣布的债务——表明前几年的债务额被高估，或者说，重组和偿还债务的努力已经开始收到一些效果。

1580年度的皇家财政概算书同样也想反映真实的财政状况，把重点放在了“确能收进款项”(recepte certaine)上。在这个财政年度的概算表中出现了一些与常见项目名称不同的名称。首先，根据各财政区的账目，可以相对比较容易地估算扣除就地支用项目、长期公债和其他扣除地方扣项后的托收收入和额外收入，但这两种收入的估算结果并不令人鼓舞。[②] 其次，概算表中有一

① BN MS Dupuy 233, fol. 52.

② 在文献“BN MS Fr 6,413, fol. 98r”中是4 440 647里弗尔。

些已经占用或者规定用途但如需要可改变用途(à la charge de reprinse)的收入。这类收入可以说是王室进行改革尝试取得的初步成果,因为这些收入项目是为解除它们的债务抵押而发包给王室银行家的王领收入和盐税收入。[①] 同样的情况也适用于除"五大包税"(cinq grosses fermes)以外的某些更加重要的关税。[②] 解除王室资产债务抵押的过程显然是取得了某些进展。[③] 概算表中的第三类数据是可收收入拖欠款估计额。1580 年,国王部分是根据地区财政官的建议准许财政最拮据的地区享受各种减免。在进行概算时,应该把这些减免项目和其他谈定的减免项目一同考虑进去。同样,也应该把主要是在西南地区维持低水平军事行动和海军活动的拨款考虑进去。[④] 在三个不同版本的概算书中有两个版本给出了相差很大的收支缺口估计值。[⑤]

不管怎样,法国皇家财政出现了严重的赤字。为了弥补财政赤字,各地的财政总管从一开始就盯上了法国社会的特权阶层,不过,这也不是第一次。1580 年 2 月,王室与教会签署了一份新契约,实际上是把僧侣缴纳的年度特别津贴又展期 6 年,但税率照旧不变。[⑥] 虽然僧侣已经是 16 世纪 50 年代"法国皇家财政的重要收入来源"(la grande ressource du fisc),但是,皇家财政能对他们做的也就这么多了。前几年已经达到登峰造极地步的各省之间的纷争已经使国王和他的谋士们很不舒服地意识到,从"听话地区"(plat pays)的税收情况来看,它们已经达到了可以忍耐的极限。[⑦] 在宗教战争期间,国王谋士们的基本愿望之一就是设法攫取王国享受特权的城市的财富,而且也是包括 1596～1597 年度在鲁昂召开的名人会议在内的多次名人会议一直关心的问题。在内战期间,已经对"有城墙的城镇"征收过一系列的特别津贴。在 1580

---

① E.g. *ibid.*, 'Du party de Rucellai sur les gabelles du sel au lieu du Rachapt quil doibt fere de 60,000 livres de Rente ... 240,000 ecus'.

② E.g. *ibid.*, 'De la ferme de la douanne de Lyon affectée aux srs de Gondi ... 100,000 écus'.

③ 180 200 里弗尔。

④ 就在向法国王廷贷款的银行家中就有葡萄牙银行家 Alvaro Mendes。

⑤ 文献"BN MS Fr 6,413, fol. 91v"中是 1 483 476 里弗尔;文献"Ibid., fol. 96r"中给出的赤字数据是 2 625 922 里弗尔。

⑥ Michaud, *op.cit.*, p.17.

⑦ M. Greengrass, 'Dissension *in* the Provinces under Henry III, 1574 - 1585' *in* J. R. L. Highfield and R. Jeffs, eds., *The Crown and Local Communities in England and France in the Fifteenth Century* (Gloucester, 1981), pp.167 - 9.

年8月21日卢浮宫举行的名人会议上提出的提案中显然有建议重新开征这类税收的提案。尽管与会者对于这一提案的反应可以想见一定是反对,但关于这次名人会议的内容,我们知之甚少。按照德·图(de Thou)的说法,会议主持人塞吉埃(Séguier)听到这个提议,立刻把矛头指向了皇家财政官员,认为他们才是这份恶毒提案的始作俑者;而在场的皇家财政官员矢口否认并发问"拉塞尔在哪里,萨迪纳和詹姆蒂在哪里"(Où est Ruscelai, où est Sardine et Zametti?)。1580年度的账册有一笔占比明显不大的由筑有城墙城镇缴纳的特别津贴。[①] 为了弥补剩下的收支缺口,各地财政总管建议采取"分散节支和推迟付款"并举的策略,而不是滥用非常收入资源。[②] 1/4的捐班停发俸银(gage),为国王效力的宪兵和步兵部队的军饷也将缩减;有些拨款被推迟到下一年度,另外计划将新设一些官职出售。[③] 对于一个刚刚勉强恢复和平的王国来说,财政改革没有坦途可走。

应该明确强调亨利三世在位时期全部存世财政文献中最奇特报表的诸多难懂之处。从形式上看,这是一张在1581年或者1581年后不久某日呈递法王的试算表(见表6.5)。[④] 我们不知道这张报表是谁做的,只知道它是17世纪的一份副本。这张表格是根据关于上个世纪法国皇家财政收入变化趋势的系统研究制作的。[⑤] 这张表格很可能是由一个参加1583年名人会议的贵族请人制作的。制作这张表格的目的可能是要提醒法国君主他所面对的财政风险。高卢人因为讨厌罗马税收而推翻了罗马人的统治。在那黑暗的王政时代,那些凭借私权力征税的人确实承担了后果。"民众揭竿而起,直至反对他们的君主和王室头号行政官"。这样的例子举不胜举。克洛维一世(Clovis I)的父亲希尔德里克一世(Childeric)"因强征暴敛"(par salubricite et grandes Exactions)而被赶下了王位。西奥多里克(Theodoric)应该吸取了同样的教训。从法国财政的角度看,法国历史漫长的篇章没翻过几页就来到瓦卢瓦王朝统治末期。

---

① 据计算,1580年收到了80万里弗尔的特别津贴。

② BN MS Fr 6,413, fol. 96r.

③ 'Les deniers provenans des offices dadvocats et adjoinctz ... 30,000 ecus'(最后一批捐班"捐献"了3万埃居)。

④ BN MS Fr 23,051, fols. 128v-138r.

⑤ 文献"BN MS Dupuy 958"收入的报表可能也是出自这份备忘录的作者之手。

利用几张尽可能临近新国王登基的财政收支概算表，再加上 1581 年的概算表，就能完成对这个时期法国皇家财政状况的描述。1581 年概算表的备注有提醒读者注意货币价值变化的内容。但即便如此，这张概算表中的数据无疑也给人以这样一种印象：瓦卢瓦王朝统治因不顾患上“财政暴食症”的风险而面临迫在眉睫的严重危险(而且，这种印象比概算中的各个总额是否反映完整的皇家财政状况更加重要)。这是我们掌握的那个时代对法兰西王国财政历史进行真正、持续的比较为数很少的例子之一。财政改革的需要不可能比这更加明确，而 1583 年的名人会议集中讨论了这个问题。那些曾设法从在前几年名人会议上积累的实际经验学到点东西的皇家技术官僚列席参加了 1583 年的名人会议。阿林·卡尔谢—瓦莱(Aline Karcher-Vallée)已经详细讲述过这次名人会议讨论的问题和提出的解决方案。然而，会议上提出的措施究竟能产生多大效果难以确定。1585 年度的拟定财政赤字肯定小于存世文献所记录的 1580 年度的财政赤字，但要消灭财政赤字仍任重而道远。[1] 不管怎样，财政改革在王室最忠实的追随者中间引起了极大的不满。而且，这种不满情绪在决心要立刻终止 16 世纪 80 年代初开始的改革努力的联盟中暴露无遗。

表 6.5　由一个消息灵通的观察家的文献佐证的 1581 年前后法国皇家财政收入趋势(图尔里弗尔)

年　度	收　入		
	里弗尔	苏(s.)	德尼埃(d.)
1497 年	3 461 619	5	6
1514 年	4 865 617	19	6
1547 年	8 017 156	16	0
1559 年	12 098 563	6	11
1560 年	9 104 970	0	6
1574 年	8 628 094	0	4
1581 年	31 654 465	12	4

资料来源：见表 6.1。

① 1 091 197 里弗尔：MS Fr 6，413，fol. 113r. Kircher, *op.cit.*, p.161。该文献表示，名人会议结束后不久，法国王室几乎实现了预算平衡。但这多少有那么点夸张之嫌。

从外省的视角看法国王室做出的财政努力，是17世纪法国财政史研究的一个特点。不过，向上追溯到16世纪的法国财政史研究通常没有这个特点。[①] 迄今为止，只有一项基于多菲纳的现代研究报告为我们提供了大量的相关数据。[②] 多菲纳是16世纪对法国皇家财政贡献既少又不好的外围省份之一。如果我们来看在该省征收的正式平民人头税（根据一种名叫“lançons”的文献——这种文献是由该省三级会议编纂并散发给地方社区的，但到了16世纪就越来越经常由省府官员编纂），那么，多菲纳的实际情况就与克拉格兰介绍的情况大相径庭。首先，官府税收的名义税率在1573～1576年这个时期大幅度上涨。但事实上，拿16世纪80年代与70年代比较，多菲纳为王室征收的年均税收有所减少。其次，如果按格勒诺布尔（Grenoble）市场的小麦价格指数计算，那么，多菲纳的平民人头税与1589年前的任何时期相比增幅都不很显著。高税时期出现在16世纪90年代。第三，正式平民人头税的征收要经省三级会议批准，实际收入与地方乡镇要求和缴纳的金额不同。以1573～1599年间12个乡镇正式收到和实际要求缴纳的税款差额为例，两者相差巨大——有几个乡镇，尤其是在16世纪90年代同盟战打得最激烈时，后者是前者的2倍多。[③] 虽然有些地方的情况可能有点过分，应缴税额与实际上缴税款之间的差额主要是由征收成本高、扣除为弥补收支缺口而借的短期贷款，但首先是由地方军费负担和需要造成的。多菲纳省圣安东尼（Saint-Antoine）镇的名人会议代表和理事厄斯塔什·皮埃蒙（Eustache Piémond）在日记里记下了当地驻军和路过军队没完没了、相互攀比的要求，地方债务造成的高成本和财政脆弱性，以及为了确保他们的优惠待遇而必须支付给官员和地方贵族酬金

① J. B. Collins, *Fiscal Limits of Absolutism. Direct Taxation in Early Seventeenth Century France* (Berkeley, California, 1988); W. Beik, *Absolutism and Society in Seventeenth-Century France* (Cambridge, 1985).

② D. Hickey, *The Coming of French Absolutism: The Struggle for Tax Reform in the Province of Dauphine, 1540 - 1650* (Toronto, 1986), ch. 2. 还请参阅文献：L. S. Van Doren, 'Civil War Taxation and the Foundations of Fiscal Absolutism', *Proceedings of the Third Annual Meeting of the Western Society for French Historical Studies* (1976), 35 - 53.

③ *Ibid.*, p.37.

等情况——所有这些费用全都要从省税收入中扣除，当然也要从国税税收中扣除。[①] 雷内—罗兰·拉·巴尔(René-Laurent La Barre)回忆起了他在同盟战期间作为诺曼底民选官的亲身经历，并且把这种现象说成是如同资源会永久消失一样的难题："即使增税，国王实际收到的收入仍会减少"。[②]

多菲纳省未经王室同意就把国税收入用于满足地方需要的现象倒是不易发现，但在邻省朗格多克，由于地方征税机制要透明得多，因此，上述现象比较容易发现。朗格多克是一个其财政贡献完全不能反映其面积、财富或者人口的地区。它对皇家税收的贡献是由省三级会议根据一些无疑是秘密的安排和规则居中斡旋确定的。[③] 但在省三级会议以下，这个幅员辽阔的省份被分成了22个"民政"主教区，有时(但并非总是)与教会的行政区划相对应。地方税收是在主教区一级确定和征收的。地方税的征收由地方三级会议下属的一个名叫"税基"(assiette)的委员会举行例会(有时每年举行几次)决定，然后由主教区税收官执行，并由代表主教区三级会议行使权力的理事协助。主教区税收官以主教区三级会议的名义征税，然后把属于省三级会议的那部分税收缴给省三级会议，这部分税收相当于构成省应缴皇家直接税主要部分的货物入市税和贡金。"税基"委员会就其他各种更具地方性的问题投票决定征收多少税费，包括当地桥梁维修、给当地修道院的特别津贴、现金或实物军费捐献、偿还债务以及会议经费和官员俸禄。如果某个乡镇需要为部队提供住宿、给军马提供饲料或给军队提供给养，那么通常就会请求主教区的其他乡镇与自己分担责任[这叫"均摊"(esgallsaition)]。这种"均摊"绝不会影响皇家税收专员、省长或者军队副官再加重主教区的税负，但也确实意味着地方有分摊税负的手段，而且地方税收员和地方官员履行职务也有一定程度的透明度。

16世纪晚期主教区尤其是低地地区附近主教区税基委员会的存世文献肯定是不完整的，但图卢兹的主教区档案文献由这个"听话"地区的两个重镇的执行官孟德斯鸠(Montesquieu)和蒙特吉斯卡尔(Montgiscard)保管，因此情

---

① J. Brun-Durand, ed., *Mémoires d'Eustache Pibnond* (*1572 - 1608*) (Valence, 1885).

② Rene-Laurent La Barre, *Formulaire des esleus* ... (Rouen, 1622), p.358.

③ A. Spent, 'La taille en Languedoc, de 1450 a *1515*', *Annales du Midi*, 2 (1890), 365 - 84, 478 - 513; iii 159.

况还过得去。每个主教区有多个税基委员会，[①]所以有很多概算表[②]，而这些概算表能比计算税基委员会存世数据得出的结果更加可靠地反映主教区当局每年下令征收多少税收。[③] 此外，还有一些主教区税收官和行政官的账册存世。[④]

对于主教区从图卢兹管辖的村庄到罗拉盖(Lauragais)和里约(Rieux)总司法管辖区(jugerie)的165个乡镇，我们能够从最基层的视角来重构当时朗格多克省复杂的征税情况。[⑤] 不管怎样，省城位于主教区的中心，朗格多克省的省城就是图卢兹。图卢兹是有城墙的城镇，它享受旧时的特权，因此不用缴纳省税和其他主教区收费。图卢兹只是在它觉得对自己有利时才例外缴纳一点主教区防卫费。

主教区三级会议的不变责任就是履行省三级会议规定的义务，并且安排缴纳主教区承担、在全省课征的那部分贡金和货物入市税以及各种变得与主教区关系越来越大的附加税和增税。这些都是经税基委员会同意并由任命税收官[常规税税收官(receveur ordinaire)]为主教区征收的“常规”收入。1572年以后，(这些税收官成为皇家官员的主教区)皇家官吏的俸禄(gage)也由常规税收税务官出钱支付。然而，“常规”和“特别”之间的区分只是参考一种历史性的收入区分，与税收官的职责没有任何实际关系。“特别”税收的不同组成部分也与朗格多克三级会议审议通过的省级税负(如为驻扎在省里的部队支付军饷，分担省三级会议的费用)有关。[⑥] 主教区内课征的(更多)其他税收

---

① [Toulouse,] AD Haute-Garonne C 999 (1561－68); C 1000 (1569－79); C 1001 (1580－9).

② AD Haute-Garonne C 987 (1580－99).还有一些税收官征收但被计入蒙佩里埃审计院账户的税收，我们没有查阅这些收入的正式报表。这些报表现在归入了文献“[Montpellier,] AD Hérault C 20.606－620 for the reign of Henri III”。

③ 税基委员会通常每年举行多次会议随时处理不同的筹款问题，它们的审议内容并非都有记录，因此很有可能与其他存世数据不相匹配。因此，有时也难以从它们的会议记录中摘取相关的详细信息。

④ AD Haute-Garonne C 753－4: Accounts of Me François Michaellis, *receveur particulier et électif du diocèse de Toulouse* (and his successor and relative, Guillaume Michaellis); 1580; 1581; 1582; 1586; 1587; 1589.文献“C 693－6 ”中有这个时期理事们的账册。

⑤ *Ibid.*, C 1542 (*Arpentement général du diocèse de Toulouse*).

⑥ 主教区三级会议与省三级会议的行政费用直到1606年才在省相关账册中正式分列。

都由专门任命的特别税税收官[特别税税收官(receveur extraordinaire)]负责征收。税基委员会还经常批准征收其他税费,用于支付主教区行政管理费用,以广大居民的名义兴办公共工程,为本省利益的保护者慷慨解囊,并且(在内战期间)还为保护本主教区的利益筹款。课征这样的税费也可以由省长、主教区三级会议在征得列席参加会议的国王特派专员(commissaire du roi)同意后授权,或者由国王直接颁诏特许授权。直到 17 世纪初,朗格多克各主教区在没有获得国王直接特许的情况下通过课征特别税收筹款的行为才受到了严格的限制。[1]

但是,(驻守在图卢兹城的)财政区财政官经常设法给征收未获得王廷批准的税费制造麻烦。[2] 结果,主教区行政当局经常想自己的官员借钱应急,然后再书面申请特许权征税来偿还积欠的债务。一旦出现这种情况,除了建议国王签发书面特许状外,皇家官员也无计可施(还有就是核实主教区积欠的债务是否有它们申报的那么多)。宗教战争期间,王廷在朗格多克各主教区创设特别税税收官职位出售的根本用意,很可能就是限制它们的征税自主性,并且提高它们的责任心,但实际上,此举好像没有收到预期的效果。通常,还是以前的税收官出钱购买特别税税收官的职位,他们仍像过去那样作为主教区官员,而不是皇家官员征税。有时,主教区自己买下这些官职,并且采用通常的方式在本教区收取买官费用[就如 1585 年创设了一种轮值税收官(receveur alternatif)职位,1589 年被图卢兹主教区买下]。[3] 所以,在地方层面就像在国家层面,借债和筹钱还债作为一种财政模式的不同组成部分相互交织在了一起。图卢兹主教区在宗教战争期间采用的筹款方式完全不同于法国皇家收入账册所记录的任何筹款方式。

表 6.6 再现了图卢兹主教区在宗教战争时期所选年份里征收的各种税费。

---

① 请参阅文献:E. Delcambre, *Les états du Velay des origines à 1642* (Saint-Etienne, 1938), p.187。

② 尽管国王 1578 年 5 月颁发的诏书规定了朗格多克省各主教区在不申请特许状可征收的税费金额,但图卢兹主教区仍遭到了财政区财政官员的阻挠。他们阻挠图卢兹主教区征收一种紧急收费,直到 1583 年 6 月获得国王颁发的特许状为止(AD Haute-Garonne c 809)。

③ *Ibid.*, C 3264 fol. 116v (1585 年 12 月 31 日,François Delpuech 先生以 12 000 里弗尔的价格和 1 500 里弗尔的规定俸银买下了这个官职)。

当然，表中所列的税费应该被视为这个地区所收税费的很小一部分，而且应该加上图卢兹城分开征收的各种税费(见表 6.7)。图卢兹城的历任行政长官(capitoul)既为本城的财政用途，也为缴纳有城墙城镇特别津贴而筹款。要想更加全面地反映这个主教区那些年征收的全部税费，应该把僧侣什一税包括在内。这些数据所反映的趋势可以与蒙佩里埃民政主教区的存世账册(见表 6.8)进行比较。[①] 在图卢兹主教区和蒙佩里埃主教区的收入数据分析中，都有一些年份不是数据不全，就是没有得到分析。

表 6.6　　宗教战争时期图卢兹主教区征收的税费(图尔里弗尔)

年　份	税费总额	年　份	税费总额
1556 年	61 577	1579 年	—
1557 年	67 688	1580 年	—
1558 年	61 968	1581 年	49 559
1559 年	56 545	1582 年	61 476
1560 年	—	1583 年	55 079
1561 年	48 665	1584 年	30 141
1562 年	58 992	1585 年	48 929
1563 年	50 841	1586 年	68 955
1564 年	36 005	1587 年	55 785
1565 年	49 214	1588 年	81 989
1566 年	43 615	1589 年	59 869
1567 年	39 812	1590 年	72 539
1568 年	80 210	1591 年	141 173
1569 年	—	1592 年	131 430
1570 年	—	1593 年	158 303
1571 年	—	1594 年	156 354
1572 年	—	1595 年	159 827
1573 年	—	1596 年	80 521
1574 年	—	1597 年	126 322
1575 年	—	1598 年	—
1576 年	—	1599 年	110 070
1577 年	—	1600 年	101 165
1578 年	—		

① From sources and table presented in M. Greengrass, 'Henri de Montmorency-Damville et l'administration des années provinciales de Languedoc' in *Avenement d'henri IV. Quatrième centenaire* (Pau, 1989), p.119.

表 6.7　　　　1574～1589 年图卢兹城征收的税费总额(图尔里弗尔)

年　度	税 费 总 额		
	里弗尔	苏	德尼埃
1574 年	119 354	17	4
1575 年	107 608	7	2
1576 年	109 936	4	3
1577 年	100 015	5	5
1578 年	184 182	13	4
1579 年	223 680	0	6
1580 年	474 885	9	11
1581 年	278 139	0	6
1582 年	185 997	1	3
1583 年	237 618	12	9
1584 年	203 889	4	8
1585 年	337 794	15	7
1586 年	290 421	5	3
1587 年	294 489	9	7
1588 年	358 578	2	6
1589 年	416 214	2	6

资料来源：AC Toulouse CC 1957 - 1989.

表 6.8　　　　1575～1589 年蒙佩里埃民政主教区征收的税费(图尔里弗尔)

年　度	一般平民人头税	特别平民人头税
1575 年	22 066	18 830
1576 年	?	?
1577 年	25 979	—
1578 年	29 197	—
1579 年	27 979	—
1580 年	?	?
1581 年	?	?
1582 年	?	?
1583 年	32 281	—
1584 年	27 447	7 045
1585 年	?	?
1586 年	29 076	7 045
1587 年	28 076	63 062
1588 年	26 163	115 378
1589 年	17 918	84 978

这两个主教区的税费征收遵循我们为多菲纳省设定的模式。如果扣除通货膨胀因素(见图 6.1),这里用图卢兹的粮食价格来衡量,那么,引起克拉格兰注意的财政增收分布既不均匀也不规则,这显然是 16 世纪 90 年代而不是 80 年代财政收入的特征。16 世纪 80 年代的某些年份,名义税率低于 50 年代,而图卢兹城的税费增幅(虽然起点较低)往往大于亨利三世治下的"听话"地区。

图 6.1　16 世纪晚期图卢兹粮食价格指数(1569 年的粮食价格指数为 100)

资料来源:Freche & Freche (1967)\green\grg001 © ESFDB 1997.

地方筹款用途也完全不同于存世文献所记录的中央筹款用途,其中有主教区三级会议的经费以及地方承担的省三级会议经费。这些经费负担具体因税基委员会每年举行几次会议和每次会议持续多长时间而异。17 世纪,财政总管们以牺牲"听话"地区的利益为代价给人留下了一种税基委员会"排场、喜庆"的印象。此外,那个时代的社交讲究尊敬与款待客人,会议主办城镇当然都想款待与会代表。图卢兹城的一些大厨有时也会前来参加这种活动。1583 年税基委员会就是在罗拉盖阴森森的奥里阿克(Auriac)城堡镇里举行会议。①国王特使被安排在附近的卡尔曼(Carmaing)伯爵府邸食宿,而其他与会代表

① *Ibid.*, C 693 (account of Me Jehan Nouvelly, syndic, 1583).

则被安排在镇上有钱商人家中，总共花费了 132 埃居 40 苏。三级会议连续召开了 16 天会议，餐饮和娱乐花费 134 埃居 9 苏。所有这些都记作会务费，全部由纳税人买单。

由主教区承担的军费开支当然反映了本地区小规模战争(petite guerre)的格局。图卢兹的头面人物在罗拉盖购置了生产粮食和菘蓝的耕田。该地区除了有自己的新教徒少数派以外，还成了反对图卢兹天主教贵族的复仇者们的攻击目标。1569～1570 年，罗拉盖曾被开赴下朗格多克的科里尼(Coligny)新教部队洗雪一空。[①] 在 1572 年圣巴塞米罗(St Bartholomew)大屠杀之后，图卢兹主教区加强了自身的防御措施，任命了地方城防官，并且给他配备了一个轻骑兵连和一些军士。[②] 1574 年，省宪兵队队长首次到图卢兹巡视，其间要求图卢兹主教区供养省宪兵队 3 个月。[③] 即使在 1577 年贝尔热拉克(Bergerac)和约生效以后，图卢兹局势仍不稳定，因此继续保留了一支 1580 年创建的有 500 士兵的防卫部队作为威慑力量。[④] 1582 年，虽然名义上已经恢复和平，但为了供养省长亨利·德蒙特默伦西—当维尔(Henri de Montmorency-Damville)和他那代价昂贵的希腊士兵队[“阿尔巴尼亚士兵”(Albanais)]，图卢兹主教区还得征收不少税费。[⑤] 1584 年，图卢兹主教区又建立了一支加强军士部队负责处理牲畜被偷和公路抢劫问题。[⑥] 接下来的一年又开始了部队调动，这次调动与省长发起反对王室的起义有关。图卢兹又要供养新保皇省长茹瓦厄斯(Joyeuse)为反对其反王的前任而建立的部队。在亨利三世在位的最后几年里，朗格多克在内战期间为反对内战而忙得不亦乐乎。到了 1588 年，为这些军队筹款就是该省官员压倒一切的头等要务，也是当地民众的主要负担。

图卢兹主教区有官员记述了他们如何坚持不懈地完成本职工作。16 世纪 90 年代有一位心力交瘁的官员在他做的账上写下“Vivet post funera virtus”

---

① *Ibid.*, C 999 (*assiettes* of 1569 - 70).

② *Ibid.* (*assiettes* of 1572).

③ *Ibid.* (special *assiette* of 29 July 1574).

④ *Ibid.*, C 987 (*assiette* of 24 April1580) ——5 806 埃居的税费。

⑤ *Ibid.*, C 987 (*assiette* of March 1582) ——338 埃居 54 苏 2 德尼埃的税费。

⑥ *Ibid.*, C 987 (*assiette* of March 1582) ——338 埃居 54 苏 2 德尼埃的税费。

也就不足为奇了。[①] 有些官员被要求在主教区忙里忙外；另一些官员负责文书工作——负责税基委员会会议的会务工作（直到餐用器皿和餐具的借还），给每个乡镇签发税收授权书，从事大量与征税有关的文书工作（账册上定期出现购置新文件袋费用的记录），答复众多地方提出的慈善和救济申请。[②] 不过，他们还要承担大量的实际管理工作。火炮必须和相关配置一起部署在主教区各有城堡的城镇周围，部队都要安排在要塞，面包必须为就要开拔的部队准备好，而军需物资必须存放在有人看守的仓库里。要确保地方社区和睦相处，就意味着要经常派骑兵在主要城镇周围巡逻，检查桥梁并且在需要时组织维修。1587年，图卢兹主教区花了50埃居派官员与教区当局创设的一个地方防御联盟一起巡视分布在全教区的城堡要塞，并巡察驻扎在城堡要塞附近的部队。[③] 一旦出现紧急军事情况，主教区当局还要自费不停地派信使通知全主教区各地方社区。必须做好（应对发生书面和口头抗议的）准备，好生接待到访的国王特使。[④] 对外，主教区指定专门的官员负责提起保护本教区利益的法律诉讼，而这名官员或者由他组织的法律顾问团也要去省主要法院出庭应诉。图卢兹主教区当局参与了质疑图卢兹大学校董和博士不动产免税的诉讼。这个案子先后交给了图卢兹财政官员、蒙佩里埃审计院和图卢兹最高法院审理。征收平民军费人头税必须获得省长的加印授权书，这就得派官员出差去下朗格多克，而且免不了要为获得省长的授权书在省长秘书身上花钱。[⑤]

约翰·诺威里（Jehan Nouvelly）在1583年度过了一个很能代表图卢兹主

---

① *Ibid.*, C 700 (Account of Me Jean Amalry, 1595).

② E.g. *ibid.*, C 693（为印刷蒙特利尔围城战征税授权书支付了2埃居的印刷费；为税基委员会购买文件袋花了18苏；等等）。

③ *Ibid.*, C 695 (Account of Me Dominique Benaget, 1587): 'Pour l'execution des articles de l'association estant alles en plusieurs villes et lieux dudict dioceze a leurs despens pour fair les monstres des hommes darmes necessaires a ladite execution'.

④ 譬如说，国王特使的这次到访（想必）与Jehan Novelly先生（1583）提到的当时即将要召开的名人会议有关：*Ibid.*, C 693。为派人接待国王特使以及"pour dresser les memoyres de ce questoit necessaire *presenter* ausd. *sieurs* commissaires"总共花费了90埃居33苏6德尼埃。为了接待国王特使，他们还请了个律师（Gilles Vignaud），另外还派了François Michaellis特别税税收官全程陪同。

⑤ 例如，AD Haute Garonne, C 693. (Account of Me Jehan Nouvelly, 1583)：请Montmorency公爵的秘书Vallemod先生代写为支付税基委员会上一年的会议花销而收费的许可令付了2埃居的酬金。

教区官员这个时期生活的秋天。他有 1 个星期是在图卢兹与这个城市的行政长官一起度过的，主要是为了和他们商谈计划在这个城市征收 6 000 埃居——一种课征于这个有城墙城市的特别津贴——的事，但图卢兹行政长官却设法让“听话”地区来承担。然后，为了使几桩诉讼案在转回主教区前有所进展，他与一名法律顾问一起在图卢兹最高法院各审议厅度过了 10 天。为了准备召开主教区税基委员会会议，并且为阿尔比岛(Isle-en-Albigeois)法令院(chambre de l'édit)(在签署贝尔热拉克和约时设立的法院，专门负责审理涉及新教徒的案子)卫队筹款，这大概花了 18 天的时间。在后来的会议上，有消息称，需要派代表参加一个讨论解决蒙特利尔(Montréal)要塞被土匪强占问题的会议。约翰·诺威里先生就是其中被派去参加这个会议的代表之一，完成这个任务又花了他 14 天。然后，他返回图卢兹又待了 1 个星期，因为法院将对一个免税申请被否决的案子做出判决，他必须到庭应诉。主教区官员的年度行政支出彼此相差很大。约翰·诺威里 1583 年的行政费用支出是 3 154 埃居(合 9 462 里弗尔)，而埃蒂安·德·罗什福尔(Etienne de Rochefort)1589 年——图卢兹主教区政治最混乱时期——的行政费用支出差不多是诺威里的 3 倍(9 359 埃居 8 苏 9 德尼埃)。[①]

我们只有在看了图卢兹主教区行政官员们的行政费用支出以后才能体会到地方政府收入和其他方面之间的界限难以区分。这些都是地方上负担的部分费用和收进的部分收入。然而，我们是不可能细分“中央”和“地方”税收、“法律”和“财政”支出、“代议机构和政府费用”以及“地方公共工程开支”的。主教区官员的法律和行政费用支出是地方政府支出的一部分，在宗教战争期间难免会增加，因为治安、防卫、公共利益保护等问题会变得更加重要。这些都是内战的隐性成本，并且因地方债务问题而显著增加。

主教区行政官员与驻主教区税收官员保持着密切的工作关系。尽管税收官由王室派遣，而不是由主教区行政当局任命，但驻主教区税收官时常需要武装护卫保护自己的安全，税收官时常要像债务人躲避债主那样确保自己不受地方执政官的抵制。16 世纪下半叶，法国南方的很多乡镇有一个共同特点，那就是乡

---

① *Ibid.*, C 696 (Account of Etienne de Rochefort, 1589).

镇债务正在变成一个地方性问题。以图卢兹为例，这些问题主要可追溯到图卢兹地区遭科里尼的新教部队血洗的 1569 和 1570 灾难性两年。那个时期图卢兹的在职税收官是一个图卢兹出身的有名商人、库伦萨克(Courensac)的绅士贝尔纳・德・塞雷(Bernard de Sere)。主教区的部分居民起事抗税，暂时摆脱了税务部门。主教区向税收官借钱，一方面为了自己应急，另一方面是为了放钱，并且希望从胡格诺教派被没收的财产中收回本利。①然而，这些措施几乎或者根本没有产生任何效果。拖欠税收官债务已经 10 年有余，到了 1581 年，连本带息已经达到 57 630 里弗尔。② 其间，1572～1577 年的军费负担导致主教区的债务增加了 2 倍以上，其中有一部分是向教区有钱人借的。③ 根据图卢兹主教区自己做出并得到国王认可的估计，到了 1582 年，它已经积欠 112 000 里弗尔债务，这还没有包括税收欠款(restes)。1581 年，税收欠款总共已经占到税收官收到税款的 40％，而其中的很大一部分应该被视为不可收回的坏账。借款的利息支出也正在成为年度基本支出(assiettes)的一个重要分量，而且有些借款的利息还很高。皇家财政专员从 1580 年开始向图卢兹主教区施加压力，图卢兹主教区的官员也觉得应该着手开始复杂的清算过程。朗格多克公署的一个资深人物约翰・皮拉(Jehan Pira)受命担任主教区官员的顾问，并且被派往巴黎据理力争临时减少图卢兹主教区承担的皇家税收份额，并且请求国王签发允许图卢兹主教区增收附加税偿还债主的特别授权书。④ 国王恩准在 1582～1584 年的 3 年里每年减缴 5 000 里弗尔的贡金和货物入市税，并且根据 1582 年 10 月 20 日签发的特别授权书征收附加税还债。⑤ 1583 年贝尔纳・德・塞雷收到了几笔还款(共计 5 000 埃居)，并且在随后几年每年都能收到还款。后来，图卢兹主教区又被卷入了同盟战。直到 1598 年，贝尔纳・德・塞雷的继承人和亲属诺布尔・纪尧姆・德・塞雷(Noble Guillaume de

---

① 1569 年 7 月 31 日获得巴黎批准，并且经 Guy de Castelnau-Clermont 授权。

② 1582 年报表中提到的 1581 年 11 月 7 日巴黎签发的特许证(AD Haute Garonne C 987)。

③ 于 1573 年 2 月 5 日，并后又于 1580 年 9 月 15 日经省长 Henri de Montmorency-Damville 授权(*ibid*.，C 808)。

④ *Ibid*.，C 987 (*état* of March 1582).

⑤ *Ibid*.，B 3,263, fol. 102.

Sere)收到了最后一笔还款 2 000 埃居——距离最早借钱的日期差不多已有 30 年。[①] 在同盟战期间,图卢兹主教区的税收官弗朗索瓦·米夏埃利(François Michaellis)——后来由纪尧姆接替了他的税收官职位——发现自己得把更多的钱借给图卢兹主教区,并且还要安排图卢兹的名人借钱给教区。1587 年,由于图卢兹地区大部分地方被对蒙特默伦西—当维尔(Montmorency-Damville)负责的新教武装力量占领,因此,米夏埃利已经无法收到很多税收,他也拒绝在受黑热病影响的区域收税。图卢兹主教区在他任上积欠的借款和税收欠款后来就越滚越多,并且一直增加到 16 世纪 90 年代,结果需要 1598 年以后 10 年的和平时间才开始逐步得到解决。不过,一些财政拮据的主教区把向当地名人发行年金和债券替代税收的做法,虽然应该被作为路易十四(Louis XIV)治下开始出现的社会稳定特点受到注意,但也是 16 世纪末法国长期政治不稳定的一种反映。[②]

在无法了解真实总体状况的情况下,本章对瓦卢瓦王朝统治末期法国皇家财政这幅拼图的构件进行了重组排列,以期用现有的构件拼出更加明白易懂的画面。有必要对克拉格兰所作的瓦卢瓦王朝统治末期法国皇家财政毫无人情味、挥霍无度的拼图做一些修改。因此,也有必要排除法国皇家财政在 16 世纪下半叶对于法国摇摇欲坠的经济起到了很重要的推波助澜作用的可能性——尽管我们无法衡量并且也不应该忽视通过发行公债和其他债券来给皇家债务还本付息的做法扭曲了法国资本可支配性的可能性。如果我们把地方公债的规模考虑进去,那么,这种可能性就会进一步提高。瓦卢瓦王朝晚期的统治者们接手了一个收入来源被大肆抵押的皇家财政。瓦卢瓦王朝最后一个统治者做出的财政改革努力其意义不应该被低估,至少是因为它们提供了一些对于我们来说非常珍贵的国家层面的原始文献。法国皇家财政政策的根本意图就是提高之前享受特权的法国政治中心城市承担的税负比例,并且减轻

① *Ibid.*, C 756.

② Beik, *op.cit.*, esp.ch. 11.

"听话"地区的税负。无论是试图通过其地方官员以直接特别津贴的形式还是通过包税人(如 1596～1597 年度名人会议后)以每里弗尔收取 1 苏的商品入市(进入有城墙的城镇)税,这种政策意图都有很大的政治风险。但是,法国在同盟战时期遭受了军事和政治双重灾难,这场战争就其对法国国家和地方财政的全面影响而言,远比之前的历次内战造成的任何影响都要严重。

第七章　托马斯·弗里斯与16世纪90年代的苏格兰财政危机[1]

朱利安·古达尔(Julian Goodare)

苏格兰议会在(1597年12月的)会议上通过了任命金匠托马斯·弗里斯(Thomas Foulles)为海关关长、关税大员和财政官的议案，原因就是国王欠他很多债务。[2]

托马斯·弗里斯，简直要疯了。大概是在(1598年)1月17日，金匠托马斯·弗里斯简直就是要疯了，他在王室金器的供货合同中接受接管王室债务的条款，但却无力满足他自己的债主们的要求。所以，他的官职被一撸到底，只剩下国王留在他那里作为抵押物的一块上面刻有"H"印记的珍贵宝石。但事先有如下约定：在国王还清欠他的债务以前，他的债主不能找他的麻烦。[3]

在詹姆斯六世(James VI，1567～1625年在位。——译者注)治下，苏格兰混乱复杂的财政状况足以使任何人兴趣索然。但据我们所知，迄今为止，只有

---

① 笔者要感谢Athol Murray博士审读了本章的早期草稿，并且提出了很多有益的建议。笔者还要感谢希望信托基金(Hope Trust)和霍普顿的侯爵(Marquis of Hopetoun)，多蒙他们的关照允许笔者援引霍普顿的文献。在本章中，除另有说明外，货币单位一般都用苏格兰镑(£s)。苏格兰镑在16世纪下半叶曾大幅贬值。1560年，1英镑(£ sterling)大约价值4苏格兰镑10先令，而1单位法国货币价值16苏格兰先令8便士；到了1603年，它们分别价值12苏格兰镑和3苏格兰镑6先令8便士。在本章的考察期里，苏格兰镑在1594年和1601年大幅度贬值：1594年从1/9英镑贬值到了1/10英镑；1601年从1/10英镑贬值到了1/12英镑。1苏格兰马克当时价值2/3苏格兰镑。

② David Calderwood, *History of the Kirk of Scotland*, eels. T. Thomson and D. Laing, 8 vols., Wodrow Society (Edinburgh, 1842-9), v. 668.

③ *Ibid.*, v. 673.

一个与詹姆斯六世治下混乱的财政状况有关的人因此而精神崩溃，这个人就是金匠、金融家托马斯·弗里斯。然而，就在他在1598年1月精神崩溃之前曾短时期谋得过一个看似叱咤风云的职位，控制着苏格兰的整个财政体系。即使在他卸任以后，他的事业重获振兴，并且足以让他保持积极上进的事业心30多年。本章讲述弗里斯是如何走上高官职位——以及又是如何下台——的故事。本章是一项财政危机案例研究。

16世纪90年代，苏格兰还是一个欧洲外围小国——人口或许只有英格兰的1/5，并且人均收入也较低，但相对于它遭遇的财政危机而言却是足够大的了。当时，苏格兰正在发生迅速的变化，可识别的国家结构以及更趋中央集权化的君主政体和行政机构也正在发展之中；而曾经抑制国家发展的贵族独立独行地行使权力的现象也在日趋减少。[①] 议会税的收入已经开始取代旧时的王领收入，因为王领收入已经由于王领转让和通货膨胀而减少。相对于纳税能力而言，苏格兰很可能已经是一个高税负国家，但苏格兰的税收仍在不断加重。[②]

西欧大国通常是因为战争而陷入财政困境，但战争并不是造成苏格兰财政陷入危机的重要原因。苏格兰的国家建构过程似乎并不是由战争驱动的。事实上，那时的苏格兰并不需要像以前那样大量征兵。因为，自1560年宗教改革以来，苏格兰已经成为英格兰的一个卫星国家(苏格兰改变了它之前与法国做盟友、与英格兰为敌的立场)。的确，詹姆斯六世有时也确实需要征兵来对付国内持不同政见者——詹姆斯六世得花大价钱招兵，尽管苏格兰军队传统上(贵族从自己的追随者中招募)不付军饷。虽然詹姆斯六世需要努力筹款，但他仍想创建一支皇家职业卫队。与此同时，苏格兰的贵族都想成为廷臣，而不是外省的独立领主，因此，他们都希望能够分享皇家资源。

事实上，苏格兰王廷的开支是造成苏格兰财政危机的主要原因。詹姆斯

---

① 关于这些方面发展的回顾，请参阅文献：J. Goodare, 'The Nobility and the Absolutist State in Scotland, 1584 - 1638', *History*, 78 (1993), 161 - 82；关于15世纪90年代苏格兰王室重大政治转向的讨论，还请参阅文献：J. Goodare, 'Scottish Politics in the Reign of James VI', in J. Goodare and M. Lynch, eds., *The Reign of James VI* (forthcoming)。

② J. Goodare, 'Parliamentary Taxation in Scotland, 1560 - 1603', *Scottish Historical Review*, 68 (1989), 23 - 52.

六世在 1580 年临近他成年亲政时组建了他的王廷。当时，苏格兰王廷开支并非很大。只是已经习惯了国王未成年时期王廷很低开支的苏格兰人，40 年来第一次要负担王廷庞大的支出。[①] 在詹姆斯六世 1589 年大婚以后，苏格兰的财政负担不断加重，而财政收入没能同步增加，从而导致财政官吏疲于应付——这就是我们要讲的故事的背景。为了弥补收支缺口，詹姆斯六世不得不告贷。

托马斯·弗里斯于 1584 年加入了为詹姆斯六世效力的行列。托马斯·弗里斯出生在爱丁堡(Edinburg)附近的一个庄园，家中有人在王廷供职的传统地主家庭，他不是家里的长子。[②] 弗里斯虽然只是个工匠，但善于交际，经常出入苏格兰王室，甚至还曾出使英格兰王宫。他在爱丁堡知名、富有的金匠迈克尔·吉尔贝特(Michael Gilbert)那里学徒满师以后，1581 年就当上了金匠。1578～1579 年间，他一身"西装革履"来到法国钻研金匠手艺，[③]他的手艺得到了造币厂的认可，因为，1581 年 12 月造币厂用"上面刻有大意为'金匠托马

---

① 詹姆斯五世于 1542 年驾崩，并由年幼的女儿玛丽继承王位。玛丽后来远嫁法国。在玛丽亲政(1561～1567 年)期间，王廷的资金来源是她作为法国王后获得的收入——相当于 30 000 苏格兰镑，而不是苏格兰。关于这一点，请参阅文献：M. Greengrass, 'Mary, Dowager Queen of France', in M. Lynch, ed., *Mary Stewart: Queen in Three Kingdoms* (Oxford, 1988), pp.172 - 3.

② 他的祖父科林顿的詹姆斯·弗里斯(James Foulis of Colinton)从 1532 年到 1549 年曾任主簿(clerk register)的要职，而他那殁于 1599 年的叔叔是律师，做过爱丁堡的司法代表、海军代理和郡守代表等，但没有他祖父那么显赫的职务。托马斯自己的父亲科林顿的亨利·弗里斯(Henry Foulis of Colinton)死于 1571 年，生前也是律师。在托马斯履行公职的大部分时间里，托马斯家的一家之主是他的兄长科林顿的詹姆斯·弗里斯(James Foulis of Colinton)。詹姆斯·弗里斯很少在公共场合露面，但就如我们将要看到的那样，在需要的时候，他总能出手相助。最后，托马斯常与他的弟弟大卫合作共事。关于弗里斯家族的两个詹姆斯，请参阅文献：M. Young, ed., *The Parliaments of Scotland: Burgh and Shire Commissioners*, 2 vols. (Edinburgh, 1992 - 3), i. 261 - 2；关于弗里斯家族更多的家谱信息(并不是全都准确)，请参阅文献：A. W. C. Hallen, ed., *Account Book of Sir John Foulis of Ravelston, 1671 - 1707*, ed. A. W. C. Hallen, Scottish History Society (Edinburgh, 1894), pp. xiv - xvi。

③ [Edinburgh,] S[cottish] R[ecord] O[ffice] RD1/19, register of deeds, fols. 190v - 191v. 他在 1581 年 6 月 21 日当上了议员：C. B. Boog Watson, ed., *Roll of Edinburgh Burgesses and Guild Brethren, 1406 - 1700*, Scottish Record Society (Edinburgh, 1929), p.192。据此推算，他的出生年份大概是 1560 年。关于 Gilbert 的情况，请参阅文献：M. Lynch, *Edinburgh and the Reformation* (Edinburgh, 1981), pp.146, 179。

斯·弗里斯制作'字样的模板”做了一些 10 先令的样币。[①] 1584 年 1 月，他被正式任命为造币厂的终身开模师。[②] 自那以后，他很可能比大多数市民更少地参与本市的事务，因为他享受到了免税待遇，并且不用参加城防——爱丁堡议会曾因为这些问题发生过争执，但没有结果。[③] 1584 年上半年，苏格兰政局动荡，年轻的国王正好刚刚成年。由激进的亲英格兰新教徒领导的鲁斯文(Ruthven)政权在上一年 6 月被推翻，而保守的极端反对势力正在结集力量。弗里斯的两个兄弟是鲁斯文政权的支持者，因此，弗里斯当时受到的恩惠说明，他并没有被认为在政治上公开选边站队(事实上，即使在他影响力最大的日子里，他也没有表明自己的政治立场)或者技艺过人，或者说两者兼而有之。[④]

1614 年以前，弗里斯一直在王廷担任一些小官职[⑤]，但从未升迁到正式的行政部门任职，或者除了 1592 年被任命为金属精炼师和 1597 年当过几个月的关税税收官以外，从未担任过任何其他官职。[⑥] 就如我们将在下文看到的那样，他刚担任金属精炼师就积极准备承包经营皇家矿山，而他刚当上关税税收

---

① [J. H. Burton *et al.*, eds.,] *R*[*egister of the*] *P*[*rivy*] *Council of*] *S*[*cotland*], 38 vols. (in progress, Edinburgh, 1877 -), ix. 676 - 7. 他还曾为 1583 和 1584 年发行的其他硬币开过模：8 便士和 4 便士的合金格罗特币(groat)以及金狮诺布尔币(gold 'lion nobles'，价值 75 先令、2/3 和 1/3 诺布尔币：SRO E101/2, mint accounts, fols. 9r - 9v。

② [M. Livingstone *et al.*, eds.,] [*Register of the Privy Seal of Scotland:*] *R*[*egistrum*] *S*[*ecretz*] *S*[*igilli Regum Scotorum*], 8 vols. (in progress, Edinburgh, 1908 -), viii. no. 1722.关于弗里斯的刻模手艺和对他设计技能的赞美，请参阅文献：J. E. L. Murray, 'The Organisation and Work of the Scottish Mint, 1358 - 1603', in D. M. Metcalf, ed., *Coinage in Medieval Scotland, 1100 - 1600*, British Archaeological Reports, 45 (Oxford, 1977), p.163。

③ *RPCS*, iv. 574; J. D. Marwick *et al.*, eds., *Extracts from the Records of the Burgh of Edinburgh*, 13 vols., Scottish Burgh Records Society (Edinburgh, 1869 - 1967) (hereafter *Edin. Recs.*), v. 39; R. W. Cochran-Patrick, ed., *Records of the Coinage of Scotland*, 2 vols. (Edinburgh, 1876), i. 252.

④ G. Donaldson, *All the Queen's Men: Power and Politics in Mary Stewart's Scotland* (London, 1983), pp.141 - 2; Calderwood, *History*, iii. 644 - 6; *RSS*, viii. no. 2095; *RPCS*, iii. 623. 兄弟两人是 James 和 Robert：后者不然就不会不那么引人注目，并且可能此后不久去世了。

⑤ 他显然因为停发酬金已经在 1614 年辞职：SRO E101/3, mint accounts, 1613 - 15, fol. 12v。我们从中可以窥见他的履职态度。因 1603 年英格兰和苏格兰王室联姻后的需要，他在 1605 年刻制了一枚新的国玺(玉玺)和 2 枚私章：*RPCS*, vii. 27, 54 - 5; SRO E101/2, mint accounts, 1605 - 6, fol. 39r。即使在他生命的最后十年里，更加确切地说，在 1623 年，他还应召刻制了一枚备用国玺：*RPCS*, xiii. 179。

⑥ [T. Thomas and C. Innes, eds.,] *A*[*cts of the*] *P*[*arliaments of*] *S*[*cotland*], 12 vols. (London, 1814 - 75), iii. 559, c. 31; *RPCS*, v. 388.

官就开始承包关税。事实上，弗里斯不喜欢当官，而更喜欢作为承包商从事经营活动。他不想当皇家造币厂厂长，而是要租赁皇家造币厂，并且把它作为自己的事业来经营；他不愿当王廷财政官员，而是要承包全部的皇家财政收入，并且把皇家财政作为自己的事业来经营。

弗里斯在 1589 年很不起眼地开始了他为苏格兰王室融资的职业生涯。那年，苏格兰国王正准备与丹麦的安娜（Anna）公主结婚，从而导致王室支出大增：外交使团要破费接待，王宫要翻修，还要购置服饰和珠宝。“苏格兰肯定从来没有像当时那样糟糕的状态下迎娶王后。宫殿还没翻修，一副破烂相，家具也要添置”，英格兰驻苏（格兰）使节如是写道。[①] 许多东西要去伦敦购置，因为精致的服饰没有比罗伯特·约西（Robert Jowsie）更好的供应商。罗伯特·约西就是从那时开始了他漫长的负责苏格兰王室服饰的职业生涯的；而采办珠宝，弗里斯是最合适的人选。1589 年 6 月，弗里斯和约西一起被派往伦敦——这是他俩第一次为苏格兰王室出差去伦敦——采购服装、饰品和其他物品，[②]这也是这两个商人长期合作的开始。在弗里斯最雄心勃勃的一些冒险行动中，弗里斯和约西都是生意伙伴，而且出主意的常常是弗里斯。

就这样，弗里斯开始了几年专供（经常是赊卖）“御用金器和珠宝”的生意。[③] 虽然为王室融资必然是弗里斯选择要做的事，因为其他王室供应商都仍然只是一些普通商人，但从王室供应商这个位置到为王室融资并不算是迈出了一大步。[④] 1590 年 3 月，他仍主要是个金匠，而不是为王室效力的金融家：

---

① William Asheby to Lord Burghley, 11 Aug. 1589: J. Bain, *et al.*, eds., *C*[*alendar of the*] *S*[*tate*] *P*[*apers Relating to*] *Scot*[*land and Mary, Queen of Scots, 1547 - 1603*], 13 vols. (Edinburgh, 1898 - 1969), X. 137.

② James VI to Burghley, 19 July 1589, *CSP Scot.*, x. 121.

③ 最初赊销时，他采用拿其他珠宝作抵押的方式来为自己提供安全保障。但到了 1589 年 10 月，他不得不改用安全保障作用较小的王室财务官默多克柴尔尼的罗伯特·梅尔维尔（Robert Melville of Murdochcairny）授权发行的债券作为赊卖抵押物。弗里斯与苏格兰王室之间的资金往来关系已经变得非常复杂，以至于双方的资金往来都必须采取记账和结账的形式：*RPCS*, iv. 421。

④ 即使想在黄金饰品和珠宝供应上限制资金投入的金匠也仍可能需要很大的资金投入，就如 B. Lenman 在文献“‘Jacobean Goldsmith-jewellers as Credit-creators: The Cases of James Mossman, James Cockie and George Heriot’, *Scottish Historical Review*, 74 (1995), 159 - 77”中指出的那样。金匠莫斯曼（Mossman）和柯基（Cockie）主要是在 15 世纪 60 年代发迹的，而金匠赫里奥则是 1603 年以后才把生意做大。

弗里斯的亲属约翰·卡迈克尔(John Carmichael)爵士曾从弗里斯那里买过一根价值610苏格兰镑的金链,好像因弗里斯的要求不得不向别人借钱支付了这笔货款。① 弗里斯与王室的交易一直没断,因为詹姆斯六世购买越来越多的珠宝金器——到了1592年11月,他已经购买了34 557苏格兰镑的珠宝金器。② 实际远远不止这些,因为王室司库在核账后又把18 716苏格兰镑16先令8便士购买珠宝金器的欠款从王室财务代理那里转到了国王的账上,这样就把财务代理的损失从65 299苏格兰镑减少到了46 512苏格兰镑。③ 这笔生意可能对弗里斯造成了不利的影响:有人可以起诉他,但不能起诉国王。不过,只要国王离不开弗里斯,弗里斯就有希望收回自己的钱。

从1591年开始,弗里斯绝对已经成了为王室融资的金融家。弗里斯就是从那时开始负责为詹姆斯国王收取英格兰的特别津贴,而英格兰的特别津贴可是我们这位贫穷的国王一个至关重要的现金来源。英格兰的特别津贴通常是每年征收一次④,与伦敦的这层关系自然有利于弗里斯成为苏格兰王室的债权人。詹姆斯国王已经聘他负责在伦敦大肆采购。如此看来,当时苏格兰王

① Carmichael当时希望收取部分詹姆斯国王从英格兰人那里领取的不定期特别津贴:James to Carmichael, 31 Mar. 1590, *CSP Scot.*, x. 261。弗里斯确实在1590年借给詹姆斯国王2 000马克(约合1 333苏格兰镑)的一小笔贷款:J. Stuart *et al.*, eds., *E*[*xchequer*] *R*[*olls of Scotland*], 23 vols. (Edinburgh, 1878-1908), xxii. 161。

② 弗里斯在1590年收到过2 666苏格兰镑13先令4便士的付款:[London,] B[ritish] L[ibrary], Add[itional] MS 22,958, Sir John Maitland of Thirlestane's accounts of money received in Denmark and other revenues, 1589-93, fols. 21r-23r。在接下来的2年里,弗里斯又收到了几笔珠宝和金匠活的付款:1590年11月收到5 908苏格兰镑(约合1 818克朗);1591年1月收到10 008苏格兰镑12先令(约合3 574克朗);1591年8月收到5 418苏格兰镑(约合1 935克朗);1591年11月收到1 316苏格兰镑(约合470克朗);1592年1月收到7 980苏格兰镑(约合2 850克朗);1592年10月收到了1 260苏格兰镑(约合450克朗)[SRO E22/8, treasurer's accounts (Melville), 1590-2, fols. 94r, 101r, 124v, 132r, 137v, 183v.]。1月份的2笔付款是新年礼金。弗里斯收到的这些付款合计34 557苏格兰镑5先令4便士。这些付款是按照赊购清偿法来做账的。按照这种方法,赊购款到期就作为清偿项目入账,而不是等到实际支付后入账;而其他付款似乎并不是在它们到期时就入账,这表明,苏格兰王室当时已经开始努力按实际付款做账。或许,王室有时要求弗里斯在王室有钱支付欠他的货款时拿账单前去要账。用克朗做账也许能够表明这些货款是用英格兰的特别津贴支付的,因为英格兰的特别津贴通常是用金克朗支付的。苏格兰国王詹姆斯很可能是在一个很低的基础上开始积累他的财富的,他的母后曾经拥有一大笔御宝,但大部分被摄政王莫里(Regent Moray)在1567～1670年间挥霍掉了:A. Fraser, *Mary Queen of Scots* (London, 1969), pp.415-16。

③ SRO E22/8, treasurer's accounts (Melville), 1590-2, fol. 184r.

④ 关于英格兰特别津贴的全部账目,请参阅文献:J. Goodare, 'James VI's English Subsidy', in Goodare and Lynch, eels., *The Reign of James III*.

室在英格兰“收取”特别津贴，而不是把英格兰的现金运回苏格兰，是有道理的。从 1591 年 5 月(弗里斯开始亲自征收特别津贴)起，大部分付款由弗里斯负责收取——通常是通过他在苏格兰宫里当官的兄弟大卫(David)。[①] 弗里斯在伦敦开设某种形式的代理机构，他能处理 1597 年苏格兰驻意大利使节威廉·基斯(William Keith)爵士的外交信件，弗里斯也向苏格兰驻意大利使馆提供资金，可能是把钱汇往意大利。[②] 英格兰的一些外交官也准备利用弗里斯的服务来运送他们的外交信函。[③] 弗里斯和约西在伦敦借钱：他俩在伦敦欠下的债务(每人 1 000 英镑)在 1593 年引起了注意。[④]

虽然弗里斯负责征收英格兰的特别津贴，但他更关心的是生意，而不是脆弱的英苏“友谊”方面的宗教和意识形态问题。1593 年，他和约西说服詹姆斯国王在西班牙设立一个苏格兰商人利益保护机构，并且任命一个苏格兰天主教徒担任这个职务，任何真正致力于英格兰和新教事业的人士都不可能做这种事。显然，热衷于与西班牙贸易的“苏格兰”商人是真正的英格兰人——因此，弗里斯或许是在帮助他的英格兰生意伙伴。这项计划不久就告失败[⑤]，但这并没有对弗里斯与英格兰的关系造成任何长期的伤害：1594 年，英格兰大使要求在英格兰征收的全部特别津贴必须都缴到他的手中。[⑥]

1592 年，他开始对皇家矿山表示出兴趣，于是先设法获得了的皇家专营权。[⑦] 1593 年，他花钱从一个业主手中买下了兰纳克郡(Lanarkshire)一座当

---

① 1591 年英格兰支付的 12 期特别津贴中有 9 期是由弗里斯经手的；1602 年英格兰停止支付特别津贴的事也是弗里斯经手处理的。请参阅文献“Goodare, ‘James VI’s English Subsidy’”中的表格。关于弗里斯在 1592 年 7 月用英格兰特别津贴支付给苏格兰王室司库的 14 791 苏格兰镑(约合 1 643 英镑)这笔付款的记账方法，请参阅文献：SRO E22/8, treasurer’s accounts (Melville), 1590 - 2, fol. 92 r.。据记录，他实际收到的是 2 000 英镑，想必剩下的钱在伦敦花掉了，也有可能用来还王室欠他的债。

② Sir William Keith of Ludquhairn to James, 4 Feb. [new style] 1597, Venice, J. Maidment, ed., *Letters and State Papers During the Reign of King James the Sixth*, Abbotsford Club (Edinburgh, 1838), p.11; cf. *ibid*., pp.13 - 16.

③ Sir William Bowes to Robert Bowes, 16 Apr. [1597?], *CSP Scot*., xii. 508.

④ Melville’s requests, 19 July 1593, *CSP Scot*., xi. 125. 他们俩也欠英格兰人钱，包括 Baptist Hicks (欠 1 200 英镑)。

⑤ Bowes to Burghley, 30 June 1593, *CSP Scot*., xi. 108.

⑥ Bowes to Cecil, 30 May 1594, and Roger Ashton to Hudson, 30 May 1594, *CSP Scot*., xi. 346, 348.

⑦ *APS*, iii. 556 - 9, c. 31.

时被叫作"Friar Muir of Glengonnar"的矿山。他在买下这座矿山以后就把它的名字改为"Leadhills"(利德希尔)。[①] 第二年,他从王室那里获得了一份为期21年的采矿权租赁合同。这份租赁合同从此把弗里斯与皇家债务捆在了一起:租赁合同规定矿山开采权租赁费是每年1 000马克(merk),可用王室欠他的债务抵扣。[②] 弗里斯把自己余生的很多精力都投入到了利德希尔矿山。虽然缺少详细的证据,但在他职业生涯的这个鼎盛时期,他好像为开发这座矿山投下了大笔资金。到了1592年,他又在计划进军造币业,但第一次努力——一项把银合金旧硬币重铸成面额更大的纯银币的计划——受到了阻挠。按计划,王室收取50 000马克的硬币重铸利润,剩下的利润全归弗里斯。这项计划虽然得到了枢密院的支持,但遭到了造币厂厂长默奇斯顿的阿奇博尔德·纳皮尔爵士(Sir Archibald Napier of Merchiston)的强烈反对。阿奇博尔德·纳皮尔爵士提出了他自己的竞争性计划。在经过几个回合的惨烈交锋以后,他们俩的计划都没有被王室采纳。[③] 1594年1月,弗里斯取得了更大的成功,他说服苏格兰三级会议通过了新金币和银币铸造法案:含11便士纯银的1盎司银币售价要提高到50先令。16世纪80年代初发行的面值40先令、1盎司银币(含11便士纯银),造币厂以42先令的价格出售,这样就可望实现20%以上的毛利润。最初,弗里斯想自己承包造币厂,但爱丁堡市政当局只同意他为承包造币厂做保人。结果,爱丁堡市政当局自己租下了造币厂,每星期向王室缴纳1 000马克的租金,并且聘请弗里斯做代理人。弗里斯很可能把自己的资本都投到了其他项目上,因为他在这段时间里财务上遇到了大"麻烦"。[④] 这笔交易一直持续到1596年才结束。[⑤]

16世纪90年代,詹姆斯国王为了寻求国际社会承认他的伊丽莎白王位继

---

① R. W. Cochran-Patrick, ed., *Early Records Relating to Mining in Scotland* (Edinburgh, 1873), pp.97 - 8.

② *RPCS*, v. 117 - 18; cf. *APS*, iv. 84 - 5, c. 71.

③ *RPCS*, iv. 730 - 3; Cochran-Patrick, ed., *Coinage*, i. 253 - 65.

④ Bowes to Cecil, 30 May 1594, and Roger Ashton to Hudson, 30 May 1594, *CSP Scot.*, *xi.* 346, 348.

⑤ *APS*, *iv.* 49 - 50; *Edin. Recs.*, v. 107 - 8; *APS*, *iv.* 85 - 6, c. 74; I. H. Stewart, *The Scottish Coinage*, 2nd edn. (London, 1967), pp.96 - 7; BL Add. MS 33,517, Scottish coinage register, 1594 - 8.

承人地位，开始推行越来越积极的外交政策，从而增加了对昂贵的外交礼品的需要。弗里斯负责供应通常馈赠给外国使节的金链条。那么，詹姆斯国王收到了怎样的回馈礼品呢？在他的儿子亨利1594年8月举行的洗礼仪式上，尼德兰合省联邦共和国赠送了“两只特制大金杯”，[①]这两只大金杯总重量可能达到了15磅5盎司。9月10日的三级会议决定，将这两只大金杯交给弗里斯用以担保王室欠他的14 598苏格兰镑的新债务。国王答应在11月1日前偿还这笔债务。如果到时拖欠不还——应该说这是很可能发生的事情，弗里斯就有权把它们送到造币厂铸成面额5苏格兰镑的金币，并且在偿还了那笔债务以后还可留下与这笔债务等额的收益。[②] 我们可以合理地推断，是弗里斯把那两只金杯交给了他的竞争对手熔化了。但值得注意的是，除了名称以外几乎就是议会的苏格兰三级会议不得不开始为王室欠弗里斯债务的规模感到不安。

随后不久，弗里斯利用王室的紧迫需要进一步利用詹姆斯国王最赚钱的现金来源——英格兰的特别津贴——来中饱私囊。9月30日，弗里斯投国王所好贷款12 000苏格兰镑用于平息北方叛乱。两只尼德兰大金杯铸成的金币的余款被用来筹措尽可能多的贷款——大概5 000苏格兰镑[③]，国王答应剩下的贷款到来年的圣马丁节(Martinmas)偿还，或者每年支付1 200苏格兰镑的利息直到借款还清为止。国王把很大部分的英格兰特别津贴征收权交给弗里斯作为贷款担保。弗里斯还获得了一枚上面刻有“H”的大宝石作为这笔贷款的担保品，这枚大宝石在1597～1598年起到了象征他辉煌的作用。[④]

---

① Sir James Melville of Halhill, *Memoirs of his Own Life*, ed. T. Thomson, Bannatyne Club (Edinburgh, 1827), p.413. The ‘quenis tocher’是1590年收到的丹麦安娜公主的嫁妆。

② *RPCS*, v. 167. 后来又颁布了一项类似的法令，决定把另一只金杯交给约翰·阿诺特(John Arnott，一个我们将在下文再次提到的商人)抵偿欠他的6 000苏格兰镑的债务。

③ 文献“SRO E101/2, mint accounts, 1594, fol. 29r”给出了金杯的黄金重量；文献“Stewart, *Coinage*, p.153”给出了(5苏格兰镑骑士币)硬币的含金量。相关账册上没有记录造币税或者造币利润，因为这两只金杯算弗里斯拥有。

④ *RPCS*, v. 172-3.这枚大宝石上有一块接近1.5盎司[少12格林(grain，英制最小重量单位，等于0.064 8克。——译者注)]的钻石。这枚宝石是玛丽的，很可能最初来自法国：*RPCS*, ii. 330-1。

到了 1594 年，弗里斯已经深深扎根于苏格兰的财政系统，很多有关他的存世文献都可以证明这一点。[①] 苏格兰王室并没有像英格兰财政署那样的单个财政管理机构，它的财政管理权分散在许多官员手中，每个财政官员只负责自己所管的那部分收入和支出，而且绝不能越权。苏格兰王室的两个主要财政官员是司库（treasurer）和财政监察（comptroller），另外还有造币厂厂长、（一些教会收入的）征收官、税收官（在三级会议审议通过征收某种税收时临时任命）等。他们都要就自己所管的收入和支出对财政署（exchequer）负责，但苏格兰的财政署并不具体管理收支，而是履行监察委员会的职责。1584 年以前，财政署每年只工作几个星期。[②] 弗里斯其实完全已经成了苏格兰王室的另一名财政官员，他虽然没有头衔或者委任状，但得就他自己经手的皇家收入和支出向财政署负责。不但如此，在皇家财政资金周转方面，他的作用要比普通的皇家财政官员更重要。

皇家普通财政官员都有自己具体分管的普通收入来源：司库负责封建战利品，财政监察负责管理王田和关税。弗里斯分管的皇家收入主要来源于英格兰特别津贴，还有就是来源于造币厂和矿山的收入。2 年的英格兰特别津贴收入是 76 800 苏格兰镑，再加上 7 004 苏格兰镑的造币厂收入以及 666 苏格兰镑 13 先令 4 便士他租赁利德希尔矿山支付的租金，1594 年 1 月～1596 年 1 月他分管的收入账户上的贷方金额总共是 84 470 苏格兰镑 13 先令 4 便士。与弗里斯分管收入账户的贷方金额相比，财政监察分管的收入账户 1594～1595 年度的贷方金额是 25 892 苏格兰镑，再加上大概价值 10 000 苏格兰镑的农业产出；而司库分管的收入账户 1593～1596 年度贷方金额是 72 921 苏格兰镑，在这 28 个月里平均每年 31 250 苏格兰镑。[③] 弗里斯已经成为王室最重要的单个财政官员。

弗里斯分管的收入账户的借方记录了他卖给王室的物品。珠宝和金器仍

① SRO E30/14, accounts of Thomas Foulis, 1594 - 6. There will be several more references to these accounts, but they consist of only seven folios and individual folio references are unnecessary.

② A. L. Murray, 'The Procedure of the Scottish Exchequer in the Early Sixteenth Century', *Scottish Historical Review*, 40 (1961), 89 - 117.

③ *ER*, xxiii. 41; SRO E21/70, treasurer's accounts, 1593 - 6. 农产品收入是根据账册上标注的价格估计得到的。

是大头，总计 45 524 苏格兰镑，其中 13 494 苏格兰镑是在 1591～1592 年度而不是之前卖给王后的金器和珠宝，14 598 苏格兰镑是 1594 年 9 月王子洗礼仪式上赠送给来访使节的金链条。[①] 詹姆斯国王自 1590 年以来向弗里斯购买的珠宝饰物总共约达 10 万苏格兰镑。到了 1595 年底，詹姆斯国王停止了珠宝饰物的购买，可能是因为他已经买得够多，或者（更可能是）因为财政危机不断升级（我们将在下文讲述这个问题）。

馈赠外国使节的礼品计入苏格兰驻英格兰使团的费用支出，通常与英格兰特别津贴、詹姆斯国王对英格兰继承权的主张以及为了获得伊丽莎白女王王位而进行的外交努力有关。这些都是弗里斯本人在 1595 年和爱德华·布鲁斯(Edward Bruce)在 1594 年经手发生的费用。然后，存世账册还记录了王室的杂项开支和国王的零花钱。有两个大支出项目——18 280 和 10 200 苏格兰镑——都是付给约西的：考虑到这两笔支出是用英镑入账的，因此，有可能钱并没有离开英格兰。最后，1594 年 9 月还有一笔前文提到的作为借给国王的贷款入账的 12 000 苏格兰镑，这笔资金被作为“cunyeit money ”。

1594～1596 年弗里斯分管的收入账户上并不是第一次出现赤字：这 2 年的赤字包括 33 640 苏格兰镑前期结转而来（因弗里斯而出现）的赤字。[②] 加上这个账户这两年的支出 102 711 苏格兰镑，于是就留下了 51 881 苏格兰镑的期末赤字。弗里斯的收入账户能够出现如此巨大且不断增大的赤字本身就表明，他可能动员了皇家收入来源以外的资源，如将要由他负责收取的英格兰特别津贴。弗里斯为国王筹措的资金大都来自私人渠道：他是向别人借钱，然后再把别人的钱借给国王，我们将在下文更加详细地讨论这个问题。我们有这方面的证据：1594 年 12 月 19 日，弗里斯私自把国王 5 900 马克的债务转让给了一些不知名的人，而他自己还收到了作为抵押品的皇家珠宝。[③] 但是，这

---

① The need to set up a household for the prince is indicated by the precept to Foulis to deliver ‘the princeis silverwirk’ in Aug. 1595, signed with a squiggle and a note from the proud father:‘I will testifie this is the princes auin mark.’ SRO E30/15/9, precept to Foulis, 16 Aug. 1595.

② 1593 年，皇家司库用英格兰特别津贴付给弗里斯和约西各 13 500 苏格兰镑。他们俩都把这笔钱花在了国王身上。约西用这笔钱为国王购置服装，而弗里斯把他的那笔钱用来为国王采办更多种类的物品—— ‘in pairt of payment of certane sowmes of his fumessing maid to his hienes’: SRO E22/9, treasurer’s accounts (Melville), 1592 - 3, fol. 80v.

③ *RPCS*, v. 191; cf. SRO E30/14, accounts of Thomas Foulis, 1594 - 6, fol. 4r.

笔债务也是一个令他担心的问题，到了 1595 年 7 月，弗里斯担心英格兰的特别津贴收不上来：是他本人说服国王派特使（他的兄弟大卫·弗里斯）去英格兰交涉。[①] 另一个证据也证明弗里斯负责收取英格兰的特别津贴：10 月，1589 年负责征收英格兰特别津贴的老奸巨猾的约翰·科尔维尔（John Colville）想弄点钱花，于是就叫英格兰大使坚持要弗里斯从下一期缴款中先付给他 300 英镑。[②] 英格兰大使在 1596 年 2 月考虑了这个问题——英格兰是否应该向托马斯·弗里斯支付 1 000 英镑，或许是因为弗里斯建议用这 1 000 英镑来偿还他在英格兰的债务。[③] 尽管弗里斯故意回避表达自己的政治立场，但他已经成为英（格兰）苏（格兰）"友谊"的关键人物。

1596 年 1 月 1 日，苏格兰引人注目地推行一种新的财政制度。苏格兰王后说服詹姆斯国王罢免他的全体财政官员，并且设立一个新的委员会来负责苏格兰的财政管理。这个委员会的核心是王后的私人议事会成员，而整个委员会共有八个成员，因此被称为"八人委员会"。[④]

八人委员会的重要意义在于它赋予财政署新的权力。财政署在不久前——1590 年——才成为王室的常设机构。在这之前（1584～1587 年除外），财政署每年召开一次委员会会议，做出特别任命，接收并审计财政官员负责的账目，但只审核数据，而不负责制定政策。财政官员各自分管一块的多元化体制阻碍了总体财政政策的制定和执行。而新的财政署就成了一个"动力室"，在对内阁的影响方面可与枢密院一比高低。八人委员会成员是钦定的财政署终身官员，并且被赋予全权控制收入，因为国王未经他们同意不能进行任何付款。他们的职责就是增收节支。

---

① George Nicolson to Bowes, 8 July 1595, *CSP Scot.*, xi. 634 .

② Colville to Bowes, 15 Oct. 1595, *p*.Laing, ed., *Original Letters of Mr John Colville, 1582 - 1603*, Bannatyne Club (Edinburgh, 1858), p.183.

③ *CSP Scot.*, xii. 137.结果是没有支付：*ibid.*, 140。

④ 在以下文献可找到很多关于八人委员会财政管理改革作用的细节：A. L. Murray, 'Sir John Skene and the Exchequer, 1594 - 1612',. *Stair Society Miscellany*, i (Edinburgh, 1971), pp.125 - 55。关于八人委员会作为国家机构的政治分析，请参阅文献：Goodare, 'The Nobility and the Absolutist State', pp.168 - 70。

所有这些变革并没有影响到弗里斯的地位,因为他并不是一个正式的财政官员,而只是代表王室处理某些收入并定期结算的王室债权人。不过,八人委员会好像希望他与王室保持一定的距离。他的兄弟大卫在 1 月 5 日被国王关进了监狱。[①] 弗里斯在 1 月 6 日最后一个项目(珠宝和金器)结算后也就结清了与王室的账款。那时正值八人委员会制创建之际,他们的正式委任状是 1 月 9 日签发的,弗里斯经手的主要账目在 2 月 1 日通过了审计。

弗里斯在 1596 年剩下的时间里与皇家财政发生的主要关系——除了王室在与他结账后还欠他 51 881 苏格兰镑外——就是英格兰的特别津贴,而八人委员会发现还真难阻止他插手这个问题。3 月 2 日,弗里斯接到命令得还上他兄弟大卫去英格兰使馆收取特别津贴花掉的费用。[②]

弗里斯在收取英格兰特别津贴方面又遇到了新的困难,八人委员会在政治上对英格兰没有好感,而是与隐藏在宫廷里的亲西班牙派有关联,后者憎恨苏格兰耻辱地依附于英格兰。这种情况本身就导致向伊丽莎白索要特别津贴变得更加困难,但到了 5 月,情况变得更加糟糕。边境上发生的偶发事件——利德斯河谷(Liddesdale)的苏格兰守将巴克勒奇的沃尔特·斯科特(Walter Scott of Buccleuch)勇敢地从卡莱尔城堡(Carlisle Castle)救出了金蒙特·威利(Kinmont Willie)——激怒了英格兰女王,并且好像殃及了英(格兰)苏(格兰)的友好关系。八人委员会建议国王詹姆斯坚定立场,拒绝英格兰提出的重新修好的要求。虽然这样做就意味着放弃英格兰的特别津贴,但苏格兰宫廷的反英格兰分子欢欣鼓舞。[③]

英格兰不得不做出让步。9 月,大卫·弗里斯收到了另一期特别津贴[并不是在托马斯担心鲍斯(Bowes)不肯支付之前],而苏格兰从未因金蒙特·威利(Kinmont Willie)事件采取补救措施。[④] 弗里斯兄弟的作用——以及他们可

---

① Nicolson to Bowes, 7 Jan. 1596, *CSP Scot.*, xii. 113.

② SRO E30/15/7 - 8, precepts, 1 Mar. 1596. 一笔是用特别津贴偿还的每月 60 克朗外加另外支取的 100 克朗;另一笔是(如由皇家司库)用应急基金偿付的。也就是说,前一笔支出没有经过皇家司库之手。

③ [London,] P[ublic] R[ecord] O[ffice] SP52/59, no. 7, Hudson to Cecil, 14 July 1596; cf. *CSP Scot.*, *xii*. 278 - 9.

④ Bowes to Cecil, 17 Sep.1596, *CSP Scot.*, xii. 316.

能对八人委员会的不满——可从“8月，大卫接到指示‘无论如何’(all excuses set asyd)设法预支到300英镑他希望征收的特别津贴”得到体现。[①] 9月英格兰方面只支付了3 000英镑的特别津贴，八人委员会以此为由反对日后再要求英格兰支付特别津贴，詹姆斯国王本人倒是赞成这项建议，但因弗里斯和约西的死谏而没有采纳。[②]

1596年8月的初步证据可以证明，弗里斯与最终废除八人委员会制的宫廷反英(格兰)派有来往。阿奇博尔德·道格拉斯(Archibald Douglas)先生提起过“曾受过金匠弗里斯贿赂的乔治·霍姆(George Home)爵士”：斯波特的乔治·霍姆(George Home of Spott)爵士、未来的顿巴(Dunbar)伯爵是王室服饰师和幕后策划的宫廷政客。[③] 道格拉斯这个老奸巨猾的要阴谋老手对大卫·弗里斯充满敌意，他想取代大卫·弗里斯出任驻英格兰大使。不过，这并不会使他的证词在这里失效。阿奇博尔德·道格拉斯的侄子理查·道格拉斯(Richard Douglas)也认为，霍姆和大卫·弗里斯在12月29日这件事上串通一气。[④] 霍姆因为官方身份早已和皇家服饰主供应商罗伯特·约西建立了密切的关系[⑤]，而且这种关系一直保持了下来：1606年，顿巴成了英格兰最有权势的廷臣之一，并且把英格兰王室内库司库的职位让给了约西。[⑥]

1597年1月，八人委员会成员作为以上这些政治阴谋的受害者，集体辞去了他们作为财政署官员的职务。不过，他们并没有失宠，事实上都被任命为一个新的扩大委员会的成员。[⑦] 他们中的沃尔特·斯图尔特(Walter Stewart)、

---

① SRO E30/15/11：1596年7月14日以鲍斯(Bowes)的名义付钱给尼克尔森(Nicolson)，并由后者8月20日签名的收据为证。这笔付款的最终收款人是科尔维尔(Colville)。

② Ashton to Hudson, 26 Oct. 1596, T. Birch, *Memorials of the Reign of Queen Elizabeth From the Year 1581 Until Her Death*, 2 vols. (London, 1754), ii. 183 - 4.

③ PRO SP52/59, no. 30; cf. *CSP Scot.*, *xii*. 308.关于他们在1596年4月的关系，请参阅文献：H[istorical] M[anuscripts] C[ommission], *Report on the Manuscripts of Colonel David Milne Home* (London, 1902), pp.62 - 3。

④ Richard Douglas to Archibald Douglas, 29 Dec. 1596, [S. R. Bird *et al.*, eds.,] HMC, [*Calendar of the Manuscripts of the Marquis of*] *Salisbury*, 24 vols. (London, 1883 - 1965), vi. 540 - 1.

⑤ SRO E35/13, household apparel accounts of Robert Jowsie, 1590 - 1600.

⑥ N. Cuddy, 'The Revival of the Entourage: the Bedchamber of James I, 1603 - 1625', in D. Starkey, ed., *The English Court from the Wars of the Roses to the Civil War* (London, 1987), p.187.

⑦ Murray, 'Sir John Skene', pp.129 - 31.

布兰泰尔的领俸代理(commendator of Blantyre),作为主要的财政官员脱颖而出:先是任王室司库,后又兼任财政监察。然而,斯图亚特王朝的统治和财政委员会的解散削弱了八人委员会的控制力。斯图尔特不同于他的某些同僚,他的官运亨通也许应该归因于他是一个可以信赖的新教徒。八人委员会的其他成员被攻击为秘密天主教徒。斯图尔特身体欠佳,好像没有对皇家财政政策产生很大的影响。随着垫支费用的不断增加,他对自己的职位失去了兴趣,正在寻找仕途出路。但问题是,如果他一走了之,那么就有可能永远也收不回自己以前垫付的钱:他之前的两个司库在离职以后都没有收回他们垫付的钱。而他本人与他的直接前任签过一份合同,他要按合同每年向前任偿还 3 333 苏格兰镑 6 先令 8 便士。[①]

所有这一切为弗里斯提供了潜在的机会。1597 年 1 月 12 日,也就是八人委员会集体辞职后第 5 天,王室司库就接到国王命令把 2 765 苏格兰镑的珠宝款付给弗里斯。[②] 因此,他又有机会敛取钱财了。三级会议离不开弗里斯的专业技能,3 月任命他为新铸币发行监督委员会成员和关税调查委员会成员。[③] 三级会议在 5 月召开的一次会议上又任命他和其他一些爱丁堡商人和金匠为造币厂进口金银定价委员会成员。[④] 但是,三级会议在这次会议上做出的最重要决议——肯定受到了弗里斯是其成员的上述关税调查委员会的授意——就是征收关税(对每英镑进口货物征收 12 便士的关税),这可是一个与过去财政实践彻底决裂的举措:在这之前,苏格兰主要是对出口商品征收关税。5 月 25 日,弗里斯和约西被任命为这一年的新关税税收官。[⑤]

弗里斯在这个时期的重要性被他的妹妹玛格丽特(Margaret)与八人委员会的一个成员达拉谟凯恩的托马斯·哈密尔顿(Thomas Hamilton of Drumcairn)

① SRO E21/70, treasurer's accounts, 1593-6, fol. 82v.

② SRO E30/15/12。这道命令于 1597 年 1 月 12 日由包括蒙特罗斯的伯爵(earl of Montrose)在内的 4 个贵族和八人委员会的一个成员斯基恩(Skene)签署下达的。

③ *APS*, iv. 113-14.

④ *APS*, iv. 119.

⑤ *RPCS*, v. 388; cf. a proclamation two days later on the subject, *ibid.*, 392.

的联姻展现得一览无遗。[1] 虽然哈密尔顿是八人委员会中最终取得了最成功的职业生涯的成员之一，当时也饱受八人委员会制部分黯然失色的困扰，并且曾受到同情天主教的怀疑，但他仍占据苏格兰总检察长这个重要职位；而他与弗里斯的结盟表明，他们俩又是政治权力的竞争对手——或者至少是在对财政问题的影响上的竞争对手。

1597 年 10 月出现了一种更加美妙的可能性。弗里斯与沃尔特·斯图尔特在格拉斯哥就斯图尔特接手司库一职进行了详细的讨论。他把司库的头衔留给斯图尔特，但收入转由他来管。他们俩达成的临时协议得以存世，并且澄清了那年 12 月份的最终安排中的几个要点(下文将略作讨论)。[2] 斯图尔特在 10 月份答应辞去财政监察的职务，新的“就任者”——协议没有指名道姓，但想必是指弗里斯本人——完全掌管了苏格兰的皇家财政。新的就任者负责给国王和王后家人提供每年的用度，王子每年 5 000 苏格兰镑，公主每年 10 000 马克，还要负责王室成员服饰、日常和非日常开支。也就是说，财政监察、司库的财政职责连同税收官(负责征收一些僧侣税)这样较小的财政官员的职责都由这个新就任者一人承担(而他的损失就是司库的收入)。

这样安排对于斯图尔特的好处就是仍能支取俸禄。这样，斯图尔特不用担职，而俸银却分文不少——詹姆斯六世治下一个财政官员与众不同的创举。这种安排对于弗里斯的主要诱惑就是：“就任者”每年可以为减少“国王陛下欠托马斯·弗里斯和罗伯特·约西的巨额债务”偿还 30 000 苏格兰镑。由于直接掌管了皇家财政收入，他能优先拨款偿还国王陛下积欠的这笔债务。这份协议的真正基本特点在于，它把皇家财政收入转移到了私人手中。在正常情况下，皇家财政官员必须对自己经手的每一个便士的收入和支出负责；如果有盈余的话——必须承认这可是在那个时代一代人的时间里几乎从未有过的事

---

① J. B. Paul, ed., *The Scots Peerage*, 9 vols. (Edinburgh, 1904 - 14), iv. 313. The betrothal was in May 1597: David Moysie, *Memoirs of the Affairs of Scotland, 1577 -1603*, ed. J. Dennistoun, Bannatyne Club (Edinburgh, 1830), p.xxiv.

② PRO SP52/61, no. 53; cf. *CSP Scot.*, *xiii*. I, 118 - 20.

情,那么就应该上缴皇家金库。然而,弗里斯没有这样的义务。自从他为王室效力并履行其他皇家职务以后,皇家财政的任何盈余都应该是被他扣下了。遗憾的是,那份协议只字未提皇家财政出现盈余的可能性,而认为更有可能出现的应该是财政赤字。

其实,还有一些重要的问题需要说明。如果弗里斯就是那份协议中所说的"就任者",那么,为什么没有明说呢?这个问题应该先从协议的临时性质来回答:弗里斯当时还不能确定是否亲自接管皇家财政,或许另有其人在他的授意下接管皇家财政,就像 1594 年他说服爱丁堡地方法官代租造币厂那样,"借用他们的名义,而实际由他本人来经营"。[①]

整个 11 月份和 12 月初,三级会议都在议论造币厂的租赁计划。其间,三级会议一直在举行会议。也就是说,从 11 月 1 日到 12 月 8 日,三级会议每天都举行正式会议在讨论这个问题。有关这项计划的很多法案不是在 12 月 16 日,就是在三级会议休会前的最后一天 12 月 19 日投票通过的。[②] 这项计划拖了这么长时间才获得通过,导致三级会议的与会者不得不无所事事地在爱丁堡等待,这表明肯定有幕后争斗。虽然三级会议还有其他有争议的问题要讨论,但幕后争斗可能是针对弗里斯的计划的。[③] 12 月 9 日,乔治·尼克尔森(George Nicolson)报告称,弗里斯是以别人而不是以其本人的名义采取行动的——因此,"就任者"应该是谁的问题仍然没有得到解决。斯图尔特身体有病,并且也不愿接受这项计划。罗杰·阿什顿(Roger Ashton)补充说,这项计划有可能取得成功。[④]

弗里斯计划虽然已经通过了皇家财政权力机构的层层关卡,但并不是作为议会法通过的。詹姆斯六世很想让他辞去司库的职务,但斯图尔特迟

---

① *Edin. Recs.*, v. 107 - 8.

② *APS*, iv. 123; Ashton to Cecil, 21 Dec. 1597, *CSP Scot.*, xiii. I, 137 - 9.三级会议的会议记录不全。

③ 那些被剥夺爵位的天主教徒伯爵重新获得了爵位,国王要把新教牧师提拔到在议会有表决权的主教职位上,为的是能在议会通过一种金额大于以往任何时候的税收:*APS*, iv. 124 - 31, 142 - 6, cc. 1, 2, 48。

④ Nicolson to Cecil, 9 Dec. 1597, and Ashton to Cecil, 12 Dec. 1597, *CSP Scot.*, xiii. I, 128, 131 - 2. Ashton 提到了一份协议的副本,这也许是 10 月协议的初稿:但只字未提这个文献是如何流入英格兰人手中的。

迟未到爱丁堡；而他不到任，就什么也做不了。[①] 有传闻说，王室准备恢复八人委员会制。[②] 12月21日，也就是议会闭会2天以后，有人听说斯图尔特到了爱丁堡；第二天就要讨论他是否接受某些条件继续担任司库一职，或者他是否应该给别人腾出司库的位置。[③] 相关决定好像是在12月22日做出的，然后一直到12月29日都在详细拟定新的计划。恢复八人委员会制的计划也经历了类似的遭遇，1个星期(从1596年1月1日到1月9日)以后才成为正式计划。[④]

国王于1597年12月29日签发了弗里斯的委任状。[⑤] 由弗里斯主持的委员会要履行的职责在大多数方面与已有的财政委员会相似，决定如何管理资金和进行审计，而把资金的实际处置权交给了司库、财政监察和其他低级财政官员。弗里斯委员会共有21个成员，其中包括内阁中的大部分财政官员和其他重要成员，还有7个前八人委员会成员，加上弗里斯本人以及他的两个助手爱丁堡商人约翰·阿诺特(John Arnott)和总检察长约翰·尼克尔森；还有两个财政官员：斯图尔特保住了他的司库职位，而新任审计长是贝里克郡(Berwickshire)的一个领主、韦德伯恩(Wedderburn)的乔治·霍姆。至此仍不清楚他是怎样谋得审计长一职的，但可以肯定的是，他在1592年就与弗里斯有来往。[⑥] 爱丁堡爱八卦的记者罗伯特·比勒尔(Robert Birrel)把他们两人归入一类："韦德

① Nicolson to Cecil, 16 Dec. 1597, *CSP Scot.*, xiii. I, 132-4.

② John MacCartney to [Cecil], 17 Dec. 1597, *CSP Scot.*, xiii. I, 134-7.

③ Ashton to Cecil, 21 Dec. 1597, *CSP Scot.*, xiii. I, 137-9. Nicolson是在12月22日离开爱丁堡的。但在他离开爱丁堡时，国王已经去"议会"了解司库任命的结果：Nicolson to Cecil, 23 Dec. 1597, *ibid.*, p.140。

④ 关于这个委员会的讨论直到最后时刻才有结果。有一份与最终决议日期相同(12月29日)的草稿存世。这份草稿上的委员会成员名单略有不同——具体而言，名单中没有弗里斯本人或者他的助手尼克尔森，但有阿诺特。从这份决议草稿的内容看，"托马斯·弗里斯或者另一个在未来获得任命的人将负责签署所有的财政文件"。BL Add. MS 24,275, copies of documents relating to the revenues of Scotland, fols. 5v-7r. 文献"*CSP Scot.*"的编者把这份存世草稿副本说成是"赝本"，它与最终决议有非常明显的区别：如草稿中有一个名叫"John Elphinstone"的成员，最终决议中没有这个人。

⑤ *CSP Scot.*, xiii. I, 144-5. 这是原始文献"SRO RH6/3503"的部分节录。原始文献已经褪色，字迹不清，难以辨认。

⑥ 他是弗里斯的妹妹凯瑟琳婚约的一方当事人：[J. M. Thomson *et al.*, eds., *Register of the Great Seal of Scotland:*] *R*[*egistrum*] *M*[*agnz*] *S*[*igilli Regum Scotorum*], 11 vols. (Edinburgh, 1984), v. no. 2182. 请不要把他与前面提到的斯波特的乔治·霍姆(George Home of Spott)爵士混淆。

伯恩的霍姆和托马斯·弗里斯当上了司库、财政监察和税收官”。① 弗里斯委员会的法定成员是4人，因为他们的职务而始终要包括司库斯图尔特或者财政监察霍姆。弗里斯或者在他缺席时由他的助手请国王签署（加印付款或者拨款委托书），并且在加印之前对它们背书。如果要用司库或者财政监察分管的收入支付，那么，有些委托书（非常规付款委托书）就需要他俩签字认可。

这个委员会好像把皇家金库管理的执行权交给了斯图尔特和弗里斯，而把监察执行权交给了霍姆和弗里斯。但就如我们已经看到的那样，斯图尔特和弗里斯在10月私下里达成了协议。根据这份协议，斯图尔特把自己的全部权力和职责转交给弗里斯行使或者履行：斯图尔特的签名纯粹是为了履行程序。关于这份协议，以下这一点可能是确定无疑的：迄今没有发现有关它的任何记载；或者有记载，但没有存世；或者它并不是一份正式文件。从对这个委员会的一般了解来看，有一点可以肯定，那就是斯图尔特后来把司库的职位让给了弗里斯。除了上文提到的原始文献外，我们还可用相关性很强的阿什顿（Ashton）后来的评论来证明，斯图尔特只保留了司库的头衔，而弗里斯实际掌管了“全部收支大权”。② 霍姆很可能也进行了类似的自我约束，因为他后来变成了弗里斯的同僚。霍姆和弗里斯两人私下里肯定也签过协议，因为霍姆作为财政监察每年要付给弗里斯30 000苏格兰镑。而对于弗里斯来说，这才是他的计划的关键所在。③

遗憾的是，我们没有发现任何能够表明弗里斯“当政”成效的文献，不得不利用一些零碎的文献资料来进行考证。新的财政委员会刚成立2天，最高法院就维持认定托马斯·艾奇逊（Thomas Acheson）造币厂厂长为弗里斯做债务担保人非法的判决。这对于弗里斯来说可能是个麻烦，不过，情况可能也没有那么糟糕：导致他的财产被没收的人（the donator to the eschea）（从王室获得了艾奇逊财产的所有权）是弗里斯的助手约翰·阿诺特。④ 虽然是弗里斯欠

---

① Robert Birrel, ‘Diary, 1532 - 1605’, *in* J. G. Dalyell, ed., *Fragments of Scottish History* (Edinburgh, 1798), p.45.

② Ashton to Hudson, 20 Jan. 1598, *CSP Scot.*, xiii. I, 155.

③ *RPCS*, v. 433 - 4.

④ SRO CS7 /173, acts and decreets of the court of session, 1597 - 8, fols. 22r - 23r.

的债，但却是弗里斯的担保人受到了起诉。我们并不清楚弗里斯是在何时和如何得到官方保护的：他在1596年仍有可能受到起诉。[①] 但不管怎样，1597年10月，有两个债权人抱怨他们没能收回自己的钱，因为弗里斯和约西获得一种阻止他们收回债权的替代手段(supersedere)。[②]

1598年1月17日，弗里斯的计划彻底破产。据说，阿什顿曾表示，他发现自己"离不开那个位置"，并且"因为聪明过人而失势"，因此，国王责成司库恢复职务。比勒尔简单地表示他"conceivit seiknes"。[③] 那么，到底是哪里出了问题呢？

笔者先来援引那个时代的历史学家大卫·考尔德伍德(David Calderwood)说过的话。考尔德伍德曾写道，他"快要疯了，因为他无力清偿自己为国王供货欠下的债务"。就这句话已经充分说明当时发生的那场灾难，它表明弗里斯已经完全没有能力来落实他的计划。但实际上，弗里斯并不只是自己倒下的，也是被别人推倒的。当时，没人敢这么说，原因就是在推倒弗里斯的人中有国王陛下。

一份平淡无奇的文献——一张注明日期为1599年3月9日、加盖玉玺的特许状——提供了证据。[④] 由这张特许状可知，王室把一些以前属于韦德伯恩的乔治·霍姆爵士的土地赠给了掌玺大臣约翰·莱恩(John Laing)。这张特许状还交代了莱恩是如何得到这些土地所有权的。1596年6月，弗里斯和约西各自向莱恩借了2 000马克，费用是200马克(也就是10%的利率)。在1598年1月6日前的某一天(很可能距离这一天不远)，莱恩把这些债权转给了巴尔卡雷斯(Balcarres)的约翰·林塞(John Lindsay)大臣——苏格兰的一个重要政治家、前八人委员会的委员。1月6日，韦德伯恩的霍姆正打算(按照12月份的协议)付给弗里斯和约西30 000苏格兰镑，林塞叫霍姆把这笔钱扣下，理由是他是弗里斯和约西的债权人，这笔钱有一部分应该归他。[⑤] 这样，弗

---

① David Foulis to Burgey, 2 Oct. 1596, *CSP Scot.*, xii. 334.

② *RPCS*, v. 418.

③ Ashton to Hudson, 20 Jan. 1598, *CSP Scot.*, xiii. I, 155; Birrel, 'Diary', p.45.

④ *RMS*, *vi*. no. 868.

⑤ 但不管怎样，这3万苏格兰镑最终还是被用于偿还债权人。但从技术上讲，这笔款子只是被用来偿还王室欠弗里斯和约西的债务：他们俩没有义务把这笔款子还给他们自己的债权人。

里斯和约西突然就少了 30 000 苏格兰镑。1 月 14 日，林塞重又把 4 400 马克的债权转让给莱恩。这样，从法律上讲，莱恩有权向霍姆索要 4 400 马克。可是，3 天以后，弗里斯破产倒闭。

然而，莱恩并没能从霍姆那里要到一点现钱——这是一种值得怀疑的情况。直到 1599 年 2 月 27 日，霍姆才肯把加呈待评状的标的物(依法评估并被扣押的)伊斯特尔·莫里斯顿(Easter Moriston)的土地用于抵偿 3 600 马克的债务。以上这些过程的结果主要就是霍姆不必向弗里斯和约西支付 30 000 苏格兰镑。由上可见，情况有可能是这样的：霍姆虽然并非情愿，但也参与了密谋。霍姆幸运地躲过了弗里斯破产事件的劫难，并且又在他的职位上留任了一年。

霍姆答应支付 30 000 苏格兰镑的事件在 1 月 6 日还没有完全结束。1 月 13 日，科林顿(Clinton)的詹姆斯·弗里斯到枢密院接受质询，并且被国王指控拿走了 1594 年抵押给托马斯·弗里斯的上面刻有“H”印记的宝石。詹姆斯是作为托马斯的担保人得到这块宝石的，他以弗里斯担保人的身份表示，他花了很多钱，并且把很多年金债券(年金被作为利息支付)转让给托马斯的多个债权人：总计 23 733 苏格兰镑 6 先令 8 便士。国王在重新得到这块宝石后下令：霍姆应该直接把 20 000 苏格兰镑或者 30 000 苏格兰镑的 2/3 付给詹姆斯·弗里斯。[①] 这在任何情况下都只能算是一个比较软弱的担保条件，而且是已经被冻结的 30 000 苏格兰镑，因此是一个非常不好的消息。可见，弗里斯计划已经在走向失败。我们也能清楚地看到，巴尔卡雷斯的林塞主动与弗里斯作对，而林塞的那个“爪牙”债权人莱恩只是个下级官吏。但是，如果说“作案枪支”上留有林塞的指纹，那么同样也是国王参与其中的间接证据。如果詹姆斯六世希望弗里斯计划取得成功，就不会允许林塞从中作梗，也不会在关键时刻要他取回那块宝石——在卡尔德伍德看来，这是弗里斯失宠的明证。

---

① *RPCS*, v. 433 - 4. 詹姆斯·弗里斯列出的债权人名单可与(下文将要讨论的)托马斯·弗里斯和布拉特·约西在 1598 年 6 月开列的更加完整的债权人名单进行比较。前一张名单上的有些债权人并没有出现在后一张名单上，这些债权人已经得到偿还；而其他仍出现在后一张名单上的债权人有时也不同程度地得到了偿还。

因此,弗里斯的计划是一次有预谋的行动。那么,为何要策划这起行动,从什么时候开始策划的呢?答案是,从表面上看,是为了达到以下两个目的而采取了这起行动:一是提高皇家财政的运行效率,二是偿还王室欠弗里斯的债务。但事实上,如能避免的话,偿还欠弗里斯的债务绝不可能是策划这起行动的意图。偿还债务不可避免,因为这不仅仅是王室欠弗里斯的债务,而是欠很多国王陛下臣民的债务——弗里斯借给国王的钱都是向他们借的。1月初的行动旨在削弱弗里斯的势力,而看上去并非故意所为。结果是,弗里斯丢了官位,而且没有收回自己的钱,而他的债权人——实际上应该被认定为国王陛下的债权人——也不得不再找机会收回自己的债权。弗里斯得到了一种新的替代性保护手段——一份保护他不受债权人起诉的敕令。从表面上看,是弗里斯遭遇了破产,但实际上是拒绝偿还欠弗里斯债务的苏格兰王室遭遇了破产。

我们可以拿詹姆斯六世1年后处理另一名财政官员的手段进行比较。在沃尔特·斯图尔特最终成功地从司库的职位上退下来以后,他的继任者是刚与一个富有的寡妇结婚的卡西利斯(Cassillis)第五任伯爵。有人开玩笑说,詹姆斯六世任命卡西利斯伯爵出任司库,就是要迫使他的夫人打开钱包,而卡西利斯发行了看似无害的债券,承担了一个即将卸任的司库花费的超额开支,而且也明白自己中了圈套。他几乎刚上任就辞去了司库的职务,结果只是破费了几千苏格兰镑。[①] 然而,王室欠卡西利斯的债务与王室欠弗里斯和约西的债务相比就显得微不足道。我们马上就会看到,王室欠弗里斯和约西两人的债务高达160 522苏格兰镑,大约相当于王室各种来源一整年的总收入,要远远超过王室一年的净收入或者可支配收入。到了1598年2月,弗里斯只收回了694苏格兰镑的债务。[②]

保护弗里斯免受其债权人起诉的替代性手段取得了成功。最高法院的档

① *RPCS*, v. 548-9; Nicolson to Cecil, 10 Apr. 1599, and advices from Scotland, 8 June 1599, *CSP Scot.*, xiii. I, 444, 496.

② SRO E21/72, treasurer's accounts, 1598, fol. 38r.

案资料只记载了一桩以弗里斯为主债务人、1598年年初的诉讼案件——显然是一个判例案件。[①] 这个诉讼案是由曾经热心助人的约翰·莱恩提起的，他指控替代手段“既违法又有违公平”(aganis all law and equitie)，但主要是要求支付欠他的利息，因为他已有18个月没有收到利息了。后来，法院判定，无论替代手段是否违法，莱恩都有权从主债务人或者他的担保人那里收取每年10%的利息。弗里斯受到爱丁堡地方法官的保护，因为他们曾接到枢密院下达的不准逮捕弗里斯的密令。[②]

然而，事情到此并未结束。王室欠弗里斯—约西的债务如此之多，以至于即便仅仅是为了保护已经不佳的王室名声，王室也必须采取一些正经的行动。毫无疑问，在公众看来，问题的根源在于国王陛下积欠托马斯·弗里斯的债务。[③] 因此，到了1598年，弗里斯和约西获得了承包海关的合同。[④] 然而，这份承包合同在执行了1年以后于第二年的11月被废除，并且被另一份创收更多的辛迪加承包合同取而代之。[⑤] 遗憾的是，我们几乎没法找到记载这份合同偿还了多少债务的材料，想必它至少能为弗里斯和约西解决一些流动性问题，允许他俩进一步借钱来应付逼债最凶的债权人。5月，约西收到了一期完整的英格兰特别津贴30 000苏格兰镑，好像是还给了英格兰的债权人。[⑥]

其间，苏格兰三级会议在1598年5月29日召开了一次会议，通过了一项“有利于托马斯·弗里斯和罗伯特·约西”的综合法案。这项法案包括一份偿还他们俩人债务的计划。[⑦]

债务偿还计划附有一份苏格兰债权人姓名和债务金额的清单，粗算总共

---

① SRO CS7 /172, registers of acts and decreets of the court of session, 1597 - 8, fols. 185v - 186r. This was on 13 Feb. 1598. Three parallel volumes (CS7 /171 - 3) were searched, covering the whole of the period from 5 Dec. 1597 to 25 May 1598, and much of that from 2 June 1597 to 27 June 1598.

② Edinburgh, National Library of Scotland, Ch. 1412, ‘Toun of Edinburgh contra Bartilmo Kello: suspensione anent the taking of Thomas Fowlis’, 16 Feb. 1598.

③ Birrel, ‘*Diary*’, p.47.

④ *APS*, iv. 165; *ER*, xxiii. 237 - 46; Birrel, ‘*Diary*’, p.45.

⑤ *RPCS*, v. 508, 525 - 6; *ER*, xxiii. 334 - 5.

⑥ SRO E35/13, apparel accounts, 1596 - 1600; cf. Edward Bruce to Burghley, 29 Apr. 1598, *CSP Scot.*, xiii. I, 199 - 200.

⑦ *APS*, iv. 166 - 7.

有 145 700 苏格兰镑的债务。[1] 王室答应分 6 年还清，每年偿还 30 000 苏格兰镑，连本带利到 1604 年 11 月 11 日全部还清。180 000 苏格兰镑偿还额与 145 000 苏格兰镑债务两者之间的差额就是利息。因此，这些债务支付了（10％的最高法定利率）单利，而不是复利。

债务的还本付息额总计为 180 000 苏格兰镑，也意味着第一年不用支付利息。[2] 债务的本息名义上是还给弗里斯和约西的，但实际是要按债权比例还给名单上列明的债权人的。与此同时，国王对弗里斯、约西和他们俩的担保人提供了特别保护，因此，即使他们在借款合同中规定“高额罚金”（这就意味着弗里斯和约西按高于 10％的利率借钱），除了债务本金和 10％的利息外，债权人也无法追究他们俩的违约责任。这等于继续执行先前的替代手段。

这样的安排看似相当公平，而弗里斯在他自己的计划中也规定了每年收回 30 000 苏格兰镑。但遗憾的是，“in verbo principis 答应”这句国王常说的口头禅，在国王本人看来似乎并不是“有约束力的义务”，而是“有约束力的义务”的一种替代。所有这一切义务要取决于每年到哪里去弄这 30 000 苏格兰镑。综合法案规定，其中的 25 000 苏格兰镑从财政监察分管的一般收入中拨支，剩下的 5 000 苏格兰镑——正好是弗里斯和约西承包造币厂的合同中规定

---

① The act envisaged the need ‘not onlie to pay the sowmes of money auchtand be his majestie to the saidis Thomas and Robert be thair bypast comptis, bot also all *sic* uther sowmes as thay haif de burst in his hienes *service* sen the fuiting of thair last compt’. For this, they were to give in a ‘perfyte compt of all thair bypast intrornissioun and debursment in his hienes effairis’ before 15 Oct. The extant roll (*APS*, iv. 168) was probably presented to the convention, but amended later. The act envisaged the need ‘not onlie to pay the sowmes of money auchtand be his majestie to the saidis Thomas and Robert be thair bypast comptis, bot also all *sic* uther sowmes as thay haif de burst in his hienes *service* sen the fuiting of thair last compt’. For this, they were to give in a ‘perfyte compt of all thair bypast intrornissioun and debursment in his hienes effairis’ before 15 Oct. The extant roll (*APS*, iv. 168) was probably presented to the convention, but amended later.

② （或许，根据债权人就在每年年底利息到期时得到偿还的假设），第一年以后，债务余额每年按 10％的单利偿还，计算可知，这项还款计划到期时只剩下 3 183 苏格兰镑没有付清。如果从一开始就付利息，那么，没有付清的金额就不是 3 183 苏格兰镑了，而是 26 648 苏格兰镑了。

要缴给王室的租金——由造币厂承担。[①] 此外，如果弗里斯和约西能够继续承包造币厂的话，造币厂还可能继续盈利；而经营造币厂需要营运资金（购买和兑换金银），他们俩就必须设法筹到营运资金。无论如何，这个方案使他们俩的流动性有所提高，并且把王室收入置于他们俩的控制之下。[②]

那么，到哪里去弄由财政监察收支的 25 000 苏格兰镑呢？这笔款子的来源就没有造币厂收益那么有保证。三级会议通过的另一项法案推翻了综合法案的全部安排——这肯定是故意而为。财政监察韦德伯恩的霍姆处于政治压力之下，[③]他从 1598 年 11 月 1 日开始就从他掌管的当期收入中给足王室资金。乐观地说，这项法案迫使霍姆每年为王子和公主及其家人拨款 10 000 苏格兰镑，另外每年要安排 25 000 苏格兰镑偿还弗里斯和约西的债权人。[④] 就如我们所看到的那样，后一笔款子只有在资金状况允许的情况才会支付。我们现在已经相当熟悉詹姆斯六世的财政状况，完全能够很好地估计支付这笔款子的可能性有多大。

造币厂承包合同最初（在 1598 年 8 月 2 日）是以弗里斯和约西本人的名义签署的，但后来转到了科林顿的弗里斯家族（Foulises of Colinton）的名下。[⑤] 科林顿的弗里斯家族自己也遇到了麻烦，因为私人债务而在 1598 年 5 月陷入了困境。[⑥] 硬币被正式大幅度（to the great hurt of the leidges）“喊低”（cry down：当时，硬币的价值由国王派传令官在街头或市场上口头宣布。这里的“cry down”意思就是“喊低”、“调低”或者“贬值”，而“cry up”则表示“喊高”或“调高”。——译者注）。[⑦] 弗里斯和约西在 6 年的承包期里每年从造币厂领取 5 000 苏格兰镑，一直到 1603 年 7 月，而他们俩对造币厂的控制使得他俩有机

---

① 这 5 000 苏格兰镑应该由王室偿还。由于弗里斯租赁着铅矿，因此，王室也可以用他应付的租赁费——弗里斯 1594～1596 年的账册中附有这个租约——来冲抵自己欠他的债务。

② 另有法案规定，铸币不按金银含量的价格或者成色和重量兑换：*APS*, iv. 164 - 5。

③ Nicolson to Cecil, 1 July 1598, *CSP Scot.*, xiii. I, 228.

④ *APS*, iv. 166.

⑤ BL Harleian MS 4628, 'Notes furth of the registers of exchequer, 1583 - 1674', fol. 2v; [Edinburgh,] N[ational] R[egister of] A[rchives] (S[cotland]) Hopetoun MSS, bundle 2677, copy tack; Cochran-Patrick, ed., *Coinage*, i. 269 - 72; *RPCS*, vi. 61.

⑥ SRO CS7 /173, acts and decreets of the court of session, 1597 - 8, fols. 337r - 338r.

⑦ David Moysie, *Memoirs of the Affairs of Scotland, 1577 - 1603*, ed. J. Dennistoun, Maitland Club (Edinburgh, 1830), p.138.

会从造币厂另外捞取了不知多少的外快。[①] 1599年对于他俩来说是难过的一年,因为他俩失去了对海关的控制权。约西由于以国王的名义在英格兰借钱不还,因此在英格兰锒铛入狱。[②] 他甚至还欠法国人的债务。[③] 等他回到苏格兰后,他的债权人试图吓唬他,未经批准逮捕了弗里斯和约西的担保人亚历山大·亨特(Alexander Hunter)。这个如此"伤痕累累、胆战心惊"的约西再次离开了苏格兰。[④] 王室几乎不关心他俩的问题,但必须关注,他俩在1600年2月被免职,因此而受到了严重的精神打击。[⑤] 弗里斯本人已经被逼得走投无路,而导致他财产被侵吞的人(donator to his escheat)竟然就是他的兄弟大卫。[⑥]

因此,弗里斯和约西不得不逐个应付他们的债权人。有一份约西在1601年写下的还款保证书存世。弗里斯和约西"除了转让他们的承包合同外没有任何其他拯救约西和还债的办法"。为了自救他把承包合同中自己的那些份额转让给了亨特。[⑦]

1601年11月,王室设立了一个委员会举行听证会,弗里斯和约西应召到场作证,王室又成立了一个委员会负责评估弗里斯在英格兰销售的珠宝的价值,以便国王能够搞清他还欠弗里斯多少钱。[⑧] 除此之外,我们并没有发现更多的有关信息。1602年12月,苏格兰皇家枢密院审理了弗里斯和约西的一个债权人安德鲁·洛克哈特(Andrew Lockhart)的案件。结果,枢密院拒绝废除才执行没几个月的替代手段(supersedere),但答应不再做不利于他的事。[⑨]

---

① 文献"SRO E21/76, treasurer's accounts, 1601–4, fol. 299v"是记录他俩从造币厂领取付款的最后一个凭据。关于造币厂利润的讨论,请参阅文献:C. E. Challis, 'Debasement: the Scottish Experience in the Fifteenth and Sixteenth Centuries', in Metcalf, ed., *Coinage in Medieval Scotland*.

② James Elphinstone, secretary, to Cecil, 28 Feb. 1599, and Cecil to Elphinstone, 13 Apr. 1599, *CSP Scot.*, xiii. I, 410–11, 445–6.

③ M. de la Fontaine to Cecil, June 1598, HMC, *Salisbury*, xiv. 60. 这封信没有指名道姓地说弗里斯和约西,但从信的内容看事关他们俩。

④ *RPCS*, vi. 59–60.

⑤ Nicolson to Cecil, 6 Feb. 1600, *CSP Scot.*, xiii. II, 622–3.

⑥ *RPCS*, vi. 101.

⑦ NRA(S) Hopetoun MSS, bundle 2678.

⑧ *RPCS*, vi. 308–9. David Foulis wrote from London that 'the jouells [were] delyvered in there full integritye': David Foulis to earl of Mar, 3 Dec. 1601, HMC, *Report on the Manuscripts of the Earl of MarandKellie*, ed. H. Paton, 2 vols. (London, 1904–30), i. 37–8.

⑨ *RPCS*, vi. 498–9.

枢密院是不可能信守诺言的。1600 年 3 月，之前采取的替代手段到 6 月就要到期，但到时肯定还会展期[①]，而欠洛克哈特的债务直到 1607 年 7 月才还清。[②]

弗里斯并没有接受这种恶意忽视，但也没有设法解决自己的问题。1601 年 5 月 1 日，弗里斯向国王陛下提出了一个重要建议——他希望国王恩准他签署一份 11 年期的承包合同，"在这段不长的时间里，他将会解除陛下欠债权人的债务，并解除韦德伯恩的领主'xii^{m} libs'的债务"('Within the quhilk space he sall releif his majesteis creditouris of nyne scoir thousand libs., the laird of Wedderburnes xii^{m} libs)——罗伯特·约西和托马斯·弗里斯"vi^{xx} thowsand libs"的债务。"首先是出于同情和满足，其次是出于对陛下债权人的尊敬"。最终，每年可为王室带来 20 000 苏格兰镑。枢密院对弗里斯的建议很感兴趣，并且要求他说出更加具体的设想。[③] 5 月 8 日，枢密院决定：如果弗里斯能够向国王说明他如何能在 11 年里解除 180 000 苏格兰镑的债务，只要他们把钱用于偿还他们自己的债权人和韦德伯恩的乔治·霍姆爵士的债权人，那么，国王就会把这笔钱付给弗里斯、约西和艾奇逊，甚至还会再让他们出任税收官。弗里斯、他的夫人和子女在他们的有生之年或者债务还清之前每年可领取 1 000 苏格兰镑的抚恤金：这笔钱要以偿还债权人为由申请。[④] 每年 1 000 苏格兰镑的抚恤金虽然少得有侮辱人之嫌，但至少表明王室仍想让弗里斯保持最低限度的流动性。令人沮丧的是，我们从未见到描述弗里斯方案的文字存世，而这个方案显然也从未付诸实施，但也许能给我们留下关于弗里斯和约西欠债状况的大致印象：现在看来似乎减少到了 120 000 苏格兰镑。不过，12 万这个数目未必代表全部债务——而是弗里斯所说的他的方案能够筹到的资金。因此，他建议付给韦德伯恩的霍姆 12 000 苏格兰镑，但霍姆在 1604 年被发现超支了 26 330 苏格兰镑 17 先令 4 便士，而且还拖欠了 9 000 苏格兰镑的利息。[⑤]

① *RPCS*, vi. 93.
② SRO E65/5, taxation accounts, 1606, fols. 26r - 29v.
③ *RPCS*, vi. 860.
④ *RPCS*, vi. 245 - 7.
⑤ *RPCS*, vi. 245 - 7.

恶意忽视直到1606年才结束。1603年，詹姆斯六世和他的廷臣由英格兰买单离开苏格兰以后，王室联盟改变了苏格兰的财政状况。苏格兰终于开始真正能够偿还债务，而不是再借更多的债务。1604年1月，枢密院派人“查封”(sichti)了弗里斯已经失宠的合伙人韦德伯恩的霍姆。从一份皇家授权令的内容看，偿还债务本金后来就成了财政监察分管的那部分收入的第二大支出(第一大支出是现任财政监察的超额支出)。[①] 这就意味着，弗里斯和他的债权人在债权人顺序中的位置又被往后挪了。1606年，三级会议表决通过了一种议会税——名义税额240 000苏格兰镑，分4年征收，并且最终安排了很多资金用于偿还王室欠弗里斯及其债权人的债务。由于不相信当局会安排资金偿还欠这些债权人的债务，一份致三级会议各郡代表的陈情书呼吁三级会议成立一个委员会就这个问题进行调查，[②]但是，三级会议并没有成立委员会进行调查。不管怎样，在征收上述议会税的整个时期(1607～1611年)里，弗里斯和约西的债权人得到了偿还，总计81 880苏格兰镑。议会税的大部分剩余收入都被用来偿还旧债，其中包括还给司库顿巴伯爵的77 848苏格兰镑。[③]

从1611年5月初起，议会税收入开始减少，而弗里斯剩下的债权人也开始意识到将无法收回债权。国王告知枢密院，当时有一个叫托马斯·约翰斯通(Thomas Johnstone)的债权人“老是纠缠不清”。枢密院就弗里斯负责的账款举行了听证会，决定取消对他的保护——“理由是我们没有任何方面的坏账”；或者只要还有拖欠的债务要还，我们就继续还钱，这样，我们就不会受他们纠缠不清的困扰[④]。枢密院在10月派人查封了弗里斯的账户，并对他经手的账目进行审计。就如枢密院报告国王所说的那样，弗里斯账目中的大部分支出项目被发现都是“国王陛下的审计师绝不可能允许”的项目。国王陛下的审计师把审计报告呈交给了国王陛下，并且在审计报告中写下了宣告弗里斯职业生涯结束的审计意见。[⑤]

---

① *RPCS*, vi. 598.

② SRO PA7 /23/1, ‘The desyr of the barrones ... anent the stenting of this present taxatioun that the samin may be dewlie uptakin but abuss’, 1606.

③ SRO E65/5, taxation accounts, 1606, fols. 26r-29v; 32v; 30v.

④ James to council, 2 May 1611, *RPCS*, ix. 607.

⑤ *RPCS*, ix. 636. Cf. *ibid.*, 247; *RPCS*, xiv. 559.

1612年2月，弗里斯提出了索偿11 196苏格兰镑10先令2便士的诉求，当局接受了他的索偿诉求。这笔赔偿款分4期支付，最后一期是在1614年付清的。[①] 1615年，枢密院两次致信国王“替托马斯·弗里斯说情”，但似乎没有任何结果。[②] 直到1620年才进一步付款给弗里斯：造币厂的账册上有一张支付3 000苏格兰镑的付款凭单。[③] 有一张付款凭单是1621年的，30 000苏格兰镑是分期付清的。1623年弗里斯夫人珍·弗朗西斯(Jean Francis)去世时，这笔付款仍有20 000苏格兰镑拖欠未付，[④]最后直到1625年6月，也就是詹姆斯六世驾崩3个月后或者在詹姆斯六世“口头原则答应”考虑6年内还清债务的27年以后才全部还清。[⑤] 据我们所知，这是弗里斯收到的最后一笔“公款”。

那么，王室拖欠弗里斯和约西的债务总共偿还了多少呢？有文献记载1598～1625年间的偿还额是156 076苏格兰镑——大大低于在1598年认为到1604年必须还清的180 000苏格兰镑。在这么长的期限里，利息支出有可能要大得多，因此，大部分偿还款是支付利息的。而且，付给弗里斯和约西的还款不可能没有文献存世。[⑥] 除了还债以外，王室还有第二种减少债务的手段——严酷或许具有创造性的算账方法。1611年10月，枢密院给弗里斯提出的索偿额打了很大但不为人知的折扣，并且声称弗里斯提出的索偿额中包含很多报酬和一些慰问金，而不仅仅是应偿债务。[⑦] 枢密院在1598～1601年间可能也采用了相同的手法把160 522苏格兰镑的应偿债务减少到了120 000

---

① SRO E24/30, comptroller's accounts, 1611 - 12, fol. 28v - 29r; E24/31, comptroller's accounts, 1612 - 13, fol. 36r; E24/32, comptroller's accounts, 1613 - 14, fol. 34r.

② *RPCS*, X. 389, 431.

③ SRO E101/3, mint accounts, 1618 - 20 & 1620 - 2, fols. 29v, 33r.

④ SRO CC8/8/52, testament of Jean Francis, Edinburgh, 9 Apr. 1623, fol. 14v.

⑤ SRO E24/38, comptroller's accounts, 1620 - 21, fol. 34r; E24/39, comptroller's accounts, 1621 - 22, fol. 36v; E65/8, taxation accounts, 1621, fol. 31r.

⑥ 的确，财政档案文献中记录的数额存在差异，但并没有那么大，已知付给弗里斯的几笔主要款项数据都是从一个以上的原始文献上获得的。王室也不可能费了这么大的劲偿还债务，而不让大家知道。但在这些存世文献中有一个问题很可能无法解决，那就是王室欠弗里斯和约西两人的债务什么时候变成了分别欠弗里斯和约西的债务。有一种可能是：分开支付的付款是偿还约西的，但除了1598年5月的30 000苏格兰镑以外，其他分开支付给约西的还款都无从追溯。这笔还款是在提出那份流产的18万苏格兰镑偿还计划之前支付的，而且很可能是还给英格兰债权人的。

⑦ *RPCS*, ix. 636.

苏格兰镑。弗里斯很可能在1620～1621年前一直因这个问题而在与枢密院据理力争。1620～1621年，枢密院终于给弗里斯签发了最后两张付款授权书（分别是3 000和30 000苏格兰镑）。他们答应根据付款授权书支付的偿还款采用整数金额这一事实表明，弗里斯为了换取现金放弃了剩余索偿额。[①] 这样会导致在索偿额和实际偿还额之间出现很大的差额，而弗里斯可能希望用利德希尔铅矿的利润来补差。这看起来似乎不公平，因为弗里斯要用自己的资源来为王室补差，但国王可能会认为，是他之前把铅矿恩赐给弗里斯的。我们仍有疑问：许多债权人从未得到偿还？另一些债权人是弗里斯自己掏钱偿还的？

虽然1598年以后债务使弗里斯的职业生涯蒙上了阴影，但还没有完全主导他的职业生涯。用一个无力还债的富翁的结局掩盖他长期为王室效力的经历只能展现不完整的画面，弗里斯后来又在公共活动中活跃了30年。弗里斯并没有完全终止与王室的接触，因为他仍与他的妹夫、苏格兰总检察长达拉谟凯恩的托马斯·哈密尔顿爵士保持着联系。[②] 哈密尔顿有自己非常成功的职业生涯，并且可能帮助过弗里斯——有一封哈密尔顿在那个时期用“我的好兄弟”的称呼但没有注明确切日期的书信存世。“长期以来，他一直想在王室寻找发迹的机会，但没有取得成功，这倒不是因为他缺少诚实人的善意，而是因为缺少机会”；他一直在寻找“任何诚信效力的机会，因为这种机会对于他来说可能就是晋升的途径和发迹的开端”。[③] 在1607年哈密尔顿的领地希尔德斯通（Hilderstone）发现银矿以后，弗里斯当然选择帮助他经营银矿（但没有证据证明银矿是否盈利）。1613年，弗里斯为一种从铅矿中提炼白银的新方法申请了专利。[④] 1615年，当局从弗里斯那里为爱丁堡城堡购买了价值2 800苏格兰

① 珍·弗朗西斯1623年的遗嘱上只提到了王室签发给她和她的丈夫的第二张付款授权书上提到的未还余额，但从这可以看出，之前他们与王室有过交易。

② 弗里斯在1607年常为哈密尔顿做事：*RMS*, vi. no. 1992。别忘了，那块刻有“H”的大宝石在1603年到了哈密尔顿手中，但不清楚他怎么把这块大宝石弄到手的：*RPCS*, vi. 561。

③ Hamilton to John Murray of Lochmaben, n.d., J. Hope, ed., *The Melros Papers*, 2 vols., Abbotsford Club (Edinburgh, 1837), i. 106.

④ Hamilton to earl of Salisbury, 23 Apr. 1607, HMC, *Salisbury*, xix. 103-4; *RPCS*, x. 15-17, 95-6, 108.

镑的铅锭。考虑到弗里斯当时的状况，王室采购官员预付了一半的货款——这可是一种少见的恩惠。[①]

17 世纪 20 年代，弗里斯在和枢密院就皇家债务问题达成协议以后，就成了受人尊敬的老资格财政问题专家。他的侄子拉威尔士通的乔治·弗里斯(George Foulis of Ravelston)原先也是金匠，但那时已经当上了造币厂厂长，并且正在一块地产上打基础造房子。[②] 托马斯·弗里斯在 1620 年签署了一项关于金银出口的公告，并且又在 1622 年就这个问题提出了建议。[③] 1627 年，他在自己最后一次公开露面时就是否应该允许荷兰硬币在苏格兰流通发表了自己的看法。[④] 上文说到的他的夫人的遗嘱表明，他还参与过大规模的畜牧业经营活动。作为土地所有者，弗里斯在 1623 年建议政府出口苏格兰羊毛，同年又被任命为拉纳克郡(Lanarkshire)的一个治安法官。[⑤] 他并没有丧失对政府发起项目的偏好。在弗里斯生活的那个时代，纳撒尼尔·伍德沃德(Nathaniel Udward)是苏格兰的大规划师，他在 1619 年有争议地获得了肥皂专卖权。1623 年，在伍德沃德与反对肥皂专卖的皇家自治镇之间发生的争执中，弗里斯作为被委托人出面为伍德沃德辩护。[⑥]

但 1598 年以后，弗里斯的主要职业是经营铅矿。早在 1592 年，他就从王室获得了矿山租赁权。后来，他作为这些矿山承租人的法律地位比较复杂：一方面，因为金属矿山所有权从法律上讲是王室的一种特权；而另一方面，又因为弗里斯的破产意味着他本人不能稳定地行使这些矿山的经营权。实际参与这些矿山租赁和经营的人有他的女婿安尼斯顿的约翰·缪尔(John Muir of Anniston)以及他的两个侄子(科林顿的詹姆斯·弗里斯的两个儿子)乔治·弗里斯和罗伯特·弗里斯。乔治·弗里斯，就如我们已经知道的那样，当上了造币厂厂长；而罗伯特·弗里斯是一名成功的检察长。他们俩作为托马斯·

---

① *RPCS*, X. 328.
② Young, ed., *Parliaments*, i. 262.
③ *RPCS*, xii. 764-5, 120, 123.
④ *RPCS*, 2nd ser., i. 631; Cochran-Patrick, ed., *Coinage*, ii. 74.
⑤ *RPCS*, xiii. 141-2, 34 3.
⑥ *RPCS*, xiii. 249-50, 252-3.

弗里斯的担保人，利用矿山为他清偿债务，而且还真是大获成功。[①]

托马斯·弗里斯夫人的遗嘱附有一张弗里斯在1623年开列的债权人名单。[②] 这是一个重要信息，因为它同时显示，弗里斯仍然负债累累（达到33 190苏格兰镑）；1623年的债权人并不是1598年的那些债权人。[③] 想必，他是一边赚钱和借钱，一边在还旧债并投资矿山。任何没有能力这么做的人迟早都会破产。托马斯·弗里斯自己的遗嘱披露了另一个信息——他还有一家虽然仍然负债累累但很大的企业；弗里斯在1628年12月去世时仍没有还清的债务。[④] 他在去世时仍积欠54 676苏格兰镑的债务，比1623年还多，但只有7个债权人同时出现在两份遗嘱中，3个债权人持有相同金额的债权。不管怎样，弗里斯总算保持住了流动性。

1623年，托马斯·弗里斯刚去世不久，弗里斯家族3个年龄较轻的成员更大程度地掌管了家族产业。就如1629年的一份存世文献所记述的那样，托马斯·弗里斯临终前把铅矿的经营托付给了他们。[⑤]

后来，托马斯·弗里斯从经理的位置上退了下来，因为罗伯特·弗里斯在1627年为自己签订了一份为期12年的土地和矿山经营合同。[⑥] 到了1630年，债务仍然是罗伯特经营的矿山的沉重负担，显然又过了好几年才还清。[⑦] 但不管怎样，利德希尔矿仍然存续了下来，变成了一家高利润企业，实现了弗里斯家族的愿望。[⑧] 关于托马斯·弗里斯的主要故事很可能从1598年起就有

---

① 关于这些官职的证据，以下文献作了综述：NRA(S) Hopetoun MSS, bundle 451：'Memorandum anent all right which Thomas Foulis, Mr Thomas or David Foulis' his sones can pretend to the mynes of Waterhead, stocke or tenth part thereof', 19 July 1639。这个文献由帮罗伯特·弗里斯的女儿安娜打官司的约翰·霍普起草，目的是要挫败托马斯幸存的儿子大卫的诉讼主张。霍普帮安娜打赢了官司，并且娶安娜为妻。

② 一个先于丈夫去世的女士在遗嘱中也提到了弗里斯所欠的债务：HMC, *Report on the Laing Manuscripts Preserved in the University of Edinburgh*, ed. H. Paton, 2 vols. (London, 1914), i. 116。

③ Andrew Lockhart 和 George Foulis 这两个债权人的姓名同时出现在1598和1623年的债权人名单中。但不管怎样，之前欠 Lockhart 的债务在1607年已经还清：请参阅以上文献 n. 113。

④ SRO CC8/5/3, testament of Thomas Foulis, Lanark, 6 Aug. 1629, fols. 44r－45v.

⑤ NRA(S) Hopetoun MSS, bundle 438, no. 19.

⑥ NRA(S) Hopetoun MSS, bundle 438; no. 18.

⑦ NRA(S) Hopetoun MSS, bundle 438, no. 23.

⑧ T. C. Smout, 'Lead-mining in Scotland, 1650－1850', in P. L. Payne, ed., *Studies in Scottish Business History* (London, 1967).

人故意在传播。

查理五世是依靠弗杰尔(Fugger)银行的贷款才在1519年登上王位的詹姆斯六世无须通过贿赂就在1603年登上了英格兰的王位，但如果他没能保住苏格兰的王位，那么，就不可能有人理睬他对英格兰王位继承权的主张。16世纪90年代，在他的治下，苏格兰皇家财政状况非常糟糕，导致他很可能在英格兰王位继承问题上遭遇严重的意外。詹姆斯六世就像其他国王一样，必须让世人看到他活得像个国王，展示一个国王被认为应该拥有的财富，偶尔要对国内持不同政见者炫耀一下军事力量：这绝不是说，他负担得起这样的军事力量秀。詹姆斯六世之所以能够保住自己的王位，是因为总有源源不断的资金支撑。所有这些在一定程度上应该归功于苏格兰在行政管理方面取得的成就，而苏格兰在行政管理方面取得的成就则应该归功于八人委员会和其他皇家财政官员，但也得益于使得王室能够利用国内崭露头角的信用机制的信贷业务，而托马斯·弗里斯则始终引领着那个时代苏格兰的信用机制。

弗里斯是金融家，而不是政治家。英格兰的特工非常关心詹姆斯六世的宫廷政治，而每个宠臣亲信和行政官员都要定期接受忠诚评估——是否忠诚于国王或者说是否忠诚于新教和亲英格兰事业。弗里斯的情况却不同：没有人关心他的宗教倾向，或者关心他支持哪个教派①；而他自己只想赚钱，而不是掌权。从这个意义上讲，他在国家机构发挥了专家的作用；但在其他方面，他又根本不是专家：他设计过硬币，也管理过海关；曾出使伦敦，还在偏僻的拉纳克郡丘陵地区开采铅矿；曾在数届皇家金银委员会出任委员，也经营过牧场。有人可能会认为，弗里斯的经历反映了苏格兰国家发展的某种倒退，但我们也能在那个时代的英格兰找到像弗里斯这样的人物。无论从哪方面看，霍雷肖·帕拉维奇诺(Horatio Palavicino)爵士就是这样一个人物，他曾做过明矾和其他商品的投机生意，出任过英格兰驻德国大使，还为伊丽莎白女王陛下

---

① 约翰·科尔维尔(Mr John Colville)先生曾向塞西尔报告说，弗里斯劝詹姆斯不要相信英格兰塞西尔派。但科尔梅尔一直想讨好塞西尔，在这一点上是一个不值得信赖的见证人。Colville to Cecil, 20 Aug. 1594, HMC, *Salisbury*, iv. 583.

筹款备战。[①] 弗里斯为他的国王提供的更加卑微的服务——即从伦敦回国时在手提箱里给国王带回一些银器——也可以与帕拉维奇诺相比：帕拉维奇诺曾为塞西尔家族(Cecils)到巴黎去购物。[②]

苏格兰要寻求新的收入来源来弥补像王田这样的传统收入来源衰退留下的缺口。它有几个选项来弥补收入缺口，其中的一个就是增收经常性议会税，从16世纪80年代起，苏格兰的这种税收稳步增加。[③] 弗里斯从未得到过承包议会税征收的机会，也许是因为税收系统被置于税收文书阿奇博尔德·普里姆罗斯(Archibald Primrose)的控制之下，而这个普里姆罗斯从未与弗里斯有过关系，而且是那个在1598年11月把弗里斯和约西从海关赶走的财团的成员。[④] 苏格兰还有另外四种弥补收入缺口的可能性：首先是矿山——其实就是铅矿。虽然苏格兰王室一直希望勘探到贵金属——采矿是一种皇家特权——，但需要企业家型的合作伙伴来开采矿山。其次是英格兰的特别津贴。英格兰提供的特别津贴是詹姆斯国王最理想的巨额现金来源——除此之外，苏格兰国王没有希望获得4 000英镑的黄金或者现款。苏格兰需要与英格兰进行外交谈判才能从伊丽莎白手中弄到这笔特别津贴，而其中的一部分要在伦敦购买商品。第三个选项是降低铸币成色或者减轻铸币重量，从16世纪70年代初到1603年间，苏格兰王室定期选择这个选项。但采用这个选项，需要垫付营运资本用于以新币兑换旧币。苏格兰造币厂常被租赁给私人企业家，由他们自己垫付营运资本。最后，苏格兰王室把关税也包给了私人。以上五种王室可用来弥补收入缺口的收入来源，弗里斯控制或者参与了其中的四个。对于王室来说，收入来源外包的诱惑最初是与私人资本合作，但弗里斯向王室证明，他还能利用皇家收入来源承包权来为王室举借贷款。

---

① L. Stone, *An Elizabethan: Sir Horatio Palavicino* (Oxford, 1956). The chapter headings of this book — 'the monopolist', 'the war financier', 'the ambassador', 'the speculator', 'the secret agent', 'the landed gentleman' — could be used for Foulis with only small amendments.

② SRO E30/14, accounts of Thomas Foulis, 1594－6, fol. 4r; Stone, *Horatio Palavicino*, pp. 186－7. Goodare, 'Parliamentary Taxation'.

③ Goodare, 'Parliamentary Taxation'.

④ *ER*, xxiii. pp.li, 288.在这个文献中，作者认为弗里斯不同于像威廉·迪克(William Dick)这样后来的金融家。迪克在1617年已经利用税收收入来偿还王室欠他的借款：*RPCS*, *xi*. 159; SRO E65/7, taxation accounts, 1617, fols. 24v－25r。

弗里斯采用的信用机制相对较新，这也没有什么可奇怪的。因为，众所周知，英格兰王室在伊丽莎白治下从来不借外国贷款，而是利用本国子民的资源。① 在近代早期的苏格兰，银行业和金融服务不怎么为人所知。但在16世纪的大部分时间里，苏格兰的主要银行都是意大利人开设的。② 詹姆斯·布朗(James Brown)表示，到了17世纪初，爱丁堡出现了一个规模可观的本国金融家群体。③ 大多数苏格兰银行家从事许多金融交易活动，专业银行家为数很少。他们建立特殊的合伙关系来实现特定的经营目的。弗里斯也采用了这种经营模式。他有时与罗伯特·约西和其他人合伙经营，有时则单干。他们为自己开辟了小众市场，通过与来自苏格兰社会中层大量的投资者建立关系来积累资本。弗里斯的债权人大多属于社会中低阶层——有些是商人，但很少有人拥有土地，一般也就是投资1 000～2 000苏格兰镑。弗里斯提供给他们的是，从国家提供的不断增加的产业合同和垄断事业机会以及国家不断增长的对金融服务的需要中赚取利润的机会。我们在考察银行业在近代早期苏格兰兴起时应该记住，当时，苏格兰王室是金融服务的最大客户。但是，对于苏格兰王室来说，最重要的人是贵族和其他有地阶层。在1598年弗里斯宣布破产以后，他的债权人即使能够收回自己的债权，也得等待很长时间。等待收回债权的债权人能够看到，在他们前头有很多较新但关系比他们更硬的债权人，如韦德伯恩的乔治·霍姆爵士。韦德伯恩的乔治·霍姆爵士在1604年就收回了自己的全部债权。1601年发生的一件有趣的事情甚至更值得一提。那年，弗里斯暂时失去了对造币厂的控制权，造币厂铸造了大量严重贬值(即成色降低或重量减轻，或者两者兼而有之。——译者注)的硬币，不是为了偿还弗里斯的欠下的债务，而是为了偿还即将离任的司库、埃尔芬斯通子爵的长子

---

① R. B. Outhwaite, 'The Trials of Foreign Borrowing: the English Crown and the Antwerp Money Market in the Mid-Sixteenth Century', *Economic History Review*, 2nd ser., 19 (1966), 289-305; R. Ashton, *The Crown and the Money Market, 1603-1640* (Oxford, 1960), pp.1-30.

② S. G. Checkland, *Scottish Banking: a History, 1695-1973* (London, 1975), appendix 1: 'Money transactions in Scotland before 1640'.

③ J. J. Brown, 'Merchant Princes and Mercantile Investment in Early Seventeenth-Century Scotland', in M. Lynch, ed, *The Early Modern Town in Scotland* (London, 1987), pp.125-46; J. J. Brown, 'The Social, Political and Economic Influences of the Edinburgh Merchant Elite, c.1600-1638', University of Edinburgh PhD thesis (1985), ch. 5.

亚历山大(Alexander)41 000苏格兰镑的超额开支。亚历山大的这笔欠款是在他1599～1601年担任司库期间欠下的。[①] 与王室相比,弗里斯的债权人就显得相对不重要。1606年那届三级会议中的各郡代表要求三级会议对偿还债权人的问题进行监督,他们表示偿还债务是一个重要的问题,但他们不相信王室会这么做。

弗里斯和他的债权人缺乏政治势力,可能推助了1598年1月发生的破产,但并不是造成这起破产案的根本原因。导致弗里斯遭遇厄运的最主要因素,就是詹姆斯六世在16世纪90年代饱受困扰的长期财政赤字。在这个十年里,苏格兰在多个相关领域遭遇了危机。16世纪90年代,苏格兰虽然没有遭遇当时的毁灭性战争,但灾荒导致了大饥荒,还存在政治迫害问题,这些都昭示着紧张的社会关系;而地方性的反贵族政治斗争也是此起彼伏。[②] 皇家财政体系动荡不断加剧,皇家财政官员之间的摩擦愈演愈烈,非正常的人事变更频仍:上文已经提到欺骗卡西利斯伯爵的阴谋没有得逞,而在1599年2月,王室目睹了一位财政监察(弗里斯的前同僚韦德伯恩的霍姆)不堪重负而逃匿的闹剧。[③] 被强制执行的弗里斯破产案,从某种意义上讲,简直就是一系列危机中最严重并且在性质上与众不同的危机。国王詹姆斯常会任命像卡西利斯伯爵这样的财政官员,强迫他增加财政赤字,然后过一两年就撤职换人。詹姆斯就是利用这种手段把手伸进了很多更加卑微的子民的钱包——这些卑微的子民不像詹姆斯的财政官员,他们没有利用政治权力的机会来补偿自己的损失。[④]

1603年,在王室费用的负担由苏格兰单独承担因王室联盟而改由苏格兰和英格兰共同承担以后,苏格兰的财政压力有所减轻,詹姆斯可以开始偿还他积欠的债务,尽管他并不总是急于这样做。我们可以想象,詹姆斯就是以不断

---

① *RPCS*, vi. 287-8.

② S. G. E. Lythe, *The Economy of Scotland in its European Setting, 1550-1625* (Edinburgh, 1960), pp.19-21; C. Larner, *Enemies of God: the Witch-Hunt in Scotland* (London, 1981), pp.69-72; Goodare, 'The Nobility and the Absolutist State', pp.166-70. For a wider perspective, see P. Clark, ed., *The European Crisis of the 1590s* (London, 1985).

③ *RPCS*, v. 526, 530-1, 550-1.

④ 同样,英格兰王室不但向纯粹的金融家借贷,而且还利用其财政官员的信用:R. Ashton, 'The Disbursing Official Under the Early Stuarts: the Cases of Sir William Russell and Philip Burlamachi', *Bulletin of the Institute of Historical Research*, 30 (1957), 162-74.

信誓旦旦地向他的臣民承诺等他继承了巨额遗产之后就会还清全部债务的方式度过 16 世纪 90 年代的。他成功地逃避了金融灾难，而弗里斯事件只不过使他烦恼了一年，因为他积欠的债务差不多等于他一年的财政总收入。但显而易见，从长远看，詹姆斯六世治下的苏格兰皇家财政体系并不是一种可持续财政体系。对于詹姆斯来说，从财政的角度看，伊丽莎白驾崩很可能是正当其时。

第八章　1586～1688 年的英格兰间接税与财政国家崛起

帕特里克·奥布赖恩(Patrick K. O'Brien)
菲利普·亨特(Philip Hunt)

近来，历史学家开始把自己的注意力从对议会实践和工作方式以及政客们的思想意识和阴谋诡计纳米尔学派式的迷恋转向了中央政府的实际职能。因此，他们确认，1660～1815 年这个时期见证了一个强大的“财政—军事化国家”的崛起。[①] 约翰·布鲁尔(John Brewer)在他于 1989 年出版的一本广受关注的专著《权力的来源：1688～1783 年间的战争、金钱和英国国家》(*The Sinews of Power: War, Money and the English State, 1688 - 1783*)中详细阐述了那种在马赛厄斯和奥布赖恩(Mathias and O'Brien)1976 年发表的一篇文章中量化但几乎算不上原创的观察结果，而保罗·肯尼迪(Paul Kennedy)在他 1 年前出版的《大国的崛起和衰落》(*The Rise and Fall of the Great Powers*)一书中广泛援引了约翰·布鲁尔的《权力的来源：1688～1783 年间的战争、金钱和英国国家》。[②] 当然，英国王政复辟后的国家“军事化”程度和意义将继续受到一些关心把英国朝着民主政治制度演化与欧洲大陆更加专制和军事化传统区分来的历史学家的质疑。[③] 然而，有一点毫无疑问，那就是英国历

---

① L. Stone, 'Introduction', in L. Stone, ed., *An Imperial State at War: Britain from 1689 to 1815* (London, 1994), pp.1 - 32.

② P. Mathias and P. K. O'Brien, 'Taxation *in* England and France, *1715 - 1810*', *Journal of European Economic History*, 5 (1976), 601 - 50; J. Brewer, *The Sinews of Power: War, Money and the English State, 1688 - 1783* (London, 1989); P.M. Kennedy, *The Rise and Fall of the Great-Powers* (London, 1988).

③ R. Lachmann, 'Elite Conflict and State Formation in 16th and 17th Century France', *American Sociological Review*, 54 (1989), 141 - 62; Stone, 'Introduction', pp.1 - 32.

代君主和他们的大臣把绝大部分可获得的税收和贷款不是直接花在了陆军和海军身上，就是用于偿还国家积欠的公共债务，而英国积欠的公债因为直接为从第二次对荷(兰)战争到1803年间斯图亚特和汉诺威王朝政权发动或者参与的不少于12场欧洲和帝国战争筹款而迅速增加。① 陆军和海军军费支出的不断增加并不一定就意味着，相对而言，英国国家就变得更加穷兵黩武或者专制独裁。事实上，我们甚至可以推断，在之前的几个世纪里，英格兰的军事重点一直没变，因为历代君主和他们的大臣花在国家安全和战争上的支出占总支出的比例在维多利亚女王登基之前几乎没有发生过变化。② 从财政的角度看，17世纪晚期肯定出现过两次相关的间断：导致第一次间断的原因是皇家军队的实际货币支出增加，而导致第二次间断的原因则是历届中央政府以税收形式占用国民收入的能力不断提高。因此，考虑到合理的总收入估计数据的可获得性，我们可以采取跟踪和图解的方式来表征一个财政国家的崛起。在之前的一项研究中，我们已经证明，在从都铎王朝开始执政到空位期这个时期里，英国中央政府收到的实际税收每年以一种不易察觉的速度增加，但之后，特别是在1688年以后，税收大幅度增加。③ 以上所说的两次间断都相当明显，并且可以用文字来表述。在从都铎王朝第一位君主登基到斯图亚特王朝最后一位君主退位的两个世纪里，英格兰的税收收入增加了4.4倍，而且主要是在17世纪20～80年代期间增加的。在威廉三世(William III)登基后的一个世纪里，税收大致以与之前同样的倍数或者翻倍的速度增加。在1815年签订维也纳条约时(英国的海洋霸主地位似乎已经毫无争议，而国家不受外敌侵犯的安全也可被认为理所当然)，乔治三世(George III)和他的大臣们收到了大量的税收，大概要比威廉三世在1688年为保护他的子民不受天主教、宗教不容异己和斯图亚特王朝的欺负而征收的税收多10倍。④

---

① P. K. O'Brien, 'The Political Economy of British Taxation, 1660 - 1815', *Economic History Review*, 2nd ser., 41 (1988), 1 - 32; P. K. O'Brien and P. A. Hunt, 'The Rise of a Fiscal State in England, 1485 - 1815', *Historical Research*, 66 (1993), 129 - 76.

② P. K. O'Brien, *Power with Profit: The State and the Economy, 1688 - 1815*, inaugural lecture delivered in the University of London, 7 March 1991 (London, 1991).

③ O'Brien and Hunt, 'Rise of a Fiscal State', p.150.

④ P. K. O'Brien and P. A. Hunt, 'England, 1485 - 1815', in R. Bonney, ed., *The Rise of the Fiscal State in Europe, 1200 - 1800* (forthcoming).

国家税收能力的变化可能与国家满足急剧增长的货币需求的实际能力相关，但又绝不完全取决于这种能力，因为以各种税收形式从国民收入中征走的份额也同样大幅度增加。例如，在光荣革命之前（除了战争年代，大概就是1545、1649、1652和1674年），英国的税收通常以占国民收入1.3%～4.4%的幅度在减少。在1689～1697年威廉王与路易十四（Louis XIV）交战最激烈时期，税收占国民收入的比例介于7.3%～9.5%之间。之后，这个比例从8%上涨到了10%，但在1803～1815年的拿破仑战争中可能突破了20%的关口。① 这些最近构建的税收占国民收入的百分比表明了英国奥兰治和汉诺威王朝统治时期政府征税的政治、法律和行政能力发生了永久性变化，而这些变化要求我们就英国政府的征税能力到底是在何时、如何和为何发生了如此根本的变化这些问题做出解释。

在考察这个基本可算得上是关涉"宪法"的问题时，无论如何都要把1688年的光荣革命作为讨论的逻辑前提。② 17世纪90年代，英格兰议会毫无争议地保住了拒绝王室增加"收入供给"要求的权利，并且规定了讨论审议王室收入要求的程序。之后，下议院就很少以任何有见识、可理解的方式就政府预算的收入问题进行辩论。③ 此外，虽然把英国税收的加速增加归因于汉诺威王朝的历代国王和他们的大臣们肯定会引起争议，但英国议会好像既没有拒绝王室增加"收入供给"的要求，甚至也没有谈判要求王室大幅度节约开支。④

---

① O'Brien and Hunt, 'Rise of a Fiscal State', pp.174 - 6.

② H. G. Horwitz, ed., *The Parliamentary Diary of Narcissus Luttrell, 1691 - 93* (Oxford, 1972); W. A. Speck, *Reluctant Revolutionaries: Englishmen and the Revolution of 1688* (Oxford, 1989).

③ 请参阅文献"W. Cobbett, ed., *The Parliamentary History of England* (*1066 - 1803*), 36 vols. (London, 1806 - 20)"中的预算报告和财政辩论；R. Chandler, *History and Proceedings of the House of Commons* (*1660 - 1743*), 14 vols. (London, 1742 - 4); J. Torbuck, *A Collection of Parliamentary Debates in England* (*1688 - 1741*), 21 vols., (London, 1739 - 42). 就像Holmes所说的那样，在1689～1714年间，英国议会从未拒绝过政府增加收入供给的要求：G. Holmes, 'Introduction: Post Revolution Britain and the Historian', in G. Holmes, ed., *Britain after the Glorious Revolution, 1689 - 1714* (London, 1969), pp.23 - 4.

④ J. Almon, *The Debates and Proceedings of the British House of Commons* (*1743 - 74*), 11 vols. (London, 1766 - 75); J. Almon, ed., *The Parliamentary Register, or, History of the Proceedings and Debates of the House of Commons*[= *House of Lords*] *1744 - 1780*, 17 vols. (London, 1775 - 80); J. Debrett, ed., *The History, Debates and Proceedings of the Houses of Parliament ...., 1743 to 1774*, 7 vols. (London, 1792); J. Wright, *Sir Henry Cavendish's Debates of the House of Commons during the Thirteenth Parliament ... commonly called the Unreported Parliament ...* '（转下页）

我们觉得,在这里说明税收收入长期增长的原因、继续谈论私人财产权神圣不可侵犯的政治和法律思想可能有不切题之嫌。有关税收问题的公开辩论虽然就恰当和不恰当的税收主体和客体等问题有保留地达成了共识,但这些问题的性质并没有发生任何根本的变化。在其他条件不变的情况下,这种在税收主体和客体问题上达成的共识允许英国政府从宪法的角度去拓展税收的边界,并且超越在 1688 年以前被认为是法律规定的容许极限。[①] 但无论如何,从地域上看,在苏格兰于 1707 年同英格兰和威尔士结成政治和财政联盟,然后爱尔兰于 1801 年加盟英国以后,英国的财政体系肯定得到了扩大。由于英格兰、苏格兰、爱尔兰和威尔士合并成了单一的政治实体,从威斯特敏斯特到凯尔特诸民族、各地区和各地经济,几乎都没有遇到阻碍实施税收立法的法律障碍。[②] 苏格兰和爱尔兰上缴伦敦财政部的实际收入数额表明,虽然苏格兰和爱尔兰法律规定的纳税义务可以协商并且已经明确,但负责征税的国家有关部门在计征税收时仍会遇到问题。1815 年前,也可能在之后的数十年里,苏格兰、爱尔兰和一些位于联合王国外围的地区,显然在履行向一个据称财政统一的联合王国的国防和中央政府提供资金的义务方面只做出了很小的贡献。[③]

(接上页)*1768 - 71*, 2 vols. (London, 1841 - 3); W. Kennedy, *English Taxation 1640 - 1799: an Essay on Policy and Opinion* (London, 1913).

① C. Holmes, 'Parliament, Liberty, Taxation and Property', in J. H. Hexter, ed., *Parliament and Liberty from the Reign of Elizabeth to the English Civil War* (Stanford, 1992), pp.122 - 54.

② H. W. Chisholm, *Return of Public Income and Expenditure, 1688 - 1869* (Parliamentary Papers, 1868 - 9, XXXV 366 and 366 I) p.869; Anon, *Unto his Grace, john Duke of Argyll, Her Majesties High Commissioner, and the Honorable Estates of Parliament, the Report of the Commission of Parliament, Appointed for Stating and Examining the Public Accounts* (Edinburgh, 1704), pp.1 - 15; Anon,. *Accounts, Presented to the House of Commons Respecting the Income and Expenditure, Funded Debt, Balances Due from Public Accountants, and the Exports and Imports of Ireland for the year MDCCC* (Parliamentary Papers, 1801, *iv* 143), pp.293 - 376; T. M. Devine, 'The English Connection and Irish and Scottish Development in the 18th Century', in T. M. Devine and D. Dickson, eds., *Ireland and Scotland, 1600 - 1850: Parallels and Contrasts in Economic and Social Development* (Edinburgh, 1983), pp.12 - 30; T. Dickson, ed., *Scottish Capitalism: Class, State and Nation from before the Union to the Present* (Edinburgh, 1980), pp.19 - 180.

③ T. J. Kiernan, *History of the Financial Administration of Ireland to 1817* (London, 1930), pp.297 - 331; C. Husbands, 'Regional Change in a Pre-Industrial Economy: Wealth and Population in England in the Sixteenth and Seventeenth Centuries', *Journal of Historical Geography*, 13, iv (1987), 345 - 359; R. S. Schofield, 'The Geographical Distribution of Wealth in England, 1334 - 1649', *Economic History Review*, 2nd ser., 18 (1965), 483 - 510. See also Thornton, above, pp.97 - 109.

本章将把英国财政国家崛起的宪法和法律前提视为既定，而不是轻描淡写地介绍这个前提，并且集中考察光荣革命以后英国税收收入显著增加背后的财政政治、财政政策和财政管理问题。我们的目的是要证明，汉诺威王朝政府能够达到税收（和借贷）可能性（借贷的可能性取决于财政还本付息的能力）的新高度是有它的基础的，而且这个基础在空位期和王政复辟时期获得了长期发展。这种观点倘若能被接受，那么就能代表迄今为止解释 1688 年以后英国财政国家迅速崛起的基本观点。①

本章先介绍一些有关查理一世（Charles I）以后英国中央政府主要税收来源的统计资料。我们可以采用几种不同的方法来对税收数据进行分类，以便说明光荣革命之前和之后的全部额外收入来源于哪些税收。例如，按郡或者城镇分解的数据只能显示税收基础如何在地域上集中分布在英格兰，尤其是伦敦及其周边各郡。② 这样的集中分布应该说基本反映了收入、财富、人口和生产活动在联合王国内部的分布，但也在某种程度上反映了国家在全国各地以同样严厉的程度执法的行政能力遇到的实际政治约束。③

---

① O'Brien, 'Political Economy of British Taxation', pp.1 - 32; Brewer, *Sinews of Power*.

② Schofield, 'The Geographical Distribution of Wealth', pp.483 - 510; W. G. Hoskins, *The Age of Plunder King Henry's England, 1500 - 1547* (London, 1976), pp.13 - 28, 214 - 16, 245; J. E. T. Rogers, *A History of Agriculture and Prices in England from the Year after the Oxford Parliament (1259) to the Commencement of the Continental War (1793)*, 7 vols., (Oxford, 1856 - 1902), v. 104 - 25; H. C. Darby, R. E. Glasscock, J. Sheail and G. R. Versey, 'The Changing Geographical Distribution of Wealth in England: *1086 - 1334 - 1525*', *Journal of Historical Geography*, 5, iii (1979), 247 - 62; E. J. Buchatzsch, 'The Geographical *Distribution* of Wealth in England, 1086 - 1843. An Experimental Study of Certain Tax Assessments', *Economic History Review*, 2nd ser., 3 (1950 - 1), 180 - 202.

③ G. Ardant, 'Financial Policy and Economic Infrastructure of Modern States and Nations', in C. Tilly, ed., *The Formation of Nation States in Western Europe* (Princeton, 1975), pp.164 - 220; R. Braun, 'Taxation, Socia Political Structure and State Building: Great Britain and Brandenburg Prussia', in Tilly, *ed.*, *The Formation of Nation States*, pp.221 - 42; J. E. Brand, *The Alteration of the Constitution of the House of Commons and the Inequality of the Land Tax, considered jointly* (London, 1793); Buchatzsch, 'The Geographical Distribution', pp. 180 - 202. See also Thornton, above, pp.97 - 109.

另一种常见的数据分解方法是按照不同的税收计征部门，对中央政府的收入进行分类。这种分类数据(见表8.2)对研究制度、政治和行政管理的学者比较有用，而对于研究国家征税能力及其财政基础——包括潜在纳税人口以及增长型国内经济的不同部门和海外贸易——关系的学者来说作用相对较小。例如，都铎王朝和斯图亚特王朝历代国王对选定地区和食品生产商(被迫以低于当地市场的价格把农副产品卖给王室)实行的征发(purveyance，指国王或王室低价征用人力或物资。——译者注)，就其影响而言可被视为类所得税。因此，极有必要对税收进行重新分类，因为以征发方式供应农副产品的义务应该包括在年度纳税额中。[①] 再以关税为例，在英王派遣特派员监督海关以后，英格兰的关税有所减少。在大多数情况下，海关官员对国外进口商品课征关税。不过，海关部门对诺森伯兰郡(Northumberland)开采、船运到伦敦的煤炭和其他国产、近海船运到英国各港口的矿产征收的关税也有所减少。[②] 消费税专员也时常通过对进口商品课征“外国商品消费税”征收到了可观的税收。[③] 征收间接税的政治和行政安排使得难以区分课征于进口商品的税收收入与课征于本国产品和服务的国内税收入。官方的分类肯定有助于确定国家不同税收计征部门的重要性，也有利于分析隶属于各部门管辖权的税收计征法律、方法和制度程序，但却无助于把数据应用于对税收的基本财政基础和政治经济背景分析。要想用好官方分类数据，就必须按照某种特定的分类方法对官方的统计数据进行重新分类，才可能显示奥兰治和汉诺威王朝历代国王真正可用的税源和征税造成的税收归宿问题。

首先，我们要消除考察期内各年的价格波动，并且以1490～1820年每个

---

① E. N. Lindquist, 'The King, the People and the House of Commons: the Problem of early Jacobean Purveyance', *Historical Journal*, 31 (1988), 549 - 70; A. Woodworth, 'Purveyance for the Royal Household in the Reign of Queen Elizabeth', *Transactions of the American Philosophical Society*, new ser., 35 (1945), 1 - 90; G. E. Aylmer, 'The Last Years of Purveyance, 1610 - 60', *Economic History Review*, 2nd ser., 10 (1957 - 8), 81 - 93.

② F. C. Dietz, *English Public Finance, 1558 - 1641* (London, 1932), p.475; W. J. Hausman, *Public Policy and the Supply of Coal to London, 1700 - 1770* (New York, 1981), pp.126 - 47; Commissioners of Customs, 'Report on the Customs' (Parliamentary Papers, 1857, iii, pp.378 - 90).

③ C. H. Firth and R. S. Rait, eds., *Acts and Ordinances of the Interregnum, 1642 - 1660*, 3 vols. (London, 1911), i. 202 - 14; C. D. Chandaman, *The English Public Revenue, 1660 - 1688* (Oxford, 1975), p.37.

10 年期的 9 年移动平均总收入的形式用图表来表示考察期内的英国税收结构(见表 8.1)。我们向读者展示这张表格的目的是要揭示这个时期英国税收构成发生的变化。为此,有必要对根据附属于王室财政管辖权的子民的财富和收入直接计征的税收与课征于国内生产和/或消费的商品和服务的税收进行区分。虽然每个 10 年期之间出现了很大的离差(这与为战时追加军费筹款而增收课征于收入和财富的税收有关),但无论是战时还是和平时期,英国皇家财政对直接税收的传统依赖程度在王政复辟以后发生了明显的变化。此后,先是直接税收与商品税的比率明显下降,然后是课征于收入和财富的税收相对于国家需要的相对贡献率在 18 世纪快速下降。如果我们考察从 17 世纪到 18 世纪几十年时间里发生的变化,那么就能发现,这几十年间的税收总收入比与拿破仑战争打得最激烈时期征收的直接税只增加了 1/3。①

表 8.1　　1490～1820 年英格兰/英国皇家财政(中央政府)税收构成和发展趋势

以下列年份为中心的 9 年平均水平	直接税所占%	间接税所占%	进口关税所占%	国内税所占%
1490 年	57	43	99	1
1500 年	46	53	99	1
1510 年	48	52	99	1
1520 年	63	37	99	1
1530 年	57	41	99	1
1540 年	73	27	99	1
1550 年	80	20	99	1
1560 年	77	23	99	1
1570 年	60	40	99	1
1580 年	57	43	98	2
1590 年	63	37	97	3
1600 年	67	32	96	4
1610 年	47	53	95	5
1620 年	42	58	96	4
1630 年	45	55	88	12
1640 年	42	58	86	14
1650 年	76	24	61	39 (a)

① ESFDB\obrien\engm001.

续表

以下列年份为中心的9年平均水平	直接税所占%	间接税所占%	进口关税所占%	国内税所占%
1655年			70	30 (b)
1660年	38	62	57	43 (c)
1665年			64	36 (d)
1670年	47	52	73	27 (e)
1675年			—	—
1680年	25	75	—	—
1685年			43	57 (f)
1690年	42	58	40	60 (g)
1695年			50	50 (h)
1700年	39	61	42	58
1710年	38	62	41	59
1720年	27	73	38	62
1730年	22	78	35	65
1740年	26	74	32	68
1750年	28	72	28	72
1760年	25	75	32	68
1770年	22	78	30	70
1780年	22	78	31	69
1790年	19	81	46	54
1800年	25	75	50	50
1810年	32	68	46	54
1820年	19	81	43	57

资料来源：直接税总收入（即课征于财产和收入的税收）与间接税总收入（即课征于支出的税收）数据引自文献 ESFDB\obrien\engm001。"国内税"是指课征于在王国财政管辖区内生产和消费的商品和服务的税收（见本章相关文字解释）。关于用于构建国内税估计值的原始文献，请参阅表8.2的资料来源。

注：间接税减去国内税等于进口关税。这些税收由消费税和关税部门计征，而消费税并不等于国内税。国内税数据是特定年份的估计值：(a)为1650年；(b)为1655年；(c)为1660年；(d)为1665年；(e)1670年；(f)为1685年；(g)为1690年；(h)为1695年（见表8.2）。第4和第5栏1695年以后的数据是以相关年份为中心年份的5年均值，并且完全参考 O'brien 的"Political Economy"，pp.1－32。

虽然商品税在17世纪肯定有所增加，但英国求助于直接税的传统做法在18世纪实际发生了变化，直接税收入持续减少，一直到维多利亚女王登基。因此，需要分析的英国税收结构变化的主要特点，就是间接税收在英国财政体系中的崛起和支配地位的确立。

表8.1列示了为反映整个考察期内商品税（或者间接税）结构或者构成的

一般变化趋势所必需的统计数据：课征于进出口商品的关税收入占课征于全部国内生产和消费商品和服务的税收收入的比率估计值显示，实际上，而且在16世纪的大部分时间里，间接税就是指课征于海外进口商品和主要是它们在英国港口进关时征收的关税。不过，关税应该另行撰文论述。本章主要重点考察英国的消费税（一般而言）和国内关税——更确切地说是国内消费税（具体来说）。

在从都铎王朝开始掌权到查理一世与议会之间因税收问题发生冲突这整个漫长的时期里，英格兰王室始终享受着一些课征于国内生产和销售的商品和服务的国内税收入。这些税收都是根据不同的契约和行政安排征收的。我们将置身于这一时期的政治历史背景来讨论这些税收制度复杂性。[①] 就本章的目的而言，那个时代有关这个组别税收（实际包括印花税、执照税、专卖税、罚金、进口税、国内税和消费税）的分类与它们对购买种类繁多的国产商品和服务的成本的影响关系不大。[②] 有些税收，如“aulnage”（一种用于认证某些种类织物质量的皇家印花税），已经征收多个世纪[③]；另一些税收包括一些从事专门职业或者行当（如医生、麦芽商、啤酒商、酒店老板、肥皂制造商、教师、店员、小麦和军火出口商、煤炭运输商等）需要缴纳的皇家执照税。在詹姆斯一世和他的儿子查理治下，这些执照税单独创收很少，但合在一起创造了不算

---

① C. Russell, *The Crisis of Parliaments: English History, 1509 - 1660* (Oxford, 1971), pp.271 - 7, 304 - 7, 317 - 22; C. Russell, 'Parliament and the King's Finances', *in* C. Russell, ed., *The Origins of the English Civil War* (London, 1973), pp.91 - 118; C. Russell, *The Causes of the English Civil War* (Oxford, 1990), pp.121 - 36, 168 - 75; C. W. Daniels. and J. Morrill, *Charles I* (Cambridge, 1988), pp.73 - 4, 83.

② L. Stone, *The Crisis of the Aristocracy, 1558 - 1641* (Oxford, 1965), pp. 433 - 8; D. Thomas, 'Financial and Administrative Developments', *in* H. Tomlinson, ed., *Before the English Civil War: Essays on Early Stuart Politics and Government* (London, 1983), pp.103 - 22; Russell, 'Parliament and the King's Finances', pp.91 - 118; A. J. Slavin, 'Telling the Story: G. R. Elton and the Tudor Age', *Sixteenth-Century Journal*, 21 (1990), 151 - 60; T. Cogswell, 'Coping with Revisionism in Early Stuart *History*', *Journal of Modern History*, 62 (1990), 538 - 51; G. Burgess, 'On Revisionism: an Analysis of Early Stuart Historiography in the 1970s and 1980s', *Historical Journal*, 33 (1990), 609 - 27.

③ Dietz, *English Public Finance*, pp.34, 73 - 4. 实际上，就像Dowell指出的那样，早在1380年开征臭名昭著的人头税之前，英格兰上议院就建议下议院通过征收一般消费税来筹款。S. Dowell, *A History of Taxation and Taxes in England from the Earliest Times to the Year 1885*, 4 vols. (London, 1888), I. 108 - 9.

少的税收。[①] 1640 年前，英国财政部对像煤炭、大青蓝、锡、绿矾、明矾、精炼铅和精盐等矿产物征收皇家进口税，在 17 世纪 30 年代每年大约能收到 40 000 英镑。迪茨(Dietz)在 1638～1640 年英国财政部的国内税收入中列出了以下收入：僧侣执照税 678 英镑；金银丝工匠执照税 1 632 英镑；织物品质认证印花税 37 英镑；锡锭进口税 1 096 英镑；啤酒商执照税 300 英镑；煤炭进口税 67 100 英镑；明矾进口税 43 858 英镑；精盐进口税 700 英镑；绿矾进口税 4 350 英镑；铅锭进口税 8 350 英镑；肥皂进口税 74 213 英镑；淀粉进口税 750 英镑；玻璃进口税 3 000 英镑；酒店执照税 931 英镑；等等。[②] 国内税早在消费税[消费税(英语"excise"有"切割"的意思)从字面上讲同"cut"，并且是一种圣经上提到的税收]之前已经开始课征。[③] 消费税被认为是属于国内税的一种税收，在英格兰内战和空位期期间开征并成倍增加，几乎没有给英格兰财政体系带来任何创新的东西。如表 8.1 所示，各种课征于国内生产和消费产品和服务的皇家税收从詹姆斯一世在位时期起虽然发展缓慢，但已经开始降低英格兰王室对课征于外贸(进口和出口)的关税的依赖程度。[④]

然而，在都铎王朝的历代君主和斯图亚特王朝早期君主的统治下，英格兰或英国的国内税种类不多，但以各种政治上有争议、征管效率低的方式计征。例如，依照专利特许法，王室常根据生产水平征收定额规费或者可变年度缴费(专利税)，授予个人、合伙企业和公司法律规定的制造、开采或运输垄断经营权，而且涉及的商品和矿物种类越来越多。[⑤] 垄断经营商品和矿产的清单常要

① F. C. Dietz, 'The Receipt and Issues of the Exchequer during the Reigns of James I . and Charles I', *Smith College Studies in History*, 13, iv (1928).

② *Ibid*.

③ B. R. Leftwich, *A History of the Excise with Hints on Investigating Pension Claims* (London, 1908), pp.7 - 27; J. Owens, *Plain Papers relating to the Excise Branch of the Inland Revenue Departmen from 1621 to 1878* (Linlithgow, 1878), p.3.

④ F. C. Dietz, 'The Receipt and Issues of the Exchequer during the Reigns of James I . and Charles I', *Smith College Studies in History*, 13, iv (1928). Table 'Receipts of the Exchequer'; Dietz, 'Receipt and Issues of the Exchequer', Table 'Receipts of the Exchequer'; Dietz, *English Public Finance*; F. C. Dietz, *English Government Finance*, *1485 - 1558* (London, 1964).

⑤ C. T. Carr, ed., *Select Charters of Trading Companies A.D. 1530 - 1707*, Selden Soc., 28 (London, 1913), p.14; E. Lipson, *The Economic History of England*, 3 vols. (London, 1920 - 34), iii. 352 - 60, 372 - 85.

接受议会的审查，并且遭到议会的抵制，我们不在这里详细介绍这份清单，但要强调它包括许多商品和服务（如淀粉、肥皂、食盐、金银丝，纸牌、食醋、玻璃器皿、煤炭近海运输）等。课征于这些商品和服务的税收后来都被列为需经议会审批的税种，并且在 1643 年以后任命消费税专员负责征管。① 并不是王室以前授权生产的商品和服务全都成了国内税（包括印花税和消费税）的课税对象。明矾、铅、锡、绿矾、铁、大青蓝和其他矿产品在王政复辟以后不再纳税。但是，议会分别在 1643 年和 1694 年责成消费税和印花税专员征管这些税收时，仍然对特许商人和店员特别是从事应税商品买卖的商人和店员以及收取法律文书认证费的书记员等的传统机制表示关注。然而，即便不是在理论上，起码在实践中，国内税与（曾受到王室反对者以政治和经济理由进行的诋毁，甚至更强烈地受到政治经济学家和自由主义历史学家的追溯性反对的）皇家专营特许费之间的联系已经消失。②

皇家专营权的批评者正确地把这些权利看作是阻碍竞争市场发展的羁绊和强化君主权力而削弱议会权力的皇家庇护权行使手段。③ 但不管怎样，在都铎王朝和斯图亚特王朝治下，有些专营权和进口税因为三个原因而保存了下来。专营权制通过扮演发明专利制度的角色，能够鼓励技术创新；而进口税则有利于进口替代。④ 从财政的角度看，而且在议会强烈反对创建皇家官僚机构的情况下，皇家专营权制度能够规避国内税计征会遇到的政治和管理困难。从这个意义上讲，皇家专营权承包人可以被视为享有过多特权的皇家包税人的"前辈"。实行皇家专营权制度的代价是消费者要为受专营权承包人控制的商品支付较高的价格，而专营权承包人则能为君主治理国家创造源源不断的收入：

① S. R. Brett, *john Pym, 1583 - 1643. The Statesman of the Puritan Revolution* (London, 1940), pp.136 - 7; Anon, *The Projectors Downfall: Times Changeling, wherein the Monopolists and Patentees are unmasked to the view of the world* (London, 1642), pp.1 - 6.

② Anon, 'Excise', *Encyclopedia Britannica*, 11th edn., 29 vols. (Cambridge, 1910 - 11), xi. 58 - 9; C. E. Wade, *john Pym* (London, 1912), pp.40 - 2, 166 - 7; Anon, *Projector's Downfall*, pp.1 - 6; Lipson, *Economic History of England*, ii. 386.

③ Brett, *John Pym*, pp.18, 61, 136 - 7, 147 - 8; Russell, *Crisis of Parliaments*, pp.271 - 2; C. Russell, *The Reign of James I* (London, 1974), pp.20 - 9, 55 - 7, 61, 73.

④ W. R. Scott, *The Constitution and Finance of English, Scottish and Irish Joint Stock Companies to 1720*, 3 vols. (Cambridge, 1910 - 12), I. 108.

这未必就是坏事，因为历史学家现在已经认识到一个有资金支撑的强政府（能够有效执法，维护好秩序）是确保竞争市场有效运行的很多先决条件之一。[①]

最后，就像国内税一样，臭名昭著的皇家专营权实践提前提供了一些有关1643年以后开始征收的议会消费税的信息和体验。与此同时，早在1586年伊丽莎白女王治下，就有人提出对在伦敦消费的啤酒征收消费税的建议，但因为太不得人心而没有被采纳。[②] 1627年，查理一世在枢密院成立了一个调查开征一般消费税可行性的委员会，而枢密院的调查委员会提出的方案也遭遇了类似的结果。[③] 枢密院调查委员会的爵爷们提出了一个对许多商品（首先是啤酒和葡萄酒）课征国内税的综合方案，并且得到了国王以及萨福克（suffolk）、白金汉（Buckingham）和西部各郡上议院的支持。[④] 在筹钱备战的压力下，枢密院甚至考虑通过发布皇家公告的形式来强征消费税。在估计到这项计划可能会遭遇议会的反对，并且不会受民众欢迎以后，枢密院放弃了这个[包含沃波尔（Walpole）在一个世纪后提出的征收一般消费税思想的许多元素]早期方案，而建议推行同样臭名昭著、不得人心的强制贷款。[⑤] 就如拉什沃斯（Rushworth）告诉我们的那样，“掌玺大臣向上议院转达国王的旨意：国王陛下现在由臣民供养，他认为消费税委员会没有什么用途；消费税委员会及其建议权当着国王的面都被宣布取消。掌玺大臣公开宣布相关决定，并且表示将报送下议院通过”。[⑥] 在取得一些进展以后，查理一世和他的枢密院又转而开始利用极度不受欢迎的皇家专营许可制度来敛取更多的钱财。[⑦] 在1641年

① H. L. Root, *The Fountain of Privilege. Political Foundations of Markets in Old Regime France and England* (Berkeley, CA, 1994).

② Dowell, *History of Taxation*, ii. 8; iv. 118 - 36.

③ Owens, *Plain Papers*, pp.3 - 4; K. Sharpe, *The Personal Rule of Charles I* (London, 1992) for a full account.

④ S. R. Gardiner, *History of England from the Accession of James I to the Outbreak of the Civil War, 1603 -1642*, 10 vols. (London, 1899 - 1900), vi. 222 - 5.

⑤ R. Cust, *The Forced Loan and English Politics* (Oxford, 1987).

⑥ J. Rushworth, *Historical Collections of Private Passages of State beginning ... anno 1618 (to the Death of King Charles the First 1648)*, 6 vols. (London 1703 - 8), I. 401.

⑦ Gardiner, *History of England*, ix. 75; C. Russell, *Unrevolutionary England* (London, 1990), p.181; C. Russell, *The Fall of the British Monarchies, 1637 -1642* (Oxford, 1991), p.92; A. J. Fletcher, *The Outbreak of the English Civil War* (London, 1981), *passim*.

内战爆发前夕，皮姆与贝德福德(Bedford)公爵为了国王和议会能达成财政和解而展开了谈判，谈判内容包括以土地税取代消费税的议题。遗憾的是，这个可望解决英格兰国家财政危机的方案也是毫无结果。① 然后就是 1643～1649 年议会与国王之间没完没了的长期扯皮，结果议会通过了一种国内税制度。这种国内税制度在接下来的半个世纪里日臻成熟，并且在 1688 年以后，为支持英国成为大英帝国做出了最大的财政贡献。

具有讽刺意义的是，面对议会坚持反对国内税的不利局面，皮姆说服下议院相信，想要在与国王这个对手的对抗中取得胜利，就得顺着查理一世的谋士在 17 世纪 20 年代向查理一世建言的思路发展和创新财政体系。② 但事实上，直到 1642 年 10 月，下议院才宣称它为“恶意诽谤者的诽谤感到愤怒……是他们想开征消费税；下议院反驳称，他们的诽谤都是无稽之谈，并且还要求把这些恶意诽谤者绳之以法”。③ 当皮姆提出他的方案时，一名下议院议员继续反驳说，“这个假装那么努力地为子民争取自由的人竟然会弄出这样一个不公正、可耻、极具破坏力的方案”。④ 皮姆并没有“发明”消费税，而是在 1643 年 7 月底向下议院提交了一份建议为征收国内税构建法律、制度和管理框架的法案。⑤ 很明显，皮姆首先支持的是一般消费税制，但决定谨慎地对不同的商品逐步推行这种税制。⑥

1643～1649 年，议会批准对英格兰和威尔士生产和消费的很多商品征收消费税，并且从一开始就授权新任命的消费税专员对进口葡萄酒、烟草、葡萄、

---

① Russell, *Fall of the British Monarchies*, p.254; Sharpe, *Personal Rule of Charles I*, pp.13, 123; Owens, *Plain Papers*.

② Brett, *John Pym*, pp.234 - 5; Owens, *Plain Papers*, pp.3 - 51; Leftwich, *History of the Excise*, pp.27 - 38.

③ England, Parliament, Commons, Proceedings, *A declaration of the Commons assembled in Parliament. For bringing to condign punishment those that have raised scandalous rumours against the House, how they intended to assess everyman's pewter and lay excise upon other commodities* (London, 10 October 1642), pp.1 - 2; Sir W. Blackstone, *Commentaries on the Laws of England*, 4 vols. (Oxford, 1773), i. 319.

④ S. R. Gardiner, *History of the Great Civil War, 1642 - 1649*, 4 vols. (London, 1901), i. 101 - 2.

⑤ *Ibid.*, i. 179; Firth and Rait, *Acts and Ordinances*, i. 202 - 14.

⑥ Leftwich, *History of the Excise*, pp.29 - 37; Wade, *John Pym*, pp.166 - 7, 300.

葡萄干、食糖、肥皂、食盐、丝绸、锦缎、桌布、金银丝等课征“外国商品消费税”。其实，在1647～1650年和1654～1657年间，在伦敦征收到的消费税收入中，有70%以上是进口商品消费税收入。然而，“外国商品消费税”在伦敦产生了较大的影响，因为京城的居民比其他地方的居民消费较大比例的进口商品。[①]在进口商品进港入关时征收关税，然后在销售环节再征收消费税，这实质上是一种管理手段，从此模糊了国家求助于对外贸易税与创建国内税体系这个征管难度更大、政治上更有争议的任务之间的传统区别。但不管怎样，这种国内税体系的大部分基本元素都是在1643年和王政复辟时期十分艰难地摸索出来的。

在内战期间，议会颁布法律征收消费税，国王也颁布敕令征收消费税，结果对多得惊人的食品（黄油、面包、奶酪、啤酒、蜂蜜酒、苹果酒、梨酒、啤酒花、麦芽、烈酒、香料、盐、肉、鸡蛋、水果、蔬菜）、矿产品和原材料（煤、明矾、绿矾、锡、铁、羊毛、大青蓝、西红花、木材）以及制成品（肥皂、淀粉、布料、丝绸、呢绒、烟斗、帽子、服装、纽扣、家具、皮革制品）征收消费税。[②] 伦敦和牛津（Oxford）议会颁布法律和法令明确准许对每种可以想见到的在它们管辖区生产和消费的商品计征消费税。从欧文斯（Owens）在1878年公布的应（消费）税商品清单看，应税消费品和生活必需品的种类好像比国王下令征税和议会批准征税的商品种类还要多，但是，议会以比国王更加“累进”的方式为紧急军费支出筹款的说法似乎难以成立。[③]

消费税很快就变得不得人心，并且引发了抗议、骚乱、动乱等严重扰乱社会秩序的事件，无疑还导致了普遍的逃税以及不遵守上、下议院纳税规定的行为。[④] 上议院和下议院试图通过履行传统的财政立法程序来平息民众的敌对

---

① Leftwich, *History of the Excise*, pp.38－54; S. E. Fine, 'Production and Excise in England, 1643－1825', Radcliffe College PhD thesis (1937), table V; [London,] P[ublic] R[ecord] O[ffice] A01/889/1; Anon, *London's Account* (London, 1647).

② Leftwich, *History of the Excise*, pp.31－9; Commissioners of Excise, *The Schedule. In this schedule is contained the excise, set and to be set upon several commodities as well foreign and native, as hereafter followeth* (Oxford, 1644).

③ Owens, *Plain Papers*, pp.184－190; R. Hutton, *The Royalist War Effort, 1642－1646* (London, 1982), p.56.

④ Gardiner, *History of the Great Civil War*, iii. 216;.Commissioners of Excise, *The Schedule*.

情绪，并且在所颁法律和法令的前言中强调：消费税就在所规定的短时期内征收，而且只适用于战争这种紧急情况。[①] 两院的声明和公告也使得民众相信，消费税只是一种等战争结束就注定要被废除的临时税。[②] 两院在1646年2月22日发表声明表示，由于“很多反对消费税的大规模骚乱和动乱”是由保王党的代理人为了煽动民众反对议会而组织的，因此，两院正式声明，消费税只是被作为一种保卫英格兰宗教、法律和自由免受保王党破坏而采取的战时紧急财政措施。[③]

为此，议会两院在1643年为了设立一个有效管理新税收体系的管理机构任命了一些消费税专员。[④] 英格兰当时在议会控制下的城镇、村庄和乡村被划分为副专员监督下的行政单位（通常是郡）。每个副专员配备若干名负责对当地生产商和贸易商计征消费税的下级官吏。消费税按照详细规程和操作方法计征。消费税专员几乎立刻就开始下达具体指令，并且帮助议会起草一系列的法令来明确规定应税商品，还明文规定在生产或者销售链的哪个环节计征多少税额，粗略规定具体税收的缴纳方式和时间，制定骗税和逃税防治准则，规定当地治安法官和驻军的消费税征收职责，制定纳税人申诉程序和消费税税收官行为准则，处理滞纳、逃税、骗税和抗税不缴等问题，等等。[⑤]

在一个正常秩序出现问题的时期里，消费税税收官掌握了非常大的依法征税的新权力。[⑥] 他们经常依法（行使搜查和进入权）闯入生产商、贸易商和居

---

① Commissioners of Excise, *A Commission of Excises for Setting Rates upon Wares and Commodities* (Oxford, 1644), pp.1-5.

② Excise Commissioners, *An Order concerning the Excise. Dated at Oxford, the 11th October 1645* (Oxford, 1645), pp.3-4.

③ England, Parliament, Proceedings, *A Declaration of the Lords and Commons in Parliament to the Whole Kingdom concerning the Excise: with additional instructions for the better regulating of the same* (London, 1646), pp.1-10.

④ England, Parliament, *An Ordinance of the Lords and Commons assembled in Parliament for establishing certain rules and instructions to be observed by the Commissioners of Excise, the auditors in taking their accounts, and others employed about the collection of the Excise, 31 August 1644* (London, 1644).

⑤ Firth and Rait, *Acts and Ordinances*, i. 202-14, 274-83, 287-9, 305-6, 315-16, 339, 346-7, 361-2, 364-6, 394-5, 466-8, 484-6, 496-7, 501-2, 511-12, 578, 611-12, 626-7, 691-2, 771-2, 806-11, 841-7, 863-5, 916-20, 1,004-7; Hutton, *Royalist War Effort*, p.93.

⑥ E. Hughes, *Studies in Administration and Finance, 1558-1825, with special reference to the History of Salt Taxation in England* (Manchester, 1934), pp.117-30.

民至此一直是私人领域的生产场所、商店和民宅，自然引起了普遍的反感和怨恨。对消费税征收实践的反感比对消费税规定的反感更加厉害，并且经常引发抗税和暴力抵制。[①] 最初几年，为了确保为保证新的国内税体系发展成为一个高效的收入来源所必需的那点最起码的合作和照章纳税，消费税专员们曾设法杜绝税收官员的武断和腐败行为。[②] 他们曾对抗税骚乱和民众其他严重的敌对情绪表现做出了回应，如从应税商品清单中去除已经征收消费税但引起争议的像肉、盐、面包和蔬菜这样的“生活必需品”。[③] 他们还降低或者调低税率以减弱消费税对大众消费商品的影响。[④] 他们还要求税收官员不要太过严厉地执行法律条文，并且要求他们默许以下这样的“地方性交易”——为满足最初依法纳税的生产商和贸易商的需要或者为了向他们提供方便而做出的各种妥协或者采取的应急措施。[⑤] 为了避免定期巡察，当时好像鼓励进行一些配合性安排和其他双方同意的安排，特别是对户主为自家消费酿制的啤酒，总是“睁一只眼闭一只眼”。[⑥]

战争总是为财政创新创造机会，但一场旨在保护英格兰自由民的自由和财产权不受暗中支持天主教的国王横征暴敛侵犯的内战，肯定会使推行国内税更容易被议会及其支持者接受；而那些仍忠诚于国王的臣民肯定会更加顺从地承担牛津议会为了保全君主的地位和体面而建议履行的职责。虽然皇家消费税比议会消费税受到了更加有力的抵制，但遗憾的是，我们没有办法从双

---

① M. James and M. Weinstock, *England during the Interregnum (1642 - 1660)* (London, 1935), pp. 228 - 30; D. Underdown, *Pride's Purge. Politics in the Puritan Revolution* (Oxford, 1971), pp.40, 90, 155, 282; M. J. Braddick, 'Popular Politics and Public Policy: the Excise Riot at Smithfield in February 1647 and its Aftermath', *Historical Journal*, 34 (1991), 597 - 626; M. James, *Social Problems and Policy during the Puritan Revolution* (London, 1930), pp.39 - 76, 132 - 65; G. E. Aylmer, *Rebellion or Revolution? England 1640 - 1660* (Oxford, 1987), pp. 148 - 9; Holmes, 'Parliament, Liberty, Taxation and Property'.

② England, Parliament, Proceedings, *A Declaration of the Lords and Commons*, pp.1 - 10.

③ Firth and Rait, *Acts and Ordinances*, ii. 845 - 53, 889 - 90, 990, 1,186 - 223.

④ England, Parliament, *An Ordinance of the Lords and Commons ... assembled for mitigation of the excise upon strong water, 26 Sept. 1644* (London, 1644), pp.1 - 6; C. A. Marsden, 'The Beer Duty 1643 - 1928, (unpublished typescript, dated 1928, in the Library of Customs, and Excise, New King's Beam House, London, no. 14592).

⑤ Leftwich, *History of the Excise*, pp.35 - 40.

⑥ Firth and Rait, *Acts and Ordinances*, ii. 213 - 35, 244 - 5, 368 - 9; Marsden, 'The Beer Duty', pp.1 - 15.

方应收税额与实收税额的差额这个角度来实际衡量这两种完全可比的消费税体系哪种更加成功。① 即使能够衡量，这两种消费税体系之间的差别也不能作为反映王室或者议会受民众支持程度的指标，因为在内战的条件下，抗税或者逃税可被视为不忠诚的证据，而违法可能会受到残酷的惩罚。② 根据消费税征收条例，违反税法常被处以罚金、封存库存和扣押其他资产。③ 有一个贫穷的妇女因为说新税的坏话，舌头被钉在了路旁的树上。④ 普林(Prynne)因为在 1648 年出版名为《对英格兰反对非法税收的自由之法律辩护》(*A Legal Vindication of the Liberties of England against Illegal Taxes*)的小册子而被判处 3 年监禁。⑤

1643～1649 年，内战仍在继续，但也给正式对国内生产和贸易商品征收国内税提出了创建宪政先例和新的管理体制的需要，同时也为此创造了机会。在战胜国王以后(尽管在每项法案和法令中反复承诺：国内税都是临时税，只是为了筹集军费而征收，"直到全能的上帝仁慈地让国王回心转意，并与他的国会两院保持一致")，英格兰议会又批准在整个 17 世纪 50 年代继续征收消费税，而克伦威尔在 1654 年将它们扩展到了苏格兰。⑥ 对于一个需要维持庞大的陆军和海军，国内以及爱尔兰和苏格兰边境上敌人虎视眈眈的年轻共和国来说，新的消费税制度也通过贡献很大一部分议会在内战期间的额外开支的方式证明了自己的价值。⑦ 按照赫顿(Hutton)的说法，消费税也为保王党

---

① Commissioners of Excise, *A Commission*; Commissioners of Excise, *The Schedule*; Excise Commissioners, *An Order*.

② Leftwich, *History of the Excise*, pp.36 - 8.

③ Firth and Rait, *Acts and Ordinances*, I. 364 - 6, 484 - 6, 496 - 7, 691 - 2, 771 - 2; D. L. Smith, 'The Struggle for New Constitutional and Institutional Forms', in J. Morrill, ed.; *Revolution and Restoration England in the 1650s* (London, 1992), pp.15 - 34.

④ Owens, *Plain Papers*, p.186.

⑤ W. Prynne, *A Legal Vindication of the Liberties of England against Illegal Taxes* (London, 1648).

⑥ Firth and Rait, *Acts and Ordinances*, ii. 828 - 9, 845 - 53, 889 - 90, 1,186 - 223; Owens, *Plain Papers*, p.7; R. Hutton, *The British Republic, 1649 - 1660* (Basingstoke, 1990), pp.17, 39, 64 - 87.

⑦ M. Ashley, *Financial and Commercial Policy under the Cromwellian Protectorate* (London, 1962), p. 68; J. S. Wheeler, 'English Army Finance and Logistics, 1642 - 1660', University of California, Berkeley, PhD thesis (1980); table 8.1.

军队采取军事行动筹集资金做出了很大的贡献。遗憾的是，好像没有任何关于消费税到底为国王筹集了多少资金的数据存世，①也没有议会消费税各税种计征收入的准确年度分解数据存世，但我们确实掌握了从 1644 年到 1659 年的消费税总收入数据，可用来与英格兰海关存世的 1660～1820 年关税总收入进行比较。

我们可以从常大曼(Chandaman)的研究和奇泽姆(Chisholm)关于英国公共收入和支出的著名报告(见表 8.2)中获得王政复辟以后英国财政部从三个负责征收间接税(关税、消费税和印花税)的主要部门收到的税收净收入。表 8.2 中的数据显示了一个——负责征收国内商品和服务间接税以及进口商品关税的——新的政府部门的出现和发展。消费税委员会上缴财政部的税收很快就多于(而在 18 世纪就明显多于)海关上缴财政部的税收。

表 8.2　1643～1659 年和 1600～1820 年英国三大税收部门收到并报告的间接税收入

年份(大约)	关税部门	消费税部门	印花税部门
		收到的税收总额(千英镑)	
1643 年	166		
1644 年	226	264	
1645 年	193	348	
1646 年	268	414	
1647 年	263	388	
1648 年	203	265	
1649 年	147	373	
1650 年	290	287	
1651 年	268	—	
1652 年	240	—	
1653 年	272	—	
1654 年	364	532	
1655 年	455	507	
1656 年	156	534	
1657 年	357	517	
1658 年	353	660[a]	
1659 年	604	555[b]	

① Hutton, *Royalist War Effort*, pp.106, 172.

续表

年份(大约)	关税部门	消费税部门	印花税部门
	净收入——上缴财政部的收入(5年平均值,千英镑)		
1660年[c]	316	145	—
1670年	339	399	—
1680年	548	394	—
1690年[d]	678	858	—
1700年	1 436	1 238	87
1710年	1 289	1 656	115
1720年	1 689	2 301	147
1730年	1 663	2 717	128
1740年	1 381	2 833	135
1750年	1 555	3 426	133
1760年	1 975	4 159	289
1770年	2 633	4 935	330
1780年	2 712	5 921	548
1790年	3 845	7 886	1 349
1800年	7 040	12 127	2 681
1810年	11 447	24 863	5 214
1820年	11 857	29 622	6 881

资料来源：1643年的关税和1654～1657年的消费税：Ashley，*Financial and Commercial Policy*，pp.49－61 and 69；1644～1650年的消费税毛收入：Fine，'Production and Excise'；1650年的数据被增加到全年；1660年(前后)、1670年和1680年的关税和消费税净收入：Chandaman，*English Public Revenue*，pp.348－50；1690～1820年财政部收到的净收入：*Accounts of Public Income and Expenditure*，1868－69，xxxv，referred to as Chisholm's Report。

注释：(a) 根据Ashley在文献"*Financial and Commercial Policy*，p.69"中引用的净收入占毛收入的比例估计得到；(b) 根据文献"W. A. Shaw，*Calendar of Treasury Books*，32 vols. (London 1904－52)，i. xxvii-xxix"中的数据估计得到。共和末年的消费税收入估计为37万英镑(我们把这个数值作为财政部收到的收入)，拿这个数值乘以净收入－毛收入比率，就可估计得到毛收入55万英镑；(c)(仅1660年前后) Chandaman在文献"*English Public Revenue*，p.686"中把1662年的消费税收入估计为28万英镑；(d) 被增加到36个月，这是以1690年为中心年份的3年平均值。

消费税专员从一开始就注意到各类食品、制成品、矿产品和原材料都可被作为潜在的税收对象。一长串进口商品(包括热带食品和葡萄酒以及有国内替代品、需要缴纳国内税的外国商品)就成了税负最重、最不受欢迎的商品。在内战期间，外国商品消费税贡献了40%以上的由消费税专员征收的消费税收入。即使在消费税专员们在伦敦以外设立地方计征机构以后，这个比例仍居高不下。因此，在1643年以后的几年里，税务专员们收到的间接税收入有很大一部分来源于京城和进口商品。

至于国内税(确切地说是消费税),有些课征于生活必需品的消费税在受到民众抵制以后就被废除了,而另一些消费税在实践中被证明行不通,或者产出低于征收成本。但不管怎样,大约在17世纪中期前后,对很多大宗商品征收消费税,包括啤酒、啤酒花、苹果酒、盐、肥皂、淀粉、玻璃、金银丝、羊毛、煤、明矾、锡、铁等(见表8.3)。①

表8.3　1650～1711年(英格兰和威尔士)上缴中央政府的国内税收入(千英镑)

年份	上缴总额	烈酒(伦敦)	烈酒(其他地方)	麦芽	啤酒花	食盐	煤炭	牛皮纸	皮革	蜡烛
1650年	161	45	116							
1655年	177	76	101							
1660年	325	43	155							
1665年	313	140	173							
1670年	197	57	140							
1685年	540	141	399							
1690年	872		772					100		
1695年	1 164		1 005			59	100			
1700年	1 768		818	629		181	100	40		
1705年			932	459		211	123	40	80	
1706年	2 264	340	739	720		364	100			
1711年	2 212	327	673	588		518	33	5		68

资料来源:1650年:E351/1295,A01/889/1;1654年:A01/889/2;1655年:A01/889/3;1660年:E351/1298(1658-9);1665年:E351/1305(1666),A01/894/19(1666-7)和A01/894/20(1667-8);1670年:E351/1306,A01/895/24;1685年;E351/1324.;1690、1695、1700、1706和1711年:Shaw, *Calendar of Treasury Books*, ix. pp.ccii-ccxv; xviii. pp.lxii, lxiv; xx. pp.ccciv-cccxxi; xxi. pp: ccxciv-cccvi; xxiii. pp.cccxliv-cccli; xxiv.pp.lccxlvi-cclix; xxv. pp.lxxxvi-xcvii, ccxciv-cdxviii.

虽然共和议会法令和护国公宣言继续宣称,消费税是"民众能够承担的最易征收的中性税收",但消费税仍然明显不受民众欢迎。由各种具体的消

① 关于17世纪50年代年后的关税收入,请参阅文献:Firth and Rait, *Acts and Ordinances*, ii. 845-53;R. East, *Choice Chips of Revenue Lore* (Portsmouth, 1877), pp.1-13; Fine, 'Production and Excise', pp.1-50。1647～1650年间,消费税专员挪用的消费税毛收入有56%来自伦敦,其中的70%课征于进口商品的外国商品消费税收入:PRO E351/1295。到了1654～1655年度,伦敦的这个比例下降到了43%,而伦敦进口商品消费税的这个比例更是下降到了28%:PRO A01/889/3。

费税，尤其是由伦敦控制的官僚机构征收的国内税引发的骚乱、暴乱和反抗一直持续到王政复辟。[①] 在压力之下，共和议会做出了回应：把布料、明矾和铅锭从应税商品清单中删除，调整部分征税规则，优化申诉程序，但主要是允许消费税专员分包消费税计征责任，或者说允许消费税专员将计征责任"私营化"。[②]

可惜，包税制并没有（像某些共和国政客所表示的那样）使得国内税在政治上变得比较容易接受，或者使纳税人比较顺从地照章纳税。[③] 但是，包税制逐税、逐（行政）区的渐进式推进肯定为试点和改进税收计征组织方式创造了条件。[④] 就如长期以来一直推行的关税承包那样，消费税计征"私营化"也提高了国家利用预期收入从金融家和商人那里获得信贷并举借期限更长的贷款的可能性。[⑤] 这种以被置于私人控制之下的税收为担保的制度化借贷机制，显然引起了瑟罗（Thurlow）大臣的注意，他在查理二世（Charles II）1660年重获王位前一年推出了关税和消费税全部外包的计划。[⑥] 但就在同一年，扎克利·格拉夫顿（Zachery Grafton）和其他激进分子继续抨击消费税，并且把消费税说

① Braddick, 'Popular Politics', pp.597 - 626; Hutton, *British Republic*, pp.40 - 41, 87. 关于消费税计征的组织问题，请参阅文献：Firth and Rait, *Acts and Ordinances*, ii. 845 - 53。这段文字引自文献"East, *Choice Chips of Revenue Lore*, p.7"。

② Hutton, *British Republic*, pp.40 - 1, 87.

③ G. E. Aylmer, *The State's Servants. The Civil Service of the English Republic, 1649 -1660* (London, 1973), pp.15, 250, 287 - 9, 334; Anon, *The Soapmakers' complaint for the loss of their trade* (London, 1650); Oliver Cromwell, *By the Protector. A Proclamation for the Better Levying and Payment of the Duty of Excise* (London, 1657).

④ Hughes, *Studies in Administration and Finance*, pp. 123 - 33; *Commissioners of Excise, Rules, Orders and Directions for Gathering and Collecting the Excise of Ale and Beer, made the 30th day of April, 1650* (London, 1650); Commissioners of Excise, *Directions to sub-commissioners about their accounts* (London, 1654); Commissioners of Excise, *Additional Rules and Orders agreed and resolved by the Commissioners of Excise, to be observed by all sub-commissioners and the deputies in the several port-towns throughout England and Wales, for the due managing of the said ports in relation to goods imported or exported* (London, 1654).

⑤ Ashley, *Financial and Commercial Policy*, pp.65 - 70; H. J. Habakkuk, 'Public Finance and the Sale of Confiscated Property during the Interregnum', *Economic History Review*, 2nd ser., 15 (1962 - 3), 70 - 88; W. P. Harper, 'Public Borrowing, 1640 - 60, with Special Reference to Government Borrowing in the City of London between 1640 and 1650', University of London MSc thesis (1927).

⑥ Aylmer, *The State's Servants*, p.250.

成是“负担沉重、不公平并且违宪的税收”。①

由消费税专员代表威斯特敏斯特议会征管的税收成为财政收入体系的组成部分以后，就在17世纪40和50年代平均每年为伦敦财政部大约创造350 000～400 000英镑的净收入。② 这个数额在英格兰共和政权在空位期期间成功实现的税收增量中占据了一个不算小的份额。但是，我们不应该过分夸大消费税在这个特殊时期作为常规税收来源的重要意义。据粗略推测，17世纪50年代，消费税专员收到的消费税收入可能没有超过英伦三岛税收总收入的1/4，而这个比例中或许还有40%是课征于进口商品的消费税（外国商品消费税）收入。③

虽然国内税（确切地说是消费税）已经确立了它作为“财政宪法”一部分的地位，但是，消费税作为中央政府可用的常规可支配收入来源的重要性仍然不大，并且严重依赖于国内生产和消费、种类完全受到限制的大宗商品（主要是啤酒和麦芽酒，然后在某种程度上才是肥皂、食品、布料和五金用品）。④ 从财政，而不是宪政或制度的角度看，空位期期间真正成功的财政创新是啤酒消费税，尤其是对伦敦和周边地区商业酿造的啤酒课征的消费税，⑤而课征于其他大宗商品的消费税对财政收入的贡献相对较小。查理二世重登王位前后，间接税仍主要以当时由关税委员会和消费税委员会这两个国家机构负责征收的进口商品关税和消费税为主。

当时，骑士议会面临的首要问题就是与恢复王位的君主达成财政和解。从宪法的角度看，财政和解（体现为查理二世23年和24年颁布的两个法令）把一小部分课征于啤酒、苹果酒、梨酒、烈酒和明矾的消费税改变成国王在位

---

① Z. Grafton, *Excise Anatomiz'd and Trade Epitomized: Shewing that Unequal Imposition of Excise to be the only Cause of the Decay of Trade* (London, 1659), pp.1 - 6.

② Ashley, *The State's Servants*, p.250.

③ 请参阅本章表8.1。这一推测对1650～1659年的税收总收入进行了加总，并且认为60%的间接税收入是由消费税专员们征收到的。我们的1640～1660年数据并不可靠，但可从“ESFDB\obrien\engm001”中获得。

④ D. Tomlinson, 'Financial and Administrative Developments in England, 1660 - 88', in J. R. Jones, ed., *The Restored Monarchy, 1660 - 1668* (London, 1979), pp.94 - 117; Anon, *A Collection of All the Statutes relating to the Excise* (London, 1683).

⑤ PRO E351/1295 (1647 - 50). 请参阅本章表8.1。

时期可征收的世袭税，作为废除王室收取骑士规费、享受保护费收入和以低于市价采购食品（征发权）等传统权力的交换条件。

查理二世和他的大臣们开始把消费税说成是“民众能够承受的最不容易觉察的税收”。[①] 但是，安德鲁·马维尔（Andrew Marvell）表示了对财政和解的怀疑，而塞缪尔·佩皮斯（Samuel Pepys）指出，当时有很多绅士宁愿在议会的控制下准许查理二世征收土地税，因为恢复王位后的斯图亚特王朝可以扩大征收消费税来巩固他们的权力和自治权。[②] 短期内，确实没有出现扩大征收消费税的现象，反而是废除了1660年前议会和护国公可征收的大部分国内税。在查理二世漫长的在位期和他的兄弟詹姆斯短暂的在位期里，消费税仍主要是课征于啤酒、麦芽酒、苹果酒、梨酒、烈酒、蜂蜜酒、茶叶、巧克力和冰沙等商品的消费税以及课征于近海运抵伦敦的煤炭含有关税的传统消费税。[③] 虽然在第二次荷兰战争期间，大臣们向议会施压要求扩大消费税的适用商品范围，但是，消费税的潜力仍没有得到开发利用，直到1689～1697年和1702～1713年两次对法大战期间才对政府的国内税体系采用新的国内生产和消费商品清单。[④]

与此同时，1660～1688年在为数有限的几种课征于酒精饮料和外国饮料的关税上取得的财政成就和创新几乎全是在政府的掌控下实现的。王政复辟时期的历届议会和国王的大臣们必须解决是把课征于这些选定商品的税收

---

① Chandaman, *English Public Revenue*, p. 39; Hon. A. Grey, *Debates of the House of Commons from the year 1667 to the year 1694*, 10 vols. (London, 1759), i. 95-107, 268, 274-5, 281-7, 310-13; ii. 456; iv. 113-14, 154-6, 177, 225-34; x. 36-7.

② Owens, *Plain Papers*, p. 9; D. Hirst, *Authority and Conflict. England 1603-1658* (London, 1986), pp. 357-63; C. H. Firth, *1be Last Years of the Protectorate*, *1656-1658*, 2 vols. (London, 1909).

③ Chandaman, *English Public Revenue*, pp. 36-76; Hausman, *Public Policy*; J. Hatcher, *The History of the British Coal Industry*, *L Before 1700: Towards the Age of Coal* (Oxford, 1993), pp. 25-6, 85-8, 103, 470, 487-92, 538; C. D. Chandaman, 'The Financial Settlement in the Parliament of 1685', in H. Hearder and H. R. Loyn, eds., *British Government and Administration. Studies Presented to S. B. Chimes* (Cardiff, 1974), pp. 144-54.

④ G. Holmes, *The Making of a Great Power. Late Stuart and Early Georgian Britain*, *1660-1722* (London, 1993), pp. 266-77; Anon, *The Grievous Case without Parallel* (London, 1700); Anon, *An Essay how to raise above One Million Sterling per ann. by an Equal and Easy Tax* (London, *c. 1700*); Anon, *An Abstract of the Duties laid upon Salt*, *Earthenware and Tobacco-pipes* (London, c. 1696).

(关税和消费税)交给雇用专业公务员的政府机构管理还是交给在财政部的指导下依法计征间接税的包税人和他们的雇员这个问题。在关税管理方面,这个问题已经存在几个世纪,而且在都铎王朝和斯图亚特王朝统治时期曾经尝试过各种各样的解决方法。[①] 在内战期间,反对皇家想必腐败的包税制的议会赞成政府征管的方式,而英伦三岛共和政体则在很大程度上恢复了关税和消费税承包制。[②] 在王政复辟前夕,护国公的国务大臣瑟罗曾经提出过一个完全恢复高度集中且集权化管理型包税方案。[③]

但不管怎样,至少从伯利(Burghley)以来,国王的谋士都非常关心间接税的计征问题。他们认识到税收管理体制绝不能脱离政治或者只是为了中央政府的方便来构建。在关税方面,他们几十年来一直在努力解决三个基本问题:走私;定期重估在英格兰港口入关的进口商品并课以从价关税;征税费用——关税账户上的关税征收费用是指商人就进、出口商品缴纳的关税总额减去伦敦财政部收到的关税净收入之间的差额。[④]

在从 1568 年到 1671 年(公务员重新永久性地掌握关税计征的全部控制权)这个时期里,比例不同但有时数额很大的关税收入以名目繁多的契约安排(目的在于皇家金库年年都能收到金额可接受但稳定的关税收入)承包给了个人或者财团。[⑤] 包税制(到了 17 世纪 50 年代包括消费税和关税)在那些赞成这种制度的人看来,为君主提供了一种取代皇家官僚机构的更加可以接受和有效的税收机制,而皇家官僚机构常常是议会嫉妒、政治干预的牺牲品,而且

① Dowell, *History of Taxation*, iv. 69; East, *Choice Chips of Revenue Lore*, p.5; D. Thomas, 'Financial and Administrative Developments', in H. Tomlinson, ed., *Before the English Civil War. Essays on Early Stuart Politics and Government* (London, 1983), pp.103–22; Dietz, *English Public Finance* and *English Government Finance*.

② Ashley, *Financial and Commercial Policy*, pp.70–5.

③ T. Birch, ed., *A Collection of State Papers of John Thurloe Esq.*, 7 vols. (London, 1742), vii. 662.

④ Dietz, *English Public Finances*, pp.304–79; E. Hoon, *The Organisation of the English Customs System, 1696–1786* (New York, 1938); H. Atton and H. H. Holland, *The King's Customs, History of the Service* (London, 1908).

⑤ Dietz, 'Receipt and Issues of the Exchequer'; Hoon, *Organisation of the English Customs System*; G. E. Aylmer, *The King's Servants. The Civil Service of Charles I, 1625–1642* (London, 1974), p.433; Dietz, *English Public Finance*, pp.304–79; Atton and Holland, *King's Customs*.

被认为还有腐败、无能并无视国王财政利益的潜在可能性。①

但不管怎样，皇家间接税收入"私营化"部分的外包始终在一个通常由国家规定税收计征规则，特定包税合同适用范围和形式、包税期和合同期限、违约条款、记账和审计程序等的法律框架内运行。从本质上讲，包税制及其用来外包皇家收入"产权"的术语非常接近于既有的王领土地和贵族庄园管理实践。② 例如，对于课征于单一商品的关税或者消费税（如葡萄干关税或者啤酒消费税），单设包税项目承包出去。包税合同也可以包括多种商品的关税或者消费税（大包税）；或者，关税承包和消费税承包可扩展到郡、城镇或者在特定港口（如伦敦或者卡莱尔）通关的贸易。包税范围和专业化程度可因合同而异，这样就能得益于可能提高的管理效率以及地方和商业方面的专业知识；如果不是那么讲究效率的话，说得坦率一点，这样就能回报权臣、要人和巨贾的政治支持。③

从理论上讲，间接税外包政策可望避免在皇家庇护下任命的中央集权化官僚联系在一起的腐败和无能问题，从而把较高比例的税收缴给财政部。自然，私人承包仍然受到担心为国王效力的公职人员增加的议员的欢迎。此外，由于包税采取竞争性投标制度，因此为王室和贵族以外的社会群体和圈子分享关税和消费税管理"成果"创造了机会。④

从王室的角度看，把税收计征责任交付给土地所有者和商业集团的做法创造了一种在需要资金时有利于提高信用额度和制度性借贷机制。例如，在包税制下，国王可以把最初属于包税人的未来税收作为抵押物举借贷款。⑤ 从包税人的角度看，他们可在把之前谈定的包税银缴给伦敦财政部之前先扣除

---

① Leftwich, *History of the Excise*, pp.34 - 6; Owens, *Plain Papers*, pp.6 - 7, 185 - 6; East, *Choice Chips of Revenue Lore*, pp.7 - 13; D. M. Gill, 'The Relationship between the Treasury and the Excise and Customs Commissioners (1660 - 1714)', *Cambridge Historical Journal*, 4 (1932), 94 - 9.

② J. V. Beckett, *The Aristocracy in England*, *1660 - 1914* (Oxford, 1986), pp.133 - 56; R. W. Hoyle, ed., *The Estates of the English Crown*, *1558 - 1640* (Cambridge, 1992).

③ Dietz, 'Receipt and Issues of the Exchequer'. On farming, see Gill, 'Relationship between the Treasury and the Excise and Customs Commissioners', pp.94 - 6; East, *Choice Chips of Revenue Lore*, pp.1 - 13; Owens, *Plain Papers*, pp.1 - 6.

④ Dietz, *English Public Finance*, pp.305 - 79; Hughes, *Studies in Administration and Finance*.

⑤ R. Ashton, *The Crown and the Money Market* (Oxford, 1960); Harper, 'Public Borrowing'.

贷款的本息，所以随时准备在这个不然风险很高的皇家金融领域开展放贷业务。[①] 王室要求预付大笔预付款（或者入门费）作为包税的一个条件。[②] 从这些方面看，包税制提供了一种规范化的皇家借贷体系雏形，从而能够逐步降低王室对安特卫普（Antwerp）和阿姆斯特丹（Amsterdam）资本市场的依赖。此外，从王室的全部目的和意图来看，把贷款与税收联系在一起的机制反映了后来在 1694～1713 年间发展起来的财政革命的主要特点，但这场财政革命毕竟仅仅是使"留出"部分间接税收入用于偿付长期贷款本息的做法制度化而已。[③]

出于显而易见的原因，关税包税制在英格兰对外贸易没有受到战争干扰中断之前运行良好；而与此同时，消费税包税制在经济受到黑死病肆虐、农业歉收和商业衰退的影响以后变得难以为继。在这样的情况下，消费税的包税人就不愿或者无力履约向国家缴纳每年固定的包税银，因为包税银难免要受到课征于对外贸易或者国内生产的税收总收入波动的影响。[④] 例如，在对西（班牙）（1588～1603 年）战争期间，由于英格兰王室重新把计征关税的职责收归"国有"，因此，包税就成了一种毫无吸引力的私人资本投资。[⑤] 在 1666 年黑死病肆虐期间，查理二世恩准啤酒消费税包税人违约不按合同缴纳包税银。[⑥] 在其他情况下，国王和/或者财政部都采取了更加强硬的措施来对付违约问题。

王政复辟以后，保王党政府似乎倾向于把关税和消费税计征置于由王室领俸官员充当的新任命专员的直接控制之下。[⑦] 在度过了收入令人失望的 2 年以后，恰逢 1660～1663 年贸易长期衰退，国王的大臣们又开始了一系列的包税试点工作，这无疑缓和了担心皇家官僚机构扩大并且在未经议会同意的

---

① Tomlinson, 'Financial and Administrative Developments', pp.94 – 117.

② Dietz, 'Receipt and Issues of the Exchequer'; Dietz, *English Public Finance*.

③ P. G. M. Dickson, *The Financial Revolution in England. A Study in the Development of Public Credit, 1688 – 1756* (London, 1993), pp.3 – 14, 39 – 89.

④ C. C. Crews, 'The Last Period of the Great Farm of *the* English Customs (1660 – 1671)', University of London MA thesis (1935); Gill, 'Relationship between the Treasury and the Excise and Customs Commissioners', pp.94 – 6.

⑤ Crews, 'Last Period of the Great Farm', abstract p.1.

⑥ Leftwich, *History of the Excise*, p.43; East, *Choice Chips of Revenue Lore*, pp.1 – 13.

⑦ East, *Choice Chips of Revenue Lore*, pp.1 – 12; Hughes, *Studies in Administration and Finance*, pp.150 – 7; J. Miller, *Charles II* (London, 1991), pp.220 – 5.

情况下不断增收间接税的政治焦虑情绪。①

在关税方面，王政复辟以后，新的计征方法和关税税率表立刻就成了财政和解的重要议题。1662年，外贸关税重又实行包税制，全国的外贸关税外包5年，每年的包税银是390 000英镑。② 很明显，第一期关税承包合同履行得相当不错。但随着时间的推移，政府又要面对包税人因对荷(兰)战争要求少缴包税银这种不可接受的要求。③ 1670年，国王和大臣们与一个势力很大的关税包税人群体在第三期包税银预付款和包税银大幅上涨的问题是发生了争执，而包税人甚至冒失地询问国王万一爆发战争是否允许减少包税银。由于王室没有想到包税人和皇家金融家竟然会质疑王国的战略性对外政策，因此干脆就在1670年废除了包税合同，还清了积欠他们的借款，并且从此永久性地恢复了关税直接由政府征收的做法。④ 幸运的是，17世纪70和80年代经济繁荣、外贸收入增加，允许“成功”的海关重新启用1662～1671年间“私营化”关税征管体制下采用过的大部分方法和雇用的大部分人员。⑤ 后来，丹比(Danby)提名请一个金融家担任关税总税收官负责改革后的关税征管系统。结果，他的被提名者理查·肯特(Richard Kent)准备用他掌管的关税收入作为抵押发放贷款。⑥ 在乔治·唐宁(George Downing)爵士的提议下，英格兰财政部很快就比较主动地对国王陛下的海关进行调查和监督。由于海关工作效率高，而且又不张扬，因此足以消除议会为关税计征“私营化”而再度施压的可能性。⑦

但不管怎样，1662年推行的消费税包税制在1671年关税包税制寿终正寝以后又存续了12年。由消费税专员负责计征、上缴财政部的种类有限但相当简单的消费税收入，在17世纪60和70年代稳步增加，⑧而中央控制和监督的

---

① Chandaman, *English Public Revenue*, pp.23 - 4. Some: MPs attacked farmers' profits. Grey, *Debates of the House of Commons*, i. 281.

② Chandaman, *English Public Revenue*, pp.23 - 4, 206 - 7.

③ *Ibid.*, pp.23 - 30.

④ Crews, 'Last Period of the Great Farm'; Tomlinson, 'Financial and Administrative Developments', pp.95 - 110.

⑤ Chandaman, *English Public Revenue*, pp. 29 - 36; Atton and Holland, *King's Customs*, i. 102.

⑥ Chandaman, *English Public Revenue*, p.33.

⑦ C. Wilson, *England's Apprenticeship*, *1603 - 1763* (London, 1965), p.174.

⑧ Chandaman, *English Public Revenue*, pp.308 - 16; Dowell, *History of Taxation*, iv. 15 - 36.

消费税包税制在相对较短的 3 年时间里，使得财政部及其派遣的消费税专员们得以利用一切机会榨取本属于包税人的剩余利润。[1]

一方面，为了平息政治上对皇家官僚机构的反感；另一方面，又为了消除对(由都市商人和金融家控制的)啤酒消费税集中征收的嫉妒，英格兰王室把 1662～1665 年和 1665～1668 年的啤酒消费税分包给了一些郡的包税人，并且把他们置于法官、啤酒商以及在啤酒业没有直接利益的土地所有者和其他绅士的监管之下。[2] 然而，1668 年，财政部发现分散化的竞争性包税既难以监管又无法以最佳方式保护国王在啤酒业的利益，于是决定重新设计啤酒消费税的包税程序，以便由伦敦的总包税人负责分包伦敦以外地区的啤酒消费税计征。[3] 到了 1674 年，在啤酒消费税以郡为单位的传统计征架构被方便、合理的行政区征收啤酒消费税收入的架构取代以后，啤酒消费税征管又向着更加集中和严厉的监管迈进了一步。与此同时，啤酒消费税分包制也被取消，于是，啤酒消费税包税制就成了由作为财政部代理人有效工作的伦敦商人和金融家管理的单一包税制。[4] 显然，根据这些思路进行的财政制度改革，在各郡和反王权激进分子看来，模糊了“私营化”征管与为王室效劳的官僚机构直接征管之间在政治上的差异；[5]而对于财政部及其消费税专员来说，与包税人打交道不但简化了监管税收征收的任务，而且还方便了以未来收入作抵押借钱。[6]

17 世纪 70 年代，英格兰农业丰收，从而降低了谷物和麦芽的价格，啤酒和

---

① Chandaman, *English Public Revenue*, p. 67; S. B. Baxter, *The Development of the Treasury, 1660 -1702* (London, 1957), pp.83 - 4, 108; D. Ogg, 'Britain after the Restoration', in F. L. Carsten, ed., *The New Cambridge Modern History, V. The Ascendancy of France* (Cambridge, 1961), pp.301 - 29.

② Hughes, *Studies in Administration and Finance*, pp.139 - 41; P. Mathias, *The Brewing Industry in England, 1700 -1830* (Cambridge, 1959), pp.1 - 10.

③ Chandaman, *English Public Revenue*, pp.51, 54, 71 - 5, 89; J. R. Western, *Monarchy and Revolution: The English State in the 1680s* (London, 1972), pp.82 - 111.

④ Chandaman, *English Public Revenue*, pp.65 - 7; Gill, 'Relationship between the Treasury and the Excise and Customs Commissioners', pp.94 - 9.

⑤ Hughes, *Studies in Administration and Finance*, pp.138 - 9.

⑥ Chandaman, *English Public Revenue*, pp.69 - 75; Gill, 'Relationship between the Treasury and the Excise and Customs Commissioners', pp.94 - 6; H. Roseveare, *The Financial Revolution, 1660 -1760* (London, 1991), pp.6 - 26; Sir Charles Whitworth, ed., *Charles Davenant: Political and Commercial Works*, 8 vols. (London, 1771), i. 176.

麦芽酒的产量和销售量双双增加。在没有政治机会或者前景把消费税扩展到其他大宗商品的情况下，消费税专员们（在财政部的纵容下）试图利用每三年重谈一次包税合同的机会向他们的代理人索取更多包税银，尽可能为王室消除他们负责的消费税征收范围受到限制的不利影响。[①] 包税人在发现自己的利润空间受到挤压以后，就试图通过削减成本来保持自己的利润，因此没有把尽可能多的酒精饮料纳入消费税计征范围。他们还开始要求提高他们以未来消费税收入作为抵押物放贷给国王的利率。[②] 随着消费税征管"私营化"与公共征管系统之间回报（额外净收入）差额的收窄，唐宁、海德（Hyde）和其他国王谋士支持皇家官僚机构直接征收消费税的观点所代表的势力不断壮大。[③] 由于关税由皇家机构直接计征取得了成功，并且被作为一个受青睐的生动例子来援引，因此，关于设立专门消费税计征机构的建议变得不可抗拒。于是，1680～1683年的消费税包税合同就成了末代消费税承包合同。[④]

在1662～1683年王政复辟的政治背景下，关税和消费税计征私营化或许在所难免，而且还发挥了作用。结果，20年的包税制实践为英格兰财政部及其关税和消费税专员创造了监管、研究和学习税收私人征管提供了机会。[⑤] 此外，议会在1683年以后仍常以政治为由拿支持私营化计征相威胁，这种威胁无疑促使皇家机构比奥兰治和汉诺威王朝治下的皇家部门更加注重履行职责、认真执行法律条文和保护王室利益。[⑥] 财政部及其税务专员也学习掌握了消费税的计征专业知识，并且把在1683年前参加过消费税计征工作的人员安排在一个从人员招聘、培训、管理以及监督和计税程序等方面提前体现与19

① Chandaman, *English Public Revenue*, p.70; Leftwich, *History of the Excise*, pp.43-6.

② Chandaman, *English Public Revenue*, pp.313-16.

③ Tomlinson, 'Financial and Administrative Developments', pp.100-2; P. Seaward, *the Restoration* (London, 1991), pp.81-8, 98-100.

④ Chandaman, *English Public Revenue*, pp.72-6; Hughes, *Studies in Administration and Finance*, pp.160-6; J. Readington, ed., *Calendar of Treasury Papers 1556/7-1696, Preserved in Her Majesty's Public Record Office* (London, 1868), i. 9.

⑤ Owens, *Plain Papers*; East, *Choice Chips of Revenue Lore*.

⑥ Brewer, *Sinews of Power*, pp.1-15; Stone, 'Introduction', pp.1-32; Holmes, *Making of a Great Power*; H. Roseveare, *the Treasury, 1660-1870: the Foundations of Control* (London, 1973), pp.17-74; G. Holmes, *Augustan England. Professions, State and Society, 1680-1730* (London, 1982), pp.8-13, 242-4.

世纪中期特里维廉—诺斯科特(Trevelyan-Northcote)改革相关的完全职业化公务员大部分特点的政府机构。① 就如戴夫南特指出的那样,"任何君主都没有雇用过比这更多的人手来计征税收"。②

可惜,消费税比关税更加容易地取得了这些有利于依法适当、有效征税的发展。关税征收部门的人事任命仍然受到裙带关系的严重影响,而择优提拔还没有成为常态。③ 最重要的是,海关官员仍向货主和船东索要小费,进口商品关税计征领域腐败成风。④ 在空位期和王政复辟时期,海关部门也进行过一些服务程序和条件改革,但似乎没有产生像消费税征收体制改革那样的深远影响。⑤

那些把消费税征收部门改造成王政复辟之前登上政治舞台的18世纪汉诺威王朝政权模范部门的税收规则、支付系统和标准化管理实践在查理二世治下大多得到了沿用,并且在1683～1688年从私营化收税到公务员收税的过

① Brewer, *Sinews of Power*; Baxter, *Development of the Treasury*; M. Wright, *Treasury Control of the Civil Service, 1854 - 1874* (London, 1969).

② Chandaman, *English Public Revenue*, p.74. See also D. A. G. Waddell, 'The Career and Writings of Charles Davenant, 1656 - 1714', University of Oxford DPhil thesis (1953), pp.37 - 42.

③ Atton and Holland, *King's Customs*; Hoon, *Organisation of the English Customs System*; Chandaman, *English Public Revenue*, pp.9 - 36.

④ *Parliamentary Papers* 1810, 'Committee on Finance 1797: 4th Report from the Select Cqmmittee on Finance 1797' (on the customs department), in *Reports from Committees of the House of Commons*, XII (London: 1810); H. Hall, *A History of the Customs Revenue of England*, 2 vols. (London, 1885), i; B. R. Leftwich, 'The Later History of the Administration of Customs Revenue in England', *Transactions of the Royal Historical Society*, 4th ser., 13 (1930), 195; Commissioners of Customs, '13th Report of Commissioners of Enquiry into the Customs and Excise', *Parliamentary Papers* 1823 VII; Commissioners of Customs, '15th Report of Commissioners of Enquiry into the Customs and Excise', *Parliamentary Papers* 1823 IX; Commissioners of Customs, 'Report on the Customs', *Parliamentary Papers*, 1857, III, 378 - 90; Commissioners of Customs, 'Report on the Customs Tariff of the United Kingdom 1800 - 97', *Parliamentary Papers* 1898 LXXXV; J. McArthur, *Political Facts of the Eighteenth Century* (London, 1801), pp.1 - 25; P. K. O'Brien, 'Government Revenue, 1793 - 1815: A Study in Fiscal and Financial Policy in the Wars against France', University of Oxford DPhil thesis (1967).

⑤ Chandaman, *English Public Revenue*, pp.34 - 5; W. Stones, *Index to the General Orders of the Honorable Board of Excise, from the year 1700 to the year 1847 inclusive, arranged according to subjects* (London, 1848).

渡时期里得到了坚决的贯彻。[①] 威廉三世(William III)在1688年夺取王位后,并在1689～1697年和1702～1713年发动的两场代价极其昂贵的对法战争期间,就能够援引一种在一场旨在保护英格兰有产者免受国王查理一世掠夺的内战中建立起来的国内税制的先例。在查理一世的儿子查理二世和詹姆斯三世治下,王室又夯实了恢复消费税和扩大消费税征收范围的征管基础。从政治和制度的角度看,斯图亚特王朝治下获得的发展为光荣革命之后实现国内税收入大幅度增加创造了条件。[②]

① Chandaman, *English Public Revenue*, pp.75–6. For Restoration financial politics, see C. H. Firth, 'Downing, Sir George', in L. Stephen and S. Lee, eds., *Dictionary of National Biography*, 21 vols. (London, 1882–1901), *v.* 1, 304–6; and C. Clay, *Public Finance and Private Wealth: The Career of Sir Stephen Fox, 1627–1716* (Oxford, 1978).

② O'Brien, 'Political Economy of British Taxation', pp.1–32; Brewer, *Sinews of Power*.

第九章　1598～1650年西班牙腓力二世和三世治下签订的采购合同

胡安·E. 格拉贝特(Juan E. Gelabert)

西班牙君主国这个承认马德里哈布斯堡王朝为世俗元首的王国、行省和领地复杂综合体,直到所谓的“法国主导”时期,开始成为西欧最大的动员财政资源的“机器”。但遗憾的是,我们只能对西班牙当时能够动员的财政资源进行不完整的评估,这个责任不能全由历史学家来承担:卡斯蒂利亚(Castilian)特殊的财政收入和支出管理模式导致我们极难确定本章考察期和其他时期里西班牙君主国能够动员的财政资源数量。

本章分两部分,先考察那些导致西班牙国王都无法确切知道自己能收入或者支出多少的财政管理实践,然后提出关于某些西班牙财政支出数据——即西班牙王室的年度采购合同支出数据(在没有任何其他数据的情况下,这些数据准确地反映了西班牙当时的支出状况)——的有效性问题供历史学家思考。关于这第二个问题,本章作者认为,西班牙王室很多采购合同的年度数据可能与中期收入规模并非相去甚远。我们大家都知道,在这种情况下,年度支出常常大于同年的年度收入,通过预支未来几年的收入,总有可能做到这一点。但从中期看,支出大于收入会受到一定的限制。这些限制可能由国王通过宣布破产来设定,也可能由银行家拒绝为国王掏钱来决定。因此,有些时候(如1607年、1627年、1647年),必须通过签订所谓的“总协议”(medios generales)从头开始,然后过几个月再宣布破产(bancarrotas)。这两种事件预示着收入水平几乎与之前达到的支出水平持平的时刻的到来。

16和17世纪的卡斯蒂利亚财政管理体制，对于那些以某种方式依靠它的人来说，是一种名副其实的挑战。卡斯蒂利亚财政管理体制的混乱源自财政管理机构的多元化。1476年，卡斯蒂利亚天主教徒国王对两个卡斯蒂利亚财政体系在它们的管辖下运行的老机构——财政与会计部（contadurias de hacienda and de cuentas）进行了重组。然而，查理五世（Charles V）在1523年登上了卡斯蒂利亚的王位以后，就对卡斯蒂利亚的行政管理实践进行了彻底改革，结果不但增加了收入需要，而且还导致了获得收入的方式发生了深刻的变化。卡斯蒂利亚财政必须由王国规模扩大到帝国规模，这就意味信用登上了前台，并且成为卡斯蒂利亚财政体系的一个基本组成部分，因此而设立了新的管理机构和管理程序。此外，查理五世必须尽力广开财路。会计部及其官员（Contadurias and contadores）显然不是达到这些目的的最适合的行政机构和人事手段，因为查理五世在1523～1525年间不辞艰辛地为自己创建了财政委员会（consejo de hacienda）。在那些年里，为创建财政委员会颁布了多达六个法令（但没有一个取得了法律地位）。那么，当时到底发生了什么呢？

这个半途夭折的财政委员会在那些年里并不是孤立的个案。[①] 恰恰相反，这个个案的大致轮廓展现了详情同样不清的首相府（cancilleria）[②]以及公共财政特殊领域命运相似的财政总库（tesoreria general）[③]的情况。在这两个个案中，两种政治—行政管理方案（一个是帝国一级的政治—行政管理方案，另一个是王国一级的政治—行政管理方案）似乎彼此呈竞争关系，那个帝国方

① E. Hernández Esteve, *Creación del Consejo de Hacienda de Castilla* (*1523 - 1525*) (Madrid, 1983); T. García-Cuenca Ariati, 'El Consejo de Hacienda (1476 - 1803)' in M. Artola, ed., *La economía española al final del Antiguo Régimen*, 4 vols. (Madrid, 1982), iv. 403 - 502; C.J. De Carlos Morales, 'El Consejo de Hacienda en Castilla en el reinado de Carlos V (1523 - 1556)', *Anuario de Historia del Derecho Español*, 59 (1989), 49 - 159; *idem*, *El Consejo de Hacienda de Castilla*, *1523 - 1602* (Avila, 1996); J. E. Gelabert, 'Sobre la fundación del Consejo de Hacienda', in M. C. Cremades Griñan and J. I. Fortea Pérez, eds., *Política y hacienda en el Antiguo Regimen* (Murcia, 1983), pp.83 - 95.

② J. M. Headley, *The Emperor and His Chancellor. A Study of the Imperial Chancellery under Gattinara* (Cambridge, 1983).

③ M. Cuartas Rivero, 'Los Tesoreros Generales de la Corona de Castilla en el siglo XVI (orígenes de la Dirección General del Tesoro)', *Presupuesto y Gasto Público*, 9 (1981), 73 - 93.

案得到了首相梅丘利诺·达·加蒂纳拉(Mercurino da Gattinara)的支持,而王国方案则得到了财政大臣弗朗西斯科·德·劳·科沃斯(Francisco de los Cobos)的支持。在随后的交锋中,首相败下阵来,他提出的一些计划也没有被采纳,而"勃艮第风格"的财政委员会就是那些中途夭折的计划之一,但西班牙皇帝可不甘心就这样失去一个能提供财政金融咨询的委员会。皇帝需要能帮助自己接触金融界并且熟悉国际信用机制的专家,而且这些咨询专家应该能够向他提供如何开辟财路的建议。

对于查理五世来说,幸运的是,当时西班牙的司法—行政管理实践能够为一个非永久性机构提供法律保障,从而避免与已有财政会计部(contadurias)发生直接冲突,但同时又能满足君主的各种需要。财政委员会不是像受法令或议会法(ordenanzas)等法律约束的普通机构那样运行,而是以特殊的方式——按照国王的旨意,即受托——行事。1593 年前,财政委员会的情况就是如此,但到了 1593 年,财政委员会就有了自己的管辖权,并且需要依法行使管辖权:也就是说,财政委员会被赋予了超越国王意志的法律地位,并且按照常规方式(via de oficio)开展工作。

这种处理财政委员会创建"问题"的方式允许我们澄清很多在近来的史学文献中那么经常出现的谬误和自相矛盾的内容。其中的一个例子就是:1523 年 2 月～1525 年 1 月先后颁布了(多达)5 部关于财政委员会的法令;查理五世、加蒂纳拉(Gattinara)和那些促成财政委员会的人,无疑对财政委员会应该采取什么形式心中无数。其次,就这个委员会的建立可望取得很少的成果而言,认为采取委员会的形式可维持财政会计部(contadurias)的管辖权不变——就像当时的实际情况那样——不无道理。一些现代历史学家关于这个财政委员会法律地位的看法,好像没有那个时代从西班牙皇帝开始的支持者对它的看法那样明确。因此,1529 年,从西班牙皇帝在准备去意大利巡游时给皇后伊丽莎白(Empress Elizabeth)下达的指令看,他对待财政委员会的方式不同于他对待其他委员会的方式。他在给自己的夫人下达的书面指令中说到其他委员会时表示,各委员会成员"要照常开会议事,并且要像他们所习惯的那样分派他们认为应该做的事情;只要方便,就应该像平时那样必须向朕请示"。但在说到财政委员会时则表示,它应该"按照朕亲手签署并赋予它授权的委任状行事”。[1] 法学家何塞·德·科瓦鲁维亚斯(José de Covarrubias)在18世纪末对此做出了非常敏锐的分析：

“虽然1593年11月20日，腓力二世在埃尔巴尔多(El Pardo)王宫签署正式成立财政委员会的法令之前，这个机构(tribunal)似乎已经存在，但没有自己的人员编制，是一个临时委员会，并且由枢密院分管皇家财政的大臣参加。它不是一个机构，而是一个委员会。”[2]

那个时代已经有人感觉到了这个委员会的特殊性质，因此没人对这个奇特的委员会及其成员发表评论，哪怕是诋毁性的评论。1525年，加林德斯·德·卡瓦哈尔(Galindez de Carvajal)直言不讳地表示，“我认为，财政委员会毫无用处”。另一个更加大胆的人士指出“它的成员在大部分时间里无所事事”，实际上，他的评论非常中肯。1534年，马丁·德·萨利纳斯(Martin de Salinas)评论说，“现在，他们都被遣散了”。1529年写下以下这段文字的人，很可能是枢密院的成员，他毫无顾忌地指出了这个委员会的不合时宜。他认为，“比较客气地说，这些被任命为财政委员会委员的人中有两三个是负责特别收支的官员，算得上有素质的称职官员；他们按照规定做好自己负责的账目，还能把王国任何性质的特别收入记录在案，包括非洲的收入和任何要签署的采购合同；他们还要负责王国已有火炮部队无论驻扎或者开赴哪里所需的开支，并且监督因为其他没有入账而没有受到适当控制的非常收入。他们才是没有委员会名分的真正财政委员会”。

财政委员会的特殊性质直到1593年才发生变化。在这之前，它一直——就如当时的一个匿名评论者所说的那样——“在无法(法律或者法令)可依的情况下开展工作”。40年前(1554年)，马丁·德·贝拉斯科(Martín de Velasco)曾经表示，“这是一个特别委员会，并且总是解决一些特别问题，因此不可能按照某个固定模式来规范它的行为”。胡安·德·奥万多(Juan de Ovando)在1574年1月开始主持财政委员会时就注意到，没有任何“指令或者法令”

---

① M. Fernández Alvarez, *Corpus Documental de Carlos* V, 4 vols. (Salamanca, 1973 - 9), i. 149 - 50.

② De Carlos Morales, *Consejo de Hacienda*, p. 251; J. L. Bermejo Cabrero, ‘Dos aproximaciones a Ia Hacienda del Antiguo Régimen’, *Anuario. de Historia del Derecho Español*, 62 (1992), 159 - 238.

规范它(财政委员会)的行为,也没有规定“它的固定参加人数”。[①] 总而言之,对于那个时代的人来说,财政会计部才是当时西班牙唯一的名副其实的财政事务委员会。可以肯定的是,1523 年以来发生的情况表明,它实际上是一个处理财政事务的第二机构,而不是一个独立的委员会。因此,我们可以说,查理五世和腓力二世在卡斯蒂利亚最高财政管理层首次设立了一种“双头怪物”机构。

不管怎样,查理五世和腓力二世(直到 1593 年)仍不敢废除这个他们俩从天主教徒国王那里继承来的财政管理机构。某些像委员会这样的重要专门机构是不能轻易废除的。政治上可以做出的选择就是努力排除由于存在两个“管理机构”而导致的行政功能障碍和紊乱。当时采取的解决方案就是:腓力二世强制推行他的选择,而没有接受巴斯克斯·德·阿尔赛(Vázquez de Arce)提出的把财政委员会和财政会计部合二为一的正确方案。腓力二世没有听从阿尔赛的劝告,结果表明,“所用的治疗方法比疾病本身更加糟糕”。由于这两个处理相同事务的机构都有自己的法律地位,因此,虽然 1593 年颁布的几项法令尽可能明确界定它们各自的地盘,但两者之间不可能保持“良好的沟通”。所以,没过多久就遇到了难题。一个匿名知情者在此后不久写道:“自从设立财政总库这个管理机构——财政会计部外的另一个‘管理机构’——以后,严重的不便是处处、时时可见,而且随着时间的推移和所涉事务日益重要而不断增加。因为行政和司法的问题被如此混淆在一起,而这些‘管理机构’的目标只有一个,因此,在不拖延很长时间、不具备巨大能力的情况下不可能采取行动,并且也免不了不同部门之间的相互扯皮。”[②]

当时与之前一样,有人认为设立单一机构处理全部财政事务的想法绝对可取。此外,那些提出这种想法的人建议采用一种被称为“regia camera della sommaria”的那不勒斯总督模式。[③] 1573 年已经有人建议复制那不勒斯

① All citations come from De Carlos Morales, *Consejo de Hacienda*, pp.38, 250, 252.

② Madrid, Biblioteca del Palacio Real MS ll-2, 227, fols. 194r-196v. I wish to thank A. Feros (New York University) for his transcription of this document.

③ G. Muto, *Le finanze publiche napoletane tra riforma e restaurazione* (*1520 - 1634*) (Naples, 1980), p.43.

总督制模式，[1]20 年以后又有人提出这个建议。尽管如此，这个建议直到 1602 年才被采纳并被付诸实施。1602 年，这个期盼已久的财政事务单一管理机构终于问世。但差不多又过了 1 个世纪，“仍没有任命最高财政管理长官”。[2]

那么，新的财政委员会成立以后，有哪些收入需要它管理呢？在那些年里，卡斯蒂利亚历任国王有普通和特别两大类收入。前者是“regalia fisci”的产出；而后者部分来源于世俗子民缴纳的经国会批准的贡赋（servicios），部分来源于经教皇批准征收的僧侣税。起初，财政管理部门负责管理全部普通来源的收入。其中最重要的是一种名叫“alcabale”的销售税，在查理五世治下（1553 年），销售税收入占卡斯蒂利亚不包括美洲财宝在内的全部普通收入的比例高达 66%。因此，销售税是卡斯蒂利亚王室最重要的收入来源之一。但在历任天主教徒国王统治时期，有人从法律的角度对销售税的征收权是否应该被认为属于王权范畴提出了严重的质疑，就连伊丽莎白王后在她遗嘱中也提到了这个问题。[3] 这显然是一个严重的问题。幸运的是，能够找到一种办法阻止可能发生的拒缴。纳税人显然在没有遇到很大烦恼的情况下同意缴纳销售税，以换取直接参与销售税征收的权利。因此，这个时期的历任卡斯蒂利亚国王与各纳税人共同体签署双边（所谓的“encabezamientos”——定额承包）合同。因此，如果双方能就应缴税额达成一致，那么，收税就由地方当局负责。到了 1494 年，这种方法被广泛接受[4]：因此，从 1538 年开始几乎王国全部的销售税征收额全部包括在一份叫“定额总承包”（encabezamiento general）的合同中。为了妥善解决税收管理问题，查理五世在 1525 年答应，国会在举行会议期间作为税收管理机构履行职能，而在休会期间则有一个代表国会的机构

---

① A. W. Lovett, ‘Juan de Ovando and the Council of Finance (1573 - 1575)’, *Historical Journal*, 15 (1972), 1 - 21.

② I. A. A. Thompson, *War and Government in Habsburg Spain (1560 - 1620)* (London, 1976), p.76.

③ A. De laTorre y del Cerro, *Testamentaría de Isabel la Católica* (Valladolid, 1968), pp.182 - 3.

④ M. A. Ladero Quesada, *La hacienda real de Castilla en el siglo XV* (La Laguna, 1973), pp.85 - 7.

(iputación)负责税收管理。[①] 也就是说,卡斯蒂利亚财政最重要的普通收入项目超越了王室的管理范畴,这种情况直到1632年才发生根本性变化。

卡斯蒂利亚财政的另一类重要普通收入,即来自西印度群岛的金银财宝,也当然超出了财政委员会和财政部的管辖范畴。它们之间不但隔着大西洋,而且还有西印度群岛议会和塞尔利亚的贸易行。就如销售税的例子所显示的那样,卡斯蒂利亚中央财政管理机构除了简单地接收缴上来的收入以外,没有任何其他事情可做。

至于特别收入,卡斯蒂利亚中央财政管理机构甚至要受到更多的行政限制。从中世纪开始,卡斯蒂利亚的子民就以所谓普通贡赋和特别贡赋(servicios ordinario y extraordinario)的形式向国王提供辅助(auxilium)收入。国会通常每三年审议批准一次辅助收入,从1536年开始每年大约批准征收400 000杜卡特(ducat)的辅助收入。各地基层行政单位通常无须中央插手自己规定征收方法,决定如何征收所规定额度的方式,然后把收上来的规定额度上缴财政部。1590年,腓力二世得以在普通和特别这两种贡赋中添加了第一笔后来所说的"百万赋"(servicios de millones)辅助收入。第一笔百万赋(1590～1595年)由国王亲自负责征管。但在他的儿子腓力三世统治期间(1598～1621年)争取另外三笔百万赋时,国会要求控制对百万赋的征管。起初,由负责销售税征管的国会代表机构兼管百万赋的征管,但1611年另外设立了一个管理机构——百万赋委员会(comisión de mellones)——专门负责管理百万赋的征收工作。[②] 这个来源的收入虽然变化无常,但每年从未少于150万杜卡特,有时甚至能够达到400万杜卡特。因此,百万赋的年收入至少是普通和特别贡赋年收入的10倍。尽管如此,就如前文已经指出的那样,财政委员会直到17世

---

① J. I. Fortea Pérez, 'Trayectoria de la Diputación de las Cortes', in *Las Cortes de Castilla y León en la EdadModerna* (Salamanca, 1989), pp.33–87; F. Tomás y Valiente, 'La Diputación de las Cortes de Castilla (1525–1601)', *Anuario de Historia del Derecho Español*, 32 (1962), 347–469; J. L. Castellano, *Las Cortes de Castilla y su Diputación (1621–1789). Entre pactismo y absolutismo* (Madrid, 1990).

② Fortea Perez, 'Trayectoria', p.71; see also his 'Reina y Cortes: el. servicio de millones y la reestructuración del espacio fiscal en la Corona de Castilla (1601–1621)', in Cremades Griñán and Fortea Pérez, eds., *Política y hacienda*, pp.53–82.

纪还在插手被意味深长地称为“王国金库”的机构。1632年，财政委员会开始逐步插手百万赋委员会，但这个过程直到1658年才完全结束。教会来源的可观收入来自所谓的“美惠三女神”(three graces)——十字军东征税(cruzada)、特别津贴(subsidio)和僧侣什一税(excusado)。前两种税收从中世纪起就一直在征收，而第三种税收是教皇庇护五世(Pius V)在1567年恩赐给腓力二世的。[①] 它们之所以被称为“美惠三女神”，是因为承蒙教皇恩典才获准出于宗教的目的公开征收和使用这些税收。实际上，财政委员会对这三种税收的征管没有任何管辖权，只能以一种完全被动的方式接受。对于军事修士会的收入，财政委员会同样没有任何管辖权，只能被动接受，因为国王是军事修士会的管区牧师(administrator)，而不是主人。

总的来说，卡斯蒂利亚皇家行政部门能够直接处置的资金相当有限。在腓力二世驾崩(1598年)时，卡斯蒂利亚的全部普通收入(不包括来自西印度群岛的金银财宝)只够支付合并债务(juros)的年息，因此，皇家财政大臣要处理的日常事务大幅度减少。

其他一些机构，也就是地方议会(juntas)也插手财政问题。[②] 最初是想加速减轻地方议会的行政管理负担，结果，地方议会(council)就成了能够收进和支用它们授权控制的资金的半自治机构。[③] 后来又组织过很多代表团(diputaciones)负责在国王宣布破产和签订总协定(medio general)以后处理积欠银行的债务。[④] 一个在1608年(国王在1607年宣布破产后)开始履职的代表团解决了不少于1 150万杜卡特的债务问题。[⑤] 财政管理机构的多重性与某些收入(百万赋和教皇恩准的税收)征管机构拥有专属管辖权的做法造成了一些

---

① M. Ulloa, *La hacienda real de Castilla en el reinado de Felipe II* (Madrid, 1986), p.623.

② D. M. Sánchez, *El deber de consejo en el estado moderno. Las juntas 'ad hoc' en España (1471 - 1665)* (Madrid, 1993); J. L. Bercuyo, 'Notas sobre juntas del antiguo régimen', *Aetas del IV Symposium de Historia de la Administración* (Madrid, 1983), pp.93 - 108.

③ J. M. Pelorson, 'Para una reinterpretación de Ia Junta de Desempeño General (1603 - 1606) ala luz de la "visita" de Alonso Ramírez de Prado y Pedro Franqueza, conde de Villalonga', *Actas del IV Symposium*, pp.613 - 27.

④ F. Ruiz Martín, 'La Banca en España hasta 1782', in *El Banco de España. Una historia económica* (Madrid, 1970), pp.1 - 196.

⑤ A[rchivo] G[eneral de] S[imancas], C[onsejo y]J[untas de] H[acienda], 555.

实际后果，那就是西班牙国王很难知道像他每年可有多少收入这样的基本信息。财政委员会成员常要煞费苦心地估算早已被称为"推定收入"(presupuesto)的收入，也就是说(按字面意思解)国王陛下在某个时期全部可支配收入的推定额。财政委员会的成员经常抱怨进行这样的估算难度太大。好像有不止一项重要决策——也就是1596年宣布破产——是由于算错了积欠银行的实际债务额而错误地做出的。[①] A. W. 洛维特(A. W. Lovett)在谈到腓力二世统治时期时曾表示，"皇家行政管理部门的官员没人有确切的收入和支出概念。从财政的角度看，王室完全是在黑暗中抓瞎"。[②]

对于那个时代的人来说，确定西班牙国王的年度总收入和总支出并非易事，我们不难想象这项任务会给历史学家造成的困难。R. 卡兰德(R. Carande)再现了查理五世在位时期每年签订的采购合同(asiento)金额，并且结合支出的必要性和收入的可获得性巧妙地进行了解释。[③] 而A.卡斯蒂罗(A. Castillo)则为腓力二世在位时期做了同样的工作。[④] 卡兰德没能找到他考察的全部年份的账册文献，所以，他大量采用外交函件来补充他的数据；而卡斯蒂罗则使用了大量的财政机构存世文献，但现在仍不清楚，他是根据哪些具体的原始文献来再现腓力二世在位时期(实际截止到1660年)王室采购合同变化情况的。他也没有交代他所使用的原始数字数据的出处。不管卡斯蒂罗使用了什么原始文献，有一点可以肯定，他一直使用这些文献继续自己的研究，并且他把之前的卡斯蒂利亚王室采购合同数据一直补充到1650年。卡斯蒂罗本人没能亲自发表自己的研究成果，而是把自己的研究成果交给了F.布罗代尔(F.Braudel)使用。[⑤] 布罗代尔也没有提及所用原始文献或者相关原始数据的出处。

---

① A. Castillo, '"Decretos" et "medios generales" dans le système financier de la Castille. La crise de 1596', in *Histoire économique du monde mediterranéen, 1450 - 1650. Mélanges en l'honneur de Fernand Braudel*, 2 vols. (Toulouse, 1973), i. 137 - 44.

② A. W. Lovett, 'Spain and the Revolt of the Netherlands. A Comment', *Past and Present*, 55 (1972), 154 - 7.

③ R. Carande, *Carlos Vy sus banqueros*, 3 vols. (Madrid, 1943 - 67), iii.

④ A. Castillo, 'Dette flottante etdette consolidee en Espagne de 1557 a 1600', *Annales: économies, sociétés, civilisations*, 18 (1963), 745 - 59.

⑤ F. Braudel, *La Méditerranée et le monde méditerranéen à l'époque de Philippe II*, 2nd ed., 2 vols. (Paris, 1966), ii. 40.

1983年和1988年发表的两项关于17世纪卡斯蒂利亚财政的研究成果终于提供了很多的王室采购合同序列和相应的数字数据。或许，更加重要的是，这两项研究成果注明了所引用文献的出处，使得逐年跟踪卡斯蒂利亚17世纪历任国王签署的采购合同成为可能。① 这些文献是在西曼卡斯综合档案馆(General Archives of Simancas)档案文献室找到的，不但包括1566～1714年每年的王室采购合同，而且还有履行合同发生的各项业务的相应凭证(汇票、金银输出许可证等)。② 无论这些原始文献是不是卡斯蒂罗使用过的文献，它们肯定仍有被继续使用的价值。

如果没有其他原始文献可用来检验本章表9.1中卡斯蒂利亚历任国王签订的采购合同价款数据，那么，我们首先想到的一个明确问题就是，所引用文献是否包含考察期内国王或王室签署的全部采购合同。这个问题可立刻得到如下回答：无法知道。但不管怎样，如果王室签订的采购合同变化情况与我们通过其他途径了解到的卡斯蒂利亚财政史上发生的制约王室支出策略的主要事件和国际事件的情况相符的话，那么，似乎最好不要忽略这个数据序列所显示的卡斯蒂利亚国王签订的采购合同的总体趋势。第二个多少有点令人惊讶的问题是，这种采购合同支出是不是卡斯蒂利亚财政唯一的支出形式。这个问题也能立刻得到回答：当然不是。但是，采购合同是当时卡斯蒂利亚王室最常用的支出组织方式。当时，卡斯蒂利亚的情况显然就是这样：不但驻扎在卡斯蒂利亚境外的部队，而且国内支出都采用采购合同形式，因为当时王室也采用合同方式支付宫廷人员的俸禄和王室成员的日常用度等。年度最大的支出项目是所谓的"大采购合同"(asienta grande)项目或者"一般给养采购合同"(asienta de las pravisianes generales)项目。这种采购合同几乎适用于全部重要的支出项目：边境驻军、王室生活、无敌舰队、佛兰德斯集团军等。"大采购合同"通常在每年的最后一个季度，等无敌舰队从西印度群岛返航回

---

① J. C. Boyajian, *Portuguese Bankers at the Court of Spain, 1626 - 1650* (New Brunswick, 1983); C. Sanz Ayán, *Los* banqueros *de Carlos II* (Valladolid, 1988).

② *Archivo General de Simancas. Guía del investigador*, 2nd ed. (Madrid, 1980), p.257. 出于本章研究的需要，笔者查阅了编号93～132、涵盖1598～1638年的文档。其他截至1659年的数据由马德里康普顿斯大学(Universidad Complutense, Madrid)C. Sanz Ayan教授友情提供，笔者要在这里感谢他在这方面提供的帮助。

到西班牙后进行结算。由于涉及金额巨大，“大采购合同”通常由几个共同负责给养的采购合同管理官员(asientas)负责处理。当然，全年还会签署其他采购合同，通常是一些意外或者不太重要的支出项目。所有这些意外或者不太重要支出项目的总额也不可能达到之前签订的一份“大采购合同”的规模。

表 9.1　　1598～1650 年卡斯蒂利亚历任国王签署的采购合同

年　份	合同价款(杜卡特)	年　份	合同价款(杜卡特)
1598 年	?	1625 年	8 646 000
1599 年	1 771 395	1626 年	8 013 998
1600 年	2 822 000	1627 年	5 823 999
1601 年	2 341 932	1628 年	7 713 308
1602 年	3 890 036	1629 年	5 946 460
1603 年	5 197 943	1630 年	4 761 971
1604 年	3 983 829	1631 年	5 787 500
1605 年	7 233 816	1632 年	4 371 182
1606 年	4 119 432	1633 年	8 254 978
1607 年	2 515 361	1634 年	6 536 116
1608 年	3 990 535	1635 年	8 925 000
1609 年	4 174 692	1636 年	4 842 313
1610 年	2 561 332	1637 年	7 314 000
1611 年	3 078 147	1638 年	7 360 273
1612 年	5 987 781	1639 年	8 358 100
1613 年	1 505 000	1640 年	10 079 400
1614 年	1 450 498	1641 年	8 472 141
1615 年	?	1642 年	10 697 439
1616 年	4 404 170	1643 年	5 973 393
1617 年	5 496 830	1644 年	5 183 161
1618 年	4 818 194	1645 年	5 969 984
1619 年	8 621 099	1646 年	5 453 600
1620 年	3 545 000	1647 年	3 168 706
1621 年	7 735 615	1648 年	4 795 705
1622 年	7 999 000	1649 年	4 284 055
1623 年	12 442 764	1650 年	3 219 768
1624 年	6 539 973		

拿本章反映卡斯蒂利亚王室采购合同变化趋势的表9.1与卡斯蒂罗1963年制作的图表进行比较，就能发现，腓力二世驾崩前后那几年签订的采购合同与他儿子腓力三世登基（1598年）那年签订的采购合同存在很大的区别。如前所述，卡斯蒂罗没有交代他引用的任何原始数字数据的出处，但他基于他引用的原始文献制作的图表显示，1598～1600年间，采购合同的总价款在500万～600万杜卡特之间。这个量级的采购合同价款接近表9.1中16世纪的最大采购合同价款，并且只小于1572、1587和1596年的采购合同价款。卡斯蒂罗的图表显示，1598～1600年，卡斯蒂利亚王室签订的采购合同价款约为1 550万杜卡特。相比之下，笔者的数据要小很多。事实上，那份理应包括1598年采购合同价款的文献没有提供任何相关数据；而1599年和1600年的采购合同文献分别记录了170和280万杜卡特的价款。鉴于这些差异，详细分析1598～1600年这个时期的采购合同似乎是明智的做法。腓力二世在1596年11月29日做出了他治下最后一次停止付款的决定。根据推断，在接下来的一年里，腓力二世很难说服银行家继续借钱给他。事实上，在卡斯蒂罗的图表中可以看到，腓力二世在1597年只借到了略多于100万杜卡特的资金。卡斯蒂利亚财政部通过签署所谓的“总协定”（medio general）解决了暂停付款的问题。为了解决1596年的破产案，卡斯蒂利亚王室在1597年11月12日签订了解决这起破产案的总协定，并且于1598年2月14日正式公布于众。[①] 这份总协定采用一种几乎没有什么变化的模式：短期流动债务——短期采购合同——转换成采取合并债务（juros）形式的长期债务。此外，作为提供新贷款的交换条件，银行家们获得了追加担保——在随后的几年里，拖欠他们的债务先于任何其他支出得到清偿；银行家们还获准选择他们偏爱的特定来源收入来偿还拖欠他们的债务。通过这种方式，受到1598年总协定影响的银行家们向腓力二世提供了一笔总额近730万杜卡特、分18个月发放的贷款，条件是卡斯蒂利亚王室必须用西印度群岛的金银财宝、国王的百万赋、所谓的“美惠三女神”税收等的收入来偿还贷款。由于这些来源的收入每年大约总计500万杜卡特，因此，

---

① Castillo, ‘Decretos’, pp. 139 - 41; still useful is C. Espejo de Hinojosa, *El Consejo de Hacienda durante la presidencia del marqués de Poza* (Madrid, 1924), pp.7 - 14.

我们似乎可以不无理由地认为，在一年半时间——直到 1599 年夏季——里，腓力二世和他的儿子就看不到分文上缴款项。那么，在 1598 和 1599 年里，腓力二世父子俩签订的采购合同每年怎么就像卡斯蒂罗的数据所显示的那样，差不多达到了 500 万杜卡特呢？

据我们所知，腓力三世在获悉自己继承的遗产债务超过债权后立刻就着手操纵维隆币（vellón）的币值，也就是取消了维隆币中的含银量。[1] 虽然这种币值操纵能够带来可观的经济利益，但我们无法确切知道 1599～1606 年间的历次货币操纵到底能创造多少收益。它们能否创造与其他来源的收入——即那些用于签订总协定（medio general）的收入——一样多的收入？卡斯蒂利亚财政部在 1598 和 1599 年的支出肯定大于笔者所掌握的王室采购合同价款（1598 年为 0；1599 年是 170 万杜卡特）。表 9.2 列示了 1598 和 1599 年拨给佛兰德斯军团的军费。[2]

表 9.2　　1598～1599 年卡斯蒂利亚财政部拨给佛兰德斯军团的军费

年　份	支出（杜卡特）	年　份	支出（杜卡特）
1598 年	2 706 667	1604 年	3 479 856
1599 年	2 097 946	1605 年	4 301 929
1600 年	4 461 295	1606 年	3 955 677
1601 年	1 906 494	1607 年	1 445 825
1602 年	2 513 748	1608 年	1 833 645
1603 年	3 276 520	1609 年	636 896

1598 和 1599 年佛兰德斯集团军的军费支出总额（470 万杜卡特）接近 1598 年的总协定为这个集团军规定的每月 25 万杜卡特贷款支付额（mesadas）18 个月的总和（450 万杜卡特）。因此，我们似乎可以合理推定，佛兰德斯集团军的军费支出和卡斯蒂利亚财政的其他支出项目在这两年里是靠 1598 年的

① E. J. Hamilton, *American Treasure and the Price Revolution in Spain, 1501 - 1650* (Cambridge, MA, 1934), pp.74 - 7.

② C[*olección de*] D[*ocumentos*] I[*néditos para la Historia de España*], 113 vols., (Madrid, 1842 - 95), xxxvi. 509 - 61; see also G. Parker, *The Army of Flanders and the Spanish Road, 1567 - 1659. The Logistics of Spanish Victory and Defeat in the Low Countries' War* (Cambridge, 1972), appendix K.

破产案解决总协定的相关条款来筹款的，也就是说，不是通过采购合同来筹集资金的。即便如此，笔者也不能否定存世文献很可能存在导致低估支出的问题。1600 年的支出就明显存在被低估的问题。1600 年，佛兰德斯集团军独自就收到了 440 万杜卡特的军费，而笔者引用的原始文献总共只记录了 280 万杜卡特的采购合同价款。这种情况直到 1601 年才恢复正常：那一年，笔者的采购合同价款——合乎逻辑地——超过了拨给佛兰德斯集团军的军费。

卡斯蒂利亚王室签订的采购合同在 1601～1605 年显著增加。有必要回顾一下几个促成这个时期采购合同显著增加的背景因素：特别收入在这个时期不受破产案解决总协定的约束，1601 年又增收了一次百万赋(300 万杜卡特)；(一直持续到 1606 年的)维隆币贬值收益。但不管怎样，这种增加趋势于 1606 年终止。这几年的巨大支出是靠银行家来筹款的，并且答应银行家用未来的收入来偿还。1650 年 9 月，财政委员会告诉莱尔马(Lerma)公爵，想要获得签订新的采购合同的机会，需要做大量的工作，因为已经拖欠银行家太多的债务(cargadas de debitas)，而且他们不能仅凭承诺提供新的贷款。[①] 1606 年 10 月，财政委员会表示，可能要把每月拨给佛兰德斯集团军的军费减少到 10 万杜卡特。[②] 1607 年 1 月 24 日，在腓力三世的要求下，克里斯多瓦尔·德·埃皮塔雷塔(Cristobal de Ipeiiarrieta)对当年和以后两年的财政收入和支出进行了测算。当时，卡斯蒂利亚王室积欠银行家的债务总计 18 717 286 杜卡特，而年收入只有 9 593 407 杜卡特。[③] 没过多久，也就是 4 月 18 日，艾伯特和伊莎贝拉大公(Archdukes Albert and Isabella)不得不同意在佛兰德斯前线停火。[④] 11 月 9 日，腓力三世宣布暂停付款。显然，当时，采购合同价款已经跌到了最低水平。

腓力三世与银行家之间的信任直到 1608 年 5 月 14 日签订新的破产解决总协定才得到恢复。1609 年 4 月 9 日签订了“十二年停战协议”(Twelve-Year Truce)，从而进一步巩固了佛兰德前线的停火。毫无疑问，停战当然有助于减

① AGS, CJH, 443.
② *Ibid.*, 474.
③ *Ibid.*
④ G. Parker, *The Dutch Revolt* (Harmondsworth, 1979), p.239.

轻卡斯蒂利亚的财政压力。因此,从停战到1618年,卡斯蒂利亚财政签订的采购合同仍处于适中的水平。和平时期的"维持"政策并没有证明比战争时期维护"声誉"的代价小多少。以1611年为例,为维持西班牙在佛兰德的存在,那年花费了80万杜卡特;无敌舰队需要60万杜卡特;国内防卫需要20万杜卡特,葡萄牙防卫需要10万杜卡特,再加上加泰罗尼亚(Catalonia)防卫所需的10万杜卡特;纳瓦拉(Navarre)、奥兰(Orán)和富恩特拉维亚(Fuenterrabía)另需要拨款6万~9万杜卡特;等等。[①] 此外,供养王室的支出在腓力二世在位的最后几年里增加了3倍(从35.8万杜卡特增加到了115万杜卡特)。因此,对于卡斯蒂利亚财政来说,极难依靠自己来摆脱长期负债(desempeña)的困境。从1618年开始需要履行的新承诺导致卡斯蒂利亚财政雪上加霜。1618年7月,财政委员会主席警告称,无法应对即将出现的局面("特别是就像我所预见到的那样将有那么多非同寻常的事情发生,我真怀疑,欧洲诸王的国库是否能够经得住它们的冲击")。[②] 1619年签署的860万杜卡特采购合同是靠1617年夏天开始的有一次维隆币贬值来支撑的。[③] 1621年3月31日,腓力四世(Philip IV)称王即位,但政治过渡期并没有中止1618年形成的好战情绪。[④] 相反,掌控西班牙君主国政府的新团队——基本上是应该为1618年莱尔马公爵下台负责的同一些人——无疑在1621年4月9日废除了与合省联邦签署的"十二年停战协议"。[⑤] 因此,军事和财政承诺进一步增加。为了能够应对这些挑战,卡斯蒂利亚财政管理部门同时从收入和支出两个方面采取行动。在收入方面,除了继续发行维隆币外,10月8日,国王下令把长期债务的利率降低到5%,此举立刻减少了324.4万杜卡特的支出。就如热内亚的使节报告的那样。[⑥]

---

① A. Domínguez Ortiz, 'Un presupuesto de la real hacienda de Castilla para el *año* 1611', *Hacienda Pública Española*, 87 (1984), 175-83.

② AGS, CJH, 547.

③ Hamilton, *American Treasure*, pp.77-9.

④ P. Brightwell, 'The Spanish Origins of the Thirty Years War', *European Studies Review*, 9 (1979), 409-31.

⑤ J. I. Israel, *The Dutch Republic and the Hispanic World*, *1606-1661* (Oxford, 1982), chapter ii.

⑥ R. Ciasca, ed., *Istruzioni e Relazioni degli Ambasciatori Genovesi*, 3 vols. (Rome, 1951-5), ii. 73.

此外，国王还没收了 1/8 被私人装入腰包的西印度群岛金银财宝，用来偿还长期债务。不管怎样，新政权仍有机会证明它的支出政策正在发生变化。一上任就为王国财政问题担心的奥利瓦雷斯（Olivares）有意与莱尔马公爵挥霍无度的过去彻底决裂，以便以不同于他前任的形象来体现自己的价值。一项取消现金奖励（mercedes de hacienda）、减少王室支出等的严厉政策被认为是树立新政权形象和为改善王国财政状况做出重大贡献的最佳途径。①

这两方面（增收和节支）措施的结果，就是采购合同大幅度增加。事实上，就如表 9.1 所显示的那样，1623 年 12 442 764 杜卡特的采购合同价款是 17 世纪上半叶最大的采购合同价款。继这个非同寻常的数字之后，1625 年这个奇迹年又出现了巨额采购合同。但是，就像卡斯蒂利亚这样的刚性财政体系常常必然会出现的情况那样，每一次不寻常的财政努力都会在不久的将来产生严重的影响。事实上，采购合同在随后的几年里就明显减少。1625 年，财政管理部门发现，弥补赤字没有比要求纳税人“免费送礼”更好的办法。在这样疲软的财政状况下，很难说服银行家主要是热内亚银行家再冒险发放贷款。从 1623 年开始，奥利瓦雷斯就一直试图争取国会批准增加辅助收入，但直到 1626 年 2 月才得到国会的同意，可惜已经为时过晚。想要继续利用 1625 年的成功，唯一可能的方式就是通过宣布破产来拒付拖欠银行家们的债务。1627 年 1 月 31 日，国王做出了这样的决定，并且于 2 月 4 日公布于众。

卡斯蒂利亚王室 1627 年的破产是卡斯蒂利亚财政史上的一个转折点：简而言之，这起破产案结束了热内亚银行家从 16 世纪中期开始在卡斯蒂利亚金融领域享有的准垄断地位。实际上，所有这一切似乎都表明，热内亚银行家因祸得福，因为他们因这起王室破产案而远离了当时已经变得风险很大的西班牙王国业务。② 但对于西班牙国王来说，幸运的是，另一个势力并不小的游说团体——葡萄牙犹太人——渴望承揽西班牙王室的业务。③ 在之前的几年里，葡萄牙犹太人银行家一直小心翼翼地参与塞维利亚和卡斯蒂利亚北方港口海

① J. H. Elliott and J. F. De la Peña, *Memoriales y cartas del conde-duque de Olivares*, 2 vols. (Madrid, 1978 - 81) i. 1 - 11.

② F. Ruiz Martín, *Las finanzas de Ia monarquía hispánica en tiempos de Felipe IV, 1621 - 1665* (Madrid, 1990), p.83.

③ Boyajian, *Portuguese Bankers*, chapter 2.

关系统的主要包税业务。到了 1625～1626 年度，西蒙和洛伦佐·佩雷拉(Simón and Lorenzo Pereira)已经参与了西班牙王室采购合同业务，但不超过西班牙王室全年所需给养的 5%。第二年，他们的参与率提高到了 33.5%，但实际可能更多，因为大家都知道，他们想“把王室所需的给养全部包下来”。那年年底，曼图亚战争(Mantuan War)的爆发又造成了新的财政需要，因此，葡萄牙犹太人银行家登上卡斯蒂利亚财政舞台肯定是一件好事。

卡斯蒂利亚的财政能力已经在 1623 年登顶以后经历了令人担心的下降。从这个意义上讲，1627 年的破产案在财政委员会的圈子里引发了一段时间的反思。当时有一种观点普遍认为，虽然卡斯蒂利亚在 1621 年开始推行改良财政管理的政策，但可用资源实在太少。造成这种状况的主要原因是实际收到的百万赋与应该收到的百万赋之间存在巨大的差额(当时每年相差 400 万杜卡特)。这个差额应该归咎于百万赋委员会糟糕透顶的管理。因此，解决方法并不是增加税种或者提高名义应税额，而是提高管理水平，使每个税种产出最大化。1630 年，卡斯蒂利亚财政管理当局试图通过连续实施两次突击来达到这个目的。第一次突击就其性质而言是税收管理方面的：腓力四世下旨告知百万赋委员会，以后在不事先告知财政委员会的情况下不得做出任何决定。简而言之，这是一种遏制国会参与财政管理的见效快、手段辣的举措。[①] 但是，意愿和命令是一回事，而能否实现和是否有人听从则完全是另一回事。百万赋委员会不客气地回答称，百万赋的管理权(在国会开会期间)归国会，而(在国会休会期间)则属于百万赋委员会，这是百万赋征管契约(escritura)规定的一个条件。如果国会或者百万赋委员会不掌握百万赋的直接管理权，那么就不能征收百万赋。[②] 百万赋委员会的威胁收到了预期的效果，但并没有阻止王室采取威力更大的第二次突击行动：试图通过废除百万赋来彻底改变已有的财政体系。

1630 年 6 月，一个由奥利瓦雷斯主持的专家委员会被授权秘密调查废除王国辅助收入并通过提高盐价来取代辅助收入(400 万杜卡特)的可行性。这

---

① P. Fernández Albaladejo, *Fragmentos de monarquía. Trabajos de historia política* (Madrid, 1992), pp.338 - 9.

② AGS, CJH, 672.

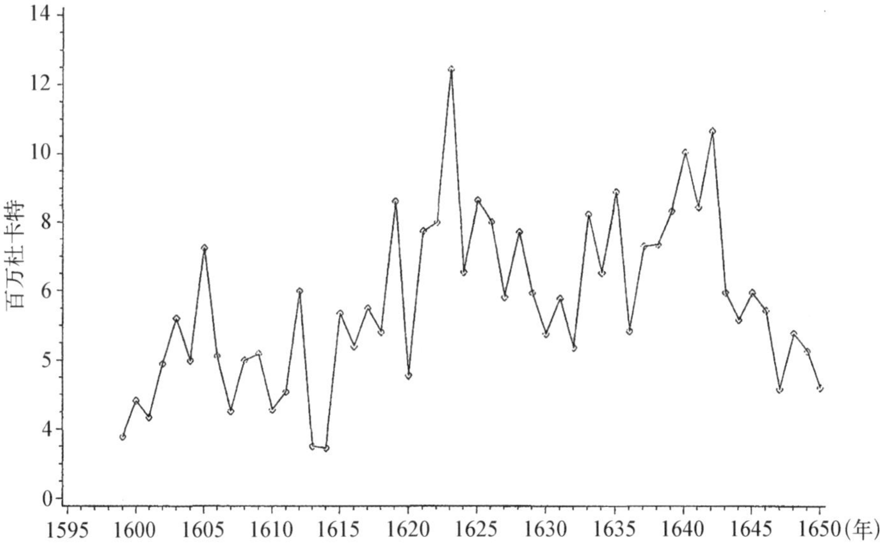

图 9.1　1599～1650 年卡斯蒂利亚财政委员会与外国银行家签订的贷款合同年度贷款总额

资料来源：Gelabert；Sanz Ayan (1988)\gel\spag005 © ESFDB 1997.

一改革是一股重要的财政和政治变革推动力，因为它意味着从传统的税收审批制朝着一种基于国王王权的税收模式的转向。专家们在接受咨询时发表了不同的看法①，表示支持这一变革的观点远没有占据主导地位，而政治上的谨慎也应该使得皇家行政部门有所顾忌。结果，这次拟议中的变革不了了之。但到了 1631 年年初，卡斯蒂利亚纳税人被告知，百万赋已被取消，取而代之的是一种课征于食盐消费的税收。

开征盐税也绝非易事。不过，纳税人似乎很快就明白，新的财政制度较之过去的财政制度负担有所减轻。因此，反对并非来自社会底层，而是来自那些从 1601 年起从旧制度中获益的人，也就是一些城市政治寡头、僧侣以及像巴斯克这样的免税地区的居民。由于这种蓄意阻挠，又由于很多纳税人无力按由新成立的食盐委员会规定的高价购买食盐，因此，到了 1631 年年中，至此收到的盐税明显少于预期。到了 1631 年的最后几个月，好像已经别无选择，只能恢复原状。于是，腓力四世和奥利瓦雷斯就试行他俩在 1630 年就想做的

① AGS，CJH，672.

事：如果离不开百万赋，那么就应该设法控制百万赋的管理权。想要控制百万赋的管理权，就得渗透百万赋委员会，而百万赋委员会的成员构成受制于百万赋本身的某些性质。如果腓力四世和奥利瓦雷斯能够对百万赋委员会成员的庇护人施加影响，并且争取他们同意更改委员会成员构成，那么就能达到自己的目的。要做到这一点，腓力四世的大臣们必须被赋予明显比之前大的谈判权——尽管问题或许并不在于扩大大臣的权力，而是削弱国会和推选国会议员的城市议会的权力。征收百万赋的方案能否获得批准最终取决于掌握推选国会议员的大权的城市议会不同利益集团的意愿。国会议员对于推选他们的城市议会的依赖程度表现为国会议员被赋予的在国会采取行动的权力(poderes)。如果腓力四世的大臣能够对国会议员施加影响，并且迫使议员行使他们的权力支持王室，那么，各城市在国会的代表势力肯定会受到威胁。当时，卡斯蒂利亚情况就是如此。

腓力四世在1632年2月宣布召集国会举行会议，理由是要举行巴尔塔萨·查理王子(Balthasar Charles)王位继承宣誓仪式。腓力四世认为，要决定这种性质的行动，没有必要召集议员来马德里行使咨询权(poderes consultivos)，而应该行使决策权。国会议员们应国王召集来到马德里。几天以后，他们听取了国王发表的讲话。[①] 令议员们吃惊的是，王子宣誓仪式被延期，取而代之的是要求国会授予"阻止我们宗教、帝国和国会的敌人和竞争对手的财力和财政权力"。议员们必然为自己突然面对的情景感到惊讶不已。他们还被告知，他们必须"夜以继日地工作"，以便在一周内想出筹措725.6万杜卡特(为满足最紧急需要所必需的资金)的办法，王子的王位继承宣誓仪式一直被推迟到3月。议员们纷纷表示抗议，这与其说是因为国王要求的资金数额，不如说是因为国王玩弄的可憎伎俩。虽然议员们被赋予了决定权，但他们要求就这个问题询问他们所代表的城市。国王拒绝了议员们的要求。这场对峙持续了3个星期。3月29日，腓力四世在听取国会委员会建议时威胁要把议员送回原籍以后，颁令宣称把议员的权力分为王位继承宣誓仪式(决定)权和辅助收入(咨

① *A[ctas de las] C[ortes de] qastilla publicadas por acuerdo del Congreso de los Diputados a propuesta de su Comisión de Gobierno Interior*, 60 vols. (Madrid, 1877–1974), *xlix*, *passim*.

询)权的做法不可接受,才算解决了这一争端。国王的这道敕令允许议员针对他们受到的背叛指控进行自我辩护,因为在那些送他们来马德里的人的心目中,他们投票赞成国王提出的筹款数额无疑是一种背叛行为。

因此,国会立刻开始工作。然后,奥利瓦雷斯亮出了他早已准备好的牌:由于盐税实际遭遇了失败,再加上其他付款义务,因此赤字不断增加,终于达到了 1 835 万杜卡特。到了 6 月,国王与国会达成了协议;7 月 13 日,双方签署了协议。国会同意恢复 1631 年废除的贡赋制(每年征收 400 万杜卡特),并且增收 250 万的贡赋用于满足眼前需要。财政委员会的全体成员终于因有钱还银行家贷款而松了口气:结果,1632～1633 年采购合同价款从 430 万杜卡特增加到了 820 万杜卡特。英格兰驻卡斯蒂利亚使节阿瑟·霍普顿(Arthur Hopton)爵士在 1634 年向国内报告时没有搞错:"最近,卡斯蒂利亚皇家财政能够收到双倍的收入。"①不但辅助收入总额已经超过 1630 年的水平,而且辅助收入征管部门也彻底改变态度转而支持国王。奥利瓦雷斯也通过任命他的人成功地打入了百万赋委员会,而很多巡视大员被派往王国的各主要城市视察贡赋征收情况。

王室侍从也成功地摆脱了困境,但从中期看,所采用的解决方法不尽如人意。事实上,虽然在操纵维隆币贬值期间(1619～1633 年),每年签订采购合同 860 万杜卡特,但在之后的 2 个五年期(1624～1628 年和 1629～1633 年)里,每年的采购合同分别减少到了 730 万杜卡特和 580 万杜卡特。考虑到当时与法国的公开冲突已经为期不远(1635 年),采购合同价款如此减少就显得尤为严重。1634 年 9 月,奥利瓦雷斯主持财政会议提出了筹措为与法国交战第一年所需的 840 万杜卡特的办法。② 会上少不了议论纷纷,但几乎没有什么办法能够筹到所需的款子。当时(9 月 6 日)传来了诺德林根(Nördlingen)战役意外获胜的消息,那些支持"最后一击"的人提出了要求实施"最后一击"的理由。1635 年 5 月 19 日,路易十三(Louis XIII)的特使郑重宣布与腓力四世断绝外交关系。腓力四世当然不会错过这个机会召集国会开会听取他们对征收新贡

---

① J. H. Elliott, *The Count-duke of Olivares. The Statesman in an Age of Decline* (New Haven and London, 1986), p.453.

② A. Domínguez Ortiz, *Política y hacienda de Felipe IV* (Madrid, 1960), pp.388 - 9.

赋的态度。会议期间,反对声不绝于耳。国王的大臣动用同样的诱劝和胁迫手段来达到他们的目的。虽然有几个大臣在会上宣布了一些军事修士会的任命,但另外几个大臣却宣布了国王要"审判国会议员的意图:审判那些不同意国王要求的议员,是因为他们在国王有需要时没有履行忠诚国王和满足国王需要的义务,审判那些同意国王要求的议员,是因为他们受自己的利益所驱动,而不是为了效忠国王"。[①] 当时还有传闻说"这将是最后一次召集国会开会":以后,国王的大臣只与国会委员会打交道。1635 年 12 月 13 日,这一威胁得到了认真的对待,国会批准了一笔每年征收 300 万杜卡特、3 年征收 900 万杜卡特、可用白银缴纳的贡赋。根据最乐观的估算,这次征收贡赋建议采用的方法每年能收到 210 万杜卡特的净收入。其余所需资金通过募集自愿捐款和发行长期债券来筹集。在这种背景下,银行家们同意签署高达 890 万杜卡特的授信合同。这个数额比 1633 年的数额还要大,并且使得 1634～1638 年的年均采购合同价款大约达到了 700 万杜卡特。1636 年 7 月 1 日,腓力四世解散了国会。

在这一年里,卡斯蒂利亚的纳税人还要面对更多的财政意外。第一个财政意外就是要缴纳印花税(papel sellado)。在设计此税时估计每年能收到 300 万杜卡特,但直到 1640 年总共才收到区区 190 万杜卡特。3 月,又发行了一次维隆币,头两年王室又赚了 400 万～500 万杜卡特。[②] 更重要的是,这年又推出了所谓的"百万赋短缺"(quiebras de millones)制。这种制度基于以下这个公认的原则:如果国会批准的贡赋必须如数缴纳,那么,皇家征管部门就不能容忍哪怕是 1 杜卡特的"欠款"。[③] 1632～1637 年的存世账册显示这个时期的贡赋差不多"短缺"180 万杜卡特。1637 年 9 月 1 日,国王颁令规定贡赋缴纳不足的行政区要分摊 200 万杜卡特的贡赋短缺款,每个行政区从 1638 年 1 月 1 日开始分 15 个月缴清自己的分摊额。

随着对法战争的继续,卡斯蒂利亚看来难免要做出新的财政努力。6 月

① *Cartas* [*de algunos padres de la Compañía de Jesùs entre los años 1634 y 1638*], Memorial Histórial Español, 50 vols. (Madrid, 1851 - 63), xiii. 437 - 8.

② Hamilton, *American Treasure*, pp.85 - 6.

③ AGS, CJH, 1 019. I wish to thank Prof. Pablo Fernandez Albaladejo (Universidad Autónoma, Madrid) for supplying me with a copy of this *consulta*.

26 日，腓力四世再次召集国会开会。各城市的皇家行政官员接到通知，各城市议会应该赋予它们的代表决定权，这次又有人公开表示反对。就在国王在国会发表讲话前 2 天，(19 个城市中)只有 6 个城市赋予它们的代表决定权。[①]最后，只有 8 个城市代表与会聆听了国王的讲话。据国王报告，1632～1638 年的支出达到了 7 600 万杜卡特。[②] 这么大的支出实在是令人难以相信。对法战争的战火已经蔓延到了比利牛斯山脉地区，看起来很可能——就像实际发生的那样——会越过边境燃烧到加泰罗尼亚和巴斯克地区。卡斯蒂利亚正面临前所未有的遭遇：对外战争打到了国内。第一次有人议论“西班牙军队”(ejército de España)。国王很快(7 月 11 日)便与国会就为供养半年一支 6 000 兵力的部队征收贡赋的事宜达成了协议。[③] 1639 年 1 月 19 日，国会还同意发行年息为 15 万杜卡特的长期债券——按 5％的利率计，就意味着 300 万杜卡特的本金。国会在同一次会议上还同意展期征收 1632 年批准(为期 6 年)的贡赋。9 月 7 日，法国军队停止了富恩特拉比亚(Fuenterrabía)围攻战，而卡斯蒂利亚国会同意以征收啤酒税的方式为重建富恩特拉比亚城筹款 10 万杜卡特。

接下来的几年同样值得关注。无敌舰队在唐斯锚地打了败仗。1640 年夏天，东面战线因萨尔斯(Salces)的沦陷而被打开了缺口。不久，加泰罗尼亚爆发了起义。似乎就这些还不够，从葡萄牙又传来了令人不安的消息：那里的金融家们发现自己也身陷困境。[④] 就如我们已经看到的那样，截至 1638 年采购合同每年差不多已经达到了 700 万杜卡特，而 1639～1642 年每年甚至达到了 900 万杜卡特。内战的唯一财政好处就是可能会减少维隆币兑换白银的日常开支。考虑到 1641 年 2 月和 10 月的货币重铸(唯一能够快速获得所需资金的方法)导致白银溢价(从 1639 年的 30％～40％增加到了 1642 年的 120％～132％)增加了 3 倍。因此，这可不是微不足道的好处。[⑤] 就像之前出现过的情况一样，眼前财政利益得到了优先考虑，但不受欢迎的经济后果很快就会开始

---

① S. DeDios, *Fuentes para el estudio del Consejo Real de Castilla* (Salamanca, 1986), p.243.

② *ACC*, lv. 387.

③ *Ibid.*, lv. 400 - 9.

④ *Istruzioni*, iii. 162.

⑤ Hamilton, *American Treasure*, p.96.

显现。但除了白银溢价奇高以外,卡斯蒂利亚的政治形势也导致这些年的情况明显不同几十年前的形式。也就是说,虽然17世纪10、20和30年代,一种带有强烈但短暂货币主义取向的财政制度所产生的社会影响被国王和他的大臣们在王国构建的权力网络的阻力所抵消,但这个网络在1642年似乎已经不再像过去那么有效。

那么,本章讲述的故事在多大的程度上呈现出一种与本书介绍的其他财政危机或者革命模式可比的模式呢?历史学家似乎达成了一种普遍的共识:17世纪的卡斯蒂利亚社会没有出现过法兰西和英格兰以及那不勒斯、葡萄牙和加泰罗尼亚等西班牙君主国领土都经历过的"革命"浪潮。因此,虽然西班牙君主国的"四肢"被革命所感染,但它的"大脑"没有受到感染。这种现象因为反对财政需要通常是这类场景下的一个基本因素而显得更加特别。在本例中,卡斯蒂利亚理应发挥领导作用,因为认为"大脑"必须承担最沉重的负担并非没有道理。[①] 因此,卡斯蒂利亚应该有很大的革命潜力[②],关于革命的元素为什么最终没有碰撞出革命的火花这个问题,到现在还没有令人满意的解释。

虽然我们可以认为,在旧制度下的不同社会里,"税收总会引发冲突",但是,这种冲突在大多数情况下的确能在"当时的制度和君主统治下"得到解决。只有在少数情况下,除了"政府更迭、内战甚或革命"之外别无出路。M. C. 特哈特(M. C. 't Hart)为了描述不同(财政)危机的情景,最近根据革命规模的大小提出了"相对"(财政)危机和"绝对"(财政)危机的概念。[③] 在16和17世纪的卡斯蒂利亚,似乎有很多财政危机的例子,或者说有很多相对财政危机的例

① 以下文献提供了一个很好的西班牙君主国其他地方做出财政努力的例子:A. Calabria, *The Cost of Empire. The Finances of the Kingdom of Naples in the Time of Spanish Rule* (Cambridge, 1991).

② J. A. Goldstone, *Revolution and Rebellion in the Early Modern World* (London, 1991), pp.163 - 9.

③ M. C. 't Hart, *The Making of a Bourgeois State. War,. Politics and Finance during the Dutch Revolt* (Manchester, 1993).

子，但没有发现发生过绝对财政危机的迹象。不管怎样，特哈特的模型虽然认可从政府更迭到内战再到革命三阶段序列，但却忽略了以下这种可能性：面对（财政）"危机"，受到攻击的统治集团会进行自我调整，以防止事态的进一步恶化，从而排除内战和革命的可能性，并且把变革局限于政府变革本身。因此，如果受到威胁的统治集团能够以变革来回应批评者，那么就能避免革命和内战。实际上，这似乎就是卡斯蒂利亚发生的事情。卡斯蒂利亚国王腓力四世与他大权在握的大臣奥利瓦雷斯伯爵在1643年1月的分道扬镳（被那个时代的人称为"descomposición"），无疑就是那种阻止卡斯蒂利亚继续沿着已经走了好几年的路往前走的"危机"。在解决财政需要反对势力不断壮大这个问题的唯一办法就是撤销这股反对势力的主要代表人物这一点变得显而易见时，这次危机也同样导致了政府更迭。

那么，1643年前后，在卡斯蒂利亚是否能够感觉到一场真正的"财政危机"呢？当然能感觉到。本章介绍的这一系列采购合同清楚地反映了这一点。此外，这场财政危机一直持续到1650年以后。总的来说，从1643年开始，卡斯蒂利亚财政部已经无法继续按照当时所需的水平签署采购合同。所签采购合同价款在经历了1642～1643年间大幅下降以后继续一路下跌到了1650年，从而使我们想到了腓力三世致力于维护1598、1604和1609年和平解决冲突的那个时期。我们在这里回顾一些并非不相关的事情：1643年，腓力三世的儿子还需要解决与法国（1659年）和合省联邦的冲突以及西班牙帝国的内部问题（1648年）。

关于采购合同价款明显减少的一种可能解释也许是：参与采购合同业务的金融家——不管是热内亚、葡萄牙还是其他国家的金融家——可能都不愿继续参与这种业务。也就是说，当时，卡斯蒂利亚财政可能只是遇到了暂时的信贷供给危机。这可能确实是导致采购合同价款明显减少的原因之一，因为在那段时间里，签订采购合同确实更多是一个国内问题：也就是说，卡斯蒂利亚的金融家已经在这种业务中发挥越来越重要的作用。[①] 但不管怎样，导致国内金融家从事皇家财政业务的原因，并不是他们传统的外国竞争对手的撤退，

---

① Domínguez Ortiz, *Política y hacienda*, pp.103 - 4.

而是缺少可做的业务。银行可做业务的减少不但是信贷供给不断减少的一个症状，而且也是有意识地减少需求的反映：1643 年，卡斯蒂利亚财政管理部门决定停止"踩踏征税机器油门"。因此，王室签订的采购合同不但在 1643 年有所减少，而且在随后的几年里也一直都在减少。此外，我们不应忘记，这个决定是在最需要加大"征税机器油门"的时候做出的，因为伊比利亚半岛突然爆发了战争。这个决定好像产生了变革性的影响。一定有充分的理由可用来解释西班牙君主国决定采取一次显然部分是旨在拆卸征税机器的行动。这次行动实际上是分两个阶段完成的：第一阶段是 1643～1646 年，第二阶段是 1647～1650 年。第一阶段主要——但并非仅仅——采取"行政管理权"下放的形式[①]：废除财政管理部门从 1632 年起就采用的非常程序机制。这次放权对卡斯蒂利亚的征税能力产生了明显的影响：这个时期卡斯蒂利亚的支出水平（500 万～600 万杜卡特之间）跌到了 17 世纪上半叶财政状况最糟糕时期（如 1627 年破产后的财政状况）的支出水平。第二阶段（从 1647 年开始）见证了为减轻财政压力而做出的经过深思熟虑的、更加明显的努力，这种努力显然促成了财政支出规模的二次缩小，财政支出在 1647～1650 年间平均而言年年跌破 400 万杜卡特。

注意到以上这些事件的发生与奥利瓦雷斯伯爵的下台（1643 年 1 月）在时间上的巧合，也许有助于我们认清卡斯蒂利亚当时的财政状况。J. H. 艾利特（J. H. Elliott）在他于 1990 年发表的不乏亮点的论文中首次发现了这些事件之间可能存在的关联性。[②] 他在写到卡斯蒂利亚社会处于一个革命时代的非革命性质时表示，与有人可能想象的不同，"一场最有可能在 17 世纪中期的卡斯蒂利亚发生的这种性质的革命实际上已经发生"。但不管怎样，这场"革命性变革"就本质而言，并没有特哈特所说的"绝对危机"的特点。相反，卡斯蒂利亚王室预见到了革命的潜在威胁，试图避免革命的爆发，并且已经为了阻止最糟糕状况的出现而进行了充分的自我变革。这场"变革"——无论是否可被

---

① Thompson, *War and Government*, pp.278－87，但 Thompson 使用这个标签来描述"公共"管理机制向"私人"管理机制的过渡。

② J. H. Elliott, 'A Non-Revolutionary Society: Castile in the 1640s', *Etudes d'Histoire Européenne. Mélanges offerts à René et Suzanne Pillorget* (Angers, 1990), pp.253－69.

称为“革命性变革”[①]——的一个结果，就是卡斯蒂利亚从 17 世纪 30 年代初就已经形成的政治形势令人担忧地在 1643 年头几个月里几乎消失殆尽。下文将尝试着澄清一些与这个值得关注的时期有关的问题。

1640～1642 年，唐・加斯帕・德・古斯曼(don Gaspar de Guzman)内阁、奥利瓦雷斯伯爵和桑卢卡(Sanlucar)公爵已经导致卡斯蒂利亚王国陷入了一种非常微妙的境地。而且，并非没有证据表明，当时卡斯蒂利亚王室与国家之间的关系处于“革命前夜”的状态。此外，1642 年，国王本人和他的首席大臣都不在京城，国王由首席大臣陪伴御驾亲征在阿拉贡(Aragon)指挥军事行动(jornada)。这次军事行动最终几乎演变成了一场不折不扣的灾难。国王的这次远征在国务委员会引发了一场激烈的辩论：奥利瓦雷斯的一个最忠实亲信唐・何塞・冈萨雷斯(don Jose Gonzalez)因担心马德里可能会出事，竟胆敢公开表示反对国王御驾亲征[②]，而从腓力四世宣布御驾亲征的意图(1640 年 8 月 19 日)到他实际离开京城(1642 年 4 月 26 日)这个时期很可能有人会采取什么冒险行动。对于奥利瓦雷斯伯爵和其他国务委员会成员来说，最重要的是伊莎贝拉王后的态度；王后的亲信与国王的宠臣并不完全意气相投。她在摄政时期的最亲近谋士应该是卡斯蒂里略(Castrillo)伯爵。卡斯蒂里略伯爵就在不久前还是奥利瓦雷斯的狂热支持者，但现在可能已经感觉到未来的事态发展，所以投靠了王后。[③] 在之前的几十年里，卡斯蒂里略在制定财政政策方面扮演了关键的角色，他可能比任何其他人都清楚地知道什么时候应该到哪里去弄钱以及某种税收主要会伤害哪些人。因此，如果需要推行财政减压政策，没人比他更有能力提出可能采取的财政减压措施。

在税收方面，最具争议的一个问题就是，1641 年实施的货币操纵导致消费品价格高涨。17 世纪上半叶，卡斯蒂利亚城市的生活费用急剧上涨。造成生

---

① 关于这些事件具有革命特点，笔者同意 G. R. Elton 的观点：“我的意思是，革命不只是发生了剧变，而且还是根本性变化”；“我不认为，‘革命’就是那些组织民众揭竿而起的人的专利”。G. R. Elton, *Return to Essentials. Some Reflections on the Present State of Historical Study* (Cambridge, 1991), p.25.

② *Cartas*, xvi. 316.

③ A. Domínguez Ortiz, *Historia de la caída del Conde-Duque de Olivares* (*manuscrito del siglo XVII*) (Málaga, 1992), pp.78 - 9.

活费用大涨的原因主要有两个,它们都与财政政策有关:铸币贬值(降低成色或者减轻重量)以及对消费品征收消费税(*sisas*)形式的间接税。用 E. J. 哈密尔顿(E. J. Hamilton)编制的价格指数来反映消费税的影响,虽然不是不可能,但确实很难:被这种方式征税的商品的单位价格根本无法反映消费税的影响。然而,课征这种"温和"的税收会实际减少商品需求量,因此就意味着,消费者会觉得必须更加经常地去市场购物。例如,我们都知道,在 17 世纪中期的瓦拉多利德(Valladolid),课征葡萄酒税就意味着销售额减少一半;课征食油税,导致食油销售额减少了 40%左右;对肉和醋征税,也差不多导致肉和醋的销售额减少了 40%。[①] 17 世纪上半叶,卡斯蒂利亚的实际工资降幅达到了 28%,就这还没有考虑这种特殊形式的税收影响。[②] 1641 年的铸币贬值又加剧了降幅已经很明显的购买力的进一步下降;就在那个时候卡斯蒂利亚的物价达到了 1600 年以来的最高水平,并非是巧合。如果有人想要减轻自己的财政负担,那么也不难知道最好应该怎么做。伊莎贝拉王后利用她摄政掌握的权力改变了事态的发展。除了为丈夫筹钱外,她也没有忽略"慈母般地在马德里街头抚慰穷人并帮助有需要者"。那个时代的文献把她描述成"典型的西班牙庄重"和"自然的法兰西平淡"的完美结合。[③] 因此,她对子民所受的疾苦掌握了一手资料。1641 年第一季度,白银溢价达到了 102.02%,在 4 月和 6 月之间又大幅上涨到了 182.3%,在接下来的 3 个月里小幅上涨到了 186.25%。[④] 这对于马德里市政当局来说是一个做出姿态的大好时机。6 月已经有传言称,可能很快就要重新调整维隆币的币值。[⑤] 经常有人在议论这种策略,因此,没人把这个传言当真,但这次事实证明是真的。在 9 月 15 日调整维隆币的币值以后,白银溢价急剧下跌到了 26.66%。[⑥] 那个时代的存世证据表明,这项措施对离不开维隆币的社会下层成员产生了有利的影响,但对手持里亚尔(reale)

---

① A. Gutiérrez Alonso, *Estudio sobre la decadencia de Castilla. La ciudad de Valladolid en el siglo XVII* (Valladolid, 1989), pp.160 - 1.

② D. S. Reher and E. Ballesteros, 'Precios y salaries en Castilla la Nueva: la construcción de un indice de salaries reales, 1501 - 1991', *Revista de Historia Económica*, 11 (1993), 101 - 37.

③ Domínguez Ortiz, *Historia*, p.77.

④ Hamilton, *American Treasure*, p.96.

⑤ *Cartas*, xvi. 432.

⑥ Hamilton, *American Treasure*, p.96.

币的人产生了不利的影响。[1]

毋庸讳言，9月15日的摄政令明白无误地证明了王后的“才干和相关能力”。她和她的大臣圈子定期举行“政务会议”(great juntas)，“政务会议”的授权决议实际上有助于把摄政府塑造成一个取代奥利瓦雷斯伯爵统治的机构。[2]令唐·加斯帕最担心的是国王的御驾亲征在阿拉贡前线遭遇了彻底的失败。9月10日，佩皮尼昂(Perpignan)落入了法国人手中，而国王的宠臣只能跪求其主。12月6日，国王党回到了马德里；而到了第二年的1月18日，关于奥利瓦雷斯伯爵的不幸消息已经广为人知。第二天上午，腓力四世召集政务委员会开会，会上表达了他要在自己的国家恢复善政(buen gobierno)的意愿。说“善政”又不用花钱，或者说毫无意义：大家都知道这两字意味着什么。“善政”在当时意味着两件事：减轻财政负担；杜绝最明目张胆的行政舞弊。对此，就连奥利瓦雷斯也是心知肚明。12月，他通过推动执行委员会(junta de ejecución)——他的战时政府的一个关键部门——重组[即把执行委员会分割成不同的处室(salas)以使它们更加适合委员会制的政府]来实施政治“自毁”(hara-kiri)。[3] 有人好像想让加斯帕重新出山，但是，这项计划很快就告失败，而竞争委员会(junta de competencias)则正好在它的发起人遭流放1个月后被解散。[4] 这年夏天，枢密院成功地强迫财政委员会接受它的意志，也就是向各省派遣税务专员。[5]

卡斯蒂利亚王室所期待的“善政”的另一个特点就是减轻财政负担。过去，乡村社区、城镇和城市拖欠的债务常会得到部分减免。这种债务减免从1640年起变得越来越频繁，因为战争已经开始直接影响到卡斯蒂利亚。纳税人常去枢密院(也叫司法院)申请税收豁免，而财政委员会尽管不愿意，但也常

---

① *Cartas*, *xix*. 348.

② Domínguez Ortiz, *Historia*, p.78.

③ Elliott, *The Count-Duke*, p.649.

④ B. Cárceles de Gea, 'La Junta de Competencias durante el reinado de Felipe IV. Un proyecto institucional en la Monarquía Hispana', *Critica Storica*, 2 (1988), 317 - 38; Bercuyó, 'Notas sobre Juntas', p.95.

⑤ B. Cárceles de Gea, *Fraude y administración fiscal en Castilla. La Comisión de Millones (1632 - 1658): poder fiscal y privilegio jurídico-político* (Madrid, 1994), p.45.

不得不表示同意。然而，财政委员会担心，这种税收豁免权的泛滥会诱使某些人建议采取一般性的类似措施。国王本人好像也有意考虑这类事情。1647 年 10 月 1 日皇家破产案的环境条件肯定提供了反思的机会。财政委员会必须在屈服于压力与继续反对之间做出选择。一种支持第一个选项的观点认为，西班牙君主国的两个主要对手当时与西班牙处境相似：法国王室也在 1647 年宣布破产；[①]而合省联邦的财政状况也不见得好多少。[②]

在卡斯蒂利亚，财政委员会主任从理论上讲，是最了解国王陛下财政状况和王国可持续纳税能力的人，他在 1648 年 4 月向国王陛下呈递了一份关于这个主题的意见书(consulta)。在他看来，这是一种两难困境：如果不能很快实现“普遍和平”，那么就有“损失王国”(perdida de Reynos)的风险。[③] 在接下来的一个月里，他详细描述了这些风险，指出了扰乱公共秩序(paz pública)的直接危险，并且需要“避免任何有可能导致哪怕是小规模骚乱的由头”。财政委员会主任有充分的理由表达他的担心：1646 年，瓦拉多利德发生了多起严重的民乱；[④]1647 年，面包价格暴涨，在包括供应正常的马德里在内的很多地方引发了骚乱。[⑤] 3 月，格拉纳达(Granada)城突发暴动。[⑥] 当时在巴黎和那不勒斯发生的事件似乎蔓延到了卡斯蒂利亚。在财政委员会主任看来，必须尽快通过旨在减轻财政负担的一般性决议。他甚至为证明采取这种措施的必要性，还提供了一些参考数据：地方债务推迟 2 年偿还；普遍减税 40 万～50 万杜卡特，或者 20%。财政委员会主任毫不掩饰地表示没人能够弥补这个缺口：“我认为，只能祈求上帝以他至高无上的谨慎来保护这些王国，上帝只要花一点力气就能做成人力哪怕是动用全世界可用的资源也做不成的事情”。当然，卡斯蒂利亚已经到了祈求上帝的时候了。

财政委员会主任的建议无疑引起了腓力四世的注意。几天后，腓力四世

① R. Bonney, *The King's Debts. Finance and Politics in France, 1589 - 1661* (Oxford, 1981), p.201.

② 't Hart, *Making of a Bourgeois State*, p.137 - 8.

③ AGS, CJH, 592.

④ A. Gutiérrez Alonso, 'Valladolid en el siglo XVII', *in Historia de Valladolid* (yalladolid, 1982), p.67.

⑤ AGS, CJH, 968.

⑥ A. Domínguez Ortiz, *Alteraciones andaluzas* (Madrid, 1973), pp.59ff.

承认，自从奥利瓦雷斯被革职以后，财政委员会主任就像“另一个家长”那样一直关心着“家人”的疾苦。1643年，腓力四世成立了一个“良心委员会”(junta de conciencia)负责审核他的“儿子们”自他登基(1621年)以来促成的收支数额。[①] 1648年，似乎更有可能实施普遍减税。国王用心地选择公告的时机。1648年8月11日，国王终于在国会当着全国代表的面宣布普遍减税措施。[②] 破天荒的第一遭，国王的讲话不是讨好地向尊敬的国会议员列数西班牙皇家军队最近取得的胜利，或者诉说王国国库的紧急需要。恰恰相反，腓力四世首先表示了他本人对卡斯蒂利亚诸侯国承担的沉重税收负担的担忧，就是这个因素驱使他与合省联邦签署了和约。他继续说道，这当然不是大家急切期盼的“普遍和平”，这不是他的错，因为法兰西王国一直不愿签署和约。最后，就好像他已经预见到这场还要继续下去的双边冲突的结果那样，他宣称，如果巴黎的波旁(Bourbons)王朝要以对法国子民横征暴敛为代价取得战争的胜利，那么，他本人才不在乎他们是否能够赢得这场战争。

但不管怎样，盼望已久的减税可以从多个方面来实施和解释。腓力四世主要是从合理化的角度来看待这场税收改革：当时实行的多税种税制只会成倍增加税收征管成本，导致纳税人税负过重，并且间接导致财政收入减少。因此，他建议，用一种单一税来“取代很多没用且加重负担的税种”。[③] 这样做需要时间，而时间恰恰是国内形势所不允许的。因此，从1648年8月的那次讲话中可以看出，腓力四世觉得有必要宣布通过减免、推迟偿还债务等方式来减轻财政负担。

腓力四世的这种态度并不意味着彻底放弃对一种“对物从量税”(a tax of substance and quantity)的追求。1650年，王室开始为这样的改革进行准备：除了必要的财政体系合理化改革和减轻纳税人负担以外，还必须考虑西法战争的走势。1650年4月，唐·路易斯·德·哈罗(don Luis de Haro)表示，当时更有必要征收这样一种税收，因为“我们的敌人已经插手我国的内乱(movimientos)，从而迫使我们要利用眼前的机会(coyunturas)”；一种“伟大而

---

① *CDI*, XCV. 112 - 14.

② *ACC*, lvii. 347 - 51.

③ *CDI*, XCV. 240 - 2.

又普遍”的财政资源，应该可以使“我们在战争中超越他们”成为可能，实现体面的和平，并且给两国的臣民创造休生养息的机会。[①]

后来有人提出了获得“伟大而又普遍的财政资源”的方式，它不是别的，只不过就是非常古老的面粉税或者磨坊税（moliendas）而已。[②] 据估计，这种税收入约可产出 900 万杜卡特。围绕百万赋构建的复杂税收体系，从理论上讲大约可产出 1 300 万杜卡特，而只有 300 万杜卡特能够上缴国库。显然，这种局面早就应该结束，但有很有说服力的论据反对推行磨坊税。有人正确地认为，如果说纳税人讨厌葡萄酒税、醋税、肉税或者食油税，那么，不难想象对面包征税会出现什么情况；另有人认为无法有效控制新税的征管，这也是在百万赋征管中过去和当下所存在的问题。总之，就像有人在 1630 年关于盐税的争论中认为的那样，为了产出不能确定的磨坊税而放弃——尽管不多，但——产出确定的百万赋收入，似乎并不明智。

腓力四世肯定对良心委员会的审议结果感到非常失望。良心委员会的审议和表决结果表明，采取重大步骤推行单一税的做法并不可取。因此，4 月下旬，国王陛下觉得应该向全国宣布，削减百万赋就是：通过废除某些税种、把另一些税种的税率降低 20％和推迟债务偿还等来减轻财政负担。[③]

由上可见，卡斯蒂利亚作为西班牙君主国的财政支柱最终还是实行了财政减负。这项措施与奥利瓦雷斯伯爵下台后实施的行政权力下放一起，有助于缓和卡斯蒂利亚的社会和政治紧张局势，也阻止了卡斯蒂利亚社会陷入混乱或者爆发革命。不管这个国家是否有能力承受之前一直承受的财政负担（而且像卡斯蒂里略伯爵这样的一些人在 17 世纪 30 年代肯定认为能够承受），腓力四世显然非常担心西班牙王国的政治稳定，在罢免奥利瓦雷斯伯爵时第一次表达了这种担心，并且又在 1648 年和 1650 年反复表达了他的这种

① AGS，CJH，968. 笔者要再次感谢 A. Feros 提醒本人注意这个重要文献；Dominguez Ortiz 的文献“*Poltticay hacienda*，pp.70－2”中也有部分相关评论。

② J. I. Fortea Pérez，*Monarquía y cortes en la Corona de Castilla. Las ciudades ante la política fiscal de Felipe II*（Salamanca，1990），pp.411－20.

③ *ACC*，lvii. 411－20.

担心。第二次表达他的担心的场合比第一次更能说明问题。在摆脱了代价昂贵、旷日持久的对合省联邦战争的困扰以后，有人劝他利用法国陷入国内困境的时机，孤注一掷，强行实现“体面和平”(paz honorosa)。但他没有接受这个忠告。如果想要大幅度增加财政收入，那么，所建议的财政体制改革绝对必要，但就是风险太大。相反，腓力四世不但保留了原有的税收体系，甚至还减少了税收，尽管他完全明白，这样做，就是放弃最后一次参与欧洲优势争夺的机会。①

① 关于这篇文章这个主题的全面讨论，请参阅文献：J. E. Gelabert, *La bolsa del Rey. Rey, reino y fisco en Castilla* (1598－1648) (Barcelona, 1997)。

第十章　17 和 18 世纪的尼德兰合省联邦公共财政

L. 范德恩特(L. van der Ent)　W. 弗里奇(W. Fritschy)
E. 霍尔林斯(E. Horlings)　R. 列斯科(R. Liesker)

引　　言[①]

从 1572 年起义反对西班牙国王开始，小小的尼德兰联省共和国为了捍卫国家的自由，不得不与欧洲列强并肩投身于战争。尼德兰共和国在 1795 年巴塔维亚革命炮火下解体之前存续的大部分时间里都是在战乱中度过的。就如同旧制度下的大多数其他国家，尼德兰共和国的公共财政史也主要是一部战争支出史。除了参战和处理国内事务以外，尼德兰共和国各省还必须为之前战争积欠的债务还本付息。

虽然在过去的 10 年里，我们已经逐渐了解到尼德兰共和国为财政支出筹款的方式和途径，但我们对这个问题的了解仍基本上呈碎片化状态。[②]"尼德

---

① 本章作者要感谢荷兰莱顿(Leiden)大学的 F. H. M. Grapperhaus 和 J. J. Woltjer 教授对本章的早期版本所做的点评。

② 如请参阅文献：F. H. M. Grapperhaus, *Alva en de tiende penning* (Zutphen, 1982); S. Zijlstra, *Des lieven geldes isser an alle ooiten gebreck. Een overzicht van de inkomsten en uitgaven van de landschap Drenthe tussen 1600 en 1745* (Assen, 1983); R. Liesker, 'Tot zinkens toe bezwaard. De schuldenlast van het Zuiderkwartier van Holland 1672 - 1794', in S. Groenveld *et al.*, eds., *Bestuurders en Geleerden. Opstellen over onderwerpen uit de Nederlandse geschiedenis van de zestiende, zeventiende en achttiende eeuw, aangeboden aan prof. dr. J.J. Woltjer bij zijn aficheid als hoogleraar van de Rijksuniversiteit te Leiden* (Amsterdam, 1985), pp. 151 - 60; J. D. Tracy, *A Financial Revolution in the Habsburg Netherlands. "Renten" and "Renteniers" in the County of Holland, 1515 -1565* (Berkeley, CA, 1985); A. C. M. Kappelhof, *De belastingheffing in de Meijerij van Den Bosch gedurende de Generaliteitsperiode (1648 -1730)* (Tilburg, 1986); J. L. van (转下页)

兰共和国时期的各省财政”这个项目的宗旨就是——在原始文献允许的情况下——运用——从纸质和电子数据库[①]可获得的——原始文献注释本中的尼德兰公共财政同质数据序列来再现各省财政的年度支出和收入金额和构成。中央(相对于省)财政只是整个国家财政的一部分，但却是尼德兰共和国唯一接近“国家财政”的方面。

本章根据这个项目的前期成果改写而成。列斯科和霍尔林斯介绍了有关尼德兰共和国最大、最强的荷兰省的研究成果。[②] 范德恩特和弗里奇介绍了关于尼德兰另外两个省格罗宁根(Groningen)和上艾瑟尔(Overijssel)的研究成果。由于我们的研究聚焦于自治省的财政，因此提供了比较不同社会经济背景下的公共财政和社会之间关系的机会。荷兰省主要以城市和第三产业为主的经济明显不同于北方省份格罗宁根以重黏土农业为主的经济，而且更加不同于东部省份上艾瑟尔以日趋衰弱的汉莎同盟城市、原始工业活动和贫瘠沙质土自给型农业为主的经济。

在对 17 和 18 世纪尼德兰共和国公共财政总体结构做一简要介绍以后，我们先比较详细地分析尼德兰上述三省份的筹款“方式方法”，然后试图确定外部环境、内部政治经济体制以及国内公共政策的影响作用，最后评价联邦制

(接上页) Zanden, ‘De economie van Holland in de periode 1650 - 1805: groei of achteruitgang? Een overzicht van bronnen, problemen en resultaten’, *Bijdragen en Mededelingen betreffende de Geschiedenis der Nederlanden*, 102 (1987), 562 - 609; J. M. F. Fritschy, *De patriotten en de financien van de Bataafie Republiek. Hollands krediet en de smalle marges voor een nieuw beleid (1795 -1801)* (Den Haag, 1988); W. Fritschy, ‘Taxation in Britain, France and the Netherlands in the Eighteenth Century’, *Economic and Social History in the Netherlands*, 2 (1990), 57 - 81; P. Brood, *Belastingheffing in Drente, 1600 -1822* (Assen, 1991); E. H. M. Dormans, *Het tekort. Staatsschuld in de tijd der Republiek* (Amsterdam, 1991); M. C. 'tHart, *The Making of a Bourgeois State. War, Politics and Finance during the Dutch Revolt* (1vianchester, 1993). A beautiful summary of the state of the art can be found in: J. de Vries and A. van der Woude, *Nederland 1500 -1815. De eerste ronde van moderne economische groei* (Amsterdam, 1995), pp.117 - 63.

① 这些研究成果都由位于海牙的荷兰历史研究所(Instituut voor Nederlandse Geschiedenis)以“*Rijks Geschiedkundige Publicatiēn*”丛书的形式结集出版。第一卷[*De gewestelijke financiēn ten tijde van de Republiek der Verenigde Nederlanden. Deel I Overijssel (1604 -1795)*]由 W. Fritschy 主编，已于 1995 年底出版。接下来要出版的两卷是关于德伦特(Drenthe)和格罗宁根(Groningen)省的，都由 L. van der Ent 主编。

② R. Liesker 博士的研究由荷兰科学研究院(Nederlandse Organisatie voor Wetenschappelijk Onderzoek)资助。

政治体制与省财政自治间关系的性质。

尼德兰共和国的公共财政体系

尼德兰早在17世纪之前已经结束了“领地国家”的财政阶段。[①] 查理五世(Charles V)于1515年在荷兰继位之初,税收已经占到其收入的70%以上。[②] 就是在这之前,尼德兰大多数省份的三级会议也已经接受他们的君主除领地收入以外有权征收特别津贴。尼德兰的哈布斯堡王朝财政体系有一个特点,那就是各省仍然自己负责征收它们以君主的名义获准征收的特别津贴。1569年阿尔瓦(Alva)公爵试图在整个尼德兰领土上开征一种中央集中征收的流转税,结果成了导致起义的原因之一。

起义爆发后,各省三级会议仍保住了财政自治权。在尼德兰共和国存续期间,尼德兰共和国的集体(即联邦)支出——大多是战争支出[③]——至少相当于由各省以特别捐税的形式筹集到的款项。贵族和教会领地已经被各省没收。只要是在哈布斯堡王朝统治时期没有被抵押的领地,很多在起义刚开始的那几年为筹款备战已经变卖,而未卖领地的收入就成了这些领地所在省份的部分财政收入。

但不管怎样,1581年,各省公布了一份共同的关税清单,这份清单上的关税收入被用于支付集体的海军开支。这些关税由完全独立的部门负责征管,它们就是尼德兰共和国的5个海军部,它们在和平时期还负责建造军舰和海军装备。关税(所谓的“convooien en licenten”)大概能为尼德兰共和国财政提供相当于其集体支出12%的收入。尼德兰共和国大约6%的集体支出由那些非自治且直属于全国三级会议的地区承担。大约2%的集体支出经费来自用

---

① M. C. 't Hart 在文献“The Emergence and Consolidation of the ‘Tax State’, II: The Seventeenth Century’, in R. Bonney, ed., *Economic Systems and State Finance* (Oxford, 1995), pp. 281 - 93”中把17世纪看作是“领地国家”向“税收国家”转型的过渡时期。

② H. de Schepper, ‘De burgerlijke overheden en hun permaneilte kaders, 1480 - 1579’, in *Algemene Geschiedenis der Nederlanden*, vol. 5 (Bussum, 1980), p.322.

③ 不包括联邦政府债务的利息支出。此外,联邦政府的债务较之于各省的债务相对较少。

其他类别的一般性收入(如发放通行证的收入)。[①]

爆发起义以后,各省应分担的共和国国防支出份额,由北方 7 省组成的联邦三级会议审议决定。[②] 每个省必须分担占商定金额一定比例的国防支出,1616 年,各省就按较固定的比例分担国防支出达成了协议,从而结束了至此一直伴随着各省承担份额决策的瘫痪性争执。表 10.1 显示了一直执行到 1792 年的各省分担份额。表中第三栏表示 1795 年尼德兰共和国各省的人口占比。荷兰省的数据表明,该省承担的国防支出份额大于按人口比例计算的份额,1795 年之前的情况无疑也是如此。

表 10.1　1616～1792 年尼德兰七自治省对联邦政府(generality)支出的贡献份额与 1795 年各省人口占比

省　份	贡献份额	人口占比
荷　兰	58.3%	46%
弗里斯兰	11.7%	10%
泽　兰	9.2%	7%
乌特勒支	5.8%	6%
格罗宁根	5.8%	8%
格尔德兰	5.6%	15%
上艾瑟尔	3.6%	8%

注:德伦特这个小省在尼德兰共和国联邦三级会议没有代表(或称“专员”),但必须在其他省份同意的前提下承担 1%的联邦政府支出。

从成立伊始,尼德兰共和国不但是一个相对于“领地国家”而言的“税收国家”,而且还由于采用所谓的“一般手段”(generale middelen,这里的“一般”有“联邦”的意思。——译者注)而已经是一个拥有相对比较发达的间接税收体系的“税收国家”。在勃艮第家族和哈布斯堡王朝诸侯统治时期,特别津贴通常是各省根据财富把自己要承担的份额分摊到各城市和村庄。但早在 16 世纪 40 年代,在征收临时特别津贴时就鼓励各省三级会议采用“新的手段”,即

① 1640 年(战争年代,联邦政府的总支出约为 2 300 万弗罗林)和 1790 年(和平年代,联邦政府总支出约为 1 500 万弗罗林)前后的情况就是如此。请参阅文献:'t Hart, *Making of a Bourgeois State*, p.86; Fritschy, *De patriotten en de financien*, *passim*; Dormans, *Het tekort*, *passim*。

② J. I. Israel, *The Dutch Republic: Its Rise, Greatness, and Fall, 1477 - 1806* (Oxford, 1995), p.286.

采用在全省范围内征收啤酒和葡萄酒消费税、各种土地税以及通过省三级会议用这些税收作抵押发售公债借贷的方法。这种利用省级信用——而不是以地方消费税作担保继续挖掘濒临枯竭的城市信用资源——的方法是哈布斯堡王朝统治时期“财政革命”的一个重要元素。① 50 年代，各省再次临时征收省级消费税，这次是征收葡萄酒和泥煤消费税。70 年代，荷兰省三级会议批准征收多种消费税。② 1572 年，荷兰省决定以后就用消费税收入，而不是征收特别津贴来为反西班牙国王之战筹款。最晚从 1574 年起，荷兰省开始定期征收省级税收——即所谓的“普通手段”(gemene middelen)。到了 1599 年，由于开征了新税、提高了税率，又由于人口增长，因此，荷兰省省税收入增加了 3 倍多，也就是增加到了 230 万弗罗林(florin)。

在推行“普通手段”后，荷兰省起先是把原来在各城市和村庄之间分摊省分担额的做法作为一个额外收入来源保存下来的。1584 年，各城市和村庄缴纳的省分担额被一种土地房屋价值税(verponding，根据土地房屋交易分类账计征)取代。到了 16 世纪末，荷兰省的“普通手段”——主要是消费税——年产税收已经是土地房屋价值税收入的 2 倍。③

那么，在尼德兰共和国早期，其他省份的公共财政结构是怎样的呢？从 1578 年起，尼德兰共和国联邦三级会议力劝除荷兰省和兰泽省以外的其他各省推行类似于起事反叛的荷兰省和泽兰省从 1574 年起已经采用以及南方布拉班特(Brabant)省也已经在用的“普通手段”清单中的“一般手段”清单。乌特勒支联盟盟约——1579 年尼德兰北方诸省正式缔结反西班牙联盟的基础性文件——中有一个条款甚至规定，战争经费通过“一般手段”来筹措。但不管怎样，尼德兰共和国从未真正做到由一个中央集权化的管理机构根据统一税率和规定来执行统一的“手段”清单。其他省份只是逐渐同意推行推荐清单中的部分“一般手段”。联邦三级会议推荐的“一般手段”清单虽然名称中的“一般”仍然与其他省份逐渐推行的新的省级“普通手段”有关，但从未真正成为严格意义上的“一般”清单。

---

① Tracy, *Financial Revolution*, p.73.

② 葡萄酒、啤酒、磨面、黄油和奶酪、肉牛、食油、丝绸、毛织品和麻织品以及进口啤酒。

③ 每次征收房地产税，都能收到 24 万弗罗林，而一年征收 6 次房地产税并非罕见。

来自——不愿放弃消费税征收特权的——城市的抵制似乎是各省快速接受"一般手段"的主要障碍。上艾瑟尔省好像是在1582年接受了一份"一般手段"清单，但不是在荷兰省和泽兰省通行的那份清单，而是格尔德兰省采用的那份清单。然而，它的3个"大城市"①由于担心影响它们征收地方消费税还债而在1583年废除了这份清单。1600年，各省就征收这些税收达成了新的协议。这次，兹沃勒(Zwolle)是唯一的例外，不过也答应到1601年就执行这项新的协议。在荷兰省的施压下，格罗因根(Gröingen)省在1594年亲西班牙的省府遭遇失败、后又与反西班牙的乡村结盟以后也接受了"一般手段"清单。但是，联邦政府仍在1600年以要修建要塞为由迫使格罗宁根省承担它的税收份额。

因此，尼德兰共和国逐渐实现了在各省征收"一般手段"清单上的税收，但这份清单并不像它的名称所说的那样"一般"。表10.2对格罗宁根和上艾瑟尔省采用的清单与乌特勒支联盟推荐的清单和荷兰省在1574年采用的清单进行了简要比较。该表显示，各省的自治并没有妨碍它们的税收结构从17世纪初开始形成了基本的相似性。此外，荷兰省的税种和税率通常都多于或高于其他任何省份。

表10.2　荷兰、格罗宁根和上艾瑟尔三省征收的"普通(一般)手段"税

荷　兰 1574年	乌特勒支联盟 1579年	格罗宁根 1594年	上艾瑟尔 1601年	荷　兰 1790年	格罗宁根 1790年	上艾瑟尔 1790年
葡萄酒税	葡萄酒税	葡萄酒税	葡萄酒税	葡萄酒税	葡萄酒税	葡萄酒税
白兰地税		白兰地税	白兰地税	白兰地税	白兰地税	白兰地税
	醋税	醋税	醋税	醋税	醋税	
啤酒税	啤酒税	啤酒税	啤酒税	啤酒税	啤酒税	啤酒税
煤炭税				煤炭税	泥煤税	泥煤税
碾磨税	碾磨税	碾磨税	碾磨税	碾磨税	碾磨税	碾磨税
盐税	盐税	盐税	盐税	盐税		盐税
丝绸税	丝绸、金银织锦缎税			丝绸税		

① 兹沃勒、代芬特尔(Deventer)和坎朋(Kampen)三个原先的汉莎同盟城市。

续表

荷　兰 1574 年	乌特勒支联盟 1579 年	格罗宁根 1594 年	上艾瑟尔 1601 年	荷　兰 1790 年	格罗宁根 1790 年	上艾瑟尔 1790 年
羊毛税	羊毛税	羊毛税				
牲畜和耕地税	牲畜和耕地税	牲畜和耕地税	牲畜和耕地税	牲畜和耕地税	牲畜和耕地税	牲畜和耕地税
	肉牛税	肉牛税	肉牛税	肉牛税	肉牛税	肉牛税
	卖马和卖牛税	卖马税	卖马和卖牛牍税	卖马税	卖马税	卖马和卖牛犊税
过磅税	过磅税	过磅税	过磅税	过磅税	过磅税	过磅税
肥皂税		肥皂税	肥皂税	肥皂税		肥皂税
鱼税				鱼税		
他省进口谷物税				他省进口谷物税		
				量桶税		
				水果税		
				木炭税		
				建材税		
				黄油税		
				烟草税	烟草税	烟草税
				渡船税	渡船税	渡船税
				马车税		
				印花税		印花税
				印刷品税		
				咖啡茶叶税		咖啡茶叶税
				仆人税		仆人税

格罗宁根和上艾瑟尔省除了征收一般手段清单上的税收以外，还在 1601 年开征了土地税。格罗宁根的“一般手段”税收产出的收入大约与土地税收入一样多。在 17 世纪的头几十年里，“一般手段”税收创造了 60%的省财政总收入。虽然格罗宁根的经济是纯粹的农业经济，但在扣除了课征于牛、耕地和马匹的直接税以后，间接税收入占省财政总收入的比例仍约高达 35%。在上艾瑟尔省贫困的农业地区，“一般手段”税收——大多是消费税[①]——的收入，就

① 属于“一般手段”的农业直接税的收入在 18 世纪占比不到 30%，没有找到这方面的 17 世纪数据。

像荷兰省那样，是房地产税收入的 2 倍。早在 17 世纪初，尼德兰共和国不但是一个发育成熟的税收国家，而且还是一个财政体系中无论在西部城市化地区还是——更加引人注目——东部和北方乡村地区间接税收占据显著份额的税收国家。

在讨论了尼德兰共和国在成立后最初几十年里的财政收入结构后，我们现在更加仔细地考察荷兰、格罗宁根和上艾瑟尔三省截至 1795 年的财政收入数额和构成发展状况。我们先讨论公共支出的发展趋势，然后再考察公共收入。在本章文末，我们将交代本文所引用的原始文献，并且比较详细地对数据和图表的性质进行点评。

公 共 支 出

三个主要的公共支出分量是战争支出、债务还本付息支出和“其他支出”。图 10.1～10.3 反映了三省总支出以及三种主要支出的变化状况。格罗宁根省在整个考察期内（见图 10.2）只有一个完整的数据序列，上艾瑟尔省（见图 10.3）缺少很多 17 世纪的数据，因此，我们只能构建荷兰省 1727～1795 年的比较图（见图 10.1）。但不管怎样，我们掌握了覆盖时间更长的战争支出和债务还本付息支出的补充数据。这些数据将在下文介绍。

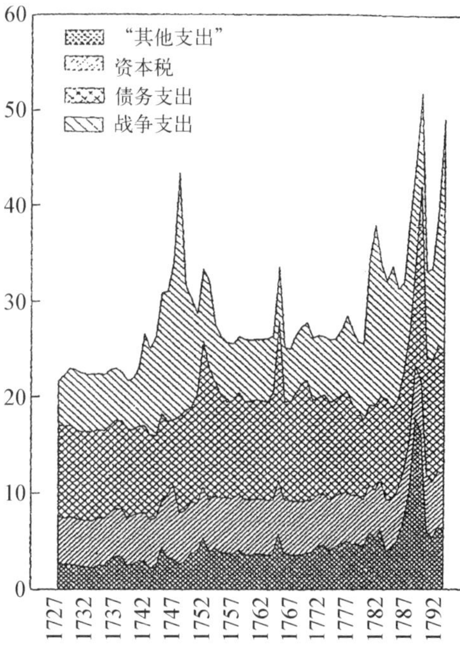

图 10.1　1727～1794 年荷兰省公共支出变化状况（百万基尔德）

就如我们应该预期到的那样，战争是造成公共总支出波动的主要决定因素。表 10.3 列示尼德兰共和国的参战年份，能帮助解释很多总支出峰值出现的原因。

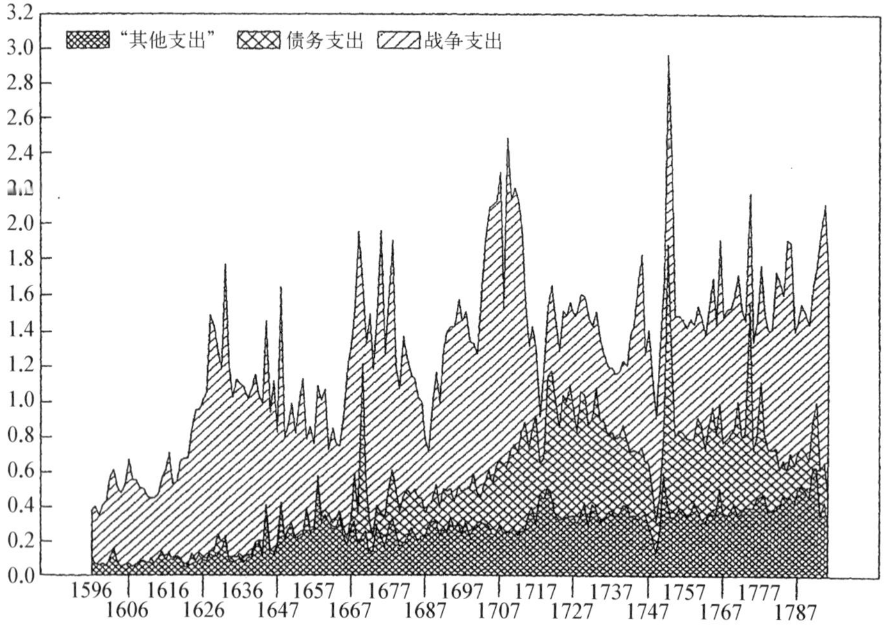

图 10.2　1596～1795 年格罗宁根省公共支出变化状况(百万基尔德)

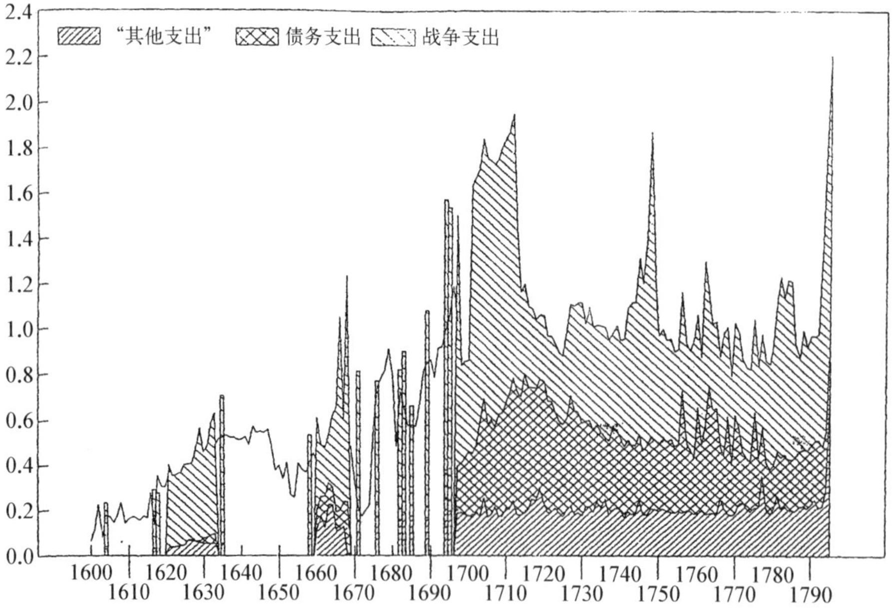

图 10.3　1604～1795 年上艾瑟尔省公共支出变化状况(百万吉尔德)

表 10.3　　尼德兰共和国参战年份

1572～1609 年	荷(兰)西(班牙)“八十年战争”(从 1572 年荷兰起义和 1576 年尼德兰起义开始)
1621～1648 年	“12 年停战协议”后荷西“八十年战争”继续
1652～1654 年	第一次对英海战
1658～1660 年	卷入丹(麦)瑞(典)战争
1664～1667 年	第二次对英海战、对明斯特(Münster)战争
1672～1678 年	对法战争(直到 1678 年)、对科隆和明斯特战争(直到 1674 年)、第三次对英海战(直到 1674 年)
1688～1697 年	哈布斯堡同盟战、对法九年战争
1702～1713 年	西班牙王位继承战
1743～1748 年	卷入奥地利王位继承战
1781～1784 年	第四次对英海战
1793～1794 年	对法战争

图 10.1～10.3 中的中间区域反映了国内财政政策造成的支出波动，主要是公共债务。值得注意的是，不但荷兰这个经济富庶、财政早熟的省份，想必就连像格罗宁根和上艾瑟尔这样的农业小省也推行了积极的债务政策。下文将讨论如图 10.1 所示的一种资本税(课征于债券利息的所谓“100e and 200e penningen”税)的降息效应。该图底部公共支出中的“其他支出”比另外几种支出稳定，但仍有一些波动，“其他支出”的波动反映了政府除债务支出以外其他政策的变化。我们将在下文比较详细地考察公共支出的这个分量。

战争支出

图 10.4 表示荷兰省以联邦政府的名义(在 1671～1677 年和 1726～1795 年)实际花费的战争支出金额和荷兰省(在 1586～1670 年和 1678～1725 年)被要求为联邦政府支付的战争支出金额。图 10.4 中的数值并不一定一致，但结合图 10.5 和图 10.6 中的数值，图 10.4 就能明确无误地反映尼德兰共和国在从它成立到 1648 年签订明斯特和约的几十年里需要完成的艰巨财政任务。[①]

① 't Hart 在文献“*Making of a Bourgeois State*”中对 1630～1650 年这个重要时期进行了重点分析。

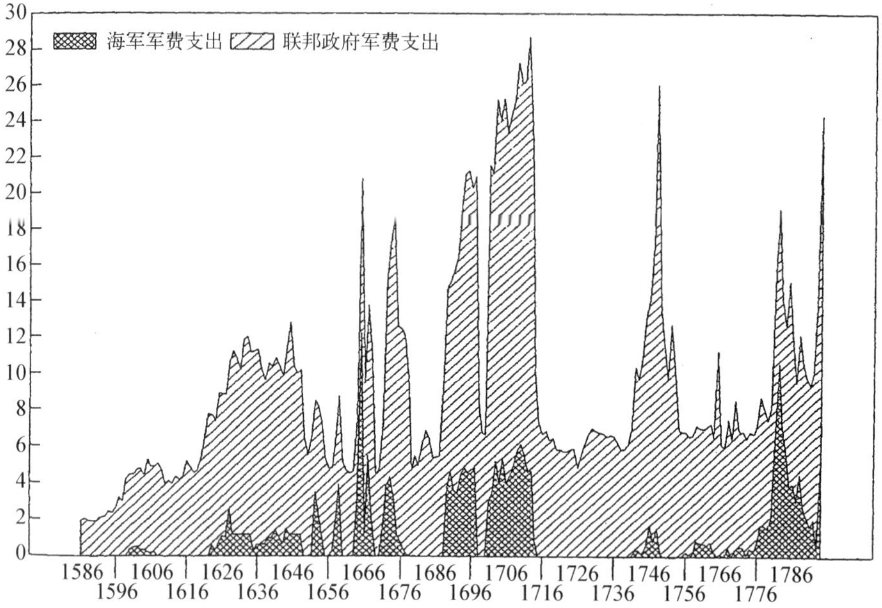

图 10.4　1586～1794 年荷兰省战争支出(百万吉尔德)

注：图中的海军军费支出不包括由各海军本部筹款的支出；“联邦政府支出”除军费支出外，还包括联邦政府的债务还本付息支出。

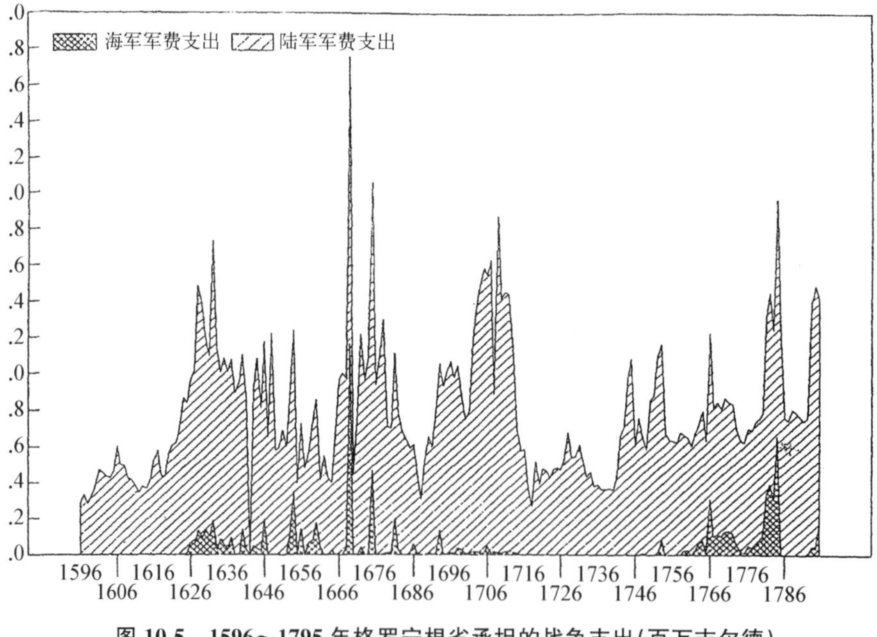

图 10.5　1596～1795 年格罗宁根省承担的战争支出(百万吉尔德)

注：图中的“海军军费支出”不包括由各海军本部筹款支付的支出。

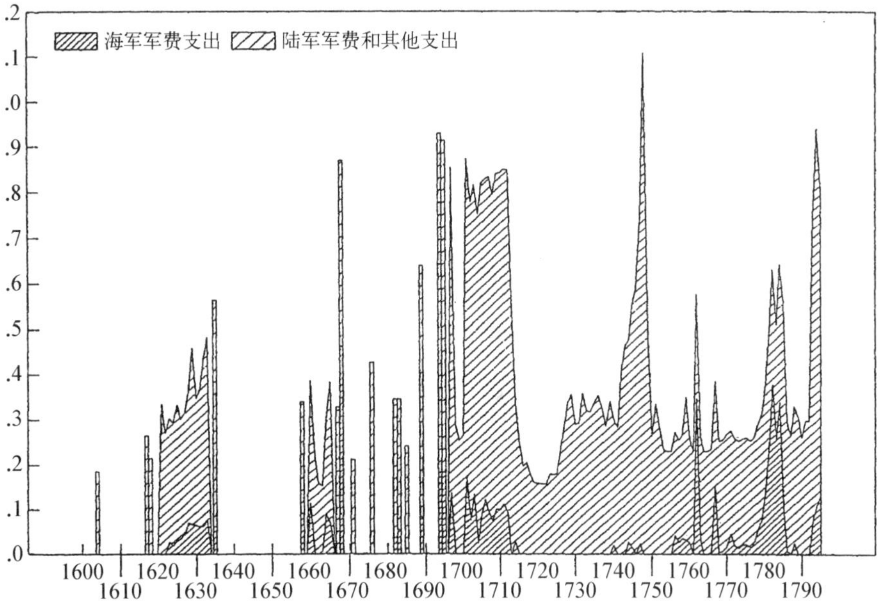

图 10.6　1604～1794 年上艾瑟尔省承担的战争支出

注：图中的“海军军费支出”不包括由各海军本部筹款支付的支出。

我们在考察尼德兰共和国 1600～1795 年整个考察期里的战争支出时，还应该关注战争支出的二次增加。在人口和经济强劲增长阶段大约于 1670 年前后结束（从而导致税收基础停止继续扩大，而税收基础持续扩大则是支持公共支出增加的一个关键因素）以后，战争年代的年均战争支出大大高于之前。表 10.4 显示，这一点仅用价格上涨是无法解释的。[①] 表中战争支出数额增大，主要反映了尼德兰共和国的敌人和盟友军事潜力的不断增强，从而迫使尼德兰共和国的这三个省份也不断增加自己的战争支出。虽然 17 世纪尼德兰共和国经历了漫长的战争岁月。但它的公共财政在 18 世纪遇到了更加严重的年均战争支出居高不下的问题。

第三，值得注意的是，像尼德兰这样一个航海国家的战争支出在多大程度上取决于海战。如前所述，在和平年代，关税收入用于海军军费支出，而关税并

---

① 之所以采用生活费用指数，是因为无法获得公共支出的平减物价指数，还因为大部分战争支出都用于支付部队给养。这个生活费用指数是由 Jan de Vrics 构建，并且发表在 H. Nusteling 的“*Welvaart en werkgelegenheid in Amsterdam*，*1540 - 1860*（Amsterdam，1985），pp.260 - 1”中。

表 10.4　1568～1794 年荷兰、格罗宁根和上艾瑟尔三省战时年均承担的陆军和海军经费（百万吉尔德，按 1721～1745 年的不变价格计）

	荷兰省			格罗宁根省			上艾瑟尔省		
	海军	陆军	总计	海军	陆军	总计	海军	陆军	总计
1600 年	0.2	4.5	4.6	0.0	0.5	0.5	0.0	0.3	0.3
1621～1648 年	0.9	8.6	9.5	0.1	0.9	0.9	0.0	0.3	0.3
1652～1654 年	1.8	4.4	6.3	0.1	0.6	0.7	*	*	*
1658～1660 年	1.5	3.9	5.4	0.1	0.5	0.6	0.1	0.2	0.3
1664～1667 年	4.8	6.6	11.4	0.0	0.7	0.7	0.0	0.2	0.2
1672～1678 年	1.9	10.1	12.1	0.1	1.0	1.0	0.0	0.3	0.3
1688～1697 年	3.7	13.0	16.7	0.0	0.7	0.8	0.1	0.6	0.8
1702～1713 年	4.5	18.8	23.3	0.0	1.3	1.3	0.1	0.7	0.7
1743～1748 年	0.8	12.7	13.5	0.0	0.7	0.7	0.0	0.6	0～6
1781～1784 年	5.9	6.1	12.0	0.3	0.8	1.2	0.2	0.2	0.4
1793～1794 年	1.9	9.8	11.7	0.1	0.8	0.9	0.1	0.4	0.5

不是由各省而是由各海军本部征收。战时，联邦三级会议有权决定追加海军军费，而追加的海军军费就要各省来承担。关税收入 1590 年大概是 100 万弗罗林，1650 年大约是 250 万弗罗林，而到了 18 世纪差不多是 200 万弗罗林。①在海战期间，各省需为海军承担的追加经费有时要超过 1 200 万弗罗林。

图 10.4 显示了联邦三级会议要求荷兰省为陆军和海军承担费用的金额。该图也表明，和平时期的陆军和防御工事支出要大大高于和平时期由各海军本部承担的海军军费支出；除了第二和第四次对英海战（1665～1667 年和 1780～1784 年）以外，陆军军费支出始终是尼德兰共和国遥遥领先的最大战争支出。如图 10.5 和 10.6 所示，格罗宁根和上艾瑟尔这两个省承担的战争支出差不多也是如此。

众所周知，尼德兰共和国联邦体制本身也有一个问题，那就是没有明确规定对迟付或者干脆不愿支付谈定分担份额的省份的制裁。我们知道，18 世纪，即使荷兰省也经常少付或者迟付谈定的分担份额。1667 年，荷兰省支付了 78％它应该在 1665～1666 年度承担的陆军费用和 87％同期它应该承担的海

① 't Hart, *Making of a Bourgeois State*, p.103; Fritschy, *De patriotten en de financièn*, p.298.

军费用；上艾瑟尔省的相关统计数据分别是93%和40%。[①] 1750年，荷兰省只支付了50%它应该在1741～1747年间承担的海军费用，而上艾瑟尔省则仅支付了12%同期它应该承担的份额。1797年，荷兰省支付了高达95%它应该在1780～1784年间承担的海军费用，而上艾瑟尔省则只支付了同期应付额的53%。[②] 1726～1794年间，格罗宁根省只缴纳了它应该承担的海军临时特别津贴的49%；至于支付陆军费用分担额的表现，至少，该省缴纳陆军临时特别津贴份额的表现并不好。[③]

可以理解的是，所谓的"内陆省份"与"沿海省份"一样，也都不急于支付海军费用。不但海军的主要职责是保护荷兰和泽兰两省商人的利益，而且海军追加经费的经济效益（如增加造船业的就业机会）也主要局限于尼德兰共和国的5个海军本部所在的地区——就如上艾瑟尔省三级会议在回应荷兰省抱怨他们在17世纪海战期间不履行约定时所表示的那样。[④] 在此背景下，应该重点关注内陆省份愿意为海军费用做出的最小贡献，而不是它们表面上的不情愿。

债务还本付息支出

债务还本付息支出自然是源自借债，而在尼德兰共和国时期，借债的主要原因就是筹款备战（见图10.10和表10.3）。然而，借债和还债并不是导致债务还本付息支出波动的唯一原因，因为政府也能通过调整它愿意支付的利率来影响债务还本付息支出的变化。

在哈布斯堡王朝统治尼德兰期间，借款主要通过按较低的6.25%的利率发行所谓的年金式债券（losrenten）[⑤]来获得。显然，从16世纪40年代起把省

---

① Rijksarchief Overijssel [Overijssel State Archives], 'Oude Staten-archief', no. 1872bis.

② W. Fritschy, 'Geld en oorlog', in C. A. Davids *et al.*, eds., *De Republiek tussen zee en vasteland* (Leuven and Apeldoorn, 1995), p.221.

③ Rijksarchief Groningen [Groningen State Archives], 'Staten-archief', no. 515.

④ C. H. Th. Bussernaker, *Geschiedenis van Overijssel gedurende bet eerste stadhouderloze tijdperk*, 2 vols. ('s-Gravenhage, 1889), i. 109.

⑤ "losrenten"是一种发行人可赎回的年金式债券（本章统一将"losrenten"译为"年金式债券"。——译者注），而"Lijfrenten"则是终身年金，即年金持有人在生命存续期间一直可领取高利息年金。

级消费税作为贷款担保以及消费税征收管理(以及支付省级贷款的利息)并不是仅有的重要先决条件,能够进入佛兰德和布拉班特供给充沛的资本市场也同样重要。在这个时期,荷兰省试图通过推行在战争结束以后尽早偿还债务的财政政策来减少利息支出,似乎取得了很大的成功。

在反西班牙起义结束后的头几年里,尽管荷兰省扩大了消费税的征收范围,并且还强化了消费税的征管工作,但省三级会议无法以低于13%的利率借到贷款。这必然是因为荷兰省政府易进的资本市场缩小到了国内市场;叛逆政府被迫支付高风险溢价。除了增收直接税和间接税以外,荷兰当时似乎是通过从英格兰和法国那里领取特别津贴以及变卖领地,而不是借贷来为战争筹款。那么,在截至1670年左右的经济持续繁荣的年代里和经济扩张过后停滞不前的时期里,荷兰的财政政策发生了怎样的变化呢?

在17世纪和18世纪荷兰公共财政的分析者看来,荷兰在1600年以后取得的财政成就并不应该归功于消费税,而应该归功于另一项财政政策创新、一个真正的天才性创举:推行个人财产评估表制度(personele quohieren)。[①] 荷兰在18世纪推行的财产评估制无疑受到了恢复财产评估表制度意愿的影响,但有必要更加仔细地考察这些税收评估表的性质及其对债务还本付息的影响。虽然荷兰的名义债务持续增加,但是,财产评估表想必不但促进了长期债券在荷兰的问世,而且在随后的岁月里导致利率大幅度下降。

1599年,荷兰省的每个城市和村庄都要编制财产评估表,凡是财产超过3 000弗罗林的所有人都登记在案。应税财产评估对象包括不动产以及像家具、珠宝、现金、货物、证券、薪水等"动产"。凡是表上有名的财产所有人都必须缴纳相当于自己财产0.1%(1 000e penning)的税收,用来偿还已发公债的本金和支付它们的利息。只要借不到自愿贷款,当局就根据同一些财产评估表征收或者强借相当于评估财产0.5%(200e penning)甚或1%的(100e penning)的"贷款"。遇到这种情况,荷兰省22个城镇每个都要在自己的居民以及附近村庄的居民那里筹集一笔固定金额的资金。因此,荷兰省政府为了借款和为

① 请参阅在本章文末关于资料来源的注释中讨论的"Memorie of 1755"。这个文献的匿名作者援引了一份17世纪的报告。

所借款项支付利息，不得不求助于广大民众。[①] 在 1599～1609 年间，荷兰成功地借到了大约 2 000 万弗罗林的贷款，而利率却有所下降(见表 10.5)。1611 年，荷兰的利率重又恢复到哈布斯堡王朝统治时期的水平，即年金式债券的利率是 6.25%。[②] 从 1611 年起，旧债的利率没再超过 6.25%。那些反对降息的人都急着收回自己的本金，因此，个人财产评估机制好像以递减的成本平均每年增加了 200 万弗罗林的收入。这就意味着这种财产评估机制对收入的贡献相当于采用"普通手段"征到的收入(230 万～430 万弗罗林)，而同期房地产税的收入只有 120 万弗罗林。

表 10.5　　从 1584 年到 18 世纪 80 年代尼德兰共和国公债利率变化情况(%)

	荷兰省		联邦政府	格罗宁根省		上艾瑟尔省	
	(1)	(2)	(3)	(3)	(2)	(3)	(2)
1584 年	13						
1598 年	8.3	16.7					
1606～1608 年	7.1	12.5					
1611～1616 年	6.25	11.1	6.25			6.25	14.3
17 世纪 20 年代							
17 世纪 30 年代							
1640～1650 年代	5		5	5		5	12.5
1655～1659 年代	4	9.1	4			4	10
1664～1672 年代	3～4			4～4.5	8～10		
17 世纪 70 年代							
17 世纪 80 年代	4			5	8～10	5	12
17 世纪 90 年代	2				6.5～10		7.1～10
1701～1706 年代						4	9
1715 年			3				
18 世纪 20 年代	2.5				10		

① 阿姆斯特丹只筹集了其中的 35%。

② 最初，"obligaties"这种债券常被用于短期债务。尼德兰商人偏爱这种为便于交易而不记名的债券(本章将"obligaties"译为"不记名债券"。——译者注)。因此，尼德兰三级会议后来越来越觉得必须把这种借款形式用于长期债务；而各省政府则偏爱"losrenten"，因为"obligaties"的可交易性使它们成了受证券经纪商青睐的交易品种。

续表

	荷兰省		联邦政府	格罗宁根省		上艾瑟尔省	
	(1)	(2)	(3)	(3)	(2)	(3)	(2)
18 世纪 30 年代	2.5	7				3.5	
18 世纪 40 年代				3～3.5		3～4	7～8
18 世纪 50 年代	2.5					3	6
18 世纪 60 年代	2.5			2.5			
18 年代 70 年代	2.5					2.5	
18 世纪 80 年代				3	7	3	

注：表中(1)表示可赎回年金式债券和不记名债券；(2)表示终身年金；(3)表示可赎回年金式债券。荷兰省和格罗宁根省的利率信息很不完整。联邦政府不得已在 1715 年停付利息 9 个月后又规定之后利率为 4%的债务不得按高于 3%的利率支付利息。

财产评估表(ledgers of the penningen)在 1602、1625、1644、1654 和 1674 年都曾修订过。1621 年，2 000 弗罗林的财产所有人也被(作为“完全成熟的资本家”)列入财产评估表；而到了 1625 年，拥有财产在 1 000 弗罗林和 2 000 弗罗林之间的财产所有人也被(作为“准资本家”)列入财产评估表。有一件事十分有趣，商人们都希望自己能被作为“完全成熟的资本家”列入财产评估表，因为此举有利于提高他们在商界的声誉。[①]

关于尼德兰共和国利率在 1621 年对西(班牙)战争重新开战后的走向，我们没有找到任何信息。但不管怎样，早在 1634 年，就有一个财政委员会极力主张把利率降低到 5%，以缓解财政困境。虽然利率直到 1640 年才降低到 5%，但也算取得了成功：在 1.25 亿弗罗林的总债务中，只有不到 200 万弗罗林债务的债权人拒绝接受转换利率，因此要借钱偿还他们的本金。[②] 有存世证据表明，1655 年，借贷利率可能转换成了 4%；1671 年，利率甚至临时降低到了 3.8%。在这两次调低利率的过程中，债权人倘若不同意转换利率，就有权收回自己的债权。[③] 1621～1655 年，荷兰省三级会议从本省公民那里每年平均能追借到 400 万弗罗林的资金。同期，“普通手段”收入从 600 万弗罗林增加到了 850 万弗罗林，但房地产税约创收 240 万弗罗林。图 10.7 显示了 1600～

① 't Hart, *Making of a Bourgeois State*, p.123.

② Dormans, *Het tekort*, p.49.

③ 请参阅本章注释 23。

1672 年间利率持续下降和债务不断增加的“剪刀”差走势。当然，这个时期的降息既与财富不断增加又与实行个人财产评估密切相关。

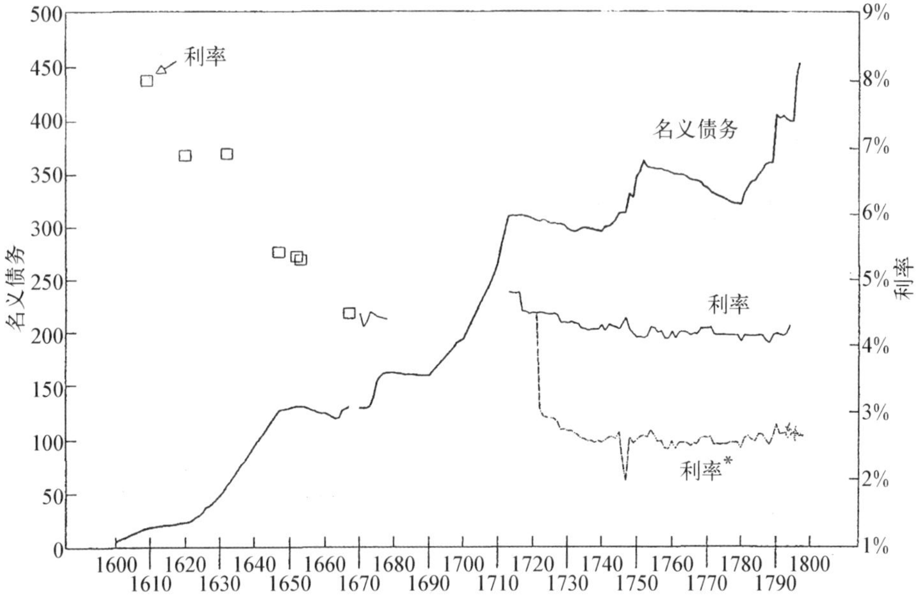

图 10.7　1600～1800 年荷兰省名义债务(百万吉尔德)与复合利率走势图

注：复合利率等于利息支付总额除以公共债务名义值。最下面带“＊”的曲线表示在扣除了税率为 1%(100e penningen)或/和 0.5%(200e penningen)按债券名义价值课征资本税后的利率。

1672 年以后，1%或/和 0.5%资本税征收方式的变化，在荷兰省导致了一定程度的利率波动，尤其是在 1722 年以后。在 1674 年恢复个人财产评估前夕，荷兰省三级议会在 1673 年决定对房地产税(verponding)登记册上登记的不动产以及债券和股票课征 1%或/和 0.5%的税收。债券和股票资本税在债券和股票套现时“从源”扣缴。利率为 4%的债券按名义价值课征 1%或者 0.5%，那么就相当于利率分别从 4%降低到了 3%，或者从 4%下降到了 3.5%。如果对债券重复课征 1%和 0.5%的资本税，那么，利率就从 4%降低到了 2.5%。由于公债利息在尼德兰共和国由税收官支付，因此，这就意味着 4%的债息在扣除资本税以后只需支付 2.5%(或者取决于按“1%和 0.5%”的税率征收资本税的次数)。在 1672～1687 年战争期间，个人财产评估表再次被用来强借低息贷款。从 1682 年到 1687 年，政府没有课征 1%或/和 0.5%的资本税;1688～1697年间,每年采用1673年的方法课征多达两次的1%的资本税,这就意味着4%的利率就实际降低到了2%。[①]

随着时间的推移,个人财产评估表就变得过时,并且在1722年以后被废弃不用;而1%或/和0.5%的资本税则以特别税(extraordinaris verpondingen)和付息扣除项的形式继续课征。后来,1%或/和0.5%的资本税只适用于利息。从投资者自愿购买利率为4%的荷兰债券的那一刻起,虽然利率已经降低,但18世纪税率为1%和0.5%的资本税当然就像在17世纪那样可被视为一种把已有债务转换成低息债务的做法的替代方法。尽管从1722年开始就可能做成正式的利率转换,而且其他省份都在18世纪推行正式的利率转换,但荷兰省仍然坚持课征1%或/和0.5%的资本税。因此,在图10.7中,就是从那一年以后的荷兰省利率中减去了1%或/和0.5%的资本税。1747年,荷兰省三级会议决定从这一年开始,最多只能分别征收一次1%和0.5%的资本税,以防止实际利率跌破2.5%。

一种要求高得多的持续减少付息额的方式,当然是偿还债务。我们可以把荷兰省偿还债务的过程分为三个阶段。首先,1655年的利率转换开始实施荷兰著名政治家约翰·德·威特(Johan de Witt)提出的一种"偿债基金"政策:利率从5%降低到4%所节约的资金可以年均100万弗罗林的速度偿还债务。这种"偿债基金"政策到了1663年以后就被废弃。其次,在造成财政灾难的西班牙王位继承战结束以后,荷兰省又在1717年开始了一个新的偿债阶段,其间每年平均以70万弗罗林的速度偿还债务。1755年,荷兰省的公债达到了3.55亿弗罗林的新高。这一年标志着第三个也是持续时间最长的偿债阶段的开始,这个阶段以每年平均偿还130万弗罗林的速度偿还省债,此外还以每年30万弗罗林的速度偿还下文我们要介绍的联邦政府债务。1780年以后,荷兰省的省债持续增加,并且在1795年达到了4亿多弗罗林的空前数额,当然对付息造成了不利的影响。

---

① 个人财产评估表在那年以后没有再更新。到了1722年,那些旧表上有名的个人因为应税额大于按照1673年的规定计征的税额而需要补缴差额。那个时代的观察家告诉我们,在阿姆斯特丹,常有人购买足够多的减息债券,以免补缴税收差额:J. Aalbers, *De Republiek en de vrede van Europa* (Groningen, 1980), p.14。

图 10.8 显示了荷兰省债务的发生和偿还以及利率变化对债务还本付息额的影响。在 1702～1713 年战争的最后几年里付息额不但因为借新贷款而且还由于贷款的特定种类而增加。省府首选自愿贷款，但利率高、贷款期限短；其次是抽奖偿还公债，但费用高；而长期强借贷款则利率较低。除了偿还债务和其他一些不太重要的措施以外，债务还本付息额减少还可归因于联邦政府贷款利率不得超过 3%的决定（尽管这个利率已经大大高于战时的借款利率）。1742 年以后债务还本付息额增加，这主要应该归因于 1752 年以前欠下的高利率贷款，此后的减少则主要归因于 1780 年前的还债。债务还本付息额由于 1788 年欠下了巨额——虽然利率不高——强借贷款而再次大幅度增加。[①]

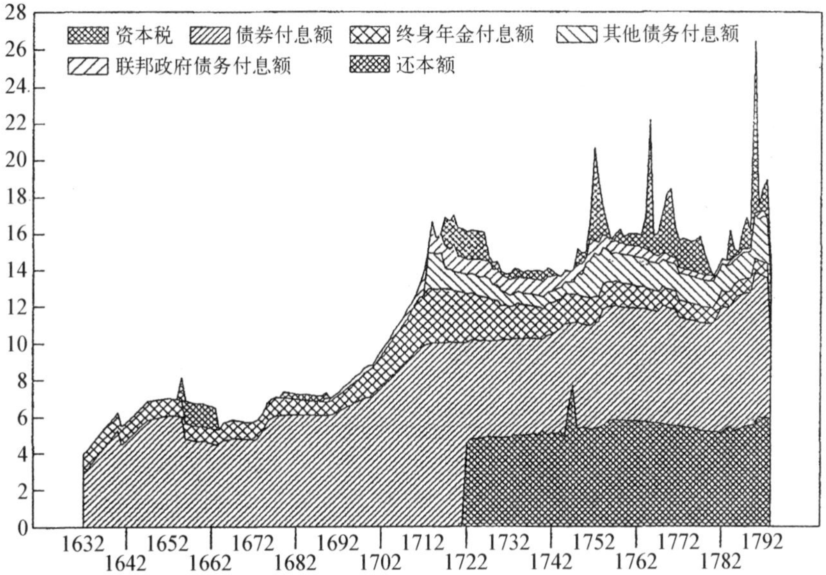

图 10.8　1632～1794 年荷兰省债务还本付息额(百万吉尔德)

从图 10.8 中可以观察到，发售利率为 4%的债券是荷兰省债务政策的坚实基础；直到 1702 年荷兰省才发售新的终身年金（lijfrenten）。之前，与持有人死亡后自动赎回的终身年金相比，荷兰省更偏好低息债务品种。当发行债

① 截至 1713 年的这个时期利息支付额是采用以下方法重构的：拿借款、债券和终身年金等的估计债务总额乘以通行的利率：Dormans，*Het tekort*，*passim*。

券无法筹到足够资金时，荷兰省三级会议发明了从强借贷款到承诺新贷款免缴1%或/和0.5%资本税——但每次战争结束就会食言，并且付息负担变得极重——的多种巧妙的替代方法。这些方法中还包括重新求助于终身年金和其他债务工具[如抽奖偿还公债和年金(jaarrenten)]。有人甚至还提到了一笔由伯尔尼(Bern)城提供给荷兰省的150万弗罗林的贷款。无论替代方法有多么巧妙，荷兰省在西班牙王位继承战期间仍然不得不向联邦政府举借了大笔高利率贷款。①

最后，图10.8告诉我们，1%或/和0.5%的资本税从1722年起如何作为债务政策的补充发挥作用。这种资本税收入大约要占到荷兰省付息总额的40%。

那么，格罗宁根和上艾瑟尔省的公共借款经历了哪些变化呢？出于介绍这两个省公共借款经历的考虑，表10.5列示了荷兰、格罗宁根和上艾瑟尔三省的利率变化情况。该表显示，尼德兰共和国，不但荷兰省，而且包括其他省份，公共借款成本持续下降。18世纪，荷兰省决定通过对债券和股票征收1%或/和0.5%的资本税来“重复利用”部分付息资金(这种资本税把实际债务利率降低到了2.5%)，而其他省份通过(自愿)利率转换来减轻付息负担。

图10.9显示，早在1601年，格罗宁根省就已经开始发售债券，但规模不大。格罗宁根省债务还本付息的方式可以说是变幻莫测，这应该主要归因于：与荷兰省相比，格罗宁根还本占还本付息的比例要大得多。土地税收入都被用于债务的还本付息。土地税收入可能会因灾难年份实行税收减免而变得很不稳定，拖欠税款会在随后的几年里补缴。用来制作图10.9的原始数据并不包括还本占还本付息的份额或者付息额构成信息。但如图所示，很明显，在1750～1780年间，荷兰省的还本负担特别沉重，而格罗宁根好像偿还了很多债务。很清楚，格罗宁根省优先偿还联邦政府借的算在格罗宁根省账上的贷款。与荷兰省相比，对于格罗宁根这个农业小省来说，这种贷款规模很大。此外，省级借款的还本付息曲线显示，格罗宁根省就像荷兰省也同样积欠了长期债务。

---

① Liesker, ‘Tot zinkens the bezwaard’, p.153. Dormans, *Het tekort*, pp.146 - 7.

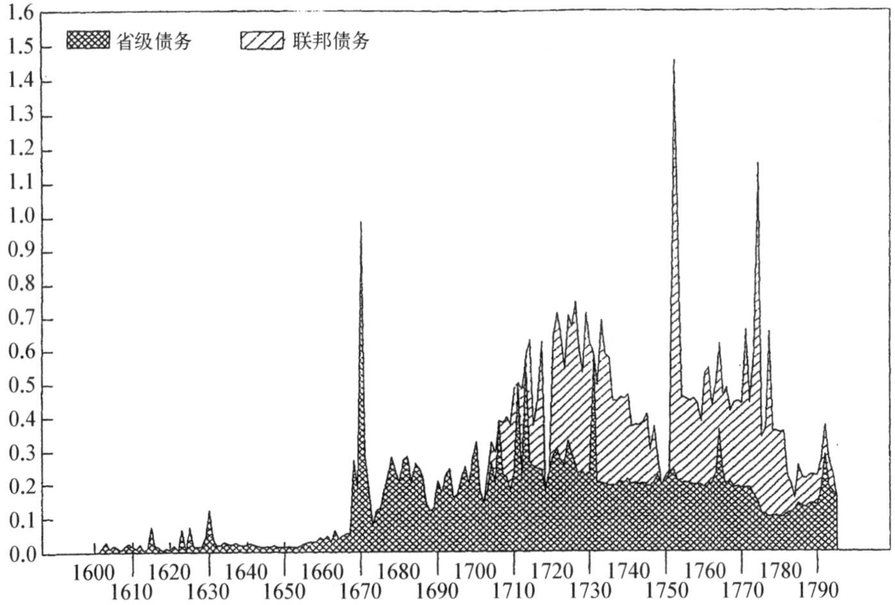

图 10.9　1600～1795 年格罗宁根省的债务还本付息走势图(百万吉尔德)

当然,1720 年以后,联邦借款的还本付息额之所以减少,不但是因为之前偿还了本金,而且还因为所有联邦借款的利率在 1715 年都被强行降低到了 3%。1720 年,联邦政府又决定对 1702～1713 年间的联邦借款拖欠未付的利息(550 万弗罗林)按 3%的利率重新计算,原先这些借款的利率都是 5%,部分甚至高达 10%。格罗宁根省三级会议认为,实际上,荷兰省通过征收 1%或/和 0.5%的资本税收到了殊途同归的效果。

为了弥补剩余付息额构成信息——尤其是关于终身年金支付的信息——的缺失,图 10.10 展示了格罗宁根省在 1600～1795 年间所借的新债的性质。在 17 世纪 60 年代,格罗宁根省被迫求助于阿姆斯特丹资本市场发售债券和/或终身年金。此外,1676～1727 年和 18 世纪 80 年代,格罗宁根省发行的终身年金对其积欠的债务做出了适度但恒定的贡献,而与这种债务联系在一起的高利率,就像对荷兰省那样,大大加重了格罗宁根省的公债负担。

1720 年,格罗宁根省三级会议决定成立金融委员会,责成该委员会贯彻“偿债基金”政策:通过把固定金额的资金用于债务的还本付息,自然就能够增加偿债的影响。虽然这些固定金额的资金从未实际投入使用,偿债基金政

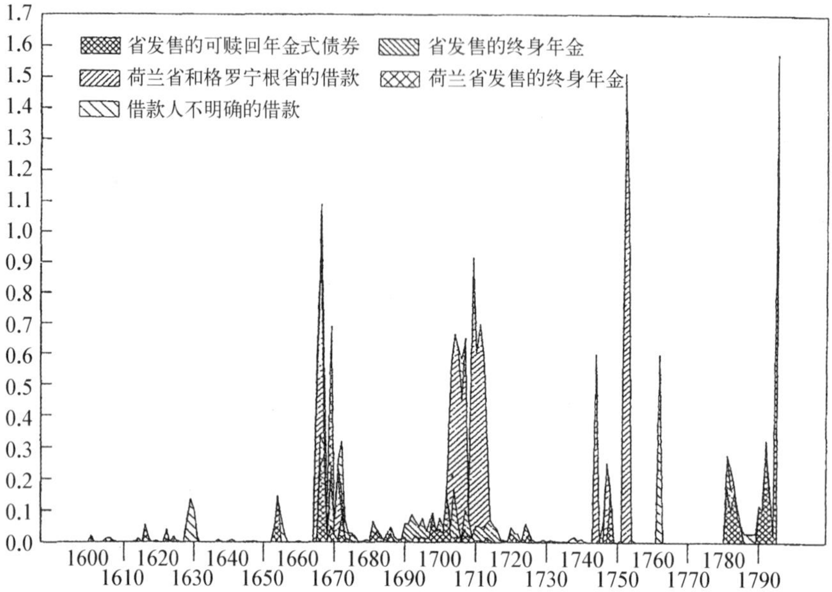

图 10.10　1600～1795 年格罗宁根省不同于联邦政府借款的公共债务(百万吉尔德)

策还是对债务的还本付息产生了重要影响(见图 10.9)。17 世纪 60 和 70 年代通过大量变卖省属领地筹到了一些为偿还债务所需的资金。① 总的来说,债务还本付息额在 1675～1723 年间急剧增加,而在 1723～1790 年间则明显减少。格罗宁根的资本市场也许没有发展到荷兰省资本市场的水平,但长期债务可能在这个农业小省的财政中仍扮演了重要角色。

直到 1629 年,上艾瑟尔省一直依靠 3 个大城市的信用来为其借贷。而在 1629 年以后就利用全省的信用来借贷。1676 年,上艾瑟尔省只能求助于阿姆斯特丹资本市场,1703 年发行了数量很小的终身年金,1720 年还发行了数量不明的可赎回年金式债券。虽然上艾瑟尔省的债务规模大大小于荷兰省,但两省的债务还本付息变化格局在很多方面有相似之处(见图 10.11)。荷兰省债务还本付息走势图中可观察到的利率持续降低和公债不断增加的剪刀差形走势(见表 10.5),想必也必然会出现在上艾瑟尔省 1672 年前的债务还本付息

① 这一点在图 10.9 中并非完全清晰可见,因为省属领地变卖收入计入分列账户。第一次动用了 60 万弗罗林的领地变卖收入用于偿还债务本金和支付利息,第二次则动用了 210 万弗罗林用于支付 1742～1748 年拖欠士兵的军饷。只有剩下的领地变卖收入才计入了总税收官的账户。

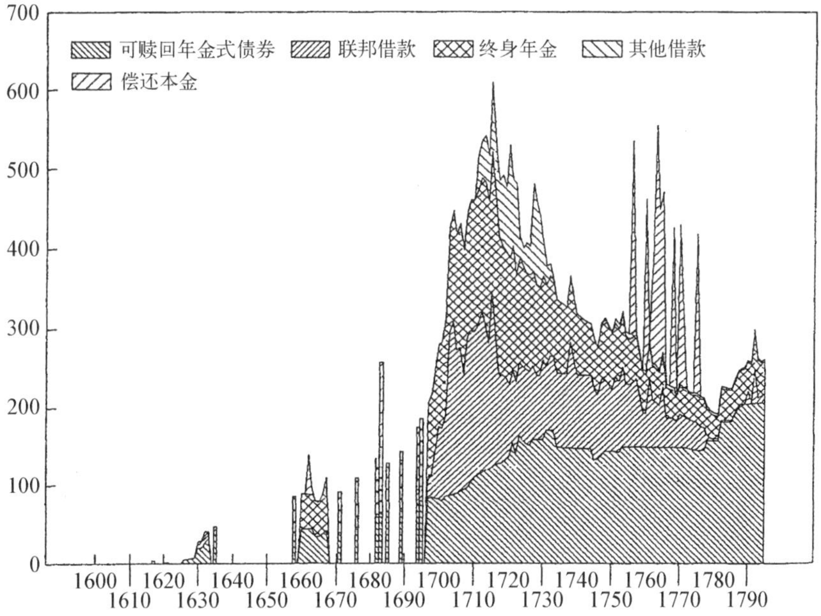

图 10.11 1604～1794 年上艾瑟尔省债务还本付息变化图(百万吉尔德)

走势图中。此外,就如同荷兰省那样,上艾瑟尔省债务主要由低息可赎回年金式债券构成,另外还有紧急情况下借下的费用较高的贷款。①

上艾瑟尔省与荷兰省债务的主要区别就在于,联邦政府借下的算在上艾瑟尔省账上的借款(就如同格罗宁根省)和终身年金数额都要大得多,从而不可避免地导致上艾瑟尔省在 1720 年前后的债务还本付息额不成比例地高。有迹象表明,这部分也是因为只有统治阶级和富人有财力购买这些高收益政府债券造成的。但不管怎样,到了 18 世纪,上艾瑟尔省债务中终身年金的份额有所下降,而格罗宁根省在 18 世纪 80 年代又不得不发售新的终身年金。在 18 世纪的最后几十年里,可赎回年金式债券成了为第四次对英海战筹款的主要工具。显然,对于这三个省来说,1755～1780 年是偿还债务的主要时期。

图 10.12 对这三个省付息额占其总支出的份额进行了比较。格罗宁根省的这个份额虽然也常超过 25%,但仍要明显小于其他两省。有人认为,荷兰省在 1722～1794 年这个时期征收的 1%或/和 0.5%的资本税可被看作是其他省

① 上艾瑟尔省的债务还本付息走势图中包括已签发利息支付委托书可兑现前的短期债务。拖欠款部分已经支付,部分在战后被转换成可赎回年金式债券。

份利率转换机制的一种替代方案；因此应该把资本税从荷兰省债务还本付息总额中扣除。经过这一调整后，在像荷兰这样的大省与上艾瑟尔这样的小省之间，债务还本付息占省总支出的份额甚至就明显变得更加接近。

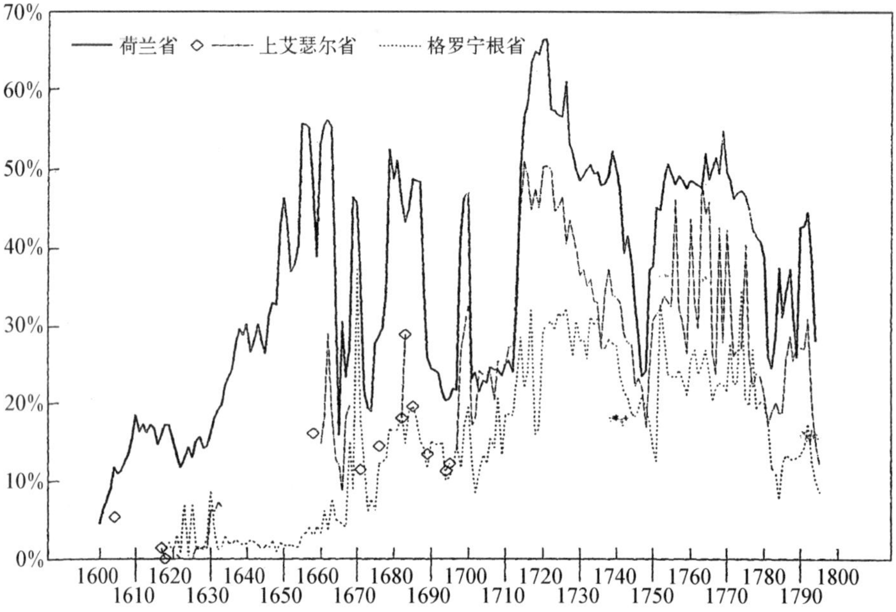

图 10.12　1600～1795 荷兰、格罗宁根和上艾瑟尔三省债务还本付息占总支出的比例(%)

注：荷兰省的付息额中扣除了 1722 年后的 1%和/或 0.5%的资本税。

“其他支出”

图 10.13～10.15 显示了尼德兰共和国荷兰、格罗宁根和上艾瑟尔三省“其他支出”的构成，并且表明“其他支出”在三省公共总支出中占比最小。这个支出分量规模小，至少在一定程度上反映了三省很多像基础设施建设、土地复耕、教育或济贫这样的公共职责是由地方或教会当局和私人履行的。据估计，18 世纪末，荷兰省各城市市政当局征收了差不多 400 万弗罗林的地方税。① 由于荷兰省的省税收入大约是 2 400 万弗罗林，因此，在城市化程度很

① Fritschy, ‘Taxation in Britain, France and the Netherlands’, p.76, n. 9.

高的荷兰省，地方政府的税收收入约占全省公共总收入的 14%。关于围海造田委员会对尼德兰共和国的财政重要性，我们只知道，1789 年，弗里斯兰(Friesland)省围海造田委员会的总收入大约是 14 万弗罗林，而这个省的总收入则是 300 万弗罗林。① 这就说明，即使能够把市政当局和围海造田委员会的支出加到省级公共支出中，除去债务还本付息和国防支出的公共支出大概还不到公共总支出的 1/3。

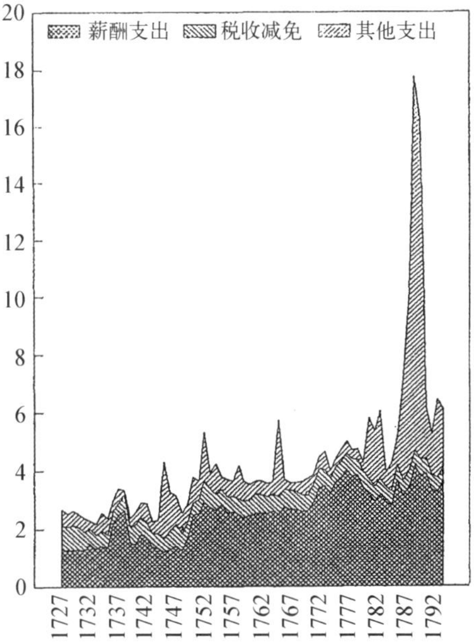

图 10.13　1727～1794 年荷兰省的其他支出项目(百万吉尔德)

我们把剩下的支出项目分为“薪酬”、“官员其他支出”(租金、取暖费、照明费、差旅费、茶点费)、“社会支出”

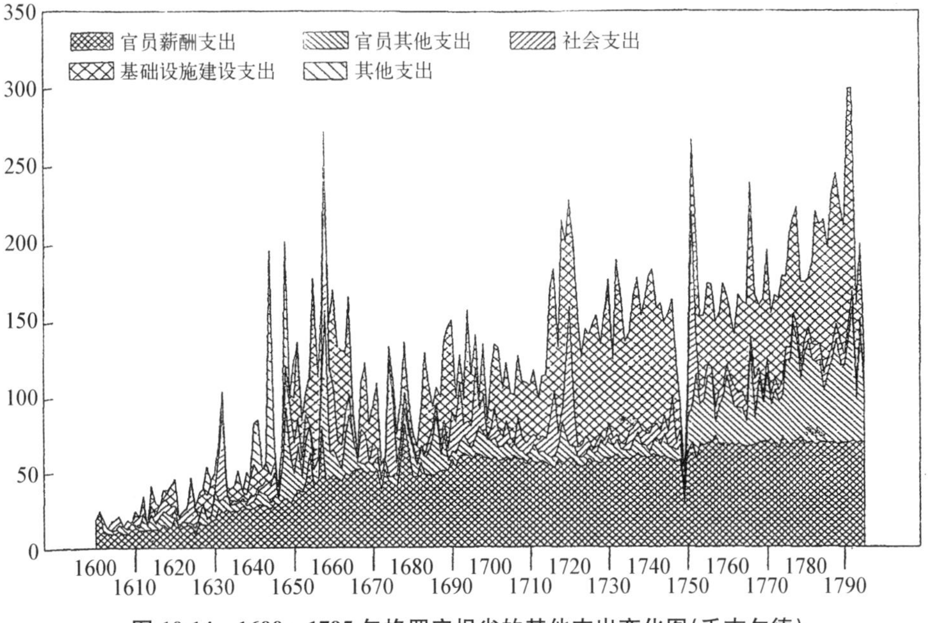

图 10.14　1600～1795 年格罗宁根省的其他支出变化图(千吉尔德)

① J. A. Faber, *Drie eeuwen Friesland*, 3 vols. (Wageningen, 1973), i. 145; ii. 580.

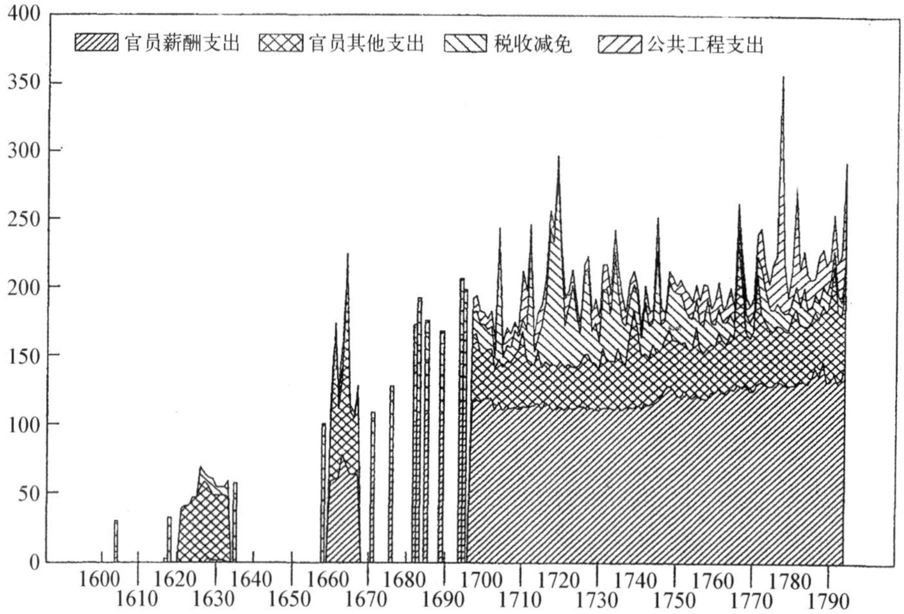

图 10.15　1604～1794 年上艾瑟尔省其他支出(千吉尔德)

(税收减免、补助金、抚恤金、帮困)、“基础设施建设”和“其他支出”。荷兰省的数据从来没有达到这么详细的地步,而我们的数据只不过是 1727～1795 年这个时期的数据(见图 10.13)。荷兰省这部分支出的变动主要是由公共工程支出造成的。18 世纪 30 年代,荷兰省必须修复被桩蛆破坏的海堤。1749 年以后,防洪支出占比不断增大,因为 18 世纪 60 年代,暴风雨席卷哈勒默梅尔(Haarlemmermeer)。18 世纪 70 年代,修建新运河(Bijlands kanaal)和土地复耕(Bleiswijk)项目都增加了公共工程支出。18 世纪 70 年的支出增加部分可归因于对渔业(鲱鱼和鲸鱼捕捞)和炼糖业的补贴;80 年代继续发放这类补贴。图中的这个区域还包括薪酬、差旅费和官员的其他支出项目。

“税收减免”主要是灾后与不动产税有关。然而,荷兰省的支出图并没有完整地展现不动产税的灾后减免情况,因为荷兰省的税收减免主要是房地产税(extraordinaris verponding)减免。但在荷兰省遭遇牲畜瘟疫后,房地产税就只剩下房屋税了。最后,1789 年出现的税收减免峰值可解释为:为了防止荷兰东印度公司(Verenigde Oostindische Compagnie)破产,向该公司提供了巨大的财政支持。

在格罗宁根省的支出图中，我们能够观察到该省公共支出在 2 个世纪里的变化情况。对“其他支出”——不包括战争支出和债务还本付息支出——的单独分析显示，这类支出在 17 世纪尤其是大约在 1660 年前以很快的速度增加。在 1720 年以后，这类支出的总体水平虽然有时出现起伏，但差不多仍保持相同水平。就如在图 10.14 中能够观察到的那样，这类支出总体水平的波动通常是由基础设施建设支出造成的，因为基础设施建设支出在格罗宁根这个沿海省份的“其他支出”中占据较大的比例。在“其他支出”中，运河(17 世纪 50 和 60 年代挖掘的 3 条拖驳船运河)挖掘和维护支出只是一个小项目，而洪水泛滥后必须重修堤坝——大约在 1730 年前后，由于桩蛆泛滥而变得更加紧急——的支出才是一个大头。“社会支出”与抚恤金、帮困补助和税收减免有关。社会支出曲线出现峰值，可归因于灾后税收减免，如(1714～1720 年、1744～1754 年和 1769～1784 年的)牲畜瘟疫和多次洪水泛滥。1748 年以后，“薪酬支出”由于以征税取代包税而增加。

值得注意的是，“官员其他支出”曲线上出现的很多峰值可被视为“危机峰值”：冲突和问题增加，导致会议、出差和额外茶点(有时很贵)费用增加。17 世纪的薪酬支出增加也同样值得注意，这在一定程度上是为政治冲突付出的代价，如格罗宁根省城市与乡村之间互不信任，逐渐导致格罗宁根每个省委员会或者行政机构都有相同人数的城市和周边乡村代表参加。因此，公务员人数以快于严格必要的速度增加。[①] 但由于上艾瑟尔省的数据显示了“官员薪酬支出”类似的增长，因此有必要确定是否有相同的原因导致官员薪酬支出增加。德·弗里斯和范·德·伍德(De Vries and Van der Woude)研究发现，17 世纪，荷兰省名义薪酬激增。[②] 格罗宁根 17 世纪的官员薪酬增长也许与这个现象有关。我们可以观察到官员薪酬支出在 1748 年以后经历过另一次小幅增长，这是因为包税制向着征税制的转型导致税收官吏人数增加而造成的；荷兰省也出现了同样的情况。1750 年以后，官员薪酬支出就一直保持不变。官

① “薪酬支出”也受到建于 1618 年的格罗宁根大学行政支出不断增加的影响。

② De Vries and Van der Woude, *Nederland 1500－1815*, p.710.

员薪酬购买力的下降——物价上涨的结果——也许可被官员差旅和其他费用的大幅度增加所抵消。

上艾瑟尔省除了基础设施建设支出大大低于格罗宁根省以外，其他支出变化情况与格罗宁根省相似。支出峰值是由（17 世纪 60 年代）“危机峰值”、（1704 年、1712 年、1717 年和 1719 年）无法收回的直接税欠款减免和公共工程（1777 年暴风雨成灾，大规模修复堤坝）造成的。虽然上艾瑟尔省的包税制在 18 世纪中期还没有被征税制取代，但官员薪酬支出这个分量在 18 世纪仍略有增加，这在某种程度上也许是因 18 世纪 80 年代废除封建特权（drostendiensten）而补偿部分贵族的结果。

图 10.16 对荷兰、格罗宁根和上艾瑟尔三省“其他支出”的重要性进行了比较。如图所示，格罗宁根省的“其他支出”占比相对较大，基础设施维修占用的公共资金比例大于其他两省。为了全面展示三省公共支出的变化情况，表 10.6 对三省 1790 年的人均公共支出进行了比较。从表 10.6 中的数据来看，荷兰省各方面的人均公共支出都大于其他两省。

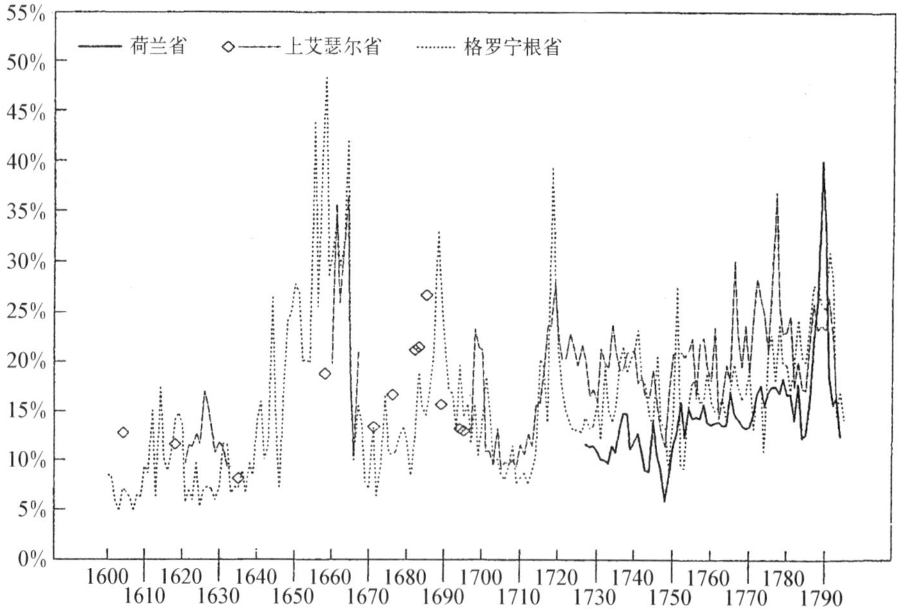

图 10.16　1600～1795 年荷兰、格罗宁根和上艾瑟尔三省其他支出占省总支出的比例(%)

表 10.6　　荷兰、格罗宁根和上艾瑟尔三省 1790 年人均公共支出比较(单位：吉尔德)

	荷兰省	格罗宁根省	上艾瑟尔省
战争支出	11.4	6.5	3.4
债务利息支出	23.0	2.4	1.9
扣去资本税	15.4	2.4	1.9
其他支出	7.8	5.2	1.9
合计	34.7	14.0	7.2

注：扣去 1%或/和 0.5%的资本税。

公 共 收 入

荷兰、格罗宁根和上艾瑟尔三省的人口和经济

在回过头来考察荷兰、格罗宁根和上艾瑟尔三省公共收入金额和构成变化情况之前，我们先来介绍一些有关这三个省各自人口和经济的信息，因为人口和经济是税收基础，而税收基础则必然是导致公共收入变化的主要因素。

尼德兰共和国只有很少的人口数据存世。由于尼德兰共和国具有宗教信仰多元、移民人口多、人口流动性高的特点，因此，研究尼德兰共和国的人口问题会遇到难以克服的困难。表 10.7 列示了一些可获得的尼德兰共和国人口数据。这些数据显示，荷兰省人口在 17 世纪快速增加，但在 18 世纪几乎停滞不增。上艾瑟尔省的居民人数在 17 世纪几乎没有发生任何变化，而在约 1680～1750 年间增长显著。格罗宁根省人口经历一个间歇性增长过程，也就是说，在 1672 年前快速增长，然后在 1693 年前持续减少，并且又在 1717～1737 年间再度减少，之后又快速增加。[①]

① I. B. M. Matthey, 'Op fiscaal kompas. Een bijdrage tot de economische geschiedenis van het gewest Groningen in de 17e en 18e eeuw, met toespitsingen op de dorpen in de huidige gemeente Stedum', in I. B. M. Matthey, ed., *Westeremden. Het verleden van een Gronings terpdorp* (Groningen, 1975), p.231.

表 10.7　　　　　　1500～1800 年尼德兰共和国的人口(千人)

年　份	荷兰省	格罗宁根省	上艾瑟尔省	尼德兰共和国
1475 年			51	
1500 年				900～1 000
1514 年	275			
1550 年				1 200～1 300
1599 年			78	
1600 年				1 400～1 600
1606 年		>72		
1622 年	672			
1650 年				1 850～1 900
1680 年	883			
1682 年			83	
1700 年				1 850～1 950
1748 年			123	
1750 年	783			1 900～1 950
1795 年	783	115	134	
1800 年				2 100

资料来源：De Vries and VanderWoude，Nederland 1500 - 1815，p. 80；Matthey，'Op fiscaal kompas'，p.251.

城市化程度是另一个与分析税收发展水平有关的变量。间接税——尤其是消费税——在人口密度处于高水平时比较容易征收。在人口散居的情况下，显然较难对居民消费的商品征税；在农民自产自销的乡村，征收消费税难的问题就更加突出。表 10.8 列示了已知的尼德兰共和国城市化水平数据，并且表明荷兰省的城市化水平与其他省份相比就显得非常高。这些数据还显示了 1675 年以后发生的去城市化过程。这个过程不但发生在荷兰省，而且还发生在了上艾瑟尔和其他省。格罗宁根省的城市人口占其总人口的比例非常低。格罗宁根省和上艾瑟尔省的城市化水平相对于荷兰省而言可能算较低，但从国际的视角看，也就是与英格兰和法国的城市化程度相比还显得相当高。

税收构成和产出的第三个影响因素就是各省就业的产业分布。表 10.9 列示了可获得的相关数据，并且反映了上艾瑟尔省经济以农业为主的特点，至少与尼德兰共和国沿海省份相比。总的来说，到了 19 世纪初，尼德兰共和国的西部省份(荷兰、泽兰、弗里斯兰、格罗宁根和乌特勒支)要比东部省份[德伦特

(Drenthe)、上艾瑟尔、格尔德兰(Gelderland)、布拉班特和林堡(Limburg)]发达许多。

表 10.8　　1475～1800 年尼德兰共和国、英格兰和威尔士及法国城市化程度
（居民在 2 500 人以上的城市人口百分比）

年　份	荷兰省	荷兰其他省份	格罗宁根	上艾瑟尔	荷兰全国	英格兰和威尔士	法国
1475 年				>29			
1525 年	44	22			27	4	
1600 年						9	
1606 年			(23)				
1675 年	61	27		43	42		
1700 年						18	
1795 年	60	24	<26	33	37		
1800 年						30	15

资料来源：De Vries and Van der Woude, *Nederland 1500－1815*, pp.82－93; Vries, *European urbanization 1500－1800 (Londen, 1984), pp.63－64*.

注：上艾瑟尔省在 1475 年只有 3 个大城市。格罗宁根省，1606 年：城市人口 16 000 人，全省人口 72 000 人。格罗宁根省，1795 年：如果把居民少于 2 500 的城镇包括在内，城市化程度是 26%。多达 21%上的人口居住在格罗宁根城(接近 25 000 人)。

表 10.9　　1800 年前后尼德兰共和国就业的产业分布(%)

产　业	尼德兰共和国 1750～1800 年	上艾瑟尔省 1795 年	西部诸省 1807 年	东部诸省 1807 年
农　业	41	46	34	58
工　业	32	36	28	24
服务业	27	18	39	18
合　计	100	100	100	100

资料来源：Vries and Van der Woude, *Nederland 1500－1815*, p.607; Slicher van Bath, *Een samenleving onder spanning* (1957), p.104; Horlings, *The economic development of the Dutch service sector*.

尼德兰共和国各省之间的发达水平差距反映为重要的人均收入和财富差别。然而，各省绝对和相对财富(税基大小的主要决定因素)的定量数据比我们之前援引的数据还要稀缺。近来有学者对尼德兰各省 18 世纪中期和 19 世纪初的人均收入进行了估计。表 10.10 列示了他们的估计结果。如表 10.10 所示，平均而言，荷兰省的居民要比格罗宁根省的居民富裕 50%，比上艾瑟尔省的居民富裕1倍。但到了18世纪下半叶，荷兰省的人均收入停止不增，而上艾瑟尔省的人均收入很可能经历了温和增长。1650～1670年，三省实际人均收入（按1742年的价格计）大概与1742年差不多相同，因为名义收入的增加与生活费用20%的增幅相伴。[①]

表10.10　　1742年和1820年尼德兰人均收入估计值

	1742年 吉尔德	1742年 指数	1820年 指数
荷兰省	180～198	137	134
格罗宁根省	131	95	90
上艾瑟尔省	87	63	72
尼德兰共和国	134～142	100	100

资料来源：De Vries and VanderWoude, *Nederland 1500－1815*, p.810. Van Zanden (1987), p.55.

据德·弗里斯和范·德·伍德估计，17世纪末，尼德兰共和国的人均收入水平大约比英格兰高30%～40%；而到了1750年前后，两者的差距已经缩小到了10%～15%。此外，他们俩表示，17世纪荷兰省的实际工资大约是英格兰南方的2倍；而到了1750年，两者的实际工资差已经缩小到了只有25%。[②]范·赞丹(Van Zanden)提供的证据表明，荷兰省和上艾瑟尔省之间的实际工资差远远小于它们之间的人均收入差。他的结论表明，1650～1750年，(上艾瑟尔省)坎彭(Kanpen)城的实际工资要比荷兰省莱顿(Leiden)城的实际工资高20%左右。

总的来说，以上对尼德兰共和国诸省经济特点的考察表明，荷兰省无疑是尼德兰共和国人口最多、城市化程度最高、经济最多样化和富有的地区。但不管怎样，荷兰省经历了一个一直持续到19世纪的人口和经济停滞不增的时期，而其他省份由于农产品价格在18世纪中期以后持续上涨，因此没有经历过那么令人沮丧的发展过程。

与荷兰省的遭遇不同，上艾瑟尔省人口在1648年对西（班牙）战争以及军队对乡村的骚扰结束以后开始增长，而乡村的人口增长最为明显。不管怎样，

① De Vries and VanderWoude, *Nederland 1500－1815*, p.718.

② *Ibid.*, pp.722, 817－18.

3 个汉莎同盟城市(兹沃勒、坎彭和代芬特尔)也同样大约从 1675 年开始迎来了人口增长,并且至少一直持续到 1765 年。上艾瑟尔东部的各小城市也由于上艾瑟尔省纺织工业的发展而获得了发展。

格罗宁根省——或者城市和周边乡村(Stad en Ommelanden)——只有一个大城市,全共和国第四大城市,1606 年人口约为 16 600 人,1740 年 19 400 人,1795 年 23 770 人。格罗宁根省的这个城市是一个贸易中心,有一所大学和一些工业,并且拥有和开发几乎覆盖全省一半面积的泥煤产区。与上艾瑟尔省一样,格罗宁根省的乡村也大大得益于 18 世纪下半叶谷物价格的上涨,农民对谷物价格上涨做出的反应是把乳制品和肉类生产转为谷物生产。

到了 18 世纪末,尼德兰共和国已经达到了相当高的发达水平:较大部分的人口居住在城市;即使上艾瑟尔省也只有不到一半的劳动力从事农业生产,全国大部分地区实现了货币经济。然而,尼德兰共和国仍有经济多样化程度高的特点;各省城市化程度、人均收入水平和就业产业分布仍存在很大的差别。下一节,我们将讨论荷兰、格罗宁根和上艾瑟尔三省的间接税和直接税发展问题,以识别省级税收差别的性质。

公共收入构成

我们在考察尼德兰共和国三省公共收入变化情况(图 10.17～10.19)时清楚地看到,大多数曲线出现的峰值可归因于战争年代的借款。在格罗宁根省,变卖领地在某些年份提供了另一个不稳定的收入来源。[①] 就如在讨论债务还本付息的那一节里已经说过的那样,不但在经济发达的荷兰省,而且在格罗宁根省和上艾瑟尔省,借款都是公共财政的一个重要元素。

造成公共收入波动的另外两个更重要的因素就是直接税和间接税。对于这三个省中的每一个省来说,从 17 世纪末开始,间接税就是公共财政的稳固基础。1748 年的抗税起义只不过暂时中断了间接税的稳定发展,而对讨厌的包税人的抵制则妨碍了"常规(一般)手段"税的征收。如 16 世纪,荷兰省的城

---

① 上艾瑟尔省虽然已经在 17 世纪 60 年代变卖了一些省属领地,但领地收入仍是该省一个比较重要的常规收入来源。

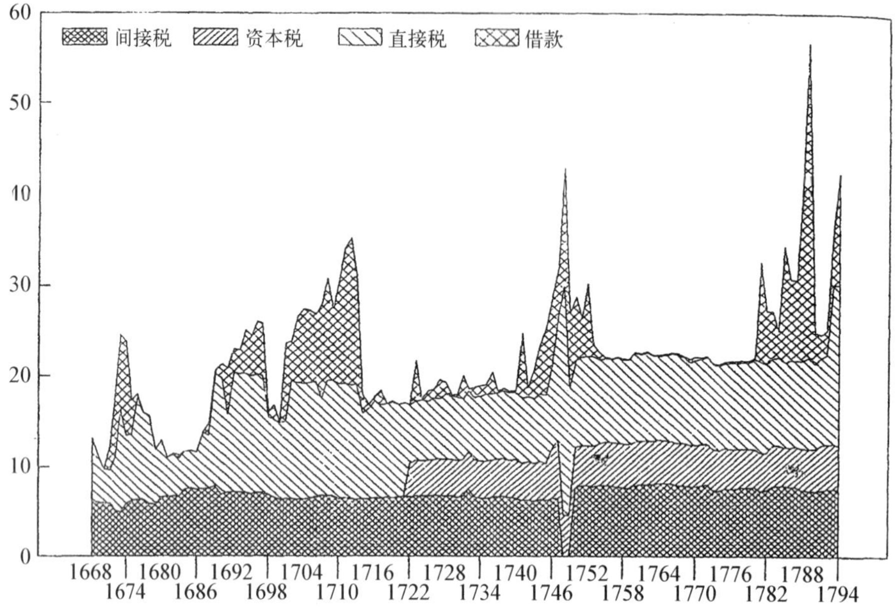

图 10.17　1668～1794 年荷兰省公共收入(百万吉尔德)

注：这些数据只与荷兰省南部地区 Zuiderkwartier 有关,但占据荷兰省财政收入的大头。

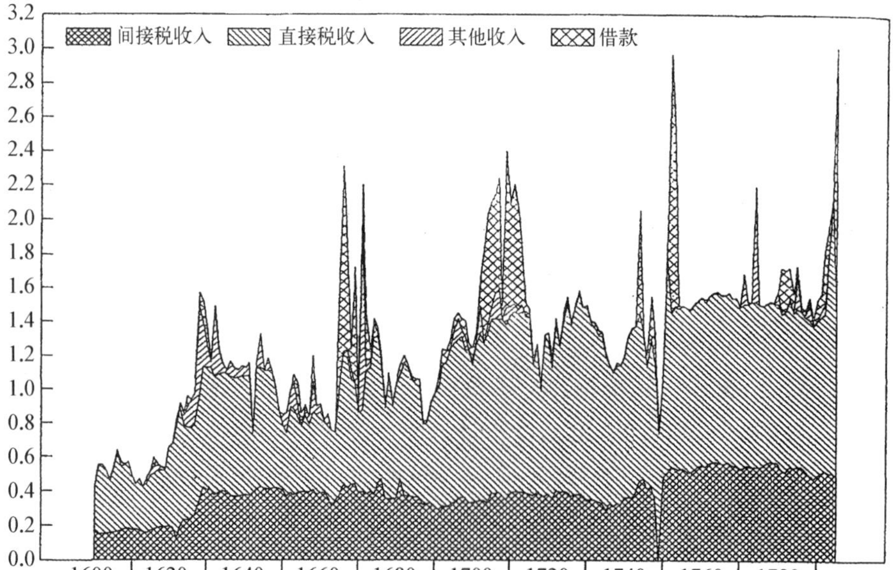

图 10.18　1600～1795 年格罗宁根省的公共收入(百万吉尔德)

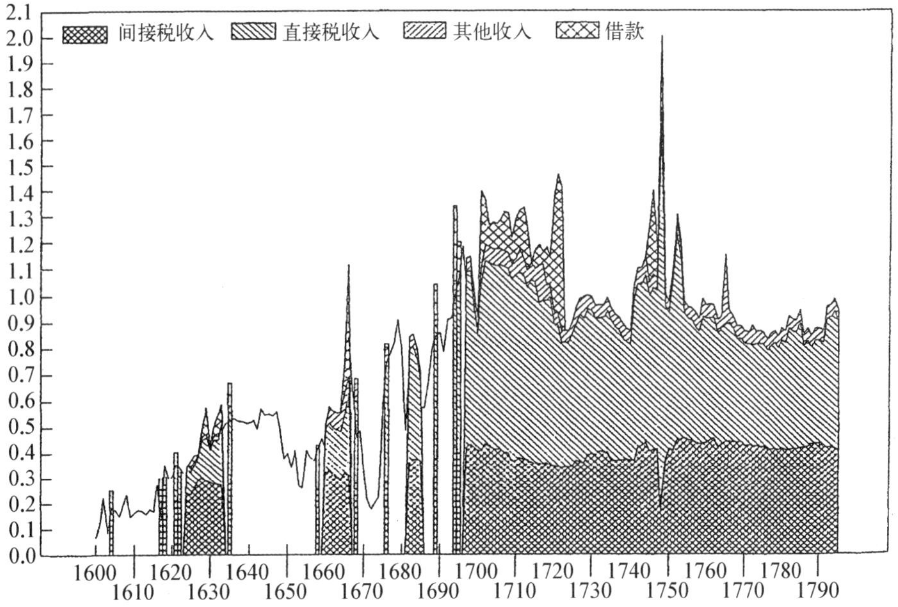

图 10.19　1604～1794 年上艾瑟尔省公共收入(百万吉尔德)

市和村庄都曾临时分担过它们在正常年份要缴纳的税款,以补偿因抗税起义而损失的收入。上艾瑟尔省曾征收人头税来克服抗税起义造成的财政困难。在抗税起义过后,荷兰省和格罗宁根省不再把“常规(一般)手段”税承包给私人,而是由公职官吏负责征收。只有上艾瑟尔省直到尼德兰共和国解体才废弃包税制。

“普通手段”税在荷兰省获得了大幅度的增长,尤其是在 1574～1645 年间,“普通手段”税的收入从 1574 年的 54 万弗罗林增加到了 1600 年的 220 万弗罗林,又在 1625 年和 1645 年分别增加到了 610 万和 920 万弗罗林。[①] 荷兰省“普通手段”税能获得如此大幅度的增长,是不同因素合力发生作用的结果:如人口增长;开征许多新的“普通手段”税;经济增长促成了消费水平的提高之后,间接税收入进一步增加,而导致间接税收入进一步增加的主要是财政因素:1683 年,税率提高了 10%;采取了一些防止偷税漏税的措施;改变了征税方法。通

① De Vries and Van der Woude, *Nederland 1500－1815*, p.133; unpublished lecture by J. Tracy, Utrecht, 17 February 1994. 这些数据包括那些应该实际包括在直接税产出的“普通手段”收入中。

过根据财富指标而不是消费水平计征税收，把有些“普通手段”税改成了直接税。在这些税收被改成直接税以后，它们就不再包括在我们的间接税图中。[①] 1748 年的抗税起义导致收入增加，主要是因为提高了税率和征管效率。

格罗宁根省的收入只是在 1620～1630 年期间获得了很快的增长：为了在“12 年停战协议”失效后重新与西班牙开战做好经费准备，格罗宁根省开征了新的“普通手段”税，并且提高了已有税种的税率。18 世纪，在公职税收官吏取代私人包税人以后，间接税收入也多少有所增加。虽然磨面税的税率略有下降，但 18 世纪间接税收入增加的主要原因是：一是改进了白兰地消费税的征税方法；二是过去烟草消费税包税人专区的巨额利润在废除包税制以后就得上缴国库。

在 17 世纪的头几十年里，上艾瑟尔省的“一般手段”税收入大幅增加。这种收入在 1604～1628 年间几乎翻了一番。1676 年以后又开始了一个新的增长时期，从而导致在 1698 年出现了一个前所未有的峰值。但促成这次税收增加的主要原因是每种“一般手段”税税率连续上调了三次(10%、10%和 20%)。

“一般手段”税是荷兰、格罗宁根和上艾瑟尔三省税收体系的重要组成部分，但表 10.11 显示，荷兰省的“一般手段”税无论是在数量还是税率上都比其他两个省重要。表 10.11 列示了这三个省在 17 和 18 世纪很多年份里的人均税收产出的估计值。

表 10.11　　1600～1790 年荷兰、格罗宁根和上艾瑟尔省人均总税负和人均“普通手段”税负(吉尔德)

年　份	荷兰省人均		格罗宁根省人均		上艾瑟尔省	
	总税负负	“普通”税负	总税负负	“普通”税负	总税负	“普通”税负
1600 年	7.7	3.7				
1604 年			<7.9	<3.7	3.2	2.1
1624 年		8.3			4.3	3.0
1682 年	15.6	10.9			10.1	4.2

① 当然，其他“一般手段”直接税的情况也同样如此，如耕牛和耕地税、马税和遗产税。上艾瑟尔省在 1735 年以前并不分开征收“耕牛和耕地税”。1735 年，耕牛和耕地税收入占“一般手段”税收入的 28%。

续表

年　份	荷兰省人均		格罗宁根省人均		上艾瑟尔省	
	总税负负	“普通”税负	总税负负	“普通”税负	总税负	“普通”税负
1742 年	21.6	10.9			8.9	3.3
1790 年	26.5	14.1	15.7	4.6	6.5	3.2

注：荷兰省，1742 年和 1790 年：扣除了 1%或/和 0.5%的资本税。这些“普通手段”税收实际上是一部分直接税收，因此不应该包括在间接税收图中，而应该包括在本表的数据中，这样才能与没有做这一细分的荷兰省和上艾瑟尔省 17 世纪初的相关数据进行比较。

表 10.11 中的数据表明，在考察期内，荷兰省的人均“普通手段”税税负，不但由于税种的增加或者税率的提高，而且还因为人口的停滞不增而大幅度增加；而上艾瑟尔省的人均总税负则由于人口增加而在 18 世纪有所减少。像上艾瑟尔这样的农业贫困省人均税负必然低于像荷兰这样的富省。1742 年，荷兰省的人均收入毕竟要比上艾瑟尔省高 1 倍多。但是，两省税收差别甚至更大：上艾瑟尔省的人均税负还不到荷兰省人均税负的 1/3；18 世纪，虽然农业丰收，但上艾瑟尔省的人均税负进一步减轻。格罗宁根省在 18 世纪末的情况也是如此：与荷兰省相比，人均收入大概要低 1/3，而人均税负还不到荷兰省的一半。因此，我们有充分的理由认为，荷兰省的人均税负高得有点离谱。

与间接税收相比，直接税收是一种灵活许多的财政政策工具，至少在 1690 年前后的尼德兰共和国就是如此。战时，征收特别税（verpondingen）和壁炉税要容易许多。在英国，间接税收和直接税收一样被用来为额外的战争支出筹款，因此，间接税收在公共财政中扮演的角色远比在尼德兰共和国重要。由于荷兰省课征 1%或/和 0.5%的资本税，因此，我们无法对直接税收在尼德兰共和国各省财政中的重要性进行比较。资本税在荷兰省直接税收中占据很大的份额。前面，我们曾说过，从 1722 年起，这种资本税可被视为是利率转换方案的一种替代，类似于 1715 年联邦政府实施的利率强制转换方案以及 1732 年和 1744 年上艾瑟尔省实施的利率自愿转换方案。因此，为了便于比较，资本税的收入都应该从直接税收入中扣除。

现在，我们可以下结论说，在战争年代以及 1672～1722 年和 1748～1749 年战后的时期里，荷兰省直接税收入很高，而在 18 世纪的其他年份里实际有所减少。即使在扣除了 1%或/和 0.5%的资本税后，荷兰省的财政总收入几乎有一半来自直接税收(见图 10.17)。在格罗宁根省,直接税收的相对重要性甚至更大(见图 10.18)。很难估计,直接税收在 17 世纪上艾瑟尔省的财政收入中占据的份额,因为我们没有找到这个时期格罗宁根省课征的"耕牛和耕地税"到底收到了多少税收的信息。然而,即使在 17 和 18 世纪这些收入相同不可能的情况下,其余"一般手段"税收入占比仍然很高。1672～约 1750 年间,与荷兰省相比,上艾瑟尔省的直接税收百分比相对较高。

一项对直接税和间接税总收入进行的比较提供了有关尼德兰共和国不同省份相对税负的信息,但只揭示了很少造成省际税负差异的背景因素。因此,有必要考察省际税收的结构性差异。在以下两节里,我们将集中关注荷兰、格罗宁根和上艾瑟尔三省的直接税收和间接税收构成。

直接税收构成

对三省直接税收构成的比较(见图 10.20～10.22)显示,在尼德兰共和国存续期间,不动产税收入毫无例外地构成了直接税收入的主体。土

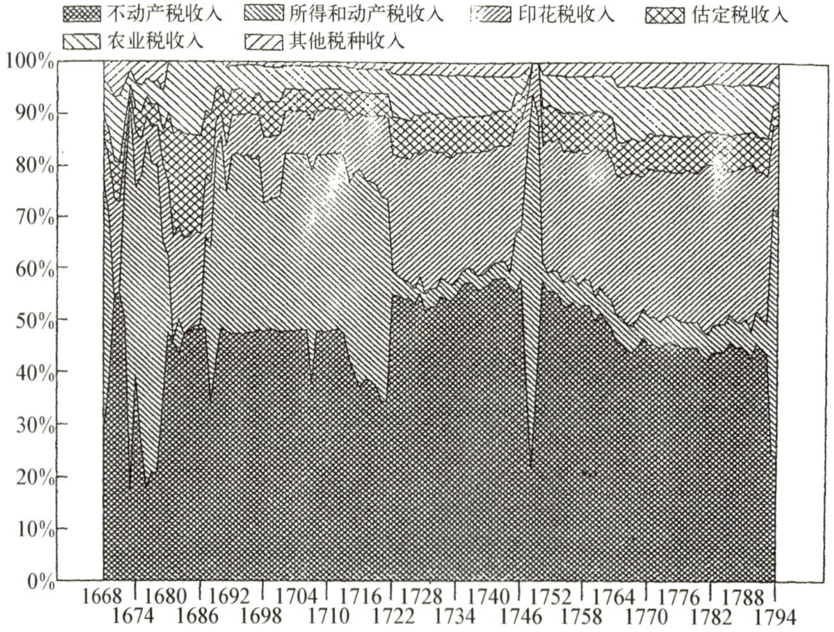

图 10.20　1668～1794 年荷兰省不同直接税收入占比(%)

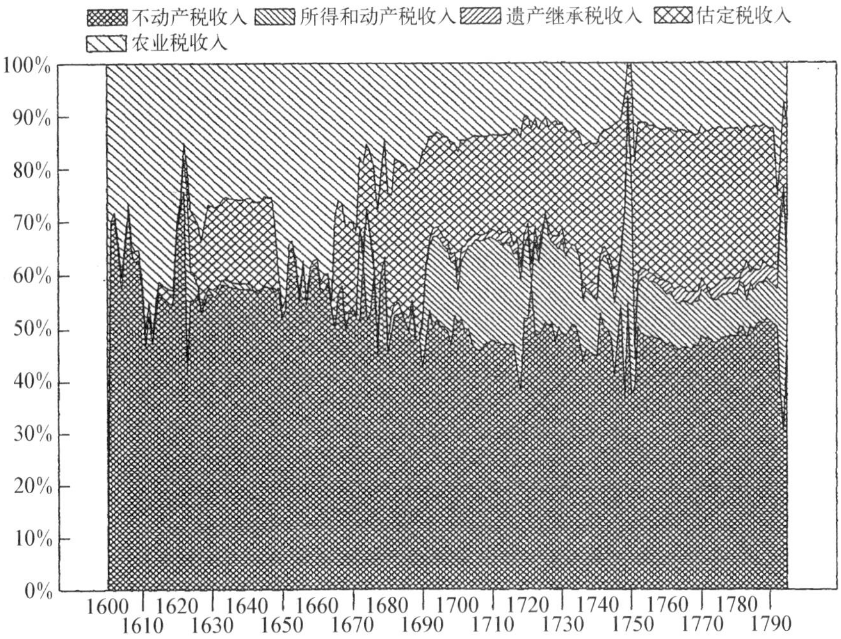

图 10.21　1600～1795 年格罗宁根省不同直接税收入占比(%)

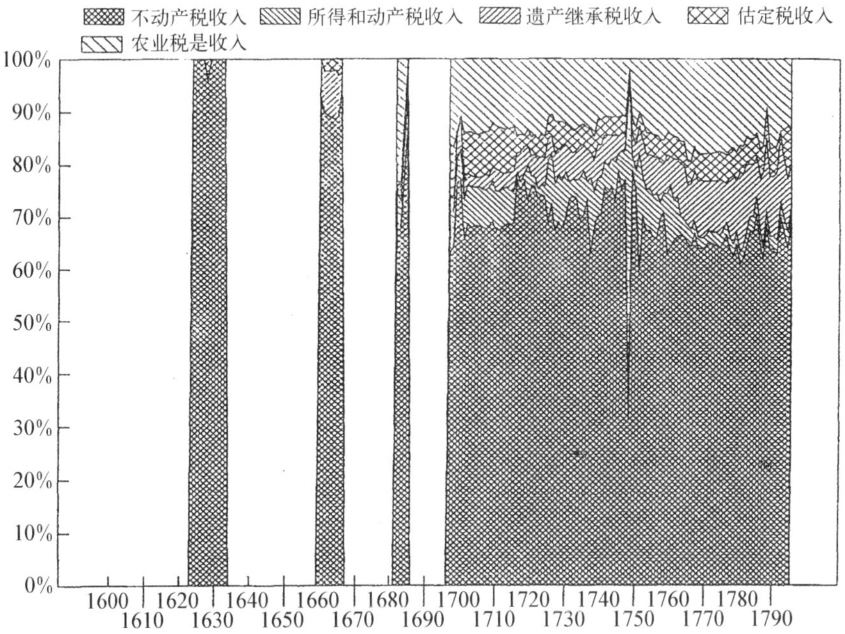

图 10.22　1604～1794 年上艾瑟尔省不同直接税收入占比(%)

地税(verponding)是直接税中最重要的税种。格罗宁根省和上艾瑟尔省都有壁炉税作为土地税的补充税种;而在荷兰省,所谓的土地税是房地产税。战时还把课征附加土地税(additional verponding)(税额从占普通土地税的1/4到3/8、1/2甚或更大的比例不等)作为获得追加财政资源的一个重要举措。在荷兰省,土地在农业萧条时期有时(部分)享受特别土地税(extra-ordinaris verpondingen)免税待遇。根据这个省从1632年起以及1729~1734年的房地产税账册,为了增加收入,曾多次重新征收过这种税收。1584~1632年间,房屋税收入占房地产税收入的22%;1632年以后,这个比例扩大到了33%;而在1734年以后又提高到了45%。因此,城市扩展过程反映在了荷兰省的税收结构中,但有很长的滞后期。

17世纪,格罗宁根省的耕牛税、耕地税和马税在和平时期属于土地税除外的最重要直接税。上艾瑟尔省的情况很可能也是如此。很遗憾,我们没有找到上艾瑟尔省1735年前的可比数据。关于荷兰省——或者毋宁说Zuiderkwartier(荷兰省南方最重要的地区),我们可获得从1668年开始的直接税收入数据。从1574年起包括在"普通手段"税中的马税、耕牛和耕地税的收入虽然不可忽视,但也并不令人印象深刻。

大约在1630年以后,格罗宁根省还有另外一些很重要的直接税种。1622~1650年间,格罗宁根省课征过一种人头税,乡村居民根据所拥有的牲畜数量分担固定的税额。格罗宁根和荷兰省在17世纪60年代推行过个人财产评估表制度(personele quohieren),根据公民的收入和财产计征税收。不过,这种税收直到1692年才定期征收。这后一种税收的名册上记有每个财产超过200弗罗林的所有人(而荷兰省财产起征点1 000弗罗林),凡财产超过200弗罗林的所有人得按0.25%的税率(400e penning)就其财产纳税。由于这种税收每年可征收3次,因此,年税率实际上是0.75%。比较而言,荷兰省这种税收的税率在0.5%和1.5%之间,有时能高达2%。就像在荷兰省一样,格罗宁根省也不经常更新税收名册,从而导致税收收入从1707年的20多万弗罗林减少到了1794年的不足10万弗罗林。18世纪,估定税在格罗宁根省变成了一种比较重要的直接税,从而补偿了税率0.25%(400e penning)的财产税收入的减少。部分"一般手段"税(肥皂、食盐和醋的消费税,以及后来的咖啡和茶叶消费税)就不再作为间接税课征;而消费者要根据他们的估定消费额缴纳一笔固定税款。1673 年,格罗宁根省又开征了一种税率 2%的遗产继承税,而遗产继承税的收入在整个 18 世纪随着人口和财富的增加而不断增加。

荷兰省在 1598 年开征一种课征于财产继承和其他公证交易的税收。1624 年,荷兰省又在其税收体系中添加了一种课征于所有司法行为和收据的印花税。18 世纪,遗产继承税和印花税收入占据荷兰省间接税收入的份额变得相当大而且还不断增大。除了 1691 和 1743 年提高税率(部分遗产继承税税率从 5%提高了 10%)以外,遗产继承税和印花税收入占比不断增大的原因是,这个省收入的不平等程度不断加剧。经济停滞不前,并没有阻止富人变得越来越富:他们的资本持有额和资本收益不断增加。[①] 估定税——按照仆人人数和马车数量以及食盐、肥皂、咖啡和茶叶的估计消费量征收——只是一种相对较小的直接税种。

在上艾瑟尔省,土地税和壁炉税在大约 1690 年前一直是直接税收中的一个重要税种,而其他直接税几乎无关紧要。仅有的例外也许是有耕牛税、耕地税和马税,但我们不知道这些税收在 1735 年前的那些年里的收入。税率 0.1%(1 000e penning)的财产税的税收名册最迟是从 1676 年开始编制的,这种税收在 1676 年之前是偶尔征收。1695 年,这种税收的税率被调高到了 0.2%(500e penning)。此外,1694 年和 1697 年分别开征了盐税(根据估定消费量征收)和仆人雇佣税这两种直接税收。然而,盐税到了 1716 年就不再征收,而税率为 0.2%的财产税到了 1763 年也被废除。到了 18 世纪末,上艾瑟尔省的直接税收重又被缩减为土地税和壁炉税。

荷兰省、格罗宁根省和上艾瑟尔省都对公务员薪酬和军队官兵军饷征税。在图 10.20～10.22 中,公务员的薪酬税和军队官兵的军饷税都被包括在所得和动产税中。在上艾瑟尔省,1762 年前这两种税收几乎已经占到所得和财产税收的一半,而在 1762 年以后,全部的所得和动产税收入都来自这两种税收。

三省课征的最值得注意的单种直接税是 1747 年开征的所谓的“慷慨捐助”(Liberate Gift)。这种直接税是为了消除奥地利王位继承战的财政后果而

① Van Zanden, ‘De economie van Holland’, p.607.

课征的。纳税人被要求缴纳 2%的自估财富，而不太富有者则缴纳 1%的自估财富。这项措施取得了巨大成功，并且表明这三个省的居民都比财产税册所显示的富有许多。

以上对荷兰、格罗宁根和上艾瑟尔三省的直接税收构成的考察显示了三省在这方面的很多相似性，但也很清楚地表明：荷兰省的直接税税种较多、税率也较高，而且征收的年份也比其他两个省多。这一点与上文提到的三省在间接税收方面的差别基本相似。我们将在下一节中详细考察三省各自的间接税收构成。

间接税收构成

对间接税收构成统计数据的分析(见图 10.23～10.25)显示，课征于尼德兰普通居民消费的消费税是荷兰、格罗宁根和上艾瑟尔三省的主要间接税，当然也是能征到大量间接税收入的唯一税种。磨面、肉类、啤酒、白兰地、烟草、泥煤等消费税产出的收入始终要占到三省间接税总收入的 65%甚至更多。

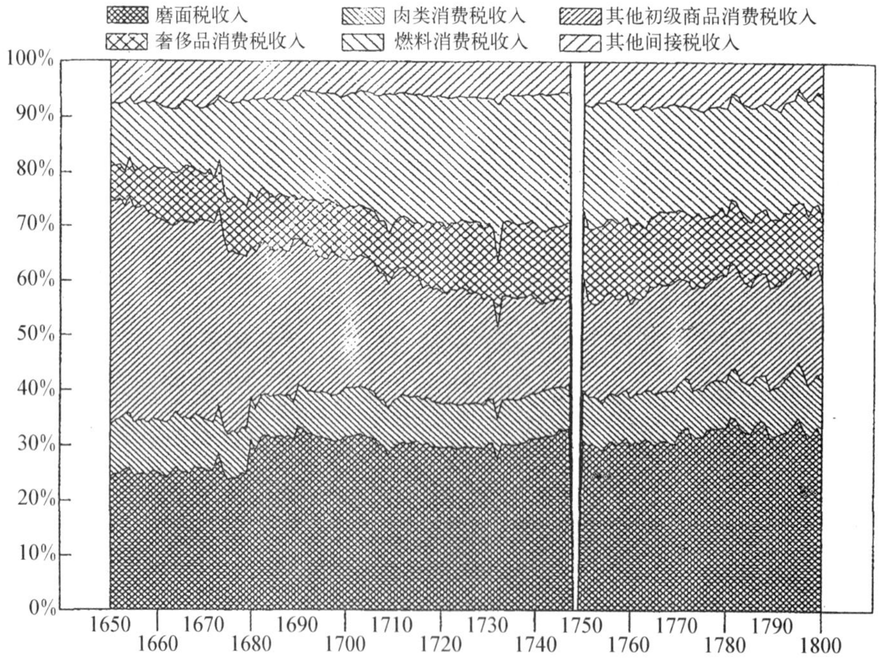

图 10.23　1650～1800 年荷兰省不同间接税收入占间接税总收入的比例(%)

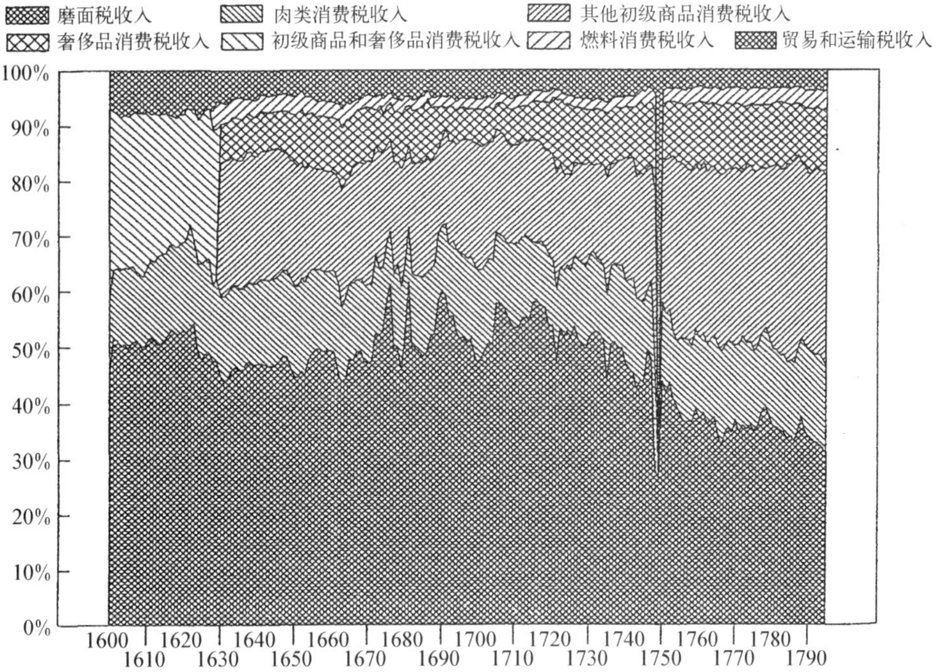

图 10.24　1600～1795 年格罗宁根省不同间接税收入占间接税总收入的比例(%)

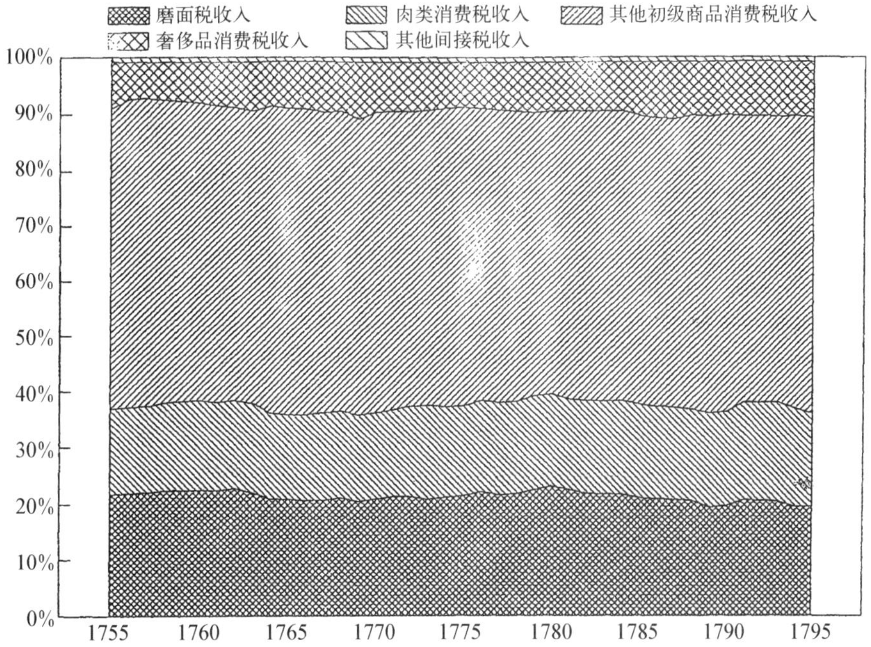

图 10.25　1755～1794 年上艾瑟尔省不同间接税收入占间接税总收入的比例(%)

其实，消费税并不像最初被认为的那样具有累退性。一些主要食品是免税的：豌豆等豆类食品以及所谓的“淡”啤酒——所有穷人的主要日常食品——都不征税；而磨面税对不同的谷物适用不同的税率，如黑麦的税率要远低于小麦的税率。像葡萄酒这样的消费品的消费税税率可能会被定在较高的水平上，但奢侈品消费税从未产出足以减轻初级消费品税负的收入。大约在 1640 年以后出现的间接税总收入相对弹性不足的情况，似乎也反映在了间接税收入构成中。但不管怎样，我们还是能够观察到一些间接税收入构成的变化趋势。

首先，燃料税占荷兰省消费税产出的收入份额值得注意，尤其是在与生产泥煤的格罗宁根省比较时。荷兰省的泥煤和煤炭税主要课征于生产部门，而生产部门能把税负转嫁给其(外国)消费者。格罗宁根省的泥煤产区主要由格罗宁根城拥有，格罗宁根城在这个省具有很大的政治影响力。造成格罗宁根省磨面税收入占比不断降低的原因可能是：1748 年以后，这个省调低了黑麦的税率以及消费量不断增加的土豆消费的税率(种植土豆要缴纳耕地税；尽管格罗宁根省也是唯一征收进口土豆税的省份，但收入可忽略不计)。表 10.12 列示了三省间接税收入构成其他方面的相对变化，并且比较详细地展示了三省一些基准年份的间接税收入构成状况。

表 10.12　1650～1790 年荷兰、格罗宁根和上艾瑟尔三省所选消费税收入占间接税总收入的比例(%)

税　名	荷兰省				格罗宁根省				上艾瑟尔省	
	1650 年	1700 年	1755 年	1790 年	1650 年	1700 年	1755 年	1790 年	1755 年	1790 年
磨面税	24	31	28	30	44	39	36	33	22	20
屠宰税	9	9	8	9	16	20	15	16	15	17
啤酒税	33	17	8	4	17	14	0	0		7
白兰地税	1	2	6	6	5	10	22	19	37	39
烟草税	0	1	1	2	1	4	11	14	6	8
葡萄酒税	6	6	7	6	7	5	8	8	8	9
泥煤和煤炭税	11	20	20	18	3	2	3	4	—	—
过磅税	5	5	6	8	5	3	2	1	0	0
羊毛税					2	3	3	4	—	—

续表

税　　名	荷兰省				格罗宁根省				上艾瑟尔省	
	1650 年	1700 年	1755 年	1790 年	1650 年	1700 年	1755 年	1790 年	1755 年	1790 年
黄油税	2	3	3	3						
测量税	2	2	2	2						
肥皂税	2	0	0	4						
运输税	—		3	1					0	0
其他消费税	5	5	8	7	0[a]	0	0	0	1	0
合计	100	100	100	100	100	100	100	100	100	100
间接税收入占总收入的份额：	46[b]	42[b]	46[b]	37[b]	47	22	29	26	31	37

注：a：土豆和一种城市通行税(spilsluizen)。b：只包括 Zuiderkwartier 地区(约占荷兰省总额的80%左右)；荷兰全省的这些税收占比 1755 年是 44%，1790 年是 36%。

如表 10.12 所示，作为早期主要消费税的啤酒税重要性急剧下降。造成啤酒税重要性下降的一个原因是，18 世纪，像咖啡、茶叶和巧克力这样的替代品消费不断增加；另外一个原因是，为了减轻共和国趋于衰退的啤酒业的税负，当局降低了啤酒税的税率。白兰地和烟草消费税不断增加的收入弥补了啤酒税收入的减少。因此，我们可以下结论说，消费税收入构成的总体变化趋势三省基本相同。

结　　论

尼德兰共和国的“国家财政”基本上就是各自治省的收入和支出总和。各省不但要为处理本省内部事务筹款，而且还要为尼德兰共和国卷入代价昂贵的大规模战争筹款。本章探讨了荷兰、格罗宁根和上艾瑟尔三省如何应对这些挑战的问题。

17 世纪上半叶，间接税收以及按不断下降的利率谈定的借款好像在解决由战争支出猛涨造成的财政困难方面发挥了重要作用。尽管经济结构大相径庭——高度商业化和货币化的荷兰省与商业化和货币化程度低且发展速度慢的格罗宁根和上艾瑟尔农业省两者之间的情况就是如此，但后来，直接税收

(另外还有借款)作为财政问题的解决手段变得比间接税收更加重要,而且格罗宁根、上艾瑟尔和荷兰三省的情况都是如此。

公债的不断增加迫使三省致力于控制债务的利息支出。17 世纪债务增加、利率下降的这种剪刀差形变化已经非常明显。但在 18 世纪的战争年代,三省都表现出一种明显的倾向,即相对于(如在 17 世纪)低息强制性借款而言,更加偏好无需偿还本金的高利率、有期限的“自愿贷款”。三省后来似乎更加倾向于借助于市场,而不是采取强制性手段,甚至向公众发行抽奖偿还公债。和平年代,除了要比 17 世纪偿还更多的债务以外,降息仍是首选的政治政策目标。荷兰省是通过从源课征利息收入税来降息的。在荷兰省,1%或/和 0.5%的资本税通常能使利率从 4%实际减少到 2.5%;但在像上艾瑟尔这样的省份被证明成功地实施了正式的债务转换机制。

各省的人均收入和对联邦公共财政的相对贡献并不相同,荷兰省超比例地承担了联邦海军和陆军的军费支出,从而导致该省债台高筑且越来越高,而且还承担了沉重的税负。18 世纪,荷兰省经济停滞不前,而公债负担相对于它的收入而言继续超比例增加。其他省份成功地缩小了自己的公债规模,并且在不持续承担越来越重的税负的情况下依靠农业生产实现了经济增长。这就提出了一些关于经济发展与政治体制关系的问题,例如,尼德兰共和国的联邦制是有利于还是有害于经济的长期增长。

有人可能会认为,中央集权化国家相对于联邦制国家有一个优势,因为前者得益于行政机构、统一的税收法律法规、无壁垒国内贸易以及涉及政治玩家相对较少的精简的政治决策过程等方面的规模经济效益。从这个角度看,联邦制的尼德兰共和国似乎处于劣势。然而,近年来,一些制度经济学家认为,联邦制是效率最高的政治体制,有能力在占用国民财富和保护产权之间实现微妙的平衡,并且能使联邦政府以让纳税人承担较低费用的方式来履行职能。如果就像这些制度经济学家认为的那样,“在过去的 300 年里,世界上最富有的国家采取的就是联邦制”,那么,尼德兰就是第一个高效的联邦制税收国家,并且后来为英国和美国所效仿。联邦制政体的效率想必来源于各省之间的政治竞争:假设资本和劳动力可以自由流动,很明显,各省必须为自己的居民提供最有吸引力的税收水平和公共产品质量之间的选择;否则,资源就会流向其他管辖区。①

那么，我们应该如何来评价尼德兰共和国的联邦制呢？初看，联邦制似乎为尼德兰共和国铺就了通向成功的道路：毕竟，在整个 17 世纪和 18 世纪的大部分时间里，尼德兰共和国是欧洲最富有的国家。那么，这是否就意味着尼德兰的政治体制在经济上是有效的？当时，在对外战争连绵不断的背景下，尼德兰各省政府提供的主要公共服务常常可以宽泛地定义为“国防”。那么，尼德兰的联邦制是否在税负与大规模军费支出的效益之间实现了有效的平衡呢？

首先，尼德兰的每个省不都是按照自己的收入和财富水平征税。差不多直到 18 世纪中期，各省间的税负离差可能仍比较适中。从 17 世纪下半叶开始，低农产品价格也许导致格罗宁根和上艾瑟尔这两个农业省按占收入百分比计的财政压力增大，但却产生了减轻荷兰省这样的城市和商业经济体税收负担的作用。到了 18 世纪中期以后，不断上涨的农产品价格产生了相反的作用。其次，各省受益并非相同。就海战而言，荷兰省得益于尼德兰共和国国际政策的程度就要大于任何其他省份。也不是每场战争都有利于提高经济绩效：欧洲其他国家迫使尼德兰共和国参战，仅仅是为了巩固或者加强政治联盟。尽管这些战争从政治的角度看也许有益于尼德兰，但从宏观经济的角度看却给尼德兰造成了外部不经济。

为战争支出筹款并不属于各省为争夺稀缺资源而展开政治竞争的范畴。荷兰省在经济和政治两个方面都是尼德兰共和国居于支配地位的省份；而且，即使在经济停滞时期也承担了尼德兰海军和陆军开支的最大份额。因此，尼德兰共和国的政治体制可被定义为一种由一个成员国主导的联邦制，而不是一个由平等的成员国基于内部政治竞争的联邦制。尼德兰共和国联邦政体的一个关键特点，就是各省联邦财政支出贡献度按固定百分比分摊的稳定化效应。有人可能会争辩说，荷兰省承担的沉重税负是它为自己的主导地位和共和国的稳定付出的代价；可能还有人会认为，这是值得付出的代价，因为它有助于避免内部冲突以及政治自由竞争可能造成的不稳定局面。就此而言，无

① B. Weingast, 'Constitutions as Governance Structures: The Political Foundations of Secure Markets', *Journal of Institutional and Theoretical Economics*, 149 (1993), 286 - 311 (quote at p.289).

论是从尼德兰共和国经济在国内的发展还是在世界市场上的地位的角度来看，联邦制都产生了有利于尼德兰共和国经济发展的影响。

注释与资料来源

荷兰省

荷兰省的主要资料来源：

Rappoften en Memorien over de Finantien van Holland. Met de bijlagen tot dezelve behorende, in ifejaren 1678, 1721, 1728 en 1750 *resp uitgebragt ter Vergadering derzelve Provincie* (The Hague, 1797). 以上分别是荷兰省 1678、1721、1728 和 1750 年度的财政报告。这些报告是为荷兰省三级会议编制的，是作为 1788～1794 年非常详细、篇幅很长的财政报告的附录发表的。

Rijksarchief Noord-Holland (S[tate] A[rchives of] N[orth] H[olland]——北荷兰国家档案馆), archive 'Gecommitteerde Raden van West Friesland en het Noorderkwartier', nos. 122, 126a-m, 'Bijlagen bij de liquidatiestaten van het Zuiderkwartier en het Noorderkwartier, 1726 - 6'：为了防止 Noorderkwartier (荷兰省北方)的税负远重于(荷兰省南方)而制作的表格。

在南荷兰国家档案馆(Rijksarchief Zuid-Holland ——S[tate] A[rchives of] S[outh] H[olland]—)收藏的荷兰省省府(Gewestelijk bestuur)、财政署(Financie van Holland)和审计院(Rekenkamer ter Auditie)的档案文献中有很多相关记载。

Rijksarchief Zuid-Holland, archives of L.P. van de Spiegel, no. 787, 'MEMORIE of te Verhandeling van het geene omtrem het stuk van de Finantie van de Provincie van Holland en Westvriesland van tijd tot tijd is voorgevallen, en in wat toestand dezelve zig bijzonderlijk in 1755 bevindt, om daar uijt op te maaken het vermoogen waarna de maatregulen van Staat genomen kunnen worden'.

Algemeen Rijksarchief (Public Record Office), many records in the archive of the 'Generaliteitsrekenkamer'(generality accounting chamber), 'Raad van State', and in the archive of J. Goldberg, a financial specialist at the end of the eighteenth century.

Gemeentelijk Archieve Amsterdam (Amsterdam Municipal Archive), archive 'Burgemeesters, Landsen gewestelijk bestuur' (5030), no. 153.

格罗宁根省

格罗宁根省的主要资料来源：

Rijksarchief Groningen (State Archive in the province of Groningen, or RAG——格罗宁根省国家档案馆). 'Rekeningen van de ontvanger generaal van Stad en Lande over de jaren 1594/5 - 1795' (accounts of the general receiver of Groningen, 1594/5 - 1795——1594/5～1795 年格罗宁根省总税收官账册) are RAG, Statenchief (SA), nos. 1817 - 2018. 只缺 1642 年的账册。关于 1731～1793 年的数据，有一个当时的账户数据汇总存世：'Korte opgave van de rekeningen van de ontfanger generaal der provincie Stad en Lande en van den rentmeester der provinciale vaste goederen, lopende van 1731 - 1793 (Groningen 1795)' (RAG, SA no. 515). 来源于"一般手段"的收入常汇总在当时的"Tabellarische staat der rendementen of opbrengsten van alle verpachte, na 1748 gecollecteerde middelen 1594 - 1786"中。虽然"Tabellarische Staat"中的金额不同于账册上的金额，但两者相差不多。

上艾瑟尔省

上艾瑟尔省的主要资料来源：

Rijksarchief Overijssel (State Archive in the province of Overijssel, or RAO). The 'Staten van de lasten en middelen van de provincie Overijssel' (lists of the expenditure and income of the province of Overijssel) are preserved for a considerable number of years in the seventeenth century (1604, 1617 - 18, 1621 - 33, 1635, 1658, 1661 - 8, 1671, 1676, 1682 - 3, 1685, 1689, 1694 - 5, 1697 - 1700) and for the entire eighteenth century until 1795 (RAO, Oude Statenarchief [OSA] nos. 1,871 - 7). 这些都是前些年由省长根据省 15 个税收官签发的付款通知书和他们负责收进的收入金额进行的省府收入和支出调查。由于税收官账册也大多很好地保存了下来，因此，"议会"(Staten)很多年的相关数据与这些账册上的数据进行了比较。两者相差不大(在 1%～4%之间)，主要是由省属领地收支造成的。一直到 1660 年前后，7 个省属领地管家的收入和支出——几乎要占到省公共财政收支总额的 15%——出现在"议会"账册上的是在扣除了支出后的估计盈余，而不是它们的实际收入和支出。1660 年以后，仍采用估计值，而不是实际值。在本章有关总收入和总支出的图表中添加了年度总收入和总支出估计值序列，这些数据是由阿尔方斯・弗朗桑(Alfons Fransen)博士根据上艾瑟尔省 3 各主要税收官的账册上的数据估计得到的。

由于三省的全部数据都是根据税收官签署的付款通知书和由他们负责——而不是他们实际经手或者收到——的收入金额估算的,因此,支出数据常常包括短期借款,特别是在战时[绝大部分短期贷款由负责军需付款的所谓"军费筹措人"(solliciteurs-militaires)发放。实际上,这些所谓的军费筹措人扮演了省府银行家的角色]。如果短期债务越欠越多,难以还清,那么有时在战后就会被转换成长期债务(如 1678 年和 1713 年后)。收入数额不包括收税或者包税费用,而且也扣除了上艾瑟尔省的税收减免额。我们没有找到任何关于包税人利润(实收税收与上缴包税银之差)的数据。由于税区通常较小,并且以竞拍的方式发包,因此,保税人的利润可能不会很高。在格罗宁根省,领地变卖收入和支出并不总是记入总税收官账户。有时,在所谓的"单列金库"(Separate Cassa)账户上能够找到领地变卖收入和支出金额。在这些账户中发现的收支数额并没有包括在本章的相关图表中,但是,利用这个收入来源偿还的债务数额当然反映在了本章的相关图表中,尤其是图 10.9 中(格罗宁根省的债务还本付息)。

所有这些数据都进行了合并:税收官之间的相互付款没有包括在本章的相关图表中。各省所借贷款的数据都是实际已发放的数据。

第十一章　1661～1715 年路易十四在位时期的战争和勃艮第财政

朱利安·斯万(Julian Swann)

勃艮第三级会议的推选官员担心饥荒向周边地区蔓延,1693 年 12 月在绝望中写信给财政总监(contrôleur général)蓬查特兰(Pontchartrain)。[①] 他们在信中写道：伯恩(Beuane)城镇的街头笼罩在由饥荒造成的恐怖中,伯恩已经有人饿死。这些不幸的人被发现时,“鼓鼓的肚皮一旦被弄破就露出在死前咽下的青草”。能够证明当地居民值得怜悯的证据俯拾皆是,国王派驻勃艮第布雷斯(Bresse)的包税合同主管(directeur des fermes du roi)德·孔布先生(de Combes)1691 年夏天在布雷斯周边乡村巡视了 3 个星期。根据他的证词,这个地区“到处都是乞讨者……盐贵得像贡品那样在出售”,而穷人“用草和一些苦涩的植物根茎做对于他们来说像盐一样金贵的浓汤”。[②] 勃艮第的省长孔岱(Condé)亲王为了参加 1691 年的三级会议,在视察第戎(Dijon)后甚至致信蓬查特兰表示,“我不得不告诉你说,我在这里看到的惨状比我认为的还要严重”。[③] 他还补充道,“在沿途经过的每一个村庄,我没有遇到一个不向我乞讨的村民”。继这些情况严峻的报告之后,在随后的 25 年里,很多情况更加严峻的报告接连不断,因为勃艮第和法国很多其他地区都经历了农业歉收、1693～

① [Dijon,] A[rchives] D[épartementales de la] C[ôte d']O[r] C 3138, fols. 458 - 9, 23 December 1693. 推选官员也向孔岱省长写了一封内容非常相似的信：*ibid.*, fol. 458。

② [Paris,] A[rchives] N[ationales] G7157, fols. 210 - 13, Combes to Pontchartrain, 19 July 1691.

③ AN G7157, fols. 180 - 1, Conde to Pontchartrain, 4 June 1691.

1694 年的饥荒以及 1709 年的寒冬等遭遇。[①] 霜冻冻死了勃艮第繁荣所依赖的葡萄树，而更加严重的灾难与 1713～1714 年的牲畜瘟疫一起接踵而至。[②] 这些自然灾害又正好发生在“九年战争”(1689～1697 年)和西班牙王位继承战(1701～1714 年)期间，前所未有的财政需要像磅沱大雨般地落到了勃艮第头上。勃艮第作为法国的一个主要三级会议制省份，有它自己的省政府来应对这些挑战。本文将通过研究路易十四(Louis XIV，1638～1715 年在位。——译者注)治下的三级会议财政管理制度来考察一个明显已经变得非常贫穷的省份怎么能够为这些代价昂贵的战争筹集资金。

直到一个相对较近的时期，法国 17 和 18 世纪省三级会议的历史还令人奇怪地被专家学者们所忽视。[③] 随着 J. 拉塞尔·马诺尔(J. Russell Major)[④]、威廉·贝克(William Beik)[⑤]和詹姆斯·柯林斯(James Collins)[⑥]等的重要研究成果的发表，这种状况逐渐开始发生变化，而我们现在能够更好地了解在路易十三(Louis III，1601～1643 年在位。——译者注)在位时期以及路易十四亲政的头 20 年里法国王廷与省三级会议之间的关系。拉塞尔·马诺尔在他关于近代早期代议制度的宏大研究中表示，路易十四虽然并不那么敌视省三

① 关于这些情况，最近有两篇令人印象深刻的论文发表，它们分别是：M. Lachiver, *Les années de misère: La famine au temps du grand roi* (Paris, 1991)；W. G. Monahan, *Year of Sorrows. The Great Famine of 1709 in Lyon* (Columbus, Ohio, 1993)。

② 关于这个问题的确切性质，原始文献表述模糊。但可以参阅第戎最高法院的陈情书：AN U 1062, 19 August 1715。

③ A. Thomas 的“*Une province sous Louis XIV. Situation politique et administrative de la Bourgogne de 1661 à 1715* (Paris, 1844)”是目前论述这个时期勃艮第三级会议问题的第一本并且也是最后一本专著。不过，读者还可以参阅文献：Bonney, *Political Change in France under Richelieu and Mazarin, 1624－1661* (Oxford, 1978), pp.344－83。关于其他省份三级会议的研究成果要多许多，尤其是关于布列塔尼三级会议的研究成果：但 A. Rebillon 的文献“*Les Etats de Bretagne de 1661 à 1789* (Paris, 1932)”仍是这方面研究的一篇经典论文。本章作者目前正在从事时间跨度更大(从 1661 年到 1790 年)的关于勃艮第三级会议的研究。

④ J. R. Major, *Representative Government in Early Modern France* (London, 1980), and his recent *From Renaissance Monarchy to Absolute Monarchy. French Kings, Nobles and Estates* (Baltimore, 1994).

⑤ W. Beik, *Absolutism and Society in Seventeenth-Century France. State Power and Provincial Aristocracy in Languedoc* (Cambridge, 1985).

⑥ J. B. Collins, *Classes, Estates and Order in Early Modern Brittany* (Cambridge, 1994).

级会议，但决心要让三级会议臣服于他的意志。[①] 17世纪60和70年代，反对国王征税要求的传统，或者更加经常是，与国王派遣的专员就税收问题讨价还价的传统逐渐被废弃。但马诺尔认为，路易十四治下的君主专制政体控制了"曾经充满活力、深得人心的官僚机构的残余"。[②]

贝克(Beik)在他非常著名的朗格多克(Languedoc)研究中提出了一个反映法国君主专制政体如何让地方三级会议在政治上就范的竞争性模型。他强调指出了当时法国王廷、贵族和城市捐班之间串通一气的严重程度。地方精英以臣服国王作为交换条件，在省行政机构取得了很大的权力，并且也提高了自己的社会声望和权威。[③] 虽然朗格多克承担的财政负担从1628年的近120万里弗尔增加到了1643年的500多万里弗尔，但问题要比它们刚出现时复杂。[④] 1643年实现的不同寻常的财政收入不但没有能够保持下来，而且直到1691年才恢复到近似的水平。此外，就如贝克所指出的那样，其间，税收只是断断续续地增加；而1653年，或者说在路易十四亲政的头十年里，税收仍处于比较适中的水平。更重要的是，朗格多克增收到的税收并没有上缴凡尔赛宫，其中的很多资金从未离开朗格多克，而是主要被用于支付驻扎在勃艮第境内的部队的食宿费用，兴修南方运河以及支付地方捐班和命官的俸银。[⑤] 由于税收都用在了勃艮第省内，因此，引起抵制情绪的潜在可能性也相应降低，而地方精英利用征税和资金分配发财致富的机会也消除了仅剩的那些怨恨。在贝克看来，路易十四全靠与当时的社会精英缔结了紧密的联盟，才能在树立其君主权威方面取得了成功。詹姆斯・柯林斯在他最近发表的关于布列塔尼(Brittany)的研究成果中也提出了相似的观点，也强调了法国王廷与外省社会主要成员合作的重要性。在柯林斯看来，布列塔尼三级会议并不怎么关心布列塔尼在历史上享受的特权和自治权，而是更多地关心"如何捍卫布列塔尼真正的经济和政治利益"。[⑥] 就如在朗格多克，由于王廷、贵族地主和法律职业阶

---

① Major, *Representative Government*, pp.631 - 3.

② *Ibid.*, p.671.

③ Beik, *Absolutism and Society*, esp.pp.223 - 339.

④ *Ibid.*, pp.140 - 6.

⑤ *Ibid.*, pp.245 - 70.

⑥ Collins, *Classes*, *Estates*, *and Order*, p.174.

层建立了“难得的默契关系”,因此受到损害的是纳税的农民阶层。[①]

这些关于三级会议制地区的研究反映了关于历史上持续时间长达 25 年的君主专制政体的性质的思考发生了总体变化。[②] 毫无疑问,强调国王路易十四与其主要臣民之间达成了一致,有助于我们更好地理解在他统治的后半期法国国内政坛相对比较平静的原因。但是,这些研究绝大部分集中关注 1688 年之前,很少有研究冒险跨越太阳王统治早期光辉岁月去考察他在位的最后 25 年,也就是战争和自然灾害导致法国濒临外敌侵犯和军事崩溃的 25 年。但就是在这个时期,法国民众承受了最沉重的财政负担,而关于君主专制的共识也经历了最严峻的考验。对勃艮第在这个动乱时期的财政管理进行考察,有助于我们理解勃艮第的地方财政系统是怎样经受住大动荡并且同时又能开发一些不经重大变革一直能持续到 1789 年的财政手段的。

在路易十四亲政之初,勃艮第三级会议继续履行省行政管理的职责。[③] 就如布列塔尼和朗格多克的三级会议,勃艮第的三级会议也是由三个社会等级的代表组成。[④] 勃艮第当时的神职人员主要有奥坦(Autun)、奥塞尔(Auxerre)、索恩河畔沙隆(Châlon-sur-Saône)和马孔(Mâcon)的主教,加上 20 个地方修道院院长、22 个座堂神职团团长和副团长以及至少另外 24 个修道院院长和修会会长。贵族院向所有在省里拥有采邑并能提供 4 个季度贵族证据的绅士开

① *Ibid.*, p.175.

② 关于代表性样本,请参阅文献:F. X. Emmanuelli, ‘Pour une rehabilitation de l'histoire politique provinciale: l'exemple de l'assemblée des communautés de Provence, 1660 - 1786’, *Revue historique de Droit Français et Etranger*, 59 (1981), 431 - 50; S. Kettering, *Patrons, Brokers and Clients in Seventeenth-Century France* (*Oxford, 1986*); *R. Mettam*, *Power and Faction in Louis XIV'S France* (Oxford, 1988); and D. Hickey, ‘Tailles, clientèle et absolutisme: le Dauphine aux XVI et XVIIIe siecles’, *Revue d'Histoire Moderne*, 39 (1992), 263 - 81.

③ 本文将讨论勃艮第公爵领地的财政管理问题,但不包括马孔(Mâcon)、夏洛勒(Charolles)和塞纳河畔巴尔(Bar-sur-Seine)公爵领地或者相邻的布雷斯(Bresse)、比热(Bugey)和热克斯(Gex)地区。

④ 关于省三级会议构成的详细情况,请参阅文献:D. Ligou, *L'intendance de Bourgogne à la fin du XVIIe siècle. Edition critique du mémoire pour l'instruction du duc de Bourgogne* (Paris, 1988), pp.180 - 7; Thomas, *Une province sous Louis XIV*, pp.7 - 16; and M. Bordes, *L'administration provinciale et* municipale *en France au XVIIIe siècle* (Paris, 1972), p.106.

放。最后，是72个代表社会第三等级的代表，通常是市长或镇长或者他们的助理。由于三级会议在任何三年期内只召开几周时间的会议，因此，三级会议的很多行政管理职能都由一个名叫"选派官员院"(chamber of élus)的中间委员会(commission intermédiaire)代表代为履行。这个选派官员院由三级会议中的三个社会等级代表各推选的1个代表、第戎审计院推荐的2个官员以及第戎市长和国王选派的代表组成，勃艮第的行政管理权实际掌握在这些选派官员手中。除了监督征税、借钱筹款和处理其他财政问题外，选派官员还要负责组织地方民兵征募工作，监督道路和公共建筑修建，而且在饥荒时期，还要在粮食供应方面发挥积极的作用。

省三级会议虽然每三年召开一次会议，但保留了审批在省内课征任何税收的重要权力。在路易十四亲政的头十年里，省三级会议保留了与国王的代表省长兼财政总管就本省要做的财政贡献讨价还价的传统。在勃艮第课征的五种皇家直接税(统称平民人头税)是"don gratuit ordinaire"(普通"无偿捐赠")(有时也叫"octroi odinaire")、"don gratuit extraordinaire"(特别"无偿捐赠")、"taillon"(附加平民人头税)、"garnisons"(驻军税)和"subsistance des toupes et exemption des gens de guerre"(驻军食宿和免驻税)。[①] 想征收两种"无偿捐赠"要经过三年召开一次的省三级会议审议通过，而附加平民人头税、驻军税及驻军食宿和免驻税要有经选派官员认可的国王授权书才能征收，还要经过省三级会议进行追溯性审批。[②] 附加平民人头税和驻军税每年分别固定征收71 550和86 000里弗尔，并且在整个路易十四统治时期保持不变。军人食宿和免驻税其实由两部分组成，第一部分是省当局提供给皇家部队过冬的食宿；而第二部分"免驻税"，顾名思义，是指为了阻止部队在冬季驻扎在省里而缴纳的税收——一种总是被路易十四忽视的税收。1661年以后，国王征税授权书的价格逐年上涨，如免驻税的征收特许状的价格在1662年上涨到了11.2万里弗尔，到了1680年又涨到了20万里弗尔。军人食宿税的征收额到

① 关于勃艮第平民人头税富有教益的讨论，请参阅文献：P. d'Orgeval, *La taille en Bourgogne au XVIIIe siècle* (*Dijon*, *1938*).

② C. Arbassier, *L'absolutisme en Bourgogne. L'intendant Bouchu et son action finaricière, d'après sa correspondance inédite*, *1667-1671* (Paris, 1921), p.109.

了 1679 年也已经增加到了 34.5 万里弗尔，但在 1685 年又减少到了 30 万里弗尔。[①] 后来，这些财政负担直到大革命爆发没有再发生进一步的变化。虽然对国王的征税授权常有抱怨，但仍然是特别“无偿捐赠”才是地方对皇家税收的态度的试金石，因为这种直接税才能体现三级会议召开会议的象征性重要意义，而且也有助于我们考察很多例子。

勃艮第三级会议在 1668 年 1 月举行的会议清楚地反映了三级会议审议税收提案的程序。[②] 几乎在开幕仪式结束以后，三个等级的议员分别审议本议院要向省长孔岱亲王表达的意向。利益最直接相关的第三等级议院先要作出决议，并且派 2 名代表去僧侣院和贵族院发言强调勃艮第民众的贫穷，并且建议征收 50 万里弗尔的特别“无偿捐赠”。两个特权等级议院要比第三等级议院慷慨，僧侣院同意征收 60 万里弗尔，而贵族院则表示附议，最后就把这个数额报给省长。为了正确看待这些数据，有必要指出，1662 和 1665 年，勃艮第三级会议都把特别“无偿捐赠”定在了 105 万里弗尔；由于 1667 年爆发了战争，因此，勃艮第省政府接受少征特别“无偿捐赠”的几率微乎甚微。

事实上，孔岱亲王在 1668 年获得了征收 150 万里弗尔的授权，但有人认为征收 120 万里弗尔就够用了。[③] 勃艮第省长毫不令人惊讶地拒绝了三级会议批准的 60 万里弗尔的特别“无偿捐赠”征收额，并且固执己见地表示，这个数额与“国王陛下的大事”很不相称。[④] 三级会议继续进行审议，而贵族院表决通过了把特别“无偿捐赠”增加到 70 万里弗尔的议案，同时还征收 5.3 万里弗尔的普通“无偿捐赠”，但小心翼翼地附加了以下这个条件：国王必须承认“上一届三级会议审议通过但本届三级会议没有审议的全部决议”（toutes les nouveautés qui ont este establoit pendant la triennalite dernier et qu'il n'en

① Thomas, *Une province sous Louis XIV*, p.148.

② 以下内容参考了贵族院的档案文献：ADCO C 3039, fols. 16 - 47。关于会议记录的更详细介绍，请参阅文献：F. Dumont, *Une session des états de Bourgogne. La tenue de 1718* (Dijon, 1935), pp.15 - 25。

③ Thomas, *Une province sous Louis XIV*, p.37.

④ ADCO C 3039, fol. 22.

sera establie aucuns pendant la presente')。三级会议有成员流露出这样的不满情绪，是直接针对1668年1月(而不是5月，因为三级会议应该在这一年5月召开)召集三级会议开会以及增收军人食宿和免驻税的。这些不满情绪本身并没有很大的意义，但反映了三级会议在审批税收时要附加条件的倾向。孔岱断然拒绝了这个附加条件，并且指出省里几乎不可能在战争时期比和平时期少收税。[①]

对于希望把特别"无偿捐赠"征收额降低到70万里弗尔以下的第三等级代表来说，70万应该包括普通"无偿捐赠"。[②] 省长的再次拒绝引发了巨大的恐惧。第三等级议院派代表"恭谦地恳求奥顿(Autun)主教提请三级会议全体代表就是否向尊贵的亲王殿下进谏说明'第三等级民众非常贫困、实在是无能为力'进行表决"。[③] 两个特权等级的代表对这一呼吁充耳不闻，并且联袂同意把征收额提高到80万里弗尔，但省长再次予以拒绝。90万里弗尔的征收额还是遭到了拒绝，而第三等级的代表试图劝说奥顿主教代表三级会议去与孔岱亲王交涉。三级会议重新就征收额进行讨论，并且一再提高征收额。最终，虽然仍附加了条件，但特别"无偿捐赠"征收额增加到了100万里弗尔，外加5.3万里弗尔的普通"无偿捐赠"。尽管勃艮第三级会议做出了这么大的努力，但就这也没能打动孔岱，他固执己见地一而再、再而三地要求提高征收额，同时又极力降低附加条件。

三级会议内部以及三级会议与省长之间的谈判持续了一个多星期。最后，奥顿主教在他提出的方案再次遭到拒绝以后，不耐烦地发问"国王到底要我们缴多少"。省长回答说，国王下令不得少于120万里弗尔。尽管情况就这样一下子变得明朗，但三级会议代表并没有明显的热情臣服于国王的旨意。在经过了必须履行的讨论程序以及三个议院之间的多次推诿以后，勃艮第三级会议就105万里弗尔特别"无偿捐赠"外加5.3万里弗尔普通"无偿捐赠"的征收方案达成了一致。勃艮第三级会议谨慎地表示了他们尽力如数缴纳的意愿，而孔岱答应写信把这个方案呈报王廷，并且一定从中斡旋。但是，勃艮第

---

① 国王之所以决定在1月而不是5月召开三级会议，想必是因为爆发了战争。

② 普通"自愿捐赠"征收额通常被定在53 000里弗尔，但可放在特别"自愿捐赠"中一起缴纳。

③ ADCO C 3039, fol. 23.

三级会议也是够固执的，坚持要加附带条件“万一发生意外，国王得帮助他们想办法”。[①] 就这样，勃艮第三级会议和孔岱省长艰难地讨价还价了一个星期。然后，孔岱省长才把勃艮第三级会议的决议呈报国王，等待国王的回复。国王在回复中没有表达任何可通融的意思。[②]勃艮第三级会议只有两种选择：要么如数缴纳 120 万里弗尔的特别“无偿捐赠”，要么就是接受安排部队宿营的责任。对于像勃艮第这样的边境省份来说，几乎总有法国军队驻防，这可是一个实实在在的财政负担。于是，勃艮第三级会议立刻答应如数缴纳 120 万里弗尔的特别“无偿捐赠”。

省府当局在 1668 年争取获得勃艮第三级会议同意方面遇到的困难很有信息价值。为了确保收到“无偿捐赠”，王廷不得不花费 2 个多星期与勃艮第三级会议讨价还价，并且只能通过用负责部队宿营这个更加沉重的财政负担相威胁才让勃艮第三级会议完全屈服。至于勃艮第三级会议，他们虽然力争降低“无偿捐赠”征收额，但显然毫无结果，而他们要求在不同征收方案中附加条件的努力遭遇了冷淡的回应。虽然三个等级的代表都表明不愿通过政府的征收方案，但是，第三等级阶层的利益直接受到了威胁，因此，他们的代表在抵制政府方案方面表现得最为积极。[③] 1668 年 1 月勃艮第发生的事件很典型地反映了 17 世纪第三个二十五年法国实行三级会议制地区的财政谈判状况。[④] 王廷通常都能征收到它所要求的税金，但为了达到目的也不得不玩弄强迫和哄骗的伎俩。但像 1658 年勃艮第三级会议在会上断然拒绝国王要求的情况也实属罕见。[⑤] 1658 年，勃艮第三级会议坚决抵制了省长的要求和威胁，结果因此而被解散。

按照 1658 年的结果来看，勃艮第三级会议 1668 年召开的会议应该算是

---

① *Ibid.*, fols. 34 - 5.

② *Ibid.*, fol. 46.

③ 这些事件反映了 1662 年 6 月召开的三级会议期间发生的事情。在那届三级会议召开会议期间，就如孔岱亲王所说的那样，三级会议试图限制“无偿捐赠”数额。他在写给柯尔贝尔的一封信中以“他们要承担各种苛捐杂税”为由，替他们的行为开脱：G. B. Depping, ed., *Correspondance administrative sous le règne de Louis XIV*, 4 vols. (Paris, 1850 - 5), i. 426 - 31.

④ Beik 在他的一项题为“*Absolutism and Society*, pp.134 - 7”的关于朗格多克的研究中也提到一种相似的行为方式。

⑤ Major, *From Renaissance Monarchy to Absolute Monarchy*, p.300.

成功的，而3年以后的1671年5月会议也取得了非常相似的结果。[①] 在那次会议上，勃艮第三级会议就一项70万里弗尔“无偿捐赠”的议案展开了辩论，并且也出现了省长拒绝三级会议通过的征收方案和三级会议通过新的方案的常见反复，新通过的法案常常有附加条件。每次在审议新方案时，总是第三等级的代表想方设法地说服另外两个特权等级的代表称“绝对不能再多征了”。在经过了4天毫无结果的讨价还价以后，三级会议接受了僧侣代表提出的建议改变了策略：不再提出新的征收额，而是“听从他的指令”，直接按照孔岱的意思进行表决。孔岱告诉三级会议的代表，他们现在同意的90万里弗尔是不能接受的，但他也显然没能说出确切数额，因为有代表提出的95万里弗尔方案，在孔岱表示“如果能同意征收100万里弗尔，他就会（代表省里）从中斡旋”之前就被否决了。那些顽固的代表只同意征收95万，怎么劝说也无法让他们松口：他们很快就咬定95万不放，并且就指望孔岱亲王从中斡旋，而亲王允诺把他们的决议呈报国王。[②]

勃艮第三级会议没有接受国王要求的100万里弗尔征收额，他们不但得到了孔岱的支持，而且还赢得了财政总管克洛德·布旭（Claude Bouchu）的同情。布旭告诉柯尔贝尔（Colbert），“这个省很穷，货币奇缺，市面上几乎已经看不到货币”。[③] 这些努力总算有了结果，柯尔贝尔和路易十四不但愿意接受95万里弗尔的征收额，而且还主动减少了15万里弗尔。按照布旭的说法，勃艮第三级会议的代表们在听到这个消息以后，“喜出望外……我们很难向您表达他们的心情，也无需再费口舌说服他们相信：对于他们来说，最好就是服从国王的命令，庆幸国王对他们多么仁慈，并且比他们自己更加关心他们的处境”。[④]

即使我们允许布旭在他的以上描述中犯一定程度的诗歌破格错误，也能轻而易举地想见勃艮第三级会议全体成员的愉悦心情。1668年，勃艮第三级会议曾审议通过的更大征收额的方案遭到了拒绝，而国王则威胁要勃艮第为军队宿营买单。而这次，国王不但接受了低于他的要求的征收额，而且随后还

---

① 三级会议具体的会议情况引自文献：ADCO C 3039，fols. 51－8。

② Arbassier，*L'intendant Bouchu*，p.114.

③ 请参阅Arbassier援引的布旭1671年5月写给柯尔贝尔的信。

④ *Ibid.*，pp.114－15，Bouchu to Colbert，29 May 1671.

未经请求主动降低征收额，当然是一个非常令人愉快的惊喜。不过，这也并不令勃艮第三级会议完全感到意外，因为勃艮第三级会议已经注意到，阿图瓦(Artois)、布列塔尼和朗格多克等省的三级会议前不久也获得了类似的"减免"。[①] 短暂的遗产争夺战(War of the Devolution，1667～1668年)结束以后，和平的恢复允许国王可以这么慷慨一下，也可能影响了勃艮第三级会议决定批准低于孔岱要求的100万里弗尔的征收额。

无论事情的真相如何，勃艮第三级会议1671年5月的会议标志着王廷与该省三级会议之间关系的一个转折点。勃艮第三级会议在1674年5月召开的下一届会议上放弃了传统的讨价还价惯例，而是表决一致通过了100万里弗尔特别"无偿捐赠"外加5.3万里弗尔普通"无偿捐赠"的方案。[②] 在勃艮第三级会议向省长转达他们的决议后，省长立刻表示接受，然后像一个从自己的帽子里变出一只兔子的魔术师那样宣布，国王陛下只要求征收90万里弗尔，并且包括普通"无偿捐赠"在内。他还告诉三级会议的代表们，国王还给了不少财政"小甜头"，尤其是免除推行科尔贝特制造和航海计划时欠下的未还债务。最后，孔岱转达了国王的旨意：准许勃艮第三级会议征收50苏的盐税附加税用于缴纳"无偿捐赠"。[③] 官方的档案资料再次提到了这个消息令勃艮第三级会议的代表"喜出望外"，双方未进行任何讨价还价，就是因为缴纳"无偿捐赠"而给予如此迅速且实际的奖励，也着实给勃艮第三级会议上了一课。

1674年以后，勃艮第三级会议没有再进行公开的讨价还价，而大量的后续会议记录总是先记载一种所谓的"盲目尊重"行为。[④] 也就是"立刻一致表决通过'无偿捐赠'"。这种对国王权威习惯性的服从产生了它的戏剧性反应——省长宣布国王陛下只要求征收略低于三级会议批准的数额。省长答应在上报勃艮第三级会议顺从国王立刻通过了"无偿捐赠"征收额的情况时会在国王面前替勃艮第说好话。有时，结果令人印象深刻。1709年，省长居然做到了让征收额再减少10万里弗尔，也就是说，勃艮第只要缴纳80万里弗尔的"无偿捐

---

① *Ibid*., p.114.

② ADCO C 2998, fol. 1. Beik 在他的"*Absolutism and Society*, pp.136－7"中也提到了类似的策略在朗格多克产生了几乎相同的效果。

③ 食盐附加税是勃艮第三级会议预算不可分割的一部分，下文将详细考察这种附加税。

④ Thomas, *Une province sous Louis XIV*, p.44.

赠”，而不是三级会议实际表决通过的 100 万里弗尔。[①] 王廷做出这样的让步进一步传递了“臣服有奖”的信息，而王廷把省长作为受信赖的中间人，也进一步提高了省长在省里的声望。

路易十四和王廷当初就是采取这种“臣服有奖”的策略来结束了勃艮第三级会议公然就国王提出的财政要求进行讨价还价的传统的。由于国王采取了非常实际的合作激励措施，因此，拉塞尔·马诺尔所说的“勃艮第三级会议到了 1674 年就臣服于国王”[②]，就意味着皇家政策只有严厉的一面的观点实际上是错误的。阿尔巴西埃（Arbassier）关于路易十四“以他的慷慨征服了三级会议”[③]的表述更加确切地描述了当时的情况，并且也强调了国王获胜的脆弱性。1674 年，路易十四并没有颁布新的敕令来限制三级会议发表反对意见，而各地最高法院却不同，它们仍定期向国王递交陈情书（cahiers de remontrances）。[④]因此，发表反对意见的潜在可能性并没降低，就如托马斯（Thomas）所指出的那样，到了路易十四统治末期重新又能听到不满分子的声音。[⑤] 此外，在考察 1674 年以后的“无偿捐赠”时，不可能回避“三级会议做成了一笔极好交易”的结论。后来，相关研究都有这样一个隐含假设：勃艮第三级会议“主动”批准征收 100 万里弗尔的“无偿捐赠”，这个征收额自然会被接受；而且直到法国大革命爆发，这个数额也没有发生变化。勃艮第三级会议也同样把自己的行为建立在以下这个前提上：国王会放弃部分征收额，并且还会提供某些收缴方面的便利。[⑥]

因此，路易十四更多是取得了表面上而不是实际上的胜利。有证据能够表明，勃艮第三级会议在公开奉承国王的表面下仍保持了他们旧时的独立精神。例如，在 1685 年的会议上，勃艮第第三等级的代表为了准备一篇公文，对

---

① ADCO C 3049, fols. 264 - 5.

② Major, *Representative Government*, p. 640. 他在他的“*From Renaissance Monarchy to Absolute Monarchy*, p.344”中再次提出了他的这种论点。

③ Arbassier, *L'intendant Bouchu*, p.115.

④ 陈情书由选派官员每三年一次出差去凡尔赛宫呈递：Dumont, *Une session des états*, pp.129 - 52。各地最高法院确实向路易十四呈递过陈情书，尤其是临近路易十四统治末期，但各地最高法院在那个时期无疑受到了它们从未受到过的严厉控制。

⑤ Thomas, *Une province sous Louis XIV*, pp.51 - 2.

⑥ ADCO C 3049, fol. 104.

税负增加问题表示出了足够的关心。

“谨向尊贵的公爵殿下陈述并恳请他转呈国王我省税收负担大幅度增加的实情：1671 和 1674 年勃艮第都只按照 80 万里弗尔的标准缴纳‘无偿捐赠’，而后来就要缴纳 100 万里弗尔”。

也有人对驻军食宿和免驻税的征收特许状价格以及军队宿营费的增加表示了不满。后来，从 1674 年起，路易十四就停止征收这些税费。

在勃艮第三级会议第三等级议院的官方档案中，有一些内容与有关代表们一致同意征收 100 万里弗尔，随后得知国王屈尊接受时感到“喜出望外”的表述不符的公文。勃艮第的审查官（“alcalde”审查官是个西班牙语词，这个词的原意是“市长”或者“治安法官”，在这里显然不能作“市长”或“治安法官”解。根据后文的意思，我们把它译为“审查官”。——译者注）在 1694 年的相关记述提供了证明有人表示不满的另一证据。勃艮第共有 7 个审查官，由勃艮第三级会议三个议院推选或者任命，僧侣院和贵族院各推选或任命 2 个，而第三等级议院则推选或任命 3 个。[①] 他们的职责就是在三级会议召开三年一次的会议前举行会议审议选派官员的履职情况。虽然他们每三年只开几个星期会议，但有权预审选派官员准备的要提交三级会议三个等级议院审议的财政文献和财政信息简报，因此也为我们提供了研究当时财政政策的宝贵原始文献。审查官在 17 世纪最后几年的初审意见报告（remarques）据说已经遗失。[②] 但是，笔者很幸运，发现了他们留下的 1637～1715 年的初审意见报告，而他们的报告为本文提供了不少值得关注的线索。

1694 年，审查官们以他们猛烈抨击勃艮第承受的税负的言论开始了他们的初审意见报告。[③] 他们表示，不难“证明 50 年来我们常说的‘省税’几乎翻了一番”，他们甚至大胆指出，勃艮第三级会议本可以更好地履行自己的职责，“尽可能坚决地抵制有人提出的新玩意儿”。[④] 审查官们的意见不但是勃艮第

---

① 很少有人提到这个时期的审查官，但 Ligou 和 Thomas 分别在文献“*L'intendance de Bourgogne*, p.137, 187”和“*Une province sous Louis XIV*, pp.12 - 13, 20, 22 - 3”介绍了一些有用的细节。

② Ligou, *L'intendance de Bourgogne*, p.137.

③ ADCO C 3041, fols. 110 - 23.

④ *Ibid.*, fol. 112.

三级会议各等级议院讨论的重要议题，而且也是给王国写陈情书的重要素材。因此，他们显而易见的不满情绪进一步证明，1674 年，路易十四还没有解散勃艮第的三级会议。

法国王廷在 1692 年做出的市、镇长（maire）职位可以买卖的决定，对于勃艮第三级会议作为代议机构的长期活力产生了更加严重的危害。[①] 勃艮第三级会议对这一决定做出了回应，他们成功地要求王廷收回 1696 年 6 月 5 日发布的公告，理由是该公告宣称，在三级会议中推行“市长、镇长”（maire perpetuel）常设席位制。这实际上就意味着这些席位由选派官员控制，本来要经省长认可，现在由选派官员认为合适就可以自由推选。在 1740 年以前，省长继续对市长镇长的推选产生巨大的影响，但之后，选派官员享有很大的自主权。[②] 从三级会议的角度看，这一变革具有重要意义，因为第三等级的代表通常是他们所在城镇的市长或者镇长。就如我们已经看到的那样，在 1674 年以前，他们已经很积极地反对增收“无偿捐赠”，而且他们的议院早在 1685 年就曾经出现过发表异议的迹象。此外，在 1694 年的初审意见报告中表达过不同意见的审查官，在那次市长镇长地位变革规定生效之前已经有权参加三级会议 1691 年召开的会议。从那以后，任何第三等级议院的代表只要在三级会议中有独立行动的迹象，就有被省长或者选派官员叫去说明情况的风险。

我们似乎可以合理地认为，这些约束措施有效地防止了第三等级代表采取的更多是象征性的抵税行动，因为税负在 1694 年以后又加重了不少。此外，勃艮第三级会议中任何真正的代议元素的缺失都有助于解释为什么这个机构在 18 世纪逐渐失去了勃艮第人的尊敬。在路易十五（Louis XV）统治时期，勃艮第三级会议与第戎最高法院之间发生了重大冲突，勃艮第的民众都站在了法官们一边；而到了 1789 年，三级会议终于遭到了唾弃。[③] 第三等级遭遇的政治阉割大大促成了这些变革，但也是路易十四治下内阁政府——对三级会议出于财政上的权宜之计，而不是经过深思熟虑有时采取的独立行动实施最严厉的打

① Bordes, *L'administration provinciale*, pp.232, 240.

② 从波旁公爵（duc de Bourbon）去世到未成年的孔岱亲王能够实际出任他们家族勃艮第统治者的世袭职位之间曾经出现过一个空位期，孔岱亲王从未像他的前任那样严厉控制过勃艮第。

③ 笔者目前正在进行一项涉及面更广的关于这个时期勃艮第三级会议的研究。

击——的必然结果。虽然第三等级遭遇了政治阉割，但我们不能说两个特权等级经历了同样的遭遇。为了说明他们为什么没有认真抵制路易十四发动战争导致税负不断加重的问题，有必要更加仔细地考察勃艮第省的财政管理。

考察勃艮第省三年期的财政收支状况，是证明勃艮第承受的财政负担不断加重的最有效方法之一。[①] 我们所用的勃艮第省三年期财政收支账册都是由审查官们做的，并且提供了每任审查官任职期间该省的全部财政收支数据。审查官是与选派官员同时推选产生的，他们被寄予见证行政管理机构诚信、高效和公正的希望。由于选派官员和审查官任期都是三年，因此，他们没有机会积累丰富的专业会计或者行政管理经验。[②] 虽然把监督选派官员的任务交给非专业人士是一个显而易见的潜在缺陷，但审查官们出具的初审意见报告体现了很多具有公益意识、常识和真实的东西。审查官们在他们出具的初审意见报告中提到了勃艮第省的不同行政管理机构，对道路和公共建筑物状况、与邻省的纠纷等问题都做了评述，并且还提出了像在第戎创办大学这样的建议。[③] 然而，他们关于财政事务的议论才是特别适合本章内容的材料。

审查官们记述了选派官员们推行的税收、借贷和支出政策。不过，对于我们来说，重要的是应该考察他们所提供信息的来源。关于诸如监督公共工程或者举借贷款这样的全省财政管理的问题，我们可以找到三级会议的会议记录和选派官员在他们任职的三年里颁布的政令的底稿。[④] 审计官的记事簿上附有与凡尔赛宫大臣、本省省长和三级会议官员的往来书信，而税收数据都可用选派官员每年编制的税收名册来核实。这些税收名册不但认真记录了收缴上来的每一个德尼埃（denier，法国旧时辅币，1 德尼尔等于 1/120 里弗尔。——译者注），有时甚至还记录了纳税人的缴税金额。显然，选派官员在第戎下令征收的税额与税收官在第戎这个大法官辖区实际为三

① 这些数据引自文献“ADCO C 3039－42，3049，3303”中收入的审查官出具的初审意见报告。

② 在选派官员中只有一个国王推举或者任命的代表，可连任 2 个甚至更多任期。

③ 关于初审意见报告的样本，请参阅文献：ADCO C 3041，C 3303。

④ 文献“ADCO C 3103－65”收入了这些涵盖整个路易十四统治时期的记事簿。

级会议金库收到的税款之间有可能出现很大的差额。因此，审查官们也要审查三级会议金库司库的账目，尤其是税收官缴入金库的税款——此举同时又能查核金库司库上报第戎审计院的账目。① 因此，审查官们整理的数据非常贴近一个被不公平地说成是法国历史上效率最低的财政体系在当时的实际运作状况。②

图 11.1 反映了审查官们估计的连续几个三年期内的收入和支出数据，这些总体数据非常精确。由于每年分开计算，因此，三年期数据的精确性因为三级会议召开会议的时间不同而都多少值得怀疑。在不少年份，如 1668 和 1679 年，路易十四把三级会议的开会时间整个提前了半年多。这就意味着三年期

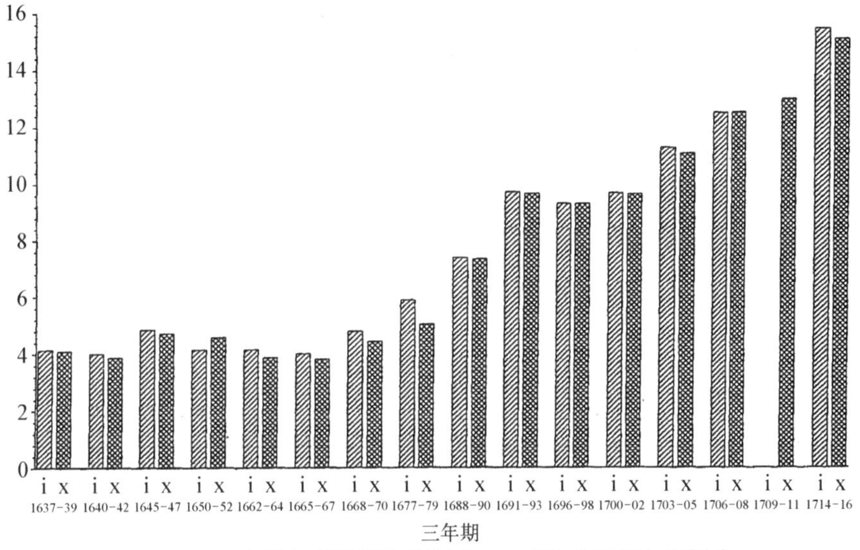

图 11.1　勃艮第省 1639～1716 年间的各三年期预算

资料来源：ADCO C 3039－42，3049，3303\swann\swab001 © ESFDB 1997.

① 审查官们在记事簿上详细记录了这些程序，而文献“ADCO C 3303，fols.155－71”清楚地举例说明他们计算这些数据的过程。

② 这是托马斯的观点：*Une province sous Louis XIV*；pp.140－1。他谈到了一种“盲目财政的粗暴手段”（voies brutales d'un fisc aveugle）。审查官们的报告使得这种说法值得怀疑，并且表明 d'Orgeval 在文献“*La taille en Bourgogne*，pp.1－35”中对 18 世纪法国财政比较正面的表述可以用于路易十四在位时期。

的总额，尤其是税收收入的总额会被低估，因为大法官辖区的税收官至少要拖延半年甚至更长时间才能把税款收缴入库。[①] 为了打击滥用行为，审查官们最迟在 1697 年以后就开始在他们的初审意见报告中记述一个特别的内容，并且要求他们的继任者监督未达账款，并且在初审意见报告中加以说明。[②] 多亏了这种行政管理方法，通常可以通过结合参考前后两任审查官的报告来确定任何三年期的全部数据。

1637～1716 年勃艮第财政的三年期账目中最显而易见的，就是三级会议经手的收支数额大幅度增加。路易十三在位的最后两个三年期（1637～1639 年和 1640～1642 年），也是"三十年战争"开支最大的时期[③]，勃艮第财政预算在 400 万里弗尔上下徘徊。虽然我们掌握的证据——很遗憾——并不完整，但可获得的数据表明，在 1670 年前，勃艮第的财政状况仍然非常稳定，支出最多的三年期是 1645～1647 年，这一财政时期的财政支出是 4 858 120 里弗尔。毫不奇怪，是路易十四发动的战争打破了这个时期的财政平静。到了 1679 年荷兰战争结束时，勃艮第的三年期财政支出已经增加到了略低于 600 万里弗尔的水平。但直到"九年战争"，勃艮第的财政支出才真正急剧增加。"九年战争"头三年勃艮第的预算支出达到了 730 万里弗尔，而从"九年战争"的第二个三年到战争结束，勃艮第的三年期预算支出从未低于 900 万里弗尔。在 1698～1701 年这个短暂的和平时期，勃艮第的财政状况也没有发生明显的变化。西班牙王位继承战爆发以后，勃艮第的财政总收入和总支出一路飙升，而财政总支出先是从 1703～1705 年这个三年期的略多于 110.5 万里弗尔增加到了 1706～1708 年的 125 万里弗尔，然后又增加到了 1709～1711 年的 129.6 万里弗尔。[④]

---

① 对于勃艮第三级会议来说，这可是一个长期存在的问题。托马斯用拖延入库的证据来支持他关于勃艮第财政管理机构腐败、低效的论点：Thomas，*Une province sous Louis XIV*，pp.135 - 43。毫无疑问，税收官可以通过尽可能长时间地扣押税收收入来牟利，因为他们可以扣押税收收入私用；而选派官员则认为，税款推迟纳库，是因为有些税收欠款收不上来。对于税收欠款，为了不让农民承担太重的压力，他们也不得不采取容忍的态度。

② ADCO C 3041，fol. 173.

③ Beik 在他的"*Absolutism and Society*，p.141"中已经指出，"三十年战争"期间朗格多克省的税收在 1640～1643 年达到了顶点。关于法国为"三十年战争"付出的全部经济代价，请参阅文献：R. Bonney，*The Kings Debts. Finance and Politics in France*，*1589 -1661*（Oxford，1981），pp.159 - 92。

④ ADCO C 3042，fols. 67 - 223.

即使在和平已经恢复的1713年，财政支出几乎也没有停止增加，而1714～1716年这个三年期勃艮第的财政支出达到了最高的1 500万里弗尔。① 路易十四驾崩那年，也就是1715年，勃艮第的财政支出达到了路易十四整个统治时期前所未有的最高水平，高达7 049 751里弗尔，而那年勃艮第的财政收入是7 151 940里弗尔。

由于17世纪末一般被看作是经济停滞而不是通胀时期，因此，经过勃艮第三级会议审议批准的财政预算能有3倍的增幅令人印象深刻。为了更加深入地考察其中的原因，有必要评估法国王廷对勃艮第省提出财政要求应该负多大程度的责任。就如我们已经看到的那样，在勃艮第征收的5种传统税收的收入并没有发生很大的变化。那么，是哪些新的支出项目推高了勃艮第三级会议审议通过的预算支出呢？

为了回答这个问题，有必要考察审查官们为三级会议准备的预算收支表。如果我们以审查官们为勃艮第三级会议召开1691年会议而出具的初审意见报告为例，那么就有很清楚的支出明细账。② 如表11.1所示，在这个三年期7 455 715里弗尔的总支出中，上缴皇家财政或者其他中央金库（财政收入金库、附加平民人头税金库或战争特别经费金库）的支出高达3 867 251里弗尔（占勃艮第总支出的51.87%）。③ 如果像表11.2那样对勃艮第的这部分支出进行细分，那么，我们就能看到，按人头课征的五种传统税收，或者说，构成平民人头税的五种传统税收，收入高达2 875 632里弗尔（占勃艮第缴款支出总额的75.71%）；另有80万里弗尔的缴款（占缴款支出总额的21.08%）是战备特别援助缴款。120 072里弗尔的未缴款（占缴款支出总额的3.16%）是用于修复奥克松（Auxonne）和索恩河畔沙隆城的防御工事的付款以及缴给骑警队和驿站信使队的薪水或者工钱。这些付款被列入税收缴款，而不是勃艮第省

① ADCO C 3049, fols. 346－50.

② ADCO C 3041, fols. 37－40.这些初审意见报告是我们找到的审查官初审意见报告中内容最为详细的报告，很可能是因为之前的审查官因为工作做得不够细致受到了批评。我们既用这些报告来反映三年期预算分解数据，又把它们作为路易十四在位时期勃艮第财政收入和支出分量变化状况比较的依据。

③ 相比而言，1706～1708年这个三年期勃艮第的财政总支出是12 504 439里弗尔，其中有6 871 650里弗尔（占55%）上缴皇家金库：ADCO C 3042, fols. 155－6。遗憾的是，审查官们很少提供三级会议通过的确切的分解支出数据。

受益的款项，依笔者之见，原因是：这些付款其实都是直接缴入皇家财政金库的。① 但是，我们必须记住，皇家财政金库是一个非常宽泛的概念。在 1695 年视同缴给王廷的 80 万里弗尔的缴款中大约有 37 万里弗尔是付给公爵、孔蒂(Conty)亲王和其他官员的津贴，而余额可能直接付给了意大利和德国军队的军火商。②

表 11.1　　1689～1691 年勃艮第三级会议审议通过的预算支出

支出类别	金额(里弗尔)
皇家税收	3 867 251
本省开支	1 181 774
官员支出	2 406 690

表 11.2　　1689～1691 年勃艮第省缴纳的皇家税收

税　　种	金额(里弗尔)
驻军食宿税	900 000
附加人头税	214 632
特别“无偿捐赠”	850 000
普通“无偿捐赠”	53 000
驻军食宿豁免税	600 000
驻军税	258 000
战备特别援金	800 000
俸银、薪酬	99 144
防御工事维修	20 928

可见，战备特别援金是最重要的创新项目，第一次征收这种捐税是 1689 年 6 月。当时，法国王廷正在四处寻找筹集“九年战争”经费的途径。鉴于王廷已经为哄骗勃艮第三级会议分别在 1668 和 1671 年征收特别“无偿捐赠”下了大力气，因此，有必要说明，战备特别援金只比王廷原先要求的数额少缴了 5 万里弗尔，就像选派官员赶忙告知省政府的那样。③ 勃艮第的选派官员应召赴凡尔

① ADCO C 3133, fols. 450 - 4.

② ADCO C 3139, fols. 488 - 9.

③ ADCO C 3134, fols. 190 - 1.

赛宫接受国王质询。最初，他们进行了抵制，声称勃艮第省无力缴纳这么多的战备特别援金。更重要的是，他们表示，在1691年5月三级会议召开之前，他们没有法定的权利批准这样的税收，并且补充说“按照惯例，遇到类似情况，应该召集三级会议举行会议”。[①] 是孔岱省长在与财政总监(contrôleur général)的谈判中充当了中间人的角色，在他告诉选派官员们国王打算准许他们征收索恩河水运货物通行税(octroi)创收以后，这些代表才停止了抵制。从他们的讨论记录看，选派官员曾据理力争，他们表示，“国王陛下完全可以规定我们现在讨论的货物通行税，并且把它们托付给严厉收税的人”，而勃艮第三级会议则应该“采取比较温和、符合公众利益的方式；如果双方将来都认为废除这个税种比较有利，那么就比较容易就此问题达成协议”。

这些美好的愿望从未成为现实，而索恩河水运货物通行税到法国大革命爆发一直是勃艮第省财政一个不可或缺的收入来源。通过授权勃艮第征收索恩河水运货物通行税，王廷就向勃艮第提供了让它的选派官员借钱缴纳战备特别援金的必要抵押手段。后来，这就成了一个很有规律地定期重复使用的筹款模式。路易十四在1691年又要求勃艮第三级会议批准征收45万里弗尔的战备特别援金，而且每三年征收一次，直到“九年战争”结束。[②] 就是这种在至少提供部分借贷担保手段的同时向勃艮第索取额外资源的做法，为路易十四与勃艮第三级会议之间奠定了保持财政关系的基础。

1689～1691年那一任期审查官们确认的第二类支出就是被归入“民众利益”和“本省荣耀和便利”那一类的支出。[③] 这个类别的支出总共有1 181 774里弗，或者占总支出的15.85%(见表11.1中的“本省支出”)，其中绝大部分都花在了驻军食宿上(见表11.3)。[④] 就如我们已经知道的那样，1668年，路易十四曾在科尔贝特的催促下，[⑤]威胁要强迫勃艮第三级会议负担驻军食宿费用，

① *Ibid.*, fol. 190.

② ADCO C 3030, fols. 232 - 3.

③ ADCO C 3041, fols. 37 - 9.

④ 在1706～1708年这个三年期里，有关我们掌握的可比数据，这个账册上的数据是1 172 511里弗尔(占总支出12 504 439里弗尔的9%)。

⑤ Arbassier在文献“*L'intendant Bouchu*, pp.109 - 11”中引用了柯尔贝尔在1668年1月写给勃艮第财政总管布旭的一封信。从这封信的内容看，柯尔贝尔正考虑让勃艮第省来承担这笔费用。

而其实是要逼勃艮第省三级会议就范答应增缴“无偿赠捐”。事实上，这只是王廷采用的一个缓兵之计，因为王廷很快就表明自己不愿承担勃艮第驻军的食宿费用。[①] 勃艮第的战略地位使得这项支出成了一个严重的问题。临近勃艮第的弗朗什—孔泰(Franche-Comté)省在1678年以前一直是西班牙的一个领地，而为征服这块领地所必需的部队的调动给选派官员带来了财政和行政管理上的麻烦。即使在弗朗什—孔泰归属法国以后，部队的调防仍非常频繁，因为开赴德国和意大利参加路易十四后来发动的几场战争的部队仍经常路经勃艮第省。

表 11.3　　1689～1691 年勃艮第省内支出

支出项目	金额(里弗尔)
军队宿营税	892 570
省内宿营费用	5 177
道路修建	154 754
公共设施维修	28 045
铸像支出	50 000
三级会议大厦	25 572
种马场	23 000
猎狼支出	2 476

从理论上讲，驻军的食宿费用应该由王廷承担。但是，驻军食宿需要那么多的资金，即使王廷愿意全额支付，也几乎总会拖欠。[②] 1674年，王廷未清欠款不断增加，勃艮第城镇及其居民个人不堪承担负责驻军食宿的重负，勃艮第三级会议不得不答应垫付驻军食宿费用。虽然勃艮第三级会议不愿意放弃驻军食宿由国王负责的原则，但还是制定了一种先承担后补偿的制度。根据这个制度，城镇或其居民先垫付驻军食宿费用，然后向选派官员申请补偿。这项新制度的细节都包括在1677年的驻军食宿一般条例中。托马斯严厉地批评了这个条例，并且认为“这个制度完全是建立在错误的原则上的”。[③] 这个制度

① Thomas 在他的“*Une province sous Louis XIV*, pp.153－63”中最全面地讨论勃艮第的驻军食宿制度。

② *Ibid.*, pp.153－7.

③ *Ibid.*, p.158.

特别令托马斯反感的东西就是事后补偿的做法，而不是事前拨付足够的资金。托马斯的批评是有道理的，但他对选派官员的工作效率和廉洁性的怀疑缺乏说服力。[①]

勃艮第肯定有人就此事向巴黎的财政总监投诉，但托马斯认为，选派官员更喜欢从他们在第戎工作方便的角度来处理驻军食宿问题，因此为他们的下属营私舞弊和滥用职权提供了方便。勃艮第的财政总管德·哈莱（D'harlay）在 1687 年 5 月写给巴黎财政总监的信中不解地表示，1686 年的驻军食宿垫付费用已经全部还清；他不明白为什么仍有不满的怨言传到巴黎。[②] 他认为，稍微晚点偿付驻军食宿费用有它的好处，因为这样就有时间根据军事指挥部制定的行军路线来核实需偿还的垫付额。此外，德·哈莱还写道："这样，选派官员院的官吏能够到申请报销的城镇进行实地审核，以便按照已经实行多年的惯例——对于阻止市长或者镇长以及他们的助手在无人监督时可能采取的滥用职权行为非常有用——列席参加当着他们的面完成的报销"。德·哈莱的说法与托马斯后来的说法存在明显的矛盾。

德·哈莱没有任何义务保护勃艮第省的选派官员不受别人指责，因此，他对当时的勃艮第财政管理实践的描述比较可信。[③] 德·哈莱还告诉蓬查特兰，1686 年最后 7 个月的驻军食宿费总计约 27.2 万里弗尔，到了 1687 年 5 月 15 日已经全部付清。这样快速地作出回应，并非是唯一的例外。勃艮第选派官员把一年分为两部分或者两期，第一期 5 个月，第二期 7 个月，通常是在任何一期结束后 6 个月偿付驻军食宿垫付款。[④] 这 6 个月的延迟对于垫付驻军食宿费的村庄或者村民来说无疑会带来不便，但省府肯定会负责至少提供部分补偿。最后，我们应该指出，审查官们在他们 1691 年的初审意见报告中也证实了之前三年管理高达 892 570 万里弗尔的驻军食宿费只发生了 5 177 里弗

---

① *Ibid.*，pp.158 - 63.

② AN G7 157，fol. 55，d'Harlay to Pontchartrain，May 1687. 不管怎样，他还在信中表示，蒙巴尔（Montbard）镇最早表达了不满：这个镇的居民与选派官员因确切的部队行军路线发生了争执。

③ 的确，在路易十四在位的最后几年里，审查官经常发表批评意见。他们表示，德·哈莱所说的责任心已经难得一见：ADCO C 3042，fols. 79 - 80，312 - 13。

④ 可从选派官员的记事簿上的记录推断得到：如 ADCO C 3133，fols. 414 - 16；C 3134，fols. 95 - 6；C 3135，fol. 430。

尔的“费用”(frais)。[①]

更一般地说,为驻军食宿筹款的责任从王廷转移到勃艮第三级会议的做法,是王廷攫取该省资源的一种有效方法。就如我们在前文已经看到的那样,路易十四难以说服勃艮第三级会议增缴“无偿捐赠”或者其他税收,干脆就不履行自己之前做出的承诺,迫使勃艮第人自掏腰包承担驻防部队的食宿费用。勃艮第人自掏腰包负担的这种费用绝非可忽略不计,1675 年就达到了 286 476 里弗尔;而且一直到对荷战争结束,每年差不多都要掏这么多钱。[②] 即使在和平时期,1686 和 1688 年这个负担分别重达 27.2 万里弗尔和 158 120 里弗尔。随着“九年战争”的爆发,这种费用不断增加,1689 年是 30 万里弗尔,到了 1690 年至少增加到了 45 万里弗尔;[③]1691 年又增加到了 517 869 里弗尔,而到了 1692 年又进一步增加到了 633 863 里弗尔。[④] 在路易十四在位的最后几年里,战事连绵不断,勃艮第承担的驻军食宿费用一直停留在类似的水平上。[⑤] 从 1718 年编制的相关账册看,勃艮第省在 1676～1715 年间花在驻军食宿上的费用大约是 11 086 408 里弗尔,也就是每年平均花费 284 266 里弗尔。[⑥]

关于这些数据,最值得关注的或许是,驻军食宿费用通常每年都多于特别“无偿捐赠”。虽然驻军食宿费用都花在了本省,但关键的问题是三级会议要筹措必要的资金。如果通过增加平民人头税来应付这个负担,那么,驻军食宿费用就可被简单视为一种变相的皇家税收。但至少从短期看,并非如此。就像对待战备特别援金这样的新税,勃艮第的选派官员总是设法避免把这种费用直接作为可用平民人头税收入支付的支出来处理,而是再次用索恩河水运货物通行税和盐税收入作为抵押来求助于贷款,而用平民人头税收入来支付贷款利息。

---

① ADCO C 3041, fols. 39 - 41.

② ADCO C 2982.

③ 可从国王选派官员 Quarre 致 Pontchartrain 的信和审查官的初审意见报告中看到:AN G7 151, fol. 127, 10 February 1691;ADCO C 3041, fol. 38。

④ ADCO C 3137, fols. 139 - 40;C 3138, fols. 140 - 54;C 3041, fols. 34 - 57.

⑤ 1703～1705 年和 1706～1708 年这两个三年期分别花费驻军食宿费 941 270 和 1 172 511 里弗尔:ADCO C 3042, fols. 76, 157。

⑥ Dumont, *Une session des états*, p.9, n. 2.

在剩下的被选派官员说成是1689～1691年间以省府的名义支出的284 027里弗尔中，有将近一半，也就是154 754里弗尔，被用于公路维护(见表11.3)。公共建筑物，特别是地方法院楼宇的维修，又花掉了28 045里弗尔，三级会议大楼和第戎的国王行宫装潢最多花掉了75 572里弗尔(其中的2/3用于铸造一尊国王骑马的塑像)。[①] 另有2.3万里弗尔用在了按照国王的命令在勃艮第喂养种马上。最后，2 476里弗尔被用作猎狼奖金。在17和18两个世纪里，根据勃艮第三级会议的决议，每出示一头被打死的狼就能领到现金奖励。由于悬赏大方，因此，到了1769年，勃艮第就成了全国猎人趋之如鹜的地方，他们带着自己在其他省份打死的狼到第戎来领取奖金。[②]

显然，如果我们从本省支出中拨支驻军食宿费用，那么，勃艮第居民的直接利益就会受到限制。打狼、公共建筑维修、公路养护都是应该做的事情，但支出很少。此外，勃艮第三级会议收到的陈情书以及审查官和三级会议理事会(conseils des états)的记述都表明，勃艮第境内的公路路况糟糕。[③] 陆军大臣一直要求省里改善路况，以方便部队通行，而勃艮第三级会议则以“道路路况不好，是为了阻止不受欢迎的国王雕像从巴黎运到第戎”为借口。[④] 并非是公共工程，而是财政体系给勃艮第居民带了实际的好处，就如其总支出的第三构成要素所显示的那样(见表11.4)，它们才有利于勃艮第居民个人。

表11.4　　1689～1691年勃艮第居民个人收到的付款

支出类别	金额(里弗尔)
贷款利息	1 188 778
捐班俸银	233 045
三级会议文员薪酬	260 946

---

① 勃艮第三级会议对这尊国王雕塑并不感兴趣，并且成功地把落成典礼推迟到1720年才举行！关于这个信息丰富的有趣事件的细节，请参阅文献：R. Mettam, Power, Station and Precedence: Rivalries among the Provincial Elites of Louis XIV's France, *Transactions of the Royal Historical Society*, 5th ser., 38 (1988), 57-8.

② 引自那一年的审查官初审意见报告：ADCO C 3306, fol. 144。

③ 1700年的审查官初审意见报告(ADCO C 3041, fol. 253)对此进行了谴责，并且表示：从奥塞尔(Auxerre)到第戎的主要通道已经开始威胁到行人的人身安全，甚至会危及省长本人的人身安全。

④ Mettam, Power, Station and Precedence, p.58.

续表

支出类别	金额(里弗尔)
选派官员开支	154 673
平民人头税税收官和财务官薪酬	78 060
审计院官吏薪酬	122 079
皇家金库费用	125 439
民兵津贴	48 414
盐税官吏薪酬	49 256
其他	150 000

1689～1891 年这个三年期勃艮第财政付给本省个人的支出高达 2 406 690 里弗尔，占总支出的 32.28%。[①] 这个金额的差不多一半(49.23%)，也就是 1 184 778 里弗尔，被用于支付省里积欠的拖欠款和利息。三级会议雇佣文员薪酬支出总计 260 946 里弗尔(占 18.84%)，而选派官员开支 154 673 里弗尔(占 6.34%)，包括王宫荣誉游(voyage d'honneur)费用。[②] 233 045 里弗尔(占 9.69%)被用于支付为省里效力受到三级会议奖励的人员的各种赏金、津贴或者公务开支，如送给巴黎国务秘书的 3 000 里弗尔、送给第戎财政总管和首席法官的 1 000 里弗尔。[③] 这个财政体系的受益人包括三级会议雇用的平民人头税税收官和首席财务官(78 060 里弗尔)、第戎审计院的官吏(122 079 里弗尔)以及盐税征管官吏(49 256 里弗尔)。

显然，这类支出的重要性在于其绝大部分都支付给了三级会议成员和地方精英。借钱给三级会议是一种稳妥的投资，而作为薪酬、赏金、津贴和行政费用支付的款项都进了地方官吏或者捐班的腰包。勃艮第三级会议面对路易十四发动战争造成的财政冲击采取默认态度的主要原因之一，就是对于三级会议成员来说，这是直接或者间接利用政府政策牟利的机会。勃艮第，就如我们认为的那样，与其他实行三级会议制的省份，尤其是布列塔

① ADCO C 3041，fols. 39－40. 1706～1708 年这个三年期勃艮第的财政总支出是 12 504 439 里弗尔，其中 4 460 278 里弗尔(占 36%)是支付给本省个人的(ADCO C 3042，fols. 155－6)，这是仅有的可获得的可比数据。

② 所谓的"王宫荣誉游"每三年举行一次，主要是为了勃艮第三级会议的事务或者递交陈情书出差去凡尔赛宫。

③ 文献"ADCO C 3134，fol. 20"提供了其他一些受款人的线索。

尼和朗格多克具有很多相同的地方。但不管怎样，勃艮第三级会议在为其支出筹款的方法上又有很多不同于其他实行三级会议制的省份的地方，因此，有必要回过头来看看勃艮第财政收支表的另一端，也就是勃艮第省的财政收入。

如表11.5所示，勃艮第三级会议的财政收入主要有6个来源。平民人头税是遥遥领先的最重要收入来源，由选派官员负责分摊税额，并由各大法官辖区的税收官以选派官员的名义征收。我们应该时刻牢记，平民人头税纳税清册记录的应收税额与实收税额之间可能存在很大的差额，但这些数据提供了反映勃艮第省财政负担的证据。在1689～1691年这个三年期里，勃艮第征到了4 387 351里弗尔的平民人头税，占同期总收入的比例略高于60%。[①] 为能比较正确地看待这些数据，先来看看勃艮第平民人头税在17世纪末的变化情况也许不无助益。图11.2显示了1677～1763年间勃艮第平民人头税纳税清册记录的年度税收变化状况以及许多值得关注的变化格局。[②] 1677年前的数据不完整，但1668和1671年的最可靠数据显示，平民人头税每年能产出接近145万里弗尔的收入。[③] 之后的存世证据更加明确。1677年，根据选派官员的指令征到了1 610 988里弗尔的平民人头税。除1680年这个例外以外，在对荷战争结束后的1678～1688年这个和平时期里，平民人头税的年均收入略有减少，也就是减少到了1 469 804里弗尔。

表11.5　　1689～1691年勃艮第三级会议征收到的财政收入

收入类别	金额(里弗尔)
平民人头税	4 387 351
食盐附加税	833 321
借款	879 000

① ADCO C 3041，fol. 41.

② ADCO C 4854－4953.

③ ADCO C 4854－5，4858－9. 确切的数额1668年是1 463 079里弗尔，而1671年则是1 434 159里弗尔。

续表

收入类别	金额(里弗尔)
以前积欠的借款	902 600
索恩河水运货物通行税	105 000
个人缴纳的罚金	247 134

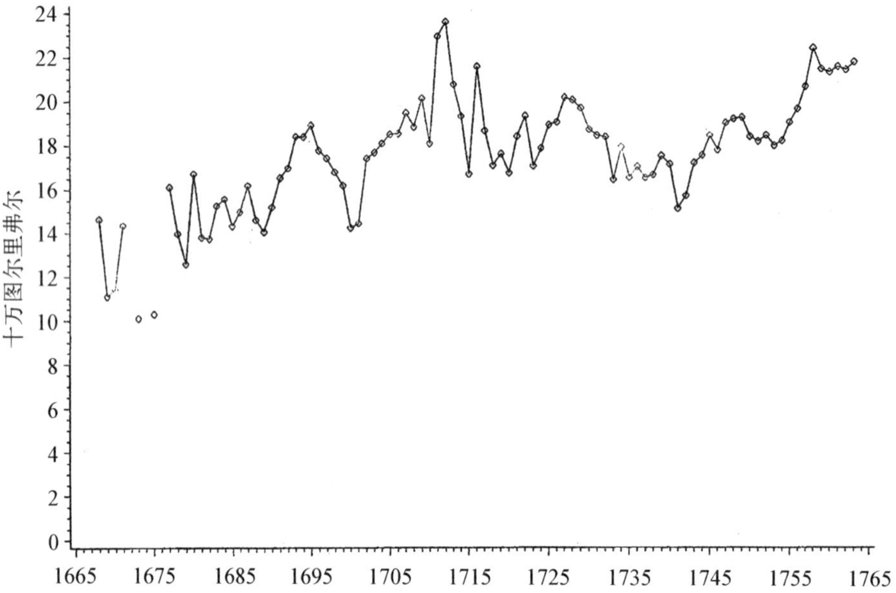

图 11.2　1668～1763 年勃艮第征收到的平民人头税

资料来源：ADCO C 4854－4953\swann\swag001 © ESFDB 1997.

就如我们认为的那样，是路易十四统治末期发动的两大战争导致勃艮第税收急剧增加。1689 年以后，平民人头税从未少于 140 万里弗尔，而在“九年战争”(1689～1697 年)期间年均达到了 1 708 044 里弗尔。我们也不应该忘记，1695 年又引入了人头税，从而进一步加重了税负。选派官员利用 1697 年瑞杰斯威克(Rijswick)和约带来短暂的喘息机会，把 1700 年的平民人头税减少到了 1 423 821 里弗尔。但此后不久又爆发了西班牙王位继承战，选派官员又不得不下令进一步增加平民人头税，在不幸的 1709 年增加到了 2 013 849 里弗尔。到了 1712 年，平民人头税已经增加到了创纪录的 2 361 274 里弗尔。随着和平的恢复，税负走势发生了逆转，1714～1724 年间的年均平民人头税是1 822 722里弗尔。后来，直到1788年，勃艮第平民人头税的规定征收额才再次达到1712年这个令人头昏眼花的水平，但实际只收到其中的一小部分。

勃艮第省的纳税人并不是只需缴纳平民人头税。1695年，路易十四又开征了人头税。除了1698～1701年暂停征收外，人头税一直征收到大革命爆发。但遗憾的是，我们无法评价这种税收在1701年之前产生的影响，但此后的纳税清册上明确记载了人头税的分摊情况。[①] 1701年，选派官员被要求答应在勃艮第征收100万里弗尔人头税预定额。[②] 其中，18万里弗尔在布雷斯、布热(Bugey)、瓦尔罗雷(Valromey)和热克斯(Gex)等毗邻领地征收，而剩下的82万里弗尔在勃艮第公爵领地和各伯爵领地征收。政府允许选派官员通过用1708～1709年的索恩河水运货物通行税作为抵押贷款来筹措40万里弗尔(后来又增加到了41.6万里弗尔)。国王在1701年5月签发的特许状还规定，此特许状持有选派官员和省长任命的4个绅士必须向本省贵族征收52 500里弗尔。第戎最高法院官吏也要缴纳43 404里弗尔，另外64 202里弗尔得由本省其他法院以及司法和行政官吏承担。剩下的273 934里弗尔由平民人头税纳税人缴纳。

从以上这些数据看，显然，在西班牙王位继承战期间，勃艮第平民人头税纳税人的税负加重程度甚至更加明显。如果我们把平民人头税和人头税纳税清册上的应税额合并在一起(见图11.3)，1712年这个税收峰值年份征到了2 660 741里弗尔，比1678～1688年这个10年和平时期平民人头税年均收入增加了81%。此外，平民人头税纳税人还要承担选派官员为支付人头税预定额而举借的40万里弗尔的债务。[③] 最后，当局又在1710年强行开征了一种什一税(dixième)。到了1717年，平民人头税和人头税纳税清册上的合并应缴税额已经达到了691 554里弗尔。[④]

---

① ADCO C 5688 - 5702.

② ADCO C 5573.

③ *Ibid*.

④ ADCO C 5808. 遗憾的是，虽然似乎可以合理地认为，这些年每年都能征到相似数额的平民人头税和人头税，但笔者没能找到1710～1716年的相关数据。事实上，1734年3月重又征收什一税，王廷与勃艮第选派官员谈定的什一税预定额是70万里弗尔。

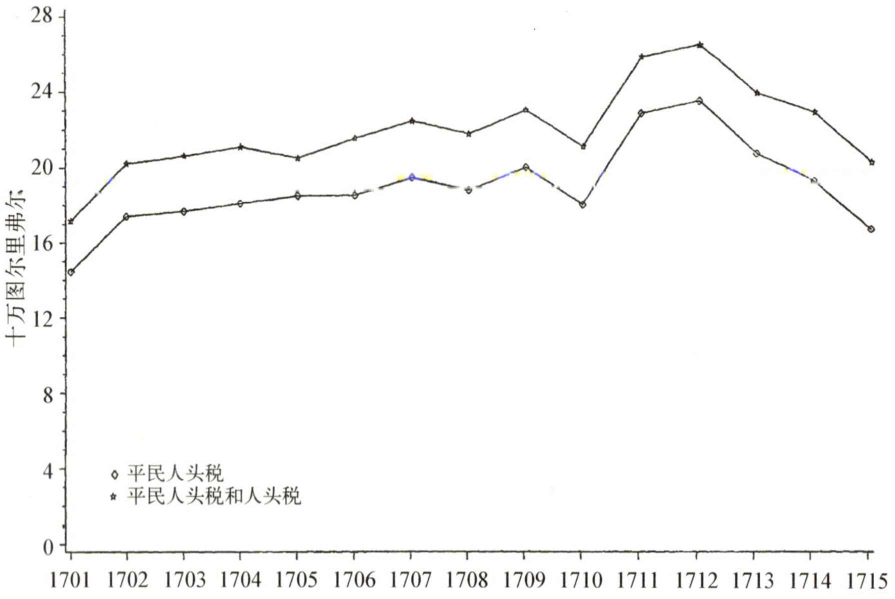

图 11.3 1701～1715 年勃艮第征到的平民人头税和人头税收入

资料来源：ADCO C 4854 - 4953，5688 - 5702\swann\swag002 © ESFDB 1997.

值得注意的是，1701 年，勃艮第省的两个特权阶层也不得不承担了多达 160 106 里弗尔的人头税。然而，税负承担方面的任何些许平等迹象都被证明是暂时的。王廷在采取权宜之计方面真是足智多谋，1710 年 8 月又要求勃艮第选派官员买下每年 40 万里弗尔人头税的征收权。勃艮第省不得不为王廷筹集 240 万里弗尔；作为回报，国王把预定额永久性地减少到了 60 万里弗尔，其中的 42 万里弗尔由勃艮第公爵领地和各伯爵领地承担。① 像往常一样，国王又恩准把勃艮第省 1737～1748 年的索恩河水运货物通行税征收权扩展运用于必要借款的担保。但是，平民人头税纳税人没有享受到人头税减少的任何好处。1701～1710 年间，勃艮第每年征收近 30 万里弗尔的人头税。而后来，如果有什么不同的话，人头税收入逐年增加，1715 年征收到了 358 286 里弗尔。② 税收缓慢增加的受益人是勃艮第三级会议和特权阶层的债权人。贵族承担的人头税份额从 52 500 里弗尔减少到了 44 250 里弗尔，而到了 1714

① ADCO C 5573，edict of August 1710.

② ADCO C 5702.

年又减少到了31 000里弗尔。[①] 勃艮第各最高法院在获得了它们承担的人头税份额自1703年以来减少了1/6的好处的同时又得益于新的人头税预定额。其实，它们并没有按规定份额如数缴纳人头税，因为第戎的贵族、最高法院和审计院都仍然还有人头税欠款没有缴清。[②]

我们可以毫不夸张地说，1710年以后，人头税就成了由平民人头税纳税人缴纳的一种附加税。在上缴皇家财政的42万里弗尔的人头税中，大约有35万里弗尔是由这些纳税人缴纳的，而他们反过来还要承担以王廷名义举借的240万里弗尔贷款的利息支出。人头税预定额减少的任何好处都归特权阶层群体和三级会议的债权人，而这些特权阶层群体成员和债权人常常是同一些人。

有必要指出，虽然直接税收一直在增加，但直接税收占总收入的比例却一直在下降。在1677～1679年这个三年期里，根据审查官们的估计，勃艮第三级会议批准征收的税收有71%是平民人头税收入[③]，但到了1689～1691年，平民人头税的占比下降到了61%。[④] 在随后我们掌握可靠数据的几年里，出现了一种一以贯之的变化趋势。1693年、1696年和1700年，勃艮第构成平民人头税的五种税收占其全年总收入的比例正好是44%，这说明，勃艮第的选派官员一直在努力把直接税收入占总收入的比例维持在一个稳定的水平上。到了1701年，平民人头税收入占总收入的比例降低到了38%，而开征人头税导致直接税收入占税收总收入的比例增加了12%，从而使得直接税收入占税收总收入的比例上涨到了50%。这个比例虽然比1679年低了大约20%，但仍是个很高的比例。最后，1714～1716年这个三年期直接税收入大约占到税收总收入的46%，这似乎也证实了直接税收入占比下降的趋势。[⑤]

---

① ADCO C 5573.

② *Ibid*. 第戎最高法院1707年拖欠税款6 302里弗尔。

③ ADCO C 3049, fols. 42 - 5.

④ ADCO C 3041, fols. 39 - 40.

⑤ 这个比例是根据审查官在文献(ADCO C 3049, fols. 349 - 50)中提供的15 439 232里弗尔的税收总收入估计值以及这些年平民人头税和人头税纳税清册(ADCO C 4904 - 6, 5701 - 3)上的相关数据估算得到的。这里有一个很小的误差，因为我们认为，贵族每年缴纳31 000里弗尔的人头税，而最高法院的官吏则每年缴纳20 000里弗尔的人头税。

虽然平民人头税纳税人缴纳的直接税是勃艮第的主要收入来源，但勃艮第还有其他重要的筹款手段。按照审查官们的说法，在1689～1691年这个三年期里（见表11.5），勃艮第省从被1661年成立的司法院定罪处罚的个人那里收到了247 134里弗尔（占总收入3%）的罚金。[①] 据我们所知，这是勃艮第省当时收到的唯一一笔额外收入，但不排除在路易十四统治时期的早些时候也收到过类似的收入。然而，贷款是远比这种收入来源更加重要的筹款方式。在1689～1691年这个三年期里，勃艮第省的选派官员举借了87.9万里弗尔，加上勃艮第省之前积欠的金额达到90.26万里弗尔的好几笔借款（本金），总共积欠借款178.16万里弗尔。这么巨大的金额相当于勃艮第财政总收入的24.22%，也表明贷款在多大程度上成了勃艮第财政体系不可分割的组成部分。所有可获得的证据都表明，这些贷款也不是勃艮第仅有的贷款。据1694年在任的审查官估计，勃艮第在1693年借了134.12万里弗尔的贷款，占勃艮第省那年总收入的32%。据1697年初审意见报告的记载，1696年，勃艮第省又借了175.746万里弗尔的贷款，占其总收入的42%。[②] 1700年，初审意见报告上又出现了87.2万里弗尔[③]（占当年勃艮第总收入的27%）的借款；1701年又借了1 290 966里弗尔之巨的贷款，[④]占当年总收入的35%。

显然，勃艮第每年的借款规模波动很大，但选派官员每年能借到这么多的贷款，足以证明他们有良好的信誉。他们都是在本省和巴黎借到这些贷款的。即便是最粗略浏览一下贷款人的身份，也能发现他们主要是贵族精英、僧侣、法官、廷臣和省官以及当地资产阶级市民。[⑤] 实际上，借钱给勃艮第财政的意愿并没有因为受到路易十四频繁发动战争的影响而降低。在1718年的审查官初审意见报告中，有审查官抱怨称，勃艮第的选派官员偏袒廷臣；但到了1724

---

① ADCO C 3041, fols. 41－2.

② *Ibid.*, fol. 250.

③ *Ibid.*, fols. 310－11

④ *Ibid.*, fols. 314－15.

⑤ 在那些1692年被列为勃艮第三级会议债权人的人士中间，有第戎最高法院院长M. Benigne Bouhier，第戎审计院院长M. Antoine Bernard de Massal，第戎最高法院总检察长M. Quarre d' Aligny，长园（Longcourt）的领主、拉罗什福克（Rochefoucault）修道院长M. Jacques Berbue，拉洛日（La Loge）的特苏勒（Tesulle）夫人以及福尔切的公爵夫人（duchesse des Force）。

年，他们甚至认为“应该下令规定，想要借钱的话，最好先借勃艮第人的钱”。[①]勃艮第省长在向选派官员施压要求他们接受他在巴黎密友的投资时甚至还遇到了麻烦。就如省长可怜兮兮地对勃艮第三级会议秘书里格莱(Rigoley)抱怨的那样，选派官员先是表示反对，但即使“在决定接受他们的投资以后，也是尽可能把他们排在最后面”。[②] 可见，借钱给勃艮第财政，在当时很有吸引力，甚至被作为勃艮第人的一种地方特权来对待。贷款人的信心源自“具有竞争力的贷款利率[很少低于5%(denier 20)]、还款有保证”，就如我们已经看到的那样，在1689～1691年这个三年期里，勃艮第就偿还了1 184 788里弗尔的借款。[③]

就如通过考察整个路易十四统治时期的存世文献所能估计的那样，勃艮第能在1689～1691年偿还这么多的贷款，绝不是绝无仅有的事件。在1677～1679年这个三年期里，勃艮第的选派官员借款104.12万里弗尔，占勃艮第这个三年期5 882 311里弗尔总收入的18%。[④] 勃艮第的审查官们在他们的初审意见报告中记述道，省财政1677年欠债50.2万里弗尔，后又借了新的贷款。然而，“选派官员先生们偿还了过去欠款中的417 650里弗尔，也就是1673、1674、1675和1676四年积欠的16.2万里弗尔以及1676年5月8日借的255 650里弗尔”。[⑤]

因此，据他们估算，1679年1月，勃艮第省财政共积欠债务1 124 550里弗尔。遗憾的是，审查官们很少能够如此精确地估算勃艮第财政积欠的债务。还款由省财政不同部门负责，如由驻军税或者普通“无偿捐赠”管理金库负责。我们通常只掌握总额数据，没有找到分解数据。[⑥]

不管怎样，我们可以肯定勃艮第每年都要偿还大笔贷款，并且也能说明他

---

① ADCO C 3049, fol. 513.勃艮第三级会议的法律咨询委员会也提出了类似的要求：*Ibid.*, fol. 519。

② [Dijon,] B[ibliothèque] M[unicipale de] D[ijon] Ms 2239, fol. 292, Condé to Rigoley, 10 August 1690.

③ ADCO C 3041, fols. 39－40.

④ *Ibid.*, fols. 45－6.

⑤ *Ibid.*, fols. 48－9.

⑥ 选派官员在记事簿上的记述(如文献ADCO C 3137, fols.83－4)也证实，勃艮第为还债又借了大笔新债。笔者希望自己能在不久将来给出一些估计数值。

们是怎么做到的。部分原因就在于，勃艮第省还掌握着其他收入来源。根据审查官 1691 年的初审意见报告，那年大约有 1 185 455 里弗尔（占总收入的 16.12%）的收入来源于王廷转让给勃艮第省的直接税或其他税收。[①] 这个来源的收入似乎在本文整个考察期里很有代表性：1693 年，索恩河水运货物通行税和售盐附加税（crues）共产出 884 724 里弗尔（占总收入的 21%）；[②]1696 年 475 108 里弗尔（占总收入 4 145 032 里弗尔的 13%）；[③]1700 和 1701 年分别产出 511 982 里弗尔（占总收入 3 239 908 里弗尔的 16%）[④]和 526 344 里弗尔（占总收入 3 774 887 里弗尔的 14%）。[⑤] 这些税收为勃艮第各相关年度的财政收入做出了重大贡献，并且对勃艮第财政的借贷方式也产生了至关重要的影响。

在路易十四治下，勃艮第要缴纳“大盐税”（grande gabelle），但国王又授权勃艮第三级会议在省内征收盐税附加税，或叫“售盐附加税”（crue on salt sold）。[⑥] 据说，征收 40 苏和 50 苏的售盐附加税，每销售 1 米诺（minot）盐可收到 9 里弗尔的税收。[⑦] 1694 年，国王又创设一种新的 20 苏售盐附加税，并且在 1697 年 8 月 14 日宣布以 35.2 万里弗尔现金预付款作为交换条件把这种附加税在勃艮第的征收权转让给了勃艮第的三级会议。[⑧] 由于三种附加税合并年收入通常在 30 万里弗尔左右，因此，勃艮第选派官员把这笔收入作为借款担保和其他项目的筹款手段。一部分售盐附加税收入一直用于缴纳特别“无偿捐赠”，但在 17 世纪 70 年代，售盐附加税也被用来替本省城镇和村庄还债。[⑨]

---

① ADCO C 3041, fols. 39 - 42.

② 不过，我们应该明白，1693 年是个例外，因为包税人 Gerard 根据索恩河水运货物通行税承包合同的有关规定，向勃艮第三级会议提供了 23 万里弗尔的无息贷款。

③ *Ibid.*, fol. 250.

④ *Ibid.*, fols. 311 - 12.

⑤ *Ibid.*, fols. 318 - 19

⑥ 关于勃艮第食盐附加税和盐税运作的详细介绍，请参阅文献：Arbassier, *L'intendant Bouchu*, pp.64 - 5; Ligou, *L'intendance de Bourgogne*, p.191; and Thomas, *Une province sousLouis XIV*, pp.81 - 2。

⑦ 1 米诺等于 72 升或者 100 法国古斤（livre，巴黎为 489 克，外省在 380～550 克之间；与当时的货币单位里弗尔同名，1 里弗尔就是 1 法国古斤的白银。——译者注）。

⑧ ADCO C 2982, fol. 388.

⑨ ADCO C 3049, fols. 42 - 3.

索恩河水运货物通行税是勃艮第省财政的另一个收入来源。索恩河是勃艮第主要的商业水路，商人们通过索恩河把货物运到里昂城甚至更远的地方。对索恩河水运货物征税具有潜在的盈利性。于是，1663年，勃艮第三级会议请求国王授权征收索恩河水运货物通行税，以帮助勃艮第城镇和村庄还债。[①] 等到勃艮第城镇和村庄的债务还清以后，国王就在1681年废除了这种税收，后来又在1689年为自己重新在勃艮第恢复征收这种税收。就如我们在前文已经看到的那样，路易十四就在那年把一半的索恩河水运货物通行税征收权转让给了勃艮第三级会议，以便勃艮第缴纳80万里弗尔的战备特别援金；到了1691年，又把他自己的份额增加到了3/4。[②] 勃艮第选派官员在掌握了这种税收的征收权以后，就与省长和财政总监商量把征收权发包给出价最高者。[③] 这种包税制未经重大修改一直沿用到1789年。索恩河水运货物通行税每年能为勃艮第省财政创造很多收入。根据1691年8月与杰拉尔(Gérard)先生签订的5年期包税合同，他得每年支付17.5万里弗尔的包税银。而到了18世纪初，年包税银已经上涨到了22万里弗尔。

因此，勃艮第财政还有与直接税收无关的重要收入来源，并且用它们来进行借贷融资。审查官们在1679年的初审意见报告中简明扼要地记述了这方面的情况。他们把勃艮第省的总债务估计为1 124 550里弗尔，并且指出："2种50苏的售盐附加税估计能产出123 750里弗尔，从中扣除用于支付利息的56 227里弗尔，剩下67 522里弗尔可用于偿还债务本金。这样，债务本金就只剩下1 047 027里弗尔了"。[④]

勃艮第的审查官还对1680年的售盐附加税的收入和用途进行了展望，预计可产出20.5万里弗尔，"先扣去52 351里弗尔支付利息，剩下的152 649里弗尔可用来偿还债务本金。这样，债务本金就只剩下894 368里弗尔了"。他

---

① 关于索恩河水运货物通行税的由来和收入使用情况，除了勃艮第三级会议的记事簿以外，路易十五的财政总监第一助理 Mesnard de Conichard 的记述也有大量的相关信息。请参阅文献：ADCO C 3349, Mesnard de Conichard to president Fontette, 5 July 1764。

② ADCO C3134, fols. 190 - 1 and C 3136.

③ ADCO C 3134, fols. 233 - 4, Condé to the *élus*, August 1691.

④ ADCO C 3049, fol. 49. 值得注意的是，审查官们在进行估算时认为全部债务都要支付5%的利息(*denier* 20)。

们还记述了1681年和1682年的售盐附加税收入和用途安排。1682年,国王的售盐附加税授权到期。他们的估算多少有点离奇,因为他们没有考虑以后的借贷,但却告诉我们勃艮第省的债务规模以及他们考虑的还债方式。

售盐附加税的收入越来越多地直接用于债务的还本付息。德·哈莱财政总管在1687年5月的一封信中报告财政总监“长期以来,这些售盐附加税收入也总是提前三年已经支用”。[①] 也就是说,1685～1688年的选派官员用1689～1691年的售盐附加税收入来借钱。德·哈莱在信中继续写道:“他们年复一年地需要借钱并且也借到了钱,没人知道他们何时、如何花这些借来的钱,但这样会在下一个三年期,因还债而影响售盐附加税(如果还能征收的话)收入的使用”。

到了1691年,勃艮第三级会议已经在努力做到量入为出,并且继续用索恩河水运货物通行税授权来借钱。但是,庞大的资金需求迫使勃艮第省在路易十四在位的最后25年里最大限度地利用这些财政资源。如果我们以售盐附加税为例,那么就很清楚,在1688年以前,售盐附加税的收入是在每个三年期开始时就被确定为在下一个三年期里用于缴纳特别“无偿捐赠”、帮助城镇还债,甚至偿还三级会议所欠的部分债务。因此,1688年已经使用1692年结束前的售盐附加税收入,而1691年已经在使用截至1696年底的三年期售盐附加税收入,之后又在安排截至1700年底的售盐附加税收入的用途。此后,售盐附加税收入的使用速度加快,1700年已经使用截至1708年1月的售盐附加税收入,到了1709年已经在花截至1719年的售盐附加税收入,而1715年则已经花完了1732年12月31日前的售盐附加税收入。索恩河水运货物通行税的情况也几乎如出一辙,国王是在1691年授权开征此税的,并打算到1696年底废除。但到了1700年,这种货物通行税已经展期使用到了1707年底。西班牙王位继承战打破了任何可能的财政平衡,因此,到了1705年,路易十四准许这种货物通行税展期征收到1719年,后来又在1710年进一步展期到1748年!

为了渡过财政难关,勃艮第的选派官员不得不提前几十年把未来收入抵押

① AN G7157, fol. 55, d'Harlay to Pontchartrain, 19 May 1687.

出去。1718 年，勃艮第省的债务，据估计只不过略微超过 100 万里弗尔而已，[①]但并没有考虑售盐附加税和索恩河水运货物通行税的收入分别已经提前 15 和 30 年被预支这个因素。这两种税的合并收入约 1 100 万里弗尔早已被花费殆尽。[②] 对于勃艮第为路易十四发动的战争付出的代价，我们这里有比杜蒙(Dument)更加精确的评估。为了做出比较更加全面的评估，有必要拿勃艮第这个时期与大革命前夕的债务进行比较。[③] 美国独立战争结束时，因为以政府名义借钱，勃艮第的审查官报告了 29 519 378 里弗尔的债务。[④] 虽然债务数额巨大，但并未引起真正的担忧，因为债务的还本付息可用转让已经转让给勃艮第的税收——如人头税和廿一税(vingtièmes)来应付。勃艮第自己的债务，也就是为常规财政和行政用途筹款积欠的债务，已经高达 9 852 312 里弗尔。如果我们对路易十四留下的债务的估计是正确的，那么，勃艮第省的财政状况在大革命前夕比 1715 年健康。

显然，这样的比较价值有限，但勃艮第审查官们在 1784 的初审意见报告中记述了国王如何在 18 世纪下半叶利用勃艮第省良好的资信大肆借贷的问题。1714 年，路易十四迫使勃艮第三级会议“借”给他一笔 200 万里弗尔的贷款。但这次是个例外，王廷没有采用其他权宜之计从勃艮第敛钱，而是像在王国的其他地方一样采用增加捐班银(gage)和增设官位出售的惯用伎俩来攫取勃艮第最高法院、其他法院和审计院官员的财富。这些举措有可能减少可贷给勃艮第三级会议的资金，进而对勃艮第选派官员的财政政策产生影响。例如，1691 年，勃艮第省长不得不告知财政总监无法筹到供驻军食宿用的资金，因为“新设的捐班官位从勃艮第抽走了巨额资金”。[⑤]

王廷还有其他很多办法迫使勃艮第省掏钱，其中的一个最常见方法就是设立不必要或者具有威胁性的官职，目的就是胁迫勃艮第三级会议为取消这

① Dumont, *Une session des états*, p.4.

② 只有 15 年售盐附加税收入(每年接近 30 万里弗尔)的估计总量数据(实际应该在 450 万里弗尔左右)，而索恩河水运货物通行税收入(每年大约 22 万里弗尔)30 年或许要达到 660 万里弗尔。笔者希望很快就能给出更加精确的估计数额。

③ 笔者希望在本人涵盖面更广的关于 1661～1790 年勃艮第三级会议研究中能够拓展这个主题。

④ ADCO C 3306, fol. 221.

⑤ AN G7 157, fol. 188, Condé to Pontchartrain, 6 June 1691.

些官职买单。由于勃艮第的地方经济非常依赖葡萄种植业，因此，王廷心仪的一种策略就是创设与葡萄种植业有关的新官职，如1691年的税务专员和"葡萄酒经纪人"，或者如1696和1706年设置的葡萄酒测酒师职位(jaugeurs du vin)。同时，王廷还在勃艮第的各级法院和市政府设置了像书记员(greffier)或者办事员(commis)这样的职位。为了使这些职位更有吸引力，于是就在出卖这些职位时附带一些特权和豁免权，尤其是免缴平民人头税或者不用履行留宿士兵的义务，因此并没有令人意外地不受勃艮第三级会议欢迎。① 为了阻止创设这些新职位，勃艮第的选派官员们就得把相当于出卖这些职位的收入垫付给王廷，垫付资金往往数额很大，如1691年支付了25万里弗尔，2年以后又支付了311 539里弗尔，1696年另又支付了331 418里弗尔，1700年更是支付了92.2万里弗尔之巨，1703年支付了49.1万里弗尔，而1706年也支付了不少于68.2万里弗尔。这样的例子不胜枚举，我们只是想说明所涉金额巨大以及政府求助于这些措施的经常性。通常，勃艮第三级会议得为取消这些职位买单，但有时得付出很大的代价。典型的例子就是1692年出售的市长或镇长职位。4年后，勃艮第的选派官员花钱取消了这些职位，并且给三级会议造成了严重的后果。

国王在采用这些手段敛钱时，只要勃艮第选派官员愿意支付真金白银，一般都允许取消任何给定职位，并且会进一步扩展他们征收售盐附加税或索恩河水运货物通行税的权利。这虽然反映了王廷通过由地方三级会议代为借钱，而不是政治上有风险的税收，就能比较容易攫取地方精英的钱财，但也在一定程度上解释了为什么到了1715年这些资金被提前这么多年花费殆尽的原因。

通过对路易十四治下勃艮第财政体系的讨论，我们可以得出许多结论。虽然在路易十四治下，直接税收入急剧增长，王廷采用了像强行借款、摊派驻

① 在勃艮第三级会议举行的会议上或者陈情书中经常能够听到或者看到有权主张豁免权的人太多的抱怨；审查官在他们出具的1709年和1712年初审意见报告中列举不少很典型的例子：ADCO C 3030，fols. 544，603－4。

军食宿费用和卖官这样的权宜之计，但并没有招致勃艮第三级会议的强烈反对。通过增设市长或镇长等职位出售的方式来削弱之前直抒己见的第三等级势力，这无疑起到了堵塞表达平民人头税纳税人利益的言路的作用。在没有积极的第三等级代表凭良心做事的情况下，两个特权等级代表面对王廷的要求并没有公开表达任何异议。到了 1715 年，勃艮第三级会议开始在政治上保持沉默，并且直到路易十五登基也没有表现出恢复活力的迹象。其实，在太阳王（即路易十四。——译者注）统治的最后几年里已经出现反对王廷财政政策的迹象。是第戎的最高法院建言路易十四取消战争导致的财政负担，并且恳请国王“饶恕他的因长期饱受战争折磨而精疲力竭的子民”。[①] 在路易十四驾崩前几天，也就是 1715 年 8 月，第戎最高法院进谏反对继续征收人头税和什一税，并且列数了这两种税收对一个已经因 1709 年冬寒和 1714 年肆虐全省的牲畜瘟疫而遭遇灭顶之灾的省份造成的危害。第戎最高法院的法官们表示：“这个省份的各界民众殷切地希望，等和平全面恢复以后能够停征人头税和什一税。他们把继续征收这两种税收看作是榨干他们仅剩的那点财产的额外负担，这会毁灭他们的所有希望”。[②]

虽然这里没有考察第戎最高法院法官们进谏动机的篇幅，但法院的记事簿上记满了关于不发俸银的自利性抱怨。重要的是，即便在路易十四驾崩之前，这些法官自己就充当了本省纳税人的辩护者；而且，随着 18 世纪的过去或者说时间的推移，他们充当这种角色的热情日益高涨。

这样的怨言在 1715 年还很少听到。毫无疑问，路易十四生前曾采取措施尽量避免他的财政政策招致强烈反对，因为他采取的措施都是有利于勃艮第有产阶层和官吏阶层精英的。他下令以人头税的形式开征直接税，而推行税款预付制又确保了人头税的主要税负由平民人头税纳税人承担。平民人头税纳税人在缴纳大部分人头税的同时还要承担因为借钱把税款预付给政府而需要支付的利息。最初，什一税并没有采用税款预付制，因此，特权阶层可能承

---

① AN, U 1062, 5 June 1714.

② *Ibid.*, 19 August 1715; R. J. Bonney, '*Le secret de leurs families:* The Fiscal and Social Limits of Louis XIV's dixième', *French History*, 7 (1993), 398. 关于 1715 年 5 月的人头税和什一税预定额，请参阅文献：*Ibid.*, p.399。

担了较重的税负，这也许就是第戎最高法院在1715年向国王建言废除这种税收的原因。如果情况真是这样，那么，王廷很快就会吸取教训；而在1734年再次征收什一税时，勃艮第的选派官员就能签署有利的税款预付合同。

在其他方面，地方精英几乎没有不满意的理由。虽然王廷采用各种可以想见的权宜之计——如征收战备特别援金——来筹款，但仍没能筹到用于支付驻军食宿费用的资金，不得不强制推行强借制度，或者通过迫使三级会议“花钱买下”令他们讨厌的官职来缓解驻军食宿费筹款难的问题。勃艮第三级会议没有直接把驻军食宿费用全部压在平民人头税纳税人身上，而是利用售盐附加税或者索恩河水运货物通行税的收入作为担保来借贷。但很显然，这些贷款的利息通常都要靠增收平民人头税来支付，但这绝非是唯一的做法。例如，1710年，路易十四在迫使勃艮第选派官员预付240万里弗尔，并且以降低人头税的预付税款作为交换条件时，也答应12万里弗尔可从60万里弗尔欠款中扣除。[①] 在这个例子中，就如同在很多其他例子中，是王廷，而不是勃艮第三级会议，以牺牲未来收入为代价来推行短期现金预付方案。以上，我们简要讲述了法国王廷在“七年战争”和美国独立战争期间如何充分利用勃艮第财政体系筹款而对皇家财政产生了有害影响的情况。

但不管怎样，勃艮第的财政体系作为危机时期的筹款手段，由于勃艮第三级会议享有很高的公信力和信誉，因此非常高效。尽管售盐附加税和索恩河水运货物通行税收入被提前支用，但债权人仍然相信这个能继续保证快速还款的财政体系。即使在最艰难的岁月里，勃艮第的选派官员也能筹到资金支付贷款利息和偿还部分本金。在勃艮第，可能只有很少有产、贵族或者其他家庭没有把自己的部分财产投资于省府债务。勃艮第财政总管德·哈莱在信中提到借钱支付驻军食宿费时不经意中部分解释了他们的行为。他在信中写道：“他们那么精确地掌管着全省的各种支出账目，支出项目无论大小（从最大到最小的支出项目），未经选派官员先生们批准不得付款，因此，对于任何一笔支出，国王任何时候都能获得相关信息”。[②]

---

① ADCO C 5573.

② AN G7157, fol. 55, d'Harlay to Pontchartrain, 19 May 1687.

勃艮第省的投资者们分享了勃艮第财政总管德·哈莱对勃艮第三级会议的那份信任，而且没有比他们在1724年要求在确定贷款认贷人名单时优先考虑勃艮第本地居民这一点更能证明这种信任的证据了。但是，勃艮第三级会议并不像国王那样幸运，能够从路易十四发动或者参与的历次战争中保全自己财政清廉的名声全身而退。

第十二章　新法兰西的财政体系

凯瑟琳·M. 德斯巴拉茨(Catherine M. Desbarats)

皮埃尔·古贝尔(Pierre Goubert)曾经把法国大革命以前的旧制度比作一条枯木顺流而下、野草被拍岸的浊浪卷入激流、不同时代和体量的生物同生共栖的滔滔大河。[①] 在某些方面，这个比喻用于17和18世纪法国北美领地也非常贴切，而用于法国海外领地的财政体系则尤为恰当，因为法国基本上把自己的行政管理体制以及政府的收入和支出模式原样移植到了海外领地。连绵不断的战争有助于财政相似性的形成，但却阻碍了法国本土的政策制定者们为法国本土攫取殖民地的资源，也妨碍了他们利用北美殖民地相对较弱的旧制度特征(如各种形式的根深蒂固的特权和其他阻碍王权发挥威力的其他影响巨大的制度障碍)去打压税收国家的成长。

古贝尔所说的"浑水河"虽然流进了北美，但经历了一些殖民地特有的曲折。尽管多金库制以及像包税人这样的中介的参与延伸了法国财政体系在海外的触角，但法国的海外殖民地却成了不但彼此分割，而且也独立于法国本土的财政区。在这些被统称为"新法兰西"的法国诸海外殖民地中，阿卡迪亚(Acadia，1603～1713年法国在北美东南沿海间歇性占有的殖民地)、加拿大(1608～1760年)、普莱桑斯(Plaisance，1660～1713年)、路易斯安那(Louisiana，1699～1763年)和皇家岛(Ile Royale，1713～1745年，1749～1758年)经济结构和财政能力各不相同，而法国对不同殖民地采取的政策和王权在不同殖民地的威力，就如同在军事和经济上对不同原住民的依赖程度一样，也

① P. Goubert, *The Ancien Regime. French Society 1600 - 1750*, 2 vols. (New York, 1974), i. 17. 本文作者要感谢加拿大社会科学和人文研究委员会(Social Sciences and Humanities Research Council of Canada)提供了博士奖学金，从而使本研究得以与读者见面。

是大相径庭。这些因素造就了不但不同于法国本土，而且还不同于英国北美殖民地和西班牙殖民地的财政结构。

本文旨在对新法兰西殖民地财政的组织演变过程进行概述，并且探讨它们的一些财政结构区别。首先，为一本欧洲财政史的论文集写这样一篇有关新法兰西财政的文章，而不是写一篇关于西班牙美洲殖民地财政问题的论文，或许需要更加明确地说明原因。① 很少有人会怀疑西班牙新世界帝国与欧洲的相关性：16 世纪末，西班牙的美洲殖民地收入，尤其是采矿收入，为卡斯蒂利亚皇家财政贡献了多达 26%的收入；从负面影响看，西班牙在欧洲的地位最终可能就是显著受到了来自秘鲁和墨西哥的转移性支付在临近旧制度结束时明显减少的影响。② 同样，也很少有人会否定考察英国及其 13 个具有商业重要性的北美殖民地之间的财政负担分摊以及随之可能涉及的政治利害关系的必要性。③ 相反，虽然有观察家曾一度把加拿大(因其毛皮贸易而)喻为"北美秘鲁"；虽然在 1763 年法国撤离其北美大部分殖民地后的很长一段时间里，纽芬兰沿海水域的鳕鱼资源一直吸引着法国渔民，但新法兰西的经济和财政演化在很大程度上处于欧洲的边缘。④ 到目前为止，至少对于欧洲史学家来说，新法兰西的重要性，主要在于它作为令人鼓舞的精神输出渠道在 17 世纪中期

---

① TePaske, below, pp.436－46.

② J. Gelabert, 'The Fiscal Burden', in R. Bonney, ed., *Economic Systems and State Finance* (Oxford, 1995), p.564; R. Bonney, 'Revenues', in *ibid.*, pp.458－9.

③ 或许是因为这些文献主要关注紧接着大革命之前的前革命时期，从而导致对殖民时期多少有点研究不足也就不足为奇了。R. A. Becker 的"*Revolution, Reform, and the Politics of American Taxation, 1763－1783* (Baton Rouge, 1980)"是对国内税收最详细的研究。M. Schweitzer 在他的"*Custom and Contract: Household, Government and the Economy in Colonial Pennsylvania* (New York, 1987)"中考察了省和地方税收和支出问题。关于这方面的综述，请参阅文献：E. J. Perkins, *the Economy of Colonial America*, 2nd ed. (New York, 1990), pp.187－211; H. J. Henderson 'Taxation and Political Culture: Massachussetts and Virginia, 1760－1800', *William and Mary Quarterly*, 3rd ser., 47 (1990), 90－113. J. Gwyn 在文献"British Government Spending and the North American Colonies, 1740－1775, *Journal of Imperial and Commonwealth History*, 8 (1980), 74－84"中考察略微较早的时期。

④ C. C. Bacqueville de la Potherie, *Histoire de l'Amérique septentrionale*, 2 vols. (Paris, 1753), ii. 75－98, cited in T. Wien, 'Le Pérou éphémère: termes d'échange et éclatement du commerce franco-amérindien, 1645－1670' in S. Dépatie, C. Desbarats, D. Gauvreau *et.al.*, eds., *Vingt ans après 'Habitants et marchands de Montréal'. Lectures de l'histoire des XVIIe et XVIIIe siècles canadiens* (Montréal, 1998).

输出天主教改革热情所发挥的作用，其次还在于它在很多饱受英、法两个“天敌”冲突之苦的“远程兵”问题上扮演的角色。[①]

然而，关心国家形成特别是关心税收国家成长问题的欧洲史学家，也许会觉得涉足新法兰西财政管理和财政状况研究受益匪浅。就如另一些欧洲史学家认为的那样，征服新的领土是旧制度下的欧洲国家希望在不对其本土臣民开征新税的情况下筹集到额外收入的一种手段，因为旧制度下的欧洲国家臣民到了 17 世纪（在有些情况下甚至更晚）仍然认为王室的花销不应该超出王领能够承受的程度。[②] 新法兰西的例子可以作为一种警示，它提醒我们注意：征服新的领土，就相当于赌博，并不一定就能带来收益，有时因为征服了新的领土而要承担巨大的新的财政义务。新法兰西的例子同时还可以说明，国家所受的财政约束怎么会不但是旧制度社会政治结构的产物，而且也是旧制度社会政治结构根深蒂固的起因。无论是不愿还是不能把国家资源输往海外，王室常常首先指望金融家用资本支持自己对海外领土的主张权。路易十四在登基以后也非常希望加强王室对新法兰西的控制，但就是缺少那种激励他像西班牙那样在殖民地发展财政国家管理体系的动力。因此，如果说许多特许公司、包税合同、私有金库是新法兰西财政体系长期不变的组成部分，那么，在某种程度上是因为新法兰西殖民地的税收基础过于狭窄，以至于无法保证皇家财政机构在殖民地实施更加有力的扩张。法国本土的地方行政长官在面对强烈反对的情况下仍在把法国发展成税收国家的过程中扮演了关键角色。新法兰西从 1663 年开始在加拿大推行殖民地行政长官（或相当于法国本土地方行政长官的官员）负责制，相对于他们的法国本土同行而言，这些殖民地行政长官较少受到竞争性权力

---

① 关于欧洲史学家对新法兰西的最新看法，请参阅文献：N. Zemon Davis, *Women on the Margins: Theree Seventeenth-Century Lives* (Cambridge, MA, 1995); K. O. Kupperman, ed., *America in European Consciousness, 1493 - 1750* (Chapel Hill, NC, and London, 1995); J. Black, *Natural and Necessary Enemies: Anglo-French Relations in the Eighteenth Century* (Athens, GA, 1986)。

② Bonney, 'Revenues', pp. 447 - 72; J. Meuvret, 'Comment les français du XVIIe siècle voyaient l'impôt', *Etudes d'histoire économique* (1971), 295 - 308; J. Riley, *The Seven Years War and the Old Regime in France: the Economic and Financial Toll* (Princeton, 1986), pp. 38 - 9.

源的影响。[①] 然而，新法兰西殖民地永恒的资金稀缺状况制约了他们有效或者始终如一的行动能力。因此，帝国主义也有它自己的极限，而新法兰西殖民地的地方行政长官只不过是强化了专制统治恣意妄为的倾向。[②]

法国是美洲殖民化过程中的相对后来者。在 1570 年西班牙的殖民地行政管理体制已经达到了可持续水平时，新法兰西又过了半个世纪才出现了一些刚成立不久的毛皮贸易点。在 16 世纪的大部分时间里，欧洲在北美的利益主要集中在季节性的鳕鱼捕捞业和捕鲸业。来自法国巴斯克地区港口、拉罗歇尔(La Rochelle)、布列塔尼和诺曼底的数百条渔船与欧洲其他沿海国家的渔船一起，每年都要到纽芬兰沿海和圣劳伦斯湾海域捕鱼，但永久殖民者和国家机构仍然十分罕见。[③] 法国人移民新法兰西的规模既不能与英国人移民北美 13 个殖民地的规模相比，也不能与伊比利亚人移民南美洲的规模媲美。最近的估计数据显示，虽然在 1760 年以前，几支兵力最多大概有 2.7 万人(其中包

---

① 关于法国皇家省级地方行政长官的财政作用，请参阅文献：R. J. Bonney, *Political Change in France under Richelieu and Mazarin, 1624 - 1661* (Oxford, 1978)。新法兰西的地方行政长官被赋予治理整个新法兰西的司法、治安和财政权力，享有海外最高民政长官的地位，但实际上只是与军方总督一起负责对加拿大的行政管理。在新法兰西的其他地方，地方行政长官(和军方总督)的职责由专员—拨款审核委员(*commissaires-ordonnateurs*)与副总督(lieutenant-governors)一起履行。在法国北美殖民地，殖民地地方行政长官和专员履行法国皇家省级、陆军和海军长官的混合职责。关于陆军和海军长官，请分别参阅文献：D. Baxter, *Servants of the Sword: French Intendants of the Army 1630 - 1670* (Urbana, II, 1976); C. Aboucaya, *Les intendants de la Marine sous l'Ancien Régime* (Gap, 1958); and J. Pritchard, *Louis XV's Navy 1748 - 1762. A Study in Administration and Organization* (Montreal and Kingston, 1987). J.-C. Dubé, *Les Intendants de Ia Nouvelle-France* (Montreal, 1984) is a mainly prosopographical study。

② L. Dechêne 关于法国统治时期加拿大粮食贸易管制的最新研究得出了这个观点：*Le Partage des subsistances au Canada sous le Régime français* (Montréal, 1994)。王室馈赠土著盟友礼物，是部分由财政困难导致的政策变化的另一个例子：C. M. Desbarats, 'The Cost of Early Canada's Native Alliances: Reality and Scarcity's Rhetoric', *William and Mary Quarterly*, 3rd ser., 52 (1995), 609 - 30。

③ L. Turgeon, 'Pour redécouvrir notre 16e siècle: Les pêches à Terre-Neuve d'après les archives de Bordeaux', *Revue d'histoire de l'Amerique française*, 39 (1986), 523 - 49; L. Turgeon, 'Basque-amérindian Trade in the Saint Lawrence during the Sixteenth Century: New Documents, New Perspectives', *Man in the Northeast*, 40 (1990), 81 - 7; D. W. Meinig, *The Shaping of Atlantic America. A Geographical Perspective on 500 Years of History. I: Atlantic America, 1492 - 1800* (New Haven and London, 1986), pp.55 - 8.

括签约仆役和士兵)的部队可能曾开到过加拿大,但只有 1/3 的人留在了北美洲。① 法国人在阿卡迪亚(Acadia)、法属纽芬兰殖民地、普莱桑斯(Plaisance)等沿海殖民的移民总共也就几百人,而不是几千人。② 高死亡率甚至进一步减少了法国人在路易斯安那的移民。在 7 000 来个 1717～1721 年间来到这里的白人移民和 1718～1731 年间来到此地的人数相同的黑人移民中只有一半人生存了下来,并且在这个殖民地扎下根来。③ 及至"七年战争"爆发,法国在北美的领土主张从拉布拉多半岛(Labrador,位于北美哈得逊湾与大西洋之间。——译者注)也许已经扩大到了墨西哥湾,但这片广袤领土的大部分地区居住着不受殖民地法律约束的土著居民。④ 不超过 10 万的法裔移民集中居住在圣劳伦斯湾和密西西比河下游沿岸地区的狭长地带里,或者生活在布雷顿角岛(Cape Breton Island)路易斯堡(Louisbourg)的设防镇上。⑤ 在"七年战争"爆发前夕,英属北美洲的英裔移民人口大概已经是法属北美洲法裔移民人口的 20 倍。

新法兰西稀疏的人口倒也与它规模不大的贸易相匹配。现在很难找到加拿大 17 世纪的海狸毛皮出口数据,但很显然,直到 1650 年前后,加拿大的毛皮出口数量受制于跟法国人设在圣劳伦斯河沿岸的贸易站交易的休伦湖(Huron)、阿岗昆(Algoquin)和蒙泰格奈(Montagnais)印第安人的数量。这方

---

① P. Moogk 在文献"Reluctant Exiles: Emigrants from France in Canada before 1760', *William and Mary Quarterly*, 3rd ser., 46 (1989), 463 - 505"中讨论了这些数据,并且还分析了法国人没有持续移民北美的可能原因。还请参阅文献:L. Dechêne, ed., *Atlas Historique du Canada*, *Des origines à 1800* (Montreal, 1987), plate 45。

② J. Humphreys, *Plaisance: Problems of Settlement at this Newfoundland Outpost of New France*, *1660 - 1690* (Ottawa, 1970); M. K. Roy, 'Settlement and Population Growth in Acadia', in J. Daigle, ed., *The. Acadians of the Maritimes: Thematic Studies* (Moncton, 1982); J. Reid, *Acadia*, *Maine*, *and New Scotland: Marginal Colonies in the Seventeenth Century* (Toronto, 1981).

③ D. Usner, *Indians*, *Settlers and Slaves in a Frontier Exchange Economy. The Lower Mississippi Valley before 1783* (Chapel Hill, NC, 1992), pp.31 - 41.

④ W. J. Eccles, 'Sovereignty-Association, 1500 - 1783' in W. J. Eccles, *Essays on New France* (Toronto, 1987); J. A. Dickinson, 'Native Sovereignty and French Justice in Early Canada', in *Essays in the History of Canadian Law*, 6 vols. (Toronto, 1981 - 95), v. 17 - 40.

⑤ 1755 年,加拿大的人口据称大概在 55 000 人左右。到了 1755 年,路易斯安那的人口(包括非裔奴隶)仍不到 10 000 人:Meinig, *Atlantic America*, p.197;1752 年,路易斯安那的皇家人口据记录只有 8 814 人:C. Moore, 'Merchant Trade in Louisbourg, Ile Royale' (University of Ottawa MA thesis, 1977), p.14。

面的制约是双重的：一方面，这些早期的原住民“盟友”阻止法国人纵深向内陆渗透，从而阻止了法国商人与其他原住民族做生意；另一方面，原住民的毛皮供给曲线呈“递减弯曲”状：试图通过提供更多的金属制品和织物来收购更多毛皮的努力明显收到了适得其反的效果。直到疾病和易洛魁人(Iroquois)的侵袭合力杀死了大部分休伦人以后，法国商人才定期到五大湖地区(Great Lakes)做生意，与原住民结成了更加广泛的贸易联盟，并且发掘了更多的毛皮资源。[①] 到了18世纪20年代末，加拿大开始了多少有点儿多样化的贸易，包括除海狸皮以外的毛皮、木材和农产品出口贸易。但不管怎样，如表12.1所示，有记录的出口贸易收入每年不足200万里弗尔。[②] 动物毛皮仍然是最主要的单一类别出口商品，但农产品已经占据很大一部分殖民地产出。[③] 虽然皇家岛的经济仍以贸易为主，但它的主要出口商品鳕鱼干的贸易额也不足200万里弗尔。至于路易斯安那，法国的政策制定者和推行者的纪念性著述从不同方面把它描述成反对英国殖民扩张以及与西班牙美洲殖民地和密西西比河流域印第安人贸易的基地、获得西印度群岛林产品的来源，甚至是一个潜在的新黄金国(Eldorado，指早期西班牙探险家想象中存在于南美洲的黄金国。——译者注)。[④] 到了18世纪10年代末，法国的一些政府官员和金融家已经相信路易斯安那产的烟草有可能很快就会在法国市场上取代弗吉尼亚的烟草。但10年后，路易斯安那的全部烟草种植产出甚少，只相当于弗吉尼亚一个中等规模的烟草种植园的产量。到了1763年，就如同在1731年[弗吉尼亚最大的烟草产区遭到纳切兹族(Natchez)印第安人破坏2年后]，路易斯安那的全部烟草产量只够装满一艘货轮。[⑤] 就如1743～1746年(一个当然是战争频仍的时

---

① B. Trigger, *Natives and Newcomers. Canada's 'Heroic Age' Reconsidered* (Montreal and Kingston, 1985).

② 这里所说的里弗尔全都是图尔里弗尔。

③ M. Altman, 'Economic Growth in Canada, 1695 - 1739. Estimates and Analysis', *William and Mary Quarterly*, 3rd ser., 45 (1988), 684 - 711.

④ J. Price, *France and the Chesapeake. A History of the French Tobacco Monopoly, 1674 - 1791, and of its Relationship to the British and American Tobacco Trades*, 2 vols. (Ann Arbor, 1973), i. 302; and M. Giraud, *Histoire de la Louisiane franraise*, 4 vols. (Paris, 1953 - 74), i. 10, 14, 34, 43, 229 - 30.

⑤ *Price, France and the Chesapeake*, i. 319, 327, and more generally, ch. 12 and 13.

期)的平均数据所显示的那样，路易斯安那在整个殖民时期的出口贸易一直虚弱无力，饱受劳动力稀缺、运输成本高和自然条件不利等因素的困扰。

表 12.1　　新法兰西部分地区和年份的出口贸易值(图尔里弗尔)

地　区	年　份	出 口 值
加拿大	1735～1739 年	1 776 000
加拿大	1743 年	2 396 642
皇家岛	1737 年	1 700 000
皇家岛	1754 年	2 000 000
路易斯安那	1743～1746 年	240 000

资料来源：C. Moore，'The Other Louisbourg：Trade and Merchant Enterprise in l'Ile Royale，1713－1758'，*Histoire sociale/Social History*，12（1979），84；A. E. J. Lunn，*Développement économique de la Nouvelle-France* 1713－1760（Montréal，1986），p. 324；Price，*France and the Chesapeake*，i. 347.

注：加拿大的出口数据包括法国政府在加拿大发生并用以法国海军财务部为付款人的汇票支付的那部分支出。请参阅文献：Paris，Archives Nationales，Colonies，CIIA 51，fol. 153，Beauharnois and Hocquart to Minister，25 October 1729。

新法兰西人口稀少，贸易规模也比较有限，从而限制了渴望增收的法国可税税收基础的规模。由于接连遭遇财政危机，法国王廷不得不转而谨慎地直接为自己的帝国扩张项目筹款。结果，新法兰西的财政管理除了设置像新西班牙和秘鲁总督这样的统一官职以外，既没有精心设计的组织机构，也缺乏稳定性。而法国波旁王朝的历任君主最初通过创立专营机构和信用中介，不但是为了发展殖民地贸易，而且还为了收回殖民成本。因此而创立的控股公司(金融家总是掌握多数甚至绝对多数股份)通常要为殖民地政府的行政支出，有时还包括战争支出买单。由于贸易规模小，再加上有时因与原住民群体发生冲突或者在欧洲国家战争期间货轮停航而中断，因此，这些控股公司的收入很不稳定，尤其是在殖民早期那些年经常出现亏损。毫不奇怪，这种承担殖民地政府支出的安排也没能长期维持下去；而法国或者法国海外殖民帝国其他地方发生的财政危机，有可能随着这种安排在法国各殖民地的推广并为了解决更加广泛的问题进行了调整而加剧了这样的不稳定性。随着时间的推移，整个新法兰西形成了一种普遍的趋势，那就是财政安排与殖民地贸易分开，并且根据法国本土纳税人需要负担的转移性支付进行调整。像加拿大、路易斯安那和皇家岛这样的法国殖民地各自经历的发展轨迹虽然不同，但仍然再次表明财政约束严重加剧了法国旧制度的制度复杂性。

在 17 世纪的很多时间里，加拿大的财政体系由于受海狸皮市场波动不定的影响，因此显得特别不稳定：在略少于 60 年的时间里，从 1627 年授予百名合伙人公司(compagnie des cent-associés)专营特许状到 1683 年常备军常驻加拿大后不久，随着表面上看似像领地收入承包制的东西让位于由名曰"特别"资金作为补充的皇家税收承包制，加拿大就像快速穿越了法国 4 个世纪的财政发展史。[①]

为了换取新法兰西的领地所有权和独家贸易特权，百名合伙人公司(1627～1663 年)必须负责为每年招募和运送殖民者提供资金，组建基本政府机构并承担它们的费用，并且还要承担防卫支出。[②] 为了提供这些服务，这家公司原则上可以利用五一税(droit de quint)这样的领地收入和专营利润。由于缺少资本，并且受到无论海上风险如何每年都必须把殖民者运送到加拿大的约束，因此，这家公司的所作所为就像王廷：向私人中间人借钱，向他们出租权利和义务，并且还采取权宜之计筹钱。就这样，这家公司开创了很多先例，后来，法国王廷在引入"皇家"税收时沿用了这些先例：新法兰西的每种皇家税收都可寻根溯源到这家控股公司与承租其部分权利和义务的各当事方之间签署的合同。

1663 年，路易十四在新法兰西推行一种高度集权化的王国政府制度，废除了债台高筑的百名合伙人公司的专营特许状，并且还采取了一系列其他似乎预示着彻底改革殖民地财政的措施；而百名合伙人公司的特权以及几乎全部的义务只不过在第二年转到了根据让—巴普提斯特・柯尔贝尔(Jean-Baptiste Colbert)签署的特许状创建的规模更大的西印度公司(compagnie des Indes occidentales，1664～1674 年)的名下。授予这家公司垄断特权以及包括进出口关税在内的"五大包税"(cinq grosses fermes)特许状，至少部分是为了剥夺

---

① 关于通过扩大王室索取权影响中世纪领主收入——包括推行直接税制——的变革的讨论，请参阅文献：J. Collins, *Fiscal Limits of Absolutism. Direct Taxation in Seventeenth-Century France* (Berkeley and Los Angeies, 1988), pp.18 - 45。关于欧洲更多相关文献和更多国家经历的综述，请参阅论述"税收国家"诞生问题的不同论文：Bonney, ed., *Economic Systems*。

② 关于百名合伙人公司经营期间的政府财政，请参阅文献：L. Campeau, *Les finances publiques de la Nouvelle-France sous les Cent-Associés 1632 - 1665* (Montréal, 1975)。

荷兰在法属西印度群岛(French West Indies)的利益。

10年以后,路易十四吞并了这家公司开拓的部分领土,并且把这家公司的部分权利并入了王权[剩下的权利转给了塞内加尔公司(Compagnie du Sénégal)],并且放开了西印度群岛除烟草以外的其他商品的贸易。西印度群岛的烟草贸易并入法国新成立的烟草专卖局(采用烟草包税制)。[①] 曾经作为百名合伙人公司领地收入的收入作为一份涉及面更广的皇家包税合同——"西方领地"(domaine d'Occident)包税合同——的一部分发包了出去。"西方领地"包税合同还包括在西印度群岛和法国本土征收的税捐,但它也转而成了"总包税合同"(fermes générales)的一部分,而总包税合同起始于1681年的让·富康纳(Jean Fauconnet)包税合同。[②] 从一开始,"西方领地"包税合同的北美部分就以"加拿大税收分包合同"的形式分包出去。海狸皮出口贸易除了要缴专营费外,还要缴纳一种税率为25%的出口关税,名叫"四一税"(droit du quart)。第一份包税合同所包含的税收和特权费直到法国旧制度结束始终包括在西方领地包税合同中,它们包括国王的领主权利费,塔杜萨克(Tadoussac)地区的毛皮贸易专营权费,税率为10%的驼鹿皮出口关税以及税率为10%的烈酒、葡萄酒和烟草进口关税。

与法国本土的常见情况一样,法国殖民地的包税普通收入的增加慢于殖民地军费支出的增长。收入短缺又因17世纪90年代开始并几乎持续30年的海狸皮供给过度危机所加剧。在这场危机中,加拿大的包税合同不断被分拆,最后被分拆成了一系列的令人眼花缭乱的再分包合同。到了17世纪和18世纪相交之际,海狸皮贸易被从包税合同中剥离,而四一税则为了减少贸易商的亏损而暂停征收。海狸皮市场在1715年以后刚开始复苏,法国殖民地的财政安排再度遭到破坏。这次破坏法国殖民地财政安排的是约翰·劳(John

① C. W. Cole, *Colbert and a Century of French Mercantilism*, 2 vols. (Hamden, 1964), ii. 23-5, 119-20; Price, *France and the Chesapeake*, i. 82.

② 富康纳(Fauconnet)总包税合同(包括盐税、五大包税、贡金、领地收入)价值5 747万里弗尔,其中包括"西方领地"包税合同的标的50万包税银。关于包括"西方领地"包税合同在内的总包税合同的包税银构成,请参阅文献:D. Dessert, *Argent, pouvoir et société au Grand Siècle* (Paris, 1984), pp. 459-61;关于1697~1718年分开的"西方领地"包税合同的投资人,请参阅文献:D. Dessert, *Argent, pouvoir et société au Grand Siècle* (Paris, 1984), pp.511-12。

Law)鼓吹的信用系统，因为海狸皮专营和西方领地包税合同中包括加拿大在内的其他内容都被转入法国新成立的印度公司(Compagnie des Indes)的名下。临到18世纪一切尘埃落定的时候，印度公司仍保留加拿大海狸皮出口贸易的独家经营权，而西方领地包税合同则恢复其作为总包税合同一部分的原先地位。其间，持续40年之久的财政危机表明，无论是否包括海狸皮贸易专营权费，法国国王在新法兰西领地的收入甚至还不够应付和平时期的殖民政府支出。

面对军事行动的增加和领地收入的不足，法国的几任国王都课征了颇受争议的税收，其中既有直接税又有间接税，而且还寻求长期借贷手段。在大多数情况下，加拿大殖民地的战争压力也非常大。但值得注意的是，法国本土在加拿大被殖民化时期课征的直接税没有一种在加拿大征收过①；而新法兰西大部分殖民地不断增加的军费开支，最终应该是由法国本土纳税人承担的。② 由此而产生的对殖民地的转移性支付可能是通过海军财务部各殖民地分部完成的。这种财政安排虽然效果不佳，但说明法国当时已经设立了负责法属北美洲的海军大臣职位(在柯尔贝尔任内正式开始)以及法国海军独立部队(compagnies franches de la marine)。法国海军独立部队独立于法国陆军的步兵部队，配给、装备和军饷全部列入海军预算，从17世纪80年代开始已经活跃在法属北美殖民地。

法国殖民者没有在加拿大课征直接税，部分原因可能是加拿大总督在法国殖民时期使用无薪民兵。直到奥格斯同盟战爆发以后，法国国王和大臣还写信把在加拿大设立常备军说成是法兰西国家意外并且令人遗憾的事情。殖民刚开始没几年就有人希望，殖民者首先应该负责自己的防卫，并且组建自己的民兵队伍，因此，加拿大理应自负盈亏。而且，这种希望从来也没有完全消失过，尤其是从18世纪40年代起，加拿大民兵参加了多次军事行动。最多的民兵人数出现在“七年战争”时期，有11 000名加拿大民兵参加了1759年的魁北克(Quebec)围攻战。③ 然而，就连吝啬的海军大臣也很清楚，以农民为主

---

① 我们将在下文讨论没有开征直接税的可能原因以及最终被否决的各种税收方案。

② C. M. Desbarats, ‘France in North America: the Net Burden of Empire during the First Half of the Eighteenth Century’, *French History*, 11 (1997), 1 – 28.

③ Déchêne, *Atlas historique*, plate 42.

的民兵不可能没有代价地就脱离他们的平民职业。因此，海军部队就被视为一种必不可少的“邪恶”，所以，海军财务部最终在殖民地设立了自己的分支机构。

因此，控股公司在加拿大统治的结束预示着旧制度下已有的以下两种不同形式的经营机制在加拿大的推行：一是由金融家辛迪加承租和管理的“西方领地”包税制；二是通过购买法国最昂贵、可继承的官职来掌管海军财务的法国海军财务总监（trésoriers généraux）。因此，加拿大的财政安排从形式上看很像向风群岛（Iles du Vent，西印度群岛小安的列斯岛中的岛群。——译者注）的主要财政安排，两者的重要差别在于：属于西方领地的西印度群岛负责供养海军财务部的当地分部；并且降低定期从法国本土转拨资金的必要性。[①] 然而，这个两部分系统并没有被18世纪才殖民化的新法兰西地区作为范例。由此而导致的财政安排多样性与殖民者们的不同意愿毫无关系，就如同通过强势的地方代议政府（如英国在北美的13个殖民地）所体现的那样，但与殖民地的脆弱税基和法国本土的财政约束却有着千丝万缕的关系。[②]

无论是路易斯安那殖民地（1699年被殖民化）还是皇家岛殖民地（1713年被殖民化），都没有开征新税，也没有被纳入“西方领地”包税合同，因此，这两个殖民地根本就没有包税代理。但不管怎样，鉴于严重的危机在1701～1715年间影响到了法国财政，尤其是影响到了法国海军财务，因此，那些特许公司根本就不能被视为承担新殖民政府开支的适当财政支撑。路易斯安那微不足道的贸易收入破灭了对特许专营公司能做成王廷做不到的事的希望，而在18世纪的头30年里，特许专营公司和王廷一直在为谁应该承担殖民地行政和军费开支这个问题扯皮。法国金融家安东尼·克罗扎特（Antoine Crozat）是1712～1717年路易斯安那殖民地第一个贸易专营特许权持有人。当时，他被要求每年为国王效劳，也就是每年提供两艘货轮运送10个殖民者和25吨货物。[③] 海军大臣继续给海军部队给养和军饷拨款，就像从皮埃尔·勒莫尼·德·伊贝维尔（Pierre

① P.-A. Blérald, ‘L'organisation des finances publiques à la Guadeloupe et à la Martinique sous l'Ancien Régime. Contribution à l'étude de l'état colonial’, *Bulletin de Ia société historique de la Guadeloupe*, 57－58 (1983), 55－81.

② Perkins, *Economy of Colonial America*, pp.190－5.

③ Giraud, *La Louisiane*, i. 230.

Lemoyne d'Iberville)在17世纪90年代勘察路易斯安那以来所做的那样，但就是拨款没有定期。因此，克罗扎特除了自己掏钱垫付政府支出这种1714年7月正式开始执行的安排以外几乎没有其他任何选择。[①] 相比之下，从克罗扎特手中接过路易斯安那贸易专营权的西方公司(Compagnie d'Occident)却要承担支付路易斯安那政府官员薪水、部队给养和防御工事建设费用等全部的财政负担。[②] 毫不奇怪，这种负担沉重的安排最终被废除(根据1719年5月颁布的法令)，王廷答应每年给西方公司拨款30万里弗尔用于支付路易斯安那的军费开支。[③] 然而，公司资源与王廷资源之间的区分变得比以往任何时候都更加模糊，因为西方公司不但大肆吞并其他垄断公司，而且还与约翰·劳建议创立的皇家银行联手买下了法国主要税收来源的权利：新成立的印度公司在它的扩张鼎盛时期用由它涉足的银行部门发行的纸币为它在路易斯安那的业务融资，并最终用公司收到的税收收入硬币赎回纸币。[④] 在劳氏信用系统崩溃以后，印度公司又重新回归它的基本商业职能，因此，王廷仍得继续为路易斯安那承担30万里弗尔军费支出的义务。到了1731年，持续的财务困难迫使印度公司放弃路易斯安那明显无利可图的控股业务，并且把殖民地政府财政管理权直接交给了法国海军部及其财务官们，一直到法国殖民体系解体。

法国海军部的财务官员以更快的速度肩负起了皇家岛财政管理的责任。在皇家岛正式被殖民化之前，就有人开始兜售创建一家特许公司的计划，但在1713年皇家岛被殖民化以后不久就很快放弃了这项计划。到了1716年，法国海军财务官派了一名文员到路易斯堡(Louisbourg)处理他们负责的事务。[⑤] 因此，在财政方面，皇家岛最接近不久前被放弃的纽芬兰阿瓦隆半岛(Avalon Peninsula)上的普莱桑斯殖民地，法国海军财务部在17世纪90年代～1713年

① 关于海军拨给路易斯安那的经费，请参阅文献：[Paris,] A[rchives] N[ationales]-C[olonies] C13A, fols. 193, 269, 281。关于1714年7月的协议，请参阅文献：Giraud, *La Louisiane*, i. 274－5。

② *Ibid.*, iii. 25.

③ *Ibid.*, iii.78.

④ 关于印度公司的由来及其在劳氏信用系统中的作用，请参阅文献：P. Haudrère, *La* Compagnie française *des Indes au XVIIIe siècle* (*1719－1795*), 4 vols. (Paris, 1989), i. 40－96。

⑤ 在文献"AN Marine E 204, item 69"中有关于特许公司方案的讨论。

间受权定期向普莱桑斯拨款。在这两个例子中，法国海军不得不从自己已经很瘪的钱包里往外掏钱，因为，无论怎样，它都觉得岛屿殖民地有它明显的战略价值：岛屿殖民地一旦修筑了防御工事，就不但可被用作法国渔船的晒鱼场，而且还可作为保护往返于加拿大的"绿色"渔船队和战舰的基地。①

直到实施了一个多世纪的殖民统治以后，法国才放弃把控股公司当作帝国北美洲扩张筹款工具的做法。殖民地贸易的垄断利润一再被证明过于微薄，不足以应付新法兰西殖民统治和防卫支出，因为新法兰西殖民统治和防卫支出绝非微不足道，尤其是按人头计算的话。由于海外殖民地没能大量创收，而王室却要负担只有放弃殖民地才能省却的支出，因此，法国王室就求助于本国金融家更加熟悉的资本和信用运作方式：把殖民地的主要支出经费划拨给法国海军财务部各海外分部(17 世纪 80 年代划拨给加拿大分部，18 世纪头 10 年划拨给皇家岛分部，18 世纪 30 年代划拨给路易斯安那分部)。法国海军财务总监早已不再是仅仅履行会计师的职能，而且还要以自己的名义借钱来应付支出；而且，由于他们总是不能收到足够的税收，因此还要拿自己的信用冒险。就如米歇尔·安东尼(Michel Antoine)所指出的那样，虽然法国海军部自己表现出了一些现代化趋势的迹象，但法国海军和殖民地财政却没有体现出这种趋势的任何迹象：它们仍死抱旧制度不放。②

对于试图追溯新法兰西殖民地政府具体收支结构的历史学家来说，以上介绍的新法兰西的那种异质、半私有的财政安排暴露出了许多问题。由于法

① 但有些史学家倾向于认同，无论是普莱桑斯还是皇家岛，或者有关这个问题的其他地方，都没有充分发挥它们被认为能够发挥的战略作用。请参阅文献：F. Thorpe. 'The Cod Fishery in French American Strategy, 1660 - 1783' (paper delivered to the meeting of the Canadian Historical Association, Kingston, 1991); J. F. Briere, *La pêche française en Amérique du Nord au XVIIIe siècle* (Montréal, 1990)。关于法国海军对普莱桑斯和皇家岛防御工事建设的贡献，请参阅文献：F. Thorpe, *Remparts lointains: la politique française des travaux publics à Terre Neuve et à l'Ile Royale* (Ottawa, 1980); F. Thorpe, 'Fish, Forts and Finance: the Politics of French Construction at Placentia, 1699 - 1701', *Historical Papers/Communications historiques* (1971), 52 - 63。

② M. Antoine, 'La monarchie absolue', in K. Baker, F. Furet and C. Lucas, eds., *The French Revolution and the Creation of Modern Political Culture*, 3 vols. (Oxford and New York, 1987 - 9), i. 3 - 24.

国北美洲殖民地没有实行集中收支的财政制度，而且法国直到 1731 年以后才开始对密西西比河下游地区实行殖民化过程，因此，下文将分开考察加拿大、路易斯安那和皇家岛的殖民地财政。[①] 只有很少的新法兰西特许公司和殖民地包税制文献存世，或者说，即使有这类文献存世，也总是把新法兰西或者新法兰西的不同地区作为单一的会计或者财政单位。加拿大政府档案文献中存世的包税制文献提到了缴纳包税银的各种方式(通常是通过直接支付被称为“charges”的政府支出，并且把余款汇到皇家金库)，但没有提及实际收到的税收数额。直到“西方领地”在 1732 年以后被改造成由法国海军管理的行政机构以后，我们才能更加清晰地看到实际收到的税收数额。

法国海军殖民地财务分部的账册使我们看到了最大但仍是部分的希望。即使法国海军殖民地财务分部的存世账册也是比较零散、另类。以加拿大为例，直到 17 世纪 80 年代末才真正开始有正规的会计实务。那一年，海军财务总监第一次派一名领薪文官前往加拿大做账。虽然法国海军大臣与加拿大地方行政长官在 17 世纪末的往来书信中提到了正规的会计实务问题，但也只有几封书信存世。在存世账册中，18 世纪头 10 年的账页比较多，但“七年战争”前几年的账页少之又少。我们可以获得皇家岛殖民地法国海军财务分部从 1714 年到 18 世纪 50 年代中期的数据，但没有找到 18 世纪头 10 年以及英军占领路易斯堡那几年(1745～1748 年)的数据。法国海军路易斯安那财务分部只有法国统治最后 30 年的正规账册存世。

这些账册之所以能够存世，部分是因为当时(1689 年)颁布了海军部和海军各部(marine et des armées navales)令，其中包括法国军械部收支授权和报告的管理条例，要求包括军械总管和财务主管(controller)在内的海军领薪官员独立跟踪海军财务总监及其文员所做的账目。虽然该命令几乎没有提到殖民地，但在法国本土发来的快信中提到了有关这个命令的极少事例表明，这个命令与海外殖民地的关系只是假设而已。[②] 直到 1749 年设立了两

---

① 关于 1731 年后殖民时期路易斯安那的财政状况，M .Giraud 的多卷本路易斯安那记事含有大量的财政信息，但需要进行系统整理。

② 特别要参阅文献：AN C B 25，fol. 100；C B 68，fol. 45；C C11A 45，fol. 165；C C11A 53，fol. 13；C C11A 58，fol. 70；C C11A 65，fol. 22r-v；C C11A 72，fol. 88；C C11A 76，fol. 111。

个海军殖民地财务总监(trésorier général des colonies)捐班职位,殖民地账务才归海军管理,并且最终由法国本土审计院审计。[①] 因此,殖民地的地方行政长官、特派专员和财务主管除了遵循上述命令规定的程序以外几乎没有什么选择,再说不管怎样都比较熟悉这些程序,因为他们在被派往海外殖民地之前都曾在法国军械部任过职。但是,如果我们强调法国海军大臣不愿把法国宝贵的海军经费花在海外,并且再次与西(班牙)属西印度群岛的一般情况进行比较,那么就不难发现,法国很少为殖民地规定如此详细、量身定制的指令;即使规定这样的指令,通常也是被动而为。在殖民时期临近结束时,包括官员指示命令的政府文献都因人事变动而遗失。这里只举其中的一个例子,驻加拿大的海军财务主管(1689～1701 年)巴克维勒·德·拉·伯特利(Bacqueville de la Potherie)似乎花在写他的多卷本加拿大殖民历史上的时间多于他履行自己职务——包括关心政府档案文献——的时间。结果,(加拿大)地方行政长官和(新法兰西其他殖民地的)特派专员似乎都是即兴创作个性化、易变的行政管理程序。因此,会计程序经常变更,而政府收支账目也难免出现不规范的东西。[②]

战争有可能打破最称职、认真负责的官员的工作规程,但却有助于腐败官员藏匿自己的劣迹。就在需要处理的事务激增的时候,军事行动转移了地方行政长官和特派专员记录收支的注意力。法属北美洲的皇家官员(或者海军军官)不同于西属西印度群岛的出纳(caja)官员,他们并不精通财政管理事务。重要的司法和行政工作也要占用他们很多时间。我们以加拿大的地方行政长官吉勒斯·奥卡尔(Gilles Hocquart,1729～1748 年在任)为例,看看他在 18 世纪 40 年代末要做的部分工作,精心安排整个圣劳伦斯河流域的粮食征调工作;监督魁北克的政府造船厂;为重大军事远征行动准备军需物资;组织多不胜数的欢迎土著勇士投诚的仪式;在英军 1745 年攻陷路易斯堡城后安置逃离

① AN Fonds divers AD IX 93 (November 1749): 'Edit portant suppression des deux offices de trésoriers généraux des galères et création de deux offices de trésoriers généraux des colonies françaises de l'amérique.'

② 加拿大和皇家岛的收入和支出数据取自 Desbarats 的"France in North America', tables 1 - 2 and Figure 1"; 关于加拿大的收入和支出数据,由于很多财政年度有几种不同账册存世,因此只能确定相关数据的大概范围。

大西洋沿岸家园的四五百个印第安米克马克(Micmac)族家庭;与人数比和平年代增加了5倍的供应商签订采购合同。[①] 因此,战时中断的账目战后需要补齐,但有时是遥遥无期。奥地利王位继承战期间的存世账册倒是完整无缺,但都是事后补上的,并且经常修改。新法兰西账册缺损最严重的情况出现在西班牙王位继承战和"七年战争"期间。实际上,加拿大已知的存世账册就截止到1751年,这或许就是某些历史学家所说的俄亥俄河谷"冷"冲突时期。当时,驻美(国)殖民者和驻加(拿大)殖民者越来越多地竞相诉诸武力来表达自己的主权主张。[②]

鉴于新法兰西行政机构规模较小,因此,"七年战争"空前的规模足以能够说明这个时期新法兰西财政档案文献缺失的原因,但加拿大最后一任地方行政长官弗朗索瓦·比戈(François Bigot)不准记录他经手的财政事务也许另有动机。这当然是王室的看法,因为1763年,王室认定这位加拿大地方行政长官以及另外大概有50名法国驻北美官员和海军军械部官员犯有舞弊和牟取战争暴利罪。[③] 相比之下,现代学者,如约翰·波什(John Bosher)表示,加拿大事件的被告们只不过是替罪羊,他们的行为其实在旧制度下司空见惯,表现为"庇护或始于王室的庇护;塞小费或送贿金;支付极低的俸银;职责不明;缺乏巡察和定期查账制度;公私资金不分"等通常被容忍的腐败行为。[④] 财政史学家最好对这样的指控进行更加深入的研究。正如詹姆斯·赖利(James Riley)认为的那样,陪审团并不在乎法国的会计实务"是有序还是混乱"。但这

---

① 关于加拿大政府供应商的数量和分布,请参阅文献:C. M. Desbarats, 'Les deniers du roi dans l'économie canadienne du dix-huitième siècle', in Depatie, Desbarats, Gavreau *et. al.*, eds., *Vingt ans après 'Habitants et marchands'*。关于皇家岛政府供应商的数量和分布,请参阅文献:C. M. Desbarats, 'Colonial Finances in New France, 1700 - 1750', (McGill University PhD thesis, 1994), tables 7.1 - 7.3 and figures 7.1 - 7.10。

② 有不少1751年后的加拿大支出总量数据存世,并且发表在文献"A. J. Lunn, *Développement économique de la Nouvelle-France 1713 - 1760* (Montréal, 1986), p.325"上。很多重要账册似乎都没有存世,1750~1751年的数据序列也不知道它们的确切来源。

③ J. F. Bosher, 'The French Government's Motives in the *Affaire du Canada*, 1761 - 1763', *English Historical Review*, 96 (1981), 59 - 78, reprinted in J. F. Bosher, *Business and Religion in the Age of New France 1600 - 1760. Twenty-Two Studies* (Toronto, 1994), pp.487 - 509.

④ *Ibid.*, p.491.

个问题的答案部分取决于财政官员的腐败程度。[①] 至少，法国北美洲殖民地颁布像1689年海军令这样的行政管理条例，目的就是要提高财政管理的透明度。然而，海军令在像军械部这样的机构的执行遇到了阻挠，除了很多其他官员的阻挠以外，还有少数职责涉及财政事务的官员。[②] 有关新法兰西的存世文献表明，对于相关规定的遵守时好时坏。大致在穆乐帕(Maurepas)伯爵长时间担任海军大臣(1723～1749年)期间，正式规定的遵守水平得到了提高，这也是因为乌特勒支和约延长有效期和当时在加拿大和皇家岛供职的官员尽职而成为可能。那些年存世的规范、透明的账册披露了很多有关当时收入和支出的细节，而其他时期的存世账册则往往过于简单。

最后，与授权支出有关的收入的经常性短缺也是造成账目不规范的一个原因，从而导致同一财政年度的数据重复的问题。特别是在加拿大，调整是在没有跟踪政府债务(没有出现在任何殖民地账册中)明确指令的情况下进行的，殖民地官员为了应对实际(而不是预期)收入流，穿越时间追溯性地重新安排支出。只有较少的存世证据有助于从整体上解释存世的海军财务数据。然而，由于外围殖民地的账册(想必军械部的账册也)经历了那么多的修改和穿越时间的重新调整，又由于有那么多碎片化的账目需要整合，因此，发现海军财务变化水平和速度不同的数据序列就没有什么可大惊小怪的了。就像加拿大的遭遇所显示的那样，会计规则的变化可能造成像詹姆斯·普理查(James Pritchard)注意到的那种潜在异常现象：他为某些年份(包括从1748年到1762年的整个时期)所谓的“海军经费”数据大于在另一组被称为“实际支出”(dépenses effectives)的数据而感到困惑。[③] 到目前为止，历史学家只掌握了一些互不相同的总量数据，而不是各殖民地和军械部详细的收入和支出分解数据(就像海军内部通行的模式所规定的那样)，因此，我们无法做出更加

---

① J. Riley, ‘French Finances, *1727 -1768*’, *Journal of Modern History*, 59 (1987), 209 - 43.

② 赖利认为，海军总部下达的命令军械部执行不力的问题主要应该归因于法律造成的制度化管辖权冲突。关于这个问题，请参阅文献：Pritchard, *Louis XV's Navy*, pp.40 - 1, 50 - 1, 97 - 8。

③ 关于法国海军军费支出总量数据的讨论，请参阅文献：H. Legoherel, *Les trésoriers généraux de la Marine* (*1517 -1788*)(Paris, 1965), pp.177 - 81; Pritchard, *Louis XV's Navy*, pp.215 - 22; and P. Villiers, *Marine royale. Corsaires et trafic dans l'Atlantique de Louis XIV à Louis XV*, 335 2 vols. (Lille, 1991), i. 204 - 9.

确切的解释。[1] 迄今没有发现有经审计院审计过的决算报表存世。因此，法国本土的存世文献对于研究法国殖民地史的学者来说几乎没有什么用处，因为他们几乎必须根据很可能后来修改过的账册彻底重构数据。

考虑到大西洋两岸因战争而意外形成的惯例、官员中可能存在的腐败行为、是否存在债务不确定性以及政府文件存档不规范等问题，J. J. 特帕斯科(TePaske)关于必须谨慎解释西属西印度群岛存世账册的告诫，完全并且更加适用于新法兰西。但不管怎样，由于只有法国北美帝国几个殖民地最多为期半个世纪的财政状况需要考察，因此，这个任务相对而言似乎并不那么令人却步。

法国北美殖民地的存世账册虽然是一个原始统计时代的产物，但我们仍能用它们来了解法国王室的海外支出重点，并且发现政府对于外围经济的影响以及法兰西北美殖民帝国的财政负担。法国北美殖民帝国所呈现的景象是一种欧洲史学家完全熟悉的景象——只不过规模大大缩小了而已，也就是说，政府支出的规模首先取决于常备军的规模以及是否发生战争，军事任务决定筹款速度。

新法兰西的财政支出沿袭与法国本土财政支出相同的阻力最小的路径，并且首先反映了一种国家最乐意为战争或者战备花钱的竞争性财政体系。因此，与军队——给养和装备及其运输——以及设防有关的支出是法国各北美殖民地占比最大的财政支出。在加拿大，这类支出包括为每年春季把士兵和物资运送到五大湖地区偏远的哨卡而建造和维修划艇的费用。那个时代的人也把用于跟原住民修好，特别是通过请客送礼的方式与他们结盟的费用看作是一种对安全的投资，这种投资会产生多种不同的红利：男性原住民参加了当地的民兵和法国海军驻扎在北美殖民地的部队，虽然目的不同，但也参与攻打英国殖民地的远征。以易洛魁五部落联盟(Five Nations Iroquois)为例，在

---

① 如请参阅文献：AN Marine A2 25，fols. 429 - 33 (April 1726)；Marine E 208，items 21，23 (1715)；Marine A2 25，fol. 157。

17世纪的很多时间里，他们与加拿大经常呈敌对关系，送礼使他们在1701年以后保持中立，但没有缔结联盟。送礼给阿布纳基人(就像送给其他部落的礼物，有火药、子弹；在需要时还送枪支)，不但在起源于欧洲的冲突期间保证了士兵来源，而且还允许加拿大总督鼓励原住民在英法和平时期偷袭英国殖民者。[①] 虽然地方行政长官和特派专员也不情愿把给养和贸易商品送给印第安人，但由此产生的支出还是比较富有成效的：花在习惯生活在海上的米克马克人的请客送礼费用只占皇家岛财政年度支出的3%左右，但却使这个法属殖民地军队的战斗力翻了一番。[②] 在新法兰西的其他地方，与原住民缔结的联盟数量更多、形式多样。在加拿大，与原住民结盟不仅仅依靠送礼，而且还在敏感地区实行毛皮贸易补贴政策，甚至派军官进驻五大湖地区负责调停原住民之间有时发生的冲突。[③] 总的来说，这类费用大概要占到加拿大殖民地财政支出的1/5或1/4。[④] 通过外交途径和补贴政策来培养“附庸”在北美并不比欧洲逊色，法国的历任海军大臣对此颇有微词。

法国北美殖民地民政官员和海军军官都明白说不定哪天就会爆发战争，因此都不愿把钱用于民政支出项目。虽然来自法国本土的快信再三要求北美殖民地地方行政长官和特派专员“促进”(exciter)贸易和生产，但是，这种命令很少转变为殖民当局对生产能力的投资。加拿大殖民当局贷款发展了加拿大的冶铁工厂，并且最后从破产的垄断经营者手中接管了冶铁工厂。18世纪30

---

① 关于新法兰西在军事方面与土著人结成的联盟，请参阅文献：I. Steele, *Warpaths. Invasions of America* (New York and Oxford, 1994), pp.131-74; D.P. MacLeod, ‘Microbes and Muskets: Smallpox and the Participation of the Amerindian Allies of New France in the Seven Years' War’, *Ethnohistory*, 39 (1992), 42-64; O. P. Dickason, *Canada's First Nations: A History of Founding Peoples from Earliest Times* (Toronto, 1992). J. Cassel, ‘*The troupes de la Marine* in Canada, 1683-1760. Men and Materiel (University of Toronto PhD thesis, 1987)在附录D中展示了1683～1760年从加拿大出发的最著名军事远征行动的参与人员构成(步兵、民兵和土著士兵)。

② Desbarats, ‘Colonial Finances’, ch. 7.

③ 关于“法国军官在大湖地区充当土著村民的调停者”这种多少存在争议的观点以及关于法国人-印第安人联盟(包括送礼的意义和方式的讨论)涉及面更广的研究，请参阅文献：R. White, *The Middle Ground: Indians, Empires, and Republics in the Great Lakes Region, 1650-1815* (Cambridge, 1991)。关于送给路易斯安那盟友的礼品，请参阅文献：R. White, *The Roots of Dependency. Subsistence, Environment and Social Change among the Choctaws, Pawnees, and Navajos* (Lincoln and London, 1983), pp.34-68。

④ Desbarats, ‘The Cost of Early Canada's Native Alliances’, p.629.

年代，国营海军造船厂也在魁北克开张营业。但重要的是，海军造船厂的支出并没有出现在加拿大的财政账册上。① 它们被分开报告，并且被归入位于罗什福尔(Rochefort)的军械部。加拿大的冶铁工厂和造船厂并不是像有些历史学家所说的那样，被看作是近代早期为启动殖民地经济而进行的尝试，而是被作为法国海军自己的军工企业。② 顺便说一下，它们只是发生在海外的例子。此外，国营造船厂只不过是放慢了私人造船的步伐，因为它们挖走了很多当时加拿大稀缺的造船工匠。③

与殖民地安全无直接关系的支出被压缩到了最低限度，并且一直被置于王廷的控制之下。这类支出，只要可能就直接由殖民地居民承担，虽然吝啬的海军部最终完全正确地答应做一些如用国王的钱为地方行政长官建造宫殿，或者(规模小一点的)海军为王室成员的生日和结婚鸣炮致敬以及像本应直接由私人完成的筑路这样的公共工程等象征性"形象工程"。至于殖民地政府支付给教会的薪金和补贴，无论相对于当地人口增长还是价格波动而言都变化很小。法国海军部甚至想削减对加拿大教会的捐助：用加拿大大多数修士会每年收到的区区数千里弗尔来弥补因法国精英馈赠告罄留下的缺口，直到当地居民缴纳或贡献足够多的什一税和慈善捐赠。不过，给教会的补贴倒是一直没有取消，但也提醒了殖民地官员：把这些想必"不会引起严重后果"('sans tirer à conséquence')的税赋变成永久性义务，就像"战时特别税"常会长期征收下去那样。

由于海军部不愿承担与军事用途没有直接关系的支出，又由于因此而导致的殖民地防卫(一种公共产品)支出占据大部分财政支出，因此，从未有人试图计算各殖民地的人均财政支出。事实上，那个时代的人要么是根本不知道各殖民地间的人均财政支出差别，要么就是认为没有必要关心它们，而是更加

---

① 海军大臣曾以一种典型的反应方式下达过造船费用如何入账的指令，而且是在1740年，也就是在森林开采和造船厂发生费用2年以后才下达的：AN C B. 70, fol. 356 (13 May 1740)。下达支付方法的指令就更晚，请参阅文献：AN C B 78, fol. 307 (17 March 1744)。

② C. Nish, *François-Etienne Cugnet 1719 – 1749: entrepreneur et entreprises en Nouvelle-France* (Montréal, 1975), pp. 55 – 6, 174; D. Horton, 'Hocquart, Gilles', in *Dictionnaire biographique du Canada*, 13 vols. (Quebec, 1966 – 94), iv. 354 – 65.

③ R. Brisson, *Les 100 premières années de la charpenterie navale à Quebec*, *1663 – 1763* (Quebec, 1983).

关心财政支出的绝对水平。因此，虽然皇家岛人均财政支出通常要比圣劳伦斯河流域殖民地的人均财政收入高出3倍，但法国多任海军大臣反而更容易抱怨加拿大的财政状况。① 同样，他们也不愿注意，至少在加拿大和皇家岛出现了和平时期正常人均财政支出略微下降的趋势。这种温和、暂时的人均支出减少使得那些明白名义总支出在几场重大战争中肯定翻了不止一番的人多少感到了一些安慰。② "七年战争"时期的存世文献显示，加拿大的财政支出只增加到了略多于3 000万里弗尔的水平；在奥地利王位继承战期间，加拿大的财政支出最多差不多达到了3 500万里弗尔；而18世纪30年代曾达到年均约50万里弗尔。③ 徇私舞弊可部分解释支出的非正常增加，但要用皇家支出多养9 000士兵（军队常规人数比上一场战争多了10倍）、要动员很多殖民地的劳力，再加上连年歉收和英国实施海上封锁，可以轻而易举地解释支出非正常增加的主要原因。④

虽然有历史学家认为"战争是加拿大的第一产业"，但这个殖民地和平时期的经济似乎并没有因为财政支出而被"军事化"；W. J. 艾克尔斯（W. J. Eccles）关于加拿大经济是在殖民当局推动下发展的论断似乎也没有完全得到证实。⑤ 加拿大殖民当局对经济的影响，当然扩展到了当局所构建的立法和管制环境；

---

① 加拿大的人均财政支出（包括造船费用）在1726年下跌到了17～23里弗尔的水平，到了1737年又下跌到了16～22里弗尔的水平，而皇家岛同期的人均财政支出分别是75和67里弗尔。请参阅文献：Desbarats，'Colonial Finances'，table 4.7。

② 由于新法兰西缺少适当的物价指数，因此，无法按照任何精确度来描述实际财政支出的波动情况。

③ 请注意，奥地利王位继承战时期出现的财政支出峰值只是上文介绍的那种会计记账方法的一个例子。这个数值包括前几个财政年度"结转"1746财政年度的巨大支出金额。加拿大地方行政长官后来接到命令弃用这种做账方法。关于Desbarats在"France in North America"表1-2中原始数据的详细讨论，请参阅文献：Desbarats，'Colonial Finances'，ch. 4。"七年战争"时期的数据引自文献：Lunn，*Développement économique*，p.325。

④ 9 000兵力不但包括法国陆军和海军部队招募的新兵，而且还包括阿卡迪亚的难民（1755年被英国人驱逐出境的法国难民）以及五大湖地区参加张伯伦湖区远征的印第安人：W. J. Eccles，*The Canadian Frontier 1534-1760*（Albuquerque，1974），p.176。1683～1758年加拿大殖民地的海军部队实际人数可在文献Cassel "The *troupes de la Marine*，appendix C"中找到。

⑤ 关于"战争是加拿大的'第一产业'"的论点，请参阅文献：W. J. Eccles，'The Social，Economic and Political Significance of the Military Establishment in New France'，*Canadian Historical Review*，52（1971），1。Eccles在"*Canadian Frontier*，p.700"中同样表示，法国本土经济与新法兰西经济都是在"国家推动"下获得发展的。

而且,就如帕特里克·奥布赖恩(Patrick O'Brien)已经指出的那样,"预算数据单独不能概括政府的经济作用,因为政府以很少的费用履行了重要的职能"[①]。更加确切地说,至少加拿大殖民当局的财政支出占总体经济活动的比重,似乎没有超出在西欧观察到的范围。[②] 当然,也没人试图测算新法兰西其他殖民地的产出。但不管怎样,我们知道皇家岛殖民当局的财政支出大约占这个殖民地出口收入的16%,并且到了1749年几乎翻了一番。[③] 加拿大的状况在奥地利王位继承战结束以后也发生了很大的变化。当时,加拿大很多私人经济活动因当局索要资源而受到了排斥。

虽然殖民地的商品和服务供货商能够得益于当局的财政支出,但由殖民地财政支出造成的财政负担主要由法兰西王国的臣民承担。在1712和1740这两年里,法国本土臣民每人分别为加拿大和皇家岛承担了9或者10德尼埃的财政支出。[④] 就如前文所讨论的那样,在新法兰西征收到的收入即使在财政支出伴随着"七年战争"的爆发而呈现爆炸式增长之前也从来没有接近那里的支出。新法兰西非但没有缴钱给法国国库,而且是定期从法国吸收转移性支付:皇家岛财政支出90%以上要依靠法国本土的转移性支付,而加拿大大约2/3(战争年代这个比例就更大)的财政支出最终由法国本土纳税人承担。[⑤] 无疑,路易斯安那的情况也相差不多。

在人口很少、资产不多的年代,新法兰西的每个殖民地主要有两种可持续收入。在1674年的"西方领地"包税合同中添加了几种税收。具体来说,新法

---

① P. O'Brien, 'Central Government and the Economy, 1688 - 1815', in R. Floud and D. McCloskey, eds., *The Economic History of Britain since 1700*, 2nd ed., 3 vols. (Cambridge, 1994), i. 210.

② Desbarats, 'Les deniers du roi'. 1688～1815年间,英国税收收入和政府借款要占国民收入的12%左右:O'Brien, 'Central Government', p.210。关于法国同期税收收入和政府借款占国民收入的比例,请参阅文献:Riley, 'French Finances', pp.234 - 6。J. Meyer在"*Le poids de l'état* (Paris, 1983)"中对这个问题进行了令人印象深刻的探讨。

③ 请参阅文献:Moore, 'Merchant Trade', p.34。

④ 根据在文献"Desbarats, 'Colonial Finances', table 6.8"中找到的加拿大和皇家岛财政支出数据以及文献"J. Carpentier and F. Lebrun, *Histoire de France* (Paris, 1992), p.421"中的法国人口估计数据,转引自文献:L. Henry and Y. Blayo, 'La population de la France de 1740 a 1829', *Population* (1975), 97。请注意,1720年的人口数据被用来估计1721年的人口数据。

⑤ Desbarats, 'France in America'.

兰西从未征收过像平民人头税、人头税、什一税或者廿一税这样的法国本土税收。包括圣叙尔皮克神学院(Séminaire de Saint-Sulpice)、岛屿领地主在内的蒙特利尔(Montréal)居民缴纳过一种人头税，差不多筹到了修建防御工事所需经费的1/4。[①] 1681年后，加拿大的毛皮贸易实行准入许可制(congés)；再后来，有些贸易站推行独家代理制。然而，这两个来源的收入甚至还不够支付为能够开展毛皮贸易所必需的管理原住民联盟的费用。[②]

这种直接税收事实上的缺失不但与西属西印度群岛的情况形成了鲜明的对照，而且与法属西印度群岛也相去甚远。法属西印度群岛课征一种(按仆人和奴隶人数计征的)人头税，纳税人用食糖或者现金缴给"西方领地"包税人。这种税收是法属西印度群岛殖民地当局的主要收入来源。[③] 这样的比较令法国历任海军大臣感到沮丧，他们一直不顾一切地希望，除了皇家岛这个明显的例外以外，新法兰西其他殖民地也能够自给自足。

因此，经常有人建议开征新税。在海军部1731年从印度公司手中接管路易斯安那的财政后不久，路易斯安那的拨款审核专员和副总督受命开征一种人头税。同样，北美那部分"西方领地"包税移交海军管理以后，加拿大总督和地方行政长官被要求推荐一名负责设计最适合加拿大的税收组合——乡村平民人头税和城镇人头税，或者税率为3%的进口和出口关税——的代理。莫勒帕(Maurepas)伯爵认为，法国和法属西印度群岛的重税对产出产生了刺激效应；而在加拿大，免税只不过导致了"懒惰和创造力缺失"。最后，我们完全可以说，加拿大人应该像法国人那样纳税。[④]

两个殖民地的官员对征税的建议作出了不同的回应。新奥尔良(New Orleans)官员在他们的快信中强调，他们那里的居民贫穷，并且没有能力缴纳

---

① 据加拿大地方行政长官 Gilles Hocquart 估计，1716～1741年间加拿大只收到了115 617里弗尔的收入，而支出高达445 041里弗尔：AN C C11A 51，fol. 290。

② 请参阅文献：Desbarats，'Cost of Early Canada's Native Alliances'，esp. p.626。

③ 向风群岛征收的人头税主要由种植园主缴纳，而商人不用缴纳，因为这种人头税是按照雇用奴隶和仆人人数计征。这种人头税占向风群岛领地收入的比例1733年是64%，1736年是62%，而1744年则是66%：Blerald，'L'organisation'，pp.60－7。

④ S. R. Weaver 在文献"Taxation in New France：A Study in Pioneer Economics，*Journal of Political Economy*，22 (1914)，746－7."中提到了 Maurepas 的备忘录。这份备忘录的原件收入了文献 AN C B 58，fols. 441－3 (24 April 1733)。

人头税。到头来，这种税收从未在新奥尔良征收。[①] 加拿大官员在善意地与税收代理讨论了不同税种的相对优势以后，做出了几乎不加掩饰的抗税警告：他们认为，无论是执行直接税计划还是间接税计划，都需要增加 600 个士兵。法国的官员都由着自己为自己做事，从而导致对财政做出了负贡献。[②] 回过头来看，对加拿大财政波动性的评价似乎有点牵强附会，并且也与殖民地罕见的民众抗税是格格不入的。[③] 但不管怎样，这种观点也许当年在法国海军部产生过共鸣，因为，在接到进一步调查这个问题的象征性命令以后，加拿大总督和地方行政长官在后来的十年里再也没有听到更多关于这个问题的议论。

最后，法国旧制度下的政治文化对加拿大增税最终采取的形式和具体时间也产生了影响。法王和大臣们对开征新税的顾虑往往在战时就会消失。战时，王廷相对于自认无力抵御外敌侵犯的民众而言很可能享有较大的讨价还价实力。回过头来看，如果开征新税可以较少被认为是彻底的创新，而是恢复一种曾经履行过的义务，那么就可能更容易遂心如愿。因此，1746 年，愤怒的莫勒帕命令加拿大总督博阿努瓦（Beauharnois）和地方行政长官奥卡尔（Hocquart）要么拆除已经开始在魁北克修建的防御工事，要么由地方出资支付工程款时只遇到了很少的抵制。此外，开征人头税或者平民人头税的计划被弃用，多数官员倾向于提高已在征收的烈酒进口税的税率。法国官员利用战争引发通货膨胀的机会，不顾几十年定额征收的惯例，按 10％的税率从价征收烈酒进口税。[④] 同样，1748 年，通过废除加拿大享受的无限期“豁免权”，对贸易商品开征税率为 3％的关税。[⑤]

---

① 关于路易斯安那的人头税计划和征收可能性问题，请参阅文献：AN C C13A 13，fols. 114 - 15 (1 December 1731)；*Ibid.*，fols. 242 - 3，(n.d)．；C C13A 15，fol. 123 (14 May 1732)；C C13A 18，fols. 33 - 7 (1 April 1734)。

② 文献“AN C ClIA 59，fol. 83ff. C B 61，fol. 551ff (6 May 1734)”表明，新增 600 士兵大约需要 14 万里弗尔，而相关税收大概只能产出 4 万里弗尔的收入。

③ 关于加拿大民众的抵制，请参阅文献：Dechène，*Partage des subsistances*，pp.161 - 85。

④ Weaver 在文献“Taxation in New France，p.749”中介绍了由 1747 年 1 月 23 日最高行政法院裁决决定的相关关税税率。这项裁决规定为期 3 年提高葡萄酒、烈酒和 guildive 酒的进口关税。

⑤ 请参阅 1748 年 2 月国王签发的关于对加拿大进出口商品征收进出口关税的敕令：*Edits，ordonnances royaux，déclarations et arrêts du Conseil d'Etat du Roi concernant le Canadas* [1]. *Arrêts et règlements du Conseil Supérieur du Canada* [2]. *Complément des ordonnances et jugements des gouverneurs et intendants du Canada précède des commissions des dits gouverneurs et intendants，des diffbents officiers civils et de justice* [3]，3 vols. (Quebec，1854 - 6)，i. 591。

因此，先例在旧制度行政官员手中就是一种可随心所欲地使用的灵活工具。反复的实践或者惯性也能焕发“青春”，就像它们也能被对某个休眠“先例”的创新所中断。

此外，新法兰西的收入结构不同于法国本土的收入结构。法国王室没有在海外求助于卖官来弥补税收收入不足。在加拿大，1702 年，变卖海军军需官职位的尝试以失败而告终：在任军需官要为自己的职位支付皇家特许费，但他们付不起这笔 3 万里弗尔的特许费。[①] 因此，除了海军财务总管的职位以外，法国北美殖民地的官职都是非卖品，从而大大促进了殖民地社会结构的简化。

从表面上看，新法兰西的财政似乎与欧洲观察到的财政没有什么区别，而英国 13 个殖民地“七年战争”前的财政也很可能是如此。不过，英国 13 个殖民地这个北美“核心”区域的税负要重于北美外围区域。[②] 法国北美殖民地征收的实物税捐就更难估算，存世的新法兰西财政账簿没有提到这个问题。奥地利王位继承战爆发以后，加拿大动员了人数不断增加的自耕农参加民兵，因此，以上这样比较有可能无法真实反映当时的财政状况。就连毛皮贸易商也受到了贸易许可或者租赁条款的约束，用独木舟为驻军(免费)把军需物资从蒙特利尔运到五大湖地区的情况可能也是以役代税。相比之下，皇家岛的渔民显然生活在一个优于法国本土或者加拿大的财政环境中。

如果就如理查德·邦尼所言，西属西印度群岛从“它上缴西班牙王室金库的金银和税收对于西班牙本土来说是一种税收净节约，因而对于西班牙国王本土子民来说也是一种净减负”这个意义上讲可被看作是一个“领地国家”，那么，法兰西北美殖民帝国的情况就截然不同。[③] 新法兰西的情况是，它加重了法兰西王国的财政负担和债务负担：到“七年战争”结束时，加拿大自身已经欠下差

① 请参阅文献：E. Taillemite，‘Clairambault d'Aigremont，François’，*in Dictionnaire biographique du Canada*，ii. 153。

② M.'t Hart，‘The Emergence and Consolidation of the “Tax State”. II The Seventeenth Century’，in Bonney，ed.，*Economic Systems*，p.282.

③ 这段引语引自 Bonney 的“Revenues，p.458”。

不多9 000万里弗尔的债务——按加拿大殖民者人均计，每人欠债1 000多里弗尔，或者按法国本土人口人均计，每人（包括男女老少）约摊到3.5里弗尔——，其中的部分债务早在18世纪40年代就已经欠下。法国王室确实曾对由此导致的财政危机作出过回应：拖欠加拿大殖民当局供应商的货款有一半以上没还，并且把很大一部分剩下的货款转换成了利率低于市场的长期债务。新法兰西被遗弃的殖民者是法国王室可以安全地不予重视的支持者。[①]

认为"除了皇家岛这个可能的例外以外，法国采取了与英国相同的避免给殖民地财政拨款的政策"的观点也是很不正确的。[②] 法国海军部虽然无法复制西班牙的殖民经验，但通常（实际就是）推行一种要求殖民地至少自给自足的政策。加拿大和路易斯安那没能满足法国海军部的预期，主要是因为法国海军部承受的军事压力最终削弱了本来就很小的税收基础，而不是因为税率过低。虽然法国王室可能希望增加殖民地人口，并且把法国殖民地的原住民改造成纳税人，但并没有如愿以偿。法国王室也没能阻止欧洲的紧张局势蔓延到它的海外殖民地，相反却因为想把自己的北美帝国塑造成反对英国殖民扩张的堡垒而引火烧身。由于与英国殖民者在北美的冲突甚至以不亚于欧洲冲突的速度愈演愈烈，结果把殖民地的原住民也卷入了冲突。旧制度下的法兰西由于好战而把自己最初不稳定但最终能带来应急便利的财政体系移植到了新法兰西；好战也是造成新法兰西财政离不开高补贴的原因。

---

① 关于1764年加拿大的债务额和部分赖债情况，请参阅文献：Bosher, *Business and Religion*, pp.508 - 9.

② Bonney在"Revenues, p.460"中介绍了英帝国的财政政策。

第十三章　从路易十四到法国大革命的直接税收和君主专制政体的多变性：一个特权阶层的福利国家？[①]

迈克尔·克瓦斯(Michael Kwass)

早已有历史学家认识到，从 15 世纪到 18 世纪，法国的国家政体导致其封建社会固有的不平等问题不断加剧。由于君主政体在法国的发展超越了它的中世纪界限，因此产生了一种加剧社会精英与普通平民之间经济社会差别的财政特权制度。这种财政特权制度的形成过程生动地体现在法国君主专制政体达到新高度的 17 世纪末。就如威廉·贝克和丹尼尔·德塞尔(William Beik and Daniel Dessert)已经指出的那样，路易十四通过维护一种以税收的形式从社会低等级阶层敛取钱财再分配给由享受免税的贵族、捐班出身的官员和其他特权分子等构成的社会高等级阶层。贝克曾经写道，税收制度"首先是一种国王与贵族分享资源的机制"。太阳王的强势不但根植于他构建个人权力的才干，而且还在于他为特权阶层不断完善福利国家的能力。[②]

当然，这种财政特权制度贯穿于整个 18 世纪，并且使法国旧制度下的社

---

① 笔者要感谢 David Bien 对本章草稿进行了认真的审读，还要感谢理查德·邦尼就本章的参考文献与笔者进行了多次有益的讨论。本研究得到富尔布莱特·海耶斯基金会(Fulbright-Hayes Foundation)和法国政府夏多布里昂基金(Bourse Chateaubriand)的资助。美国学术团体联合会(American Council of Learned *Societies*)提供了笔者参加科尔切斯特会议的差旅费。

② W. Beik, *Absolutism and Society in Seventeenth-Century France: State Power and Provincial Aristocracy in Languedoc* (Cambridge, 1985), p.266; D. Dessert, *Argent, pouvoir et société au grand siècle* (Paris, 1984).

会秩序一直维持到 1789 年 8 月 4 日之夜。[①] 然而，就如本文所认为的那样，法国的这种财政特权制度因法国王室开征新的直接税而经历了重大变迁。从 1695 年到 1789 年，法兰西王国摆脱了财政惯例的束缚，并在法国开征第一批矛头指向特权阶层精英分子的直接税。人头税（法国曾在 1695～1698 年和 1701～1790 年征收过）和什一税（法国曾在 1710～1717 年、1733～1737 年和 1741～1749 年征收过，并且在 1749～1790 年改成廿一税后再度征收）不同于平民人头税（从 15 世纪起开始征收的主要直接税），这两种直接税是向全王国各社会阶层国王陛下的全体子民征收的，它们打破了法国难以逾越的地域、社会和法律环境的特权界限。从原则上讲，从城市到农村，从南方到北方，从农民到贵族，凡是国王陛下的子民都要缴纳这两种税收。那些享有全免或者部分豁免平民人头税的国王子民——如僧侣、贵族、法官、行政官员以及享有特权的城市或者省份的居民——都要与农民一样缴纳这两种直接税。

这两种直接税——笔者按照据以设定这两种税收的立法原则称它们为“普征税”(universal taxes)——并不只是一种财政创新[②]，而且还代表了一起直接针对一个特权泛滥的社会发起的挑战，也标志着对君主政体与社会等级制度间关系的重构。那么，王室是否真正成功地从特权阶层那里征收到了直接税收呢？最终到底是哪些人承担了人头税和什一税呢？这两种税收是否能够揭示 18 世纪法国的特权本质呢？80 年前，马塞尔·马里恩(Marcel Marion)提出了这样一种论点：精英们成功地抵制了王室旨在对他们征税而做出的努力，并且导致国家破产、人民参加革命。“从表面上看，政府无所不能，但实际上仍然被控制在比政府更加强大的特权阶层的手中。特权阶层发扬了全面抵制的精神，而王室对他们无可奈何。”[③]虽然法国王室在 18 世纪曾试图更加公平地

① 关于 18 世纪仍未废除的特权。请参阅文献：D. D. Bien, ‘Offices, Corps, and a System of State Credit: The Uses of Privilege under the Ancien Regime’, in K. M. Baker, ed., *The French Revolution and the Creation of Modern Political Culture. I. The Political Culture of the Old Regime* (Oxford, 1989), pp.89－114; G. Bossenga, *The Politics of Privilege: Old Regime and Revolution in Lille* (Cambridge, 1991).

② 笔者从君主索取权的广度，而不是税收实际分摊的意义上使用“普征税”这个术语。

③ M. Marion, *Histoire financière de la France depuis 1715*, 5 vols. (Paris, 1914－28), i, pp.v-vi.

征税，但特权阶层精英还是保护了自身的利益挫败了改革，并且导致革命不可避免。这种观点在马克思主义和一些修正主义历史学家那里很有市场，而且今天仍被写进了很多历史教科书。①

但不管怎样，关于18世纪法国税收和财政的很多专题研究对18世纪财政特权在法国仍然保存完好的观点提出了质疑。1963年，C. B. A. 拜伦斯(C. B. A. Behrens)发表了一篇具有开创性的论文。她在文章中表示，即使与英格兰贵族相比，法国贵族其实也缴纳了很多税收。自从拜伦斯发表这篇引起争议的文章以来，彼得·马赛厄斯和帕特里克·奥布赖恩(Peter Mathias and Patrick O'Brien)、米歇尔·莫里诺(Michel Morineau)以及詹姆斯·赖利(James Riley)都提出了法国特权阶层可能缴纳了比曾经认为的多得多的直接税的观点。此外，有个别学者还专门考察了路易十四治下开征普征税的问题。阿兰·盖里(Alain Guéry)以及弗朗索瓦·布吕什和J.-F.索勒侬(François Bluche and J.-F. Solnon)通过考察人头税税率表来反映或者质疑法国传统的社会等级制度，而理查德·邦尼则探讨了什一税在开征后几年里的征管问题。然而，所有这些研究都低估了普征税对于重新考察法国国家和社会结构以及王室与精英间关系的重要意义，而且没有一项研究提供了任何能够证明那个时代法国不同社会阶层实际都缴纳税收的确凿证据：拜伦斯的研究只

---

① 马克思主义历史学家把国家看作是主导社会阶级的建构，并且运用税收特权的例子来说明王廷如何为贵族利益服务。Michel Vovelle 曾写道，在旧制度下，"国家被一些特权阶层群体所掌控，或者更加确切地说，国家不断被一些特权阶层群体所渗透，并且被他们作为为本阶级牟利的工具"。Perry Anderson 认为，英语国家在很大程度上讲述了相同的故事，并且表示专制国家只不过是贵族的"政治外壳"："导致1789年大革命爆发的财政危机是因为(国家)无力向它所代表的那个阶级征税而造成的"。奇怪的是，虽然20世纪60和70年代修正主义史学家把很大的精力用来批判马克思主义的新兴资产阶级观，但除了C. B. A. Behrens这个重要例外外，他们并没有表现出质疑君主制是特权阶级工具这种观点的兴趣。Alfred Cobban 认为，人头税和廿一税已经沦为平民人头税的补充："显然，任何大刀阔斧的改革都注定要失败"。同样，François Furet 和 Denis Richet 认为，精英们阻挠税收改革，死守他们的特权到最后。他俩写道："反对税收改革的力量要比支持税收改革的力量更加强大……国王拒绝牺牲'他的贵族'。"Vovelle 在这个问题上实际援引了 Furet 和 Richet 的观点，并且表示同意他俩的观点，因此强调指出了马克思主义历史学家与修正主义历史学家存在某种共识。M. Vovelle, *La chute de la monarchie, 1787 - 1792* (Paris, 1972), pp.48 - 9; P. Anderson, *Lineages of the Absolutist State* (London, 1974), pp.18, 112; A. Cobban, *A History of Modern France*, 3 vols. (London, 1957), i. 58, 108; F. Furet and D. Richet, *La Révolution française* (Paris, 1972), p.48. 关于赞同这种解释的新教科书的例子，请参阅文献：P. Goubert and D. Roche, *Les français et l'Ancien Régime*, 2 vols. (Paris, 1991), i. 355 and ii. 356 - 9。

提供了一些轶事性的证据[而且，其中的很多证据都遭到了杰拉尔德·卡瓦纳(Gerald Cavanagh)的批评]；赖利、莫里诺以及马赛厄斯和奥布赖恩的研究都采用了全国性的总量数据，很难反映税负在不同社会阶层之间的分布；盖里以及布吕什和索勒侬探讨了人头税税率表而不是人头税的实际课征的社会和知识意义；而邦尼的什一税数据并没有披露什一税导致社会动荡的信息。虽然这些研究对于我们理解法国大革命前的国家、社会和政治文化至关重要，但几乎都没有探讨普征税的税收归宿问题。很少有人有胆量闯入马赛厄斯和奥布赖恩所说的"法国历史学研究的雷区"。①

本文通过出具地区和全国的新证据来证明普征税以一定的强制力实际触及了特权阶级分子。在整个 18 世纪里，不但贵族，而且僧侣、官员以及特权城市和省份的居民都缴纳了比曾经认为的要多得多的税收；并且有证据证明，随着旧制度越来越临近崩溃，有些特权阶层群体承受的财政压力越来越大。此外，本章也坚持认为，对特权阶层课税无助于减轻非特权阶层的税负。相反，农民和村民除了被迫缴纳他们一直在缴的税收以外，还要缴纳新开征的普征税。这两种税收在整个 18 世纪里加重了平民的税负。18 世纪，法国王室就是这样在继续对平民征税的同时还破天荒地对特权阶层课征直接税。

---

① C. B. A. Behrens, 'Nobles, Privileges, and Taxes in France at the End of the Ancien Regime', *Economic History Review*, 2nd ser., 15 (1963), 451 - 75; G. J. Cavanagh, 'Nobles, Privileges, and Taxes in France: A Revision Reviewed', *French Historical Studies*, 8 (1974), 681 - 92; P. Mathias and P. K. O'Brien, 'Taxation in Britain and France, 1715 - 1810', *Journal of European Economic History*, 5 (1976), 601 - 50; M. Marineau, 'Budgets de l'état et gestion des finances royales en France au dix-huitieme siècle', *Revue historique*, 264 (1980), 289 - 336; J. C. Riley, *The Seven Years War and the Old Regime in France: The Economic and Financial Toll* (Princeton, 1986); A. Guery, 'Etat, classification et compromis sous Louis XIV: la capitation de 1695', *Annales: Economies, Sociétés, Civilisations*, 41 (1986), 1041 - 60; F. Bluche and J.-F. Solnon, *La véritable hiérarchie sociale de l'ancienne France: le tarif de la première capitation, 1695* (Geneva, 1983); R. J. Bonney, 'Le secret de leurs familles: The Fiscal and Social Limits of Louis XIV'S *dixieme*', *French History*, 7 (1993), 383 - 416. Other important works which discuss taxation but provide little hard evidence on its social incidence include: F. Hincker, *Les* Français *devant l'impôt* (Paris, 1971); G. Ardant, *Histoire de l'impôt* (Paris, 1971); J. F. Bosher, *French Finances: From Business to Bureaucracy* (Cambridge, 1970); G. Chaussinand-Nogaret, 'Le fisc et les privilégiés sous l'Ancien Régime', in *La fiscalité et ses implications sociales en Italie et en France aux XVII et XVIII siècles* (Rome, 1980); J.-P. Gross, 'Progressive Taxation and Social Justice in Eighteenth-Century France, *Past and Present*', 140 (1993), 79 - 126.

虽然这个两点论看起来非常简单,但要证明它的正确性却非常复杂。首先应该指出,人头税和什一税其实没有创造很多收入。人头税在刚开征的头几年里每年差不多能收到 2 000 万里弗尔,到了 18 世纪末收入翻了一番,达到了 4 000 多万里弗尔。而什一税(后改为廿一税)在开征的头几年里大约能产出 2 200 万里弗尔,到了 1789 年增加到了 6 000 多万里弗尔;1783 年曾高达 7 500 万里弗尔,而 1786 年只有 6 600 万里弗尔。总的来说,这种税收产出了很多收入;虽然法国王室越来越依赖间接税收,但像平民人头税这样的直接税收发生了明显的变化,这个已经对平民课征了几个世纪的税种的"霸主"地位开始让位于普征税。到法国大革命前夕,人头税和什一税的合并收入远远超过平民人头税的收入。① 那么,这两种直接税收到的这么多收入是由谁缴纳的呢? 法国王室为了征收这两种税,从政治和社会两个方面,把整个王国分成若干个区块。从政治方面,王室把法国分成选举制地区和三级会议制地区。实行三级会议制的省份享有召集代议机构开会、与王室谈判达成税收协议和征收地方税的权力;而在选举制地区,财政总管和行政长官直接对自己辖区的居民征收普征税。除此之外,王室还盯上了四个传统的特权阶层群体:皇家官员、巴黎市民、陆军和海军军官、法官和僧侣。由于每个地区和群体以不同的方式缴纳人头税和什一税,因此有必要分别加以论述。在考察了普征税如何影响不同地区和群体以后,就能从直接税收在法国大革命前的那个世纪里发生的变化中总结出一些结论。

选举制地区都有哪些人缴纳普征税这可是一个非常重要的问题,因为这

① 人头税总收入的早期数据引自文献"[Paris,] A[rchives] N[ationales] G - 7 1132 - 1133, and KK 355, nos. 453 - 75"。什一税总收入的早期数据引自文献"AN G - 7 1138 - 9"和"Bonney, 'Le secret de leurs families', p.415"。1789 年的数据引自文献"AN, AD IX 552, *Compte général des receveurs et des dépenses fixées au premier de Mai 1789* (Paris, 1789)"。从 1726 年到 1788 年,直接税总收入占预算收入的比例从 44%减少到了 35%,而间接税总收入(包括王领收入)占预算收入的比例则从 50%增加到了 57%。请参阅文献:Morineau, *Histoire financière*, i. 321; G. Bossenga, 'Taxes', in F. Furet and M. Ozouf, eds., *The Critical Dictionary of the French Revolution*, trans. A. Goldhammer (Cambridge, Mass.,1989), pp.582 - 90。1789 年,普征税收入占直接税收入的 58%,而平民人头税则占剩下的 42%。

些地区的居民无权召开省代议机构会议，他们的利益由国王代表，所以只有较小的能力来抵制王室的行政和财政举措。因此，法国王室把它的很多新税开征计划都瞄准了王国这个被托克维尔（Tocqueville）称为"内核"和"生死攸关的核心"的广大地区就不足为奇了。① 那么，关于人头税和廿一税在选举制地区的税收归宿问题，到底有哪些类别的证据存世呢？由于这方面的存世证据既丰富又明晰，因此，最好还是效仿很多历史学家采用那个时代的纳税清册。②当然，这些纳税清册由于详细记载了纳税人的个人信息和应缴税额，因此是我们研究的起点。但是，纳税清册上只有纳税人的应缴税额，而没有实缴税额。应缴税额与实缴税额常常相差很大。特权阶层纳税人总会对应缴税额提出异议，因此总能获得可观的减免优惠，而这样的税额减免是不会出现在纳税清册上的，税收官没能收上来的税款也不会出现在纳税清册上。③

回答选举制地区都有哪些人缴纳普征税这个问题，可采用税收报表（état au vrai）这种比较可靠的原始文献，一种由税收官在本年度收税过程开始两三年后编制、然后提交枢密院和审计院审核的报表。在编制税收报表时，税收官必须报告纳税清册上的全部税款：实收税款或者补收到的税收欠款、省财政总管批准的减免额以及无支付能力或拒不纳税的纳税人拖欠的税款。幸运的是，一些工作特别认真的税收官根据不同的纳税人群体记录了实缴税额。以我们将在下文先介绍的人头税为例，税收官按照平民人头税纳税人（需要缴纳

---

① Alexis de Tocqueville, *The Old Regime and the French Revolution*, trans. S. Gilbert (Garden City, NY, 1955), p.33.

② 在历史学年鉴学派的影响下，研究法国 18 世纪最后 30 年历史的历史学家一直采用纳税清册来进行地方和地区社会人口学研究（事实上，写法国地方社会史博士论文必须采用纳税清册）。采用纳税清册完成的社会历史学研究成果多得不胜枚举，其中的四项重要研究成果是：J. C. Perrot, *Genèse d'une ville moderne: Caen au XVIII siècle*, 2 vols. (Paris, 1975); J. Meyer, *La noblesse bretonne au XVIII siècle*, 2 vols. (repr., Paris, 1985); J. Sentou, *Fortunes et groupes sociaux à Toulouse sous la Révolution* (Toulouse, 1969); and J.-P. Coste, *La ville d'Aix en 1695: structure urbaine et société* (Aix, 1958). 毫无疑问，在社会历史学研究领域，D. Herlihy 和 C. Klapisch-Zuber 在他们俩的"*Tuscans* and their *Families: A Study of the Florentine Catasto of 1427* (New Haven, 1985)"中对存世税收档案文献进行了最充分、最具创新性的利用。一般来说，这方面的研究都采用税收档案文献来考察不同社会群体的规模和特点，但没有考虑国家—社会关系或者政治文化方面的变化。

③ 很多税收史学家都错误地把纳税清册作为实缴税收的证据，请参阅文献：R. Schnerb, 'La Répartition des Impôts directs à la Fin de l'Ancien Régime', *Revue d'histoire économique et sociale*, 8 (1960), 129 - 45。

平民人头税的普通平民)缴纳的人头税与至少享受平民人头税部分减免权的特权阶层纳税人缴纳的人头税分开记录人头税收入。图 13.1 显示有文献存世的年份卡昂(Caen)财政区普通平民和特权阶层成员分别缴纳了多少人头税。虽然卡昂只是法国选举制地区 20 个财政区中的一个,但其他财政区的存世证据表明卡昂的情况还是相当典型的。①

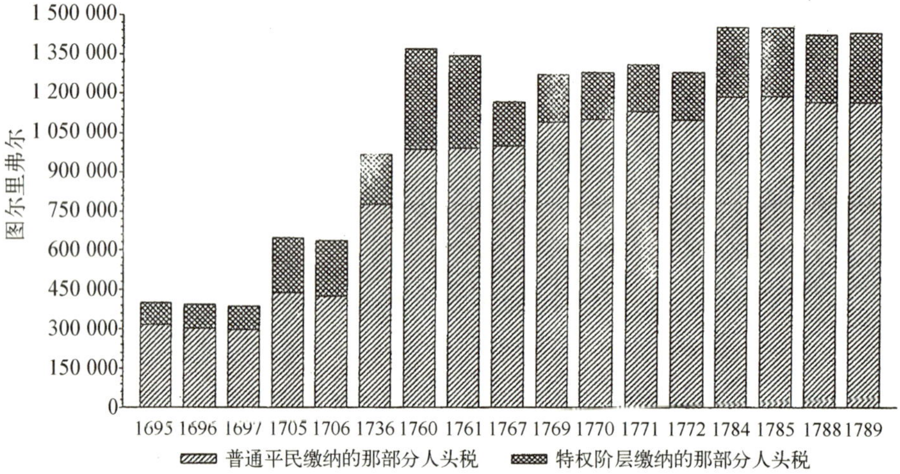

图 13.1　1695～1789 年卡昂财政区特权阶层和普通平民各自缴纳的人头税份额

资料来源：various\kwass\kwb001 © ESFDB 1996.

图 13.1 显示了特权阶层和普通平民缴纳人头税的份额变化情况。虽然法国曾经在 1695～1698 年征收过人头税,但在 18 世纪初重新征收时,此税的税负已经变得非常沉重。② 从 1705 年到 1736 年,人头税因平民纳税人缴税增加而收入大增。但 1760 年,随着"七年战争"期间军费支出的快速增加,特权阶

① 在 M. Kwass 的"'*Liberté*, *Egalité*, *Fiscalité:* Taxation, Privilege, and Political Culture in Eighteenth-Century France' (University of Michigan PhD thesis, 1994), Appendix B, pp.396 - 457"中可以找到除卡昂财政区以外的多个财政区的人头税和廿一税数据。请参阅数据完整的财政区的数据:阿朗松(Alençon)、亚眠(Amiens)、波尔多(Bordeaux)、布尔日(Bourges)、格勒诺布尔(Grenoble)、拉罗歇尔(La Rochelle)、里摩日(Limoges),穆兰(Moulins)、奥尔良(Orléans)、巴黎和鲁昂(Rouen)。在大多数财政区,特权阶层承担的税负比例下降,而平民首当其冲地承担了 18 世纪加重的税收负担。

② 本章图 13.1～13.6 采用的卡昂财政区的人头税数据引自文献:AN G - 7 1132 - 3 (*états au vrai* for the *capitation* under Louis XIV); AN P 5269 - 71(*capitation* rolls and *états au vrai* for the 1780s); [Caen,] A[rchives] D[épartementales] Calvados C 4524 - 35, 4619, 4625, 4628, 4632, 4634 - 65, 4701 - 12, 8104 - 19(人头税纳税清册和税收报表)。

层缴纳的人头税收入实际翻了一番。“七年战争”结束以后，在18世纪60年代末和70年代初，由于特权阶层享受了税收部分减免优惠待遇，因此，人头税的总收入略有减少。但到了80年代，特权阶层又开始多缴，结果把人头税收入提高到了历史最高水平。在整个18世纪，普通平民缴纳了绝大部分的人头税，而特权阶层缴纳的份额基本没有变化。

有必要通过考虑人口因素和通货膨胀来细化对卡昂财政区人头税变化的考察。卡昂财政区的人口增长相对较慢，在整个18世纪总共增加了18%，1778～1787年间增长了70.5万人。人头税在图13.1考察期的头65年里快速增长，超过了人口增长速度，但在最后30年里，人口增长速度反超了人头税增长速度，从而起到了特别是减轻普通平民财政负担的作用。如果我们把卡昂的人口细分为特权阶层和非特权阶层两部分，那么就能发现特权阶层人口占卡昂总人口的10.2%，1706和1761年分别缴纳了33.4%和26.2%不等的人头税，但1772年只缴纳了13.9%的人头税。1789年，特权阶层缴纳了18.6%的人头税。①

通货膨胀对人头税产生的影响要大于人口因素。根据詹姆斯·赖利和让—克洛德·佩罗(Jean-Claude Perrot)对图尔里弗尔进行稳定化处理后的1726年～18世纪60年代价格指数，法国(一般而言)和诺曼底(具体来说)只经历了温和的通货膨胀。这就意味着，特权阶层在“七年战争”期间缴纳的人头税大幅增长是实际增长。② 从1763年“七年战争”结束到1771年，卡昂财政区的粮食和其他商品价格猛涨，而人头税甚至保持相对稳定，从而使得人头税税负按实际价值计减轻了不少。物价在1771年后保持稳定，直到18世纪80年代才重又开始上涨，而这时人头税只经历了温和增长。总的来说，18世纪的通货膨胀只导致人头税获得了令人印象并不深刻的增加，但没有大幅改变如图13.1所示的人头税缴纳份额变化格局。

---

① 卡昂财政区的总人口数据引自J. Dupaquier编的“*Histoire de la population française*, 4 vols. (Paris, 1988), ii. 76－7”。为了确定卡昂财政区特权阶层的人口，笔者对卡昂财政区纳税清册上特权阶层纳税人的人数进行了加总，然后乘以4(每户人数)。我们可以有把握地假设，18世纪卡昂财政区普通平民的人口增长快于特权阶层。请参阅文献：Riley, *Seven Years War*, p.49，以及下文对贵族人口的讨论。

② Perrot, *Caen*, ii. 1370－5; Riley, *Seven Years War*, pp.9－12.

下面，我们来考察特权阶层缴纳人头税的详细情况。确切地说，“特权阶层”由哪些人构成呢？卡昂财政区财政总管和税收官们把这类人头税的纳税人分为4个群体：贵族（占卡昂财政区人口的0.8%）、司法官员（占卡昂人口的0.6%）、“特权享有者”（privilégiés，占卡昂人口0.9%）和资产阶级市民（占卡昂人口的7.9%）。图13.2显示了每个特权阶层群体缴纳的人头税数额。很明显，在这个阶层中，贵族和资产阶级市民缴纳人头税最多。现在，我们可以看到，虽然各特权阶层群体缴纳人头税的数额在18世纪60年代都有所增加，但在大革命前的10年里，贵族和资产阶级市民（后者力度更大）促成了特权阶层缴纳数额的增加。为了确定每个特权阶层群体内部成员个人缴纳人头税的情况，有必要对每个群体的缴纳情况逐一进行考察。

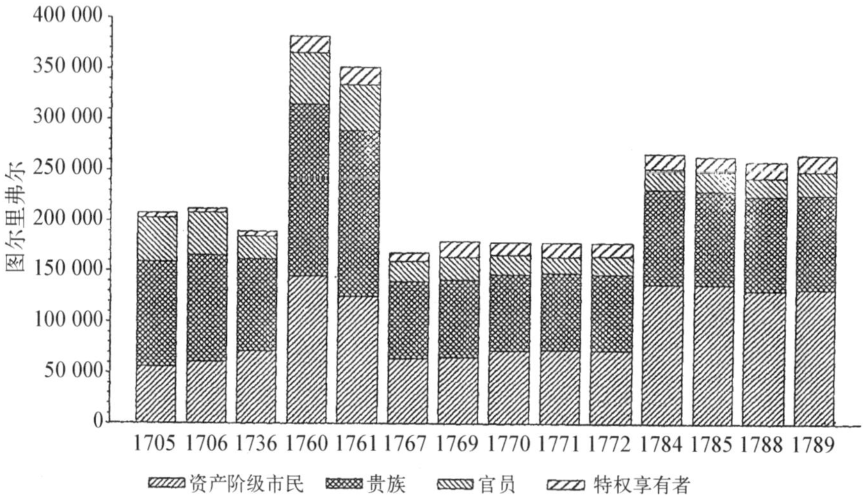

图13.2 1705～1789年卡昂财政区特权阶层缴纳的人头税

资料来源：various\kwass\kwb002 © ESFDB 1997.

图13.3显示了贵族缴纳人头税数额的变化状况，并且包括有文献存世的年份纳税清册上记载的应缴总额和实收总额（该图及其以下各图中，如果没有“实收税额”直方，表示缺少相关数据，而不是没有缴纳）。图13.3首先表明，纳税清册上记载的应缴总额与实际收到的税收总额之间存在差额，这个差额主要源自纳税人要求、财政总管批准的人头税减免额（décharges et modérations），部分是由税收官无力征收上来的税额[坏账（nonvaleurs）]造成

的。[①] 以贵族为例，即使在"七年战争"期间，税收官也能从贵族那里收到大部分应缴税款，因此，"七年战争"期间，人头税收入翻了一番。"七年战争"结束以后，人头税收入非但没有再次翻番，反而在18世纪60年代末和70年代初显著减少，但贵族——尤其是比较富有的贵族——从1772年到80年代末的人头税应缴税额继续增长，而1764、1785、1788和1789年的数据显示，这些较高的应缴税额导致实缴税款增加。[②]

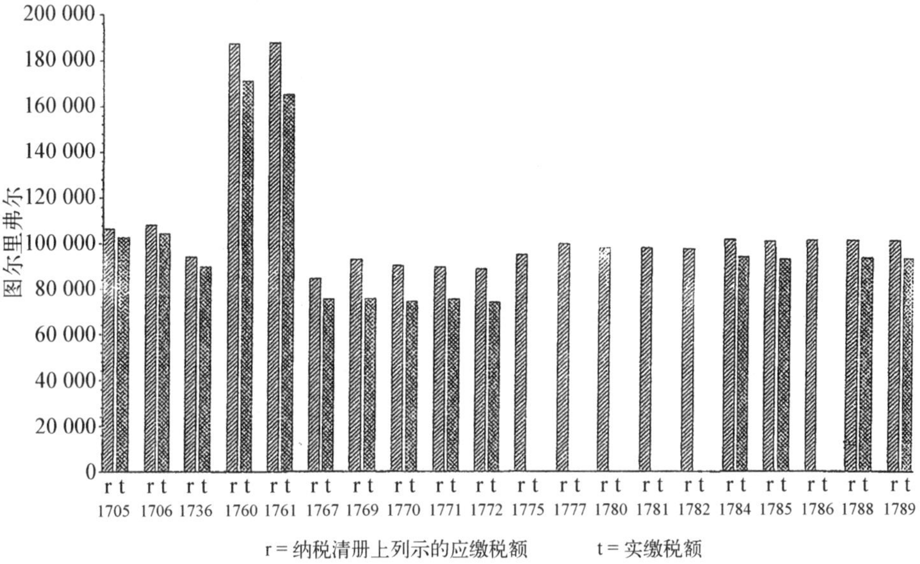

图 13.3　1705～1789 年卡昂财政区贵族缴纳的人头税

资料来源：various\k\ovass\kwb003 © ESFDB 1997.

那么，卡昂财政区的贵族人均缴纳了多少人头税呢？通过拿实缴税额除以纳税清册上的贵族人数，我们就能确定，1769、1770、1772、1784、1785、1788和1789各年，贵族人均分别缴纳了42.5、42.4、44、63.8、63.6、63.1和62.7里弗尔。从18世纪70年代到80年代，无论是纳税清册上的应缴税额增加还是贵族

---

① 人头税减免通常要占到人头税应缴总额与实缴总额差额的90%以上。关于人头税的减免政策，请参阅文献：Kwass, 'Taxation, Privilege, and Political Culture', pp.129－81。

② Mohammed El Kordi 认为，较富有的贵族比较贫穷的贵族承担了更大份额的人头税增幅：*Bayeux aux XVII et XVIII siècles: contribution à l'histoire urbaine de la France* (Paris, 1970), pp.52－3。18世纪80年代，波尔多、布尔日、里摩日和奥尔良的贵族也多缴了人头税。

人数减少，贵族人均缴纳的人头税额都在增加。[①] 对于纳税清册上有他们姓名的 1 500～1 800 个贵族来说，人头税的负担并不太重，约占贵族个人（推定）毛收入的 1.5%，但特别是在 18 世纪 80 年代就显得相当沉重。[②] 从比较的角度看，80 年代贵族人均人头税负担相当于当时的一头奶牛，约合 60 里弗尔。然而，使用平均数并不能充分反映像法国贵族这样一个内部成员个体差异很大的群体每人缴纳了多少人头税。缴纳人头税的贵族内部成员成分相当复杂。纳税清册上登记的贵族有乡绅、教区领主、军官以及有爵位的贵族（如伯爵、子爵、侯爵和公爵）。虽然纳税清册上登记的贵族纳税人多数是成年男性以及守寡、拥有独立财富或者与丈夫分居的妇女。那么，人头税是如何在这个成员彼此不同的群体内部分摊的呢？由于财政总管和副代表根据农业收入、公债和私债利息收入、家族财产继承收入和雇用仆人人数来估计每个贵族的财富。因此，贵族之间的人头税计征额相差很大，纳税最多的贵族是那些有爵位的贵族和教区领主。1781 年，盖尔克维尔（Querqueville）的领主一人就缴纳了 1 062 里弗尔，相当于 236 蒲式耳的小麦或者 18 头奶牛。不过，更常见的是像奎斯奈（Quesnay）的领主罗伯特·戈瑟兰·达尼西（Robert Gosselin D'Anissy）、乡绅约瑟夫·马丁（Joseph Martin）以及遗产继承人凯瑟琳·佛里奥（Catherine Folliot）及其母亲那样的情况，他们分别在 1734 年和 1736 年缴纳了 232、27 和 30 里弗尔。贵族中纳税最少的组别是最穷的乡绅或者他们的遗孀，他们每年只缴纳三四个里弗尔的人头税。[③]

---

① 贵族人头税缴纳清册上登记的贵族纳税人人数从 1769 年的 1 782 人持续减少到了 1789 年的 1 496 人。贵族人头税纳税清册上登记的纳税人大多是男性户主，但也有例外情况，如继承了遗产的遗孀或者子女。某年因登记在册的纳税人减少而损失的税收会记入下一年度的纳税清册，因此会增加下一年度每个登记纳税人的应缴税额：AD Calvados C 8103 (instructions on *pertes de ligne*, 1788)。格勒诺布尔和里摩日财政区的贵族缴纳了与卡昂财政区贵族相似的人头税。1781 年，格勒诺布尔贵族人均缴纳了 62.6 里弗尔的人头税；里摩日贵族就如卡昂贵族，人均缴纳的人头税额从 1781 年的 44.7 里弗尔增加到了 1787 年的 63 里弗尔。

② 根据文献“AD Calvados C .4636, no. 1［维尔（Vire）选区贵族纳税清册］”，贵族实缴人头税占其毛收入的比例是 1.5%。

③ 这些例子引自人头税个人缴款最可靠的文献——财政总管给予人头税减免申请的答复。在这些例子中，纳税清册按较高税率评估纳税人的应缴税额。这些例子中的税额数据是已经减去财政总管批准的减免额的实缴税额。关于盖尔克维尔（Querqueville）的例子，请参阅文献：AD Calvados C 4622；关于凯瑟琳·佛里奥（Catherine Folliot）的例子，请参阅文献：AD Calvados C 4694；关于罗伯特·戈瑟兰·达尼西（Robert Gosselin D'Anissy）的例子，请参阅文献：AD Calvados C 4678, no. 7；关于约瑟夫·马丁（Joseph Martin）的例子，请参阅文献：AD Calvados C 4675, no. 3。卡昂城的小麦价格引自文献：Perrot, *Caen*, ii. 1370－5。

除了贵族以外，税收官还单列了分布在整个卡昂财政区的50个中级和初级法院司法官员的人头税应缴税额和实缴税额。司法官员一般都不是贵族，但由于他们的职位而可享受税收特权。[①] 关于1695～1698年司法官员缴纳人头税的情况，除了那些应该受到尊敬、“在最近一场战争中那么慷慨地资助国家”的司法官员在1701年发表的宣言以外，[②]没有任何确凿的证据存世（很可能是因为与贵族合并在了一起）。18世纪初，一些地方的财政总管根据1701年宣言的要求，按照比1695年高50%的税率（实际上就是按照官位吸引力和价值来分类计征官员的人头税）对司法官员计征人头税。到了1736年，当局废弃了司法官员的高税率，司法官员缴纳的人头税远比之前要少。但不管怎样，“七年战争”期间，司法官员的人头税计征额翻了一番（有些官员的计征额甚至增加了2倍），而且也实际缴纳了18世纪最多的人头税。“七年战争”结束后，人头税收入急剧减少。但到了1769年，财政大臣泰雷（Terray）决定对司法官员重新恢复按照比原先高出50%的税率计征人头税。司法官员人头税的计征额再次猛增。但如图13.4所示，司法官员实际并没有多缴。财政总管在提高一些司法官员人头税计征额的同时，又批准按规定计征应缴税额的官员享受可观的减免额。

那么，财政总管为什么要自寻烦恼先要增加司法官员的人头税计征额，然后又批准他们减免部分人头税呢？卡昂的财政总管艾斯曼加尔（Esmangard）解释了他本人和其他财政总管奉行泰雷费尽心机制定的政策的原因：

“泰雷神父采取这种（提高计征额并给予减免的）做法意图非常清楚，并且有利于为国王陛下效力。他明白，许多年来，大法官法院、中级法院甚至初级法院的法官在一些省份已经形成了一种不经常和在任行政官员接触似乎就能保证的独立性。不知已经发生了多少这样的情况：法官拒绝按照枢密院的规定，向财政总管说明他们正在审理的案子是刑事案子、治安案子还是纯粹的民事案子。泰雷神父设法恢复的关系在一定程度上肯定是产生了他想要的效果。”[③]

---

① 例如，巴约90%的司法官员都不是贵族出身：El Kordi, *Bayeux*, p.57。

② AN AD IX 81, no. 129.

③ [Paris,] B[ibliothèque] N[ationale] Joly de Fleury 1444, fols. 85－94 (letter from Esmangard to Necker, 31 October 1781).泰雷在一封写给财政总管Fontette的信中要求这位财政总管按照没有打折的税率估算司法官员的人头税应缴税额。这样“你就能更加自由地分配国王陛下恩准的免税额度”：AD Calvados C 4525 (letter of 2 October 1771)。

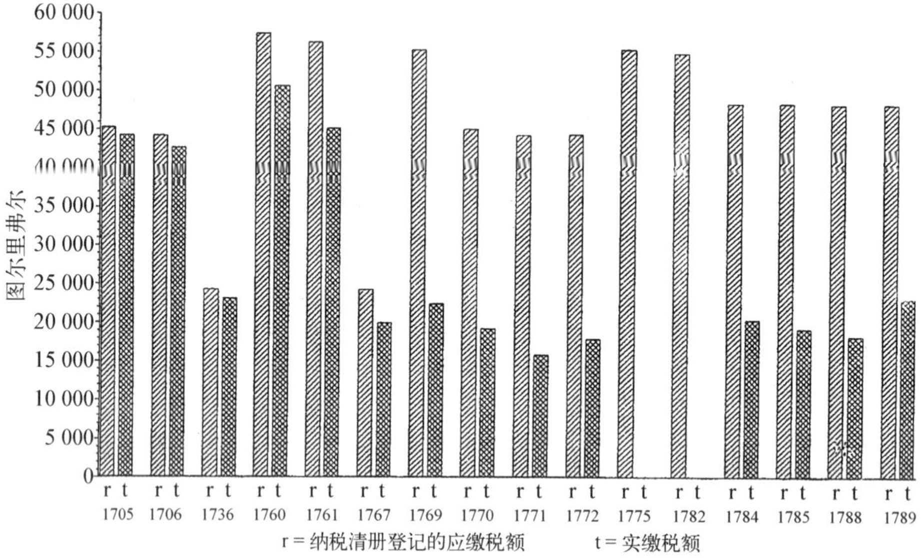

图 13.4　1705～1789 年卡昂财政区司法官员缴纳的人头税

资料来源：various\kwass\kwb004 © ESFDB 1997.

先提高司法官员的人头税计征额，然后迫使他们请求部分减免，这样就能让法官们在审理刑事和民事案件时表现得比较愿意合作。1775 年，巴黎贡金法院(cours des aides)马莱赛尔贝(Malesherbes)院长对财政总管们的这种行径表示了抗议："陛下，如果……所有的法官真的被课征超过他们能力的人头税，并且因此而被迫请求财政总管给予部分减免，从而置法官于绝对依附财政总管的境地"。然而，他的抗议收效甚微，泰雷在 1769 年发明的这一创新措施很快就成了一种例行手续，即使在他 1774 年下台以后，卡昂和所有选举制地区的法官直到大革命爆发一直要看财政总管的脸色。①

最终，法官们缴纳了数额不同的人头税。1 100 或者 1 200 个属于全卡昂

① E. Badinter, ed., *Les 'Remontrances' de Malesherbes, 1771－1775* (Paris, 1985), p.239. 内克尔在 1777 年 4 月 14 日写给艾斯曼加尔(Esmangard)的信中要求后者在颁布新的税率表之前坚持按照当时的税率表计算司法官员的人头税应缴税额，然后酌情予以减免。他在信中解释说，这样可以帮助司法官员养成按税率表纳税的习惯，并且好让买官者预先知道按税率表纳税的成本：AD Calvados C 4703 no. 30。有一位赞同内克尔观点的高官指出，"人头税是按照个人状况(état)征收的，而买官者就应该把这种情况考虑进去"(BN Joly de Fleury 1448, fol. 95, 'mémoire sur le compte rendu de Necker')。

财政区很多法院的法官[①]，直到旧制度结束似乎人均缴纳了相当适中的人头税：1769 年 18 里弗尔，1770 年 17 里弗尔，1572 年 15 里弗尔，1784 年 19.6 里弗尔，1785 年 18 里弗尔，1789 年 20.8 里弗尔。然而，这些平均数具有欺骗性，因为基层法院的法官和书记官等几乎就是分文没缴，而中、高级法院的重要法官缴纳了相当多的人头税。例如，1789 年驻卡昂大法官法院的国王参事让·迪莫罗·勒·伯迪埃(Jean Timoleau le Portier)那年缴纳了 44 里弗尔的人头税，比他买这个职位一年能领到的俸银还要多。同一法院的另一个官员皮埃尔·科德路(Pierre Quedrue)在购买这个职位之前只需缴纳 16 里弗尔人头税，而买了这个职位以后一年要缴 58 里弗尔的人头税，对于中级法院的官员来说，这可不是一个小数目。王室派驻卡昂选区的检察官皮埃尔·西蒙·德马洛(Pierre Simon de Mallou)去税务局领取他以为能领到的 276 里弗尔俸银，结果，他沮丧地发现税收官扣去了 162 里弗尔用于缴纳 1787、1788 和 1789 年三年的人头税。[②]

除了贵族和司法官员外，还有一个被称为“特权享有者”的特权阶层群体要缴纳人头税。这个群体又可分成两个组别：第一个组别是免缴平民人头税但在人头税纳税清册上不能把姓名列入贵族或者司法官员群体的男士和女性；第二个组别是总包税人(即皇家间接税包税人)雇用的伙计。[③] 在卡昂财政区，第一个组别的特权享受者大概有 200 来人，包括退休和在役军官[如非贵族圣路易骑士(chevaliers de Saint-Louis)]、民兵队长、退休司法官员、王室官员(如国王卫士)、医生、法学和医学教授、无圣俸僧侣、教会文员以及其他皇家行政官员(如驿站站长、副代表、廿一税总监、王领和路桥部门官员)。这些人

---

① 整个财政区有 50 多家法院，其中包括大法官法院、选区法院、高等法院、子爵辖区法院、水域和森林法院以及海军法院。1769～1789 年间，在人头税纳税清册上记录在案的司法官员的人数一直相对比较稳定，位于 1 035～1 246 人之间。

② AD Calvados C 8110 (petition of 13 October 1789); AD Calvados C 4682, no. 28 (petition of 29 July 1776); and AD Calvados C 8110. 格勒诺布尔和里摩日财政区的司法官员在 18 世纪 80 年代每人每年大约缴纳 35 里弗尔的人头税，略多于他们的卡昂同行。

③ 1701～1769 年，只有总包税人雇用的伙计才能享受税收特权。1769～1775 年，税收官把其他特权阶层群体与总包税人的雇佣伙计混在了一起。1775 年以后，这两个群体又彼此分开 。税收官员很难对特权阶层进行分类，这说明既无法容易地把这个庞大的群体归入贵族精英阶层，也不便把他们混同于普通平民。

士，或者常常是他们的遗孀平均每人每年大约缴纳 20 里弗尔的人头税：例如，18 世纪 80 年代，驿站站长的人头税应缴额是 18 里弗尔 4 苏，而医生的人头税年应缴额则高达 42 里弗尔。夏尔·菲隆（Charles Feron）是卡昂大学的一名法学教授，他在 1715 年缴纳了 20 里弗尔的人头税。第二组别的特权享有者，即烟草、食盐、葡萄酒和其他商品税总包税人雇用的伙计，光卡昂财政区就有多达 1 300～1 400 人。按照财政总管的指令，总包税人自己编制雇佣伙计人头税纳税清册，并且根据伙计的薪水累进计征人头税。到了 18 世纪末，年薪最高（1 000 里弗尔以上）的伙计按略高于 3%的税率计征人头税，而薪水最低（50～40 里弗尔）的伙计按 1%的税率计征人头税。因此，普通护卫一年缴纳不到 4 里弗尔的人头税，而“主管”则要缴 100 多里弗尔。1785 年，总包税人雇佣伙计人均缴纳人头税略多于 7 里弗尔。① 最后一个特权阶层群体是资产阶级市民，包括卡昂财政区 12 个最大城镇的居民他们多少享受一点平民人头税减免权。② 图 13.5 中的数据显示这个特权阶层群体在本章的考察期内缴纳人头税的变化情况。毫不奇怪，资产阶级市民就像其他特权阶层群体那样，人头税应缴额和实缴额在“七年战争”期间大幅增加，但在恢复到战后水平以后 1781 年又大幅反弹。原因显而易见：1781 年，卡昂的城镇要多缴 6.6 万里弗尔的人头税用于冲抵驻军食宿税；以前，25 万里弗尔的驻军食宿税由平民人头税纳税人负担。除了资产阶级市民以外，其他特权阶层群体不用缴纳这种人头税附加税。③

每个城镇都要负责评估其居民的人头税应缴额。财政总管会把应该缴纳

---

① AD Calvados C 4682 (petition of 4 December 1714)；AN P 5270 - 1（卡昂财政区人头税纳税清册和税收报表）。

② 卡昂财政区的 12 个最大城镇是卡昂（Caen）、巴约（Bayeux）、圣洛（St. Lô）、托里尼（Thorigny）、瓦洛涅（Valognes）、瑟堡（Cherbourg）、库唐斯（Coutances）、格兰维尔（Granville）、阿弗朗什（Avranches）、蓬托尔松（Pontorson）、维尔（Vire）和诺瓦露河畔孔岱（Condé-sur-Noireau）。瑟堡和格兰维尔从 15 世纪中期开始就完全豁免平民人头税。就连这两个城市资产阶级市民拥有的地处城外的土地也减半缴纳平民人头税。卡昂城、巴约、瓦洛涅和其他城镇要缴纳平民人头税，但可行使用城市关税收入缴纳平民人头税的特权。这样，这些城镇的居民就不用自己缴纳课征于他们财产的平民人头税这种直接税。例如，卡昂城 1759 年是用课征于商品和货物的间接税收入缴纳了 29 900 里弗尔的平民人头税：AD Calvados C 4392 (report on ‘villes franches et tarifées, concernant l’origine de leurs privilèges’, 30 May 1759)。

③ AD Calvados C 4703, no. 75 (*mémoire* from the office of the intendant).

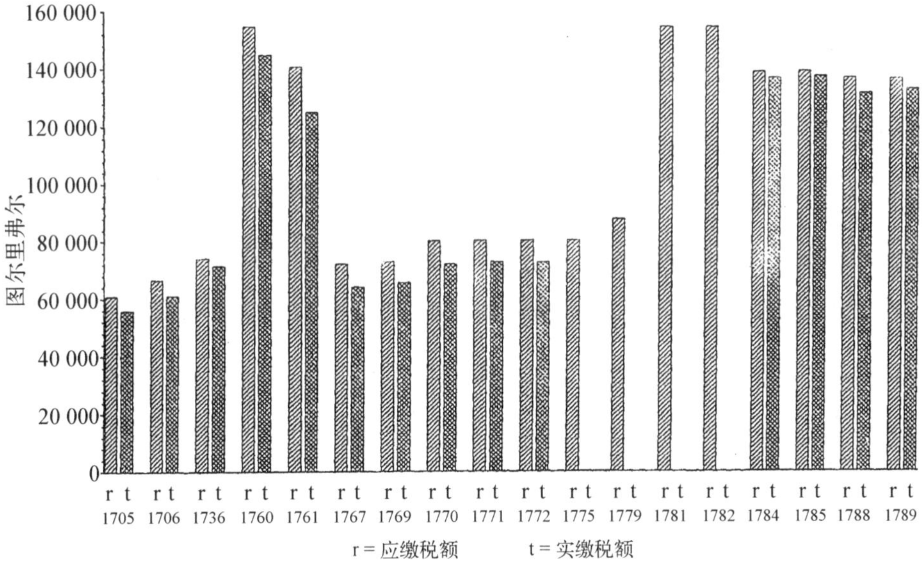

表 13.5　1705～1789 年卡昂财政区资产阶级市民缴纳的人头税

资料来源：various\kwass\kwb005 © ESFDB 1997.

的人头税数额告诉城镇官员和行会会长，并且出于“公平”的考虑让他们把应缴税额分摊给居民和行会成员个人。[①] 由于城市贵族、司法官员和其他特权享受者分开登记在册，因此，值得注意的是，城市精英并没有被列入资产阶级市民的纳税清册，而商人当然被列入资产阶级市民的纳税清册，但是，资产阶级市民的纳税清册通常登记的都是一些很小的应缴税额。[②] 18 世纪 80 年代，卡昂城是卡昂财政区规模远远领先的最大城市，卡昂城的资产阶级市民纳税清册上有 5 000 个纳税人，他们总共缴纳了 6 万里弗尔。虽然有时一天工资不到 1 里弗尔的日工一年缴纳 1～2 里弗尔的人头税，但面包商、外科医生和小店主最多每年要缴纳 20 里弗尔的人头税。尼古拉 · 沃萨尔（Nicolas

① 卡昂的财政总管 Fontette 在分发给每个行会的通告中说明了为什么他要委托卡昂城各个行会征收行会要缴的人头税的原因。构建税负分摊公平、减少不公平投诉和陈情……的方法就是把税负分摊工作委托给行会利益维护者、理事或者宣过誓的管事师傅或前管事师傅。他们由行会会员推选或者凭借自己的声望当上了理事或者宣过誓的管事师傅，因此应该了解行会成员的不同财产水平（AD Calvados C 4565，no. 1）。1757 年，卡昂城 48 个行会共有 2 943 个成员，需要缴纳 11 055 里弗尔的人头税：AD Calvados C 4564（*capitation* rolls for the guilds in the city of Caen）。

② 资产阶级市民纳税清册所反映的情况明显不同于一些强调他们财富和财力的描述。

Vaussard)这个可怜的屠夫抱怨自己每年要缴 4 里弗尔 16 苏的人头税，实在是太多了。①

因此，总体而言，卡昂财政区的特权阶级——贵族、司法官员、特权享有者和资产阶级市民——在 18 世纪都要承担中等程度的人头税。但是，他们缴纳直接税并没有减轻普通平民的税收负担。相反，人头税加重了普通平民本已很沉重的税负。由于平民人头税课征于那些最没有能力抵制它的纳税人，因此，这种税收早已成为王室增加收入的一种应急手段。路易十六(Louis XVI)在 1780 年 2 月 13 日的声明中承认，"虽然许多其他(税收)已经变得不那么沉重，而且也不那么有害于王国的繁荣"，但是，平民人头税的税负一直在不断加重，因为它是"一种最容易征收、见效最快的税收资源"。② 如图 13.6 所示，没有特权保护的纳税人承担的平民人头税和人头税负担持续加重。③

1695 年，卡昂的普通平民缴纳了 315 153 里弗尔的人头税，在他们缴纳平民人头税的基础上因此又增加了 21%的税负。到了 1789 年，普通平民缴纳的人头税增加到了 1 168 768 里弗尔，在平民人头税税负已经加重的基础上又增加了 37%的税负，结果，普通平民缴纳的平民人头税和人头税总额达到了 4 320 862 里弗尔。18 世纪末，卡昂财政区大约有 17 万户普通平民缴纳平民人头税，因此，在旧制度结束时，每户平民平均每年大约要承担 25 里弗尔的平民人头税和人头税——相对于他们的年收入而言，这可是一笔不小的数额。④

---

① AD Calvados C 4549 - 54 (*capitation* rolls for the city of Caen); AD Calvados C 4567 (petition by Vaussard). 关于卡昂城缴纳人头税和资产阶级市民更加详细的讨论，请参阅文献：Perrot, Caen, i. 137 - 144。

② AN AD IX 82, no. 86. 就如路易十六在声明中指出的那样，平民人头税不断增加的一个原因就是地方行政官员不断把地方税收加在平民人头税中。到了 1780 年，实际上，平民人头税中有一半是各种所谓的"临时"省税。这些省税收入往往用来支付省里的公共工程支出和皇家杂项支出，如捐班的俸银。杜尔哥(Turgot)曾经指出："税收特权非但没有得到限制，反而是大幅度增加，因为平民人头税已经变成了各种新征税收的基础。"：G. Schelle, ed., *Oeuvres de Turgot et documents le concernant*, 5 vols. (Paris, 1913 - 23), iv. 610 (letter to d'Ormesson, 10 August 1767)。关于加入平民人头税的名目繁多的税收，请参阅文献：AN K 887, no. 1 ('Brevet des impôsitions accessoires de la taille', 1788). Behrens 在"Nobles, Privilèges, and Taxes', pp.458 - 9"中表示，平民人头税的很大一部分税负以减租的形式由贫穷的佃户转嫁给了富人，通常是贵族地主。但从现有的原始文献看，这一点看来几乎不可能得到证实。

③ 关于平民人头税的数据引自文献"AN G - 7 215 - 17"和"AD Calvados C 4389 - 98"。

④ 这个计算结果与文献"J. Lethuillier, *Le Calvados dans La Révolution* (Paris, 1990), pp.357 - 69"中有关平民人头税的证据吻合。

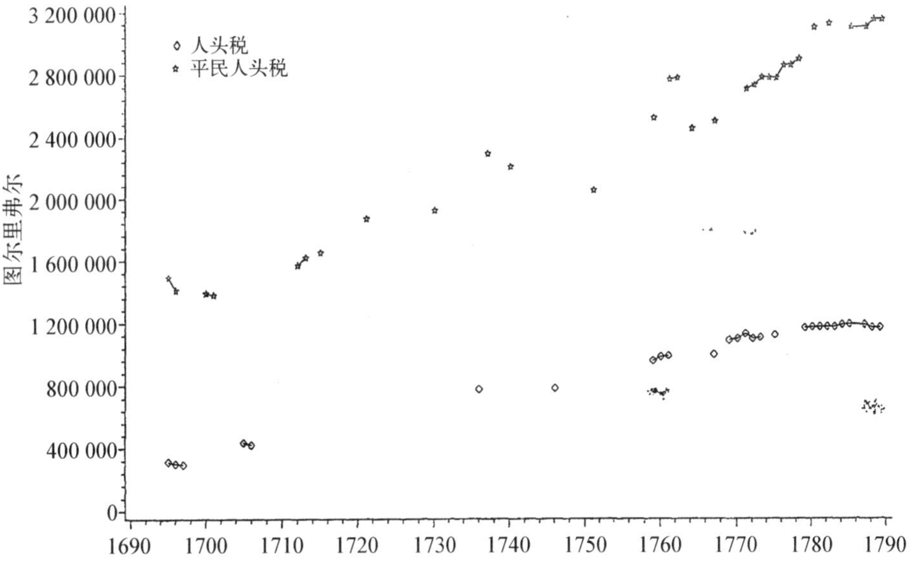

图 13.6　1695～1789 年卡昂财政区普通平民缴纳的人头税和平民人头税

资料来源：various\kwass\kwg001 © ESFDB 1997.

例如，在邻近卡昂的科城地区，平民人头税纳税人缴纳的平民人头税和人头税相当于他们净收入的 12%～30%。[①] 但有一点非常值得怀疑，那就是特权阶层也缴纳占他们收入这么高比例的税收。[②] 人头税的变化情况充分显示，同样是这几任法国国王先是强迫享受特权的精英缴纳直接税，结果对非特权阶层纳税人带来不断增大的财政压力。

虽然选举制地区的什一税和廿一税以不同于人头税的方式发生变化，但它们表现出相似的税收归宿。图 13.7 显示了这些税收 18 世纪在卡昂发生的

① G. Lemarchand, *La fin de féodalisme dans le pays de Caux* (Paris, 1989), pp.346－63. 为了计算平民人头税和人头税分别占净收入的比例，笔者采用从毛收入中减去租金成本的方式重新计算过 Lemarchand 的数值。

② 特权阶层承担的人头税税负与平头百姓承担的平民人头税和人头税的税负一样重的情况十分罕见。1702 年，库唐斯一个名叫"夏尔·阿方斯·德·科泰勒"(Charles Alphonse de Cotelle)的领地主写信给卡昂的财政总管要求把他归入普通平民纳税人，而不是贵族纳税人。他在信中告诉财政总管：作为贵族纳税人，他要缴纳 42 里弗尔。他要求仍把他留在普通平民的平民人头税纳税清册上。按照这本纳税清册，他总共只要缴纳 34 里弗尔的平民人头税和人头税。对于德·科泰勒来说，贵族身份只会给他带来更重的税负：AD Calvados, C 4688。

变化情况。[①] 廿一税与有时要在税额确定后过很长时间才能收上来的人头税不同，皇家行政官员即使在增税以后，也能按照纳税清册如数收到廿一税计征税额。与人头税一样，财政总管也不断收到廿一税的减税申请，但他们批准廿一税减税申请的比例远低于人头税。财产所有人不论大小，他们的减税申请常遭到拒绝，财政总管立场坚定，而且对自己的收入估计非常自信。

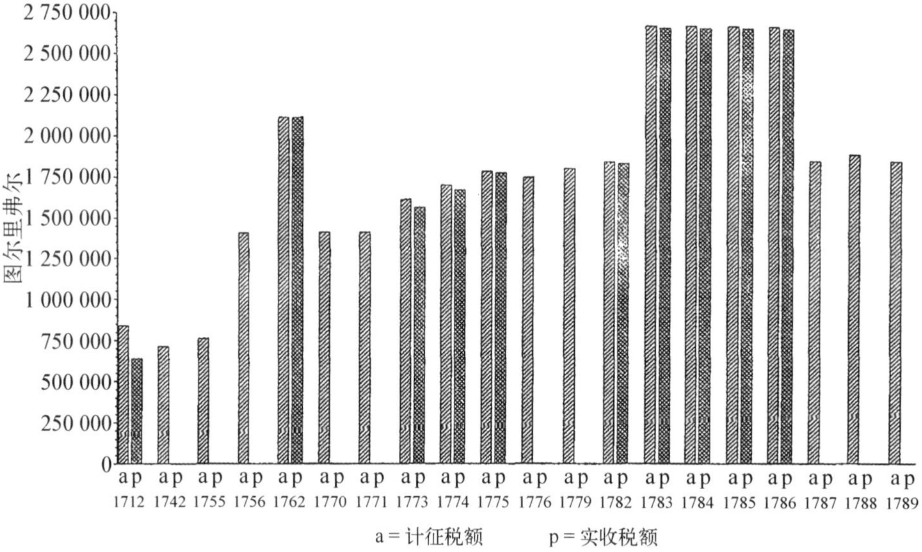

图 13.7　1712～1789 年卡昂财政区征收的什一税和廿一税

资料来源：various\kwass\kwb006 © ESFDB 1997.

卡昂财政区在 1712～1789 年征收的廿一税发生的变化，部分可用立法加征廿一税来解释。从 1756 年到 1786 年，当局加征了第二廿一税；而从 1783 年到 1786 年又加征了第三廿一税。在图 13.7 中，加征第二和第三廿一税的效果显而易见。不过，该图也显示了廿一税在 1771～1782 年间的持续增加。这个时期的廿一税收入增加并非源自立法加征的第三廿一税，而是由审核和提高已在征收的第一和第二廿一税的计征额的征管行动促成的。这次廿一税征管行动由泰雷（他认为，从 1763～1764 年放开粮食交易开始，地主赚了不少

① 卡昂财政区的廿一税数据引自文献：AN G－7 1138－40；AN P 5270－1；AD Calvados C4398，no. 27，C 5898 and C 5964－7；and Y. Préel，*L'impôt direct au XVIII siècle: les vingtièmes dans la généraliée de Caen*（Caen，1939），p.222。

钱，因此想通过这次行动来分享地主赚的钱）发起，在杜尔哥（Turgot）主政财政部后一直继续了下来，后来内克尔（Necker）又重新采取这项行动。到了1782年，皇家行政官员已经对选举制地区约1/5教区（22%）的廿一税计征情况进行了核查，使这么大的区域的廿一税增收1/4。诺曼底设立最高法院的鲁昂财政区通过税收核查，多收到了28.6%的廿一税。①

廿一税原先是一种课征于土地、官职和产业收入的税率为6%的税收（加征第二廿一税后，税率就变成了11%；加征第三廿一税后，税率变成了16%）。②在产业收入项下，王室对行会会员和有职业和商业收入的个人课征廿一税。课征于产业收入的廿一税完全就像是一种人头税附加税，工匠加收1或2里弗尔，小店主加收5～10里弗尔。官职收入廿一税向所有领取俸银的非捐班（而不是捐班）官吏——如公证人、书记员和有权在市场收取货物入市税的小吏——征收。当然，更有名望的官员也要缴纳廿一税，但就像我们在下文将要看到的那样，他们缴纳一种课征于他们的官职可产生利益的不同的预扣税。总而言之，产业和官职收入廿一税收入只占廿一税总收入的很小一部分，在卡昂只不过占到2%或者3%而已。③

大部分廿一税由土地所有者承担。那么，具体有哪些土地所有者——是特权阶级还是非特权阶层土地所有者，或者贵族还是平民土地所有者——承担呢？虽然我们没有找到任何有关卡昂财政区廿一税总体情况的存世文献，但是，曾研究过巴约选区（卡昂财政区9个选区中的一个）1750年廿一税纳税清册的穆哈迈德·埃尔·科尔迪（Mohamed El Kordi）发现，在绝大多数教区，贵族土地所有者承担了30%～75%的廿一税；在略多于一半的教区，贵族缴纳了占全教区计征额50%～90%的廿一税。而在巴约和卡昂选区的某些教区，领主是唯一的土地所有者，因此，教区的廿一税全部由领主缴纳。戈瑟兰·

① BN, MSS Fr. Joly de Fleury 1448, fols. 34 - 7; A. Rioche, *De l'administration des vingtièmes sous l'ancien régime* (Paris, 1904), p.109; [Rouen,] AD Seine-Maritime C 481 - 486 (*états au vrai* for the *vingtième* in the generality of Rouen).

② 廿一税也课征于私人债权人的资本。借款人据说要从他们的利息支付额中扣除要缴廿一税的税额，然后支付他们自己要缴的廿一税。王廷试图采用这种方式间接对债权人的资本征税。税率有6%、11%和16%，都包括在第一廿一税的每里弗尔4苏的附加税中。

③ AN P 5271 (*états au vrai* for the *vingtième* in the generality of Caen).

德·玛纳维尔(Gosselin de Manneville)的情况就是如此,从 1734 年到 1789 年,他家独自承担了玛纳维尔教区的全部什一税和廿一税。[①] 这确实是一个具有启示性的证据,它表明,贵族阶层承担了廿一税的主要份额。但是,为了寻找关于整个财政区(而不是选区或者教区)廿一税缴纳情况的更完整证据,我们把注意力投向卡昂以外的里摩日(Limoges)和布尔日(Bourges)这两个仅有的税收官按照特权阶层和非特权阶层纳税人做账的财政区。与卡昂相比,里摩日和布尔日的贵族人数较少,但这两个财政区的廿一税分担情况还是具有启示意义的。18 世纪 70 年代和 80 年代初,里摩日的特权阶层(贵族、司法官员和其他特权享有者)人数占其人口不足 0.5%,但却缴纳了 28%的土地廿一税,贵族人均纳税 250 里弗尔左右。布尔日的特权阶层同样只占当地居民人口很小的比例,但在 18 世纪 70 年代缴纳了 43%的土地廿一税,每人每年大约缴纳 335 里弗尔。[②]

因此,卡昂和其他财政区的特权阶层在旧制度结束时缴纳了大部分廿一税,他们承担的廿一税份额甚至大于他们承担的人头税份额。然而,关键的问题是廿一税是否重重地榨取了特权阶层的收入。毕竟有可能特权阶层有足够的财富来缴纳很大比例的廿一税,但却没有减少他们很多的收入。廿一税实际按对于当时来说已经很高的 11%或者 16%的税率课征,但是课征于推定收入,也就是常常根据纳税人自己申报的财产来推定应税收入,因此,推定收入远低于实际收入水平。推定收入与实际收入之间的差额是很难确定的,因为社会历史学家往往根据纳税清册来估计实际收入,这显然是一种有缺陷的估计方法。[③] 比这更好的方法是财产所有者租约上的收入与纳税清册上登记的

---

① El Kordi, *Bayeux*, pp. 48 - 9, and AD Calvados C 5631 (*vingtième* rolls for the parish of Manneville).

② 里摩日和布尔日的数据是根据文献"AN P5416 - 17bis"和文献"AN P 5195"中的人头税和廿一税数据计算得到的。在卡昂被归入特权阶层的不缴纳平民人头税的间接税包税人雇用的伙计和城镇居民,在这两个财政区的廿一税账册上被归入了普通平民。笔者根据文献"Dupaquier, ed., *Histoire de la population française*, ii. 76 - 7"对这两财政区的总人口进行了估计。

③ 例如,G. Chaussinand-Nogaret 在文献"*The French Nobility in the Eighteenth Century*, trans. W. Doyle (Cambridge, 1985)"中,按照人头税纳税清册上的纳税人名单和财富水平把贵族分为五类。J. Meyer 在研究了除纳税清册外的相关原始文献后表示,在布列塔尼,上层贵族贫富的分界线是年收入 10 000～20 000 里弗尔,而中、低层贵族的贫富分界线是年收入 1 000～ 3 000 里弗尔:'Un probleme mal posé: La noblesse pauvre', *Revue d'histoire moderne et contemporaine*, 18 (1971), 161 - 88.

收入。让—克洛德·佩罗对卡昂城进行了这样的比较，并且发现推定净收入与实际净收入的百分比是75%，但他后来把这个数值改为45%。① 如果我们把佩罗后一个比较保守的百分比应用于廿一税的名义税率(11%和16%)，那么就会发现，加征第二廿一税后的实际税率是4.9%，而加征第三廿一税后的实际税率则是7.2%。就像佩罗那样，本作者也是根据卡昂财政区不同教区6个土地所有者的小样本研究发现，推定收入与实际收入的比率相差很大——有些土地所有者隐瞒了其大部分地租收入，而另一些土地所有者则按照其地租收入高达80%的比例缴纳廿一税——但平均为65%。这个推定收入和实际地租收入的估计百分比意味着，土地所有者在加征第二廿一税后把7.1%的土地收入用于缴纳廿一税，而在加征第三廿一税后则要把10.4%的土地收入用于缴纳廿一税。② 如果我们还记得，对享受特权的土地所有者征收直接税，这在一个世纪前是连想都不敢想的，那么，这两个实缴税收占实际收入的比例确实已经很高。

但不管怎样，用平均税率来衡量廿一税的影响，总有那么一点误导性，因为这样就掩盖了这种税收明确的征收模式。拿较高比例的收入缴纳廿一税的土地所有者很多都经历过"财产核查"，也就是纳税人财产调查，他们的应缴税额都经过重新评估，而且必然被调高了。很显然，对于那些经历过财产核查的土地所有者来说，他们缴纳的廿一税占其收入的比例就一下子大幅提高。例如，1767年，梅维尔(Merville)教区一个名叫夏尔·阿德里安·达尼西(Charles Adrien Danisy)的领主每年出租他的土地能收到6 800里弗尔的租金。从1754年起，

---

① Perrot原先的估计百分比75%引自文献"'Introduction a l'emploi des registres fiscaux en histoire sociale: L'exemple de Caen au xviiie siècle', *Annales de Normandie*, 16 (1966), 42, n. 30"。关于他修正后的数据，请参阅文献：Perrot, *Caen*, p.609－14.

② 笔者先是通过计算疑似收入占租约规定的地租收入的百分比73%得出了65%这个数据，然后调低这个比例以计算土地所有者自已经营非出租土地的比例。笔者保守地假设非出租土地的价值只按其真实价值的一半评估，并且数量达到其土地的1/3。6个土地所有者（Lair, d'Hermerel de Cleronde, Dudouet, Danisy de Merville, Gosselin和Bourdon de Grandmont）的租约被收入了巴约和卡昂选区法律文书登记局的档案文献"AD Calvados, C 9388－9389"和"AD Calvados, C 9388－9869"，而这6个土地所有者的廿一税纳税清册分别被收入了以下文献：AD Calvados, C 5395, 5342, 5396, 5635, 5594, and 5722。当然，这样使用租约有一些问题，因为其中有些租约可能在法律文书登记局登记有误，而另一些租约可能根本就没有登记，但这仍不失为确定土地年租金较好的方法之一，并且也正是征收廿一税的本意所在。

他就按2 000里弗尔的收入——一个被大大低估的应税收入——缴纳廿一税。但到了1771年，他的地租收入被重估为5 500里弗尔，从而使他的廿一税应缴税额增加到了605里弗尔，或者占他的地租收入的8.8%。同样，鲁昂最高法院的参事雷内·路易·菲蒙·德·克莱蒙德(Rene Louis Fermond de Clermonde)在1762年以1 900里弗尔的年租把自己在库凡尔(Couvert)教区的土地租给了别人。虽然他的地租收入在1751～1772年间只被推定为1 200里弗尔，但在经过1773和1774年的两次核查后被重新评估为1 800里弗尔。当然，到了1774年，克莱蒙德就像当时那么多的土地所有者那样，经重新评估的地租很可能已经增加了一半。克莱蒙德和像他那样的其他人心里都很清楚，这样的追究还会继续下去。18世纪70年代，随着土地租约的到期，诺曼底的土地所有者纷纷提高地租，以便从60年代中期开始的物价上涨中分得一杯羹。[①] 王室肯定通过1771年以后进行的应税收入核查和80年代加征的第三廿一税，至少攫走了土地所有者的部分收入增量。

因此，如果说廿一税是法国王室攫取特权阶层收入的重要手段，那么，它的成功在很大程度上应该归功于应税收入核查取得的成效。应税收入核查标志着那个时代行政国家最前沿的管理技术，而它的尖端性则令任何为是否使用"官僚机构"这个词来描述法国旧制度下的行政机构感到为难的历史学家感到震惊。但到了18世纪下半叶，省行政长官拿一部分人头税收入来扩充廿一税税务局这些隶属于省行政长官、专门负责廿一税计征的机构。[②]（到了18世纪80年代，除了很多副代表、秘书、文员甚至律师以外，卡昂财政区的财政总管已经能够依靠单设的廿一税税务局。廿一税税务局设一个局长、11个税务稽查和6个文员。他们共同负责调查纳税人的财产，根据新的信息修订廿一税纳税清册，并且对数百个教区税务员进行监督。）由于廿一税原先是根据值得怀疑的个人收入申报来计征的，因此，后来进行的收入调查对于该税的发展

① El Kordi, *Bayeux*, pp.358－9; Lemarchand, *La fin de féodalisme*, p.292; Perrot, *Caen*, pp. 795－6; J.-P. Chaline, 'Les biens des Hospices de Rauen: Recherches sur les fermages normands du XVIII siècle au xx siècle,' *Revue d'histoire économique et sociale*, 2 (1968), 194－6.

② 廿一税税务局的资金部分来自于人头税的"免费资金"，也就是财政总管背着审计院截留的部分人头税收入(但获得了财政总监的授权)。财政总管利用这些"免费资金"来鼓励没有经验的稽查员，并奖励工作认真负责的稽查员，而且还支付各种与征税有关的行政费用。

至关重要。18 世纪初,这样的收入调查确实比较罕见,也不起作用,但从 18 世纪 50 年代初到莫普(Maupeou)“改革”(1771～1774 年),收入调查通常局限于核查申请调低应缴税额的个人的财产。[①] 但在 1772～1782 年间,廿一税税务局明显扩大了稽查和管理范畴,不再局限于审理减免申请,开始审核和重新评估广大纳税人的应税收入。廿一税稽查负责系统跟踪大土地所有者,测量土地,要求土地租赁人出示租约,但最重要的是,开放被认为保密的法律文书(婚约、遗嘱、卖契、租约等)登记局：能够查阅法律文书登记局的档案资料,就等于能够进入家庭财产的秘密世界。[②]

泰雷在王廷完成旨在解散或者说重组最高法院的所谓“莫普改革”以后发起了广泛开展财产调查的行动,而内克尔把财产核查程序提高到科学管理的水平,并且取得了令人印象深刻的结果。在内克尔 1777 年重新设计了财产核查程序以后,像亚历山大·奥古斯汀·德·萨弗雷(Alexandre Augustin de Saffray)这样的大土地所有者几乎无法隐瞒他们土地所在教区负责财产核查的稽查员。德·萨弗雷是一个中等富裕程度的贵族,在昂格朗维尔(Engranville)教区拥有一块很大的领地,这个教区的财产核查工作由巴约选区的稽查员负责。1780 年夏季,稽查员勒布朗(Leblanc)带着平民人头税和廿一税的税收员,在村委会根据勒布朗的命令推选的 4 个“知名土地所有者”的陪同下来到昂格朗维尔教区核查财产。他们一起调查了这个教区 49 个土地所有者各自的财产,测量了他们的土地,评定了土地所属类型(耕地、牧场和草地)和等级(好、中、差),并且请每个土地所有者在更改后的财产申报表上签名。然后,勒布朗在没有与“知名土地所有者”商议的情况下,就根据他通过该教区不同土地承租人的 16 份“无嫌疑”租约收集到的信息计算了这些土地的货币价值。他利用这些“无嫌疑”租约来计算 9 种土地——好、中、差三个等级的耕地、牧场和草地——每英亩的年租金表,然后按照这张土地租金表和土地所有者签过名的新财产申报表来计算每个土地所有者的年租金收入。勒布朗所做的一切对于德·萨弗雷来说并不是什么好事,因为他和许多领主一样,大部分土地都在这

---

① 邦尼在文献“‘Le secret de leurs families’, pp.100 - 7”中讨论了最早的税收征管问题。

② 凡是法院要用的公证文书以及合约和证书(无论是否经过公证人公证)都被要求存放在属于皇家领地的法律文书登记局。

个教区。等这个教区的廿一税纳税清册最终做好后，头四页专门用来登记德·萨弗雷17笔廿一税的计征额，德·萨弗雷在这个教区共有16块土地，包括3个租出去的农庄、11块土地(其中有8块也已经租出去)、一座城堡、一个花园，这样就有16笔廿一税的计征额，还有一笔就是领主捐(seigneurial dues)。为了确定德·萨弗雷出租土地的年净租金收入，勒布朗参阅了一些土地承租人的租约，拿他估计的计征额对照每份租约进行了认真核对；至于德·萨弗雷的其他土地，他就简单根据土地面积、类型和等级，对照他自己制作的租金表计算出租金金额。结果，德·萨弗雷每年的土地净收入增加到了9 595里弗尔，也就是比以前估计的收入增加了2 395里弗尔(或者33%)。这次重新计算廿一税计征额使他在1781年缴纳的廿一税从过去的792里弗尔增加到了1 055里弗尔，而从1783年到加征第三廿一税的1786年，他缴纳的廿一税再次增加到了1 535里弗尔。由于财产核查非常彻底，因此，德·萨弗雷多缴的廿一税可能先是接近它的土地收入的11%，而后来又趋近于16%。[①] 值得一提的是，德·萨弗雷的例子在当时比比皆是。由于1/5的选举制地区都进行了这样的财产核查，又由于税务稽查员把注意力都集中到了大土地所有者身上，因此，很多贵族都明白，虽然他们自己还没有经历财产核查，但总有某个朋友或者邻居已经经历过这样的财产核查。

因此，卡昂、布尔日和里摩日的存世文献表明，就榨取特权阶层中土地所有者的财富而言，廿一税远要比人头税成功。如果说人头税只征收到占他们收入1%或者2%的税收，那么廿一税在半个世纪里就征收到了占他们土地收入7%～10%的税收，而那些受到工作热情高涨的稽查员惠顾的土地所有者就被攫取了更多的土地收入。有人可能会认为，廿一税是一种攫取特权阶层收入的重要手段；但同时，廿一税的一半负担由缴纳平民人头税的非特权阶层纳税人承担。因此，我们可得出类似人头税的结论：普征税以一定的强制性迫使选举制地区的特权阶层承担税负，特别是在18世纪末期，但也显著增加了普通平民的税负。虽然法国18世纪的直接税纳税人扩大到了特权阶层，但丝

---

① 德·萨弗雷也许隐藏了私人或者公共债券这样的流动性更强的其他财产，但是，这个地区贵族土地所有者的主要收入来源是出租或者自己经营农庄、磨坊和压榨机：El Kordi, *Bayeux*, p.255。

毫没有减轻社会第三等级非特权阶层成员的财政负担。

在整个近代早期，法国三级会议制地区的代议机构省三级会议总是宣称，它们所在的省份应该免缴皇家税收。但到了 17 世纪末，这些实行三级会议制的省份大多以缴纳“无偿捐赠”(dons gratuits)的方式为君主做出财政贡献。使用“捐赠”这个词是故意为之，并且具有很重要的寓意。通过向王室“捐赠”，三级会议就想表明他们的税收豁免主张仍然有效；虽然他们向皇家金库“捐款”，但他们的政治自由没有受到牵连。人头税和什一税的开征通过剥去“捐赠”的伪装并废除相关程序改变了三级会议与王室之间的关系。普征税不同于平民人头税，不能靠“捐赠”来豁免。于是，各省三级会议与王室协商达成了一项新的协议：它们所代表的省份每年向王室缴纳一种预定税(abonnement，在法语中有“订阅”“预订”的意思，这里有“预缴”的意思。——译者注)。这种预定税没有任何“捐赠”的意思，而只是指一种缴纳方式特殊的税收。

与选举制地区的税收方法相比，以“预缴”的方式缴纳税收，对于相关省份与王室双方都有一定的好处。虽然省三级会议不能把缴纳预缴税说成是“捐赠”，但他们至少保全了与枢密院谈判协商预定税的预缴期。更重要的是，一旦双方达成协议，三级会议便可着手筹措为满足国王需要所必需的资金，有了这样一种安排就能把皇家税收官拒之省外，并且在很大程度上完好无损地保全了制度赋予三级会议的权力。这种安排对于王室也有好处，但马里恩(Marion)和其他学者没有强调这一点，因为他们把这种预缴税说成是王室对省级权力的全面屈服。[①] 对于王室来说，预定税能确保王室到了规定日期就能收到一笔固定的缴款，而且还不必承担征管费用。在布列塔尼的财政总管勒布雷(Lebret)看来，说预定税比完全意义上的皇家税收能从相关省份攫取更多资金，也许有点夸大其词，但预定税对于始终缺钱的王室来说的确是一

① 马里恩(Marion)因三级会议制地区按比例计纳税比选举制地区少而感到愤愤不平。但他没有想到与之前比，王室在 18 世纪大大加重了对三级会议制地区的财政压力：Marion，*Histoire financière*，i. 37。

个不可多得的收入来源。①

图 13.8 和 13.9 显示了布列塔尼和朗格多克这两个法国最大、最有实力的三级会议制省份的税收负担。② 很明显，在整个 18 世纪里，这两个省能够要求日益减少对王室的"捐赠"。布列塔尼的情况尤其如此，因为该省的"无偿捐赠"最终只占其很小一部分的缴税总额。但是，布列塔尼和朗格多克两省三级会议通过缴纳预定税（而不是无条件的皇家税收）成功地保全了一定的省自主权。但如图 13.8 和 13.9 所示，这两个省是通过付出越来越大的代价才做到这一点的。到了 1789 年，朗格多克一年大概总共缴纳了 800 万里弗尔的"无偿捐赠"、人头税和廿一税，而布列塔尼这一年大约也一共缴纳了 600 万里弗尔。③

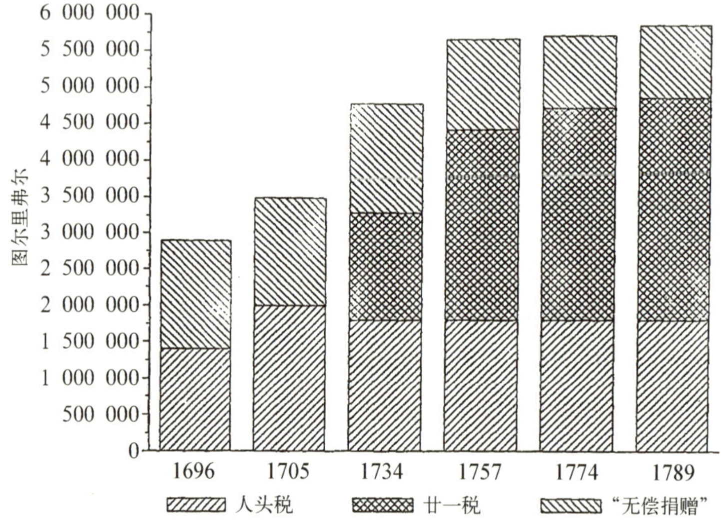

图 13.8　1796～1789 年布列塔尼缴纳的税收

资料来源：various\kwass\kwb007 © ESFDB 1997.

---

① AN H－1 347，doss. 1，no. 11（letter to Bertin，16 April 1760）.

② 布列塔尼的数据引自文献：AN AD IX 491，no. 119；AN H－1 345－7；AN H－1 527；AN H－1 550－1；BN Joly de Fleury 1448，fols. 34－7；'Compte rendu au mois de Mars 1788'（BN Lb 39/534）；and L. Guihenneuc，*Etude sur la capitation proprement dite dans la province de Bretagne*（Rennes，1905），pp.34－6。朗格多克的数据引自文献：AN AD IX 491，no. 107；AN H－1 748/284；AN H－1 870－1；AN H－1 898；AN H－11093，no. 138；and BN Joly de Fleury 1448，fols. 34－7。

③ 其他三级会议制地区也采用相同的模式，请参阅文献：AN H－1 29（Artois）；AN H－11231（Provence）；AN H－1141（Burgundy）。

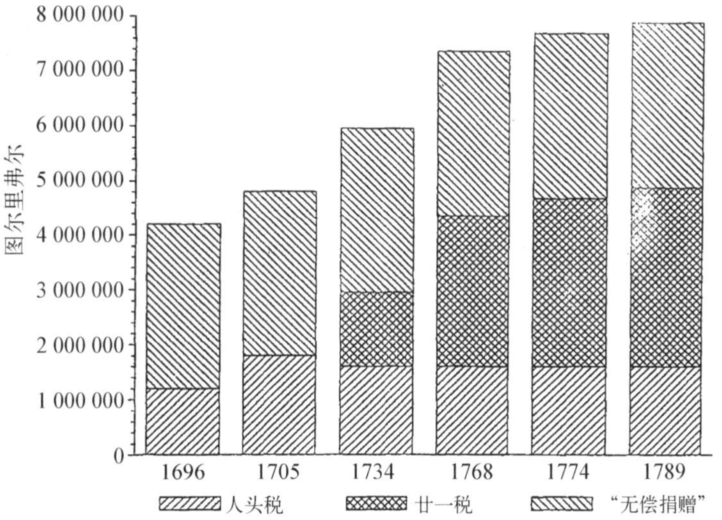

图 13.9 1696～1789 年朗格多克缴纳的税收

资料来源：various\kwass\kwb008 © ESFDB 1997.

图 13.8 和 13.9 当然没有反映这两个省的真实税负。通常，王室允许省三级会议自留部分预定税严格用于偿还省债。也就是说，王室允许省三级会议动用部分为缴纳皇家税收而筹到的资金来管理省债。那么，王室为什么故意让省三级会议分享这部分已经到手的税收呢？那是因为王室需要确保省三级会议能够借到低息贷款。由于省三级会议把很大一部自己借来的贷款转借给王室，因此，对于王室来说，重要的是，在对这些省份征税的同时还要让它们有钱为王室欠它们的债务还本付息。省三级会议能够管理好省债，就意味着王室能从它们所在的省份借到低息贷款。①

下面这些例子可以说明这个问题。1767 年，朗格多克省共收到 200 万里弗尔的人头税，路易十五同意朗格多克省留存 100 万里弗尔用于偿还之前该省三级会议为筹款借 1 000 万里弗尔给王室而欠下的债务。显然，路易十五认为，允许朗格多克省留存部分税收，比迫使它继续借债更加明智。有时，王室也会同意省三级会议留存部分预定税用于偿还之前它们为筹款借钱给王室而

① William Beik 研究过这种安排的政治影响。他认为，收入从省纳税人流入精英债权人的手中，巩固了朗格多克省的社会等级制度，并且使得这个省的贵族更加听命于路易十四：Beik, *Absolutism and Society*, pp.245 - 78。

欠下的债务。例如，1789 年，朗格多克省人头税的预定额是 160 万里弗尔，结果省三级会议留下 80 万里弗尔用于偿还他们为缴纳之前的预定税而欠下的债务。①

布列塔尼省的情况基本相同。例如，1748 年，布列塔尼的人头税预定额是 180 万里弗尔，但结果其中的 30 万被用来支付之前该省三级会议借的 400 万里弗尔贷款的利息。布列塔尼三级会议是为了借钱给路易十五才欠下这笔债务的，因此，路易十五没有要求布列塔尼缴纳为期 10 年的 20%的人头税附加税。② 在这个例子中，王室以直接贷款为交换条件允许布列塔尼省“买断”长期税收。路易十五知道布列塔尼省要为筹款借钱给他欠下的债务还本付息，因此允许该省三级会议留存一部分人头税预定税额。由此可见，预定税制不只是一种对三级会议制省份实行的征税方式，而且既可确保省三级会议保持自己的清偿能力，又能保证它们在未来继续筹钱借给王室。

无论有多大比例的预定税直接进了皇家金库或者最终进了省债债权人的腰包，三级会议制省份都要筹款，它们通过向本省居民征税来筹款。那么，这些税收是如何分摊的呢？布列塔尼的人头税纳税清册显示，特权阶层成员也要缴纳人头税，但税负很轻。贵族缴纳的人头税额在我们考察的近一个世纪里波动不定，但从未少于 10 万里弗尔。1750 年，布列塔尼的贵族人均应缴税额为 36 里弗尔，这个本就不大的应缴税额在扣除经批准的减税额后就变得更小。布列塔尼的廿一税敲诈贵族的力度要远大于人头税。18 世纪 50 年代，贵族缴纳了占总额 30%多的廿一税。这就意味着，贵族的廿一税人均缴纳额相对较大，大概在 160 里弗尔左右。③

朗格多克的贵族如同布列塔尼的贵族，也要缴纳廿一税。例如，在加征第三廿一税的 1783 年，据廿一税纳税清册记载，贵族的应缴总额是 606 448 里弗尔。同年，如果我们把除了普通平民外的各类贵族合并在一起，那么，

---

① 关于 1767 年朗格多克征收人头税的详细情况，请参阅文献：the *arrêt du conseil* of 7 June 1767 in J. F. Venat, *Inventaire de la séries E* (1944), no. 118, or AN E 2345。关于 1789 年朗格多克省人头税预定额的详细情况，请参阅文献：AN H-1 748/284。

② AN H-1 551, no. 17.

③ Guihenneuc, *Etude sur la capitation*, pp.36, 163-4; Meyer, *La noblesse bretonne*, pp.8-24, 71, 640-9.

他们缴纳了占纳税清册上记载的应缴总额40%强的廿一税。图13.10显示了这些比例。① 虽然笔者没有发现任何关于朗格多克贵族缴纳人头税总额的数据，但罗伯特·福斯特(Robert Forster)提供了一些说明除图卢兹以外的朗格多克贵族土地所有者缴纳了多少人头税和廿一税的例子。1750年，德斯库洛布热(d'Escoulaubre)侯爵拥有并管理着7个农庄，能产出6 000里弗尔的收入。由于他的部分土地散布在公地里，因此，侯爵要缴纳240里弗尔的平民人头税。② 此外，他还要缴纳136里弗尔的人头税和209里弗尔的廿一税。这样，侯爵总共要缴585里弗尔的税收，也就是要缴纳占其收入8%的税收。不过，德斯库洛布热侯爵的税负要略轻于同省的其他知名贵族土地所有者。根据一个由20个农庄构成的样本，福斯特估计，这些农庄的平均缴税额大约占农庄收入的15%，这确实是一个很高的比例。③

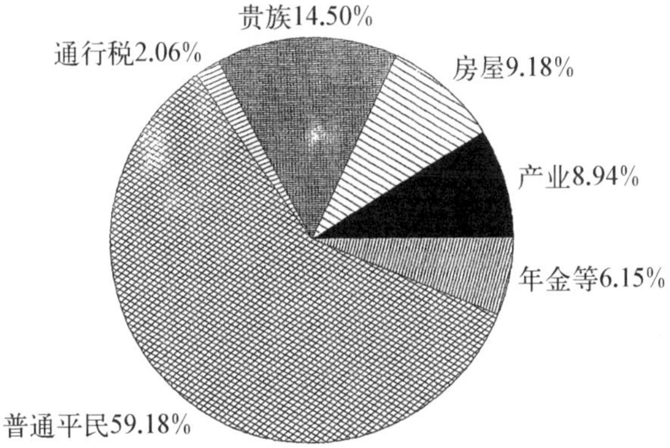

图13.10　1783年朗格多克省廿一税纳税清册记录数据

资料来源：AN, H-1 748/272\kwass\kwi001 @ ESFDB 1997.

① AN H-1 748/272. 同一文献还提供了1777年廿一税纳税清册上不同社会阶层成员应缴税额的分解数据。关于1763年的相关数据，请参阅文献：AN H-1 878, no. 15。

② 在朗格多克省，土地分为"贵族私田"和"公田"。贵族往往拥有大片"公田"，因此要缴纳平民人头税。

③ 值得一提的是，福斯特是为数很少的根据家族档案资料这种比纳税清册更加精确的原始文献来估计土地收入的社会历史学家。请参阅文献：R. Forster, *The Nobility of Toulouse* (Baltimore, 1960), pp.33-9, 178-88。福斯特也曾表示，1784年塔瓦纳(Tavannes)的公爵因为他在布列塔尼——也是三级会议制省——的土地几乎也缴纳了占其收入10%的税收：R. Forster, *The House of Saulx-Tavannes* (Baltimore, 1971), p.91。

三级会议制地区征收的普征税产生了重要的影响，它们不但加重了朗格多克、布列塔尼和其他三级会议制省份的总税负，而且还向这些省份的特权阶层居民征收。不过，我们还是必须注意，普通平民作为一个群体仍然要比特权阶层群体多缴税。例如，在朗格多克，普通平民承担了 60%的廿一税，也就是缴纳了多达 2 475 774 里弗尔的廿一税。这种税负分担格局明确无误：就像在选举制地区那样，普征税确实也向特权阶层征收，但更加重了普通平民的财政负担。①

除了三级会议制地区与选举制地区之间承担的税负不同外，法国在税负承担方面有 4 个特殊的特权阶层群体：廷臣，巴黎居民，陆军、海军军官和法官以及僧侣。我们先来考察王廷这个旧制度下的特权中心。王廷的职责就是确保王国最有权势的子民忠于国王，王廷为此采取的手段就是让他们当高官领厚禄、参加隆重的皇家庆典。1695 年，享受凡尔赛宫特权的廷臣和王室成员绝不会遭遇税收官上门找麻烦的尴尬。然而，随着人头税的开征，路易十四开始从所有分摊到税额的人那里收税。枢密院在感觉到这个问题的处理难度以后就决定对廷臣征税。虽然从廷臣那里收缴人头税很难，但有证据表明，当时法国廷臣确实也缴了一些人头税。在开征人头税的头三年(1695～1697 年)里，王廷廷臣每年缴纳了 70 多万里弗尔的人头税，比全法国全部财政区缴的还要多。1703 年，王廷廷臣缴纳了略多于 100 万里弗尔的人头税，而 1762 年，据王廷人头税纳税清册记载，廷臣们缴纳了多达 1 339 702 里弗尔的人头税。在 18 世纪 70 年代的最后几年里，廷臣缴纳的人头税总额减少到了每年 80 万里弗尔，而到了 1789 年又进一步减少到了 70 万里弗尔。②

除了人头税以外，廷臣们还要缴纳什一税——一种按 10%的税率课征于他

① 普鲁旺斯和勃艮第有过与布列塔尼和朗格多克大致相同的普征税经历。关于勃艮第的普征税经历，请参阅文献：AN AD IX 81 (*arrêt du conseil* of 8 February 1716)；AN AD IX 491, no. 117 (*arrêt du conseil* of 14 March 1757)；AN H－1 141 (records of the estates of Burgundy)；and AND VI 2, no. 10bis (figures for 1789)。关于普鲁旺斯的普征税经历，请参阅文献：AN H－11197, 1230, 1231 (普鲁旺斯三级会议档案文献)。

② AN G－7 1132－3；AN F－4 1077, 1078, 1079, 1082；and AND VI 9, nos. 68, 80. 通过直接对廷臣实行从源征收，杜尔哥(Turgot)就能方便什一税的征收：Schelle, ed., *Oeuvres de Turgot*, iv. 293。

们俸禄的预扣税。1779 年，泰雷对俸禄什一税实行了改革，开始推行俸禄越多税率越高的累进制。虽然最低的俸禄仍要预扣 10%的税收，但 2 400 里弗尔以上的俸禄(适用最高档次的税率)要缴纳 3 倍的什一税，或者说缴纳税率为 30%的俸禄预扣税。1787 年，又增加了两个档次的税率，而适用于 20 000 里弗尔以上俸禄的税率达到了 40%。课征俸禄税也起到了作用：1788 年，从路易十六要支付的 2 700 万里弗尔俸禄中从源征收了 500 万里弗尔的什一税。①

我们也许应该把亲王必须就其拥有的庄园缴纳的廿一税也包括在“王宫税”这个类别中。就像实行三级会议制的省份，亲王可以通过答应缴纳预定税额来规避严厉的税收计征方式。当然，预定税额并不能反映亲王大批地产的真实价值，但亲王要缴纳的预定税额远非有名无实，而且他们也没有抵制。1788 年，亲王的预定税额增加到了 18.87 万里弗尔。考虑到这个税额只是由 6 个亲王缴纳的，因此也不是一个小数额。②

以下几个例子可以表明，所有这些不同的税收对于廷臣以及王室成员和工作人员来说意味着什么。布里热(Briges)侯爵是路易十六统治时期王室的首席马术师，当时要缴纳 2 700 里弗尔。他担任王室首席马术师能挣到 3 000 里弗尔的捐班俸禄，因此要缴纳预扣什一税。此外，他还能领到 34 000 里弗尔的非捐班俸禄，其中的 20 000 里弗尔要缴纳 3 倍税率的预扣什一税，也就是 6 000 里弗尔。于是，他总共要缴纳 9 000 里弗尔的税收。③ 孔岱亲王缴纳的税款要大得多。在他能领到的 22 万里弗尔的俸禄中，有 11 万里弗尔要缴纳税率为 3 倍的什一税(另外 11 万里弗尔作为战争津贴免税)。除了缴纳了 3.3 万里弗尔的俸禄什一税外，他还要为其庄园缴纳 4 万里弗尔的廿一税预定税额(vingtième abonnement)。这样，他的税收总贡献就达到了 7.7 万里弗尔。④由于孔岱亲王是全王国最富有的人之一，缴纳 7.7 万里弗尔的税收应该不会对

① ‘Compte rendu au roi au mois de Mars 1788’. 1777 年，廷臣俸禄累进什一税收入增加到了 300 万里弗尔：AN F－4 1082。

② 虽然奥尔良公爵 1710 年要缴纳 12 万里弗尔的什一税，但实际从未缴过那么多。1788 年，奥尔良公爵缴纳了 44 000 里弗尔的预定税额：AN G－7 1138－9；‘Compte rendu au roi au mois de Mars 1788’。

③ AN O－1729 and 657, no. 423.

④ AN F－4 1945；‘Compte rendu au roi au mois de Mars 1788’.

他的个人财务造成太大的影响，但值得注意的是，即使富有的亲王也要把自己部分的收入缴给国王。

就像俸禄领取者那样，捐班也要缴纳预扣税或者预定税额。我们已经知道卡昂和其他财政区的不同官吏是如何受到人头税和廿一税的压榨的，但我们前面的讨论仅局限在中级和初级法院的司法官吏。课征于王国最重要法官的预扣税未必会出现在财政区财政总管的税册或者税收官呈交给枢密院的税务账册上，而必然会出现在叫作“états des finances”的财务报表（一种记录捐班收支的报表）上。幸运的是，有很多这样的报表存世，它们可被用来评估法兰西王国最高司法捐班官员缴纳预扣税的情况。[①] 在选举制地区，财政区税收官每年都要拿一部分平民人头税用于支付捐班官员的俸禄。例如，1789 年，卡昂财政区拨出 246 659 里弗尔的平民人头税收入用于支付本省捐班官吏的俸禄。这笔税收从普通平民向捐班官吏的流动，清楚地表明王室是怎样把社会低等级阶层的财富再分配给社会高等级阶层的。但是，这部分税收在再分配给捐班官吏之前已经被征过税。在用于支付捐班官吏俸禄的 246 659 里弗尔平民人头税收入中，税收官要从源扣征 23 846 里弗尔的什一税和 31 111 里弗尔的人头税，还剩下 191 702 里弗尔或者 77%的原始拨款用于支付捐班官吏俸禄。[②] 对于捐班官吏个人来说，扣除这么多的税额可不是小事。卡昂财政局的法兰西财务官让·弗朗索瓦（Jean François）每年的捐班俸禄大幅度减少：1782 年，他的捐班俸银是 2 348 里弗尔，但被预扣掉了 234 里弗尔的什一税和 216 里弗尔的人头税，而他只领到了 1 898 里弗尔的捐班俸银，比原来少了 20%。[③]

王国各最高法院的捐班官吏也要缴纳人头税和什一税，如诺曼底最重要的司法机构鲁昂最高法院。1786 年，鲁昂最高法院名义上总共领到了 204 361 里弗尔的捐班俸银，但被扣去了 40 570 里弗尔的人头税（占俸银总额的 19.9%）

---

① 凡是要缴纳人头税或者什一税预定税额的国王子民，无论是廷臣、法官还是军官，仍要缴纳他们居住所在地课征的人头税和廿一税。由于人头税是一种人均税（从理论上讲只要缴纳一次），因此，财政总管常会根据他们的申请从他们应缴的省人头税中酌情减扣。还应该指出，所谓的“财务报表”（*états des finances*）中记录的通常是应缴税额，而不是实缴或者实收税额，因此应该谨慎对待。

② AN P 5263. 通常只预扣 1/10(10%)，但具体要看捐班年份和捐班后的相关立法。在卡昂，很多预扣人头税实际上是记入税收官税收报表（*états au vrai* of tax receivers）的，但卡昂财政局缴纳的什一税和人头税全都没有记入这些报表。

③ AN P 5267 (*états des finances* for the generality of Caen, 1782).

和 21 116 里弗尔的什一税(占俸银总额的 10.3%)。鲁昂最高法院首席法官路易·弗朗索瓦·德·彭卡雷(Louis François de Pontcarré)的捐班俸银在被扣除了 412 里弗尔 10 苏的什一税和 1 800 里弗尔的人头税以后,结果从 4 125 里弗尔减少到了 1 912 里弗尔 10 苏。像鲁昂最高法院雅克(Jacques)这样的很多参事文员的捐班俸银在缴纳了预扣税以后就分文不剩。鲁昂最高法院大法官处的国王秘书(secrétaires du roi)是花大价钱捐来的官职。弗朗索瓦·多雷·德·巴里维尔(François Daré de Bariville)的捐班俸银从 2 750 里弗尔减少到了 2 290 里弗尔,从而使他捐官的投资利率从 5%下降到了 4%。在法国各地最高法院司法官吏中,这样的遭遇比比皆是,法国王室其实就是利用普征税来降低它从官吏那里借钱的利率。[①]

对于领取王廷俸禄的官吏来说,采取预扣形式缴纳的什一税和人头税简直就是缩减俸禄,几乎每一个领取王廷俸禄的官吏都会看到自己的俸禄缩减:省行政长官、财政官吏、间接税征管部门的雇员、皇家路桥部门的工程技术人员甚至皇家陆军和海军军官。承包皇家间接税发了大财的总包税人在他们上缴给国王的每百万里弗尔税收中由一半是他们自己缴纳的税收。在旧制度存续的最后 10 年里,法国陆军和海军军官以军饷预扣税的形式一年总共要缴纳了 50 多万里弗尔的税收。对于像托克维尔伯爵这样的骑兵军官来说,1774 年的军饷原先是 590 里弗尔,因缴纳什一税而减少了 10%,又因缴纳人头税而再减少了 48 里弗尔。[②]

对于廷臣和皇家官吏来说,征收普征税,其实就是为了截留或者缩减已经

---

① AN P 5764 (*état des finances* for Rouen, 1786). 关于巴黎和雷恩最高法院的预扣税款问题,请分别参阅文献:F. Bluche, *Les magistrats du parlement de Paris* (repr., Paris, 1986), p.125, and Meyer, *La noblesse bretonne*, pp.950 - 1。关于全王国财政局和各大部捐班官员俸禄预扣的人头税和什一税,请参阅文献:AN D VI 9, fol. 68, no. 84, and fol. 69, no. 90。阿冉森(Argenson)侯爵认为,预扣税代表着一种新的"温和的卖官"制度 。虽然王室从未用过阿冉森侯爵所用的这个名称,但确实把预扣税等同于低息借款。依法大幅度降低的捐班俸禄到后来就免征预扣税。例如,选区法院捐班领取的很多种类的捐班俸禄中,从 1688 年起依法减少 2% 的捐班俸禄免缴税收:D' Argenson, *Considérations sur le gouvernement ancien et présent de la France* (Amsterdam, 1764), p.195; AN P 5263。

② 总包税人的数据引自文献"Schelle, ed., *Oeuvres de Turgot*, iv. 388 - 410"。1762 年,法国陆军和海军军官缴纳了多达 1 521 503 里弗尔的税收:AN F - 4 1077。根据 1775 年的一份预算,法国陆军和海军军官个人要缴纳 1 163 746 里弗尔的什一税和人头税:C. J. Mathon de la Cour, *Collection des comptes rendus* (Lausanne, 1788)。维克托尔的税收数据引自文献"AD Calvados C 4695, no. 58 (petition of 21 November 1774)"。

决定付给他们的俸银；而在京城征收普征税则是为了触碰一种不同的特权。几个世纪以来，巴黎就像一个被全王国税负沉重的外省团团包围的税收特权孤岛。虽然巴黎城的商品间接税也是臭名昭著，但王室直到 17 和 18 世纪之交才想到直接对京城居民征税。巴黎 1701 年征收的人头税创收 1 536 090 里弗尔。到了 18 世纪末，巴黎人头税的年产出已经超过 200 万里弗尔，相当于 2 个财政区或者一个省全省的人头税收入。[①]

那么，巴黎城到底是哪些社会群体和机构要被迫缴纳人头税呢？图 13.11 显示了 1701 年巴黎人头税的分摊情况。[②] 资产阶级市民，也就是在巴黎定居的居民，缴纳了大部分的人头税；然后是各行业的行会，它们的会员差不多缴纳了巴黎 1/4 的人头税；接下来分别是皇家财政官员、低等法院司法官吏、间接税征管机构的官吏和巴黎大学教职员工。[③] 巴黎人也要缴纳廿一税，贡献比例大致与人头税相同，但在旧制度存续的最后 10 年里，巴黎的廿一税收入超过了人头税收入。据 18 世纪 70 年代的皇家预算估计，京城缴纳的廿一税收入能够达到 250 万～300 万里弗尔的规模。根据巴黎 1789 年的廿一税纳税清册，这一年巴黎应该征收到了 3 805 950 里弗尔的廿一税；到了 1790 年 11 月 10 日，差不多实际收到了 70%。巴黎城人头税和廿一税的实际税负可以表明，京城居民享受的直接税优待特权到了 18 世纪受到了很严重的侵蚀。[④]

在被皇家税收瞄准的巴黎各特权阶层群体中，僧侣也许是最富有并且也

---

① AN G-7 1134 (*capitation* accounts for the *city* of Paris, 1701). 根据法国财政部 1772 年的一份预算，王室在巴黎征收到了 1 840 888 里弗尔的人头税：AN F-4 1078。据财政委员会 1790 年 11 月的报告，巴黎城到这个月 10 日已经缴纳了 1789 年度 2 897 780 里弗尔预算税收总额中的 1 704 476 里弗尔：AN D VI 9。

② AN G-7 1134.

③ 负责向资产阶级市民征税的官员是巴黎市长(*prévôt des marchands*)，由他负责派人收集租金申报，编制纳税清册，答复减税申请并监督征税程序。巴黎警察局局长负责征收由巴黎各行业行会承担的那部分人头税。各行会会长在收到自己所在行会的分摊额后就把税额分摊到每个成员头上，并且负责征收。巴黎印刷商行会的人头税纳税清册显示，每个会员的应缴税额因他们的财富多寡而大相径庭：C. Hesse, *Publishing and Cultural Politics in Revolutionary Paris, 1789 - 1810* (Berkeley, 1991), pp.65-8。

④ 法国财政部的预算显示，1773 年巴黎收到了 2 803 839 里弗尔的廿一税，1774 年收到了 2 997 979 里弗尔的廿一税（AN F-4 1079, 1082）。关于巴黎廿一税的征管，请参阅文献：H. Monin, *L'Etat de Paris en 1789* (Paris, 1889), pp.586-9。1789 年的数据引自文献“AN D VI 9 (report by the committee of finance, 10 November 1790)”。

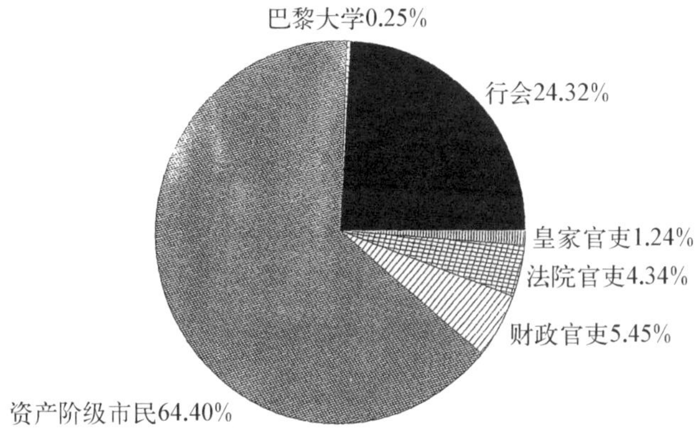

图 13.11　1701 年巴黎城人头税分摊情况

资料来源：AN，G－7 1134\kwass\KW002 © ESFDB 1997.

是组织得最好的群体。那么，巴黎的普征税是否也触及了僧侣这个特权阶层群体呢？法兰西王国主要有两个僧侣群体“法国僧侣”（clergy of France）和“边境僧侣”（clergy of the frontiers），这两个僧侣群体要缴纳不同的税收。边境僧侣群体由 1561 年并入法兰西王国版图的几个主教区的僧侣组成。[①] 边境僧侣不同于法国僧侣，在能够与国王对话的中央代议机构中没有自己的代表。因此，在开征人头税以后，每个边境主教区都要缴纳不同的预定税额，从而避开了皇家税收官吏的直接计征。1697 年，边境主教区缴纳的人头税预定税额总计 33.3 万里弗尔，1774 年减少到了 210 233 里弗尔；而边境主教区缴纳的廿一税预定税额则从 1710 年的 25 300 万里弗尔增加到了 1774 年的 635 000 里弗尔。无论边境僧侣如何主张他们的税收豁免权，他们都无法躲避 18 世纪开征的新税，尤其是廿一税。[②]

---

① 这些主教区包括阿拉斯（Arras）、康布雷（Cambrai）、图尔奈（Tournay）、伊普尔（Ypres）、圣奥奈（St. Orner）、梅茨（Metz）、图尔（Toul）、凡尔顿（Verdun）、贝桑松（Besançon）、布洛涅（Boulogne）、斯特拉斯堡（Strasbourg）、巴塞尔（Basle）、斯皮尔（Spire）、康斯坦茨（Constance）和鲁西荣（Roussillon）。在笔者的数据中，马尔特（Malte）修士会被包括在边境僧侣中。

② AN G－7 1132－3；AN G－7 1138－9；and the budget of 1774 in Mathon de la Cour, *Collection des comptes rendus*. 在战争期间，有些边境僧侣为获得保护更愿意缴纳税收。康布雷大主教在 1706 年要求法国财政部持续对他们的僧侣施压，迫使他们缴纳人头税。由于西班牙王位继承战的战火已经蔓延到康布雷，因此，大主教担心，如果他手下的僧侣不缴税，那么王室就不会阻止敌军在康布雷烧杀抢掠：A. M. de Boislisle, ed., *Correspondance des contrôleurs-généraux des finances avec les intendants des provinces, 1683－1715*, 3 vols. (Paris, 1874－9), ii, no. 1162 (letter of 20 December 1706)。

税收与法国僧侣的问题比较复杂。在“三十年战争”结束以后，法国僧侣就像实行三级会议制的省份那样向王室缴纳“无偿捐赠”，并且坚持认为这种“捐赠”的非义务性。

“对于我们来说，最重要的就是能够豁免向陛下缴纳‘无偿捐赠’。由于这种‘捐赠’是‘自愿的’，因此只会增加不会减少。这种‘自愿’是建立在我们献给上帝的财富的性质和用途上的，而上帝的仆人只能充当我们捐献的财富的管家和管理者……我们的良心和我们的荣誉都不允许我们同意把只能体现我们爱的奉献的东西改变成一种义务贡品。”[①]

然而，尽管法国僧侣按规定可以免税，但他们那样定期地向王室缴纳捐赠，以至于他们的捐赠简直就不是捐赠，几乎变成了为获得税收豁免权而付出的代价；而为了确保这个代价适中，法国的财政大臣总想知道法国僧侣的免税权究竟值多少钱。蓬查特兰在他于 1694 年 10 月 31 日发给各省行政长官的通知中解释说，“国王陛下恩准僧侣不用缴纳人头税，请在做人口调查时别把他们包括在内，这样好让国王陛下更加清楚地知道到底给了他们多少恩惠”。[②] 1695 年，除了 5 年内捐赠了 1 000 万里弗尔外，法国僧侣还要向王室缴纳 400 万里弗尔的“替代人头税”。[③] 法国教会在 1698 年前每年都要向王室缴纳 400 万里弗尔，而且又从 1701 年一直缴到 1710 年。1710 年，法国教会以 2 400 万里弗尔的天价买下了人头税的全部豁免权。在支付了这笔价款以后，法国僧侣再也没有向王室缴纳任何明显与人头税有关的款项。

同样，法国僧侣也从未缴纳过与廿一税有关的款项。但毫无疑问，法国僧侣肯定提供了暗中与这种税收有关的“捐赠”。王室通过重申“僧侣的免税权只不过是国王恩典的结果，因此可以随时撤销”的方式，对僧侣施加压力，迫使他们“捐赠”更多。例如，路易十四与法国教会在 1711 年签订的契约规定，虽然什一税具有“普征”性质，但是，“国王陛下已经注意到僧侣享有的免税特权，因此，没有在声明中要求他们缴纳什一税”。但是，契约规定，作为对国王关心

---

① 引自文献“M. Marion, *Dictionnaire des institutions de la France aux XVII et XVIII siècles* (Paris, 1923; repr., 1989), p.102”。

② BN Mss. fr. 8852, fol. 84.

③ 这种税收被称为“特别贡金”，而不是“人头税”，但由僧侣自己征收后像人头税那样缴纳。

他们特权的报答，法国僧侣决定赠与王室800万里弗尔，并且分几年付清。[①]

有时，王室为了敲诈更多的“捐赠”，就公开威胁要对僧侣征税。枢密院记事簿1715年9月21日在“试探僧侣能否提供新的无偿捐赠”的标题下记述道，由于其他买下免税权的群体已经重新缴税，[②]“看来同样可以重新对与其他群体同时买下免税权的僧侣征收人头税”。1个月后，法国的僧侣做出了回应，他们坚持认为，他们并不应该被列入人头税纳税清册。不过，他们还是决定向王室提供比过去任何时候都多的捐赠，而枢密院就“像过去那样”接受了这笔更大的捐赠。[③]

平均而言，法国僧侣在18世纪向王室孝敬了巨额“无偿捐赠”，每年高达350万里弗尔。[④] 当然，法国僧侣孝敬王室的捐赠远多于倘若直接按他们拥有的地产缴纳的税收。但是，缴纳这么多的“捐赠”在一定程度上导致教会承受了巨大的财政压力。为了筹措捐赠所需的款项，僧侣代表大会决定对僧侣征税，就像省三级会议批准对本省居民征税。克洛德·米肖(Claude Michaud)最近表示，法国教会曾对其成员根据他们的声望和圣俸收入征收累进税。事实上，领取圣俸的僧侣缴纳累进税的税率从最低6%到最高的25%不等，25%的税率适用于那些占据最来钱职位的僧侣。[⑤]

---

① AN AD IX 400 (*contrat entre le roy et le clergé*, 13 July 1711).

② 1708年，路易十四出售人头税豁免权。为了购买人头税豁免权，国王的子民被要求认购总额6倍于年人头税的公债。纳税人要一次性付清相当于6年人头税的价款，为他们的余生购买人头税豁免权，同时每年能获得5%的公债利息。1715年，路易十四又食言重新开始向购买了人头税豁免权的人征收人头税：AN AD IX 81 (*édit du roy*, September 1708)。关于公债发售额的估计值，请参阅文献：AN G-7 1134。

③ AN G-7 1849, first register, pp.4, 48.

④ 我们在计算捐赠平均值时已经把18世纪中期法国王室曾允许教会留存部分“捐赠”用于偿还教会自己积欠的债务这一事实考虑进去。从1748年起，国王允许教会每年支用50万里弗尔的“捐赠”款偿还教会自己积欠的债务。1780和1783年，这个数额增加到了250万里弗尔。1788年，法国王室颁令要求教会就其拥有的土地直接纳税，而僧侣代表大会明白他们的免税权是保不住了，因此决定向王室提供18世纪最少的“捐赠”，每年60万里弗尔，为期3年：Marion, *Dictionnaire*, p.105。

⑤ C. Michaud, ‘La participation du clergé de France aux dépenses de la monarchie à la fin de l'Ancien Régime’, in *Etat, finances et économie pendant la Révolution française* (Paris, 1991). Michaud的证据得到了Lomenie de Brienne致1788年名人大会意见书的支持：贫穷僧侣的“捐赠”款减少到了占他们收入的1/6；领取最高圣俸的僧侣的“捐赠”款增加到了占其收入的1/4 [quoted in J. Egret, *The French Prerevolution*, trans. W. D. Camp (Chicago, 1977), p.14]。贝克尔也在他的“*De l'administration des finances*, ii. 231-2”中谈到了僧侣的累进税制。

因此，尽管法国僧侣代表大会坚持只向王室提供捐赠，但是，僧侣不论职位高低都有过纳税的经历。此外，法国皇家税收与教会系统内部税收之间的区别并不总是那么明显。1696 年，巴黎主教区自己的僧侣纳税清册取名就是"Rolle de la Capitation"（人头税纳税清册）。而且，即便在法国僧侣花钱买下了人头税豁免权以后，他们仍认为自己要缴纳人头税。[①] 在卡昂财政区，僧侣被错误地列入了贵族或者资产阶级市民的人头税纳税清册，他们经常写信给地方行政长官申辩他们已经缴过自己的那份人头税。1736 年，让·纪尧姆·波瓦里埃(Jean Guillaume Poirier)，一位姓名被列入瑟堡城人头税纳税清册的教父，在他的陈情书中解释说，"他已经缴纳了僧侣人头税纳税清册记在他自己名下的那份人头税"。像波瓦里埃这样的僧侣并不准备缴纳皇家人头税，因为他们认为自己已经向教会缴纳了人头税。[②]

除了缴纳教会原先的税收以外，卡昂的僧侣还要直接向国王缴纳某些皇家税收。卡昂的地方行政长官为了给公共工程项目和赔偿土地因修路被征用的业主筹款，征收了一种特别土地税。这种税收年征 15 万里弗尔，但僧侣缴纳了其中的一大部分。在巴约，僧侣占城市土地所有者的 8%，但他们缴纳了 15%的特别土地税。卡昂财政区以僧侣没有捐赠为由，迫使他们每年缴纳特别土地税一直到法国大革命爆发。由于通过征收特别土地税来筹款完成的公共工程项目导致僧侣拥有的土地大幅度增值，又由于这只是一种地方税，因此，地方行政长官解释称，"僧侣的特权依然完好无损"。但在 1772 年，仅仅是出于安全的考虑，卡昂的地方行政长官一直等到僧侣代表大会闭幕才开始那一年的特别土地税征收工作。[③]

---

① 巴黎主教区的僧侣纳税清册上记录的应缴税额总计 337 710 里弗尔，僧侣的应缴税额似乎因个人财产而异，很多僧侣的应缴税额是 11 里弗尔，而圣日耳曼德佩(St Germain des Près)修道院院长的应缴税额高达 9 882 里弗尔：AN Z 1, p.10。

② AD Calvados C 4697, no. 8. 关于更多的例子，请参阅文献：AD Calvados C 4692, nos.- 12 and 17, 4689, nos. 8 - 13, 4690, no. 14。卡昂的财政总管向(德斯马雷茨)Desmaretz 解释说，僧侣贵族与其他贵族的唯一财政区别就是僧侣贵族"必须登记在僧侣纳税清册上"：AN G - 7 219, no. 163 (letter of 25 February 1715)。

③ AN AD IX 390a; AN H 1463, no. 69; El Kordi, *Bayeux*, pp.44 - 5. 这种课征于僧侣的土地税可能只有卡昂财政区独有。

整个18世纪，法国王室通过征收普征税和构建包括前免税群体在内的更加广泛的财政网络改变了直接税收的形式和社会归宿。除了对前两个社会等级阶层成员征税以外，法国王室还对捐班出身的官员、王廷官吏以及享受特权的城镇居民等全体过去享有并继续享有大量平民人头税豁免特权的人士征税。此外，对于某些享有特权的人士来说，整个18世纪，尤其是在旧制度存续的最后40年里，他们承担的税负不断增加。这种趋势在选举制和三级会议制地区都很明显，前者的贵族土地所有者在18世纪60、70和80年代要缴纳占其土地收入7%～10%的廿一税，而后者的人头税和廿一税结束了一个这些地区以捐代税的时代。

除了以新方式对各省征税外，法国王室还成功地瞄准了很多传统上的特权阶层群体。廷臣和捐班出身的官吏要缴纳不菲的俸银预扣税，从而导致前者的俸银缩减，而后者的投资回报缩水一半。法国王室还对巴黎居民征收普征税，从而缩小了地域特权的差距。对京城居民征税与对某个省份居民征税一样，在旧制度结束时每年能直接带来500多万里弗尔的收入。对僧侣征税的努力似乎取得了最小的成果。从表面上看，僧侣根本不缴皇家税收，但“边境”僧侣要缴纳预定税；而为了确保自己的免税权，法国僧侣按常规缴纳大笔“捐赠”。法国僧侣除了要为筹集“捐赠”款缴纳内部税收以外，(至少在卡昂)还要缴纳地方税。

法国王室通过征收普征税，为国王陛下创造了一种新型子民——享受特权的纳税人。这种纳税人虽然至少仍部分豁免平民人头税，但要缴纳直接税孝敬王室。这种新型社会群体的诞生既没有预示财政公平的到来，也不代表法兰西王国慢性财政危机问题的解决。普通平民继续承担大部分直接税收负担，而王室继续在破产边缘挣扎。但是，精英们缴纳远比以往任何时候都多的税收这一点就表明，法国进入了专制政体的最后阶段，从而打破了贝克在路易十四统治期间观察到的“特权与皇家财政之间的象征关系”。[①] 虽然法兰西王

---

① W. Beik, ‘A Social Interpretation of the Reign of Louis XIV’, in N. Bulst, R. Descimon and A. Guerreau, eds., *L'Etat ou le roi. Les fondations de la modernité monarchique en France* (*XIV-XVII siècles*) (Paris, 1996), p.155.

国在18世纪继续从普通平民那里搜刮钱财再分配给享受特权的精英，但也已经开始对同一些精英征税，而且效率越来越高。这种对特权制度的干扰虽然看似轻微，但足以产生深刻的政治影响。随着18世纪晚期对税收特权侵蚀的不断加快，法兰西王国就连对于在很多方面仍然受益的人士来说，似乎也已经变得更加专制。由于王室越来越有信心扩大其财政影响力，因此也导致法国精英政治化，而且还引发了严重的宪法争议，最终发展到了紧急召集全国三级会议代表开会。到了1789年，一切都已经变得非常明朗：法兰西王国在不彻底重构政治秩序的情况下已经无力承受享受特权的纳税人这个财政矛盾体。

第十四章 18世纪法国如何筹款备战

T. J. A. 勒高夫(T. J. A. Le Goff)

战争开支是波旁王朝统治时期——无论是和平时期还是战争时期——最大的非债务支出项目。从1700年到1789年,法国在这90年中有38年在交战,而从1661年到1789年的129年中有60年在交战。在这样的情况下,对外政策实际上就是采取其他手段来延续战争,因此,外交完全可被作为军费预算的附属项目,对于1 300万~2 500万里弗尔的官员俸禄,基本上也可以这样看待。[①] 债务还本付息是和平时期最大的单项支出,而债务本身也是战争的产物;在旧制度下,法国就像欧洲所有其他国家一样,历朝历代几乎全部的活动,都可以被看作一台旨在回应欧洲强权政治内在动力每10~20年开动一次的巨大杀人机器的部件。当然,这样的表述可能由于很多原因而显得不够全面,很大一部分导致战争爆发和促进经济活动发展的国家活动并没有出现在财政预算项目中。很多从事有益的经济活动的个人或者群体获得了被作为恩惠或者特权的平民人头税减免补偿。很多和平时期的国家活动,如村一级的收税和皇家徭役,都是靠强制、无偿或者低报酬服务来完成的。从另一个角度看,花在法兰西王国这台战争机器和与战争机器相伴的财政机构的支出都有它们的政治或者社会目的,如院外救济或者庇护,赋予贵族和平民官吏、财政官员和他们雇用的文员工作、收入和权势,从而确保法国精英忠诚于波旁政权或者与波旁政权串通一气。花在陆军和海军身上的支出可以帮助一些人解决失业问题。但是,不管怎样看待这个支出项目,

① T. J. A. Le Goff, 'Essai sur les pensions royales', in *État, marine et société. Hommage à Jean Meyer* (Paris, 1995), pp.252-82.

无论法国军队是否在与敌军交战，舰队是否在与敌舰交火，战争无疑是当时法兰西国家的主要活动。①

那时，战争频仍，并且被认为不可避免，这也决定了法国皇家财政的管理方式。虽然那时的法国皇家财政与现在的国家财政有很多表面上相似的地方，但是，战争为国家主要活动这个财政特点导致国王陛下的谋士们经常要面对筹钱问题，而他们考虑筹钱问题的方式完全不同于更加现代的社会。然而，这个问题常被那些通过 19 世纪和 20 世纪初学者的研究成果来了解法国旧制度时期财政的历史学家所忽视，而我们当代的历史学家则生活在一个战争成了例外而不是常态、预算平衡是常态而不是例外的时代里。20 世纪后期的历史学家，无论意识形态倾向如何，都是和平时期预算常常失衡的国家中相对比较幸运的公民。所以，在研究旧制度时期财政历史时，他们常会流露出当前后凯恩斯学派对刚刚——只有几代人的时间——解脱全面战争负担的国家的长期债务结构的担忧。因此，19 和 20 世纪那些想当然地认为波旁王朝财政长期呈现病态、研究法国财政史的历史学家，常常致力于寻找一个法国旧制度下的财政陷入致命的恶性循环的转折点，也就不足为奇了。马塞尔·马里恩(Marcel Marion)在他的经典著作《财政史》(*Histoire financière*)中表示，这个转折点就出现在 1780 年前后；②而詹姆斯·赖利(James Riley)则认定"七年战争"才是这个转折点——"就像在 1714 年那样，法国再次走出了一场耗费巨大且只能靠背负不堪忍受的债务才坚持下来的战争……"而且还把这场战争比作在连续两代人的时间里逐渐显现其对社会机体影响的致命剂量的辐射。③ 戴维·本(David Ben)更喜欢疟疾发热周期这样一种比喻：法兰西君主国的特权和债务"总是以 60 或 70 年的缓慢节奏不可逆转地不断累积，直到

---

① E.g., M. Marion, *Histoire financière de la France depuis 1715*, 5 vols. (Paris, 1914 - 28); J.-J. Clamageran, *Histoire de l'impôt en France*, 3 vols. (Paris, 1867 - 76); R. Stourm, *Les finances de l'Ancien Régime et de la Révolution: Origines du sysème financier actuel* (Paris, 1895); C. Gomel, *Les causes financières de la Révolution française*, 2 vols. (Paris, 1892 - 3); A. Vuitry, *Le désordre des finances et les excès de la spéculation à la fin du règne de Louis XIV et au commencement du règne de Louis XV* (Paris, 1885).

② Marion, *Histoire financiére*, i. 288 - 90, 338ff.

③ J. C. Riley, *The Seven Years War and the Old Regime in France: The Economic and Financial Toll* (Princeton, 1986), pp.191, 229.

耗费65%～70%的财政收入，然后就应该是宣布一次新的破产”。[①]

莫里诺也许在寻找法国旧制度下皇家财政陷入致命的恶性循环转折点的过程中了解到很多情况，但是，法国18世纪的官员并没有采用这种方式来看待问题。法国的国家机器就是在一个视国家财政为循环模式的行政传统中运行，并且经常发动战争。每当爆发战争，法国的行政官员就认为自己明白应该怎么做。而且，在战时增加税收和举借长期贷款方面，他们确实做得相当出色。真正艰巨的任务不是在战争结束时，而是在战争期间筹到那么多的资金。在每场战争中，任何的预期支出都会被巨大、不可控甚至不可知的支出所超越。因此，战争期间发生的短期债务会拖欠到和平时期，而正是这种债务积欠造成了真正的困难。本文将考察战时财政的两个方面：长期税收和借贷策略以及战后短期信用危机的解决途径。我们将主要讨论法国王室在奥地利王位继承战和“七年战争”期间采取的长期税收和借贷策略以及战后短期信用危机的解决途径，而且也会简要谈及旧制度在1787～1788年遭遇的终极危机，因为旧制度遭遇的终极危机也非常适合这种模式。

法国18世纪的历任财政总监(controllers general)都明白以下这个基本问题：任何战争都不能依靠和平时期的皇家收入或者依靠临时增税来买单。米歇尔·莫里诺(Michel Marineau)教授采用拿战争年代的支出减去和平时期正常支出的方法估算出了法国在18世纪参加几场战争发生的直接费用(见表14.1)。[②] 全靠税收来筹集战争经费，可能会导致纳税人不堪重负的税收负担。事实上，18世纪的法国税收急剧增加，但始终不足以应付支出。在奥地利王位继承战期间，法国税收平均每年增加了39%；“七年战争”期间，法国的税收比战前大约增加了29%；美国独立战争期间，法国的税收大约增加到了超过和平时期税收25%的水平。但在奥地利王位继承战和“七年战争”期间，全部的非贷款收入只够支付前一场战争67%的开支和后一场战争49%的开支，我们暂

① D. D. Bien, ‘Offices, Corps, and a System of State Credit: The Uses of Privilege under the Ancien Regime’, in K. M. Baker, ed., *The French Revolution and the Creation of Modern Political Culture. I. The Political Culture of the Old Regime* (Oxford, 1989), p.89.

② 根据M. Marineau的文献：‘Budgets de l’état et gestion des finances royales en France au xviii siècle’, *Revue historique*, 264 (1980), 304-12。

且假设二次文献中可获得的数据大致正确(还请参阅下文的表 14.3)。因此,所有这几场战争需要其他来源的收入。

表 14.1　莫里诺(Morineau)关于法国在 18 世纪为战争付出的直接代价的估计

年　份	战 争 名 称	直接代价(百万图尔里弗尔)
1740～1744 年	奥地利王位继承战	1 000
1756～1763 年	"七年战争"	1 105
1778～1783 年	美国独立战争	1 000～1 300

当时和从那以后关于这些收入来源的讨论讲得最多的就是长期信用融资,或许是因为长期信用融资至少能赋予战时融资一种有序的表象。为了弄清这种融资计划背后的原因,有必要考察旧制度下为了寻找一种战争融资模式而作出的最明确尝试。雅克·内克尔之前法国皇家财政最有影响力的作者和法国 18 世纪 50 年代法国财政总监的幕后顾问弗朗索瓦·维隆—杜维尔杰·德·福尔波奈(François Veron-Duverger de Forbonnais,1722～1800 年)在他于"七年战争"爆发前夕或者刚爆发不久写下的《关于法国财政的研究和思考》(*Recherches et considérations sur les finances de France*)[①]中为一场整整持续 6 年、每年的支出要比平时正常支出高出 1.3 亿图尔里弗尔的战争制定了一份周密的融资计划(见表 14.1～14.3)。

表 14.2　奥地利王位继承战和"七年战争"详细估计费用
(百万图尔里弗尔)

奥地利王位继承战		"七 年 战 争"
I-战争总成本估计		
1746～1740 年和平时期年均支出	212.2	
1741～1748 年总支出	2 616.4	

① 6 vols. (Liège, 1758), v. 85-189.

续表

奥地利王位继承战		"七 年 战 争"	
1714～1748年"和平时期"推断支出	1 697.6		
差额=战争成本	918.8	莫里诺的估计成本	1 150.0
II-战争的税收成本估计			
1736～1749年"和平时期"年均税收收入	212.3	1749～1754年"和平时期"年均税收收入	269.9
1741～1748年税收收入	2 365.2	1756～1762年税收收入	2 432.4
1741～1748年"和平时期"推断税收收入	1 698.2	1756～1762年"和平时期"推断税收收入	1 889.4
差额=战争的短期税收成本	667.0	差额=战争的短期税收成本	543.0
战争的年均税收成本	83.4	战争的年均税收成本	77.6
III-差额(总成本－税收成本)	(251.8)	**差额**(总成本－税收成本)	(607.0)

表14.3　两场战争期间与和平时期法国每年的税收收入估计值

	(1)	(2)	(3)	(4)	(5)
福尔波奈筹款模式	(212.3)	80.0	37.7	130.0	61.5
1741～1748年战争	212.3	83.5	39.3	125.0	66.8
1756～1762年战争	269.7	77.6	28.8	157.9	49.1

注：(1) 战前税收收入(百万里弗尔)；(2) 战时税收收入增加额(百万里弗尔)；(3) 战时税收增加额占和平时期税收的百分比(%)；(4) 福尔波奈和莫里诺测算的年度战争费用(百万里弗尔)；(5) 战时税收占战争费用的百分比(%)。

福尔波奈的融资计划有两个基本的先决条件。第一个先决条件就是在战争刚开始时大幅度增加税收：福尔波奈认为要增税8 000万里弗尔，然后要等到战后若干年才逐渐恢复正常。第二个先决条件是每年减少正常的民事支出1 000万里弗尔。这样做的结果据说是，允许国王用税收来支付部分战争费用(或许还能允许国王激发投资者或者债权人的信心)，并且释放部分资金在战争结束后的几年里用于支付战时借款的利息和偿还本金。福尔波奈明显受到了英国政治经济学家查尔斯·戴维南特(Charles Davenant，1656～

1714年)思想的影响，提出了一项旨在发行一系列所谓"年金"(annuites)的融资计划。但在当时，别人称它为"短期公债"(rentes passagères)或者"应还借款"(emprunts remboursables)，而在历史学家的英文著述中称它为(定期贷款)(term loans)。这种贷款的还本付息计划要在规定的期限内完成。在福尔波奈的定期贷款还本付息计划中，每笔连续贷款的期限都是6年，平均年利率是5%(见图14.1)。[①] 随后几年的借款数额逐渐增大，用于偿还前几年借款的本金和支付它们的利息。因此，第一年借款4 000万里弗尔，但战争持续到第六年的借款可能就达到了9 950万里弗尔。在从投资者或者债权人那里借来的这么多贷款中，王室每年花在这场战争上的费用从未超过1.3亿里弗尔，而剩下的钱就用于这笔连续定期贷款以及紧挨着的前几年借下的其他定期贷款每年的还本付息。战争打了6年以后，和平终于重又恢复。国王要遣散部分军队，而战舰都停泊在布雷斯特(Brest)、图伦(Toulon)和罗什福尔(Rochefort)

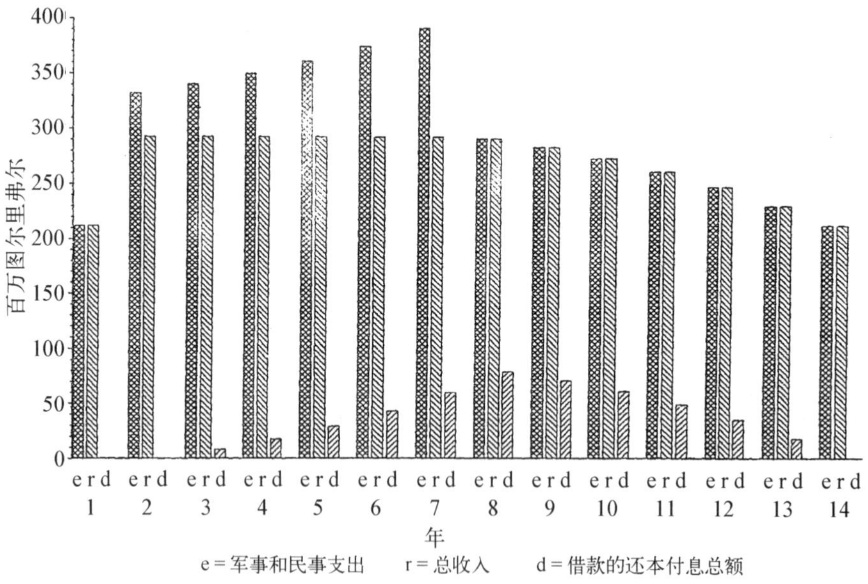

图14.1 福尔波奈的年利率为5%、期限为6年的定期贷款战争经费融资计划

资料来源：Forbonnais (1758) v. 85－189\legoff\frb001 © ESFDB 1997.

---

① 每个投资1 000图尔里弗尔的投资者可获得5张200里弗尔的息票和最后一年180里弗尔的息票。

的港口。有了“和平红利”，政府就不用再削减民事支出。每年的借款还本付息额随着每笔连续借款的偿还而减少，而每年的税负也因此而能够相应减轻。6年以后就不再需要还本付息。到那时，支出和税收会逐渐恢复到原先的水平。图14.1对福尔波奈的战争融资计划进行了图示。

这项战争经费筹集计划有很多不足。暂且不说王室是否能够按5%的年利率实际借到这么多的贷款，这项计划即使从它的内容看，充其量也只能是“拿死马当活马医”。偿贷期限短就意味着，为弥补战时财政赤字而借的贷款只有相对较小一部分被实际用于战争：在借款筹集到的3.97亿里弗尔的本金中，只有2.4亿里弗尔实际被用于军事用途。年还本付息的负担很重，因为包括大笔本金偿还。此外，在借款全部还清之前，和平时期的税收负担仍然很重。如图14.2所示，无期贷款就像英国王室当时提供的那种，由于永远也不用还本，因此，还本付息的支出要低很多。实际上，即使发行大量的终身年金，成本也不会太高(见图14.3)。福尔波奈并非不知道以上这些反对意见，而且还提出了各种理由来为自己的计划辩护。不过，我们在这里无须关心这个问

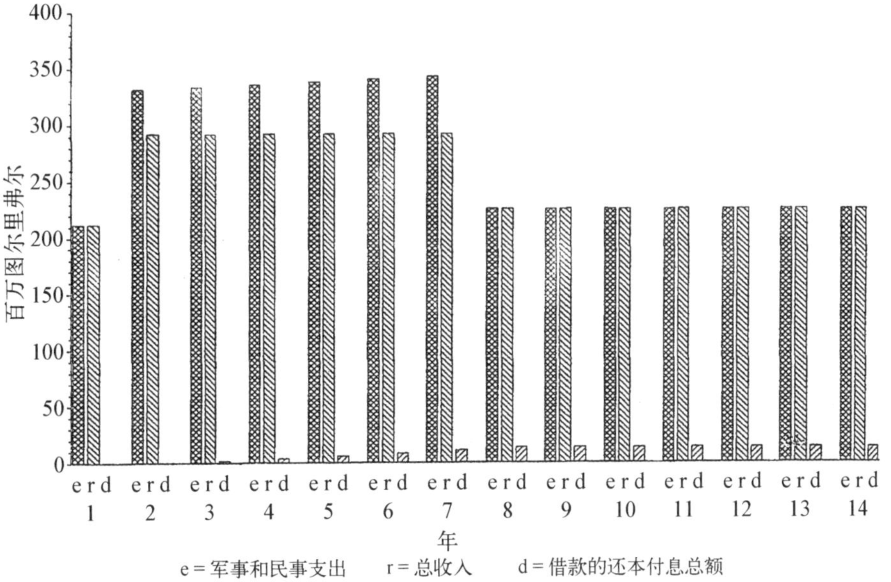

图14.2　福尔波奈战争经费筹措计划：年利率5%的永久性贷款

资料来源：Forbonnais (1758), v. 85－189\legoff\frb003 © ESFDB 1997.

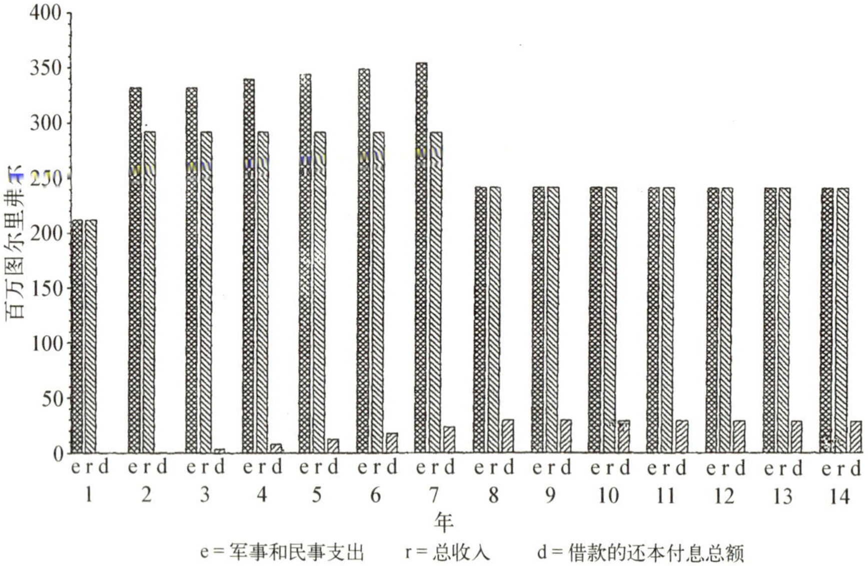

图 14.3　福尔波奈战争经费筹措计划：年利率 10%终身年金

资料来源：同图 14-2。

题，[①]但必须记住福尔波奈战争经费筹集计划的基本假设。从 1725 年以后全体法国财政官员的行为表现充分说明，这些基本假设被正统的观点所接受。福尔波奈的战争经费筹措计划有三个基本假设。

第一个基本假设是，国王在和平时期的收入差不多保持不变，在战时可以增加税收。但是，战时增加的都是"临时"税收。因此，一旦恢复和平或者在和平恢复后不久，就应该废除战时征收的"临时"税收。在开征新税时，官方总会非常明确地说明这一点；而一旦偏离这个准则，财政总监就会借国王之口对出现这种不正常的情况表示遗憾，并且许诺立刻予以纠正。因此，在和平恢复以后，税收必须迅速减少；债务的还本付息也不应该拖得太久。以下观点在法国根深蒂固：法国在境况好的时候征税过度，国王应该在和平时期减轻子民的

① Veron de Forbonnais, *Recherches et considérations*, iii. 128. 福尔波奈认为，无期贷款其实在战后立刻就会偿还，因此不会出现生息储蓄的情况。而且，"操作起来并不像正式履行偿还承诺时那么可靠，并不是对公众非常有利，因为贷款人总想知道贷款分期偿还的期限和计划；而且也不太符合公共信贷原则，因为信贷需求立刻就会变得很大；而每年偿还部分贷款可允许资金回流，从而使得信贷需求会变得更加普遍，并且能够维持公众的信心"。他只是勉强接受了无期贷款有可能永远不还这种可能性，而且只不过把终身年金看作是一种政府陷入困境时采用的权宜之计而已(*ibid.*, iii. 129)。

税负；只要允许纳税人恢复纳税潜力，那么，他们就能为下一轮战争做好缴纳重税的准备，就像让运动员恢复体力为下一轮竞赛做好拼搏准备那样。

第二个基本假设是，国王及其大臣毫无保留地接受宪法制约所谓的君主"专制"政体课税能力的约定。从法律上讲，国王没有多大的开征新税或者增加税收的权力。到了16世纪甚至更晚，法国的法学家们仍坚持认为，只有全国三级会议有权批准开征新税，[①]在法国全国三级会议1614年举行的会议上发生激烈的争吵以后，法国的几任国王都觉得把开征新税与三级会议审批联系在一起的做法很不明智。法国各"最高法院"——最高司法法院以及像间接税法院、审计法院这样的最高财政法院——的法官们认为，在全国三级会议休会期间，只要到这些管辖机构中的一个或者几个注册登记，即可开征新税或者增加税收。但不管怎样，必然的结果就是这些法院有权调查、判决和推迟执行财政措施。如果那些在这些法院任职的有权势、富有的贵族官员觉得国王的新税法违背了他们的利益，或者在其他问题上与王室意见不一(特别是王室对他们认为自己享有的控制法国天主教会和垄断诉讼审理的权力提出质疑)，那么，他们就会动用他们可以采用的任何合法手段来阻止财政立法。当然，倘若在战争期间，国家进入紧急状态，那么，最高法院抵制新税就可能被视为是不爱国的行为。因此，在战争期间，最高法院不可能固执己见抵制新税；但即便如此，它们仍可提出条件，如新税只能在规定的期限内征收。[②] 但不管怎样，一旦战争结束，国王就丧失了这个有利条件。因此，从政治上看，对于财政总监来说，战争结束后的几年才是最难过的。

无论是福尔波奈还是全体法国官员在官方声明中默认的第三也是最后一个基本假设是，皇家财政收入与支出大致平衡；资金差不多就是直接从征收点或者认贷点流向支出点；王室一般都能掌控支出过程。因此，战争期间收到的税收和借到的贷款应该用于支付战争开支。[③] 在福尔波奈的著述中几乎只字

---

① M. Marion, *Dictionnaire des institutions de la France aux XVII et XVIII siècles* (Paris, 1923), pp.282 - 1.

② E.g., J. Flammermont and M. Tourneux, eds., *Remontrances du parlement de Paris au XVIII siècle*, II (Paris, 1895), pp.112 - 130, no. L (debate over remonstrances of 26 August 1756), 221 - 42 (n° LIV) (4 September 1759).

③ 这似乎也是莫里诺教授在计算战争代价时采用的假设。莫里诺教授采用比较战前若干年的财政支出与战争期间财政支出的方法来计算战争代价。请与赖利(Riley, *Seven Years War*, pp.152 - 7, 189)不同的观点进行比较。

未提皇家短期债务和短期信用机制——路易十四统治时期财政的论述占据其六卷本巨制大部分篇幅，这可是一个令人惊讶的盲点，但后来的很多财政史著述仍没有弥补这个盲点。

就如我们将要看到的那样，福尔波奈提出的战争筹款模式是法国1744～1763年间执行的一项财政金融计划的一部分。重要的是，我们应该注意福尔波奈模式展示战争筹款循环性的方式：战后必须迅速算清战争代价，并且把税收减少到和平时期的正常水平，这样才能避免陷入政治困境。应该承认，可能还有更加经济的战争筹款方式，但在18世纪中期，[①]法国的财政官员并没有发现任何其他政治上保险的战争经费筹款方式。

以上就是福尔波奈以及他的国家财政专业人员和经济理论家圈子默认的基本假设。[②] 福尔波奈的灵感似乎来自他对路易十四统治时期战争筹款方式的广泛研究，但他是在奥地利王位继承战结束以后完成他的论著的。在法国官员们的心目中，这可是他们刚刚亲身经历的事情。那么，在奥地利王位继承战期间到底发生了什么，而福尔波奈的巨制出版时打响的那场新战争又会发生什么呢？

现有文献提供了能够证明18世纪中期两场战争期间法国如何弥补收支缺口[③]以及与福尔波奈周密的筹款计划比较实际情况如何的证据（见表14.3

① 赖利教授在他令人眼睛一亮但引起争议的《七年战争》(*Seven Years War*)中表示，法国的行政官员犯了一个严重的错误，那就是没有利用18世纪的通货膨胀，并且举借无期贷款。除了卖官欠下了大笔债务（卖官其实就是发行无期债券）以及18世纪60年代以前通胀趋势并不非常明显外，上述政治必要性的论点似乎更具说服力。.

② S. Meyssonnier, *La balance et l'horloge. La genèse de la pensée libérale en France au XVIII siècle* (Paris, 1989), pp.211 - 36.

③ 除了法国国家档案馆和国家图书馆以及纽约公立图书馆的相关法律汇编收藏外，笔者还参考了法国那个时代的行政官员对18世纪中期两场战争期间法国采取的财政措施的研究。这些研究文献由赖利教授收藏，并且慷慨地供其他研究者参阅：Algemeen Rijksarchief, Staten Generaal Legatie Archieven Frankrijk N° 776, pp.129 - 67 ('Etat abrege des sommes levées en France par extraordinaire depuis l'année 1741, jusques et compris l'année 1749, pour employer aux dépenses .extraordinaires de la Guerre, affaires etrangeres extraordinaires &c'); [Paris,] Bibliotheque Mazarine MS 2824 ('Estat des fmances du royaume de France 1755 ala fm de 1761'); and[Vienna,] Haus, Hof-und Staatsarchiv, HS B922 (Bohm 960), ch. 4, pp.69 - 104 ('Affaires extraordinaires faites en France depuis (转下页)

和表 14.5)。就如在福尔波奈的筹款模式中,在这两场战争期间都采取了新的重要税收措施。在奥地利王位继承战期间,法国王室采取了两项重要的税收措施。一是重新开征什一税,一种主要课征于土地收入的战时税,这种税收由路易十四创设,于 1717 年停止征收,但曾在 18 世纪 30 年代的波兰王位继承战期间重新短期征收,并且又在 1741～1748 年间再度课征。重新征收这种什一税,一年大约能产出 3 000 万图尔里弗尔,1746 年 12 月又对什一税增收 10%的附加税。二是不断增加总包税人的包税银(1738 年增加近 800 万里弗尔,1744 年又增加了 1 300 万里弗尔),从而使间接税收入差不多增加了 2 100 万里弗尔。总而言之,实施增税以后,税收收入增加到了 6.67 亿里弗尔,这些年的税收收入大约比和平时期增加了 39%,或者说。每年平均增加 8 300 万里弗尔——略多于福尔波奈计划建议征收的 8 000 万里弗尔。

在"七年战争"期间,税收也发挥了重要作用。1749 年,什一税这种战时直接税被一种无限期廿一税取而代之。据说,这种廿一税能产出相当于纳税人收入(主要是土地收入)5%的税收,并且没有时间限制,在和平时期也可以一直征收。真正意义上的战时税通常主要是从加征第二廿一税(1756 年夏季宣战以后加征)和第三廿一税(1759～1760 年加征)开始征收的,而这两种加征的廿一税一直征收到战争结束。人头税这种历史更加悠久的直接税在战争期间还加征了附加税。巴黎从前一场战争开始征收的消费间接税一直持续征收到 1756 年,而采用总包税制方式征收的各种间接税在 1760 年加征了 5%的附加税。因此,总包税银从原来的 1.043 亿里弗尔增加到了 1756 年的 1.1 亿里弗尔,然后又增加到了 1762 年的 1.24 亿里弗尔。间接税收入在这场战争期间比和平时期大约多收了 29%,平均每年多征收 7 760 万里弗尔。这个数值再次非常接近福尔波奈测算的 8 000 万里弗尔的税收增额。但是,即便税收如此大增其本身也无法为其中的任何一场战争提供足够的经费,就如福尔波奈所解释的那样,这两场战争还需要其他收入来源。

(接上页) l'année 1755 jusqu'en 1762'). 我还要感谢 F. R. Velde 和 D. R. Weir,感谢他俩允许我查阅他们论文中未公开发表的附录"'The Financial Market and Government Debt Policy in France, 1746 - 1793', *Journal of Economic History*, 52 (1992), 1 - 39"以及他俩收集并在本文后面"附录"和"法国政府借款"中引用的法国政府借款数据。

表 14.4 列示了 18 世纪中期两场战争期间采取的不同增收形式。[①] 这张表有两个特点。第一个特点就是，所有这些措施增加的收入超过了莫里诺教授测算的数额（见表 14.1～14.3）。根据莫里诺测算并被赖利确证（表 14.2）的数值，[②]法国花在奥地利王位继承战上的费用大概要比法兰西王国和平时期财政支出多出 9.19 亿里弗尔，而“七年战争”的费用要比平时财政支出多出大约 11.5 亿里弗尔。在其中的每一场战争中，超支部分用增加的税收来支付，但两场战争分别仍有 2.52 和 2.83 亿里弗尔的资金缺口需要用其他来源的收入来弥补。在奥地利王位继承战期间，从其他来源（见表 14.4 中的“1740～1748 年”一栏）筹到了 5.38 亿里弗尔的收入，比莫里诺测算的收入多 2.83 亿里弗尔；而“七年战争”期间，非税收收入，也就是从其他来源筹到的收入，多达 8.72 亿里弗尔（见表 14.4 中的“1755～1762 年”一栏），比莫里诺估计的数值多 2.65 亿里弗尔。[③] 就如我们将要看到的那样，更重要的是，没有一场战争像福尔波奈预期的那样如期结束：即使在战争结束后，各种未付账单仍接踵而至。的确，非税收收入不但在战时为战争筹款，而且还在战后被用来清偿战争债务，就如表 14.4 中“1740～1754 年”和“1755～1769 年”两栏所示：分别为 7.07 亿里弗尔和 10.15 亿里弗尔，这甚至还没有包括 1770～1774 年急需借到的借款以及 1763～1774 年间已经完全还清的短期债务。如果把战后的战争筹款“尾款”考虑进去，那么，奥地利王位继承战的费用很可能还要增加 4.55 亿里弗尔左右，而“七年战争”的费用则要增加 4.08 亿里弗尔。但不管怎样，这里重要的是，并不是对莫里诺测算数值的评判，因为它们只是一些粗略的测算结果，客观上提供了一个重要的研究起点，而是要告诉大家：这两场战争代价昂贵；法国人在战争期间计算战争开支总会出一些差错，而这些差错有助于解释战后为什么会发生信用危机（我们将在下文回过头来讨论这个问题）。

---

① 表 14.4 根据皇家立法汇编中的相关数据编制，并且需要时参考了以下文献的副本：Algemeen Riksarchief Eerste Afdeling Legatie 776, 786 - 789 and Bibliotheque Mazarine MS 2825 (University of Indiana Library) and the compilation by Weir and Velde（请参阅上文第 466 页脚注③）。

② Morineau, 'Budgets de l'état'; J. C. Riley, 'French Finances, 1727—1768', *Journal of Modern History*, 59 (1987), 227.

③ 这个数值甚至比赖利提出的 8.48 亿里弗尔这个较大的金额还要大：*Seven Years War*, pp.140 - 1。

表 14.4　　18 世纪两场战争不同来源的非税收收入及其占非税收总收入的百分比

非税收收入类别	1740～1748 年（%）	1740～1754 年（%）	1755～1762 年（%）	1755～1769 年（%）
官职、权力转让	28.1	21.4	10.1	8.7
“无偿捐赠”（团体）	18.7	15.9	17.1	14.7
包税银保证金	15.4	11.8	14.9	12.8
彩票	10.3	7.8	7.6	6.5
定期借款	11.4	21.2	21.6	18.6
终身年金和唐提式养老保险	11.1	15.6	27.3	35.1
领地变卖收入	2.6	2.0	0.0	0.0
印度公司收入	2.3	4.3	1.4	3.6
合计（%）	100.0	100.0	100.0	100.0
合计（百万里弗尔）	538.1	707.3	872.3	1 015.3

这张表第二个令人惊讶的特点是，这两场战争都发生在 18 世纪中期，但筹款方式大相径庭。考察前一场战争（也就是奥地利王位继承战）筹款所动用的各种资源，就会让人想起路易十四在战争期间采用的各种令人眼花缭乱的权宜之计：发行彩票；通过法国天主教会这样的团体进行间接借款；变卖皇家资源筹集到的款项占据战时筹款的大头。路易十四治下常用两种筹款方法——转让权力和变卖官职——在奥地利王位继承战期间筹到了 1/4 以上的非税收收入，但这两种筹款方法在 18 世纪并没有完全得到延续。其中的一个例子发生在 1743 年 12 月，路易十五把课征于巴黎市场销售食品的税率恢复到 1715 年的高水平，但后来又放弃了这种做法。这些食品销售税本应按高税率在巴黎市场征收了 15 年，多收到的税收将被用来支付负责收税的捐班官员的俸银，以补偿他们买官支付的费用。捐班官员能通过几种由来已久的方式利用他们的官位谋利。有时，王室会出售与已有官职重复的官职或者有可能与已有官职竞争的官职。在通常情况下，这类官职会被在任官员抢购一空，因为在任官员宁可花钱也要确保其官位的产出；而国王则会采用提高官职价格和捐班官员“俸银”的惯用伎俩来强行提高已有官职的资本价值。这些伎俩与路易十四采取的手段之间的唯一区别就是皇家官吏本身，而不是管理业务的财政承包

商（收税人和包税人）。总的来说，奥地利王位继承战的长期筹款是按照之前几任财政总监蓬查特兰（1689～1699年在任）、夏米埃尔（Chamillart，1699～1708年在任）和德斯马雷茨（Desmaretz，1708～1715年在任）立下的严格规矩完成的。相比之下，"七年战争"期间筹措非常收入的方式并没那么"博采众长"，也就是说，较少依赖捐班官员，更多地依靠了定期借款和终身年金。战时财政的性质在18世纪40年代发生了一定的变化。

表14.4中不同类别非税收收入之间如此惊人的差别表明，这是经过深思熟虑地选择政策的结果，在奥地利王位继承战的头几年里，变更职务的官员仍然是那些弗勒里（Fleury）主教从1726年到1743年担任首相时留任的官员：如奥里（Orry，1730～1745年在任）财政总监、海军大臣莫勒帕（1723～1749年在任），等等。这些官员传承了一项可追溯到约翰·劳事件以后的财政计划。那时，弗勒里利用1726年的经济财政危机从波旁公爵（duc de Bourbon）手中夺走了事实上的首相职位。弗勒里之前的首相波旁公爵和他的财政顾问帕里斯（Pâris）兄弟一直在努力保护路易十四发动战争因通货膨胀而留下的国债的持有者。他们通过拿里弗尔（发行证券的货币单位）与白银挂钩来重新确定里弗尔的价值，从而迫使政府证券价格上涨，减少货币供给，并且提高利率。他们还努力在和平时期开征一种新的五十一税（cinquantième tax），要求以国王的名义对全国农产品课征实物五十一税，把这种税收的收入建立偿债基金（caisse des remboursements）来赎回国债：这显然是模仿了著名的沃波尔（Walpole）偿债基金。与此同时，波旁公爵与他的两个顾问好像是因为不同意路易十五支持西班牙公主，而支持波兰被废黜国王 Stalislas Leszczynski 的女儿而差点把法国卷入一场对西班牙的战争。法国内阁的财政措施似乎必须有对外政策配套，目的就是要赢得食利金者和有钱阶层的信任。因为在发生战争时需要他们的帮助。在任何情况下，波旁公爵的政策显然旨在庇护食利金者和地产投机商，当然包括乡村贵族和教会。这项计划是在1725～1726年农业歉收并导致普遍贫困的情况下付诸实施的。弗勒里就是利用由此而产生的不满情绪上了台，然后就着手偿还他欠下的政治债。帕里斯兄弟俩被流放，弗勒里新任命的财政总监勒佩勒吉埃·德·福尔（Le Pelletier des Forts）大幅降低了许多政府债券的资本价值或者利率，并且废除了五十一税。国王发表声

明明确废除对教会土地征税的权利。[①] 弗勒里基本上在和平、低土地税的环境下又主政内阁17年，并且依靠总包税人的金融服务和他们管理的间接税收体系推行了一项令人想起柯尔贝尔——旨在更好地恢复城市、工业和商业税基——的刺激商业和贸易的经济政策。

1743年1月，弗勒里去世。在他死后的几个月里，一切都发生了变化。从18世纪30年代初起就一直蛰伏着的帕里斯两兄弟，拿蓬帕杜尔（Pompadour）夫人作为吸引路易十五的诱饵，最终得以东山再起。在他们俩弄倒了奥里（Orry）总监以后，路易十五又任命马肖尔（Machault，1745～1754年在任）出任财政总监。因此，帕里斯兄弟又不得不与精力充沛的新任总监合作。这个新的团队受到了很多文人和詹森教派法官（在各最高法院很有影响）的支持，最后也获得了各最高法院的勉强认同。新内阁继续推行帕里斯兄弟在1722～1726年曾试图强制推行的经济财政政策。其实，这种政策变化即使在奥地利王位继承战结束之前也能觉察到：1748年3月20日采取的新的税收措施使得通过"变卖为租"的方式来逃避0.05％地产转让税（centième denier）变得更加困难。但2年后，新内阁迫于压力不得不撤销这项新的税收措施。另一部法律威胁要惩罚那些持有王领领地权但不缴纳领地权转移税的领主。[②] 1749年，马肖尔采取了一项针对领主永久财产（biens de mainmorte）的一般措施，从而导致教会难以购置更多的土地。同年，他又开征了一种新的土地收入税——廿一税，并且要求在除享有特权的三级会议制地区或者僧侣以外的全王国统一征收，而且没有时间限制（与之前的什一税不同，什一税一直被作为战时紧急税）。与此同时，马肖尔和他的热心助手还推行了鼓励商品农业发展的措施，从而通过废除一些阻碍各省间粮食自由交易的规定来提高土地的税收潜力。[③]

---

① 最新的相关论述有H. Akabane的"'La crise de 1724 - 1725 et la politique de déflation du contrôleur général Dodun. Analyse de l'aspect monétaire d'un type de crise économique', *Revue d'histoire moderne et contemporaine*, 14 (1967)"。还请参阅Marion的"*Histoire financière*, i. 123 - 37"。

② Declarations of 20 March 1748：请参阅文献"Algemeen Rijksarchief, Staten-General Legatie Archieven Frankrijk no. 776. 'Etat abrege des sommes levees en France par extraordinaire depuis l'année 1741, jusques et compris l'année 1749, pour employer aux dépenses extraordinaires de la Guerre, affaires étrangeres extraordinaires' (160)"中的相关评论。

③ M. Marion, *Machault d'Arnowville. Etude sur l'histoire du contrôle général des finances de 1749 à 1754* (Paris, 1891), pp.422 - 9.

马肖尔再次与他的盟友帕里斯兄弟想到了一起，打起了法国天主教会的财富、纳税不足的三级会议制地区和一般意义上的“无产出”地产的主意。

在随后爆发的“七年战争”期间，他们先是加征第二廿一税，然后又加征第三廿一税，从而体现新内阁的税收政策攻势，而开征人头税附加税以及不断加强历史更悠久的平民人头税的征收工作的努力也能证明这一点。① 所有这一切与路易十五当时的奥地利新盟友玛丽亚·特蕾莎(Maria Theresa)女皇推行的政策是何其相似。财政政策变向的另一个方面就是给予曾被弗勒里喻为“国家支柱”的总包税人的待遇。现在，马肖尔抓住这些罪有应得的包税人要让他们“出血”，他在 1756 年签订包税合同时要他们缴纳比之前多很多的保证金，并且迫使他们接受压缩利润。② 马肖尔和他的继任者在寻求战时信贷的同时减少了对传统收入来源——变卖官职、向教会索要“无偿捐赠”(僧侣现在更没有理由感恩)的依赖，而是转向巴黎繁荣的证券市场：在巴黎市场发行越来越多的终身年金。③ 随着长期筹款方式的变化，法国财政当局开始努力制定周期性计划。在某个不太遥远的日期(就像福尔波奈模式那样)国王可用于为有限期借款还本付息筹集的收入有可能减少多少这样的预测，就成了从 18 世纪 40 年代开始政策讨论中常见的主题。在从 1748 年到 1753 年这个短暂的和平时期里，预测的时限被设定在 1760 年左右。④ 如果说“七年战争”以后的局势太过混乱，无法做出可靠的计划，那么，美国独立战

---

① *Arrêt du conseil*, 27 July 1751, prolonged until 1 October 1752: 'le pouvoir accorde à Mrs les Intendants des généralites ou la taille est personnelle, de faire proceder par devant eux, ou ceux qu'ils commettront, a la confection des rôles des tailles, dans les villes, bourgs & paroisses ou ils jugeront à propos' (declarations of 17 April 1759 and 20 May 1759).

② Marion, *Machault*, pp.369 - 76.

③ 关于证券市场状况，请参阅 P. Hoffman, G. Postel-Vinay 和 J.-L. Rosenthal 的以下文献：'Private Credit Markets in Paris, 1690 - 1840', *Journal of Economic History*, 52 (1992), 293 - 306; 'Economie et politique. Les marchés du crédit à Paris, 1750 - 1840', *Annales: Economies, Sociétés, Civilisations*, 49 (1994), 65 - 98; 'Competition and Coercion: Credit Markets and Government Policy in Paris 1698 - 1790' (Unpublished MS, 1993); 'Redistribution and Long-Term Private Debt in Paris, 1660 - 1726: A Capital Market in Shackles' (unpublished MS, 1994); 'What did Notaries Do? The Social Dimension of Credit in Eighteenth-Century Paris' (unpublished MS). 我要感谢这几位作者允许我查阅上述未发表论文。

④ Algemeen Rijksarchief, Eerste Afdeling Legatie 786 ('Observations et Reflexions Critiques et Politique sur les affaires des finances en 1750 et années suivantes'); Haus, Hof u. Staatsarchv, Wien HS B 939 (Boehm 992) (Manuscrit de Monsr de Trudene [sic]) (University of Indiana Library).

争比较令人满意的军事结果再次使得把债务预测时限设定在1792年前后成为可能。[①] 我们能够从法国——从18世纪20年代的帕里斯兄弟到马肖尔财政总监和他的各个继任者，再到1763年贝尔丹(Bertin)财政总监，再加上卡隆(Caronne，1783～1787年在任)财政总监身边的行政官员团队——这个长达四代人的财政政策和实践中识别出一组共同的先决条件以及解决财政和金融问题的共同方法。他们几乎总是由于同样的原因而遭难：无力应对战后短期债务危机。

就如我们刚才看到的那样，18世纪中期两场战争期间税收的复杂性掩盖了福尔波奈模式的简单性和法国皇家财政政策在18世纪40年代发生的根本转向。更重要的是，这次政策转向的方式和发生时间导致了一个在18世纪没人愿意问津的问题。然而，就连福尔波奈以势压人式的筹款模式至少也认为，有必要建立一种某种财政年度收入平滑机制，以便能在农业收获季节到来前几个月(农民总是很晚才缴纳平民人头税)把收入上缴国库，等等。但事实上，我们在考察法国当时的战争筹款年表以及国王和枢密院批准借款的敕令等文件时能够看到的并不限于此，而且还有资金需要与——理论上的——由税收和贷款提供的资金供给之间时间上的巨大缺口。关于这个问题，在公开发表的统计资料中能找到一些数据。赖利的财政收支报告[②]摘要显示了相当大的年度财政赤字：在大多数年份里，即使借款也无法完全弥补，仍然会留下1 500万～1 600万里弗尔的缺口。只有借助于短期信用才能补上这个缺口。然而，这还只是冰山一角。战时，不同政府部门采用原始的支出控制程序或者根本就不存在支出控制程序以及非正式的皇家财政分权化和私营化体制等因素促成了大量的短期债务，而这些短期债务甚至根本就没有出现在年度财政支出数据中。有时，政府部门订购商品和服务并不付钱而是用期票支付；有时，皇

---

① G.-F. Mahy de Cormeré, *Recherches et considérations nouvelles sur les finances ...* (London, 1789), ii. *passim*; J. Egret, *The French Prerevolution 1787 - 1788*, trs. W. D. Camp (Chicago, 1977), pp.104 - 7.

② Riley, 'French Finances', p.227.

家官员在战争期间把自己甚或国王陛下的钱借给其他官员支付费用。这种债务被归入所谓的“部门债务”,并且由支出大户部门特别是陆军和海军的财务官员负责与财政总监部(contrôle général)的支出业务分开管理。[①] 最后就是预支,实质上就是总包税人、总税收官和其他财政官员凭借本财政年度的税收或者其他收入签发给国家的普通“rescription”(信用凭证)。这些凭证随后打一定折扣以后由总司库(treasurers general)或者王室银行家所承兑。如果承兑这些信用凭证的机构不是用已经收到的新收入支付货款收回这些凭证,而是对它们进行展期,那么,这些凭证就变成了预支工具。其间,由于有更多的收入,所以又签发了新的信用凭证,因此,这实际上就是用来年的收入来保证当年有收入可支用。资金紧缺的政府当然有可能求助于任何或者全部的这类信用工具。因此,每场战争结束时,成千上万的政府债据持有人、军队供应商或者他们的债权人和顾客以及债权受让人都会拿他们持有的债权向国家催讨欠款。在政府的账册上,这类债权被统一归入活期借款,并且在融资之前都被记作立即应付款。这就是当时法国财政预算在每场战争结束以后都会出现如此惊人的赤字的原因所在。

停战以后,王室就要面对两项紧急任务:一是偿还短期债务或者再筹钱偿还短期和即期债务;二是确保稳定的收入来源。[②] 弗勒里在他主政财政总监部的头几年里还采用过更加极端的补救措施:单方面注销短期甚或长期债务,或者操纵货币,部分是为了减少政府债务的账面价值,部分是为了强迫政府债券持有人兑换利率较低的债券:还有一种方法,那就是求助于司法院:说穿了,就是王室自己策划对自己的债权人进行“敲诈”,就像法国王室在1661年和1716年以及16世纪和17世纪初的其他年份经常做的那样。[③] 这些方法到了18世纪40年代已经不再流行。如果不是更早,那么就是在1716年的司

---

① J. F. Bosher, *French Finances 1770 - 1795: From Business to Bureaucracy* (Cambridge, 1970), pp.92 - 110; H. Legohérel, *Les trésoriers généraux de la marine* (*1517 - 1788*) (Paris, 1963), pp.177 - 267 and passim.

② 英国王室在每场战争结束之后也要面对相同的问题,请参阅文献:A. C. Carter, The English Public Debt in the Eighteenth Century (London, 1968), pp.7 - 9。

③ J. F. Bosher, “Chambres de Justice” in the French Monarchy’, in J. F. Bosher, ed., *French Government and Society 1500 - 1850. Essays in Memory of Alfred Cobban* (London, 1973), pp.19 - 40.

法院会议上有人谨慎地提出反对采用这些方法的意见。[①] 他们认为，贷款人一旦受到伤害，就会加倍惜贷——这种观点比所有其他观点更有说服力，因为有那么多的短期资金提供者是王室自己的财政金融官员（总税收官、总司库、王室银行家等）。

战后有短期债务这样的短期问题存在，导致法国旧政权在每场战争结束以后便要遭遇非常严重的政治危机。和平会减少军队的经费需要，但国王的收入也会因此而减少，甚至有立刻进一步减少的危险，因为王室确实承受着巨大的废除所有战时税的压力，甚至要废除那些并不限于战时征收的税收。不过，如果这是战后的唯一问题，那么也不至于发生那些战后危机。但不管怎样，国王的收入绝不会回到战前水平：从长期看，即使税制保持不变，经济的发展也趋向于产出更多的税收。真正的问题并不是王室承受着偿还战时欠下的"巨大"债务的压力，而是必须把没有还清的活期债务和过多的政府证券转换成某种更加可靠的东西。很难给诸如由各最高法院代表的那些群体说清这个问题，他们常会抱怨像他们自己这样的土地所有者命运不济，他们还谴责在和平时期为了偿还富有的寄生虫式的债权人——"这个最富有公民群体的财富主要由这些年过分增加的公债券构成，而那些因为他们所拥有财产的类型而与国家休戚相关的子民、已经被各种性质的税费榨干了的土地所有者……将在税收的重压下慢慢地死去……"[②]——而继续课征重税。由于延长税收的征收期限或者开征新税都要经过最高法院审批，有时还要经过省三级会议审议，因此几乎难免有在这些机构工作的群体利用他们在王室有需要时对后者施加压力。

对于法国王室来说，困难在于每场战争结束后存在大量的短期债务，再加

① 请参阅：the memorandum of January 1717, probably by Desmaretz, and the latter's observations of 28 January 1717, in A. M. de Boislisle, ed., *Correspondance des contrôleurs-généraux des finances avec les intendants des provinces*, *1683 - 1715*, 3 vols. (Paris, 1874 - 9), i. 684 - 7。

② Flammermont and Tourneux, eds., *Remontrances du parlement de Paris*, ii. 221 - 42, no. LIV (remonstrances of 4 September 1759).

上由此造成的政治不稳定，因此，很难继续为自己的日常支出借到普通短期信用。为了通过偿还部分短期债务并且把剩下的短期债务转换成期限较长的债券来阻止短期债务膨胀，王室必须既延长战时税征收期限又举借较长期限的贷款，这也是军事上的胜利成为财政政策重要组成部分的原因所在。路易十五在奥地利王位继承战(1740～1748 年)中只获得了很少的有形回报，但至少可以说，法国没有输掉这场战争。这无疑为马肖尔完成他的任务提供了便利，允许他更多地执行自己的改革计划，并最终赢得了他在历史学家中间享有的声誉。

在历史学家们看来，马肖尔的真正功绩在于加征了新的廿一税。新的廿一税不同于旧的什一税，应该是一种根据新的计征额征收的平时税，而且没有时间限制。加征新廿一税显然是针对特权阶层发起的进攻，而且是法国在旧制度下征收的各种直接税中征管最成功的直接税。但从更加务实的角度看，这种著名的廿一税是一种确保赎回短期债务及其相关工具的手段，并且也是马肖尔总体策略中唯一一个旨在增加财政收入的方面。马肖尔总体策略的第二个方面鲜为人知，那就是通过放松粮食交易管制来鼓励经济增长，尤其是改善农业发展环境。[①] 马肖尔成就的第三个方面就更加鲜为人知：试图改进王室的短期债务管理。

马肖尔债务管理政策的一个重要方面就是进一步向投资大众开放政府短期信用市场，从而扩大政府可利用的借款渠道。广义地讲，国家可以利用三个潜在的资金来源。第一个潜在的资金来源就是政府稳定的永久或无期借款，即著名的巴黎市政府担保的年金公债(rentes sur l'Hôtel de ville)，巴黎市政府各办事处有售，并且由皇家间接税收入作担保。用于这些公债还本付息的资金直接来源于间接税包税人，而公债债权人通过公债年金支付人和管理人这些捐班官员就能获得偿付。这样的借款几乎总是通过颁布法令的形式进行公告，最正规的方式就是皇家立法，并且盖有巴黎最高法院的批准印章。标准的借据是在巴黎公证人面前签署的借款合同。[②] 法国政府的任何债务只要有

① Marion, *Machault*, pp.422 - 59.

② 请参阅本书第 472 页上的脚注③中提到的 Hoffman、Postel-Vinay 和 Rosenthal 的开创性研究。

偿还保证,那么就是收益有限但稳妥的投资(placement de père de famille)。但是,把这种立法提交到巴黎最高法院审批,是一个漫长的冒险过程。这种借钱方式还要花很多时间才能借到钱,而且这种投资似乎并不能引起投机者和专业投资者的兴趣。

法国王室还有一个借款渠道可以利用,但这个渠道的可借资金量不及刚才介绍的那个可观。这个借款渠道就是短期债务市场,而法国王室发行的债券和它积欠的账面债务正好都是短期性的。法国王室发行债券从来不需要立法,因此也不用惊动各地最高法院和其他最高法院(sovereign courts);王室债券交易也不通过公证人,而是在相关当事人之间议价完成,而且越来越多地在巴黎证券交易所(Bourse)通过特许证券经纪人(agents de change)来完成。[①] 投资于第二个王室借款渠道不同于投资于第一个王室借款渠道,风险较大,因为第二个借款渠道没有专项基金支持。

还有一种介于以上两个信用来源之间的混合来源,在这种信用来源中有定期公债和彩票。定期公债正是那种被福尔波奈誉为"理想借款手段"的借款方式。狄德罗和达朗贝尔(Diderot and D'alembert)的《百科全书》(*Encyclopédie*)是福尔波奈那部巨制的同时代著作。按照《百科全书》的解释,定期公债[《百科全书》把它称为"可继承公债"(rentes héréditaires)]是"既非永久性也无养老性质的公债(rentes qui ne sont ni perpetuelles ni viagères)。它们可以继承,但并非永久,因为它们并不是为了永续存在而发行的;它们的偿还期限由它们据以发行的法令明确规定"。[②] 它们在发行时就被规定了存续的期限,并且逐年偿还,通常是采用摇号的方式,而且根据未偿还本金支付利息。这种定期公债缺乏巴黎市府担保公债那样的合法性和安全性。它们既没有国王颁诏认可,也没有经过某家最高法院的批准,而只是由枢密院的一纸命令(arrêt du

---

① *Etrennes financières ou recueil des matières les plus importantes en finance, banque, commerce... etc. 1789, première année* (Paris, 1789), pp.63 - 7.

② *Encyclopédie, ou dictionnaire raisonné des sciences, des arts et des métiers*, 17 vols. (Neuchatel, 1765), xiv. 117 (article 'Rentes'); 还请参阅 vii. 694 (词条"Loteries")。30年后,《分类百科全书》(*Encyclopedie methodique*)几乎没有提及这第三类证券:"对于我们来说,我们仅把一般意义上的公债——无论是永久性公债还是养老性公债——作为一种金融资源……在这里,我们不谈本金要过好几年才能偿还、其间支付5%或者更多利息的定期借款或者抽奖偿还借款"。请参阅《分类百科全书:金融卷》(*Encyclopedie methodique. Finances*) (Paris and Liège, 1784), i. 168 - 70; iii. 482, 488。

conseil)授权发行。虽然定期公债也由皇家财政收入作担保,但这些财政收入往往不是税收收入,而是邮政包银。它们先由皇家财政部门发行,并且在那个时候已经越来越多地在二级市场——证券交易所或者个人之间——交易流通。[①] 皇家彩票也有这些特点:它们通常也没有得到国王颁诏认可,彩票采取匿名形式,但有编号。投资者可在抽奖之前把彩票转卖给别人。报纸的证券交易所价格栏目会报告未抽奖彩票浮动不定的价格。[②]

马肖尔之前和以后的财政总监试图通过扩大这种中间借款来源的规模来降低融资和为短期债务再融资的难度。定期公债被用来吸引积极的金融投机者。这种按计划或者通过年度抽奖偿还全部或部分本金的自偿公债允许投资者保持不变的投资周转额,而不是像从事西印度群岛贸易的商人那样,虽然年回报率很低,但得益于资本的快速周转来分散风险并增加投资量。[③] 另一种方法也应该能够允许皇家债券持有人用自己持有的一定比例的皇家债券直接买入某种定期公债或者抽奖偿还公债,如著名的 1760 年五千万公债、1747 年的皇家彩票和许多其他债券。[④] 最后,就像 18 世纪的荷兰[⑤],为了设法使定期公债变得更有吸引力,法国皇家财政官员赋予定期公债以可转让、不记名的特点,但又保持了非投机性巴黎市府担保公债的某些体面。因此,他们扩大了投资者在无须履行常规法定交易程序的情况下彼此交换定期公债合约的范围。这是马肖尔在其财政总监任内做出的很有特点的贡献。枢密院的 1747 年 2 月 1 日令和枢密院的另一项命令以及 1748 年 1 月 21 日的特许状允许皇家财政签署以 1746 年 12 月和 1748 年 1 月(以邮政包银作担保发行)的定期公债作担保的借款合同以及以 1746 年 12 月每里弗征收 2 苏的附加税作担保的借款合同,并且允许贷款方不经公证人公证就可以把合同转让给第三方。枢密

① *Etrennes financieres*, *passim*.

② Velde and Weir, 'French Government Loans', pp.36, 38, 44, 46; 这里说的是真正的彩票,而不是为了确定借款偿还顺序的抽奖。

③ J. Meyer, *L'armement nantais dans la deuxième moitié du XVIII siècle* (Paris, 1969), pp.205 - 48.

④ 关于 Pâris de Montmartel 利用他管理的 1747 皇家抽奖偿还公债来吸纳自己手中债券的问题,请参阅文献: E. J. F. Barbier, *Journal historique et anecdotique du regne de Louis XV*, 4 vols. (Paris, 1847 - 56), iii.22.

⑤ van der Ent, Fritschy, Horlings and Liesker, above, p.2, n. 25.

院下达的另一项命令和1751年6月20日的特许状把这个条件的适用范围扩大到了前几个月签订的邮政贷款合同。枢密院的1749年5月20日令允许投资人不采用常规的公证人公证合同,简单购买8张一套财政部发行的不记名4年还本息票就可认购1749年5月大量发行的债券。有必要说明,这种不记名债券还本息票后来可以不经公证人公证交易合同的法定程序转让他人,这样可以帮助债券购买人为安排自己的生意比较便利地相互拆借资本,也就是拿还本息票到证券市场上去交易。除了吸引投资者以外,这些证券的可转让性,至少从理论上讲,因赋予债券认购人额外优惠而允许政府以较低的利率发行公债。[①] 1765年是扩大皇家证券投机市场并且使这个市场受到重视的关键一年。这一年,1720年发行的利率为2%～2.5%的巨额无期债券也被允许上市交易。1786年采取的措施又进一步扩大了这些条件的适用范围。[②]

这种流动性不太受欢迎的影响效应是,这些越来越不记名的债券可以并且实际在证券市场交易,从而使得王室日常短期融资业务受到市场波动的影响。这种波动性在每场战争结束后有大量的非长期债务要转换的情况下就会变得特别危险。虽然把非长期债务转换成定期公债和抽奖偿还公债能赋予非长期债务一种比较固定的形式,并且被巴黎金融界的金融投机业务所吸纳,但是,这么多短期债务转换成债券有可能危及货币市场自身的稳定性。18世纪下半叶,在内克尔主政时期,法国内阁不无明智地放弃了这种形式的债务,并且正是基于这些理由倾向于发行大量的终身年金。[③] 把皇家财政的部分筹款业务推向证券市场,当然有它的风险。

为了使皇家债券能够被市场接受,并且在市场上保持自己的价值,债券持有人必须相信王室会履行偿债承诺,而各最高法院应该能够使人相信,皇家债务获得了体面、负责任的处置,足以证明王室能借到新的贷款并征收到

---

① 笔者要感谢 Elaine Sternberg 博士在这个问题上提供了指导意见。

② Declarations of 2 July 1765 and 23 February 1786; A. Viihrer, *Histoire de la dette publique en France* (Paris, 1886), pp.207－10.

③ *Encyclopédie methodique*. Finances, iii. 488－9:发行年金,"就可以避免日常可交易证券的成倍增加。于是,一种价格总是随行就市的资金就成了信贷市场的一个晴雨表。在需要重整商业或者保护年金不受战争引起的恐慌的影响时,就应该以各种方式小心翼翼地避免认购人的情绪受到可交易证券数量过多必然会导致的价格波动的影响"。

新的税收。这就是马肖尔短期债务偿还计划的另一个特点，不过，这并不是由马肖尔首创。就如帕里斯兄弟想把1726年五十一税的收入用于建立偿债总库(caisse générale des remboursements,)那样，马肖尔也想用廿一税连同取消什一税后留下的一种附加税的收入建立一个庞大的偿债基金(caisse des amortissements)，并且就用这个偿债基金来为几笔定期贷款和抽奖偿还借款还本付息。偿债基金这个名称多少有点误导性。沃波尔1716年的基金理论，就如同帕里斯兄弟流产了的偿债总库计划，都是拿之前用于支付债务利息的皇家收入在偿还这些债务时转换成基金，并且在未来继续用于偿还更多的债务，并最终使偿债基金能自筹资金。[1] 马肖尔的偿债基金是一种简单的机制。这个偿债基金想必与皇家金库不同，它有稳定、可靠的收入流来用于为很多旧有和一些新的定期和抽奖偿还借款还本付息。偿债基金能保证王室可持续借到贷款；否则，有人会认为王室是在重新发行没有担保的债券。实际上，所有由1749年建立的偿债基金作偿还担保的借款都是为了偿还战时欠下的短期债务而从上文所介绍的“中间来源”借来的自偿贷款：三笔用1735、1738和1742年的邮政包银作担保借到的贷款，两笔用1746和1748年开征的旧什一附加税作担保的贷款以及一笔在建立偿债基金和开征新廿一税时以发行债券形式借到的3 600万里弗尔的巨额定期贷款都是属于这种类型的贷款。[2] 1749年发行了3 600万里弗尔之巨的年金，这些年金在发行时就得到了偿债基金的担保，而发行这么多年金主要是出于吸纳皇家债券的需要，但目的却是吸引短期投机资本。[3] 与此同时，担保这些借款的旧时收入，如邮政包银收入，还可用来为发行新债券作担保，如1751年发行的巨额邮政债券。可见，马肖尔计划的实际效果应该是通过对定期公债的还本付息来激发投资者的信心，并且保证皇家信用的健康发展，而激发投资者信心和保证皇家信用健康发展

---

① 事实上，沃波尔偿债基金就像预期的那样只在设立后的头17年里运行良好。

② Edict of May 1749.

③ 就如决定发行这些年金公债的1749年5月法令所解释的那样，“如果我们也不考虑偿还因战争支出而欠下的到期债务和因战争而延误偿还的债务，那么，我们只能部分实现一个(像清偿国王所欠债务这样)重要的目标”。1751年5月决定发行邮政债券的法令称，“出于支付战争支出余款和偿还因战争而延误偿还的债务的需要，我们已经决定根据1749年5月的法令发行了第一批公债，这批公债所筹到的全部资金如数按照规定用途使用”。

的目的就在于：为偿还战时发行的未偿还债券和军费开支进行再融资，并且用一个分设的基金把这些业务与皇家日常财政业务区分开来。虽然马肖尔解决短期债务问题的方法并非简便，而且也没有取得完全的成功，但是，他和他的几任直接继任者在法国陷入18世纪中期第二场更大规模的战争"七年战争"之前比预期更加迅速地取得了很大的成功。

我们已经知道，马肖尔能够解决战后债务问题的一个原因，就是法国在奥地利王位继承战中取得了相对的胜利。"七年战争"期间法国财政总监马肖尔的继任者们就没有那么幸运。在"七年战争"刚爆发不久，由于法国军队士气低落，可能还由于大西洋港口海上贸易普遍收缩，因此，法国财政遇到了严重的问题。早在1758年，那些负责短期信用和筹款的官员，特别是海军(marine)和殖民地财务总监(treasurers general)常被很多债权人追着讨债。法国王室想办法解决了眼前的问题①，但在获悉魁北克沦陷之后，不得不于1759年10月15日暂停支付由殖民地文员以海军财务总监的名义签发的汇票。1个星期以后，法国内阁又冻结了皇家财政部和偿债基金的全部应付款。政府还叫停了定期公债和抽奖偿还公债的还本付息；而流通中总包税人签发的票据和"信用凭证"也不再可兑现，而是转换成利率为5%的生息票据，从而导致信贷市场普遍萧条。②但是，战争并没有在1759年结束。法国军队仍在负隅顽抗，但战役规模已经缩小。为了应对印度遭遇的灾难，法国王室从1761年11月～1762年4月采取了一系列措施，暂停在法国东印度公司(French East India Company)各商栈兑付商业票据，然后安排给商栈业主签发利率2.5%的生息即期票据。临到1763年"七年战争"结束时，皇家官员手中持有从1759年破产案起暂停兑付的

① J. J. de Laborde, 'Mémoires', ed. Y. Durand, *Annuaire-bulletin de la Société de l'Histoire de France* (*1968–69*) (Paris, 1971), pp.141–8; J. F. Bosher, 'Financing the French Navy in the Seven Years' War: *Beaujon, Goossens et Compagnie* in 1759', *Business History*, 28 (1986), 115–33, repr. in J. F. Bosher, *Business and Religion in the Age of New France 1600–1760. Twenty-Two Studies* (toronto, 1994), pp.349–71; T. J. A. Le Goff, 'Problèmes de recrutement de la marine française pendant la Guerre de Sept Ans', *Revue historique*, 183 (1990), 228–9.

② Barbier, *Journal*, iv. 331.

“信用凭证”和其他信用工具，再加上印度公司汇票以及战后常有的大量未兑付汇票和未偿还债券。具体而言，主要有1759年被冻结、金额约达7 200万里弗尔的“信用凭证”，4种抽奖偿还公债的中奖付款，1757年6月21日发行的4 000万里弗尔11年期定期公债的息票付款，由纸币和以海军财务总监为付款人签发的汇票构成、总额已达9 000万里弗尔的加拿大被冻结债务，因战争特别支出、炮兵和工程兵部队而欠下的未偿还军队债务，还有海军和殖民地行政部门在战争结束时仍未偿还的债务(主要是金额高达4 200万里弗尔的未付账款，其中1 200万里弗尔是奥地利王位继承战遗留下来的未付账款，300万里弗尔是18世纪中期两场战争间隔期内留下的未付账款，还有2 700万里弗尔是“七年战争”留下的未付账款)[①]以及东印度公司在“七年战争”期间积欠的债务。

法国王室以程度不同的宽容来处理两个殖民地的债务。清算东印度公司的债务本身就是一个传奇故事，而且很可能没有把该公司的债务归入皇家债务。东印度公司的债券和汇票持有人有多种不同的工具可以选择：先是利率为2.5%的无期债券；然后是利率为5%的定期债券；最后是利率为10%的年金。这个传奇故事直到历史悠久的东印度公司于1770年被清算才结束。[②] 为解决加拿大的债务问题，法国王室采取了更加无情的方式。一些对加拿大积欠这么多债务负有责任的殖民地官员被指控犯有欺诈和舞弊罪，并且被送上了一个由丰塔尼厄(Fontanieu)委员会主持的特别法庭。该特别法庭对包括臭名昭著的弗朗索瓦·比戈(François Bigot)在内的几个官员判处了罚金和流放。法国王室在充分败坏了自己官员的名声以后就觉得可以心安理得地认为，那些供应王室商品和服务的商人也不同程度地犯有欺骗罪，因此相应减少了他们的索偿额——例如，运费被降到了和平时期的水平。法国王室也承认在供应商9 000万里弗尔的索偿额中自己也负有一定程度的责任，但却以有利

① H. Legohérel, ‘Une commission extraordinaire de conseil d'état du roi: La commission de liquidation des dettes de la marine et colonies. (1758 - 68)’, *Faculté de Droit et des Sciences économiques de Dakar* (Paris, 1968)，转引自 J. F. Bosher, ‘The French Government's Motives in the *Affaire du Canada*, 1761 - 1763’, in Bosher, *Business and Religion*, pp.507 - 8。

② *Arrêts du conseil:* 6 March 1760, 12 April 1760, 29 November 1761, 15 May 1763, 25 January 1767; Letters Patent 18 November 1764; *Edits* August 1764, August 1765; P. Haudrère, *La compagnie française des Indes au XVIII siècle (1719 - 1795)* (Paris, 1989), iv. 1103 - 5, 1109 - 19.

于它自己的方式结清了这些索偿额。[①]

剩下的即期债务虽然偿还有所拖延，但都是以比较温和的方式得到了解决。“信用凭证”（也就是以总税收官为付款人签发的票据）在1759年被冻结后优先获得了兑付，王室直接动用常规收入在1767年6月几乎还清了积欠这些票据持有人的全部账款：波旁王朝当然也没有忘记照顾自己。[②]其余债务需要更多的时间来处理：1760年5月18日，法国王室发行了6 000万里弗尔的10年期定期公债，试图通过让息票和/或抽奖偿还债券持有人用息票或者抽奖偿还债券购买最多占息票和抽奖偿还债券总额60%的10年期定期公债来吸纳未偿公债的息票和偿还奖券。这次公债发行并没有取得成功，因为被认为会帮助销售公债的公证人和银行家赚取足够的佣金。但不管怎样，这次公债发行是一项减少军队债务的计划的一部分，而这项减债计划部分得到了有序执行。因此，1763年11月，海军开始费心费力地确定他们积欠在1754～1757年间向海军提供军需物资和服务的各类供应商多少债务。这些债权人得到了不是现金偿还，而是利率只有3%、迟早会得到兑付的票据。又过了2年，海军才开始偿还1758～1759年间积欠军需物资供应商的账款，而且还是采用生息票据偿还。其他军事部门对自己积欠的债务也做了类似的安排。海军财务部门的一个捐班、名叫努埃特(Nouette)的财务总管在1763年底受权用期票付清全部（数额极小的除外）索偿额，并且保证来年用1760年5月18日发行的定期公债的记名债券偿还账款。这笔定期公债以这种方式启动以后，又在1763年6月19日以稍有不同的形式再次发行。努埃特后来在1765年获准以他自己的名义向那些退缩在后面才来索偿的债权人签发利率为5%的生息票据。后来，他在1765年8月29日和9月1日接管了殖民地和海军债务的清偿工作，再次给索偿额在500里弗尔以上的债权人签发自己的票据。[③]

---

① *Encyclopédie méthodique. Finances*, i. 168–70; AN Marine C11 I, 105, p.908, ‘Revue des mesures au sujet de la liquidation’ [c. 1768], printed in A. Shortt, ed., *Documents relatifs à la monnaie, au change et aux finances du Canada sous le régime français* (Ottawa, 1925), ii. 1054–61.

② *Arrêt du conseil*, 12 June 1767.

③ 关于努埃特签发的票据，请参阅文献：*Encyclopédie méthodique. Finances*, iii. 224–5; Bosher, ‘The French Government's Motives’, p.507。

这就是1759年11月亨利·莱奥纳—让·巴蒂斯特·贝尔丹(Henri Leonard Jean-Baptiste Bertin)出任财政总监时的法国财政背景。贝尔丹从他那不幸的前任西卢埃特(Silhouette,只在任上度过了噩梦般的7个月)那里接过了一些不得人心的“紧急税”,其中包括只能增加些许收入但仍然远远不够的第三廿一税。贝尔丹在这场战争剩下的时间里只能通过发行期票和定期公债来渡过难关,但很难取得进展,如1760年在斯特拉斯堡发行的3 000万里弗尔的定期公债①,或者1760年5月发行的5 000万里弗尔的巨额定期公债。发行这些公债既是为了吸纳已经发行的皇家债券,也是为了筹措新款:②就像一个观察家回想起当时的这些和其他措施时不无讥讽地指出:“由于资金奇缺,只能用债券来清偿债务。”③最后,在1763年2月巴黎和约签署以后,才可以考虑财政改革和机构重组。

贝尔丹严格按照马肖尔的做法来制定他解决战后常见困境的方案。就像马肖尔一样,贝尔丹也需要增加税收、刺激经济,并且为国家创造更多的收入,还要为解决短期债务问题筹款。也像马肖尔一样,贝尔丹利用财政危机的时机发动了一场重要的财政改革。他也是把土地税作为改革的核心,而且也是把土地税改革与建立某种偿债基金联系在一起。1763年4月,贝尔丹制定了一项法令,要求根据适当的土地调查(cadastre)结果来改进土地税的计征,并且用改进后的土地税取代廿一税。在这项法令付诸实施的同时,贝尔丹废除了几种战时税,尤其是第三廿一税,但把第一和第二廿一税以及什一税的附加税一直保留到了1770年。他同样也努力发展商品农业以增加税收,但最值得注意的是,他通过发布著名的1763年5月25日公告,宣布允许谷物、面粉和蔬菜自由流通,很可能既是为了填满皇家金库,又是为了让法国人能吃饱肚子。④

贝尔丹也沿用马肖尔的方法来解决短期债务问题。他动用1749年设立

---

① Declaration of 16 March 1760.

② *Arrêt du conseil*, 3 May 1760.

③ A. H. Baudouin de Pléneuf de Guémadeuc, *L'espion dévalisé* (London, 1782), pp.128ff.

④ S. L. Kaplan, *Bread, Politics and Political Economy in the Reign of Louis XV* (The Hague, 1976), pp.144 - 64.

的偿债基金重新开始还本付息,[①]但这看起来更像是一次大胆的转向。1763年4月的一项法令宣称,基本上全部的皇家债务都要用偿债基金,按照5%法定利率的资本化价值偿还。这一举措似乎主要是为了减少债务还本付息中比较讨厌的一项支出,就是1720年为了解决密西西比泡沫事件留下的纸币泛滥问题,发行大约价值5亿里弗尔的无期公债,这笔债务每年大约需要支付1 100万里弗尔的利息。这些无期公债是按照2%或者2.5%利率发行的,[②]但由于可比私人债务的名义利率在5%左右,而王室回购这些公债的几率又很小,因此,它们的再售价格长期以来一直在下跌,以至于只相当于它们的初始面值的一半。采取这一举措的初衷似乎是要准备利用重新启用的偿债基金的收入低成本地从持券人手中买下这笔公债。[③] 遗憾的是,当时,王室只能拿出很少的钱来还债,哪怕是按最低的限价也无法还清这笔公债;而贝尔丹很快就不得不降低对这个问题和其他问题的期望。1763年11月,为了安抚巴黎最高法院里的反对者,[④]他答应无限期推迟土地调查,在国王偿还更加急需偿还的债务之前暂时不回购1720年发行的无期公债,并且让1720年公债的持有者们——其中很多是最高法院成员——自己选择是按照他们购买债券时的价格还是按照5%的利率资本化价值收回他们的本金。这场全面彻底的财政改革就到此收场。

在贝尔丹提出经过修改的计划以后,重新启用的1749年偿债基金应该每年能收到2 000万里弗尔固定金额的第一廿一税收入,并且专门偿还该基金指定要负责的债务的本金。偿债基金还要支付它自身各项负债项目的利息,主要是第一廿一税收入盈余的利息,外加(将于1768年停征的)第二廿一税收入的利息。对于偿债基金也要负责的较新的战时短期债券的持有人,贝尔丹既没有实施掠夺,也没有承诺按照固定的偿债时间表来偿还拖欠他们的债务:偿债基金在完成以前的偿债计划安排的全部还款之前,也不可能满足债权人的索债要求。为了安抚债权人,它只答应可以现有债券和索偿权换取由偿债

---

① *Arrêt du conseil*, 19 June 1763, described in M. Roy, *De l'amortissement des dettes de l'Etat* (Paris, 1883), pp.38 - 9; pp.40 - 1, n. 1.

② Hoffman, Postel-Vinay and Rosenthal, 'Private Credit Markets in Paris', p.302.

③ Velde and Weir, 'Appendix', p.31.

④ 如1763年6月24日和1763年12月26日的陈情书。

基金财务主管起草的无期债务合同或者类似于他们所希望的规定债权人权利的合同。实际偿还顺序以及配置于偿债的具体收入的细节，都要根据一项贝尔丹要求各高等法院帮助制定的“行政管理计划”来确定，而各最高法院则必须遵守这项计划。[①] 除了消除开征土地税的威胁、向最高法院发出模糊的合作邀请以及立刻解决近期短期债务债权人的问题之外，这项行政管理计划其实就是马肖尔计划的翻版。这项计划能否发挥作用要取决于贝尔丹的土地税计划，尤其是取决于他建议实施的土地调查。但有人担心，一旦土地调查揭示土地的真实价值，那么，土地所有者的税负可能要大幅度加重。各最高法院都明白这一点，而且还发现了王室的软肋，因此，最高法院纷纷对王室施加压力：他们拒不同意让贝尔丹和他的继任者们推行土地调查。贝尔丹在 1763 年年底辞去了财政总监的职务。

舍瓦瑟尔(Choiseul)宰相从巴黎最高法院请来巴黎高等法院的前参事、杰出的詹森教派信徒克莱蒙·夏尔·弗朗索瓦·德·拉维迪(Clement Charles François de L'Averdy)接替贝尔丹，并且把这一任命作为他安抚各最高法院的政策的一个组成部分。这一任命也不无道理地被认为是舍瓦瑟尔在 1760 年做成的第一笔政治交易。通过这笔政治交易，拉维迪和他在各最高法院的詹森教派朋友就能随心所欲地破坏法国的耶稣会，交换条件就是他们放手让王室解决它的债务问题。[②] 不过，拉维迪的选择也是一种财政政策选择。拉维迪上任时也随身带来了一种不同于马肖尔—贝尔丹模式的结束战争和解决其他皇家债务问题的方法。他把自己的方法写进了 1764 年 12 月关于解决皇家债务问题的法令中，但他的方法早已在最高法院上诉法官和其他法官中间深得人心。[③]

---

① Declaration of 21 November 1763.

② Marion, *Histoire financière*, i. 206ff; D. van Kley, *The Jansenists and the Expulsion of the Jesuits from France, 1757 - 1765* (New Haven, 1975), pp. 62 - 90; Baudouin de Pleneuf de Guemadeuc, *L'espion devalisé*, pp.136ff.

③ Flammermont and Tourneux, eds., *Remontrances du parlement de Paris*, i. 403 - 14, no. XL (remonstrance of 7 June 1750); i. 410 - 411; similar views of the parlement of Bordeaux in September 1764 in BN Joly de Fleury no. 1432.

不过，能从他的方法中受益的是金融家和投机商，而不是土地所有者和可靠的皇家证券持有者(以及像他们那样的人)。①

所以，法国的财政政策就发生了变化：两种廿一税和什一税的附加税仍保留了下来，但在贝尔丹没有进行土地调查的情况下，这些税收只是一些采用陈旧的方式，根据已经过时的计征额可稍微多征收几年税收的税种而已，或许后来还要就它们是否有继续课征的必要进行协商。在处理债务的问题上，拉维迪没有直接把改革后的土地税的收入用于偿债，而是试图让食利金者和(特别是)投机商来分担债务，因而减轻了土地所有者承担的债务负担。拉维迪设立了两个基金，而不是一个基金：一个是债务利息支付基金(*caisse des arérages*)，专门用于支付未清偿公债的利息；另一个是真正的偿债基金(caisse des amortissements)，用于逐渐回购公债持有人手中的公债。② 两种廿一税的收入并非注入偿债基金，而是注入了付息基金。1764年新设立的偿债基金有三个收入来源，在18世纪60年代下半期总共为偿债基金差不多注入了1 700万里弗尔。首先是付息基金每年能收到的补贴：最初是每年1 000万里弗尔；后来到了1770年减少到了500万里弗尔，1772年又减少到了300万里弗尔；1787年以后就没有补贴了。其次是偿债基金从付息基金那里收到的用于支付无期公债利息(占2/3)和年金利息(占1/3)的资金。偿债基金的第三个收入来源是课征于金融资本的税收，其中最值得注意的是，新规定的10%的不记名证券、无期和终身年金利息回追；还有一种课征于捐班财政官员(但不包括捐班司法官员)捐班银和捐班银增额以及他们为买官借钱所付的利息或其他付款的税收。③ 最后，偿债基金还能收到非直系亲属继承人继承皇家证券缴纳的遗产继承税以及一种课征于法人团体持有的皇家债券的类似税收的

---

① 关于巴黎最高法院上诉法官投资公债的讨论，请参阅文献：F. Bluche, *Les magistrats du parlement de Paris au XVIII siècle*, rev. edn. (Paris, 1986), esp.pp.159－63；关于外省贵族对大部分皇家债务不感兴趣的问题，请参阅文献：W. Doyle, *The Parlement of Bordeaux and the End of the Old Regime, 1771－1790* (London, 1974), pp 104－6; R. Forster, *The Nobility of Toulouse in the Eighteenth Century* (Baltimore, 1960), pp.106－9; M. Gresset, *Gens de justice a Besanson, 1674－1789*, 2 vols. (Paris, 1978), ii. 385－95。

② 因此不包括1720～1721年发行的无期债券以及之前由总包税人和其他税收官通过巴黎市府公债受理窗口付给债券持有人的终身年金和唐提式养老年金。

③ 司法官员不受这些规定约束，这是这位巴黎最高法院的前参事故意做出的一个姿态。

收入。所有这些来源的收入的作用就相当于降低了皇家借款利率，这一点在外国市场上就显得比较清楚。拉维迪对此做出的回应是把私人部门的法定借款利率上限降低到4%，从而驱使法国投资者重新投资于皇家偿债基金，但这一举措似乎没有收到预期的效果。①

1764年偿债基金的管理要比之前的偿债基金管理模式更加完善，并且致力于提高透明度和公信力。借据持有人要交出旧借据才能换回新借据；即期票据持有人必须登记身份。这样就能够了解这部分皇家债务的确切情况。债务偿还采取抽奖的方式。最后，不同的债务被分为三类，而每类债务能分摊到的偿债资金由王室决定，但每个类别的债券都采取抽签的方式来偿还。一个由巴黎最高法院任命的特别委员会负责监督偿债基金的运作：这样做被认为可提高偿债基金运作的可信度，但这也是最高法院上诉法官施加影响和深入了解皇家财政体系具体运行情况的绝佳方式。② 这样做的结果是最高法院可以保护有钱阶层不受损失，从而确保王室有钱偿还积欠他们的钱，而土地所有者则可获得减轻税负的好处。克洛瓦(Croy)公爵这个敏锐的观察家和大土地所有者赞同对金融家征税，并且相信：随着廿一税和其他税收达到它们的极限，"应该会减轻地产的税负，甚至减去全部的税负。这样，小麦出口才会显示它的全部优势，土地所有者和种地人应该获得小麦出口的最大好处，这样才能使王国恢复元气。上帝保佑，让和平和我们国家财政体系的存续允许我们在8年以后能够看到这一切！"③克洛瓦公爵是在1764年12月发表这段讲话的。虽然克洛瓦公爵本人已经承认1764年的偿债基金是一个比它之前的偿债基金更加脆弱的工具，但当时，他还有理由认为它很可能像之前的偿债基金那样发挥作用。

拿1764年偿债基金与1749年偿债基金的负债项目进行比较，就能很明

① M. Marion, 'L'impôt sur la rente en 1764', Ministère de l'instruction publique et des Beaux-Arts, Comité des travaux historiques et scientifiques, *Bulletin historique et philologique* (1898), pp. 317 - 26; Marion, *Histoire financière*, i. 239; Hoffman, Postel-Vinay and Rosenthal, 'Les marchés du crédit a Paris, 1750 - 1840', pp. 76 - 7; J.-L. Rosenthal, 'Credit Markets and Economic Change in South-eastern France 1630 - 1788', *Explorations in Economic History*, 30 (1993), 151. Edict, 17 December 1764; letters patent, 19 November 1765.

② Edict, 17 December 1764; letters patent, 19 November 1765.

③ Emmanuel, duc de Croy, *Journal inedit du duc de Croy* (*1718 - 1784*), ed. Vicomte de Grouchy and P. Cottin (Paris, 1906), ii. 174.

显地显示这两个基金发挥的作用(见表14.5)。[①] 第一个偿债基金在它的考察期内表现并不差,在它的存续期内要偿付的债务累计达到了6.3亿里弗尔,其中每年有2 500万里弗尔左右(至少从理论上讲)来自第一廿一税的注资。到这个偿债基金在1765年底停业时,已经偿还了1749年前欠下的大约价值1.76亿里弗尔的本金,而在1765～1766年间或许又发生了5 000万～6 000万里弗尔的债务。认为战争年代花费这么多资金是否谨慎,这当然是另一回事。虽然贝尔丹的财政改革计划有更多的相似之处,但拉维迪在1764年设立的偿债基金只是在表面上与之前的偿债基金相似。的确,新偿债基金要偿还的大部分债务与旧偿债基金负责偿还的债务基本相同。在有些情况下,新偿债基金只是偿还了旧偿债基金留下的债务本金。但不管怎样,新、旧偿债基金有三点不同。首先,新偿债基金要负责偿还两种长期债务。一是1720年发行的利率为2%和2.5%的无期公债,当时依法把合并本金减少到了2亿～3亿里弗尔;[②]但在1765年7月2日,它们也被转换成可兑换债券,因此变成了一个容易转售或者交易的品种。其余的债务是从1749年起或其后欠下的较新的定期公债和抽奖偿还公债。1764年偿债基金与1749年偿债基金还有第二个不同,前一个偿债基金还直接负责兑付大量的不记名票据:主要是1759年及其后几年停止兑付的各种短期票据和摇奖付款,为了承认战时拖欠供应商的账款而签发的仍未兑付的票据。最后也是最重要的是,新偿债基金要负责偿还的总债务额要比旧偿债基金大很多。表14.5显示,新偿债基金要偿还的总债务额(11.2亿里弗尔)几乎要比旧偿债基金的6.3亿里弗尔总债务额多出1倍。此外,旧偿债基金是逐渐累积这么多负债的,而新偿债基金要同时面对这么多负债——况且,只有较低的年收入(1 700万里弗尔)。难怪,1767年12月,法国王室觉得有必要减少偿债基金的负债:基金偿债可减少价值2.67亿里弗尔的到期债务;按相同的5%利率把它们转换成无期公债——债权人损失很大。1764年的偿债基金负担过重与资金供给不足,在很大程度上促成了一场到1770～1771年导致法国王室陷入半破产状态的财政危机。

---

① 表14.5根据文献"n.15"和"AN AD IX 75"中列示的原始文献制作。

② 本金至少是2.1亿里弗尔,但债券持有人或者继承人可按实际支付额获得偿还,因此导致我们很难进行估计。请参阅本章表14.5。

表 14.5　　1749 年和 1764 年偿债基金(老基金和新基金)负责偿还的债务比较(图尔里弗尔)

债务和/或证券名称	日　期	本金	利率	期限[b]	登录日期	老基金推定负债	新基金推定负债[c]	1768年5月转化成永续年金	新基金到1769年底留存负债
I—老基金独自的负债									
邮政包银	00/11/1735	12 000 000	5.0%	15	28/06/1750	1 131 389			
邮政包银	00/07/1738	4 000 000	2.5%		28/06/1750	4 000 000			
邮政包银	00/06/1742	12 000 000	5.0%	15	28/06/1750	7 334 925			
邮政包银	00/12/1746	10 000 000	5.0%	15	01/01/1750	9 231 094			
1752 年发行的年金	17/10/1752	45 000 000		9	17/10/1752	22 500 000			
1748 年 8 月发行的皇家抽奖偿还债券	01/08/1748	20 000 000		12	28/12/1750	15 982 600			
1748 年 8 月发行的皇家抽奖偿还债券——未举行的 12 次抽奖	21/10/1759	2 400 000	5.0%		21/10/1759	2 400 000			
1743 年 11 月皇家抽奖偿还债券：奖品、奖金和奖券	5/11/1743	15 600 000		10	28/12/1750	4 410 000			
1747 年 10 月皇家抽奖偿还债券：奖品、奖金和奖券	02/10/1747	43 200 000		12	28/12/1750	34 439 860			
1748 年 8 月皇家抽奖偿还债券：奖品、奖金和奖券	01/08/1748	26 400 000		15	28/12/1750	15 982 600			
什一税每里弗尔抽 2 苏(1746 年)	00/12/1746	24 000 000	5.0%	15	01/01/1750	21 232 138			
什一税每里弗尔抽 2 苏(1748 年)	00/01/1748	6 000 000	5.0%	10	01/01/1750	5 077 500			
外省公债：朗格多克(1743、1744 和 1746 年)	1742－1746	12 000 000			27/06/1752	12 000 000			

续表

债务和/或证券名称	日　期	本金	利率	期限[b]	登录日期	老基金推定负债	新基金推定负债[c]	1768 年 5 月转换成永续年金	新基金到 1769 年底留存负债
外省公债：布列塔尼(1742、1744 和 1747 年)	1742－47	11 400 000			27/06/1752	11 400 000			
外省公债：勃艮第(1742、1745 和 1746 年)	1742－46	8 200 000			27/06/1752	8 200 000			
外省公债：普鲁旺斯(1742 和 1743 年)	1742－43	3 500 000			27/06/1752	3 500 000			
中止兑付的殖民地汇票(1758 和 1759 年)	09/02/1765	2 056 568			09/02/1765	343 703			
1765 年造币厂发行的纸币	26/10/1759	7 453 495			09/02/1765	7 453 495			
老基金推定负债合计		265 210 063				188 332 169			
II—老基金和/或新基金负债									
截至 1767 年的“第一类”债务(第二偿还顺序)									
贡金和商品交易税(1759 年)	00/04/1758	80 000 000	4.0%	30	00/04/1763	80 000 000	62 903 036	0	60 312 278
皮革税征管官职捐班银(1759 年)	00/08/1759	2 648 420	5.0%	3	00/04/1763	2 648 420	1 869 567	0	1 786 340
皮革税(1760 年)[d]	00/05/1760	60 000 000	3.0%	32	00/04/1763	60 000 000	34 171 223	0	32 740 917
皮革税(1761 年)[d]	00/07/1761	30 000 000	3.0%	32	00/04/1763	30 000 000	17 302 853	0	16 527 703
第一类债务合计		172 648 420				172 648 420	116 246 679	0	111 367 238
截至 1767 年的“第二类”债务(第三偿还顺序)									

续表

债务和/或证券名称	日　期	本金	利率	期限[b]	登录日期	老基金推定负债	新基金推定负债[c]	1768 年 5 月转换成永续年金	新基金到 1769 年底留存负债
贡金和商品交易税(1720 年)[d]	00/06/1720	1 000 000 000	2.5%		18/11/1765	0	442 553 560	0	438 464 252
平民人头税(1720 年)[d]	00/08/1720	400 000 000	2%/1%		18/11/1765	0	59 609 900	0	59 360 858
王领和国王报表上的费用	21/06/1765	9 826 100			18/11/1765	0	9 826 000	0	9 808 487
捐班银增额	00/00/1758	2 880 000	5.0%		18/11/1765	0	2 880 000	0	2 801 861
上缴皇家金库的税收	00/00/1758	2 995 183	3.4%		18/11/1765	0	2 995 183	0	2 989 558
包税人：雇员持有的担保债权	04/09/1759	18 122 200	5.0%		18/11/1765	0	18 122 200	0	18 065 200
市政官职清理公债	00/00/1764	3 585 217	5.0%		18/11/1765	0	3 585 217	0	3 584 963
第二类债务合计		**1 437 408 700**				**0**	**539 572 060**	**0**	**535 075 179**
截至 1767 年的"第三类"债务(第一偿还顺序)									
老基金	00/05/1749	36 000 000	5.0%	12	01/05/1749	0	9 137 059	0	359 370
什一税每里弗尔抽 2 苏收入	07/07/1756	36 000 000	5.0%	12	07/07/1756	0	29 062 900	0	24 264 065
包税银收入分享额	17/04/1759	72 000 000	5.0%	9	00/12/1764	0	64 387 000	0	56 774 000
5 000 万里弗尔借款[a]	18/05/1760	50 000 000	5.0%	可变	00/04/1763	50 000 000	43 452 440	39 073 800	0
1755 年 11 月皇家抽奖偿还债券	11/11/1755	30 000 000		12	00/04/1763	23 530 213	22 229 624	0	0
1755 年 11 月皇家抽奖偿还债券：停抽第一次优惠奖	11/11/1755	786 220			19/06/1763	786 220			
1755 年 11 月皇家抽奖偿还债券：停抽第二次优惠奖	11/11/1755	1 050 000			05/01/1765	1 050 000			

续表

债务和/或证券名称	日　期	本金	利率	期限[b]	登录日期	老基金推定负债	新基金推定负债[c]	1768年5月转换成永续年金	新基金到1769年底留存负债
1757年5月皇家抽奖偿还债券：停止第三次抽奖	21/03/1757	36 000 000			00/04/1763	32 478 793	29 886 813	0	26 634 853
1757年年金：停付1760年的年金[a]	21/03/1757	16 769 500			21/10/1759	16 749 500	12 851 000	12 851 000	0
1757年年金[a]	21/06/1757	59 800 000			21/10/1759	54 490 000	21 430 500	21 430 500	0
邮政包银(1751年)	00/05/1751	30 000 000	3%/4%	22	19/06/1763	17 683 800	16 892 400	0	15 274 091
殖民地票据	01/12/1761	29 398 369	5.0%			0	29 398 369	27 605 441	0
阿尔萨斯贷款(1760和1765年)	16/03/1760	58 500 000	4.5%	20		0	57 111 000	55 725 000	0
陆军、海军和殖民地债务(以努埃特为付款人签发的票据)	25/08/1765	70 875 950	5.0%			0	70 875 950	67 853 400	0
加拿大债务[a]	02/07/1764	45 930 000	5.0%			0	45 930 000	42 422 860	0
第三类债务合计		**573 110 039**				**268 768 526**	**452 645 055**	**266 962 401**	**123 306 379**
新基金其他债务									
佛兰德海滨区	00/11/1759	8 000 000	5.0%			0	8 000 000	0	7 996 200
废除市政官职偿还捐班银	00/00/1764	3 585 217	5.0%			0	3 585 217	0	3 575 942
其他债务合计		**11 585 217**				**0**	**11 585 217**	**0**	**11 572 142**
总负债		**2 459 962 439**				**629 749 115**	**1 120 049 011**	**266 962 401**	**731 320 938**

注释：a：已于1768年5月25日从新基金中消除；b：除有注明外期限不确定；c：其他债务偿还、取消和/或费率费用；d：1764年及其后的最小估计值。

任何熟悉本章研究主题的文献的学者都知道，在从1763年签署巴黎条约到舒瓦瑟尔在1770年底下台这段时间里，法国王室经历了多次严重的信用危机。托马斯·路凯特(Thomas Luckett)计算了当时巴黎的贴现率以及弗朗索瓦·威尔德和戴维·威尔(François Velde and David Weir)收藏的几种法国皇家证券的利率，他们的计算结果使我们得以了解一些18世纪60年代法国发生的事情，而且还表明"七年战争"期间难以令人满意的筹款方式虽然不是造成法国王室面临越来越严重的困境的唯一原因，但却在这方面起到了很大的作用(见图14.4)。[①] 在那个时期，法国好像经历了三次严重的危机。第一次危机发生在1765年12月～1766年2月期间，第二次发生在1766年秋季～1767年冬季，而第三次则始于1768年年底，贯穿1769年全年，最后恶化成1770～1771年的灾难。这几次危机的因果关系并不简单，但至少每次危机发生之前，法国财政都遇到了可预见的季节性困难：贴现率危机几乎在每年的第四季度和/或来年的第一季度达到登峰造极的地步。这个时候，王室可以知道自己的税收收入是否能够满足当年支出需要或者是否需要要求那些处置皇家收入(和购买皇家债券)的人扩大短期信用(垫付)。从1768年底一直到1770年初，巴黎地区遭遇了一场严重的农业危机。这场农业危机可以说是一个涉及面大得多的问题的一个局部表现，并且触发了第三次财政危机，而前两次财政危机起源于总体经济的波动。

1765年12月～1766年2月发生的那场财政危机始于一项用财政补贴偿债基金偿还费用最高的债务的决定，因为这项决定事实上差点导致长期债务偿还违约。这场财政危机多亏采取了两项措施才趋于平息。第一项措施就是宣布努埃特将替工程兵部队、炮兵部队、海军等军事部门和殖民地付清拖欠的

---

① T. M. Luckett, 'Credit and Commercial Society in France, 1740 - 1789' (Princeton University PhD thesis, 1992), pp.224 - 5 (and see also his interpretation of these movements on pp.128 - 67); Velde and Weir, 'Appendix', pp.31 - 2, 34; G. and G. Freche, *Le prix des grains, des vins et des légumes à Toulouse (1468 - 1868) suivi d'une bibliographie d'histoire des prix* (Paris, 1967), pp.68 - 72; J. Dupaquier, M. Lachiver and J. Meuvret, *Mercuriales du pays de France et du Vexin français (1640 - 1792)* (Paris, 1968), pp.83 - 9, 196 - 205.

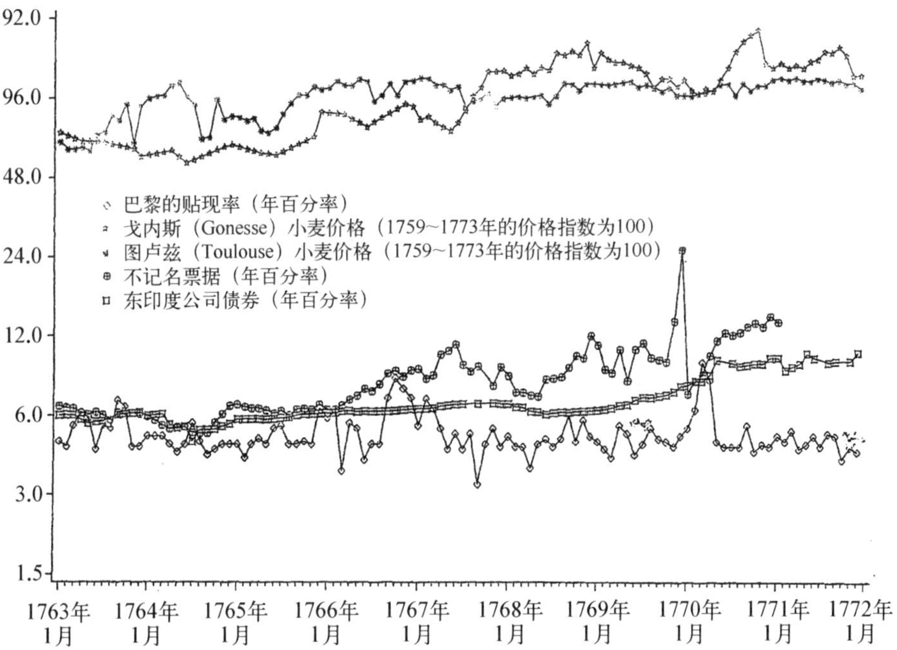

图14.4　1763～1771年法国月贴现率和证券利率以及小麦价格

资料来源：various\legoff\frg001 © ESFDB 1997.

账款；第二项措施就是以需要兑付到期未付票据和补偿提前支用的未来收入为由发行5 000万里弗尔之巨的终身年金。从“七年战争”爆发开始，被提前支用的未来收入不断展期，从而导致“无法按照我们希望恢复的规则来整顿不同部门的财政秩序”。必须消除那些部分要用现金偿还的到期未还债务，才能“持续放慢上述未来收入提前支用的进程，而提前支用未来收入总是把利率维持在过高的水平上”。[①]

我们已经指出，发生在1766年秋季～1767年冬季的第二次财政危机是因为拉维迪试图在1766年6月把法定利率降低到4%而爆发的，[②]但利率直到这一年9月才大幅飙升。另一个更可能的触发因素是8月初宣布以努埃特为付

① Edict of January 1766; the ceiling was raised *ex post facto* to 60 million *livres tournois* by letters patent of 20 January 1770.

② Luckett, ‘Credit and Commercial Society’, pp.150 - 1.

款人签发的票据账款将全部归入偿债基金。① 到了1766年11月底，偿债基金财务总管宣布辞职。② 1766年夏季和秋季，布列塔尼事件达到了它的一个高潮，甚至预示着18世纪50年代詹森教派信徒的卷土重来，③因此，总体政治形势动荡可能也产生了作用。法国王室对这次财政危机做出的回应是在1767年颁布了两项措施。第一项致力于创建一家贴现银行(caisse d'escompte)。当时，有人认为，创建贴现银行足以利用商业交易按4%的利率对现有皇家票据进行贴现。④ 第二项措施也许作用更大，将好几种关税的总承包合同展期6年，理由是要筹款支付"上一场战争发生的支出……包括普通支出以及为了履行战争迫使我们签约作出的承诺而必然还要发生的支出"。这两项拟采取的补救措施旨在解决短期债务问题的意图显而易见。

总而言之，用一般收入和特别来源的收入注入1764年设立的偿债基金的资金，几乎可以肯定数额太小，因此不足以让市场相信拉维迪雄心勃勃的偿债计划，并且有助于摧毁市场对皇家财政状况的信心。关于哪些债务优先偿还的不确定性既无助于提高拉维迪偿债计划的可信度，也不利于提升市场对皇家财政状况的信心。1767年11月，王室颁令把各种不同的债务和索偿款分成三个类别，并且规定了它们的偿还顺序，每年从每个类别中抽奖决定谁先得到偿还(见表14.5)。⑤ "第三类"债务优先偿还，这些都是1759年王室违约前留下的债务，被认为是"对王室来说费用最高的债务"；⑥然后是"第一类"债务，这类债务由具有代表性的不同期限证券和不记名票据组成，主要是1757年以后发行的债券以及为承认军队(以努埃特为付款人签发的票据)、殖民地和加拿大行政管理当局积欠的全部债务所签发的票据。最后，几乎就是出于形式的缘故，是第二类债务，一大堆从1720年起发行的无期公债、包税人缴纳的各种

---

① Letters patent of 2 August 1766.

② *Arrêt du conseil* and letters patent of 22 November 1766.

③ Flammermont and Tourneux, eds., *Remontrances du parlement de Paris*, ii. 596 - 659.

④ *Arrêt du conseil* of 1 January 1767. Marion 认为，创立第一家贴现银行简直就是一个骗局，整个计划就是变相筹款。但投放市场的资金(400万图尔里弗尔)数额太小，导致这种说法缺乏可信性。Cf. Marion, *Histoire financière*, i. 239ff and Laborde, 'Mémoires', pp.92 - 3.

⑤ Declaration of 27 November 1767.

⑥ Flammermont and Tourneux, eds., *Remontrances du parlement de Paris*, ii. 322 - 39, no. LXIV; letters patent, 19 November 1765.

保证金以及一些稀奇古怪应急筹款工具的混合物。在1768～1770年间，偿债基金每年1 700万里弗尔的总收入中被认为有1 280万里弗尔用在了偿还第三类债务上，280万里弗尔被用于偿还第一类债务，而有140万里弗尔被用于偿还第二类债务。① 即便就相对于第三类未偿还证券的金额而言，这点资金也根本算不上多。与偿债基金要偿还的那么多债务或者合并债务——即第三类和第一类债务(大约有5.69亿里弗尔)——相比，这点资金就真的像那个时代的一个檄文作家所说的那样，显得十分“可笑”。② 其实，岂止是可笑，因为基金的实际运作很可能恶化了皇家短期信用问题，因为那么多要基金偿还的债务都是受市场日常波动影响的不记名票据。1767～1768年冬季，王室决定把价值2.7亿里弗尔的第三类债务工具转换成利率为5%的无期公债，实际剥夺了这些票据持有人收回自己账款的希望。因此，这项决定加剧了人们的困惑和怀疑。③

因此，1764年设立的偿债基金的结构及其管理不善，有力地导致了始于1768年的第三次财政危机。不确定性使得政府很难发行新的短期债券或者票据。国王皇家银行家拉波尔德(Laborde)在他1766年的著述中预见到了1768年可能会爆发一场严重的财政危机，除非国王能够通过迅速削减开支或者延长即将到期的廿一税的征收期限。④ 拉维迪本人在1768年10月1日辞去了财政总监的职务。到了这一年年底，巴黎最高法院自以为是地敦促路易十五“关注国债券或者公共票据的价格下跌。国王陛下将从中看到最可靠的信誉扫地的证据”。⑤ 只要看一下那年11月偿债基金要兑付的数额大到令人不知所措的不记名票据就能知道，哪个方面肯定出了问题。就在这个时候，王室颁令赋予第三类债务的债权人绝对的优先受偿权，⑥同时还试图制造很多这类债务得到了偿还的假象。弄虚作假改变不了真相：实际上，就像这项法令所承

---

① Roy, *De l'amortissement*, p.55; edict of December 1768 and letters patent of 7 February 1769.

② Baudouin de Pleneuf de Guemadeuc, *L'espion devalise*, p.140.

③ Edict of November 1767 and letters patent of 28 May 1768; 1767年11月法令的第10条已经排除了最终由偿债基金赎回这些债务合同的可能性。

④ Laborde, '*Mémoires*', p.95.

⑤ Flammermont and Tourneux, eds., *Remontrances du parlement de Paris*, *iii*. 46, no. XCV (remonstrances of 26 December 1768).

⑥ *Ibid*., iii. 41 - 6, no. XCV (remonstrances of 26 December 1768).

认的那样，1764 年设立的偿债基金只偿还了很小一部分第三等级债务，更不用说偿还那么多信誉几乎已经丧失殆尽的第一和第二类债务了。[①] 与此同时，王室已经落到了只能依靠提前支用未来（几年的）收入度日，从而进一步增加短期债务的清偿难度。泰雷本人在他最后一次对这个问题的完整陈述中表示，他在 1770 年要面对 7 600 万里弗尔的赤字和 2.34 亿里弗尔的（即期）债务，其中包括已被提前支用的 1.54 亿里弗尔的未来收入和 1.1 亿里弗尔的短期债务。[②]

那么，法国王室怎么会陷入如此不堪的境地的呢？有 4 个相互关联的基本问题使得法国的皇家财政易受危机影响。首先，财政支出似乎很少或者根本就没有受到真正的控制。这是那个时代欧洲大多数国家在战争年代普遍存在的问题，但在 18 世纪 60 年代，法国就是在和平时期也存在这个问题。18 世纪 60 年代，法国时任宰相舒瓦瑟尔要为这个问题承担很大的责任。舒瓦瑟尔推行了一种积极的外交政策，并且着手重建法国舰队，目的就是要恢复法国的大国地位，并且尽早为法国在“七年战争”中遭遇的失败报仇雪恨：尽管各省三级会议和法人团体纷纷为建造新军舰慷慨解囊，但据估计，官方的海军年度预算仍从 1764～1765 年的 1 620 万里弗尔增加到了 1766～1768 年的 2000 万～2 100 万里弗尔。[③] 同样，官方的陆军预算也从 1766 年的 9 200 万里弗尔一路上涨到了 1770 年的 1.011 亿里弗尔。[④] 根据法国海军和陆军的以往表现，它们很可能没有把自己的支出控制在预算范围以内，而是积欠了很多“部门债务”。以上甚至还没有考虑在 18 世纪 60 年代不断增加的王室支出以及军官军饷和文官俸禄，也没有包括 1763 年法国试图在圭亚那建立强大势力的支出以及占领科西嘉（Corsica）的开支（就此一项，法国财政部一年大约就要支出 450 万里弗尔）。所有这些都是舒瓦瑟尔推行所谓的积极外交政策的结果。最后，及至财政危机快结束时，1770 年，王储与玛丽—安托万内特（Marie-

---

① Roy, *De l'amortissement*, p.57.

② ‘Mémoire présenté au roi, par M. l'abbé Terray’ (July 1772), *in* C. J. Mathon de la Cour, *Collection de comptes rendus, pièces authentiques, états et tableaux, concernant les finances de France, depuis 1758 jusqu'en 1787* (Lausanne, 1788).

③ M. Acerra, *Rochefort et la construction navale française 1661 - 1815* (Paris, 1993), pp.243 - 53 and p.696, n. 34; Legoherel, *Les trésoriers généraux*, pp.180 - 1, 221 - 4.

④ C. C. Sturgill, ‘Money for the Bourbon Army in the Eighteenth Century: The State within the State’, *War and Society*, 4 (1986), 17 - 30.

Antoinette)的婚姻(为了巩固舒瓦瑟尔的奥地利联盟)以及随后又为备战[舒瓦瑟尔准备发动的对英福克兰群岛(Falklands Islands)之战]在布雷斯特(Brest)进行的大动员都花费了不少钱。① 皇家银行家J.-J. 德·拉波尔德这个知情人对控制陆军和海军军费支出的难度持悲观态度。② 巴黎最高法院在开始对王国财政实施越来越多的监督以后经常提到超支问题,但这无疑只是以一种含蓄或者一般的方式对舒瓦瑟尔施加压力。③

当然,财政超支就意味着要借短期债务,而短期债务则就是第二个基本的相关问题。战时留下的太多的短期债务仍然没有得到转换,即使得到转换的短期债务也只是被转换成了定期年金,或者更多是被转换成了债券和票据,其中大多数债券和票据可拿到货币市场交易,并且受到剧烈的价格波动影响。王室的已有债券和票据价格波动,结果影响到了旨在为偿还短期债务再融资的新的定期年金和长期债券的发行。在这种情况下,王室通过签发“信用凭证”或者对已有“信用凭证”展期来提前支用未来收入的方式发行短期票据的能力受到了影响,最终甚至连举借长期贷款的能力也受到了影响。这就是泰雷这个新财政总监在1770年初上任后不久便要应对的双重财政危机。泰雷后来在谈到这场危机时表示:“我曾想提前支用更多的未来收入,但没有成功。发行养老年金和永续年金也没有收到任何效果。真是被逼到了绝境!要用钱的地方那么多,但就是没钱,而且还看不到任何能筹到钱的办法。”④

现在,我们来看看第三个基本问题,那就是短期信用严重依赖经济状况。一旦粮食歉收或者物价上涨,农民就无力缴纳直接税;而其自身的成功依赖乡村经济状况的工商实业家很快也会遇到付款方面的麻烦。与此同时,经济的普遍紧缩也会减少间接税收。而最后,为提前支用未来收入融资、不记名票据和其他证券的主要买家不少既是王国财政收入的支出者和征收者,又是投资

---

① E.-F. de Choiseul, *Mémoires du Duc de Choiseul, 1719 – 1785*, ed. F. Calmettes (Paris, 1904), p.261; Le Goff, 'Essai sur les pensions royales'; *Archives parlementaires*, 1st ser., ii (Paris, 1880), p.97, and 1st ser., xvi (Paris, 1883), pp.645 – 6.

② Laborde, 'Mémoires', p.95.

③ E.g., Flammermont and Tourneux, eds., *Remontrances du parlement de Paris*, ii. 531 – 4, no. LXXII.

④ Mathon de la Cour, *Collection de comptes rendus*, p.77.

于其他经济领域的独立商人，而且还经营着外省银行。[1] 这种状况使他们和雇用他们的皇家行政官管理体系变得加倍甚至更加严重的脆弱。1769～1770年，法国经历了一场旧制度下最严重的经济危机，并且导致好几个皇家财政的关键人物垮台。毫无疑问，经济危机会在任何情况下间接影响王国财政的资金状况，但会通过皇家财政官员与短期债务金融界的直接联系使得一切都变得更加难以掌控。[2] 是涉及面更加广泛的经济出了问题，才触发了1770年的财政危机，但是，这场危机的表现方式却是由停战以后长期的财政不稳定预先决定的。1770～1771年时任财政总监的泰雷应对这场危机的方法，实际上就是拖延解决从1758～1759年就开始累积的财政困难。

泰雷在1770～1771年采取的严厉措施经常被说成是宣布部分破产。其实，它们就是相当于宣布部分破产。但是，它们只涉及漫长的破产程序中最后的分期偿还计划执行阶段。漫长的破产程序从王室在1759年秋季停止兑付票据时就开始了，到王室宣布全部定期公债按5%的利率偿还时还在继续，而分期偿债计划直到1767～1768年把2.7亿里弗尔未偿还战时债务转换成永续年金才真正开始执行。1770年，泰雷只是在继续执行一项财政总监部与巴黎最高法院之间早在1764年就达成默契的政策。实际上，泰雷本人在1769年底被舒瓦瑟尔的对手莫普(Maupeou)扶上财政总监的宝座之前，就是巴黎最高法院里皇家财政政策的主要批评者，而他选择的危机解决方式与他和巴黎最高法院的其他人在之前的7年里敦促王室采取的财政处方是一脉相承的。1770年1月7日，他下令偿债基金暂停偿债，并且把偿债资金用于支付未来收入提前支用的利息。2月，他再次下令把除海军和殖民地财务总管签发的票据外的全部短期票据转换成年息5%的债券。1月20日，他又把1767～1768年已转换战时债务5%的利率砍掉了一半，从而等比例降低了这些债券的价值，而且把其他定期公债的利率也都降到了4%。

---

① P. Butel, 'Contribution à l'étude de la circulation de l'argent en Aquitaine au XVIII siècle', *Revue d'histoire économique et sociale*, 52 (1974), 83 - 109; J.-F. Bosher, 'The Treasurers of the Navy and Colonies under Louis XV: Rochefort and La Rochelle', in Bosher, *Business and Religion*, pp.327 - 48; T. J. A. Le Goff, 'An Eighteenth-Century Grain Merchant: Ignace *Advisse* des Ruisseaux', in Bosher, ed., *French Government and Society*, pp.92 - 122.

② J. F. Bosher, 'The French *Crisis* of 1770', *History*, 57 (1972), 17 - 30.

因此，在 1770 年的头几个月里，泰雷结束了法国在 18 世纪经历的第三个战后财政周期。但很多人忘了，在泰雷做以上这一切时，巴黎最高法院和其他最高法院都仍在运行，而且也没有对泰雷采取的措施小题大做：发表了一些看法，并且两次提出了措辞温和的抗议，两者都没有收到任何效果。[①] 有人把这归因于泰雷使他们心仪的年金——1720 年发行的永续年金——免遭他实施的信用"大屠杀"，或者归因于一种无能为力感——就像后来的一个紧缩政策支持者所说的那样，"别无其他选择"。[②] 更为重要的是，很可能是泰雷和他在巴黎最高法院的前同仁们同有一种看待债务的心态[③]：这些减债措施针对的就是上一代人积欠的各种债务，目的就是直接或者间接地吸纳皇家短期证券。在泰雷和巴黎最高法院的眼里，它们就是皇家垃圾债券，而那些购买它们的人肯定已经做好赌一把的准备。[④] 他在给国王的信中写道："臣把自己当作减债的向导，公众对这些证券自然有自己的看法……这些证券已经成为肮脏证券交易的不变对象"。[⑤]

泰雷处理危机的独到之处并不是采取了这些措施，因为这些措施虽然必要，但完全都在意料之中。对于未来，更重要的是另外四项措施。首先，他和当时的法国宰相莫普在 1770 年 12 月 28 日把舒瓦瑟尔整下了台，从而暂时结束了一种代价昂贵的好战的对外政策，并且使削减军费开支成为可能。其次，泰雷和莫普做了一些自柯尔贝尔以来没有一个财政总监做过的事情：他们俩铲除了最高法院这个政治不稳定的根源。在 1771 年初推行一项意义深远的改革时，莫普用比较听话的巴黎最高法院取代其他最高法院来履行司法审查的职能，并且把最高法院的其他司法职能全部留给了新的已经没有多大实权

① 在最高法院受到冷落以后，除了 1771 年 6 月 15 日把课征于已有债务利息收入的临时税变成了常设税以外，再也没有进一步减少债务或者还本付息。

② A. J.-B. R. Auget de Montyon, *Particularités et observations sur les ministres des finances de France les plus célèbres depuis 1660 jusqu'en 1791* (London, 1812), p.161.

③ *Arrêt du conseil* of 15 June 1771; Marion, *Histoire financière*, i. 262－3. 绝对不是说，就连后来在 1772 年采取的措施也都不能接受。

④ 他为这种短期证券持有人留了一条退路：他们可以用这种证券购买他在 2 月新发行的 1 600 万图尔里弗尔无期债券中的 800 万里弗尔。当时，这种债券很少有人问津，但几年后，这种无期债券的总市值已经达到 1.87 亿图尔里弗尔，或者按照最高法院的档案文献[*Archives parlementaires*, 1st ser., xvi (Paris, 1883), p.634]已经高达 2.112 亿图尔里弗尔。

⑤ Mathon de la Cour, *Collection des comptes rendus*, pp.59ff.

的外省最高法院及其参事会。当然，1774 年 路易十五驾崩以后，法国重又恢复了原来的最高法院制度，但它们已经吓得在财政问题上基本保持沉默，这种状况一直持续到美国独立战争结束。第三，泰雷保住了一个可靠的财政收入来源，征收间接税和重新开征廿一税，而且，间接税的征收没有时间限制。此外，廿一税的计征应该考虑地产当时的价值和未来的增值，这样就足以在未来几年里使廿一税的总收入增加了 1/9。[①] 的确，第二廿一税和间接税都受到征税期限的限制，在以后的 10 年里，不会再有过去的巴黎最高法院只要有人重提征收廿一税和间接税就会伺机反对的情形了。最后，泰雷下令把大多是在 18 世纪 30 和 40 年代发行的不同唐提式养老年金转换成终身年金，此举并没有给他带来直接的回报，但却能保证在不久的将来终身年金的应付利息就属于皇家财政，而不是属于人数越来越少的幸存者。这虽说是一种残忍但很可能是合理的措施：泰雷几乎做到了收支平衡。当然，众所周知，1774 年，泰雷在路易十五驾崩后随即就结束了自己的财政总监使命。路易十六恢复了原来的最高法院制度，并且免去了泰雷和他的前保护人莫普的职务，而法国很快就陷入了另一场战争。但重要的是，应该记住，法国是在相当不错的财政基础上开始这场战争的，因此，贝克尔和他的几个继位人几乎光靠终身年金和定期公债就能为这场战争筹款。接下来就是一个新的战时财政周期的全新开端。

法国从 1726 年开始的第三个战时财政周期结束于泰雷担任财政总监(1770 年～1774 年)这个时期。第一个战时财政周期从 1726 年开始，到 1744 年奥利下台结束，这个时期的法国财政可被称为“特权财政”；第二个战时财政周期从马肖尔出任财政总监开始，到 1763 年贝尔丹辞去财政总监职务结束，这个时期的法国财政可以略微引申词义的方式被称为“重农财政”。接下来从 1764 年到 1774 年的 11 年里的法国财政，由于上述种种原因，可被称为“最高法院财政”。法国财政在杜尔哥 1775～1776 年主政时期有过短暂回归重农财

① 在 1782 年全面修订税法后的选举制地区的主教区，廿一税的收入增加了一半：M. Marion, *Les impôts directs sous l'ancien régime, principalement au XVIII siècle* (Paris, 1910), pp.101-9。

政的经历,从雅克·贝克尔担任财政总监开始,就标志着一个新的财政时期的开始。贝克尔财政的基本理念就是几乎排他性地通过发行终身年金来借款,从而推迟决定由谁来纳税。这些借款部分来自于泰雷削减债务还本付息以及18世纪上半叶终身年金和唐提式养老年金持有者去世后省下来的钱,部分来自多亏泰雷改革而增加的税收,但还有一部分是内克尔宣布皇家官僚机构改革产生的红利。

美国独立战争的结束给内克尔的继任者乔里·弗勒里、多尔梅松(d'Ormesson),尤其是卡隆(Calonne)造成了几乎与1749和1763年出现过的相同问题。卡隆财政总监重新启用了法国"重农财政"时期的"处方"甚至官员,[①]而且也设立了一个规模较小的新偿债基金。[②] 土地税改革也成了一项长期改革计划的基石,而这项长期改革计划后来又成了1787年推行的土地补贴计划的重要内容。大量的票据和即期债务问题也是通过发行定期公债来解决的,而卡隆就是因为在和平时期发行这么多的定期公债而常受指责。[③] 可能是卡隆当时别无选择,也可能是市场已经充斥终身年金:1783年以后官场上也出现了厌恶发行终身年金这种筹款方式的情绪。[④] 但不管怎样,卡隆不同于贝尔丹和拉维迪,倒是很像马肖尔,他得益于法国能够宣称赢得了战争这一事实。或许,就是法国的战胜国地位导致了卡隆的失败,因为它使法国人产生了一种盲目的自信感:对财政体系进行"降温"或者彻底改革的最佳时机,无疑是在全国还沉浸在胜利的喜悦中时,因此应是1783年,而不是1787～1788年。无论如何,卡隆最初在解决战后债务问题上取得了巨大的财政效果。1787年,他夸口说,短期债务所剩无几:都被转换成了定期公债。[⑤] 事实上,法

---

① 如重视土地税、粮食自由交易、推行扩张性经济政策,并且启用"重农主义"官员。关于后一点,请参阅文献:Marion, *Histoire financière*, i. 364, n. 2.

② Edict of August 1784.

③ E.g., A. Cobban, *A History of Modern France*, 3 vols. (Harmondsworth, 1963), i. 127; 0. Hufton, *Europe: Privilege and Protest 1730 - 1789* (London, 1980), p.341.

④ 如 Mathon de la Cour, *Collection de comptes rendus*, p. 228; *Encyclopédie méthodique. Finances*, iii. 488 - 9.

⑤ C. A. de Calonne, *Requête au Roi adressée à Sa Majesté par M de Calonne*, *Ministre d'Etat* (1787), pp.103ff, and *Eclaircissemens et pièces justificatives* [same collection and volume], 86 cote IX *bis*. G. Susane, *La tactique financière de Calonne* (Paris, 1901, repr. New York, 1972), pp.70ff.

国王室在1789年成功地把短期债务转换成了足以令任何现代国家羡慕的长期债务(见表14.6)。[①] 不幸的是,正当大家在等待法国的国债通过分期偿还的方式还清时,法兰西王国在一场短期信用危机中遭遇了破产。[②]

表14.6　1789、1794和1799年法国皇家债务还本付息安排(图尔里弗尔)

	1789年	1794年	1799年
债务本金偿还额			
—短期借款和其他短期债务	33 368 672	18 338 339	15 318 339
—定期公债	40 560 181	25 393 531	7 100 000
本金偿还总额	73 928 853	43 731 870	22 418 339
债务利息支付额			
—短期借款和其他短期债务	30 694 383	18 007 083	16 907 083
—定期公债	23 709 905	14 313 035	9 273 435
—永续年金	66 377 245	66 377 245	66 377 245
—养老年金(包括本金)	104 221 789	95 536 639	88 588 519
—欠三级会议制地区的债务(包括本金)	10 000 000	10 000 000	10 000 000
利息支付总额	235 003 322	204 234 002	191 146 282
还本付息总额	308 932 175	247 965 872	213 564 621

从之前三代人的法国财政史的角度看,法国在1787～1788年经历的财政危机,就如同它在1769～1770年经历的危机[③]一样,只不过是旧制度下发生的另一场周期性财政危机而已。造成这场周期性财政危机的原因也同样是陷入经济危机的腐败财政官员遇到了困难,依法转换成定期公债的短期债务还本付息成本居高不下。也有学者对这个财政周期下了结论。1793年,雅各宾党的财政专家皮埃尔—约瑟夫·康邦(Pierre-Joseph Cambon)在分析法国旧制度下的信贷结构时谴责了这种"把短期债务转换成定期债券"的行径。他把这种定期债券叫作"定期应偿债务"(dette exigible à terme),并且用最高法院或者泰雷神父可能会说的话表示:

"……其中的大部分债务是通过发行定期债券或者签发财政借据或不记名票据来偿还的。就是这些债务导致了您试图消除的投机,也是这些债务通

① Mahy de Cormere, *Recherches et considérations nouvelles sur les finances* ..., ii.

② Egret, *The French Prerevolution*, pp.182－4.

③ Bosher, *French Finances*, *1770－1795*, pp.183－96.

过方便的债券交易，天天都在助长投机……

“这些债务的产出大部分被用于为美国独立战争买单。（王室）一度成功地避免了开征特别税，而是求助于年利率估计为 6%～8%的借款，并且承诺用不断拟定计划但从未实现的经济收益来偿还。

“或许，我们也应该把法国大革命的爆发归因于这些债务。王室无力履行它的偿债义务，便召集全国三级会议来讨论这个问题。（金融家的）保险柜里装满了皇家证券，这些证券的所有人担心赔掉自己的本金，于是把自己装扮成革命者，并且加入了共和政体支持者的行列。于是，王宫成了爱国人士的聚集点。就是王宫的‘壁炉’中迸发出来的圣火在 1789 年 7 月 14 日和 10 月 5～6 日点燃了人们心中的怒火。”①

① Cited in Viihrer, *Histoire de la dette publique*, ii. 446.

第十五章 1789～1830年法国的税收、代议制度与专制政权

唐纳德·M. G. 萨瑟兰(Donald M. G. Sutherland)

托克维尔(Tocqueville)在他的《旧制度与大革命》(*The Old Regime and the Revolution*)中提出的著名论点"大革命完成了历代法兰西国王未竟的中央集权化事业",就像他在这本著作中表达的许多其他洞见一样,既有独到见解又不乏误导性。法国大革命后的省长也许就是换上新制服的省督,但这并不是制宪会议在1789年11月11日奠定地方政府基础时的意图。对革命理想的侵蚀可归因于1792年开始的革命危机,最初的计划要求在地方政府中实行很高水平的公民参与,我们可以按照法国原有的83个省和547个县来计算,负责政府日常工作的省、县两级督政府需要不少于5 040个官员任职,而每年举行会议审议各级督政府工作的各级议会则需要9 552名议员。一些地方性研究显示,最初公民们在各级督政府和议会任职的热情十分高涨;从理论上讲,空缺的职位在1790年的各级选举中大体已经补齐。当时,除了有不少地方性研究表明,法国行政官员群体的命运十分悲惨,行政管理难以为继的情况尤为惊人以外,没人知道这个政治群体到底发生了什么变化。在纳尔博纳(Narbonne)这个几乎没有发生动荡的县里,没有一个行政官员能干满1790～1795年这个任期;而在同样平静的上索恩省(Haute-Saône),情况也是如此。事实上,在从1791年11月选举到共和五年芽月选举这个时期里,共有29个不同的人在上索恩省督政府的8个职位上工作过。其他地方,如瓦尔省(War),从1790年8月到共和六年雾月有105个不同的人在省督政府任过职,大概有500人在该省各县的督政府工作过,但其中只有2人干满

整个任期。[①]

选举是1789年没能实现崇高理想的另一个例子。按照19世纪和20世纪的法国标准，1790年全国三级会议和地方选举40%左右的投票率已经算很低，但是，大革命时期的随后几次选举投票率甚至更加令人气馁。在督政府执政期间，虽然投票率有所提高，但到了共和七年只有不到1/10符合条件的选民愿意参加投票选举。[②]

说到底，是选民和地方政府没能履行赋予他们的使命或职责。没有必要把这种状况说成是当时法国的整个国家政治文化遭遇了完全的失败，而是因为有足够多的挑衅因素迫使被政客们视为积极公民的人们普遍逃避政治。《僧侣公民组织法》(The Civil Constitution of the Clergy)从一开始就冒犯了全法兰西很多的选民。政客们总是对社团运动感到不安。到了热月，警惕的目光显然已经不再受到欢迎。法国各级议会为了打败外国敌对势力和国内反革命势力，一致觉得必须在全国强制推行高税收、征兵、征用和其他措施。不但政治体制变革需要很多人做出他们不愿做出的牺牲，而且公民的意愿也普遍被忽视。1789～1800年间，每次全国性选举和公民投票的结果都遭到了立法机构的干预、巴黎起义或者公然贿选的亵渎。要是公民的意愿总是被忽视，那么，选举就毫无意义。如果在朱安党当道、白色恐怖笼罩的最恐怖日子里，做地方官员的代价是遭到清洗、逮捕甚或被害的话，那么，当地方官员就毫无意义。

因此，革命的一个重要主题就是基于森严的等级制度，而不是基于公民参与来重建国家(显然，大革命由于即便不是悲剧性也是非常可理解的原因才以失败而告终)。大革命经历的不同阶段人人清楚，从由垂死的立法机构推选特

---

① P. Benrand, 'L'administration du district de Narbonne pendant la Révolution, 1790-1795' (thèse de troisième cycle, Toulouse, 1973), *passim*; J. Girardot, *Le département de la Haute-Saône pendant la Révolution*, 3 vols. (Vesoul, 1973), ii. 200; iii. 6, 29, 178-9, 221-2, 263; E. Poupe, 'Le département du Var, 1790-An VIII', *Société d'études scientifiques et archéologiques de Draguignan. Mémoires*, 38 (1933), 410-11.

② M. Crook, '"Aux urnes, citoyens!" Urban and Rural Electoral Behaviour during the French Revolution', in A. Forrest and P. Jones, eds., *Reshaping France: Town, Country and Region during the French Revolution* (Manchester, 1991), pp. 152-67; M. Crook, 'The People at the Polls: Electoral Behaviour in Revolutionary Toulon', *French History*, 5 (1991), 164-79.

派员到选举国民公会各党团的代表,经由推选督政府专员再最后到任命各省省长。

然而,关于在革命的不同阶段应该怎么做以及这么做的结果会怎样等问题,就不那么清楚了。其实,有一种衡量标准可以弄清这些问题,这个标准就是国家的征税能力。实际上,法国早就存在严重的欠税问题。随着国家越来越依赖纸券发行,税收收入从 1794 年 1 月开始遭遇灾难性的减少,而且一直持续减少到热月政变。[①] 督政府在一定程度上减小了税收的减幅,因此,在共和六年葡月 1 日,督政府已经收到了共和五年 68%以上的已缴直接税。[②] 不管怎样,拿破仑政府的收税效率甚至更高,那是因为拿破仑政府恢复使用了旧制度下用来征收廿一税的方法。共和八年霜月 3～6 日颁布的各项法律规定,在全国各省设立总税收官的职位;总税收官负责编制地方纳税清册,并且按照纳税清册征税。更重要的是,总税收官要征收货币税,并且被允许以自己的名义在从收到税收到把税收上缴国库之前的这段时间里把收上来的货币税用于投资,并且投资回报归他们自己所有。所以,总税收官有动机强迫纳税人照章纳税,[③]几乎一上任就高效率地投入了工作。因此,到了共和十年,税收欠款开始明显减少。1812 年 12 月 31 日,他们已经收缴了当年 87%的直接税。实际上,1812 财政年度的直接税账目是在 1815 年结清的,全国已经多收了 300 万法郎的直接税收入。即使 1813 财政年度(这一年被认为全法国爆发了抗重税——为越来越令人失望的战事筹款而课征的重税——起义)应收的直接税,到了 1815 年 5 月 1 日也已经收缴了 97%。[④]

---

① S. E. Harris, *The Assignats* (Cambridge, Mass., 1930), esp.p.48.

② [Paris,] A[rchives] N[ationales] AF III 120, 'Tableau général de la situation des contributions directes à l'époque du 1er vendémiaire An 6'.重要的是应该强调,该文献表示,"所有这些计算结果按法定货币计,数值都有所减小"。Jean-Joseph Sabatier 在他的"*Tableau de comparaison entre les contributions et les dépenses annuelles de l'Angleterre en 1797, et les contributions et dépenses de la République Française en l'An 6* (Paris, 1798－9)"中的"法国共和 6 年与英国 1797 年收入比较表"中表示,共和 6 年年底,法国还有 40%以上的直接税没有收上来;政府预期总收入是 6.84 亿法郎,但仍短缺 1.12 亿。Sabatier 甚至表示,众所周知,英国的税收无论是按绝对值计还是按人均税负计都远比法国沉重;而鲜为人知的是,英国的照章纳税水平比较高。

③ Martin Gaudin, duc de Gaëte, *Mémoires, opinions et écrits du duc de Gaëte*, 2 vols. (Paris, 1826), i. 146－9.

④ *Compte de l'administration des finances: Années 1813 et 1814* (Paris, 1815), pp.96, 98.

共和五年法国税收欠款的百分比地域分布就是一个谜(见图 15.1)，与任何一张法国社会生态地图都不同。这张分布图既不存在“圣马洛—日内瓦线”(St. Malô-Geneva line)现象，也明显不同于未来的右翼票仓或者去基督教化地图。这张分布图在某些方面完全不同于一般的预期。西部地区在一年半前才刚刚平定下来，因此，这个地区的照章纳税水平值得关注；东南地区由于有那么多的城市和集镇仍处于被围困状态，因此实际上还处在军事管制之下。无论怎么解释西部和东南地区的特点，欠税最多的地区包括一些法国最富有的农业地区——皮卡第(Picardy)、诺曼底、法兰西岛和勃艮第等部分北方地区。这也从另一个方面表明，在大革命后期阶段，法国政府是多么虚弱无力，即便是在大部分地方政治平静的地区也根本无法迫使纳税人照章纳税。这似乎也可以表明，督政府在富人中间失去了多么多的支持。这个时期没有一项立法不谴责土地税太重、征税成本太高。当然，富裕的农民和土地所有者虽然没有生活在高通货膨胀时期，但肯定已经感觉到了手头拮据。就如弗朗西斯·迪威诺瓦(Francis d'Ivernois)爵士指出的那样，从 1789 年底——据

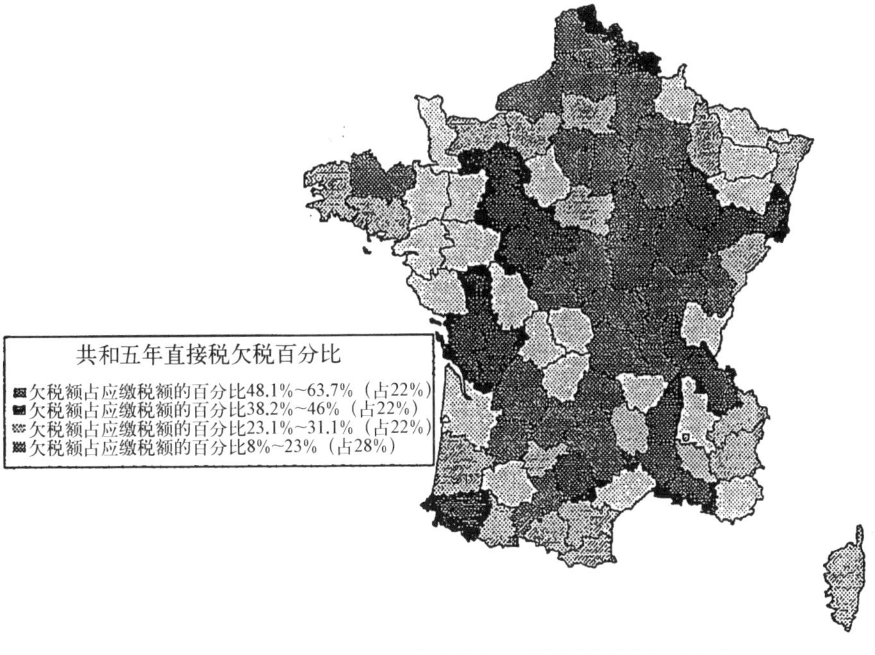

图 15.1　共和五年法国各地直接税欠税(百分比)地域分布

说——“富人”被打入另册以后，18 世纪 90 年代末的纳税清册就一直没有修订过。更糟糕的是，法国的农业经济规模已经大幅缩小；共和五年果月政变后，法国又经历了通货紧缩，因此，物价也大幅下跌。于是，税负比以前又重了很多。①

无论是什么原因造成了共和五年法国税收欠款的如此分布，有一点可以肯定，那就是它们都不是长期因素。至少在这方面，大革命没有为未来树立一个永久性榜样。在共和五年的税收拖欠程度与 1812 年的税收拖欠程度之间不存在具有统计显著性的关系（$r=0.04$；斯皮曼等级相关系数 $r=0.0001$）。事实上，那些在共和五月最不听话的省份到了 1812 年也早已依法纳税（见图 15.2）。②

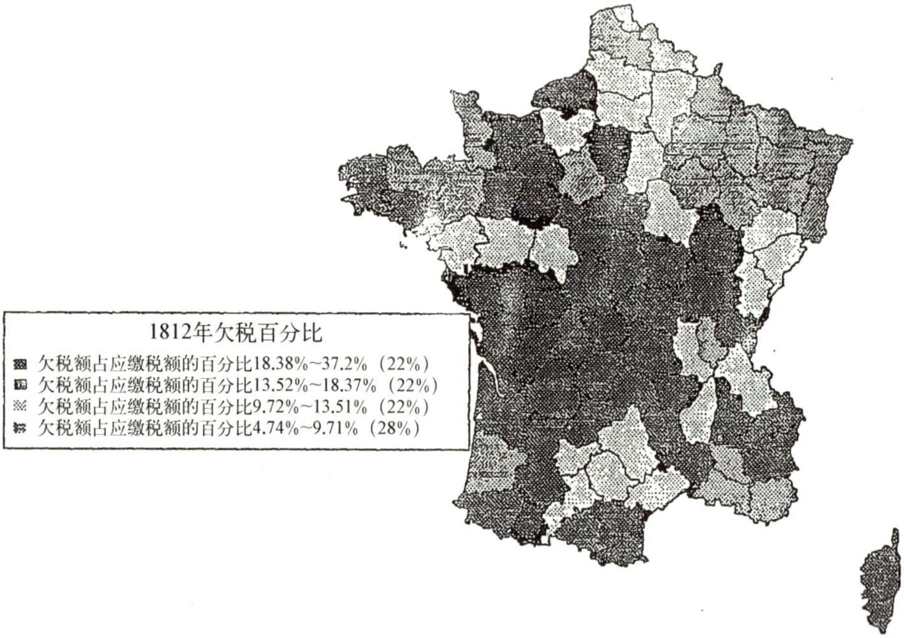

图 15.2　1812 年法国欠税百分比地域分布

① *Tableau historique et politique des pertes que la révolution et la guerre ont causées au peuple* français, *dans sa population*, *son agriculture*, *ses colonies*, *ses manufactures et son commerce*, 2 vols. (London, 1799), i. 102－15. 还请参阅他的文献：*Etat des finances et des ressources de la République* Française *au 1er janvier 1796* (London, 1796), p.127。在这个文献中，他援引了 Dupont de Nemours 的数据表示，1789～1795 年底，农业生产成本已经上涨了 1/3。

② 请参阅本章注释 2 以及法国财政部的“*Compte général de l'administration des finances pendant l'année 1812* (Paris, 1814), pp.91－4”。除另有说明外，本章正文和注释都采用法国 1815 年的行政区划单位和国界。

但是，我们是否应该得出这样的结论：这张欠税分布图展现了一个不像北方和东北地区那么爱国的法兰西。采用奥尔良王朝昂热维尔(Angeville)税收数据的历史学家很容易得出这样的结论。[①] 法兰西帝国晚期欠税地域分布图最令人惊讶的地方在于，居民点分散、地形崎岖的地区欠税最多。国家根本无法非常有效地渗透到西部和中央高原很多封闭的地区，因为纳税人相对较难接近。事实上，1812 年的征税成本与那年年底仍未收上来的直接税百分比之间存在具有统计显著性的关系($r=0.43$； $p=0.001$)。[②] 如图 15.3 所示，最偏僻地区通常也是征税成本最高的地区。

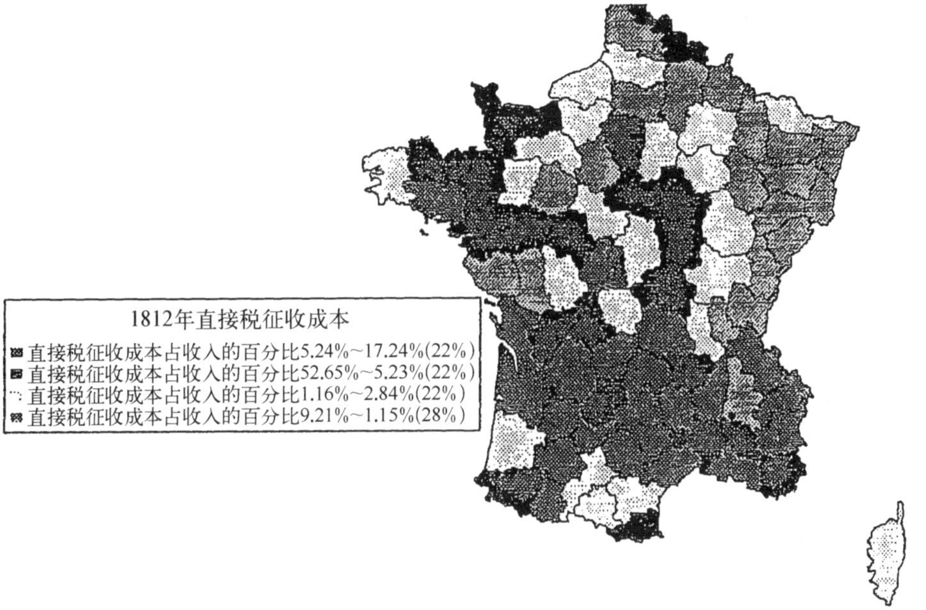

图 15.3　1812 年法国直接税征收成本地域分布

但对于国家财政来说，问题并不在于此，因为这些地区实在太过贫穷，所以，即使大幅提高照章纳税的程度，也不能产出很多税收。对于国家财政来

---

① A. d'Angeville, *Essai sur la statistique de la* population française (Paris, 1969), p.342. Cf. E. Weber, *Peasants Into Frenchmen. The Modernization of Rural France, 1870 -1914* (London, 1977), p.104, citing with approval (经同意引用了)E. Le Roy Ladurie, *Anthropologie des conscrits* français (Paris, 1972), pp.25 - 6, 70, 80 - 1.

② 'Etat général des frais ... pour le recouvrement des contributions directes pendant l'année 1812', in *Compte de l'administration des finances pendant l'année 1812*, pp.95 - 6.

说，问题在于直接税收入不断减少。如表 15.1 所示，实际收到的直接税收入从共和五年到 1812 年急剧减少。[①] 即使我们把共和十年作为基年(那年，币值恢复了稳定)，直接税收入在截至 1812 年的 10 年期里也几乎减少了 20%。这也从一个侧面反映了法国政府能让人感觉到的生存能力。不可思议的是，在直接税收入不断减少的同时，税收拖欠款的催缴效率却越来越高。举例来说，共和十年，催缴征收到的前几年直接税拖欠款要占到直接税全年实收收入的 40%；到了 1807 年，全法国的直接税拖欠款收缴收入占全国直接税收入的比例已经下降到 1%以下。等到政府不再指望催缴直接税拖欠款这个收入来源时，法国的直接税总收入又开始减少。

表 15.1　　共和五年～1836 年收缴的直接税收入

年　　份	收到金额(百万里弗尔)	变动百分比
共和五年	506	
共和十年	337	−33.5
1807 年	335	−0.4
1812 年	273	−18.7
1817 年	402	+47.4
1836 年	368	−8.3

提高直接税税率，也许是解决直接税收入减少问题的一个办法。第一帝国尽管已经身处世人皆知的困境，尤其是在快要寿终正寝时，但仍有意没有选择这种解决税收减少问题的方案。王政复辟时期的君主和奥尔良王朝并没有任何这样的犹豫，想必是因为在公债方面，他们在议会制下要比波拿巴推行的

① 关于共和五年的资料来源，请参阅本章第 508 页上的脚注②。关于 1812 年的资料来源，请参阅本章第 508 页上的脚注④。关于共和十年的资料来源，请参阅文献：Ministère du trésor public, *Etats sommaires des recettes et dépenses de toutes natures et valeurs ... pendant l'An X* (n.p., n.d.)。关于 1807 年的资料来源，请参阅文献：Ministère du trésor public, *Compte de recettes et dépenses faites par la caisse centrale du trésor public a Paris pendant l'an 1807* (Paris, n.d.)。关于 1817 年的资料来源，请参阅文献：Ministère des finances, *Compte général de l'administration des finances ...*。关于 1836 年的资料来源，请参阅文献：*Archives parlementaires*, 2nd ser., cxxv (Paris, 1912), pp.142－3。比较可得，1791 年直接税收入总计 3.78 亿里弗尔，其中 3 亿里弗尔是直接课征于土地的直接税收入。旧制度下最大的直接税收入估计值是 1.999 亿里弗尔，其中的 1.712 亿里弗尔来自土地：M. Marion, . *Histoire financière de la France depuis 1715*, 5 vols. (Paris, 1914－28), ii. 255－6。

专制制度更具优势。事实上，波拿巴的专制政权明显偏好其他来源的收入。在波拿巴专制政权下，法国的城市逐一获准以货物入市税取代个人动产税(personnelle-mobilière)。督政府七年重新开征这些课征于城市和集镇销售商品的税收，并且基本弥补了慈善(机构)收入的灾难、悲剧性减少——而慈善收入是因为政府拒付部分债务(从而大大减少了那么多慈善机构所依赖的公债收入)、废除封建规费、到处把慈善机构的地产作为国有财产征用而急剧减少。但很快，货物入市税就成了市政收入的主要来源，也是中央政府要分享的收入来源，因为在1852年以前，各市政当局在扣除地方征税成本后要上缴10%的各种货物入市税收入。[①] 从两个方面看，货物入市税是一种非常成功的税收。首先，它能产出巨大的收入：1809年，波尔多一年就征收到140万；马赛(Marseilles)同年征收到190万；第一帝国时期，巴黎每年无论如何都能征收到不少于1 800万的巨额货物入市税收入；有几个月落入1815年的帝国十三年，法国全国城市和集镇总共征收到4 700万的货物入市税。[②] 其次，便于征收：由于不用估算商品价值，因此，税收官吏都觉得这种税的征收成本很低。[③] 当然，城里的有钱阶层都喜欢把税负转嫁到消费环节。因此，到了帝国十三年，全法国有不少于2 648个城市和集镇，其中当然有很小的集镇，都已经征收货物入市税。[④]

由此看来，不同时期的专制政权都喜欢恢复征收间接税，很可能不是巧

---

① M. Block, *Dictionnaire de l'administration française*, 5th edn., rev. E. Maguero, 2 vols. (Paris [etc.], 1905), ii. 1984 - 2003.

② Ville de Bordeaux, *Un siècle d'administration finances et* octroi, *1800 - 1900*, 3 vols. (Bordeaux, 1903 - 4), ii, pp.ix - xi, and foldout before p.157. Marseilles, Archives Municipales, 26L 88:'Etat de la quantité des objets de perception entrés en consommation et produits de l'octroi ... '. M: Block, *Statistique de la France*, 2nd edn., 2 vols. (Paris, 1875), ii. 509. Comte de Luçay, 'Les octrois en France (histoire, législation et statistique)', *Journal de la société de statistique de Paris*, 24 (1883), 180.

③ J. Godechot, *Les Institutions de la France sous la Révolution et l'Empire* (Paris, 1968), p.644. Cretet, 'Exposé des motifs du projet de loi concernant le budget de 1806', in Anon., *Budget de l'an 1806 ou loi sur les finances an XIV et 1806, sanctionée par le corps legislatif le 24 avril 1806* (n.d.), p.33. Cambridge, Mass., Harvard College Library KE 8046.

④ Luçay, *op.cit*, p.180.到了1831年，征收货物入市税的城市和集镇已经减少到了1 467个：Ministère du travail et de prévoyance sociale. Statistique générale de la France. *Annuair statistique. Trente-troisième* volume—1913 (Paris, 1914), p.151.

合。第一波恢复浪潮出现在果月18日政变之后，而且这次恢复征收间接税是恢复财政稳定总体战略的一个组成部分。督政府对专利费和其他注册费进行了改革，并且还开征了一些课征于邮票、扑克牌和公共马车等的小税种，运河通行税以及国家森林狩猎费。[①] 这些间接税虽然对政府财政只产生了很小的影响[②]，但却违背了制宪会议试图建立的主要依靠对纳税人影响明显的直接税收的透明财政制度。

第二波恢复征收间接税的浪潮无论是出现在直接税收入呈现明显下降趋势时，还是出现在政府不顾对外战争已经结束仍要展示其与过去一样的对外政策雄心的情况下，肯定都不是巧合。事实上，法国政府贯穿于这个时期的财政政策就是降低直接税收所占的比重。1797～1822年，土地税收入减少了11倍，或者说，总共减少了8 600多万法郎[③]；与1791年最初的2.40亿法郎计征额相比，大约减少了36%。随着直接税收的不断减少，间接税收逐渐取代了直接税收。[④] 这个过程始于共和十二年，而且在这个过程中，政府通过把几种已有间接税合并在一起并且再加征几种葡萄酒税的方式创设了一种合并间接税(droits réunis)。1806年，当局又重新恢复征收盐税这种古老的间接税。在随后的几年里，先是开征烟草税，然后是恢复实行烟草国家专卖制度。[⑤] 此外，波拿巴本人又把专制政权与间接税联系在一起。正如他所说的那样，“我就没有听我话的宪兵、省长和神父？如果有人反叛，我就下令抓他五六个领头的，其他人就会屈服听话”（‘N’ai je pas mes gendarmes, mes préfets, mes prêtres? Si on se soulève, je ferai pendre cinq ou six rebelles et le reste pliera)。[⑥] 波拿巴的前财政大臣加埃特(Gaëte)公爵也曾说过，“最好的税收就是其形式能

---

① Godechot, *Les Institutions*, pp.512 - 13.

② R. Stourm, *Les finances du Consulat* (Paris, 1902), pp.215 - 16.

③ Anon., [Chabrol de Volvic,] *Rapport au roi sur l'administration des finances* (Paris, 1830), p.10.

④ Gaudin, duc de Gaëte, *Mémoires*, i. 220, 332 - 5. 不管怎样，这里仍有人要了花招。就如Von Gentz指出的那样(*Observations sur le compte rendu*, pp.50 - 1)，共和十二年说是减少了1 020万法郎，但实际只减少了600万法郎，因为加征了附加税。

⑤ Godechot, *Les Institutions*, pp.647 - 9. 就在1803年12月15日最高行政法院确定合并间接税征收准则的那次会议上，波拿巴宣布了陆军兵力要增加到40万，而海军兵力也要增加到10万～20万。就是由于这个原因，法国离不开有效的间接税制(Stourm, *Finances du Consulat*, p.228)。

⑥ 引自Marion的“*Histoire financière*”。

最好地掩饰其性质，并且在就如我们预想的那样让纳税人花钱的同时与他们平时毫无遗憾地进行的日常支出完全混为一体的税收”。[①] 换句话说，最好的税收就是那种让纳税人在不知不觉中缴纳的税收——一种能让纳税人觉得无疑最好还是尽量不要抵制和耍滑的税收。在1803年的和平时期，当大家可能都在预期政府会减少其总需求的时候，外国观察家弗莱德利希·冯·根茨(Frederich von Gentz)在他的著述中已经实际预见到法国这一朝着间接税收的转向。他认为，由于土地税和其他直接税已经不可能产出更多的收入，因此，重新开战会导致这样一种状况："即使采用在厚颜无耻的专制政权下能够想见的财政手段或者最具强制性的财政手段以最隐蔽的方式来增加税收，也是无济于事……"[②]实际上，这就是开征合并间接税的原因。督政府的辩护士阿尔诺(Arnauld)辩解称，由于这已经是一项因土地所有者税负过重而采取的减轻土地税的政策，又由于重新开战需要追加2个亿的财政支出，因此，唯一的替代方案就是"以按需要精确计算的比例不断增加税收，而且是征收根据一般大众日常消费而不是生活必需品需要巧妙地设定的合并税收"。然后，他又十分愚蠢地说，这并不是恢复征收旧制度下的贡金，因为这些讨厌的税收是从一个战争、愚昧和野蛮时代开始征收的；那个时代的历史表明，"只有践踏最神圣的权利才能迫使财产所有者答应缴税，才能让财政发明榨干法兰西"。[③]

当然，法国朝着间接税的转向与重新开战的风险和一般国际形势有关，而且也是有意识地减轻土地所有者的税收负担以促进农业发展——而农业发展传统上又与财政总体健康有关——的战略的一部分。让—约瑟夫·萨巴吉埃(Jean-Joseoph Sabatier)曾经认为，现有税收"压得农业喘不过气来，因此不利于农业的发展、土地财富的增长，而且还会延迟税收的收缴，而及时收到税收是那

---

① Gaudin, duc de Gaëte, *Mémoires*, pp.216－17, also cited *in* R. Schnerb, 'Les vicissitudes de l'impôt indirect de la Constituante a Napoleon', *Annates: Economies*, *Sociétés*, *Civilisations*, 2 (1947), 17－29, repr. in J. Bouvier and J. Wolff, eds., *Deux siècles de fiscalité française*, *xixe-xxe siècle*. *Histoire*, *économie*, *politique* (Paris and The Hague, 1971), p.68.

② Von Gentz, *Observations sur le compte rendu*, pp.54－5.

③ Corps législatif, *Rapport fait au corps législatif par A Mould*, *orateur du tribunal sur l'administration des finances et les budgets de l'an 12 et de l'an 13* (Paris, An XII), pp.15－16, 21－2.

么为按时结算公共支出所必需”。[①] 法国政府的另一个辩护师盖尔(Guer)侯爵对重农学派进行了谴责：拜他们所赐，“我们才有了这个有缺陷的税收体系，它把过重的税负压在了好几个阶层的纳税人头上，破坏了数百万家庭的幸福，而且只能给国家创造不足的收入”。那么，哪些税收客体(和纳税主体)被遗忘了呢？占国民收入3/4(原文如此！)的资本收益、工业利润和劳动工资(以及它们的受益人)。那么，除了土地所有者外，谁在承担税收负担呢？除了耕种布列塔尼贫瘠土地的穷苦佃农以外，难道不是法兰西岛和柏斯(Beauce)的大土地所有者？[②] 就如冯·根茨在另一个场合所说的那样，如此荒谬的逻辑只能存在于独裁专制制度之下。

恢复利用间接税收入来源的结果就是导致了某种形式的预算革命。据1791年的制宪会议估计，当时法国的直接税收入占税收总收入的70%，占财政总收入的68%。[③] 直接税收入占比的下降在督政府时期已经开始。因此，共和九年的财政决算(这也是第一份可以信赖的决算)表明，直接税收入占全部财政收入的53%。到了1807年，直接税收入占财政总收入的比例已经下降到了37%；再到1836年甚至又进一步下降到了34%。实际上，在19世纪剩下的时间里，直接税收在法国财政中的作用一直在减弱。[④]

---

① *Tableaux comparatif des dépenses et des contributions de la France et de l'Angleterre suivis de considérations sur les ressources des deux Etats, et servant en même temps de refutation à l'ouvrage de M Gentz* (Paris, an 13 - 1805): p.50.

② Julien Hyacinthe Marnières, marquis de Guer, *Considérations sur les finances* (Paris, 1803), pp.12 - 13. 盖尔错误地认为，是佃农免缴土地税。除了法国东南部以外，下文考察的各地区的土地租赁合同都规定，佃户除了支付地租以外还要缴纳适当的税收。盖尔自己使用的国民收入数据肯定不能证明关于法国当时3/4的国民收入来自工商业的主张(*ibid.*, p.60)。据萨巴吉埃(Sabatier)估计，工商业和工资收入最多占国民生产总值的64% (Tableaux comparatifs des dépenses et des contributions de la France, endpiece)，但这个估计值也应该是高得太离谱。

③ Marion, *Histoire financière*, ii. 255 - 6. 还请参阅文献：'Tableau comparatif de I' ancien et du nouveau régime d'impôsitions' '*Archives parlementaires*, 1st ser., xxvi (Paris, 1887), p.572 Cseance' of 27 May 1791)。

④ Stourm, *Finances du Consulat*, p.283 and n. 2. 关于1807和1836年数据的资料来源，请参阅本章第512页上的脚注①；关于19世纪其他年份数据的资料来源，请参阅文献：L. Salefranque, 'Etat général et comparatif du régime fiscal de la France', *Journal de la société de statistique de Paris*, 38 (1897), 55 - 61。这些数据不包括由各省和市镇征收的附加税。随着直接税的不断减少，土地税和附加税大幅度增加，从1838年到1878年年增加了1/3 [Anon., 'Les Quatre contributions directes depuis 1838', *Bulletin de statistique et de législation comparée*, 7 (1880), 240]，但大大小于同期的农业产值增幅。

由于自治政权让位于专制政权，因此，法国的财政负担也由土地所有者转移给了政府行政部门和专卖事业的直接消费者。由于用词混乱，因此，这种转移经常被说成是朝着间接税收的转向，其含义就是穷人是相对的输家。[①] 不幸的是，这种相当令人满意的解释常被过分强调，而这个财政体系设计者的良苦用心却实际被忽视了。19 世纪法国国家财政的很多收入是使用费和销售收入，而不是间接税收入。因此，1836 年，各种注册费收入要占到财政收入的 17%，而食盐、烟草和火药专卖收入以及邮政服务收入也要占财政收入的 16%。像关税（是遥遥领先的最大单个间接税种）这样的间接税收入只占财政总收入的 10%。也就是说，专制政权并不像表面看上去那么“倒行逆施”，因为政府的收入来源分散在各个不同方面。

这样就能为纳税人减少每个收入部门的费用，但不管怎样，各种间接税、规费、专卖事业销售收入等的累积效应能够不断扩大。例如，1836 年收到的注册费略多于人均 5 法郎，并且大概相当于塞纳省一个木匠 2 天的工资；每年收到的关税略多于人均 3 法郎，大约相当于普通木匠 1 天的工资。当然，这样的计算并不包括各市财政征收的货物入市税和其他地方税收。不过，这些地方税收可能数额更可观。例如，1854 年，巴黎的货物入市税人均产出 38 法郎；全部的市政税，包括货物入市税，但不包括“国”税（丧葬税、市场税、通行税等），要达到人均 56 法郎。[②] 单单这些市政税费就要花去我们所说的普通木匠 20 天的工资。有些省份的居民税负就更重。19 世纪 40 年代，布列塔尼五省包括直接税和间接税在内的人均税负是 26.5 法郎，但与巴黎居民的税负相比并不算重，但按照流行工资水平，亚麻纺织工可能要工作 1 个月才能挣到够缴这么多税的工资，而种地农民就要工作更长的时间才能挣到够缴这么多税的收入。[③] 虽然这些数据对于本章的考察期来说年代太晚，但保罗·勒鲁瓦—博利

① F. Aftalion, ‘Le financement des guerres de la Révolution et de l'Empire’, in E. Aerts and F. Crouzet, eds., *Economic Effects of the French Revolutionary and Napoleonic Wars. Session B－1. Tenth International Economic History Congress, Leuven, August 1990*) (Leuven, 1990), pp.22－9.

② *Annuaire d'économie politique* (Paris, 1856), p.236.

③ Benoiston de Chateauneuf and Villermé, ‘Abstract of the Report of a Tour in the Five Departments of Brittany, during the Years 1840 and 1841 ...’, *Journal of the Royal Statistical Society* (lviay, 1850), pp.141, 148.

约的计算结果值得一用。他的计算结果显示,农业相对受到了优惠。19 世纪 70 年代,农村的人均税负是 47 法郎,或者说,农业缴纳的包括直接税和间接税在内的全部税收只占农业产值的 7%。[①] 我们不需花很多时间去玩味这些数据就能发现,是劳动者,而不是土地所有者承担了沉重的税负。但事实是,法国这个财政体系隐藏着那么多的元素可用来解释为什么这个财政体系多少有点不让人待见:税费是分散缴付的,或者必须间歇性缴付——或者,像加埃特侯爵设想的理想税收,完全是在不知不觉中缴纳的。

虽然是广大劳苦大众承担了过重的税负,但他们并没有意识到这一点,至少没有达到质疑这个制度的程度。在当时的法国,专制制度的受益者都是富人。虽然我们很难估计富人从这个制度中获得了多少好处,但无论是一些轶事性的证据还是更具代表性的统计数据都证明,他们从这种新的制度安排中获益匪浅。这里仅举两个例子来说明。诺曼底鲁昂附近的克莱雷斯(Cléres)庄园在 1846~1855 年间一共创收 427 964 法郎,庄园主总共缴纳了 20 040 法郎的税收,占其毛收入的 4.7%,或者占其扣除管理、维修等费用后的净收入的 5.2%。[②] 这个税负要比他在 18 世纪 80 年代贵族"胡作非为"被认为达到登峰造极的地步时为相同的庄园依法单单缴纳三重廿一税的税负还要轻很多。再如,18 世纪 50 和 60 年代,诺尔(Nord)省马斯尼(Masny)获得过奖励的庄园年均毛收入 62 000 法郎。佃户要承担的税收每年在 2 900~3 500 法郎之间。也就是说,佃户要缴纳的税收始终没有超过毛收入的 6%,而且也很少超过地租的 10%。[③]

---

① P. Leroy - Beaulieu, 'Des charges fiscales réelles de la propriété rurale, de la propriété urbaine et de la propriété mobilière', *L'économiste français*, 5 April1879, p.407. 还请参阅文献:Anon., 'Les charges fiscales respectives des diverses classes de la population', *L'économiste français*, 3 November 1888。在这个文献中,据作者估计,巴黎的鞋匠要拿 10.8%的家庭毛收入用于缴税。Daniel Zolla 在其 19 世纪 90 年代的著述中估计,税收占 11.9%的农业总收入['Les charges fiscales de la propriété rurale et de l' agriculture', *Annales agronomiques*, 20 (1894), 527.]另一项根据 19 世纪 90 年代初的状况做出的估计显示,占全国人口 45%的农村人口只缴纳 28%的税收;农业物产的税率是 10.9%:E. Michel, *La propriete*, *Evaluation de la fortune privee*, *Enquête sur la propriété non bâtie et bâtie*, *Enquête agricole* (Paris and Nancy, 1908), pp.309 - 11。

② [Rouen,] A[rchives] D[épartementales] Seine-Maritime 7J 75, 'chartier des clères, revenus et dépenses, terres des clères, 1846 - 1859'.

③ J.- A. Barral, 'La ferme de Masny, prime d'honneur du département du Nord en 1863', *Journal d'agriculture pratique*, 29 (1865), 210.

当然，土地所有者可能会从各种间接税和其他直接税的角度去看待他们在其他某些环节要缴税的税收，但很难确定要缴多少。可以确定的是，与其他财富创造手段相比，土地处于相对有利的税收优惠地位。

考察从旧制度结束到王政复辟期间的地租变化，是发现谁是公共税收与私人租金重组的相对受益者的一种更加可靠的方法。在回答这个问题之前，首先应该假设农业经济生产者要考虑自己的物质需要，并且留出足够的资金用于来年的生产，剩下的就是可转移支付给国家或者精英们的“剩余价值”。在旧制度下，剩余价值在国家、教会、领主和食租金者四者之间分配。大革命的结果就是把剩余价值的受益者减少到了只剩下国家和食租金者。对慈善机构土地租金变动的考察显示，在这场争夺剩余价值的竞争中，直接赢家是食租金者阶层。从法律的角度看，就相当于以前什一税的赋税可转嫁给地租，而全部可获得的证据也表明，土地所有者就是这么做的。即使土地所有者与承租人之间可能会进行谈判协商，但长期效应也是推高租金。虽然封建领主采邑命运的法律史复杂而又漫长，但长期结果却是相似：由于人口压力不断增大，对土地的需求居高不下，因此，以前封建领主收取的捐赋最终都加入了地租。于是，就只留下国家和土地所有者争夺土地的剩余价值。大约到了1800年，国家的直接税收入不断减少，这表明，国家没有选择为了争夺农业剩余价值而与食租金者阶层展开激烈的竞争。

图15.4显示了1780～1820年间法国四个被选中慈善机构土地租金的变化状况。[①] 我们可以清楚地看到取消什一税和封建领主捐赋对地租的影响。

---

① Lyon, Archives Municipales Q3 (*hospices civiles*), *locations et fermes*, 1810 - 1893. Lyon, Archives Hospitalières de Lyon B 42 - 3, B 239 - 40, B 247, B 249 - 50, *Baux à loyer et à ferme*, 1755 - 1828. And a mass of documents which await cataloguing at Lyon（里昂一堆有待整理归类的文献）. Archives des Hospices civils de Lyon（里昂济贫院的档案文献）, including（包括）: *délibérations*; the ‘Etat général des biens actifs et passifs de l'hospice général des malades ... ’ (An IT); the ‘Catalogue des maisons et domaines, Hôtel Dieu et Charité ...’ (1807); etc. [Chalons sur Marne,] AD Marne 9X 11, 136, *Hospice de la Charité*, *comptes*. AD Marne Hdch B 58 B226 - 7, *Sommiers* ... ; M 8, 10, 21, 48. 60, 76, 78, *79*, *fermes*, *baux*, 1790 - 1824; N 12, ‘Etat de propriété foncière appartenante aux hôpitaux’ (n.d.). [Senlis,] AD Oise (annexe à Senlis) *Hôpital de Compiegne* (unclassified), *baux à ferme*. Dijon, Archives du Centre hospitalier de Dijon B1 3, 11, 12, 19, 28, 29, 42, 47, 53, 64 (*Domaines ruraux de l'hôpital général*, 1541 - 1921); B3 5, 9, 10, 13, 19, 25, 30, 35, 42, 47, 64, 69, 72, 76, 81, 85, 97, 101, 108, 114, 119, 123, 126, 131 (*Domaines ruraux de l'hôspice Ste Anne*, 1492 - 1910).

1800 年以后，地租曲线持续上行无疑是直接税收入实际减少的一种反映。我们还可以看到直接税增加和第一帝国衰亡的影响。起初，地租曲线放慢了上行速度，然后在临近考察期结束时又开始掉头下行，这是国家索要相对较多的农业生产剩余价值的一种反映。

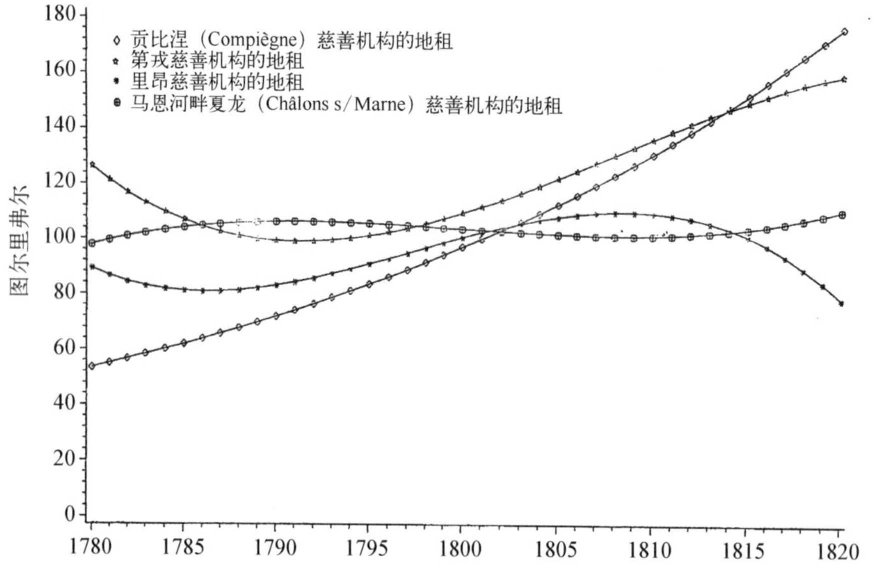

图 15.4　1780～1820 年法国四地区慈善机构地租指数(1800～1804 年为 100)

资料来源：various\suther\sug001 © ESFDB.1997.

更广义地讲，地租曲线表示收入在农业部门内部的转移。由于农业生产没有增长，在大革命和第一帝国时期，农业生产率当然也没有增长[①]，因此，图中的四条曲线表明：自耕农和土地所有者分享的土地价值增加；农村财富从佃户向土地所有者净转移。毫无疑问，有很多因素共同推高了土地价格：人口压力、通货膨胀，尤其是普遍存在的不安全感。然而，"8 月 4 日之夜"后的公共税收和私人捐赋体系的重构以及尤其是直接税实际税率下降两者的合并效应对于推高土地价格起到了远比生态因素大的作用。此外，地租在一代人的时间里上涨了 1 倍，肯定补偿那部分在旧制度下享受税收全免或者部分减免

① 请参阅文献：D. M. G. Sutherland and T. J. A. Le Goff, 'The Revolution and the Rural Economy', in Forrest and Jones, eds., *Reshaping France*, pp.52－85。

待遇的有产阶级因废除财政特权而遭遇的损失绰绰有余。

托克维尔曾经说过，法国人在放弃自由的同时选择了平等。托克维尔的醒世警句总是那么引人关注，但这句话几乎肯定是说错了。法国人在放弃自由的同时还丧失了很多社会平等。无论大革命时期发生了什么，土地所有者都得到了好处，而很富有的土地所有者则获得了很多的好处。虽然历史学家作为一个群体都支持单因素解释，最好再能说明相关单个因素的充分必然性——并且见证了那些试图把意识形态或者已有政治文化说成是1789年以后发生的每一件事的驱动因素的学者落得了身败名裂的下场——，但关于这一点，根本就是毫无必然性可言。其实，出现保护富人利益的等级森严的国家机器，是暴力革命的一个结果：特别地，战争、由战争导致的横征暴敛以及战争导致的参与性政府的灾难性需要都始于1790年。在这十年的其他几年里，法国外省的历史就是制宪会议想象的国家痛苦难忍地分崩离析的历史。在这段历史中，法兰西这个崇尚政治的民族不断受到了来自上面的清洗和来自下面的挑战。这种由专业人士通过秘密或者隐秘的方式来筹款的等级森严的国家机器的诞生，本身就能说明很多促成19世纪法国社会稳定的因素。但是，重塑完全像旧制度那样令人气馁的社会不平等，肯定不是法兰西这个崇尚政治的民族在1792年那么轻率地朝着自由欧洲进发时怀有的意图。

附录Ⅰ[①] 伦敦公共档案馆收藏的约1200年到1700年的俗人税收档案文献

大卫·柯鲁克(David Crook)

The Public Record Office (PRO), now on a site at Kew in the south-western suburbs of London, contains the governmental archives of England and Wales, which go back to the famous Domesday Book compiled in the late eleventh century. One of the most significant functions of the government of the English kings was to collect the revenues which became increasingly important in sustaining the power of the king and his ability to wage war on his enemies, and it is not therefore surprising that the first distinct government department, the exchequer, which had come into existence by 1110, was primarily concerned with the collection of and accounting for that revenue. Its earliest surviving series of records are large annual accounts, subsequently called pipe rolls, which record the auditing of the accounts of the sheriffs and other royal officials. They begin in 1130－1 and survive in almost continuous series for nearly 680 years from 1155－6 onwards; by 1185 at the latest rolls recording the

① 本书共有3个附录,它们分别是《伦敦公共档案馆收藏的约1200年到1700年的俗人税收档案文献》(*Records of Lay Taxation in the Public Record Office, London, c.1200－1700*)、《西班牙西印度群岛的财政管理体制与殖民地财政账册》(*Spanish Colonial Accounts and the Fiscal Structure of the Spanish Indies*)和《欧洲财政研究数据库:数据搜集方法与万维网传输系统创建介绍》(*The Methodology for Data Collection and Creating a Delivery System over the World Wide Web: The European State Finance Database*)。除第二个附录的前半部分"西班牙西印度群岛的财政管理体制"以外,这三个附录分别介绍英格兰、西班牙美洲殖民地财政史研究的史料文献以及欧洲国家财政史研究数据库。从内容看,这些附录主要适用于专业研究人员,而不适合本书中译本的普通读者。另外,由于这部分内容专业性较强,又由于译者缺乏这方面的专业知识,因此不敢造次妄译,贻误读者。但为了专业研究人员在需要时可以通过阅读这三个附录的介绍利用相关文献资料,所以,我们把第一和第三个附录的全文以及第二个附录的后半部分原文转引如下。——译者注

cash receipts of the exchequer were also kept.[①] The pipe rolls naturally contain the earliest detailed information about tax levies, and are printed in full by the Pipe Roll Society as far as the year 1221. By then, however, there are some separate detailed records, particulars of account, which survive for individual taxes and relate to defined localities, which have survived among the exchequer's records. They form the miscellaneous collection of documents which have been known for at least two centuries by the rather vague title 'lay subsidy rolls, etc', after one of the more important types of document among them, and which during the last seventy years or so have gradually come to be referred to for convenience by their alpha-numeric class reference, E 179. Their starting date is determined simply by the age of the earliest detailed tax records which have survived until the present day. The end was determined by the point at which those who arranged the records in the nineteenth century chose to end this particular class, which was at the point in the history of taxation when, as a result of the Glorious Revolution of 1688-9 the hearth tax, the principal direct tax revenue of the last Stuart kings, was abolished as part of the revolution settlement.

E 179 does not contain all the surviving central documentation of national governmental taxation during those five centuries, but. it forms that part of it which enables us to see most clearly what taxation meant to local individuals and communities. It shows at first or second hand how taxers were appointed and how they carried out the work, since many of the documents it contains were those actually created and used by them, as well as by those who audited their activities at the centre. The summary central audited accounts continued to be recorded in the pipe rolls as 'foreign accounts' until 1275, after which they were filed together in a separate series of rolls in the large pipe roll format until the mid seventeenth century, when they were succeeded by separate declared accounts for each tax.[②]

The period covered by the records witnessed the development and then the consolidation of regular taxation in England and Wales. During the twelfth century the geld, begun under the Anglo-Saxon monarchy in England in 991 to pay off Danish invaders, continued to be collected until 1162, but its problem was that it was levied on land and based on fixed assessments, and provided no way of tapping the income of the population of

---

① [London,] P[ublic] R[ecord] O[ffice], E 372; E 401. All references to original records are to documents in the PRO unless otherwise stated.

② E 359; E 360.

a country which was becoming increasingly prosperous for the benefit of the king's government. Other taxes like tallage, which was imposed on boroughs and the king's own land, the royal demesne, and scutage (a levy resulting from the non-performance of military service owed to the king) continued, but were also relatively ineffective and inelastic ways of raising revenues. During the late twelfth and early thirteenth centuries a new tax on agricultural land, called a carucage, was devised, originally in 1194 to pay for the ransom of Richard I but repeated on several occasions between then and 1224, but it raised little more in total than the geld; the earliest records in E 179 relate to these carucages. During the same period new taxes of a proportion of people's wealth were tried on a number of occasions, initially for crusades by Henry II, and then by John and Henry ill for their continental wars. Some of them were very successful, especially the thirteenth levied by John in 1207, which apparently raised nearly £60,000, but they never became regular or even frequent until in 1294 Edward I's need for wars conducted simultaneously in Scotland and on the continent led to the collection of such taxes in four successive years. Even after that, scutages and tallages continued to be levied for a few years, but they then ceased.

Subsidies, as the taxes on income and moveable wealth came to be called, were still not especially frequent, and the wealth of those being asked to contribute was assessed anew for each tax levy until 1332. Reassessment then ceased, and from 1334 for nearly two centuries fixed sums were levied on communities identified as tax units, with the contributions of individuals to those being determined locally and out of sight of the government. The subsidies became fixed at a fifteenth of the income of rural areas and a tenth of that of the boroughs and the ancient demesne of the crown. They became the staple for direct taxation on lay people for two centuries, although they were punctuated by other forms, such as the three poll taxes of 1377, 1379 and 1380 (the last of which provoked the Peasants' Revolt of 1381), the subsidy on parishes of 1371, the income taxes of 1404, 1411, 1435 and 1449, subsidies on wool and other commodities, and the taxes on aliens of the period between 1439 and 1487. The revised Tudor version of the lay subsidy was created between 1512 and 1515, and subsequently its medieval form, the fifteenth, finally disappeared after 1623. Regular taxation on the English model began in Wales in 1543, and in Cheshire, previously exempt, from 1540. The experimental taxes associated with the Civil War and Interregnum, principally weekly or monthly assessments, are well represented by documents in the class, and there are some records of the decimation tax of 1655, although the greater part of the material relating to it is among the Commonwealth exchequer papers (SP 28).① The Restoration of 1660 was followed by a variety of kinds of tax, the principalone being the hearth tax of the reigns of Charles II and James II. It was collected on 54 occasions, every six months between Michaelmas 1662 and Lady Day 1689, although most of the surviving records relating to it belong to the years between 1662 and 1666, and between 1670 and 1674. In 1689 it was abolished as part of the Revolution settlement. The detailed tax records in E 179 cease at that point; the later particulars of assessed taxes are in E 182.

Archivally speaking, E 179 forms only a part of the surviving records of an official called the king's remembrancer of the exchequer, who had kept them since at least the fourteenth century. His office originally developed because of the need for someone to serve as a secretary and record keeper to the barons of the exchequer, the managing board of the department, but acting on the monarch's behalf, alongside the similar office of the treasurer's remembrancer, who served the treasurer as head of the exchequer. The office was developing during the thirteenth century at the same time as the kinds of taxes whose records now form the basis of E 179, the taxes on moveable property or income. The king's remembrancer's responsibility for the records of those taxes, among others, was firmly established by an exchequer ordinance of 1323, which itself probably merely confirmed long-standing practice: 'Item eit cesti remembrauncer le roi en sa garde ... roules de taxations des eides par clercs et lays grantez' (also let this king's remembrancer have in his keeping ... rolls of taxations of aids granted by clerks and laymen).② He also at that point became solely responsible for enrolling the commissions granted to the taxers and collectors, the days given to them to account, the writs of distraint or attachment arising before the audit, and the orders to the collector to appear before the exchequer with money or the rolls of taxation. At the same time his colleague the treasurer's remembrancer became similarly responsible for the issuing of writs and the recording of process relating to problems arising from the audits. These arrangements were not entirely new, but often confirmed existing

① J. T. Cliffe, ed., 'The Cromwellian Decimation Tax of 1655. The Assessment Lists', *Seventeenth-Century Political and Financial Papers: Camden Miscellany XXXIII*, Camden Soc., 5th ser., 7 (1996), 403 - 92.

② H. Hall, ed., *The Red Book of the Exchequer*, 3 vols. (London, 1896), iii. 866 - 7.

practice in which, however, in the words of the ordinance itself, the division of responsibility between the two remembrancers had been 'much confused for a long time'.① J. F. Willard noted that the first complete set of records of the views and audits of a major tax to be enrolled, those of the ninth on movables of 1297, appear to have been written on the treasurer's remembrancer's memoranda roll directly as the accounting took place, while the version in the king's remembrancer's roll was just a copy of it.②

From an early date, documents sent in by tax collectors were annotated by exchequer officials. The earliest examples yet identified are the Hertfordshire, Suffolk, Wiltshire and honour of Wallingford assessments for the carucage of 1220, which were annotated by a clerk with a distinctive hand who wrote the treasurer's remembrancer's memoranda rolls from 1219 to 1227 and may well have been the remembrancer himself.③ He also annotated a tallage roll for Ipswich with the information that it was handed in by Alexander of Bassingbourn on St George's Day (23 April) 1228.④ From the 1290s, when assessment rolls begin to survive in greater numbers, a good many of the extant rolls are annotated with the date and circumstances of their delivery into the exchequer.⑤ The annotations on the rolls themselves suggest that a great deal of work was done on them by exchequer officials after they had received them, and this is sometimes confirmed by evidence from other sources. A treasury receipt roll shows that a total of 99 man-weeks were spent by six different clerks in examining the rolls of the fifteenth of 1290 during the exchequer year 1293 - 4.⑥ References to the amendment of assessment rolls sometimes occur in the early memoranda rolls of both remembrancers. Some memoranda roll entries mention rolls being handed in at particular dates, where they had not been handed in when they originally should have been, or had been returned to the taxers for amendment. The references identify

---

① *Ibid.*, iii. 862. On the earlier *division* of functions between the two remembrancers, see D. Crook, 'The Early Remembrancers of the Exchequer', *Bulletin of the Institute of Historical Research*, 53 (1980), 11 - 23.

② J. F. Willard, 'The Memoranda Rolls and the Remembrancers, 1282 - 1350', in A. G. Little and F. M. Powicke, eds., *Essays in Medieval History Presented to T. F. Tout* (Manchester, 1925), pp.221 - 2.

③ E 179/120/1, 161/1, 239/191, 239/242; E368/2 - 9.

④ E 179/180/1.

⑤ E 179/120/3.

⑥ E 403/82, m. 2.

the rolls not by the number of membranes they contained, like similar references to the plea rolls of the law courts, but by the sum total of the assessments recorded in them.

The early records of tax assessment were not, however, in regular series which could be collected by routine arrangements regularly enforced as, for example, the estreats of the income from amercements and fines imposed in the central courts could be, and were, from the thirteenth century onwards. Each levy, no matter whether or not it followed earlier precedents, was a unique administrative operation. The records resulting from it were made up by many different groups of officials, each appointed to raise the particular tax in a defined geographical area and usually given specific dates by which their assessments had to be handed in, or their moneys collected. Where the arrangements for collecting the tax are reasonably fully documented, as they are from the early thirteenth century, it is possible to work out from those details fairly exactly how many county assessment rolls must once have existed, and compare the figure with the number which have survived. It is worthy of remark, with reference to the arrangements made by the 1323 ordinance, that records of the subsequent period, beginning with the twentieth of 1327, survive to a far greater extent than those for the previous century and a quarter.

Except where they might be re-used for future similar levies, the administrative value of the assessments usually lasted only as long as they were needed to ensure that what had been assessed was collected as far as possible and accounted for. Occasionally, records of one tax were used as a precedent for the levying of a later one. In 1346 Edward III wished to levy an aid to marry his son, Edward the Black Prince, and a search for the basis for doing so was evidently made in the records of the levy on knights' fees of 1306 by Edward I to knight his eldest son Edward, who became Edward II in the following year. What is probably a copy of the 1306 assessment for Essex was made in 1346 as 'evidences sent to the collectors' of the levy of that year.① In the period following 1334, during which the lay subsidy assessments were frozen as quotas on communities, records of previous subsidies were used as detailed precedents when the next ones were levied, and this probably helps to account for the survival of long runs of fifteenths and tenths assessments for many counties, which often repeat the names of the tax units in the same order. It is rarely possible between

① E 179/107/36.

the thirteenth and fifteenth centuries to explain why certain of the documents in E 179 have survived until the present day and some have not (in the way that can be done in the case of some other records for the same periods, especially series of plea rolls), or to explain gaps which occur in the records for some counties but not in others, except by general reference to the poor conditions in which they were kept in the early nineteenth century. The survival rates of some documents of the sixteenth and seventeenth century can be checked by comparing them with 'books of certificates', in which are given apparently full abstracts of some subsidy returns handed in by commissioners.① Information about tax documents can sometimes be gleaned from records of proceedings against defaulting commissioners and collectors, which the king's remembrancer made in his series of memoranda rolls. It is occasionally possible to explain why some particular documents which ought not to have survived at all are in fact still extant. Many years ago, Willard pointed out that a set of receipts from the fifteenth and tenth of 1332 have survived because of the discovery some years later of a fraud perpetrated by one of the chief taxers for the East Riding of Yorkshire, Thomas de Boulton. In 1336 he was tried for concealment, and the exchequer ordered the receipts to be submitted as evidence. They show that there were discrepancies of about 9 per cent between the amounts recorded in receipts he gave to various sub-taxers and the amounts that were entered for the same places in the county roll sent in to the exchequer. Boulton was required to reimburse the missing amount, which amounted to over 80 pounds, the figures being tabulated at length in the king's remembrancer's memoranda roll.② Another interesting aspect of this case is that the receipts had been preserved locally for several years without being destroyed.

It has been pointed out that the magnificent nominal returns of the subsidy of 1524 - 5 were submitted to the exchequer not because of the terms of the statute of 1523 which granted it (which required only the provision of the total sums due from each named collector) but because of a circular letter containing supplementary instructions which was sent out to the commissioners in February 1524 and is only known from the surviving copy in the Exeter city archives. Further such letters, or simply the precedent set by this one,

---

① R. W. Hoyle, *Tudor Taxation Records*, PRO Readers' Guides, 5 (London, 1994), p. 34.

② J. F. Willard, *Parliamentary Taxes on Personal Property, 1290 to 1334* (Cambridge, Mass., 1934), pp.214 - 15, 224 - 6.

probably account for the submission to the exchequer of nominal returns for subsequent subsidies in that period as standard practice, although not required by the legislation.① A good individual example of a document which survived because of particular circumstances is the hearth tax collector's book for the city of Worcester for 1678－80, which has now been published in full, and some related papers for Kidderminster and Coventry, which are among the public records because they were handed in to an exchequer auditor in 1685 in the course of a court case between the former local receiver for Warwickshire and Worcestershire, John Webley, and the grand farmers of the tax who operated between 1679 and 1684, and was never subsequently reclaimed.② But for the court case they would only have survived if they had been preserved among the private papers of the parties to it.

More typically, the reason for the survival of detailed local assessment documents, which the exchequer did not require to be handed in, such as the 37 local rolls for Buckinghamshire in the fifteenth and tenth of 1332, out of a possible 187 which must once have existed, cannot confidently be explained. It has been suggested by their editor that those rolls may have been handed in to assist in the settlement of a dispute between the chief taxers and local assessors, but he found no supporting evidence for this idea.③ Similar local assessments even from the thirteenth century still survive among local collections, such as the 1297 assessment of Grimsby in the Grimsby borough archives in the North East Lincolnshire Record Office.④ Other similar records survive in a number of borough archives, but examples relating to rural settlements are very rare. There is, however, a tax assessment relating to the tenth levied in 1294－5 among the manorial records of Cuxham in Oxfordshire, held in the archives of Merton College, Oxford (the college then being the lord of the manor).⑤

Little is known in detail about the keeping of the tax records in the king's remembrancer's

---

① Hoyle, *Tudor Taxation Records*, pp.23－4.

② C. A. F. Meekings, S. Porter and I. Roy, eds., *The Hearth Tax Collectors' Book for Worcester 1678－1680*, Worcestershire Historical Soc., new ser., 11 (1983), p.12.

③ A. C. Chibnall, ed., *Early Taxation Returns*, Buckinghamshire Record Soc., 14 (1966), p.xiv.

④ S. H. Rigby, 'The Grimsby Lay Subsidy Roll of 1297', *Lincolnshire History and Archaeology*, 14 (1979), 39－43.

⑤ Oxford, Merton College MM 2852; P. D. A. Harvey, ed., *Manorial Records of Cuxham, Oxfordshire, c.1200－1359*, Oxfordshire Record Soc., 50 (1976), p.711.

office before the early nineteenth century. In 1800 it was reported by George Vanderzee, a clerk in the office, that the subsidy rolls were among the unsorted and unarranged records in chests kept in three rooms in the Stone Tower at the Palace of Westminster and two rooms in the Brick Passage, one of them under the chief baton's room.① These buildings were then taken down in 1822 to make room for the new courts of justice built south of Westminster Hall in the mid-1820s. From 1822 some of the office's records were stored in a shed made of deal boards erected inside the hall, and were carried to it loose or in sacks by labourers completely without supervision. The shed, which was in 1833 described by the king's remembrancer, Henry Vincent, as 'dark, damp and almost pestilential', and as 'a slight and wooden sepulchre', was removed in connection with the coronation of William IV in 1830. The records were removed by Vanderzee and Thomas Ellis Adlington to the Royal Mews at Charing Cross in the summer of 1831, and the record commissioners gained custody of them in 1833.② In 1835 they went to Carlton Ride, the former stables of Carlton House in Pall Mall. During this period of frequent moves the existing arrangement seems to have been broken up and confused, the documents neglected and mistreated, and many records lost. During one of the moves it was reported that the soldiers and common labourers who carried it out had sold some documents to glue manufacturers, and while they were at the Royal Mews a description is given of 4,136 cubic feet of unspecified national records, probably including E 179, stored in two enormous bins, being searched by a dog for rats, while three Irish labourers, sustained by strong stimulants, were sorting a mass of putrid filth, stench, dirt and decomposition.③

In 1833 the exchequer as an accounting office was abolished, with the king's remembrancer absorbing the remaining functions of his colleague, the treasurer's remembrancer, whose office disappeared, and so the older records of the latter also briefly came under his control. The remaining mass of detailed financial documentation which had accumulated in both offices, and was by then stored in sacks, not the earlier chests, became known therefore as the 'ancient miscellanea' of the king's remembrancer. In 1836, in his evidence to a

① *Reports from the Select Committee appointed to inquire into the state of the Public Records of the Kingdom* (1800), pp.144 - 5.

② *General Report to the King in Council from the Honourable Board of Commissioners on the Public Records* (1837), pp.154 - 6, 164.

③ *Report from the Select Committee on the Record Commission* (1836), p.427.

parliamentary select committee on the then Record Commission, the commission's secretary, C. P. Cooper, noted that for the subsidy rolls 'there are neither calendars nor indexes at all'.[①]

In the following year, one of the first generation of assistant keepers of public records, the Reverend Joseph Hunter, began sorting the 'ancient miscellanea' of the king's remembrancer. Initially working under the auspices of the last of the record commissions which preceded the establishment of the PRO in 1838, he continued to sort them during the remainder of his career, which lasted until his death in 1861. When he began, the archive was stored in 751 sacks, which he worked through with the assistance of the team of clerks and workmen for which he was responsible. As each item was recovered from its sack, it was rapidly identified and the details and date were entered on an editorial slip.

By the time of Hunter's death, two years after the records had arrived in the new Chancery Lane building, most of the records had been sorted. Hunter arranged all the variety of tax documentation into one large class, with other large groups of documents among the 'ancient miscellanea' similarly classified together. The other classes formed from the miscellanea include E 101 (various accounts), E 122 (customs accounts), SC 6 (ministers' accounts), SC 2 (court rolls), E 136 (escheators' accounts), E 178 (commissions of enquiry), E 199 (sheriffs' accounts) and E 163 (miscellanea). The large collection of certificates of residence (E 115), which are documents intended to prevent the double-charging of individuals liable to pay subsidies who moved from one county to another, and relate mainly to the reigns of Elizabeth I and James I, could easily have become part of E 179, since they are records created as part of the administration of those taxes. The class still includes a number of them, but they are strays which somehow escaped inclusion in the main collection, which was arranged in its present form between 1891 and 1896. The class of tax records was originally intended to end at the death of Elizabeth I in 1603, but was before long extended to end in 1689, when on Lady Day the last collection of the hearth tax was made.

In 1841, Hunter wrote that he considered these documents to 'afford the best information that can now be collected concerning the ancient taxation of the country', and

---

① *Ibid.*, p.72.

accordingly arranged them under the tax to which they related in an inventory which began to be printed in four successive reports of the deputy keeper of public records to parliament, but was then abandoned in 1844. He was also however aware that they contained 'the best information which is now to be obtained concerning the distribution of population and wealth at various periods of time'. The evidence they gave about particular localities was evidently considered by his successors to be of overriding importance, since when in 1863 an arrangement of the tax records was made generally available to researchers at Chancery Lane, it was in rough county and date order. The means of reference were the original sorting slips, annotated with the numerical references that had been given to the documents, each consisting of a notional bundle number, which represented the numbers of the large boxes in which they were then stored, followed by a sub-number identifying the individual document. Sorting of further documents continued into the early 1870s, when it seems to have petered out for a while. Between 1893 and 1900 a multi-volume manuscript list, arranged by county and giving only very basic details of each document in the 1863 arrangement, was compiled to replace the slips. It listed the documents up to and including bundle 242. For the first time, information was given as to which documents included the names of individual tax payers. Newly identified material was added between 1893 and 1896, and bundles 277 - 361 in 1923. In 1925 - 6 the manuscript list completed in 1900, by then much amended and annotated, was typed up in 9 volumes, to bundle 362, with bundles 363 to 368 noted as unarranged, but no re-examination of the documents was undertaken and the archival references remained the same. Subsequently at various dates between 1939 and 1984 a few further items were added.

That list finished in 1926, and the mid- to late nineteenth-century references and information it contains, remains the basic means of access to all but a few of the records. Since 1926 some further items have been identified and added, and basic descriptions of them made available in supplements to the main list. A number of documents have been published, mainly by county record societies, or have been given extensive conservation treatment and at the same time subjected to detailed analysis, but they are a tiny fraction of the whole collection. The overwhelming majority of the lesser items in the class have never been examined since the initial sorting was done over a century ago, and the collection as a whole has never been systematically examined. That has been so despite the great increase in knowledge of the history of taxation and the growing use of these records by a variety of types of researcher other than historians of state finance.

The work of many users has often been hindered rather than assisted by the existing list. Its many inaccuracies have been frequently revealed, particularly in respect of the dates assigned to many of the documents which do not themselves bear dates. Some documents are ascribed to the wrong tax. The list attracts more corrections from users than any other list of pre-1700 records, and now includes many manuscript amendments and corrections. It has also proved to be very inefficient for coping with the increasing numbers of users wishing to identify material relating to particular places, because it is not sufficiently detailed. It is not even in numerical reference order and, despite its size, it has no indexes, and can be difficult to use even for those experienced in navigating their way through it. It certainly contributes to the increasing physical wear and tear on the documents themselves, because of the number of speculative and frequently fruitless searches it necessitates by those seeking particular information, or others seeking merely to confirm that the records contain no information relevant to their research.

The PRO has long been only too painfully aware of the inadequacy of the means of reference to such an important collection of records, but lacked the resources to contemplate editorial work on the scale needed to make a significant improvement to it. Until a few years ago it did not even have any clear idea of the number of individual documents contained within this class. At the end of the 1980s it was determined that something should be done, and that the means to do so would have to be through cooperation with some of the academics whose own work would stand to benefit by significant improvement in the means of reference. A small advisory committee of academic historians from several universities with research interests in the tax records was brought together to help decide what could be done to improve the means of access to the records. As a first step, private funds and some internal resources were found to mount a pilot project to provide data to estimate how large the task was and how long it would take to undertake a comprehensive examination and listing of all the documents in the collection. That project took place in 1991, and produced the information that there were almost exactly 30,000 documents to be dealt with, most of them relating to lay taxes, and that work on all the lay taxes would take about 23 person years to complete.

A successful application was made to the Leverhulme Trust in 1994 by Dr Robin Glasscock and Professor Barrie Dobson of the University of Cambridge for funding to examine and accurately describe the documents relating to the six counties surrounding London (Essex, Hertfordshire, Kent, Sussex, Surrey and Middlesex). Work began in the PRO at the beginning of 1995, using a database to record the information about the documents and the taxes to which they related. That work was completed early in 1997, when work on the records relating to eight counties in the Midlands (Nottinghamshire, Derbyshire, Lincolnshire, Leicestershire, Rutland, Northamptonshire, Warwickshire and Staffordshire) began with the assistance of further funding generously provided by the Leverhulme Trust. Work on six more counties of the South Midlands also began in 1997, funded by the Economic and Social Research Council. It is intended subsequently to deal with the remaining English counties, the lay taxation documents relating to Wales, and the records of clerical taxation relating to both countries.① Descriptions of the documents already dealt with will be made generally available in county sections as they are completed and will be accessible by remote access via the World Wide Web. Historians of taxation will benefit progressively from this work for many years to come.

---

① A detailed list of lay taxes has been compiled and published: M. Jurkowski, C. L. Smith and D. Crook, *Lay Taxes in England and Wales, 1188–1688* (London, 1998).

附录Ⅱ　西班牙西印度群岛的财政管理体制与殖民地财政账册

约翰·杰伊·特帕斯科(John Jay TePaske)

到了18世纪,西班牙皇家金库(cajas)或者财政管理机构的触角实际已经遍布西(班牙)属西印度群岛,负责收税和税收支出的皇家财政官吏也要负责新世界不同财政区的记账工作。西属西印度群岛的很多存世账册是16世纪的账册,因此提供了反映西班牙帝国美洲发展史长达3个世纪的财政档案文献。本附录第一部分旨在介绍西班牙美洲皇家财政管理机构的组织机制和职能,第二部分简要讲述20年致力于采用一种机器可读格式把西班牙美洲殖民地皇家财政账册(cartas cuentas)编纂成可供现在和将来使用的财政数据的简短历史,并且说明研究人员使用这些数据可能会遇到的问题和应该注意的误区。[①]

财政区是西班牙美洲殖民地财政体系中的基本单位。[②] 随着对西印度群岛控制的逐

① 本附录旨在向那些不熟悉西班牙美洲殖民地皇家财政账册内容的读者做一简单介绍。已经出版的多卷西班牙美洲皇家财政数据集已经在引言中介绍过西班牙美洲皇家财政(*real hacienda*)的组织机制和职能以及账册的内容,特别请参阅J. J. TePaske和H. S. Klein合著的《西班牙帝国在美洲设立的皇家金库:I. 秘鲁;II. 上秘鲁;III. 智利和拉普拉塔河流域》(*The Royal Treasuries of the Spanish Empire in America*, I *Peru*; II *Upper Peru*; ill *Chile and the Río de la Plata*, Durham, NC, 1982);以及《新西班牙皇家财政收入与支出》上、下两卷(*Hacienda de Nueva Espana*, 2 vols, México, D.F., 1986-8)。本附录作者最近在联合国教科文组织组织撰写的《拉丁美洲通史》(*Historia general de America Latina*,即将出版)第四卷第二章《殖民地税收危机》(*La Crisis de la fiscalidad colonial*)介绍了西班牙美洲殖民地皇家财政在18世纪的演化情况。

② 关于西班牙帝国财政体系发展的材料可从很多原始文献和二手文献中找到。关于西班牙帝国财政体系的早期发展,请参阅文献:I. Sanchez Bella, *La administración financiera de las Indias* (*siglo xvi*) (Seville, 1968)。关于规范西班牙皇家财政体系运行和皇家财政官员职责的不同法律的最有用文献是:*Recopilación de leyes de los Reynos de las Indias*, 3 vols. (Madrid, 1943),尤其是Libro XVII (vol. ii); G. de Escalona Agüero, *Gazofilacio real de Perù*, *tradado fiananciero de coloniaje*, (转下页)

渐稳固，西班牙王室在这个群岛的各主要港口城市、矿区、区域性行政管理—市场中心和主要军事前哨基地设立了皇家金库或者皇家财政管理机构。西班牙帝国美洲殖民地的皇家财政管理机构虽然由于财政区规模、地理位置和财政重要性以及管理官员的能力不同而存在一些细微的差异，但在很大程度上以相同的方式运行。会计师(contador)和司库(tesorero)是美洲殖民地各皇家金库的两个最重要财政官员，他们被通称为“皇家官员”(oficiales reales)。会计师负责在两本账簿——一本是分类账簿(libro manua)，专门记录不同税收的日常收入和支出；另一本是复合账簿(libro mayor)，专门按税收类别(ramo)和财政区税收收入和支出类别记录会计期间发生的分类账。这些分类账构成了西班牙皇家财政数据集合的主体。

皇家金库的会计师和司库各司其职，会计师负责确认所有的财政交易，监督记账工作，并且掌管由三把锁锁着的皇家金库(即所谓的“caja”)大门的一把钥匙。司库负责皇家金库的安全，并且实际收进和支出税收收入。司库实际从金库支取现金时必须有会计师和第三个保管皇家金库第三把钥匙的官员在场。在西班牙美洲，有矿产的财政区还配备试金师(ensayador)和冶炼师(fundador)各 1 名，但会计师和司库在他们供职的财政区扮演关键角色。在西班牙殖民地主要的皇家财政机构，特别是在利马(Lima)、波哥大(Bogotá)、布宜诺斯艾利斯(Buenos Aires)和墨西哥城(Mexico City)等负责结算的皇家财政机构还有许多低级会计师、公证人、抄写员和簿记员协助会计师和司库这两个皇家金库的主要财政官员工

(接上页) 4th edn. (La Paz, 1941); Alfonso Garcia Gallo, ed., *Cedulario indiano. Recopilado por Diego de Encinas Oficial Mayor de La Escribanía de Camara del Consejo Supremo y Real de las Indias, Libro Tercero* (Madrid, 1946), pp.244 - 323; Juan de Solórzano Pereyra, *Política indiana*, II (Madrid, 1739), pp.423 - 521; Fabián de Fonseca and Carlos de Urrutia, *Historia general de Real Hacienda*, 6 vols. (México, 1845 - 53); Alberto María Carreño, ed., *Compendio de la historia de Ia Real Hacienda de Nueva España, escrito en el año 1794 por Don Joaquín Maniau* (México, 1914); Manuel Josef de Ayala, *Dicionario de gobierno y legislación de Indias*, 2 vols. (Madrid, 1929); José Canga Argüelles, *Diccionario de Hacienda para el uso de los encargados de la suprema dirección de ella*, 5 vols. (London, 1826 - 7). See also Amalia Gómez Gómez, *Las visitas de la Real Hacienda novohispana en el reinado de Felipe V (1710 -1733)* (Seville, 1979); Miguel Artola, *La hacienda del antiquo régimen* (Madrid, 1982); Guillermo Céspedes del Castillo, 'Reorganización de hacienda peruana en el siglo xviii', *Anuariode Derecho Espafñol*, 123 (1955), 229 - 69; H. S. Klein, 'Structure and Profitability of Royal Finance in the Viceroyalty of the Rio de la Plata in 1790', *Hispanic American HiStorical Review*, 53 (August 1973), 440 - 69; S. Amaral, 'Public Expenditure Financing in the Colonial Treasury: An Analysis of the Real Caja de Buenos Aires Accounts, 1789 - 1791', *Hispanic American Historical Review*, 64 (May 1984), 287 - 95 (and the commentary by H. S. Klein, J. E. Cuenca, J. R. Fisher and J. J. TePaske, pp.297 - 322); and H. S. Klein and J. Barbier, 'Recent Trends in the Study of Spanish American Colonial Public Finance', *Latin American Research Review*, 23 (1988), 35 - 62。

作。西班牙皇家法律对皇家财政官员的行为和职业操守进行了严格的规范，甚至对他们适婚对象都有严格的规定。1605年，西班牙美洲殖民当局依照国王敕令在利马、墨西哥城和波哥大圣达菲(Santa Fe de Bogota)设立了名叫"财政法院"(tribunales de cuentas)的殖民地审计局负责财政监察，对西班牙美洲殖民地的财政账册进行审计，然后报送西班牙本土西印度群岛委员会皇家审计局(contaduría)进行严格的复审。因此，这些西班牙美洲殖民地审计局就成了另一类确保诚信、高效管理殖民地皇家金库的审查机构。

西班牙美洲殖民地的皇家财政官员负责在殖民地征收多种不同的税收。在像墨西哥卡萨特卡斯(Zacatecas)或者上秘鲁波托西(Potosi)这样的产矿区，各种矿业税(如 cohos，quintos，diezmos，tres porciento de oro，ensaye，sefioreage，real de aumento，real en marco de minerfa 等)能产出很多收入。在像古巴的哈瓦那(Havana)和圣地亚哥(Santiago)或者墨西哥的维拉克鲁斯(Veracruz)、坎佩切(Campeche)和阿卡普尔科(Acapulco)，菲律宾的马尼拉(Manila)以及拉普拉塔河流域的布宜诺斯艾利斯，进出口关税(almojarifazgos)和用于维护无敌舰队和军用运输船的船税收入成了一个主要的收入来源。在西印度群岛大部分地区征收的各种销售税(alcabalas)和什一税(novenas)全部上缴皇家金库，但也要由殖民地皇家财政官员记入账册。① 虽然印第安人几乎不用缴纳课征于当地其他居民的各种税收，但要缴纳贡品和贡金(media real de ministros and media real del hospital or tomín del hospital)供养他们的法定保护人和当地的慈善机构。皇家官员要向所有新上任的殖民地官员收取后者半年的俸银(medias anatas)，还有卖官收入(oficios vendibles y renunciables)，并且在战时或者其他危机时期加收俸银捐(cuatro，cinco，o diez porciento de salarios)。那些在西印度群岛购买爵位的贵族也要向皇家金库捐钱才能享受贵族的特权(titulos or tftulos de Castilla)。皇家专卖事业通常发包给私人承包商(asentista)，私人承包商要支付规定数额的包银才能取得在规定时期里出售雪(nieve)或纸牌(naipes)或者发行彩票和经营斗鸡(gallos or coliseo de gallos)的权利。所有的合法交易都必须缴纳印花税，而印制印有皇家印章的印花税票(papel sellado)就成了另一项皇家专营事业。在有矿产的财政区，皇家独家垄断的水银(azoque)销售收入也要记入皇家财政分类账。西班牙西印度群岛皇家金库还要收取商店或酒馆经营许可费(pulperlas)、土地产权证(composición de tierras)认证费、外国人居留(composición de extranjeros)许可费以及抚恤金和伤残补助金(montepios and invalidos)缴费(这项缴费通常从俸银和薪水中扣缴)。在西印度群岛皇家金库的账簿上还

---

① *Alcabalas* and *almojarifazgos* were Moorish terms for taxes adopted in late medieval times by the Castilian monarchy. *Novenas* constituted the two-ninths of one half of the ecclesiastical tithes as contributions to the crown. Oftentimes *novenas* were listed in the accounts as *dos novenos*.

记有强制或自愿捐款(donativos)和借款(prestamos or emprestitos)、罚没走私商品销售收入、1767年后充公的耶稣会不动产(emporalidades)变卖收入以及各种不同的烈酒(aguardiente, bebidas prohibidas, pulque, vino mescal sambumbia)进口关税收入。作为非经常收入(extraordinario)收进的收入包括各种不适合归入常规财政收入类别的特别税和关税收入(常常数额可观),捐班官员和其他人支付的捐班和其他保证金(depositos)也都要上缴皇家金库。

从财政的角度看,我们必须始终牢记,西班牙教会是国家万能论的追随者,西班牙西印度群岛的教士也要承担他们那部分税收负担——新到西印度群岛的教士要缴纳1个月的圣俸(mesada eclesiastica)。在1777年以后,除主教以外的全部高薪教士(media anata eclesiastica)都要缴纳高达半年圣俸的税金。皇家财政官员还利用主教和下级教士空缺的圣俸(vacantes mayores and vacantes menores)、出售赎罪券(hulas de santa cruzada and bulas cuadragesimales)、征收教士特别津贴(subsidios eclesitisticos)以及按照卡洛斯三世(Carlos III)的敕令对所有殖民地主教职位征收定额捐——一种西班牙王室在18世纪70年代征收的强制性缴费——来创收。

西属西印度群岛的皇家财政官员为了各种不同的用途支用收入。防卫支出包括陆军、海军和民兵的军饷,防御工事修建费用,武器弹药、军装和营房以及汇给像新西班牙路易斯安那和卡门要塞(Presidio del Carmén)、智利瓦尔迪维亚(Valdivia)和智鲁岛(Chiloé)以及巴拿马地峡两岸的巴拿马和波多贝鲁(Puertobelo)这些西班牙美洲殖民帝国的边远地区的特别津贴——因为西班牙驻军在那里保护西班牙利益,但却没有任何其他收入来源。西印度群岛皇家金库还要负责给像哈瓦那、波多黎各、圣多明各(Santo Domingo)和卡塔赫纳(Cartagena)这些防卫是帝国关心的头等大事的要塞提供特别津贴。西印度群岛各财政区的皇家官员还要负责支付他们所在财政区除总督以外的主要行政官员的俸银,财政官员自己的办公经费支出——如钢笔、墨水、纸、办公桌和账册,办公室租金或者购买办公楼的资金——以及官员外出视察的差旅费(gastos de visitadores)。在像波哥大、布宜诺斯艾利斯、利马和墨西哥城这样设总督府、皇家官僚机构比较集中的重要城市,行政官员的俸银和办公经费等支出必然较多。在像秘鲁的帕斯科(Pasco)或者墨西哥的卡萨特卡斯和杜兰戈(Durango)这样的大多数矿产中心,财政行政费用非常少,通常能实现巨大的财政盈余。它们通常要把财政盈余上缴设总督府的皇家财政中心金库,然后再分配给西班牙殖民帝国其他地区或者汇回西班牙本土。皇家财政支出也包括国家对教区和传教工作、医院、孤儿院、贫民院、神学院、学校(colegios)和大学的资助以及公共建筑物的修缮费用。原则上,西印度群岛的税收收入在支付了当地的全部支出以后剩下的全部盈余都要汇回西班牙本土。

18世纪末在西班牙美洲运行的财政网络[①]的存在证明了西班牙王室旨在有效管理其海外财政事务的决心。新西班牙(墨西哥)分别在阿卡普尔科(Acapulco)、阿里斯佩(Arispe)、波拉尼伯斯(Bolanos)、坎佩切(Campeche)、奇瓦瓦(Chihuahua)、杜兰戈(Durango)、瓜达拉哈拉(Guadalajara)、瓜纳华托(Guanajuato)、梅里达(Mérida)、墨西哥城、米乔肯(Michoacán)、瓦哈卡(Oaxaca)、帕丘卡(Pachuca)、卡门要塞(Presidio del Carmen)、洛杉矶的普埃布拉(Puebla de los Angeles)、罗萨里奥(Rosario)、萨尔提略(Saltillo)、圣路易斯波托(San Luis Potosí)、索姆布雷雷特(Sombrerete)、塔巴斯克(Tabasco)、维拉克鲁斯(Veracruz)、萨卡特卡斯和基马潘(Zimapán)设立了23个皇家金库。下秘鲁(现在的秘鲁)同期只设立了阿雷基帕(Arequipa)、库斯科(Cuzco)、瓦曼加(Huamanga)、利马(Lima)、普诺(Puno)、特鲁希略(Trujillo)和维科—帕斯科等7个皇家金库。上秘鲁(现在的玻利维亚)设立了阿里卡(Arica)、卡兰加斯(Carangas)、查尔卡斯(Charcas)、丘奎图(Chucuito)、克恰班吧(Cochabamba)、拉巴斯(La Paz)、欧鲁罗(Oruro)、伯托西(Potosí)和拉谢拉的圣克鲁斯(Santa Cruz de la Sierra)等9个皇家金库。除了布宜诺斯艾利斯很早就设立的皇家财政机构以外,18世纪普拉塔河流域的蓬勃发展使得皇家财政机构又增设到了以下13个行政区:卡塔马卡(Catamarca)、土库曼的科尔多瓦(Cordoba de Tucuman)、科连特斯(Corrientes)、拉里奥哈(La Rioja)、马尔多纳多(Maldonado)、蒙得维的亚(Montevideo)、巴拉圭(Paraguay)、萨尔塔(Salta)、圣胡安(San Juan)、桑塔(Santa)、菲德维拉克鲁斯(Fe de Veracruz)、圣地亚哥—德尔埃斯特鲁(Santiago del Estero)和土库曼(Tucuman)。在智利以西,也就是在基洛(Chiloe)、康塞普西翁(Concepcion)、门多萨(Mendoza)、圣地亚哥(Santiago)和瓦尔迪维亚(Valdivia)等地也设立了5个皇家财政机构。昆卡(Cuenca)、瓜亚基尔(Guayaquil)和基多(Quito)这三地的皇家财政机构负责监管西班牙王室在厄瓜多尔的财政利益,而新格拉纳达(哥伦比亚)总督辖区有12个甚至更多的皇家财政机构,而设在波哥大圣菲(Santa Fe de Bogota)的矩阵形皇家财政管理机构(matrix treasury)要管辖安蒂奥基亚(Antioquia)、巴瓦克阿斯(Barbacoas)、卡塔赫纳(Cartagena)、卡塔戈(Cartago)、洪达(Honda)、麦德林(Medellín)、诺维塔斯(Novitas)、潘普洛纳(Pamplona)、巴拿马(Panamá)、

---

① 我们很难确定某个西班牙美洲皇家财政管理机构具体在什么时候开始或者停止运行。由于缺乏其他信息,因此,我们假定西班牙美洲的皇家财政管理机构从开始做账就算设立并开始运行。但据我们所知,墨西哥、利马和其他西班牙美洲殖民地中心城被征服以后就开始做账。西班牙美洲各地区的皇家财政管理机构数量经常变化,因此很难确定具体某个财政机构是在什么时候停止运行的。例如,西班牙设在下秘鲁的皇家财政管理机构到了18世纪实际上有所减少;同样,有些皇家财政管理机构存续时间很短,如17世纪设在秘鲁卡斯特罗韦雷纳(Castrovirreyna)和查查波亚斯(Chachapoyas)的西班牙皇家财政机构就是很好的例子。

波帕扬(Popáyan)、普埃托贝罗(Puertobelo)、里奥阿查(Rio Bacha)、里奥内格罗(Rio Negro)和圣玛尔塔(Santa Marta)等财政区。18 世纪委内瑞拉经济快速增长,促使西班牙皇家财政体系在那里实施扩张:西班牙美洲殖民当局至少在委内瑞拉加拉加斯(Caracas)、科罗(Coro)、巴里纳斯(Barinas)、拉瓜伊拉(La Guaira)、卡巴略港(Puerto Caballo)、库马纳(Cumana)、圭亚那(Guayana)、玛格丽塔(Margarita)和马拉开波(Maracaibo)等地设立了 9 个财政管理机构。西班牙美洲殖民当局另外还在中美洲恰帕斯(Chiapas)、科马亚瓜(Comayagua)、危地马拉(Guatemala)、尼加拉瓜利昂(Leon de Nicaragua)、莫斯地奎托斯(Mosquitos)、特鲁西略港(Puerto de Trujillo)、奥莫阿的圣费尔南多(San Fernando de Omoa)、圣萨尔瓦多(San Salvador)和索索南特(Sosonante)等地至少也设立了 9 个皇家财政管理机构。在西班牙占领的加勒比地区,西班牙属圣多明哥、波多黎各和特立尼达的德巴洛维托都有西班牙皇家财政官员在各自负责的财政机构保护皇家财政利益。而在西班牙皇家财政部实现了引人注目的扩张的古巴,西班牙皇家财政管理机构从 17 世纪末的 2 个(古巴的圣地亚哥和哈瓦那)增加到了 19 世纪初覆盖全岛的 21 个[阿雷纳斯河布兰科河谷(Arroyo Blanco y Arroyo Arenas)、巴拉克阿(Baracoa)、巴塔瓦诺(Batabano)、巴亚莫(Bayamo)、瓜纳瓦科阿(Guanabacoa)、关塔那摩(Guatanamo)、奥尔金(Holguín)、马坦萨斯(Matanzas)、加罗林群岛(Neuva Filipinas)加罗林群岛(Neuva Filipinas)、奎内斯的朱利安釜山(PuSan Julian de Guínes)、圣克拉拉(Santa Clara)、罗萨里奥的圣玛利亚(Santa María del Rosario)、圣斯皮里图斯(Sancti Spiritus)和特立尼达(Trinidad)]。西班牙向远在西太平洋的菲律宾马尼拉派驻皇家财政官员来监管本国的财政事务。

这个庞大的财政管理体系不但把皇家财政控制权扩展到了西印度群岛的每一个角落,而且同时也发展了区域性财政网络。在新西班牙,墨西哥城的矩阵形财政管理机构负责掌控掌西班牙美洲的财政全局,并且通过区域性机构把罗萨里奥、洛斯阿拉莫斯(Los Alamos)、科萨拉(Cosalá)和阿里斯佩(Arispe)同瓜达拉哈拉(Guadalajara)紧密地联系在了一起,同时也把萨尔迪略(Saltillo)这样的财政前沿地区与圣路易斯波托西紧密地联系在了一起。在墨西哥的其他地方,如东海岸的维拉克鲁斯(Veracruz)也与坎佩切(Campeche)、梅里达(Merida)和塔巴斯科(Tabasco)保持着密切的联系,就如同杜兰戈与奇瓦瓦和新西班牙内陆省份那样。在秘鲁,利马的矩阵形财政管理机构在 16 和 17 世纪掌控了上、下秘鲁的皇家财政管理网络。但到了 18 世纪初,早在 1776 年拉普拉塔河流域设立总督府之前,随着波托西成为矩阵形财政管理机构在上秘鲁的中间站,并且把资金用于西班牙不断对拉普拉塔河流域的渗透上,上秘鲁的财政管理已经向东与布宜诺斯艾利斯靠拢。在厄瓜多尔,昆卡财政管理机构与基多财政管理机构建立了联系,而基多财政管理机构到了 18 世纪末，与波哥大和新格拉纳达的关系远远要比它与利马的关系更加密切。瓜亚基尔(Guayaquil)与利马保持着比较密切的财政关系，并且在1803年变成了秘鲁的一个财政区。在西印度群岛的其他地方。也出现了其他组织机构，但总的来说，为了满足先是本财政区，然后是区域，最后是包括西班牙本土在内的整个西班牙帝国在行政、宗教、军事、慈善和教育等方面的需要，西班牙美洲财政体系也与某个其他领域的区域性网络相互建立了联系。

Compilation of the royal accounts began over thirty years ago, stemming from research I was carrying on in Spain and Latin America for a book — still unwritten — on Bourbon reforms in the viceroyalty of Peru during the early eighteenth century. In tune with a strong desire to rationalise and control colonial administration more closely and to garner a greater share of the wealth being produced in the Indies, the early Bourbons imposed a number of reforms in Peru. One came in 1724 when royal tax collectors, *tesoreros* and *contadores*, replaced tax farmers (*asentistas*) who, for a fixed contribution to the treasury, had previously collected sales taxes (*alcabalas*). Eight years later, in 1736, hoping to increase silver production and prevent smuggling, Philip V reduced the tax on silver production in Peru from 20 per cent to 10 per cent. For the purpose of measuring the effectiveness of these changes quantitatively — the immediate effect was not as great as might be supposed — the royal accounts of Lima for the years from 1700 to 1760 reposing in the *condaduría* section of the Archivo de Indias in Seville proved particularly illuminating, but they also gave rise to many broader questions. How, for example did the period 1700 - 60 in Peru compare with the sixty years preceding and the sixty years following? Also, broadening the scope of the questions, how did the fiscal structure of the two major viceroyalties of Peru and New Spain compare during the colonial period? How did income and expenditures vary from region to region across the whole empire? What were the rhythmic ebbs and flows in fiscal affairs in these areas? Additionally, what were the major imperial priorities as reflected in spending patterns?

In 1975, therefore, to answer some of these questions, with Prof. Herbert S. Klein of Columbia University and the generous aid of the Tinker Foundation and National Endowment for the Humanities, we began compilation of the royal accounts of New Spain, Peru, the Río de la Plata and Chile. Aided by a team of researchers who worked first in Seville and then in the national archives of the various regions throughout Latin America, we completed the first portion of the project in 1982 when three volumes of data were published by Duke University Press for the South American treasuries, followed soon after by publication of the Mexican accounts in 1986 and 1988 by the National Institute of Anthropology and History in Mexico.① Parenthetically, Latin American and European scholars urged us to publish the accounts rather than to leave them solely in a machine-readable database; publication, they argued, provided access to the accounts by those who were not computer literate or did not have computers readily available. Subsequently, with a grant from the Banco de España, Prof. Alvaro Jara of the University of Chile and I began garnering the royal accounts of eighteenth-century Ecuador and eighteenth-century New Granada. The volume of Ecuadorian accounts for Cuenca, Guayaquil, Quito and Jaén de Bracamoros was published by Duke University Press in 1990.②

Professor Jara and I have made steady progress toward the creation of additional data sets for the Spanish Caribbean (virtually completed), New Granada, Venezuela, Central America and the Philippines. Once these are compiled and put into machine-readable form, the project will be finished (see table 17.1 for progress to date).

Table 17.1 Data Sets of Royal Accounts for the Spanish Indies

Those entries marked with an asterisk are not yet ready for dissemination. The accounts for Chile, Ecuador, New Spain, Peru, the Río de Plata and Upper Peru are available from the European State Finance Database Project (for which see below, pp. 447ff). The accounts for Central America, Cuba, New Granada, the Spanish Caribbean and Venezuela will be available from the European State Finance Database Project shortly. The present author would be glad to answer questions about these data sets. His e-mail address is 〈jjay@acpub.duke.edu〉

Central America

* Comayagua (1780 - 5)	* San Fernando de Omoa (1764 - 92)
* Guatemala (1771 - 1807)	* San Salvador (1786 - 1809)
* León de Nicaragua (1770 - 1801)	* Sosonante (1790 - 1800)
* Puerto de Trujillo (1796 - 1802)	

① See above, n.1.

② Alvara Jara and J. J. TePaske, *The Royal Treasuries of the Spanish Empire in America*, IV *Eighteenth-Century Ecuador* (Durham, NC, 1990).

续表

Chile	
Chiloé (1782 - 1817)	Santiago (1613 - 1810)
Concepción (1708 - 1810)	Valdivia (1769 - 1810)
Mendoza(1778 - 1814)	
Cuba	
* Arroyo Blanco y Arroyo Arenas (1765 - 1825)	* Puerto Principe (Camagiiey) (1708 - 1825)
* Baracoa (1762 - 1819)	* San Juan de Jaruco (1789 - 1825)
* Bayamo (1703 - 1819)	* San Juan de los Remedios (1743 - 1825)
* Cuba (Santiago) (1669 - 1825)	* San Julián de Güines (1784 - 1825)
* Guanabacoa (1765 - 1825)	* Santa Clara (1743 - 1825)
* Havana (1560 - 1825)	* Santa María del Rosario (1764 - 1825)
* Holguín (1759 - 1825)	* Sancti Spiritus (1704 - 1825)
* Matanzas (1757 - 1825)	* Trinidad de Cuba (1704 - 1810)
* Nueva Filipinas (1787 - 1824)	
Ecuador	
Cuenca (1722 - 1803)	Jaén de Bracamoros (1762 - 92)
Guayaquil (1714 - 1804)	Quito (1702 - 1813)
New Spain (Mexico)	
Acapulco (1590 - 1809)	Pachuca (1667 - 1806)
Arispe (1781 - 1813)	Presidio del Carmén (1774 - 1816)
Bolaños (1755 - 1803)	Puebla de los Angeles (1789 - 1816)
Campeche (1716 - 1815)	Rosario/Los Alamos/Cosalá (1770 - 1813)
Chihuahua (1785 - 1814)	Saltillo (1794 - 1816)
Durango (1599 - 1813)	San Luis Potosí (1628 - 1806)
Guadalajara (1568 - 1816)	Sombrerete (1683 - 1816)
Guanajuato (1665 - 1816)	Tabasco (1605 - 1811)
Mérida (1609 - 1816)	Veracruz (1569 - 1808)
México (1576 - 1816)	Zacatecas (1568 - 1821)
Michoacán (1788 - 1805)	Zimapán (1729 - 1806)
Oaxaca (1790 - 1806)	
New Granada (Colombia)	
* Cartagena (1761 - 1801)	* Santa Fe de Bogotá (1700 - 1808)
* Popayan (1721 - 1800)	
Peru	
Arequipa (1599 - 1817)	Jauja (1730 - 85)
Cailloma (1631 - 1779)	Lima (1580 - 1820)

续表

Carabaya (1690 - 1796)	Piura y Paita (1606 - 1779)
Castrovirreyna (1600 - 52)	Puno (1803 - 22)
Chachapoyas (1627 - 39)	Saña (1701 - 76)
Cuzco (1577 - 1822)	San Juan de Matucana (1721 - 9)
Huamanga (1764 - 1819)	Trujillo (1601 - 1817)
Huancavelica (1577 - 1783)	Vico y Pasco (1670 - 1820)
Río de la Plata	
Buenos Aires (1634 - 1809)	Montevideo (1770 - 1809)
Catamarca (1760 - 1816)	Paraguay (1772 - 1808)
Córdoba de Tucuman (1760 - 1818)	Salta (1760 - 1817)
Corrientes (1771 - 1813)	San Juan (1779 - 1814)
Jujui (1749 - 83)	Santa Fe de Veracruz (1771 - 1815)
La Rioja (1760 - 1813)	Santiago del Estero (1760 - 1817)
Maldonado (1786 - 1806)	Tucumán (1760 - 1817)
Spanish Caribbean	
* Puerto Rico (1697 - 1775)	* Trinidad de Barlovento (1701 - 1805)
* Santo Domingo (1698 - 1795)	
Upper Peru (Bolivia)	
Arica (1634 - 1819)	La Paz (1624 - 1824)
Carangas (1652 - 1819)	Oruro (1609 - 1809)
Charcas (1773 - 1824)	Potosí (1560 - 1823)
Chucuito (1658 - 1800)	Santa Cruz de la Sierra (1781 - 1802)
Cochabamba (1773 - 1809)	
Venezuela	
* Caracas (1713 - 1803)	

For many *cajas* which have already been compiled, the scope and completeness of the account data are amazing, testifying both to the thoroughness of our research team and the dedication of the original treasury officials who kept or audited the accounts during the colonial epoch. The Potosí treasury accounts, for example, begin in 1560 and end in 1823; only 19 years are missing, eight for the epoch in independence. For the matrix treasury of Lima, a series running for 240 years from 1580 to 1820, only eight years are lacking. The same is true for the *cartas cuentas* of the *caja* of Mexico from 1576 to 1816, with a lacuna of only nine accounting years. The series for Guadalajara in Mexico is complete for the eighteenth century, as is the series of Santiago de Chile and Buenos Aires during the same epoch. This is particularly remarkable since a fire ravaged the *contaduría* section of the Archivo de Indias in 1924, resulting in the burning, charring and blurring with water of many of the accounts which are now no longer accessible to researchers in Seville.

On the other hand, there are gaping holes for some treasuries. For example, the accounts for Arequipa in southern Peru, which begin in 1599, have sixty years missing, mostly for the seventeenth century. Fewer are lacking for Arequipa's northern counterpart, Trujillo, but the gaps are still wide, as they are for Cuzco in the high Andes. As a rule, from the sixteenth to the eighteenth century, those treasury districts farthest from the viceregal centres have the greatest gaps. For the early nineteenth century, the lacunae are greatest for those areas most directly affected by the fighting during the wars of independence.

At the outset, it should be stressed that the accounts have been compiled and published just as they were set down by the original accountants.① The account data were not changed in any way except to be alphabetised, standardised as to entry, and the entry amounts rounded off to the nearest *peso*, all as an aid to the researcher. Otherwise, they represent the ledgers exactly as the *contadores* of the sixteenth, seventeenth and eighteenth centuries actually penned their revenues and expenditures. The accounts have not been 'cooked' in any way.②

The user should be cautious, however, and become aware of problems which might arise in analysis of the account data. Here are some examples. In isolated regional *cajas*, accountants were often unschooled and unaware of standard accounting practices. They sometimes listed only *net* income without indicating expenditures at all. Moreover, amounts set down on the disbursement side of the ledgers do not reveal what the sum listed was actually spent on, only the *ramo* from which the money was expended. It might be assumed that an expenditure listed as tribute would be used for *sínodos*, support of the clergy serving the Indians; but closer analysis reveals that tribute income was also used for many other purposes. Until the 1790s, in fact, except for the matrix treasuries and key military

---

① For a more detailed discussion, see J. J. TePaske, 'The Records of the King's Countinghouse: Problems and Pitfalls', *Latin American Economic History Newsletter*, 1 (December, 1991), 5-8.

② Prof. David Brading has raised this issue in 'Facts and Figments in Bourbon Mexico', *Bulletin of Latin American Research*, 4[1] (1985), 61-4. For a rejoinder, see R. Garner, 'Further Consideration of Facts and Figments in Bourbon Mexico', *Bulletin of Latin American Research*, 6[1] (1987), 55-63.

outposts and ports such as Havana, entries on the outgoings side of the ledger were more often than not simply a listing of what was spent from an individual *ramo*, not the specific purposes for which the money was allocated. Expenditures in the Lima, Mexico and Veracruz accounts may also be deceptive. The accounts for all three normally had an entry 'remitted to Spain' or 'remitted to Castile' (*remitido a Espana* or *remitido a Castilla*). This consisted of surplus revenues being sent to Spain from the Indies on royal account. But other moneys were remitted as well from the sale of offices and indulgences, salary taxes (*medias anatas*), the tithe portion allocated to the king, and the revenues from the sale of stamped legal paper. In the sixteenth and seventeenth centuries in particular, these were listed separately on the expenditure side, but not as remissions to Spain. There is some evidence, too, that in the eighteenth century these moneys were retained in the Indies to support colonial defence and local religious, charitable and educational needs.

In 1786 the crown imposed the double-entry book-keeping system in the Spanish empire, which created chaos among royal treasury officials. The new system also brought with it a new accounting category called *real hacienda en comùn*, which was used in different — and strange — ways by various treasury officials and often led to double listing of revenues. In addition, in the late 1790s, royal accountants in Mexico began listing carryover income from previous years as if it were yearly revenue. For example, in 1796 the Mexican *contadores* reported income of 223,000 *pesos* from the sale of indulgences and 141,000 *pesos* as the crown's share of the tithe. Two years later these accountants reported 8.6 million *pesos* income from indulgences and 7.2 million from tithes, sums which included *both* annual income *and* the amounts still on deposit in the indulgence and the tithe *ramos* from previous years.

Sometimes entries are not what they seem on the surface. In Lima after 1785 a new item appeared on the income side of the account ledgers: 'other treasuries' (*otras tesorerías*). Seemingly, this entry replaced the old listing *remitido de fuera*, signifying tax revenues remitted to Lima from regional treasuries — a standard entry for almost three centuries. The *otras tesorerías* did, in fact, include these remissions from *cajas* outside Lima, but it also consisted of remissions from customs houses (*aduanas*), sales tax and import-export revenues. Significantly, too, starting in 1786, *alcabalas* and *almojarifazgos* disappear as income items, being included instead in the *otras tesorerías* category.

As already pointed out，extraordinary income and expenditures pose another problem. Since they represented entries for which there were no established categories，*extraordinario* became a catch-all *ramo* for all kinds of tax revenues and expenditures，a virtual account within an account. In places such as Lima it could constitute as much as 60 per cent of total revenues. Obviously，income and disbursements from this *ramo* must be looked at carefully in determining fiscal reality. Significantly，though，use of the *extraordinario* entry dropped precipitously after 1786，when royal officials tightened accounting procedures considerably.

Still other issues must be faced as well. Although Spanish colonial currency was not as subject to debasement as currency in Spain，the silver content of American *pesos* was reduced by a total of over 4 per cent during the eighteenth century，in 1728，1772 and 1786. The fineness of gold was also reduced during the same period. Accountants also reported income in different kinds of money. Although the *maravedí* constituted the basic accounting unit，*contadores* reported income and expenditures in gold *pesos*，*escudos*，*doblones* or *castellanos*. Silver *pesos ensayados* of 450 *maravedís* often appeared side-by-side with the standard piece of eight（*peso de ocho reales*）of 272 *maravedis*，particularly in Peru and Upper Peru. Silver *tostones* were common in other areas of the Indies. These are more easily resoluble problems than working one's way through the maze of changing accounting procedures or the idiosyncrasies of individual accountants，but they should，nevertheless，be recognised.

Lastly，determining the nominal and real value of colonial tax revenues and expenditures is difficult. No price series or price indices exist for the entire colonial period，and those which have been created for smaller epochs are based primarily on prices of agricultural products，not manufactured goods. Moreover，some price series have been developed from government sales and purchases of agricultural commodities，and may be artificially skewed because they are not based on prevailing market conditions. On balance，inflation seems to have been a real factor in the late eighteenth century，more so in Mexico than in Peru，although both areas were affected.

One should not be daunted by this list of problems. It is meant only as a warning that there are difficulties to overcome in using the account data，and that numbers have no sanctity in and of themselves：like any other document，the royal account must be looked at critically. So too must the accounting methods used by the king's fiscal agents. On the other hand, the *cartas cuentas* are a vitally important source, enabling us to demonstrate a more precise historical reality and to measure the pace of change and long-term fiscal trends in the public sector of the Spanish empire with more confidence. They are a useful source for documenting registered gold and silver production, the volume of colonial trade, colonial spending priorities, defence allocation, remissions to Spain, tribute income, and the rationalisation of colonial fiscal affairs. Most importantly, though, judicious use of the account data can raise new questions about the history of Spain in America that might otherwise have eluded us. And good questions are perhaps more important these days than definitive answers to mundane or unimportant queries.

附录Ⅲ　欧洲财政研究数据库：数据搜集方法与万维网传输系统创建介绍

理查德·邦尼(Richard Bonney)
玛格丽特·邦尼(Margaret Bonney)
西蒙·菲茨帕特里克(Simon Fitzpatrick)

The chapters collected in this volume were written as a result of a conference held to celebrate the deposit of materials from the European State Finance Database (ESFDB) in the Economic and Social Research Council (ESRC) Data Archive at the University of Essex, Colchester, UK. The ESFDB, an international collaborative project in data collection, arose from a specific need. Initially, a group of some fifteen European scholars were asked by the European Science Foundation to meet together twice a year over a four-year period from 1989 to 1992 in order to write a collaborative book entitled *Economic Systems and State Finance*.① The book required graphs, charts and so on to illustrate the arguments — the use of tables of figures was impracticable for reasons of cost and space. The statistical work had to be co-ordinated by Richard Bonney, the editor of the volume. From this initial objective, the idea developed that data on European fiscal history, primarily for the period before 1815, should be gathered systematically and then deposited in the ESRC Data Archive so that the work could be consulted by scholars. The idea was eventually supported and funded in 1990 - 3, first by the British Academy and then by the Economic and Social Research Council.② What follows is a brief survey of some of the difficulties faced in managing such a project in relation both to the way scholars work and the nature of the source material on

① R. Bonney, ed., *Economic Systems and State Finance* (Oxford, 1995).

② The ESRC award number was R000231968.

European fiscal history. The second section concerns the specific computational issues involved in data capture and data transfer to the ESFDB, and finally the methodology for data transfer over the World Wide Web.

The first point about the sources for European fiscal history is that we need to 'unthink' — we should not disregard, but not be influenced by — the English census material and that type of evidence which has loomed so large in data collection. This is not to say that comparable sorts of fiscal evidence are lacking: Herlihy and Klapisch-Zuber's work on the Florentine *catasto* of 1427① and the work in progress on the Piedmontese equivalent of 1705② serve to demonstrate that great monuments to the technical development of administration in certain (usually small) states have survived. But this is not the most typical example of fiscal evidence; nor was it the sort of evidence on which the European Science Foundation group concentrated its attention. Instead, effort concentrated on the medieval and early modern equivalent to a time series of data. In this respect, immediate problems arose. With the exception of mint output (where most countries except medieval Castile have time series evidence, and England and France have very good evidence for much of the period from 1300 to 1800),③ the data for any given state is often dispersed and fragmentary. Here, one of the most striking contrasts is between Hungary, with just four pieces of evidence for the Middle Ages,④ and England, which has an exceptionally good run of data deposited in the ESFDB thanks to the efforts of Professor W. M. Ormrod.⑤ Taken together with Professor Patrick O'Brien's figures for the period after 1485, the Ormrod-

---

① D. Herlihy and C. Klapisch-Zuber, *Les Toscans et leurs families. Une étude du castasto florentin de 1427* (Paris, 1978); D. Herlihy, *Tuscans their Families. A Study of the Florentine Catasto of 1427* (New Haven and London, 1985).

② By Profs. Geoffrey Symcox and Eric H. Monkkonen at UCLA, under a National Endowment for the Humanities grant: *The Clark and Center Newsletter*, 21 (1991), 6.

③ R. Bonney, 'Introduction', Bonney, ed., *Economic Systems and State Finance*, p.12. Figure 2: 〈URL:http://www.le.ac.uk/hi/bon/ESFDB/images/frb005.gif〉.

④ W. M. Ormrod and J. Barta, 'The Feudal Structure and the Beginnings of State Finance', in Bonney, ed., *Economic Systems and State Finance*, p.77.

Figure 8: 〈URL:http://www.le.ac.uk/hi/bon/ESFDB/images/hunb001.gif〉.

⑤ W. M. Ormrod, 'The West European Monarchies in the Later Middle Ages', in Bonney, ed., *Economic Systems and State Finance*, pp.140, 147, 151.

Figure 16: 〈URL:http://www.le.ac.uk/hi/bon/ESFDB/images/engg029.gif〉.

Figure 23: 〈URL:http://www.le.ac.uk/hi/bon/ESFDB/images/engg030.gif〉.

Figure 25: 〈URL:http://www.le.ac.uk/hi/bon/ESFDB/images/engg031.gif〉.

O'Brien data provide a continuous set of sources for English fiscal history which is simply missing for other countries.① The norm is for fragmentary data without any unifying principle.

The nature of the data thus poses enormous problems for a collaborative project in European fiscal history. Our experience is that, while there may be figures upon which we can draw, there is no *reliable* data without a co-operative historian willing to interpret it. The moment the historian with expertise in the field ceases to work on the material, the subject area becomes fossilized. If the research area has been abandoned for some time, the methodology for data collection tends to be forgotten. Elements in the data submitted were found to be unsatisfactory or could not be resolved by the project without undertaking new research. If the data collected by scholars is not deposited, it cannot be updated, or otherwise modified and corrected by anyone else. Without new research, all we are left with is one person's view of the evidence. We therefore resolved that where we had ourselves collected the data (as against receiving data already collected by others) we would keep as full a record as possible not only of the data captured but also the methods used for any subsequent interpretation (or as some would have it, 'massaging') of the evidence. These stages would also be carefully distinguished and cross-referenced, so that it would be possible for a scholar coming afresh to the material to work backwards through the data files to arrive at the 'original' data, which would be held in an electronic format which replicated as closely as possible the form of the original statistical evidence.

We thus arrived at a rather elevated view of the sanctity of the data which we ourselves had collected (although it proved impossible to rework the data collected by others). An example of the principles involved is provided by the evidence of Jean-Roland Malet, chief clerk to the French finance minister Desmaretz (who held office in the years 1708 – 15). This was our first test case, on which the methodology was elaborated.② Subsequently the tables drawn up by Malet were published in full with a scholarly apparatus establishing the

① R. Bonney, 'Revenues', in Bonney, ed., *Economic Systems and State Finance*, p.503. Figure 86: ⟨URL: http://www.le.ac.uk/hi/bon/ESFDB/images/engg001.gif⟩. Figure 87: ⟨URL: http://www.le.ac.uk/hi/bon/ESFDB/images/engg002.gif⟩.

② R. J. Bonney, 'Jean-Roland Malet: Historian of the Finances of the French Monarchy', *French History*, 5 (1991), 180 – 233, repr. in R. Bonney, *The Limits of Absolutism in ancien régime France* (Aldershot, 1995): ⟨URL: http://www.le.ac.uk/hi/bon/ESFDB/xmalet.html⟩.

differences between the published edition of Malet's work (1789) and the manuscript edition (*c*.1720).[1] We are thus able to compare the original table from the published edition of Malet[2] with our presentation of the figures, formatted to the housestyle of the Comité pour l'histoire économique et financière de la France.[3] Once the data had been satisfactorily captured, then it was possible to merge the results with other data, to perform calculations in index numbers, to introduce deflators, and to convert into other values (for example, silver values or a stable currency value) so that comparisons across countries over time may be undertaken. The important point was to document each stage of the process, and where possible to note the difficulties: for example, the problem of financial years, which often run from different dates for different countries, or, in the case of Klein and TePaske's very complete data from Spanish America,[4] have variable 'financial years', some of them not the length of calendar years at all. If the work is fully documented, it is invariably slower; but the resulting evidence is more useful for the subsequent researcher.

We hope that the many technical points concerning the fiscal sources of European history are dealt with in the various publications arising from the research project. Leaving aside the example provided by the definitive edition of Malet's tables, the colour charts arising from the comparative study of European fiscal developments are now available over the World Wide Web (WWW).[5] So too are the charts illustrating the evolution of the revenue system of one country (France);[6] the relationship of political planning to state finance, and the difficulties of implementing fiscal reform, in a particular period (that of Louis XIII and Richelieu);[7]

---

① R. J. and M. M. Bonney, *Jean-Roland Malet: premier historien des finances de la monarchie française*, Comité pour l'histoire économique et fmancière de la France (Paris, 1993): 〈URL: http://www.le.ac.uk/hi/bon/ESFDB/fmalet.html〉.

② J.-R. Malet, *Comptes rendus de l'administration des finances du royaume de France* ... (London, 1789), p.200: 〈URL: http://www.le.ac.uk/hi/bon/ESFDB/images/p200.gif〉.

③ Bonney and Bonney, *Jean-Roland Malet*, pp.134, 135.

④ Bonney, 'Revenues', p.459.

Figure 78: 〈URL: http://www.le.ac.uk/hi/bon/ESFDB/images/tepg001.gif〉.

Data supplied by Professors TePaske and Klein: see above, pp.436 - 46.

⑤ 〈URL: http://www.le.ac.uk/hi/bon/ESFDB/econgraf.html〉.

⑥ R. Bonney, 'The State and its Revenues in *ancien régime* France', *Historical Research*, 65 (1992), 150 - 76, repr. in Bonney, *Limits of Absolutism*: 〈URL: http://www.le.ac.uk/hi/bon/ESFDB/state.html〉.

⑦ R. Bonney, 'Louis XIII, Richelieu and the Royal Finances', in J. A. Bergin and L. W. B. Brockliss, eds., *Richelieu and his Age* (Oxford, 1992), pp.99 - 133, repr. in Bonney, *Limits of Absolutism*: 〈URL: http://www.le.ac.uk/hi/bon/ESFDB/louis.html〉.

and the intellectual argument surrounding the establishment of a new tax and the difficulties of its enforcement (Louis XIV's *dixième*).① We have also tried to assess the difficulties facing the quantitative fiscal historian of European regions.②

Two general issues arise: the timescale for delivering results in a large project; and the tension between the notion of a 'live' research database and a 'definitive' enquiry which is then archived.

The timescale has proved problematic. Without a consolidated body of materials such as provided by Malet's figures, we would have had great difficulty in establishing a methodology for data collection and in demonstrating progress on the project. It is only once the project has been in existence for a reasonable period of time that other historians become aware of it; that 'converts' are won among the scholarly community; and the data begins to 'flow' towards the central collection point. But in the English system there is no continuity in funding, no security on which to plan beyond the initial contract, so that the project risks foundering at the moment of palpable achievement.

A second main issue is the tension between an active historical database which is a continuing research tool, and therefore constantly changing, and an archive which has been deposited. One approach is to keep the two things separate; but after a while the gap between what is being continuously updated and what has been deposited grows unless there are further versions deposited. It is in the nature of fragmented evidence that new figures will sometimes be found, unexpectedly, in the archives and will modify what was known before. There has to be a system for incorporating such changes and additions to existing datasets. The way in which this can be done is by a second version of the file overwriting version one, a task which is simple to achieve if delivery is by means of the WWW. Our original idea, that of a central location for the deposit of materials, is preferable in our view to a WWW site which simply points to other WWW sites which represent the national research projects in other European countries. However, in practice very detailed projects may well require their own WWW sites as point of deposit can only operate effectively with a mutual respect of colleagues' data. This is why the ESFDB requires all colleagues supplying supplying data, or who consult the resulting

---

① R. Bonney, '*Le secret de leurs families:* The Fiscal and Social Limits of Louis XIV's *dixième*', *French History*, 7 (1993), 383 - 416, repr. in Bonney, *Limits of Absolutism:* 〈URL: http://www.le.ac.uk/hi/bon/ESFDB/secret.html〉.

② R. Bonney, 'Taxation and the Problem of European Regions': 〈URL:http://www.le.ac.uk/hi/bon/ESFDB/tax.html〉.

Database, to undertake to give full and proper acknowledgement (including specific citation) in any resulting scholarly work or publication to the name of the contributing scholar whose files they have used, including the specific filenames (ESFDB dataset name)

A conference of specialists of Danish state finance held at Odense in Denmark in the autumn of 1993 under the auspices of the British Council scheme for Anglo-Danish Academic Research Collaboration suggested that there was confidence that the materials existed for a more detailed and more sophisticated study of state finance, particularly from the sixteenth century onwards. The materials for the Middle Ages were more dispersed, but there remained documents which had not been studied. There was a need to give priority to further research in this area, and in particular to assign good 'PhD equivalent' students to this study. Colleagues would need to discuss whether potential students could be provided with topics in this area in a co-ordinated way. There was agreement on the importance of including the themes of expenditure, revenues, credit and the fiscal burden. The relationship of the centre to the regions was also seen as an important theme. This might apply to 'regions' within a composite state, but also to the relationship between town and countryside, and also between more advanced and less advanced areas in terms of their economic development. There might need to be a degree of selection in the study of regions given the pressure on research time and resources: not all could be studied in equal depth. The problem of mapping raised in Richard Bonney's electronic publication on European regions① was relevant to any sophisticated study of the relationship of the centre to the regions. The need to explain the methodology for data capture and to draw up a list of sources in the archives, and thus to determine a set of priorities for subsequent research, was accepted at the Odense conference. It was agreed that there should be a priority on improving the availability of existing datasets. Regular meetings of fiscal historians in the various European countries, which would receive specialist papers and also undertake a general review of progress towards more general objectives, were considered desirable. The need for data capture of general economic indicators had been demonstrated by the ESFDB project to date, and it was agreed that working groups in the various European countries would also seek to keep themselves informed of any relevant work in this area, the objective being to improve the measurement of the *real* increase of

① See above, n.19.

state expenditure and revenue over time. Data capture of economic indicators was an important, if subsidiary, purpose of the ESFDB. The common objectives of working groups in the various European countries might include: firstly, the establishment of a body of research materials on European fiscal history through the active support of a number of scholars who have deposited data which might otherwise have been lost to the scholarly community; and secondly, the encouragement of collaboration between researchers in that traditionally most individualistic of fields, history. In particular, the divide between medieval and early modern history could be bridged by this research endeavour, as had been seen in the European Science Foundation project, at the Odense seminar and in the capture of data at the ESFDB. Thirdly, there was a need to refine concepts concerning the development of state expenditure and revenue through a detailed examination of national case studies. Only with such detailed case studies would there be a truly sophisticated statistical comparison between the periods before and after 1815. The methodology for a much more systematic investigation of the sources has thus been agreed in principle, but none of this precludes other more detailed studies of particular types of source material.

This chapter now reviews the computational aspects of the ESFDB. There has been an earlier discussion of the methodology for graphical output.① Because of the prior decision to hold all material in the database within the SAS② format,③ graphical output has been generated using SAS/GRAPH. This is a powerful program but, as with any piece of software, it imposes certain constraints on the user. We have therefore decided that, for the convenience of the user, it is preferable to be able to view separately the component elements of each dataset: the program file for generating the dataset in SAS, which has the full abbreviations and references; the dataset in SAS transport mode; the data itself generated from SAS as a text file; and finally any resulting graphical images in colour. GIF format. The rapid growth of the Internet④ at

---

① R. Bonney, 'The European State Finance Database and the Graphical Presentation of Data', in Bonney, ed., *Economic Systems and State Finance*, pp.577 - 9.

② SAS is a trademark of SAS Institute Inc., Cary, NC, USA.

③ The authors generously acknowledge computational advice in the use of SAS and SAS/GRAPH from Dr J. G. Smith.

④ At its most basic level, the 'Internet' is simply the collection of devices, protocols and arcane languages (e.g., FTP, Telnet, Gopher etc.) that allow computers to talk to each other, regardless of location. These networks have been in existence for many years, but only recently has it been possible to design a useable interface linking these different systems.

this time has persuaded the Project's director to follow the WWW[1] route for all subsequent development of the ESFDB. The information has been assembled in the most convenient form possible, which is by ESFDB subdirectory, searchable by filename, or by a list with 'clickable' items with which users of the WWW are familiar. Table 18.1 is chiefly for the historical record, listing the file directories which were transferred to the ESRC Data Archive in 1993. This material is now largely updated by the materials available online at the ESFDB Web Site.

To access the data held in the ESFDB, set your Web browser to the following web address at the University of Leicester:

〈URL: http://www.le.ac.uk/hi/bon/ESFDB/esfdb.html〉

A number of choices are offered at the first page. You may choose to access materials in the ESFDB via lists of related publications or contributors. This will lead the researcher to colour graphical output, and in some cases to the text of the original publication in electronic form. Alternatively, by following the link to 'Resources Directory' the researcher is able to browse the directories shown and simply click on the appropriate link — this lists the contents of that directory. The user may also wish to use the 'Search all Directories' button to search all the directories by using suitable keywords. A column row is shown on screen which lists a file or a number of files in the row. Click on the filename which you wish to consult. There are a number of options.

(1) Select the program file in the form of a rich text format (rtf) file; this file will convert into most word processing software. You are given the option to configure a viewer (that is, to link the system to your word processing software) or to save the file to disk and then read it into your software. The program file contains the various data steps followed, and the concordance between the short title at the head of the column of figures in the dataset with the fuller title; in addition, there are bibliographic indications and other references as well cross-references to other datasets.

(2) A second option is to view the text file generated from the SAS datset. This may be seen on screen, or copied into word processing or statistical software.

---

① The World Wide Web is the system that provides users with a simple common method of browsing the information deposited on the Internet. There are a number of software items that allow the user to do this: these are known as 'browsers'.

(3) A third option is to download the dataset in SAS transport mode. This may then be converted into the current version of the SAS software and 'platform' you are using for the immediate use of a powerful statistical program.

(4) If there is graphical output, this may be viewed on screen in colour. GIF format.

(5) Other options may exist in some cases, such as viewing original source material as images or a version of the data contained in another statistical package.

Table 18.1 ESFDB Datafiles Deposited at the ESRC Data Archive in September 1993

3068	European State Finance Database Seventeenth-Century French Revenues and Expenditure, Malet Files
3096	European State Finance Database French Revenues and Expenditure, Derived Files, 1594 - 1785
3097	European State Finance Database Austrian Finances in the Seventeenth and Eighteenth Centuries
3098	European State Finance Database French Economic Indicators, 1308 - 1817
3099	European State Finance Database English Economic Indicators, 1209 - 1816
3100	European State Finance Database French Accounts of the Later Sixteenth Century
3101	European State Finance Database European Armies, Sizes, 1660 - 1861
3102	European State Finance Database Revenues and Money Supply for Sweden, 1722 - 1809
3103	European State Finance Database Danish, Norwegian and Dutch Armies, Size and Cost, 1595 - 1896
3104	European State Finance Database Spanish Revenues and Loans in the Eighteenth and Early Nineteenth Centuries
3105	European State Finance Database Russian State Finances in the Eighteenth and Early Nineteenth Centuries
3113	European State Finance Database Polish State Finance, 1576 - 1717
3114	European State Finance Database Prussian State Finance, 1602 - 1808
3115	European State Finance Database Danish State Finance under Christian IV, 1588 - 1628

续表

3116	European State Finance Database Castilian Finances in the Fifteenth Century
3117	European State Finance Database Medieval English Wool and Cloth Exports and Imports, 1280 - 1547
3118	European State Finance Database English Revenues, 1485 - 1816
3119	European State Finance Database Boislisle, French Royal Revenues and Expenditure, 1683 - 1707
3120	European State Finance Database Italy, 1390 - 1805
3121	European State Finance Database The King's Debts, France, 1594 - 1683
3122	European State Finance Database Nuremberg City Finances, 1431 - 1794
3123	European State Finance Database Comparative European Expenditure, Fifteenth to Eighteenth Centuries
3124	European State Finance Database Revenues and Expenditure of Swiss Towns, Sixteenth and Seventeenth Centuries
3125	European State Finance Database Forbonnais, Royal Revenues and Expenditure in France, 1661 - 1716
3127	European State Finance Database French Revenues, 1179 - 1483
3128	European State Finance Database Castile, Revenues and *Servicios*, 1369 - 1474
3129	European State Finance Database Paris, Archives Nationales KK355, Register of Revenues and Expenditure for Seventeenth-Century France
3130	European State Finance Database Danish State Finance, 1230 - 1867
3131	European State Finance Database English Revenues, 991 - 1547
3132	European State Finance Database Brittany: *Capitation* Files, 1696
3133	European State Finance Database French *Dixième* Files, 1711 - 1717
3134	European State Finance Database Great Britain, Income and Expenditure, 1790 - 1810

续表

3135	European State Finance Database European Silver Movements，1501 - 1800
3136	European State Finance Database Anglo-Portuguese Trade and Brazilian Gold，1701 - 1810
3137	European State Finance Database Richelieu's Reform Plan，Expenditure and Revenues，1640
3138	European State Finance Database French Revenues and Expenditure：*Taille*，Tax，Life Rents and *Tontines*，1461 - 1850
3167	European State Finance Database Seventeenth-Century French Revenues and Expenditure，Original Tables

译丛主编后记

财政活动兼有经济和政治二重属性，因而从现代财政学诞生之日起，"财政学是介于经济学与政治学之间的学科"这样的说法就不绝于耳。正因为如此，财政研究至少有两种范式：一种是经济学研究范式，在这种范式下财政学向公共经济学发展；另一种是政治学研究范式，从政治学视角探讨国家与社会间的财政行为。这两种研究范式各有侧重，互为补充。但是检索国内相关文献可以发现，我国财政学者遵循政治学范式的研究并不多见，绝大多数财政研究仍自觉或不自觉地将自己界定在经济学学科内，而政治学者大多也不把研究财政现象视为分内行为。究其原因，可能主要源于在当前行政主导下的学科分界中，财政学被分到了应用经济学之下。本丛书的两位主编之所以不揣浅陋地提出"财政政治学"这一名称并将其作为译丛名，是想尝试着对当前这样的学科体系进行纠偏，将财政学的经济学研究范式和政治学研究范式结合起来，从而以"财政政治学"为名，倡导研究财政活动的政治属性。编者认为，这样做有以下几个方面的积极意义：

1. 寻求当前财政研究的理论基础。在我国的学科体系中，财政学被归入应用经济学范畴，学术上就自然产生了要以经济理论作为财政研究基础的要求。不过，由于当前经济学越来越把自己固化为形式特征明显的数学，若以经济理论为基础就容易导致财政学忽视那些难以数学化的研究领域，这样就会让目前大量的财政研究失去理论基础。在现实中已经出现并会反复出现的现象是，探讨财政行为的理论、制度与历史的论著，不断被人质疑是否属于经济学研究，一篇研究预算制度及其现实运行的博士论文，经常被答辩委员怀疑是否可授予经济学学位。因此，要解释当前的财政现象、推动财政研究，就不能不去寻找财政的政治理论基础。

2. 培养治国者。财政因国家治理需要而不断地变革，国家因财政治理而得以成长。中共十八届三中全会指出："财政是国家治理的基础和重要支柱，科学的财税体制是优化资源配置、维护市场统一、促进社会公平、实现国家长治久安的制度保障。"财政在国家治理中的作用，被提到空前的高度。因此，财政专业培养的学生，不仅要学会财政领域中的经济知识，也必须学到相应的政治知识，方能成为合格的治国者。财政活动是一种极其重要的国务活动，涉及治国方略；从事财政活动的人有不少是重要的政治家，应该得到综合的培养。这一理由，也是当前众多财经类大学财政专业不能被合并到经济学院的原因之所在。

3. 促进政治发展。18～19 世纪，在普鲁士国家兴起及德国统一过程中，活跃的财政学派与良好的财政当局曾经发挥了巨大的历史作用。而在当今中国，在大的制度构架稳定的前提下，通过财政改革推动政治发展，也一再为学者们所重视。财政专业的学者，自然也应该参与到这样的理论研究和实践活动中去。事实上也已有不少学者参与到诸如提高财政透明、促进财税法制改革等活动中去，并成为推动中国政治发展进程的力量。

因此，"财政政治学"作为学科提出，可以纠正当前财政研究局限于经济学路径造成的偏颇。包含"财政政治学"在内的财政学，将不仅是一门运用经济学方法理解现实财政活动的学科，也会是一门经邦济世的政策科学，更是推动财政学发展、为财政活动提供指引并推动中国政治发展的重要学科。

"财政政治学"虽然尚不是我国学术界的正式名称，但在西方国家的教学和研究活动中却广有相关的内容。在这些国家中，有不少政治学者研究财政问题，同样有许多财政学者从政治视角分析财政现象，进而形成了内容非常丰富的文献。当然，由于这些国家并没有中国这样行政主导下的严格学科分界，因而不需要有相对独立的"财政政治学"的提法。相关的研究，略显随意地分布在以"税收政治学"、"预算政治学"或者"财政社会学"为名称的教材或论著中，当然"财政政治学"(Fiscal Politics)的说法也不少见。

中国近现代学术进步的历程表明，译介图书是广开风气、发展学术的不二良方。因此，要在中国构建财政政治学学科，就要在坚持以"我"为主研究中国财政政治问题的同时，大量地翻译西方学者在此领域的相关论著，以便为国内学者从政治维度研究财政问题提供借鉴。本译丛主编选择了这一领域内的多部英文著作，打算陆续予以翻译和出版。在文本的选择上，大致分为理论基础、现实制度与历史研究等几个方面。

本译丛的译者主体为上海财经大学公共经济与管理学院的教师以及该院已毕业并在外校从事教学的财政学博士，另外还邀请了其他院校的一部分教师参与。在翻译稿酬低廉、译作科研分值低下的今天，我们这样一批人只是凭借着对学术的热爱和略略纠偏财政研究取向的希望，投身到这一译丛中来。希望我们的微薄努力，能够成为促进财政学和政治学学科发展、推动中国政治进步的涓涓细流。

在本译丛的出版过程中，胡怡建老师主持的上海财经大学公共政策与治理研究院、上海财经大学公共经济与管理学院的领导与教师都给予了大力的支持与热情的鼓励。上海财经大学出版社的总编黄磊、编辑刘兵在版权引进、图书编辑过程中也付出了辛勤的劳动。在此一并致谢！

刘守刚　上海财经大学公共经济与管理学院
魏　陆　上海交通大学国际与公共事务学院
2015 年 3 月

财政政治学译丛书目

1.《财政理论史上的经典文献》
理查德·A.马斯格雷夫,艾伦·T.皮考克 编　刘守刚,王晓丹 译
2.《君主专制政体下的财政极限——17 世纪上半叶法国的直接税制》
詹姆斯·B.柯林斯 著　沈国华 译
3.《欧洲财政国家的兴起 1200～1815》
理查德·邦尼 编　沈国华 译
4.《税收公正与民间正义》
史蒂文·M.谢福林 著　杨海燕 译
5.《国家的财政危机》
詹姆斯·奥康纳 著　沈国华 译
6.《发展中国家的税收与国家构建》
黛博拉·布罗蒂加姆,奥德-黑格尔·菲耶尔斯塔德,米克·摩尔 编　卢军坪,毛道根 译
7.《税收哲人——英美税收思想史二百年》(附录:税收国家的危机　熊彼特　著)
哈罗德·格罗夫斯 著　唐纳德·柯伦 编　刘守刚,刘雪梅 译
8.《经济系统与国家财政——现代欧洲财政国家的起源:13～18 世纪》
理查德·邦尼(Richard Bonney) 编　沈国华 译
9.《为自由国家而纳税:19 世纪欧洲公共财政的兴起》
何塞·路易斯·卡多佐,佩德罗·莱恩 编　徐静,黄文鑫,曹璐 译　王瑞民 校译
10.《预算国家的危机》
大岛通义 著　徐一睿 译
11.《信任利维坦:英国的税收政治学(1799～1914)》
马丁·唐顿 著　魏陆 译
12.《英国百年财政挤压政治——财政紧缩·施政纲领·官僚政治》
克里斯托夫·胡德,罗扎那·西玛兹 著　沈国华 译
13.《财政学的本质》
山田太门 著　宋健敏 译
14.《危机、革命与自维持型增长——1130～1830 年的欧洲财政史》
W. M.奥姆罗德,玛格丽特·邦尼,理查德·邦尼 编　沈国华 译
15.《战争、收入与国家构建——为美国国家发展筹资》
谢尔登·D.波拉克 著　李婉 译
16.《控制公共资金——发展中国家的财政机制》
A.普列姆昌德 著　王晓丹 译
17.《公共经济学历史研究》
吉尔伯特·法卡雷罗,理查德·斯特恩 编　沈国华 译
18.《财政学手册》
于尔根·G.巴克豪斯,理查德·E.瓦格纳 编　何华武,刘志广 译
19.《税收的全球辩论》
霍尔格·内林,弗洛里安·舒伊 编　赵海益,任晓辉 译
20.《牛津福利国家手册》
弗兰西斯·G.卡斯尔斯,斯蒂芬·莱伯弗里德,简·刘易斯,赫伯特·奥宾格,克里斯多弗·皮尔森 编　杨翠迎 译
21.《金钱、政党与竞选财务改革》
雷蒙德·J.拉贾 著　李艳鹤 译
22.《西方世界的税收与支出史》
卡洛琳·韦伯,阿伦·威尔达夫斯基 著　朱积慧,苟燕楠,任晓辉 译

23.《政治转型与公共财政——欧洲,1650～1913》
马克·迪辛科 著 倪霓,金赣婷 译
24.《民主社会中的公共财政(第三卷)——政治经济学的新思维》
理查德·A.马斯格雷夫 编 王晓丹,王瑞民,刘雪梅 译
25.《经由税收的代议制》
史科特·格尔巴赫 著 杨海燕 译
26.《政治、税收和法治》
唐纳德·P.雷切特,理查德·E.瓦格纳 著 王逸帅 译
27.《18世纪西班牙建立财政军事国家》
拉斐尔·托雷斯·桑切斯 著 施诚 译
28.《西班牙菲利普二世的税收债务和赖债史》
莫里西奥·德里奇曼,汉斯-乔亚吉姆·沃斯 著 施诚 译
29.《美国现代财政国家的形成和发展——法律、政治和累进税的兴起,1877～1929》
阿贾耶·梅罗特 著 倪霓,童光辉 译
30.《福利国家的兴衰》
阿斯乔恩·瓦尔 著 唐瑶,童光辉 译
31.《另类公共经济学手册》
弗朗西斯科·福特,拉姆·穆达姆比,彼得洛·玛丽亚·纳瓦拉 编 解洪涛 译
32.《财政理论发展的民族要素》
奥汉·卡亚普 著 杨晓慧 译
33.《联邦税史》
埃利奥特·布朗利 著 彭骥鸣,彭浪川 译
34.《旧制度法国绝对主义的限制》
理查德·邦尼 著 熊芳芳 译
35.《赤字、债务与民主》
理查德·E.瓦格纳 著 刘志广 译
36.《债务与赤字:历史视角》
约翰·马洛尼 编 郭长林 译
37.《布坎南与自由主义政治经济学:理性重构》
理查德·E.瓦格纳 著 马珺 译
38.《财政政治学》
维特·加斯帕,桑吉·古普塔,卡洛斯·穆拉斯-格拉纳多斯 编 程红梅,王雪蕊,叶行昆 译
39.《英国财政革命——公共信用发展研究,1688～1756》
P.G.M.迪克森 著 张珉璐 译
40.《财产税与税收抗争》
亚瑟·奥沙利文,特里 A.塞克斯顿,史蒂文·M.谢福林 著 杨海燕 译
41.《战争、葡萄酒与关税:1689～1900年期间,英法的政治经济贸易冲突》
约翰 V. C.奈 著 郑磊 译
42.《社会科学的比较历史分析》
詹姆斯·马奥尼,迪特里希·鲁施迈耶 编 秦传安 译
43.《比较历史分析的进展》
詹姆斯·马奥尼,凯瑟琳·西伦 编 秦传安 译
44.《汉密尔顿悖论》
乔纳森·雷登 著 何华武 译
45.《税收逃逸的伦理学——理论与实践观点》
罗伯特·W.麦基 编 陈国文 译
46.《税收幻觉——税收、民主与嵌入政治理论》
菲利普·汉森 著 倪霓,金赣婷 译